ଜଗନ୍ନାଥ
ରାଷ୍ଟ୍ରନୀତିର ନାଭିବ୍ରହ୍ମ

ହରିହର ପଣ୍ଡା

BLACK EAGLE BOOKS

BLACK EAGLE BOOKS

7464 Wisdom Lane
Dublin, OH 43016
E-mail: info@blackeaglebooks.org
Website: www.blackeaglebooks.org

JAGANNATH
The nation's deity

Copyright ©Harihar Panda 2019.
All rights reserved.

This Book is a history based narration. Harihar Panda asserts the moral right to be identified as the author of this book. His contact email: hariharpanda.bbs@gmail.com

Cover design by Siddhi Digital
Inner page design by Bikram keshari Panda

ISBN: 978-1-64560-018-3

Printed in United states of America

ମୁଁ କୃତଜ୍ଞ

ସବୁର ଆରମ୍ଭ ସିଏ ଆଉ ଅନ୍ତ ବି ! କିନ୍ତୁ ନା ତାଙ୍କର ଆଦି ଅଛି ନା ସୀମାନ୍ତ । କଣିକାଟିଏ ଖୋଜିବାର ଆଗ୍ରହ ବି ତାଙ୍କରି ଆଦେଶ ଭଳି ଅନୁଭବ ହୁଏ ଆଉ ଆଗରେ ତଥ୍ୟ ଓ ରହସ୍ୟ ସମ୍ବଳିତ ବିଶାଳ ସମୁଦ୍ର ଢେଉ ଭାଙ୍ଗେ । କ୍ଷଣସ୍ଥାୟୀ ସେ ଢେଉର ଶିଖର କି ତଳ ଆଜି ପଢ଼ିବାକୁ ଯାଉଛନ୍ତି ତାହା ଆପଣଙ୍କ ବିଚାର ପାଇଁ ଉନ୍ମୁକ୍ତ ।

ଏ ଲେଖା ଗୁଡ଼ିକୁ ପ୍ରସ୍ତୁତ କରିବା ପାଇଁ ଯେଉଁ ଶକ୍ତିସବୁ ତାଙ୍କରି ଆଦେଶରେ ମୋର ପ୍ରତ୍ୟକ୍ଷ ବା ପରୋକ୍ଷ ସଂସ୍ପର୍ଶରେ ଆସିଛନ୍ତି, ସେମାନଙ୍କ ଭିତରେ ସର୍ବାଗ୍ରେ ଅଛନ୍ତି '*ନିତିଦିନ*'ର ତତ୍‌କାଳୀନ ସମ୍ପାଦକ ତଥା ବିଶିଷ୍ଟ ସାମ୍ବାଦିକ *ସଂପଦ ମହାପାତ୍ର*। ସେ ହିଁ ପ୍ରଥମେ ଏହି ଲେଖାରେ କିଛି ଅଲଗାପଣ ବାରି ନିୟମିତ ପ୍ରକାଶନର ଅନୁମତି ପ୍ରଦାନ କରିଥିଲେ । ତାଙ୍କ ପାଖରେ ମୁଁ ଆଜୀବନ ଋଣୀ ରହିବି ।

ପ୍ରତି ସପ୍ତାହର ଲେଖା ବଜାରକୁ ଆସିବା ପୂର୍ବରୁ ସୁଦୂର ଜର୍ମାନୀ ନିବାସୀ ଇଞ୍ଜିନିୟର ଡ. ରାଜେନ୍ଦ୍ର ନାରାୟଣ ଦାସଙ୍କ ଫୋନ୍ ଆସେ । କହନ୍ତି, '*ଏଠ ।ରେ ପାହାନ୍ତା ୩ଟା ହୋଇଛି; ତୁମକୁ ଏ ଚମତ୍କାରୀ ଲେଖାପାଇଁ ଅଭିବାଦନ ଜଣାଉଛି*' । ସାହିତ୍ୟ ଅନୁରାଗୀ ଡ. ଦାସ ସତରେ ପ୍ରଶଂସାର ଏକ କୋଠାଘର । ଏମିତି ପ୍ରଶଂସା ଓ ସମାଲୋଚନାର ତର୍କ ଦେଇ ବାଟ ଆଗକୁ କଢ଼ାଇ ନେଇଥିବା ବିଶିଷ୍ଟ ବ୍ୟକ୍ତିଙ୍କ ଭିତରେ *ପ୍ରଫେସର କୈଳାସ ଆଚାର୍ଯ୍ୟ, ବିପିନ ବିହାରୀ ମିଶ୍ର, ସୋହନ୍‌ଲାଲ୍ ଅଗ୍ରୱାଲ୍, ଶକ୍ତିପଦ ନନ୍ଦ* ପ୍ରମୁଖଙ୍କ ନାମ ଅପାସୋରା । ଏ ସମସ୍ତଙ୍କ ଆଶୀର୍ବାଦ ଓ ସମାଲୋଚନା ହେତୁ ଏକ ସାପ୍ତାହିକ ସ୍ତମ୍ଭ କ୍ରମଶଃ ୨୨୮ ପୃଷ୍ଠାର ପୁସ୍ତକ ରୂପ ନେଇପାରିଛି ।ସଂକଳନଟିକୁ ପରଖି ଶୋଧ କରିବାରେ ମୋର ଶିକ୍ଷକ ତଥା ଗବେଷକ ପ୍ରଫେସର ଉମାକାନ୍ତ ମିଶ୍ର, ଡ.ଅସିତ ମହାନ୍ତି, ଡ. ଗୌରହରି ଦାସ ଏବଂ ଶଶିଭୂଷଣ ରଥଙ୍କ ଭୂମିକା ଅପୂରଣୀୟ ।

ଯେଉଁ ଗବେଷକମାନଙ୍କ ଅତୁଳନୀୟ ପ୍ରଚେଷ୍ଟା ଓ ଖୋଜିବାର ମନୋବୃତ୍ତି ହେତୁ ବିଭିନ୍ନ ପାଠାଗାର ଓ ଇଣ୍ଟରନେଟ୍ ପାଠାଗାରସବୁ ଋଦ୍ଧିମନ୍ତ ହୋଇଛନ୍ତି ଏବଂ ସେମାନଙ୍କ ତଥ୍ୟକୁ ଉଲ୍ଲେଖ କରି ଏ ଲେଖାଗୁଡ଼ିକ ଜୀବନ୍ତ ହୋଇଛନ୍ତି ସେମାନଙ୍କ ପାଖରେ ମୁଁ ସଦା ନତମସ୍ତକ ।

ହରିହର ପଣ୍ଡା

ବହି ସମ୍ପର୍କରେ ଦୁଇପଦ

ସତୀର୍ଥ ଶ୍ରୀ ହରିହର ପଣ୍ଡାଙ୍କର *'ଜଗନ୍ନାଥ'* ବହିଟି ଦୁଇଟି ଦୃଷ୍ଟିରୁ ଖଣ୍ଡିଏ ଉଲ୍ଲେଖନୀୟ କୃତି। ପ୍ରଥମ ହେଉଛି ଏହି ବହିରେ ଶ୍ରୀଜଗନ୍ନାଥଙ୍କୁ କେବଳ ଓଡ଼ିଆ ସଂସ୍କୃତିର ପ୍ରାଣକେନ୍ଦ୍ର ନୁହେଁ ବରଂ ଓଡ଼ିଶାର ରାଜନୈତିକ ଜୀବନର ପ୍ରାଣକେନ୍ଦ୍ର ଭାବେ ଲେଖକ ଗ୍ରହଣ କରିଛନ୍ତି। ଦ୍ୱିତୀୟ ହେଉଛି ଏହାର ବେଗଗାମୀ ଭାଷା, ଯାହା ଅଧିକାଂଶ ପ୍ରବନ୍ଧ ପୁସ୍ତକରେ ପଢ଼ିବାକୁ ମିଳି ନ ଥାଏ। ଏହି ପ୍ରାଣବନ୍ତ, ଆବେଗଧର୍ମୀ ଭାଷା ପାଇଁ ଜଣେ ପାଠକ ବହିଟିକୁ ଧରିବସିଲେ ଶେଷ ନ କରି ରହିପାରିବ ନାହିଁ।

ଉତ୍କଳମଣି ଗୋପବନ୍ଧୁ ଦାସ ଲେଖିଥିଲେ, 'ବିଶେଷେ ଉତ୍କଳେ ନାହିଁ ପ୍ରୟୋଜନ, ଉତ୍କଳର ନେତା ନିଜେ ନାରାୟଣ।' ନାରାୟଣ ବା ପୁରୁଷୋତ୍ତମ ଶ୍ରୀଜଗନ୍ନାଥ ଉତ୍କଳର ପ୍ରକୃତ ନେତା। ତାଙ୍କ ସ୍ଥାନ ଅନ୍ୟ ସବୁ ନେତା-ରାଜନେତାମାନଙ୍କଠାରୁ ଆଗରେ, ଊର୍ଦ୍ଧ୍ୱରେ। ଓଡ଼ିଆ ଜାତିକୁ ଏକାଠି ଧରି ରଖିବାରେ, ତାହାର ଜୀବନଯାତ୍ରାକୁ ଶାନ୍ତ, ସଂଯତ ଓ ଶୃଙ୍ଖଳିତ କରି ରଖିବାରେ ଜଗନ୍ନାଥ ସଂସ୍କୃତିର ପଟାନ୍ତର ନାହିଁ। ଓଡ଼ିଶାରେ ଯେ, ଭାରତବର୍ଷର ଅନ୍ୟାନ୍ୟ ଅନେକ ପ୍ରଦେଶ ପରି ଉଗ୍ର ଜାତିଆଣ ଭାବ, ସାଂପ୍ରଦାୟିକ ବିଦ୍ୱେଷ ନାହିଁ, ତାହାର ମୂଳ କାରଣ ଶ୍ରୀଜଗନ୍ନାଥ। ନିଜେ ଜଗନ୍ନାଥ ପୁଣି ଭାରତୀୟ ସଂସ୍କୃତିର ଏକ ବିରଳ ଆବିଷ୍କାର। ସେ ରାମ କି କୃଷ୍ଣଙ୍କ ପରି ଅବତାର ନୁହନ୍ତି, ସେ ସ୍ୱୟଂସମ୍ପୂର୍ଣ୍ଣ, ସର୍ବଧର୍ମର ସମନ୍ୱୟ ସମ୍ପୂର୍ଣ୍ଣ ଏକ ସ୍ୱତନ୍ତ୍ର ଉପଲବ୍ଧି।

ଲେଖକ ହରିହର ପଣ୍ଡା ଦ୍ୱାଦଶ ଶତାବ୍ଦୀର ଗଙ୍ଗେଶ୍ୱର ଦେବଙ୍କ ରାଜତ୍ୱ ସମୟରୁ ନେଇ ଊନବିଂଶ ଶତାବ୍ଦୀର ଇଂରେଜ ଶାସନ ପର୍ଯ୍ୟନ୍ତ ଦୀର୍ଘ ସାତଶହ ବର୍ଷର ଘଟଣାକ୍ରମକୁ ତାଙ୍କ ବହିର ପୃଷ୍ଠଭୂମି ଭାବେ ଗ୍ରହଣ କରିଛନ୍ତି। ଏହା ଭିତରେ ଘଟିଥିବା ବହୁ ନାଟକୀୟ, ଲୋମହର୍ଷକ ଓ ରୋମାଞ୍ଚକର ଘଟଣାର ବର୍ଣ୍ଣନା କରିଛନ୍ତି ଲେଖକ, ଯାହା ପାଠକଙ୍କୁ ମନ୍ତ୍ରମୁଗ୍ଧ କରି ରଖିବ। କେଉଁ କେଉଁ ପ୍ରକାର ନାଟକୀୟ ଘଟଣାକ୍ରମ ଦେଇ ଓଡ଼ିଆ ଜାତି ଆସିଛି, କେତେ ଅଦ୍ଭୁତ ଘଟଣାମାନ ପ୍ରତ୍ୟକ୍ଷ କରିଛନ୍ତି ଉତ୍କଳର ଗଜପତିଗଣ ପୁଣି ନିଜେ ଶ୍ରୀଜଗନ୍ନାଥ କି ପ୍ରକାର ସଙ୍କଟ ପରିସ୍ଥିତି ଦେଇ ଗତି କରିଛନ୍ତି ଏବଂ କେଉଁ କେଉଁ ଧରଣର ପରିବର୍ତ୍ତନ ଦେଇ ଶ୍ରୀଜଗନ୍ନାଥ ମନ୍ଦିରର ରୀତିନୀତି ବ୍ୟବସ୍ଥିତ ହୋଇ ଆସିଛି ସେସବୁରୁ ଅଧିକାଂଶ ଉଲ୍ଲେଖ ରହିଛି ଏହି ବହିରେ।

ଅତୀତକୁ ନେଇ ବହି ଲେଖିବା ସବୁବେଳେ ବିବାଦମୁକ୍ତ କାର୍ଯ୍ୟ ନ ହେଲେ ମଧ୍ୟ ଜଗନ୍ନାଥଙ୍କୁ ନେଇ ବିବାଦମୁକ୍ତ ବହି ଖଣ୍ଡେ ଲେଖିବା ନିଶ୍ଚୟ କଷ୍ଟସାଧ୍ୟ। ଏଥିରେ ଉଲ୍ଲିଖିତ ତଥ୍ୟଗୁଡ଼ିକ ଲେଖକ କେଉଁ କେଉଁ ସୂତ୍ରରୁ ଆଣିଛନ୍ତି ତାହାର ଏକ ବିବରଣୀ ବହି ଶେଷରେ 'ସହାୟକ ଗ୍ରନ୍ଥସୂଚୀ' ଶିରୋନାମାରେ ସେ ପ୍ରକାଶ କରିଛନ୍ତି। ଏହି ତାଲିକା ଉପରେ ଆଖିବୁଲେଇ ଆଣିଲେ ବୁଝିହୁଏ ଯେ ସେ ବହି ଖଣ୍ଡିକ ପ୍ରସ୍ତୁତ କରିବାଲାଗି କି ଧରଣର ପରିଶ୍ରମ କରିଛନ୍ତି ! ଏଥିରେ ଉଲ୍ଲିଖିତ ଘଟଣାକ୍ରମକୁ ନେଇ ଭିନ୍ନ ମତ ଆସିପାରେ, ବିତର୍କ ବି ସୃଷ୍ଟି ହୋଇପାରେ ଐତିହାସିକ-ବୁଦ୍ଧିଜୀବୀ ମହଲରେ; ମାତ୍ର ବହି ଖଣ୍ଡିକ ଯେ ଓଡ଼ିଶା ଏବଂ ଏହାର ଆରାଧ୍ୟ ଦେବତାଙ୍କ ଭାବମୂର୍ତ୍ତିର ଔଜ୍ଜ୍ୱଲ୍ୟ ପ୍ରତିଷ୍ଠା ଦିଗରେ ଅଭିପ୍ରେତ, ଏଥିରେ ସନ୍ଦେହ ନାହିଁ।

ଏହି ଗ୍ରନ୍ଥରେ ସ୍ଥାନୀତ ଲେଖାଗୁଡ଼ିକ ପୂର୍ବରୁ ପ୍ରକାଶ ପାଇ ପାଠକମାନଙ୍କ ଦୃଷ୍ଟି ଆକର୍ଷଣ କରିଅଛି; ମାତ୍ର ବହି ରୂପରେ ସେହି ଲେଖାଗୁଡ଼ିକ ଏକାଠି ପଢ଼ିବାର ଅନୁଭବ ସ୍ୱତନ୍ତ୍ର। ଏଥିନିମନ୍ତେ ଲେଖକ ହରିହର ପଣ୍ଡା ଆମମାନଙ୍କର ଧନ୍ୟବାଦର ପାତ୍ର। ମୁଁ ଶ୍ରୀ ପଣ୍ଡାଙ୍କୁ ଅଭିନନ୍ଦନ ଜଣାଉଛି ଏବଂ ବିଶ୍ୱାସ ରଖୁଛି, ଏ ବହି ଖଣ୍ଡିକ ତାଙ୍କୁ ଏକ ସ୍ୱତନ୍ତ୍ର ପରିଚୟ ଆଣିଦେବ।

ଗୌରହରି ଦାସ
ସ୍ତମ୍ଭକାର ଓ ଗାଳ୍ପିକ

ହେ ଜଗନ୍ନାଥ !

ଦ୍ୱାଦଶ ଶତାବ୍ଦୀର ଆଦ୍ୟପାଦରେ ନିର୍ମିତ ହୋଇଥିଲା ଶ୍ରୀକ୍ଷେତ୍ର ପୁରୀରେ ଶ୍ରୀଜଗନ୍ନାଥଙ୍କର ଆଜିର ଭବ୍ୟ ମନ୍ଦିର। ତାହାର ନିର୍ମାତା ଥିଲେ ଗଙ୍ଗେଶ୍ୱର ଚୋଡ଼ଗଙ୍ଗ ଦେବ। ସେଦିନଠାରୁ ଊନବିଂଶ ଶତାବ୍ଦୀର ଅନ୍ତିମ ପାଦ ପର୍ଯ୍ୟନ୍ତ ପ୍ରାୟ ଆଠଶହ ବର୍ଷର ଇତିହାସ ଶ୍ରୀଜଗନ୍ନାଥ, ଶ୍ରୀକ୍ଷେତ୍ର ଓ ଓଡ଼ିଶାକୁ ନେଇ ବହୁ ଉତ୍‌ଥାନ, ପତନର କାହାଣୀରେ ଭରା। ଏ ଇତିହାସ ଯେତିକି ଆନନ୍ଦ ଓ ଆମୋଦଦାୟକ, ସେତିକି ଅଶ୍ରୁ, ସ୍ୱେଦ ଓ ଶୋଣିତରେ ସ୍ନାତ। ଏ ବହିର ମାତ୍ର ୭୨ଟି ଛୋଟ ଛୋଟ ଅଧ୍ୟାୟରେ ସେହି ପ୍ରାୟ ଆଠଶହ ବର୍ଷର ଇତିହାସକୁ ନୂଆପିଢ଼ିପାଇଁ ଉପସ୍ଥାପନ କରିଛନ୍ତି ହରିହର ପଣ୍ଡା।

ଏହି ଆଠଶହ ବର୍ଷର ଇତିହାସର କେନ୍ଦ୍ରସ୍ଥଳରେ ଶ୍ରୀଜଗନ୍ନାଥ ହିଁ ରହିଛନ୍ତି। ତାଙ୍କୁ ହିଁ କେନ୍ଦ୍ର କରି ରାଜ୍ୟ, ରାଜ୍ୟଶାସନ ଓ ରାଜନୀତିର ଯେତେ ଉତ୍‌ଥାନ-ପତନ, ଯେତେ ଦ୍ୱନ୍ଦ୍ୱ ଓ ସଂଘର୍ଷ। ଗଙ୍ଗେଶ୍ୱର ଚୋଡ଼ଗଙ୍ଗଦେବଙ୍କଠାରୁ ଆରମ୍ଭ କରି ମୋଗଲ, ମରାଠା ଓ ଇଂରେଜ ଶାସକଙ୍କ ଶାସନକାଳ ପର୍ଯ୍ୟନ୍ତ ଏ ଇତିହାସ ପ୍ରଲମ୍ବିତ। ସରଳ ଶବ୍ଦ ଓ ଛୋଟଛୋଟ ବାକ୍ୟରେ ଅପୂର୍ବ କଥକତା ଏହାକୁ କେବଳ ସୁଖପାଠ୍ୟ କରିନାହିଁ, ଏକ ଐତିହାସିକ ଉପନ୍ୟାସ ପରି ପାଠକଙ୍କୁ ବାନ୍ଧି ରଖିବା ପରି ବିଶେଷତ୍ୱର ଅଧିକାରୀ ମଧ୍ୟ କରିପାରିଛି।

ହରିହର ବୃତ୍ତିରେ ସାମ୍ବାଦିକ। କିନ୍ତୁ ଓଡ଼ିଶାର ଐତିହ୍ୟ, ଇତିହାସ ଓ ସଂସ୍କୃତି ପ୍ରତି ତାଙ୍କର ରହିଛି ସ୍ୱତନ୍ତ୍ର ଆଗ୍ରହ ଓ ଅନୁସନ୍ଧିତ୍ସା। ବୃତ୍ତିଗତ ଜୀବନର ଜଞ୍ଜାଳ ଭିତରେ ବି, ବିଗତ ପ୍ରାୟ ଦୁଇ ଦଶନ୍ଧି ଧରି ସେ ଏସବୁ ସହ ନିଜକୁ ଜଡ଼ିତ କରି ଆସିଛନ୍ତି। ଏହାର ଫଳସ୍ୱରୂପ ଆମେ ପୂର୍ବରୁ ପାଇଛୁ *'ଅନ୍ତରଙ୍ଗ ଓଡ଼ିଶା'* ପରି ଖଣ୍ଡିଏ ବହି। ଓଡ଼ିଶାର ରାଜବାଟୀଗୁଡ଼ିକ ମଧ୍ୟରୁ ପ୍ରମୁଖ କେତୋଟିର ଐତିହ୍ୟ, ଇତିହାସ ଓ ସାଂପ୍ରତିକ ସ୍ଥିତିକୁ ନେଇ ମଧ୍ୟ ସେ ଆଉ ଖଣ୍ଡିଏ ସଚିତ୍ର ପୁସ୍ତକ ପ୍ରସ୍ତୁତ କରିଛନ୍ତି। ସେହି କ୍ରମରେ ଏବେ ପ୍ରସ୍ତୁତ ହୋଇଛି ଏ ବହି- *'ଜଗନ୍ନାଥ'*। ଏହା ସୂଚାଉଛି ଯେ ଓଡ଼ିଶାର ସାମଗ୍ରିକ ବିବିଧତା ଓ ବୈଚିତ୍ର୍ୟର ପରିଧି ଭିତରୁ କ୍ରମେ କେନ୍ଦ୍ରିତ ହୋଇ ହୋଇ ସେ ଆସି ପହଞ୍ଚିଛନ୍ତି ଶ୍ରୀଜଗନ୍ନାଥଙ୍କଠାରେ ଏବଂ ତାଙ୍କୁ କେନ୍ଦ୍ରରେ ରଖି ଏବେ ଓଡ଼ିଶାର ଐତିହ୍ୟ ଓ ଇତିହାସକୁ ଦେଖୁଛନ୍ତି।

ଏ ପୁସ୍ତକର ବିଶେଷତ୍ୱ ହେଉଛି, ଏଥିରେ ପ୍ରାୟ ଆଠଶହ ବର୍ଷର ଇତିହାସ ବିବୃତ ହୋଇଥିଲେ ମଧ୍ୟ, ଦ୍ୱାଦଶ ଶତାବ୍ଦୀ ପୂର୍ବର ଅନେକ ଉପାଖ୍ୟାନ ମଧ୍ୟ ପ୍ରାସଙ୍ଗିକ ଭାବେ ସୂଚିତ ହୋଇଛି। କିନ୍ତୁ ଏହା ସମଗ୍ର ଭାବରେ ଶ୍ରୀଜଗନ୍ନାଥଙ୍କୁ କେନ୍ଦ୍ରକରି କଥିତ ହୋଇଥିଲେ ମଧ୍ୟ ଏଥିରେ ଲେଖକଙ୍କର କୌଣସି ଭକ୍ତସୁଲଭ ଭାବାଳୁତା ପ୍ରକଟ ହୋଇ ନାହିଁ। ଏକ ଅନାସକ୍ତ ଓ ନିରପେକ୍ଷ ଐତିହାସିକ ଦୃଷ୍ଟିଭଙ୍ଗୀ ନେଇ ସେ ଦେଖିଛନ୍ତି କିପରି କାଳର କ୍ରମରେ ଜଗନ୍ନାଥ ହୋଇଛନ୍ତି ଏ ଭୂଖଣ୍ଡରେ ଶାସନର ଓ ରାଜ୍ୟରକ୍ଷାର ଆଧାର। ଏହା କେବଳ ଯେ ଗଙ୍ଗବଂଶୀ, ସୂର୍ଯ୍ୟବଂଶୀ ବା ଭୋଇବଂଶୀ ରାଜାମାନଙ୍କ କ୍ଷେତ୍ରରେ ହୋଇଛି ତାହା ନୁହେଁ;

ମୋଗଲ, ମରହଟ୍ଟା ଓ ଇଂରେଜମାନେ ମଧ୍ୟ ରାଜ୍ୟ ଶାସନରେ ତିଷ୍ଠି ରହିବାପାଇଁ ଶ୍ରୀଜଗନ୍ନାଥଙ୍କୁ ହିଁ ଉପଯୋଗ କରିଛନ୍ତି। କେବେ ତାଙ୍କର ସେବାପୂଜାକୁ ବ୍ୟବସ୍ଥିତ କରି ବା ଆଉ କେବେ ତାଙ୍କର ବା ତାଙ୍କ ଆଦ୍ୟ ସେବକଙ୍କର ପ୍ରାଧାନ୍ୟ ଖର୍ବ କରି ଏହା ହାସଲ କରିବାର ପ୍ରଚେଷ୍ଟା ହୋଇଆସିଛି। ଏସବୁର କାହାଣୀ ଅତ୍ୟନ୍ତ ରୋଚକ ଓ କୌତୂହଳୋଦ୍ଦୀପକ ଭାବରେ ଏ ପୁସ୍ତକର ପ୍ରତିଟି ଆଖ୍ୟାନ ଓ ଉପାଖ୍ୟାନରେ ବର୍ଣ୍ଣିତ। କିନ୍ତୁ ଏ ବହିର ସବୁଠୁ ବଡ଼ ବିଶେଷତ୍ୱ ହେଉଛି, ଏଥିରେ ବର୍ଣ୍ଣିତ କୌଣସି ଗୋଟିଏ ବି ଉପାଖ୍ୟାନ କପୋଳକଳ୍ପିତ ବା ଜନଶ୍ରୁତି ଆଧାରିତ ନୁହେଁ। ସବୁଗୁଡ଼ିକ ଐତିହାସିକ ସତ୍ୟ ଓ ତଥ୍ୟ ଦ୍ୱାରା ସମର୍ଥିତ ଏବଂ ତାହାର ଆଧାରରେ ହିଁ କଥିତ।

ଏ ପୁସ୍ତକ ମଧ୍ୟ ବହୁ ଜଣା-ଅଜଣା ଚରିତ୍ରଙ୍କର ଏକ ଅନୁପମ ଚିତ୍ରଶାଳା। ଏଥିରେ ଯେପରି ଶଙ୍କରାଚାର୍ଯ୍ୟ, ରାମାନୁଜ ଓ ରାୟରାମାନନ୍ଦଙ୍କ ପରି ଉଚ୍ଚ ଆଧ୍ୟାତ୍ମିକ ଚରିତ୍ର ରହିଛନ୍ତି, ସେପରି ମଧ୍ୟ ଅଛନ୍ତି କଲ୍ୟାଣ ମଲ୍ଲ, କଳାପାହାଡ଼ ଓ କେଶୋ ଦାସ ମାରୁଙ୍କ ପରି ଲୁଣ୍ଠନକାରୀ ଏବଂ ଚାଖି ଖୁଣ୍ଟିଆଙ୍କ ପରି ଦେଶପ୍ରେମୀ ଓ ଦର୍ପହନ୍ତ (ପାହାନ୍ତା)ସିଂଙ୍କ ପରି ଦେଶଦ୍ରୋହୀ। ପୁଣି ଦେବସ୍ମୀ ଓ କାଲୁଆ ମାଲୁଣୀ ପରି ସାଧାରଣ ନାରୀ ଚରିତ୍ରଠାରୁ ଆରମ୍ଭ କରି ରୂପାମ୍ବିକା, ଜଗନ୍ମୋହିନୀ, ଲଳିତା ଓ ସୂର୍ଯ୍ୟମଣି ପାଟ ମହାଦେଈଙ୍କ ପରି ରାଜବଂଶସଂଭୂତା ଏବଂ ମାଧବୀ ଦାସୀଙ୍କ ପରି ନିବେଦିତା ଭକ୍ତା ବି ଏଥିରେ ଅଛନ୍ତି। ସେହିପରି ନୀଳମାଧବ, ନୃସିଂହ ଓ ସାକ୍ଷୀଗୋପାଳଙ୍କଠାରୁ ଆରମ୍ଭ କରି ଭୈରବ ଓ ଶ୍ରୀଦେବୀଙ୍କ ପରି ବହୁ ଦେବଦେବୀ ମଧ୍ୟ ଏଥିରେ ବିଦ୍ୟମାନ।

ସଂକ୍ଷେପରେ କହିଲେ, ଏ ପୁସ୍ତକ ଶ୍ରୀକ୍ଷେତ୍ର, ଶ୍ରୀମନ୍ଦିର ଓ ଶ୍ରୀଜଗନ୍ନାଥ ତଥା ସାମଗ୍ରିକ ଭାବରେ ଓଡ଼ିଶାର ଦୀର୍ଘ ପ୍ରାୟ ଆଠ ଶତାବ୍ଦୀର ଇତିହାସର ସଂକ୍ଷିପ୍ତ ପୁନର୍କଥନ। ମୋର ବିଶ୍ୱାସ, ଏହା କେବଳ ହରିହରଙ୍କୁ ଏକ ନୂଆ ପରିଚିତି ଦେବ ନାହିଁ, ଓଡ଼ିଶାର ଅଗଣିତ ପାଠକଙ୍କ ହୃଦୟରେ ତାଙ୍କ ପ୍ରତି ଏକ ଶ୍ରଦ୍ଧାର ଆସନ ପ୍ରତିଷ୍ଠା କରିବ।

୧୧୨୬ ମସିହାର କଟକ ରାଜବାଟୀରୁ ତଥା ଆଜିର ଶ୍ରୀମନ୍ଦିରର ନିର୍ମାଣକାଳରୁ ଆରମ୍ଭ କରି, ଶ୍ରୀଜଗନ୍ନାଥଙ୍କର ୧୮୯୫ ମସିହାର ଏକ ରଥଯାତ୍ରାର ଅଦ୍ଭୁତ ଉପାଖ୍ୟାନରେ ଏ ପୁସ୍ତକର ଉପସଂହାର କରିଛନ୍ତି ହରିହର। ଏହାର ପରବର୍ତ୍ତୀ କାଳର, ବିଂଶ ଶତାବ୍ଦୀର ପ୍ରାୟ ଅର୍ଦ୍ଧଶତାବ୍ଦୀର ଇତିହାସ ମଧ୍ୟ ଶ୍ରୀଜଗନ୍ନାଥ ଓ ଶ୍ରୀମନ୍ଦିର ତଥା ଆଦ୍ୟ ସେବକ ଗଜପତି ମହାରାଜାଙ୍କ ଅସ୍ତିତ୍ୱର ଏକ ସଂଘର୍ଷ ସଂକୁଳ ପର୍ଯ୍ୟାୟ। ଆଶା, ଏ ପୁସ୍ତକରୁ ପାଥେୟ ନେଇ ସେ ବିଂଶ ଶତାବ୍ଦୀର ସେହି ପ୍ରଥମାର୍ଦ୍ଧର ଇତିହାସକୁ ମଧ୍ୟ ଆଗାମୀ ଦିନରେ ଅନ୍ୟ ଏକ ସ୍ୱତନ୍ତ୍ର ପୁସ୍ତକରେ ଉପସ୍ଥାପିତ କରିବେ ଏବଂ ଓଡ଼ିଶାବାସୀଙ୍କର ଅଧିକ ଶ୍ରଦ୍ଧାଭାଜନ ହେବେ।

ଆଶା ଶ୍ରୀଜଗନ୍ନାଥ ତାଙ୍କୁ ଏ ଦିଗରେ ସହାୟ ହେବେ।

ଅସିତ ମହାନ୍ତି

ଜଗନ୍ନାଥ ସଂସ୍କୃତି ଗବେଷକ, ଲେଖକ ଓ ସମାଲୋଚକ

ଏ ଅପୂର୍ବ ଦିଅଁଙ୍କୁ କିଏ ବା' ଚିହ୍ନିବ !

ସତରେ ଶ୍ରୀ ଜଗନ୍ନାଥଙ୍କ ଚକା ଆଖି ପରିଧିର ଆଦି ଅନ୍ତ ନାହିଁ। କାହିଁ କେଉଁ ଆଦିମ ଗୁମ୍ଫା ଭିତରେ ସେ ଅପୂର୍ବ ନୀଳମାଧବ ଭାବେ ପ୍ରକଟ ହୋଇଛନ୍ତି ତ ପ୍ରଳୟ ପୟୋଧି ଜଳେ ସିଏ ପୁଣି ପୁରୁଷୋତ୍ତମ ରୂପେ। ସିଏ ହିଁ ତ ବାଳ ମୁକୁନ୍ଦ- ଜୀବନ ମହୋଦଧି ପରିବ୍ୟାପ୍ତ ତମତମାଳ କୁଞ୍ଜରେ; ଭକ୍ତିର ତୈଳପୂର୍ଣ୍ଣ ପ୍ରଦୀପରେ ଜ୍ଞାନର ପୁଲକିତ ଅଞ୍ଜନ। ଏପଟେ ସେ ସାରସ୍ୱତ ସଲୀଳା ସ୍ରୋତସ୍ୱିନୀ ଏବଂ ସେପଟେ ଅନିତ୍ୟ ସଂସାରରେ ଭଙ୍ଗାଗଢ଼ା କାହାଣୀର ପ୍ରଗଳ୍ଭ କୁସୁମାଞ୍ଜଳୀ।

ଦ୍ୱାରିକାଧୀଶଙ୍କର ଦିବ୍ୟ ଅଙ୍ଗର ବିବର୍ତ୍ତନରୁ ଗଢ଼ିଉଠେ ଯୁଗ ପରେ ଯୁଗ ବ୍ରହ୍ମଙ୍କର ନିୟତୀ ପ୍ରସ୍ତୁତ ଉପାଦାନ। ଅଗୁରୁ, ଚନ୍ଦନ, କସ୍ତୁରୀର ସତତ ସତ୍ୟାର୍ପଣ ଯେଉଁଠି ପ୍ରତି ପଲକରେ ଆଉ ସନାତନ ଆଧାତ୍ମ ମଞ୍ଜରୀ ଲଟେଇଯାଏ ଇତିହାସ, ପୁରାଣ କିମ୍ବଦନ୍ତୀ ଚାରିପଟେ ଏବଂ ଭକ୍ତିପ୍ରେମ ଓ ସାଧନାର ମହୁଫେଣା ଋଦ୍ଧିମନ୍ତ ହୋଇଯାଏ, ଚୈତନ୍ୟରେ ଚରଣ ଯୋଡ଼ି ହୋଇଯାଏ, ବ୍ରହ୍ମଦ୍ରଷ୍ଟା ଯୋଗୀରାଜ ଶଙ୍କରଙ୍କ ପ୍ରଜ୍ଞାନ ବ୍ରହ୍ମରୁ ଆଶୀଷର ବାରି ଝରିଯାଏ, ଶରଧାବାଲିକୁ ଅମୃତାୟିତ କରିଦିଏ, ଗାଁ ବାରିପଟ ଉଇ ହୁଙ୍କା ଗହଳରୁ ଚିହ୍ନା ପରିଚିତ ନିମ୍ବଗଛ ଜୀବନର ବଡ଼ଦଣ୍ଡରେ ଶଗଡ଼ିରେ ଗଡ଼ି ଗଡ଼ି ଶ୍ରୀମନ୍ଦିର ପହଞ୍ଚି ପହଞ୍ଚି ଈଶ୍ୱର ପାଲଟିଯାଏ, ଶବର ତନ୍ତ୍ର, ନୃସିଂହ ମନ୍ତ୍ରରେ ସତ୍ୟ, ପ୍ରେମ, କରୁଣାର ସର୍ବଳାଙ୍କର ଯୁକ୍ତ ହୋଇ ଓଡ଼ିଆଙ୍କର କଳାଠାକୁର ହୋଇଯାଏ।

ଏଭଳି ଅପୂର୍ବ ଦିଅଁଙ୍କୁ କ'ଣ ବା ବୁଝିହେବ; କ'ଣ ଭଜିବ, କ'ଣ ଚିହ୍ନିବ, କେମିତିବା ଚିହ୍ନାଇବ ଉତ୍ତର ପୁରୁଷଙ୍କୁ ? ଏ ଭୂ-ମଣ୍ଡଳର ଏକ ପବିତ୍ର ମହାକାନ୍ତାରରେ ଅଧିଷ୍ଠିତ ଦାରୁବ୍ରହ୍ମ, ଯାହାଙ୍କ ନାଭିରେ ଗୌତମ ବୁଦ୍ଧଙ୍କ ହୃଦୟ, ମୁଖଶାଳାରେ ଏକାଦଶ ରୁଦ୍ର, ତାହାଙ୍କ ରତ୍ନ ମଣ୍ଡପକୁ ପ୍ରଣିପାତ ଅବା କ'ଣ କରିବ ! ସବୁବେଳେ ରାମ ମନ୍ତ୍ରର ସୁରଭି ଯେଉଁଠି ପତିତପାବନ ହୋଇ ମୁଖଶାଳାରେ ଆତ୍ମାକୁ ଘରମୁହାଁ କରୁଛି, ତାହାର ପରିଚୟ ପୁଣି କିଏ ଦେବ ?

ଏ ପୁସ୍ତକର ପ୍ରତିଟି ଅଧ୍ୟାୟରେ ସନ୍ନିବେଶିତ ତଥ୍ୟ ବଡ଼ ଶ୍ରମ କରି ହୃଦୟ ଲଗାଇ, ଶୋଧ ପରଖ କରି ଲେଖକ ସଂଗ୍ରହ କରିଛନ୍ତି। ଏଥିରୁ ଆମକୁ ଓଡ଼ିଆଙ୍କ ପରିଚୟ, ନିଜ ପରିଚୟ, ଆତ୍ମା ପରିଚୟ ଓ ତାପରେ କଳାଠାକୁରଙ୍କର କିଞ୍ଚିତ ଦର୍ଶନ ମିଳିପାରିଲେ ଆମେ ସମସ୍ତେ ଧନ୍ୟ ହେବା।

ହୋ ଭଗତେ ! ଜୟ ଜଗନ୍ନାଥ।

ପ୍ରଫେସର ଉମାକାନ୍ତ ମିଶ୍ର
ଗବେଷକ

ସୁପାଠ ଓ ସଂଗ୍ରହଣୀୟ

ଶ୍ରୀମନ୍ଦିରରେ ପୂଜିତ ଶ୍ରୀ ଜଗନ୍ନାଥ ଏକ ଆରୋପିତ ସଂଗ୍ରହ। ବିଭିନ୍ନ ଐତିହାସିକ ଘଡ଼ିସନ୍ଧି କାଳଖଣ୍ଡର ଧାର୍ମିକ ବିଶ୍ୱାସ ଓ ଅଲୌକିକତାର ପ୍ରସ୍ତପ୍ରସ୍ତ ଆବରଣର ସେ ଏକ ଅନନ୍ୟ ବିଗ୍ରହ ହୋଇଥିବାରୁ ନିର୍ଦ୍ଦିଷ୍ଟ ଆକଳନ ଅସମ୍ଭବ। ଶ୍ରୀ ଜଗନ୍ନାଥଙ୍କ ସମ୍ବନ୍ଧରେ ଏ ପର୍ଯ୍ୟନ୍ତ ଯାହାବି ଲେଖାଯାଇଛି ତାହା ଅସମ୍ପୂର୍ଣ୍ଣ। ଶ୍ରୀ ଜଗନ୍ନାଥଙ୍କ ତତ୍ତ୍ୱ ଦର୍ଶନ, ବିଗ୍ରହ ଶିଳ୍ପ, ନୀତି ନିର୍ଘଣ୍ଟ, ପ୍ରାଚୀନ ବ୍ୟବସ୍ଥା ବିଷୟରେ ଯେତେ ଚର୍ଚ୍ଚା କଲେ ମଧ୍ୟ ଶେଷକଥା ବୋଲି କିଛି କହି ହୁଏ ନାହିଁ। ଦେବ, ଦାନବଙ୍କ ମଧ୍ୟବର୍ତ୍ତୀ ମାନବ ନିଜକୁ ନିଜେ ଦଗ୍ଧ କରି ଜଗନ୍ନାଥଙ୍କ ସୀମାହୀନ ତତ୍ତ୍ୱକୁ ଜାଣିବାର ପ୍ରୟାସ କଲେ ଏକ ଅଭିନବ ଉନ୍ମୋଚନ ହିଁ ମିଳିବ, ଯାହାକି ଆଉ ଏକ ଆରମ୍ଭ ମାତ୍ର।

ଏ ଦିଗରେ ଶ୍ରୀ ହରିହର ପଣ୍ଡା '*ଜଗନ୍ନାଥ କିଏ*' ଶୀର୍ଷକରେ ଏକ ଧାରାବାହିକ '*ନିତିଦିନ*' ଦୈନିକୀର ଲେଖୁଥିଲେ ଏବଂ ପ୍ରତ୍ୟେକଟିକୁ ମୁଁ ଆଗ୍ରହର ସହ ପାଠ କରିଛି। ଅନେକ ନୂତନ କଥାର ସଂଗ୍ରହ ଓ ଉପସ୍ଥାପନା କରିବାରେ ସେ ସଫଳ ହୋଇଥିଲେ। ଏପରିକି ମନରେ ଉଙ୍କି ମାରିଥିବା ଅନେକ ପ୍ରଶ୍ନର ଉତ୍ତର ତଥା ବିଷୟ ସହ ଜଡ଼ିତ ସହାୟକ ଗ୍ରନ୍ଥର ସୂଚନା ଦେଇଛନ୍ତି। ଏହା ଆଜି ଆନନ୍ଦର ବିଷୟ ଯେ ୨୦୧୯ ରଥଯାତ୍ରା ଅବ୍ୟବହିତ ପୂର୍ବରୁ ଏହା ଏକ ଆକର୍ଷଣୀୟ ପୁସ୍ତକ ଭାବେ ପ୍ରକାଶିତ ହେବାକୁ ଯାଉଛି। ଏହା ଅବଶ୍ୟ ସୁପାଠ ଓ ସଂଗ୍ରହଣୀୟ ହବ ବୋଲି ମୋର ବିଶ୍ୱାସ। ପାଠକୀୟ ଆଦୃତି ଶ୍ରୀ ପଣ୍ଡାଙ୍କୁ ଏପରି ସୁ ସାହିତ୍ୟ ରଚନା କରିବାରେ ନିଶ୍ଚିତ ଉତ୍ସାହିତ କରିବ।

ଶଶିଭୂଷଣ ରଥ
ପ୍ରାବନ୍ଧିକ

ପୃଷ୍ଠଭୂମି

ଆମର ଇଡ଼ା, ପିଙ୍ଗଳା ଓ ସୁଷୁମ୍ନା ମଧ୍ୟରେ ଯେଉଁ ତତ୍ତ୍ୱ ପ୍ରବାହିତ, ତାହାକୁ ଆମେ 'ଜଗନ୍ନାଥ' ବୋଲି ମାନିନେଇଛୁ। ଏହା କେବେଠୁ ବା ସେ କେଉଁଠୁ ଆସିଲେ- ଆମକୁ ଜଣା ନାହିଁ। ଆମେ ଏହାଙ୍କୁ କାହିଁକି ପୂଜା କରୁ ତାହା ବି ଜାଣୁନା। ତାଙ୍କୁ କାହିଁକି କଳା, ନାଲିରେ ରଙ୍ଗାଗଲା ତାହା ମଧ୍ୟ ଅଜଣା। ତଥାପି ନବକଳେବରର ପ୍ରତିଟି ଦାରୁକୁ ରୂପ ଦେବାବେଳେ ସେଇ ମାପ, ସେଇ ରଙ୍ଗ, ସେଇ ଚେହେରାକୁ ଅବିକଳ ନିର୍ମାଣ କରିପାରୁ ! ଯଦି ଶିଳ୍ପୀଟିଏ ନିଜ ଦ୍ୱାରା ବୁଣାଯାଇଥିବା ଶାଢ଼ିର ଅବିକଳ ଆଉଥରେ ବୁଣିପାରେନି, ଏଠି କେମିତି ତାହା ସମ୍ଭବ ହୁଏ, ବାରମ୍ବାର ? ଆପଣା ପ୍ରଶ୍ନର ଉତ୍ତର ଖୋଜିବାବେଳେ ଏମିତି କିଛି ପୁସ୍ତକ ପଢ଼ିବାକୁ ସୁଯୋଗ ମିଳିଛି, ଯେଉଁଠି ମନେ ହୋଇଛି-ସେ କେବଳ ଭାବ, ଭକ୍ତିର ଠାକୁର ନୁହନ୍ତି ବରଂ ଆମ ରାଷ୍ଟ୍ରନୀତିର ନାଭିବ୍ରହ୍ମ। ଆମକୁ ଶୃଙ୍ଖଳିତ କରିବା ଲାଗି ସେ ମଧ୍ୟ ଏକ ପ୍ରଶାସନିକ ଆରୋପଣ। ଆଜି ଯେ ତାଙ୍କ ଦୁଆରୁ ରାଜନୈତିକ ଶୋଭାଯାତ୍ରା ବାହାରୁଛି ବା ତାଙ୍କରି ଆଶୀର୍ବାଦ ନେଇ ଦାରିଦ୍ର୍ୟ ଦୂରୀକରଣ ଯୋଜନା ରୂପାୟନ ହେଉଛି ତା' ନୁହେଁ, ଏ ଧାରାର ପ୍ରବାହ ଅନେକ ଦିନରୁ ଚାଲି ଆସିଛି। ଆଜିର ଏ ମନ୍ଦିର ତିଆରି ହେଲାସମୟଠାରୁ ଏଭଳି ପ୍ରବାହକୁ ଖୋଜିବାର ଏକ ପ୍ରୟାସ ହୋଇଛି, ଏଇ ପୁସ୍ତକରେ। ଇତିହାସର ପୃଷ୍ଠଭୂମି ତଥା ଉପଲବ୍ଧ ତଥ୍ୟକୁ ଆଧାର କରି ସେ ସମୟର ଘଟଣାବଳୀସବୁ ଯେମିତି କଳ୍ପନା ଆକାଶରେ ଉଙ୍କିମାରିଛି ତାହାକୁ ଶବ୍ଦରେ ଧରି ରଖିବାକୁ ଏଇଠି ଚେଷ୍ଟା କରାଯାଇଛି। ଯଦିଓ ୧୧୨୬ ମସିହାରୁ କାହାଣୀ ଆରମ୍ଭ ହୋଇଛି, ଏହା ପୂର୍ବର ଅନେକ ତଥ୍ୟ ବି ଏଠି ବିଷୟ ପାଲଟିଛନ୍ତି। ବହିର ପୃଥୁଳ ଚେହେରାକୁ ନିୟନ୍ତ୍ରଣ କରିବା ଲାଗି ଏହି ଧାରାକୁ ଊନବିଂଶ ଶତାବ୍ଦୀର ଶେଷଭାଗରେ ରୋକି ଦିଆଯାଇଛି। ପାଠକେ ଜଗନ୍ନାଥ କଥା ସମ୍ବଳିତ ଏହି ଐତିହାସିକ ଏବଂ ରୋମାଞ୍ଚକର ଅଧ୍ୟାୟ ଗୁଡ଼ିକର ଆନନ୍ଦ ନେବେ ବୋଲି ଆଶା କରୁଛି।

-ଲେଖକ

ଭିତରେ ରହିଛି

ଗଙ୍ଗେଶ୍ୱର- ୧୧
ବିଷ୍ଣୁ ପଞ୍ଜରା- ୧୪
ନୀଳମାଧବ- ୧୭
ସିନ୍ଦୁରପୁରୀ- ୨୦
ଆଦିଗୁରୁ- ୨୩
ରାମାନୁଜଚାର୍ଯ୍ୟ- ୨୬
ସାଧୁ ଭୀମଦେବ- ୨୯
ଲକ୍ଷ୍ମୀ ନାରାୟଣ ଓ ମେଘେଶ୍ୱର- ୩୧
ପୁରୁଷୋତ୍ତମ ପୁତ୍ର- ୩୪
ବଳଭଦ୍ର ପୂଜା-୩୭
ଦେବସ୍ୱୀ ଓ କାଲୁଆ ମାଲୁଣୀ-୪୦
ଯୋଡାପିନ୍ଧା ସୂର୍ଯ୍ୟଦେବ- ୪୩
ଅଠରନଳା-୪୬
ତ୍ରିମୂର୍ତ୍ତିଙ୍କୁ ବିସର୍ଜନ- ୪୮
ଶିଥିଳ ମତ୍ତଭାନୁ- ୫୧
ଜଗନ୍ନାଥ ପୁତ୍ର- ୫୪
ରାଷ୍ଟ୍ର ଦେବତା- ୫୮
ରାଜମୁଣ୍ଡାରୀ- ୬୧
ପୁରୁଷୋତ୍ତମ କଟକ- ୬୪
କାଞ୍ଚି ଅଭିଯାନ- ୬୭
ପୁନଶ୍ଚ ପରାଜୟ-୬୯
ଏଥର ବିଜୟ- ୭୨
ରୂପାମ୍ବିକା-୭୬
ସାକ୍ଷୀଗୋପାଳ- ୭୯
ଗୀତଗୋବିନ୍ଦ-୮୨
ବୀରଭଦ୍ର-୮୫
ପଦ୍ମାବତୀ-୮୮
ଜଗନ୍ମୋହିନୀ-୯୧
ମାଧବୀ ଦାସୀ-୯୪
ମୁକୁନ୍ଦଙ୍କ ଚିନ୍ତା-୯୮
ବାୟଜାଦ ଖାନ୍-୧୦୧
କଳାପାହାଡ଼-୧୦୪
ବାରବାଟୀ-୧୦୭
ବିଶର ମହାନ୍ତି-୧୧୦
ବଳୀ ବିକ୍ରମ ସିଂହ-୧୧୩
ରାମଚନ୍ଦ୍ର ଦେବ-୧୧୬
ନବକଳେବର- ୧୧୯
ମୁକ୍ତି ମଣ୍ଡପ-୧୨୨

ଜଗନ୍ନାଥ

ଆଲୋକ ବର୍ତ୍ତିକା- ୧୨୫	ବନ୍ଦୀ ରାଜା, ସର୍ବହରା ବନ୍ଦୀ- ୧୭୭
କେଶୋଦାସ ମାରୁ- ୧୨୮	ଡି'ସୋଜୋ ଓ ଗଙ୍ଗାଧର- ୧୮୦
ଶ୍ରୀମନ୍ଦିର ଲୁଣ୍ଠନ- ୧୩୧	ମେଣ୍ଟ ଠାକୁର ଓ ଖ୍ରୀଷ୍ଟ ପ୍ରଚାର- ୧୮୨
ଗଡ଼ ମାଣୋତ୍ରୀ- ୧୩୪	ଭଗୀରଥ ବନାମ ରାମଚନ୍ଦ୍ର- ୧୮୬
ବିରଞ୍ଚି ନାରାୟଣ- ୧୩୭	ମୋଲକ୍- ୧୮୯
ବସନ୍ତ ଗୁଣ୍ଡିଚା- ୧୩୯	ମନ୍ଦିର ଭିତରେ ଭକ୍ତ ମୃତ୍ୟୁ- ୧୯୨
ବଜ୍ରପାତ- ୧୪୧	ଚାଶି ଖୁଣ୍ଟିଆ- ୧୯୫
ଅଜ୍ଞାତବାସରେ ୧୫ ବର୍ଷ- ୧୪୪	ପଞ୍ଚାୟତକୁ ଶ୍ରୀମନ୍ଦିର- ୧୯୮
ବନ୍ଦୀ ଗଜପତି- ୧୪୭	ପଥର ଖସିଲା ବଡ଼ ଦେଉଳ୍- ୨୦୧
ରେଜ଼ିଆ- ୧୫୦	ପାଗଳ ରାଜା- ୨୦୪
ପତିତପାବନ- ୧୫୪	ସେବକଙ୍କୁ ପାରିବା କଷ୍ଟକର- ୨୦୮
ମାରଦା- ୧୫୭	ଟ୍ରାମ୍ ଓ ଘୋଡ଼ାଗାଡ଼ିରେ ରଥ- ୨୧୧
ପାଗଳ ରାଜା- ୧୫୯	ଦାସୁରାମଙ୍କ ହିଂସା- ୨୧୪
ମୋହନଭୋଗ- ୧୬୨	ରତ୍ନଭଣ୍ଡାର ଉପରେ ନଜର- ୨୧୬
ଭୌରବ- ୧୬୫	ନାଗାବାବାଙ୍କ ଦାଦାଗିରି- ୨୧୯
ଜଗନ୍ନାଥ ରାଣା- ୧୬୮	ପାହାଡ଼ରେ ରଥବିଜେ- ୨୨୧
ପୁଣି ଏକ ପରିବର୍ତ୍ତନ- ୧୭୧	ସହାୟକ ଗ୍ରନ୍ଥସୂଚୀ- ୨୨୪
ହାଡ଼ର ଉପତ୍ୟକା- ୧୭୪	

||| ଜଗନ୍ନାଥ

ଗଙ୍ଗେଶ୍ୱର

କଟକ ଚୌଦ୍ୱାର, ୧୧୨୬।

ହଠାତ୍ ନିଦ ଭାଙ୍ଗିଗଲା। ଉତ୍କଳ ବିଜୟ ପରେ ଯେଉଁ ପ୍ରତୀକ ମନ୍ଦିରଟି ତିଆରି ହେଲା ତା'ର ଅଧିଷ୍ଠାତା କିଏ ହେବେ, ସେ ପ୍ରଶ୍ନର ଉତ୍ତର ଖୋଜି ଖୋଜି ଗଙ୍ଗେଶ୍ୱରଙ୍କୁ ଅନେକ ରାତିରେ ନିଦ ହେଉ ନଥାଏ। କିନ୍ତୁ ଗଲା ରାତିରେ କିଛି ସମୟ ପାଇଁ ଚୌଦ୍ୱାର କଟକର ଗଡ଼ ଭିତରେ ଆଖି ପଡ଼ିଯାଇଥିଲା।

ପରମ ବୈଷ୍ଣବ ଉଠି ପଡ଼ିଲେଣି ବୋଲି ସେବକମାନେ ଜାଣିଗଲେ। ଆଉ ଦେଖିଲେ ଛାମୁ ବେଶ୍ ଖୁସି ଜଣାପଡୁଛନ୍ତି। ବୋଧହୁଏ ଦେଉଳରେ କିଏ ପୂଜା ପାଇବେ ତାହାର କିଛି ଉତ୍ତର ସେ ପାଇଛନ୍ତି।

ସଙ୍ଗେସଙ୍ଗେ ରାଜଗୁରୁଙ୍କୁ ଉପସ୍ଥିତ ହେବାର ଆଦେଶ ଦେଲେ। ଏମିତିରେ ଦେଉଳ ତିଆରି ଆରମ୍ଭରୁ ରାଜଗୁରୁଙ୍କ ସହ ତାଙ୍କର ବିଚାର ବିମର୍ଶ ଅନେକ ଦିନ ହେଲା ଚାଲିଥାଏ। ଗଲାକାଲି ମଧ୍ୟ ବିଳମ୍ବିତ ରାତିଯାଏ ଆଲୋଚନା ହୋଇଥିଲା। ଏଣୁ ସେ ଆଉ ଘରକୁ ଫେରି ନଥାନ୍ତି। ରାଜାଙ୍କ ଆଦେଶ ଯେମିତି ପାଇଲେ ତତ୍କ୍ଷଣାତ୍ ଉପସ୍ଥିତ ହେଲେ।

କି ଆଦେଶ ଅଛି ଛାମୁ...। ବହୁତ ପ୍ରସନ୍ନ ହୋଇ ଗଙ୍ଗେଶ୍ୱର କହିଲେ ସବୁ ସମସ୍ୟାର ଅନ୍ତ ଘଟିଲା। ନୂଆ ମନ୍ଦିରରେ ପୁରୁଷୋତ୍ତମଙ୍କୁ ପ୍ରତିଷ୍ଠା ପାଇଁ ବ୍ୟବସ୍ଥା କରନ୍ତୁ।

ପୁରୁଷୋତ୍ତମ... !

ହଁ, ସ୍ୱୟଂ ପୁରୁଷୋତ୍ତମ ମୋ ସ୍ୱପ୍ନରେ ଆସିଥିଲେ। ସେ ମୁହୂର୍ତ୍ତ ଅବର୍ଣ୍ଣନୀୟ। ହାତରେ ଶଙ୍ଖ, ଚକ୍ର, ଗଦା,ପଦ୍ମ-ଶ୍ୟାମଳ ଗୌର ବର୍ଣ୍ଣ। ଏହା ମୋ କଳ୍ପନା ନୁହେଁ.. ଏହା ବାସ୍ତବ। ସେ ହିଁ ସେଠାରେ ରହିବାକୁ ଚାହିଁଛନ୍ତି। କିଛି ସମୟ ଗମ୍ଭୀର ହେଲାପରେ... ହଁ, ଆଉ ଏକ କଥା ! ପୁରୁଷୋତ୍ତମଙ୍କ ସହ ମହାଲକ୍ଷ୍ମୀ ମଧ୍ୟ ପୂଜା ହେବେ। କାରଣ ପୁରୁଷୋତ୍ତମ ଆଉ ମହୋଦଧିରେ ରହିବାକୁ ଚାହୁଁନାହାନ୍ତି। ଶ୍ୱଶୁର ଘରେ କ'ଣ ଜ୍ୱାଇଁ ଖୁସିରେ ରହିପାରେ ? ଏଣୁ ନୂଆ ମନ୍ଦିରକୁ ସେ ନିଜର ଆସ୍ଥାନ କରିବେ ବୋଲି ପ୍ରକାଶ କରିଛନ୍ତି। ପୁରୀ ଦୁନିଆର ସବୁଠାରୁ ବଡ଼ ବୈଷ୍ଣବ କ୍ଷେତ୍ରରେ ପରିଣତ ହେବାକୁ ଯାଉଛି ରାଜଗୁରୁ, ଆପଣ ପ୍ରସ୍ତୁତ ହୁଅନ୍ତୁ।

ରାଜଗୁରୁ ଖୁସି ବ୍ୟକ୍ତ କରି ପ୍ରସ୍ଥାନ ହେଲେ। ଅନେକ କାଳପରେ ପୁଣିଥରେ ପୁରୀର ସେ ଗୌରବ ଫେରିବ। କିନ୍ତୁ ଛାମୁଙ୍କ ଏ ନିଷ୍ପତ୍ତି କ'ଣ ପୁରୀରେ ଶାନ୍ତି ଦେଇପାରିବ ?

ଦୀର୍ଘଦିନ ହେଲା ଶୈବ, ଶାକ୍ତ ଏବଂ ବୈଷ୍ଣବଙ୍କ ଭିତରେ ଯେଉଁ ଉଚ୍ଚନୀଚ ଭାବନାର ତର୍କ ଚାଲିଛି ତାହାର କ'ଣ ଏହାଦ୍ୱାରା ଅନ୍ତହେବ ?

ବୁଦ୍ଧ ଭିକ୍ଷୁ ଓ ମଠଗୁଡ଼ିକ ଉପରେ ଯେଉଁ ଆକ୍ରମଣ ଚାଲିଛି ତାହା କ'ଣ ରୋକାଯାଇପାରିବ, ନା ଏହି ନିଷ୍ପତ୍ତି ପରିସ୍ଥିତିକୁ ଅଧିକ ଜଟିଳ କରିଦେବ ? ଏମିତି ଅନେକ ପ୍ରଶ୍ନ ରାଜଗୁରୁଙ୍କୁ ଆନ୍ଦୋଳିତ କରିବାରେ ଲାଗିଲା। ପଛକୁ ଫେରିବାକୁ ଚାହିଁଲେ। ହେଲେ ଏଗୁଡ଼ିକ ତ ପୁରୁଣା ପ୍ରଶ୍ନ। କାହିଁକି ବା ପଚାରିବି ? ଏଣୁ ମୁଣ୍ଡକୁ ତଳକୁ ପୋତି ଦୁଇ ହାତଯୋଡ଼ି ପ୍ରାସାଦ ରକ୍ଷକଙ୍କୁ ମୁଣ୍ଡିଆ ମାରି ରାଜଗୁରୁ ପୁରୀ ଅଭିମୁଖେ ଯାତ୍ରା ପାଇଁ ଚିନ୍ତା କଲେ...।

ପାଦ ଆଗକୁ ବଢ଼ିଲେ ବି ମନ ସେ ପ୍ରଶ୍ନ ଭିତରେ ଆନ୍ଦୋଳିତ ହେଉଥାଏ। ... ଛାମୁ ତ ପୁରୁଷୋତ୍ତମଙ୍କ ଆକାର ବିଷୟରେ କିଛି ବ୍ୟକ୍ତ କରି ନାହାନ୍ତି। ଏ ପୁରୁଷୋତ୍ତମ ପୂର୍ବରୁ ପ୍ରଚଳିତ ବିଷ୍ଣୁଙ୍କ ରୂପ ଭଳି ହେବେ ନାହିଁତ... ?

XXX

ଯଯାତି କେଶରୀଙ୍କ ପରେ ନଅ ଜଣ ସୋମବଂଶୀ ରାଜା ଏ ଦେଶକୁ ଶାସନ କରିଲେଣି। ହେଲେ ତାଙ୍କ ସମୟରେ ପୁରୁଷୋତ୍ତମ କ୍ଷେତ୍ରରେ ସୃଷ୍ଟି ହୋଇଥିବା ବୈଷ୍ଣବ ପୂଜାର୍ଚ୍ଚନା ଆଉ ଦେଖିବାକୁ ମିଳୁନାହିଁ। କେହି କେବେ ଏଥିପ୍ରତି ଧ୍ୟାନ ବି ଦେଇ ନାହାନ୍ତି। ଫଳରେ ପୁରୁଷୋତ୍ତମ ପୁରୀ ଖାଁ ଖାଁ ପ୍ରାୟ। ସେ ଉତ୍ସାହ ଆଉ ଦେଖିବାକୁ ମିଳୁନାହିଁ। ବିଷ୍ଣୁ ପ୍ରେମୀଏଁ ଏକପ୍ରକାର ପଛକୁ ଠେଲି ହୋଇଯାଇଛନ୍ତି। ଧର୍ମୀୟ ରାଜନୀତିରେ ସେମାନଙ୍କ ସ୍ଥାନ କ୍ଷୀଣ ହୋଇଯାଇଛି। ପ୍ରାଚୀ ତଟର ସିନ୍ଦୂରପୁରରେ ଏକ ଛୋଟିଆ ମନ୍ଦିରରେ ଶ୍ରୀ ପୁରୁଷୋତ୍ତମଙ୍କୁ ଯାହା ପୂଜା ଚାଲୁଛି ସେତିକି। କେତେବେଳେ କେମିତି କେବଳ ବୈଷ୍ଣବମାନଙ୍କ ତୀର୍ଥ କ୍ଷେତ୍ର ଭାବେ ଏଠାକୁ କିଛି ଧର୍ମଯାତ୍ରୀ ଆସୁଛନ୍ତି ସତ; କିନ୍ତୁ ଏଥିପ୍ରତି କୌଣସି ରାଜକୀୟ ପ୍ରୋତ୍ସାହନ କିଛି ବି ନାହିଁ...।

ନୂଆ ଦେଉଳ ତ ଶୈବ ପୀଠ ଲିଙ୍ଗରାଜ ମନ୍ଦିରଠାରୁ ବି ଉଚ୍ଚ ହେଲାଣି। ଛାମୁ କ'ଣ ଏଠାରେ ଲକ୍ଷ୍ମୀ ପୁରୁଷୋତ୍ତମ ଅର୍ଥାତ୍ ବିଷ୍ଣୁ ପୁରୁଷୋତ୍ତମଙ୍କ ପୂଜା ପାଇଁ ମନ ସ୍ଥିର କଲେଣି ? ଯଦି ଏଠି ବିଷ୍ଣୁ ପୁରୁଷୋତ୍ତମଙ୍କ ପୂଜା ହେବ ତେବେ ଶୈବ ଧର୍ମାବଲମ୍ବୀଙ୍କ ରୋଷର ଶିକାର ହେବା ନିଶ୍ଚିତ। ଜିଣିଥିବା ରାଜ୍ୟର ଦେବତାଙ୍କୁ ଗାଦିଚ୍ୟୁତ କରିବାର ଯେଉଁ ପରମ୍ପରା ରାଜଶାସନରେ ପ୍ରଚଳିତ ରହିଛି ତାହା ଏଠାରେ କ'ଣ ଲାଗୁ ହେବ ନାହିଁ କି ? ଛାମୁଙ୍କ ଏହିପରି ଭିନ୍ନ ନୀତି ଦ୍ୱାରା ଶ୍ରୀକ୍ଷେତ୍ରର ପରିସ୍ଥିତି ବିଗିଡ଼ି ଯିବନି ତ ? ମନ ଭିତରେ ଏମିତି ଅମୀମାଂସିତ ପ୍ରଶ୍ନ କିଛିକୁ ଜାବୁଡ଼ି ରଖି ରାଜଗୁରୁ ପୁରୁଷୋତ୍ତମ ପୁରୀ ଅଭିମୁଖେ ଚାଲିଥାନ୍ତି।

ଏଇ ଗଙ୍ଗମାନେ କେବେ ବିଷ୍ଣୁଙ୍କୁ ପୂଜା କରିବା କାହିଁ ମନେପଡୁନି। ଛାମୁଙ୍କ ଦେହରେ ଚୋଳ ଆଉ ଗଙ୍ଗଙ୍କ ରକ୍ତ ବୋହୁଛି ସତ କିନ୍ତୁ ସେ ତ ଗଙ୍ଗ ! ଯାହାଙ୍କ ପୂର୍ବ ପୁରୁଷମାନେ ମହୀଶୂର ନିକଟ ଗଙ୍ଗାବାଡ଼ିରୁ ଆସି କାହିଁ କେଉଁ କାଳରୁ ଦକ୍ଷିଣ କଙ୍ଗୋଦରେ ଶାସନ କରୁଥିଲେ। ସେତେବେଳଠୁ ସେମାନେ ଭଗବାନ ଶିବଙ୍କୁ ହିଁ ଆରାଧନା କରିଆସୁଛନ୍ତି। ମହେନ୍ଦ୍ର ପାହାଡ଼ରେ ତିଆରି ଗୋକର୍ଣ୍ଣେଶ୍ୱର ମନ୍ଦିରଂ ସେଇମାନଙ୍କ ପ୍ରଥମ କୀର୍ତ୍ତି ବୋଲି ଅନେକଥର ଚର୍ଚ୍ଚା ହୋଇଛି। ପରେ ମଧଚକେଶ୍ୱର ମନ୍ଦିର ତିଆରି ହୋଇଥିଲା। ଏହା ତିନିପୁରୁଷ ତଳର କଥା। ହେଲେ ପୁରୁଷ ପୁରୁଷ ବ୍ୟାପୀ ଯେଉଁ ପରମ୍ପରା ଗଙ୍ଗମାନଙ୍କ ରକ୍ତରେ ବୋହୁଛି ତାଠୁ ଗଙ୍ଗେଶ୍ୱର ଭିନ୍ନ ହେବାକୁ ଚାହୁଁଛନ୍ତି, କ'ଣ ପାଇଁ ?

ଦାକ୍ଷିଣାତ୍ୟରୁ ଆସି ପୁରୀ ବୁଲିଲା ବେଳେ ଗଙ୍ଗେଶ୍ୱର ଏସବୁ ବିଷୟରେ ବେଶ୍ ଭଲ ଭାବେ ଅବଗତ ହୋଇଥିଲେ। ଛଦ୍ମ ବେଶରେ ସେ ଲୋକଙ୍କ ଚୁପୁରୁ ଚାପୁରୁକୁ ମଧ୍ୟ ଶୁଣିଥିଲେ। ଏହି କ୍ରମରେ ସେ ଯାହା ନିଷ୍ପତ୍ତି ନେବେ ତାହା ନିଶ୍ଚିତ ଭାବେ ଅନୁଭବୀ ହେବ। ଚିନ୍ତାଶୀଳ ହେବ। ଆଉ ପରବର୍ତ୍ତୀ ସମୟରେ ଯାହା ପରିସ୍ଥିତି ଉପୁଜିବ ବୋଲି ଆମେ ଆଶଙ୍କା କରୁଛୁ ତାହାକୁ ନିଶ୍ଚୟ ସେ ଆଖିରେ ରଖିଥିବେ।... ଘାଟ ପାଖରେ ଠିଆ ହୋଇ ରାଜଗୁରୁ ଏସବୁ ଚିନ୍ତାରେ ଯେମିତି ନିଜର ଅସ୍ତିତ୍ୱ ଭୁଲି ଆଉ ଏକ ରାଇଜକୁ ଚାଲି ଯାଇଥିଲେ।... ନାଉରିଆ କହିଲା... ଆସିବା ହେଉ ସାଆନ୍ତେ... ବେଳ ଗଡ଼ିଆସୁଛି... ।

ନୌକା ମଙ୍ଗଳାଘାଟରେ ଲାଗିଗଲା। ଆଉ ମାତ୍ର ଦି'କୋଶ ରାସ୍ତା, ନୂଆ ଦେଉଳକୁ। ହେଲେ ତାଙ୍କ ଆଗମନର ଖବର ତତ୍କ୍ଷଣାତ୍ ବିଜୁଳି ହୋଇଗଲା। ଯେମିତି ଚାତକପରି ଚାହିଁ ବସିଥିଲେ ଏଠାର ମାଧବ ପ୍ରେମୀମାନେ।

ନୂଆ ମନ୍ଦିର ପାଇଁ ଠାକୁର ମିଳିଗଲେ..। ସିନ୍ଦୂରପୁରରୁ ପୁରୁଷୋତ୍ତମଙ୍କୁ ଏଠାକୁ ଅଣାଯିବ ବୋଲି ଶୁଣି ସମସ୍ତେ ପ୍ରାୟ ଉଲ୍ଲସିତ ହୋଇଗଲେ। ହେଲେ ସମାନ ଭାବ ରାଜଗୁରୁଙ୍କ ପାଖରେ ଦେଖିବାକୁ ମିଳିଲା ନାହିଁ। ଯଦିଓ ସେ ଜଣେ ମାଧବପ୍ରେମୀ, ବୈଷ୍ଣବ ଉପାସକ କିନ୍ତୁ...।

ନା,...ଛାମୁ ତ ଏ ବିଷୟ ସ୍ପଷ୍ଟ କରି ନାହାନ୍ତି। ଯେଉଁ ପୁରୁଷୋତ୍ତମଙ୍କୁ ଆଦିଗୁରୁ ପ୍ରତିଷ୍ଠା କରି ଏ କ୍ଷେତ୍ରର ମର୍ଯ୍ୟାଦା ବୃଦ୍ଧି କରିଥିଲେ ସେ ପୁରୁଷୋତ୍ତମଙ୍କୁ ଏ ମନ୍ଦିରରେ ପ୍ରତିଷ୍ଠା କରାଯିବ ନା ଆଉ କିଛି ହେବ ତାହା ଅସ୍ପଷ୍ଟ। ଛାମୁ ମହାଲକ୍ଷ୍ମୀଙ୍କୁ ଏଠାରେ ପୂଜା ପାଇଁ କହିଛନ୍ତି।

ଲକ୍ଷ୍ମୀ ପୂଜା ହେଲେ ତ ଏ କ୍ଷେତ୍ରର ମୂଳ ଉଦ୍ଦେଶ୍ୟ ଏପଟ ସେପଟ ହୋଇଯିବ ? ଶୈବ-ବୈଷ୍ଣବଙ୍କ ମିଳନରେ ପୂଜା ପାଉଥିବା ଶ୍ରୀ ଜଗନ୍ନାଥ କ'ଣ ସତରେ ସମ୍ପୂର୍ଣ୍ଣ ବୈଷ୍ଣବ ହେବେ ?

ଏମିତି ଅନେକ ପ୍ରଶ୍ନକୁ ସମ୍ମୁଖୀନ ହୋଇ ଏକ ଦୀର୍ଘଶ୍ୱାସ ନେଲେ। ପରେ ଯାହା ସେ ପୁରୁଷୋତ୍ତମଙ୍କ ଇଚ୍ଛା କହି ନୂଆ ମନ୍ଦିରଠାରୁ ଅଳ୍ପ ଦୂରରେ ଥିବା ସିନ୍ଦୂରପୁରକୁ ପ୍ରସ୍ଥାନ ହେଲେ।

(୨)

ବିଷ୍ଣୁ ପଞ୍ଜରା

ପୁରୀଠାରେ ନବନିର୍ମିତ ମନ୍ଦିରରେ ଶ୍ରୀ ଲକ୍ଷ୍ମୀ ପୁରୁଷୋତ୍ତମଙ୍କୁ ପୂଜା କରିବା ପାଇଁ ଗଙ୍ଗେଶ୍ୱର ଚୋଡ଼ଗଙ୍ଗଦେବ ସ୍ୱପ୍ନାଦେଶ ପାଇଛନ୍ତି। ଏଥିପାଇଁ ପ୍ରସ୍ତୁତି ଆରମ୍ଭ କରିବା ଲାଗି ରାଜଗୁରୁଙ୍କୁ ନିର୍ଦ୍ଦେଶ ଦିଆଯାଇଛି। ରାଜଗୁରୁ ଚୌଦ୍ୱାର କଟକରୁ ପୁରୀ ଅଭିମୁଖେ ଯାତ୍ରା କଲାବେଳେ ଅନେକ ପ୍ରଶ୍ନର ସମ୍ମୁଖୀନ ହେଉଛନ୍ତି। ଯେଉଁ ଗଙ୍ଗେଶ୍ୱର ପରମ ମାହେଶ୍ୱରଭାବେ ନିଜକୁ ପରିଚିତ କରିଥିଲେ ସେ ଆଜି ବୈଷ୍ଣବ ପୂଜାକୁ କାହିଁକି ଢଳିଛନ୍ତି। କ'ଣ ପାଇଁ ସେ ପରମ ବୈଷ୍ଣବ ହୋଇ ପୁରୁଷୋତ୍ତମଙ୍କ ପୂଜା ପାଇଁ ଆଦେଶ ଦେଲେ? ପୁଣି ଏ ପୁରୁଷୋତ୍ତମଙ୍କ ଆକାର କେମିତି ହେବ, ଜଗନ୍ନାଥ ଯଦି ବିଷ୍ଣୁ ମନ୍ତ୍ରରେ ପୂଜା ହେବେ ତେବେ ଏହାଦ୍ୱାରା ଆଦିଗୁରୁ ଶଙ୍କରାଚାର୍ଯ୍ୟ ସର୍ବପନ୍ଥ ସମନ୍ୱୟର ଯେଉଁ ସ୍ୱପ୍ନ ଦେଖିଥିଲେ ତାହା କ୍ଷୁଣ୍ଣ ହେବ ନାହିଁତ?

ମଣିଷ ଜାତିର ଆରମ୍ଭ ପୂର୍ବରୁ ପୁରୁଷୋତ୍ତମଙ୍କ ଆବିର୍ଭାବ ଏଇଠି ହୋଇଥିଲା। ସେଇଥିପାଇଁ ପୁରୁଷୋତ୍ତମ ପୁରୀର ଲୋକମାନେ ତ ତାଙ୍କୁ ନେଇ ଅନେକ ପୁରୁଣା କଥା ସହ ଯୋଡ଼ନ୍ତି। ତାଙ୍କୁ ପାଳନକର୍ତ୍ତା, ସୃଷ୍ଟିକର୍ତ୍ତା ବା ଅଧିଷ୍ଠାତା ଭାବେ ପୂଜା କରନ୍ତି। ହେଲେ ଆଜି ଯେମିତି ପୁରୁଷୋତ୍ତମ ପୂଜା ହେଉଛନ୍ତି ଆରମ୍ଭରୁ ସେମିତି ହେଉନଥିଲା। ସମୟକ୍ରମରେ ଧୀରେ ଧୀରେ ଏଥିରେ ପରିବର୍ତ୍ତନ ଆସିଛି। ତାଙ୍କ ରୂପ ଓ ଆକାର ସବୁକିଛି ବଦଳିଛି।

ପାଖାପାଖି ଚାରି ହଜାର ବର୍ଷ ତଳର କଥା- କେଉଁଠୁ ଗୋଟେ ଜାତି ସମୁଦ୍ର ବାଟେ ଆସି ଏଇଠି ପ୍ରବେଶ କଲେ। ଏଠିଥିବା କିଛି ଲୋକ ସେମାନଙ୍କୁ ଅନ୍ୟ ଗ୍ରହର ମଣିଷ, ତଥା ସ୍ୱର୍ଗପୁରୀର ଲୋକ ବୋଲି ଅଭିହିତ କଲେ। କାରଣ ସେମାନେ ଏ ସମୁଦ୍ରକୂଳିଆଙ୍କଠୁ ବେଶ୍ ଅଲଗା ଥିଲେ। ତାଙ୍କ ଡଙ୍ଗାସବୁ ବଡ଼ ଆକାରର ଥିଲା। ଅନେକ ଲୋକ ଏକାଠି ଡଙ୍ଗାକୁ ବାହୁଥିଲେ। ସେମାନଙ୍କ କଥା ବୁଝି ହେଉନଥିଲା। ସେମାନଙ୍କ ପାଖରେ ଉନ୍ନତ ଜ୍ଞାନ କୌଶଳ ଥିଲା। ସେମାନେ ପାଣିରେ ଦୂର ଦେଶକୁ ଯାତ୍ରା କରିବା ଜାଣିଥିଲେ। ଯାଯାବର ଜୀବନ ସେମାନେ ବିତାଉ ନଥିଲେ, ବରଂ ଏକ ଶୃଙ୍ଖଳିତ ସଭ୍ୟତା ତାଙ୍କର ଥିଲା। କଳିଙ୍ଗର ସୁଦୂର ପ୍ରସାରୀ ସାମୁଦ୍ରିକ ବେଳାଭୂମି ତାଙ୍କୁ ଆକୃଷ୍ଟ କଲା। ସେଇଠୁ ସେମାନେ ନିଜର ବସତି ଆରମ୍ଭ କଲେ। ଫଳରେ ଏକ ନୂଆ ସଭ୍ୟତା ଏଇଠି ଆରମ୍ଭ ହେଲା। ଖାଲି ସେତିକି ନୁହେଁ;

ସେମାନେ ତାଙ୍କ ଅନୁସାରେ ଏକ ବାଲିର ମଞ୍ଚା ଗଢ଼ିଲେ। ଯେମିତି ସେ ମଞ୍ଚା ସମୁଦ୍ର ଯାତ୍ରା ବେଳେ ସ୍ପଷ୍ଟ ଦିଶିବ, ଆଉ ଭେଳା ବାହିଲା ବେଳେ ନାବିକଟି ପଥଭ୍ରଷ୍ଟ ହେବନାହିଁ। ଏହିକ୍ରମରେ ମଞ୍ଚାଟି ଜନବସତିଠୁ ଢେର ଉଚ୍ଚ କରାଗଲା। ଉପରକୁ ଯିବା ପାଇଁ ପାହାଚ ମଧ୍ୟ ତିଆରି ହେଲା। ସମୁଦ୍ର ଦେଇ ସେମାନେ ଏକ କାଠକୁ ଭସାଇ ଆଣି ଏଠାରେ ଭଗବାନ ରୂପେ ପୂଜା କଲେ।[୨] ଏହାର ଉଦ୍ଦେଶ୍ୟ ଥିଲା, ତାଙ୍କୁ ହିଁ ସମସ୍ତେ ଶ୍ରେଷ୍ଠ ବୋଲି ଗ୍ରହଣ କରିବେ। କେହି ବେଖାତିର କରିବେ ନାହିଁ। ଫଳରେ ସଭ୍ୟତାରେ ଶୃଙ୍ଖଳା ବଢ଼ିବ।

ଏହି କାହାଣୀ ପ୍ରାଚୀନ ସୁମେରୀୟ ସଭ୍ୟତା ସହ ସାମଞ୍ଜସ୍ୟ ରଖେ । ଯାହାକି ମାନବ ଜାତିର ସବୁଠାରୁ ପୁରୁଣା ସଭ୍ୟତା ଭାବେ ଗଣାଯାଏ। କିଛି ପଣ୍ଡିତ ତ କହନ୍ତି ପୁରୁଣା ମନ୍ଦିର ଯେମିତି ତିଆରି ହୋଇଥିଲା ତାହା ସେତେବେଳର ସୁମେରୀୟାରେ ଭଗବତ ପୀଠ ଭାବେ ପରିଚିତ '*ଜିଗୁରତ*' ଭଳି ଦେଖିବାକୁ ଥିଲା। ସେମାନେ ବିଶ୍ୱାସ କରୁଥିଲେ ତାଙ୍କ ଭଗବାନ ସ୍ୱର୍ଗରେ ରହୁଛନ୍ତି। ଆଉ ସ୍ୱର୍ଗ ହେଉଛି ସବୁଠାରୁ ଉପରେ। ଏଣୁ ତାଙ୍କୁ ନିଜେ ରହୁଥିବା ତଳଠାରୁ ଊର୍ଦ୍ଧ୍ୱରେ ରଖିବା ଲାଗି ବାଲିରେ ମଞ୍ଚା ଆକୃତି ଦେଇଥିଲେ। ତାହା ଉପରକୁ ଯିବା ଲାଗି ପାହାଚ ସବୁ ତିଆରି କରାଯାଇଥିଲା। ଯେମିତି ସ୍ୱର୍ଗକୁ ଶିଢ଼ିପରି। ଏଠିଥିବା ପୁରୁଣା ମନ୍ଦିର ବି ସେଇ ଆକୃତିର ହୋଇଥିଲା। ତିନିଥାକରେ ମନ୍ଦିର ତିଆରି ହୋଇଥିଲା। ଆଉ ପାହାଚସବୁ ଯେମିତି ସ୍ୱର୍ଗପୁରୀକୁ ପଢ଼ିବା ପରି ଦିଶୁଥିଲା। ହେଲେ ନୂଆ ମନ୍ଦିର ତିଆରି ହେବାରୁ ତୃତୀୟ ବେଢ଼ାକୁ ଭାଙ୍ଗି ଦିଆଯାଇଛି। ଦ୍ୱିତୀୟ ବେଢ଼ାକୁ ବହୁତ ବଡ଼ କରାଯାଇଛି। ତୃତୀୟ ବେଢ଼ା ଭଙ୍ଗାରୁ ବାହାରିଥିବା ପଥରକୁ ଏହି ବେଢ଼ାକୁ ବଢ଼ାଇବାରେ ବ୍ୟବହାର କରାଯାଇଛି। ପୁରୁଣା ମନ୍ଦିରର ଅନେକ ଅଂଶବିଶେଷ ଭାଙ୍ଗିଯାଇଥିଲେ ମଧ୍ୟ ଆଜିବି ରୋହିଣୀ କୁଣ୍ଡ, କୁତ୍ତାମ ଚଣ୍ଡୀ ବା ସ୍ୱାନ ଭୈରବୀ ଏବଂ କଳ୍ପ ବୃକ୍ଷ ତାହାର ସାକ୍ଷୀ ହୋଇ ରହିଛନ୍ତି। କାହିଁ କେଉଁ କାଳର ଏ ସ୍ମୃତି ସବୁ ଆଜି ପବିତ୍ର ସଂକେତ ଭାବେ ଗଣାଯାଏ। ରୋହିଣୀକୁଣ୍ଡର ପ୍ରତିଟି ଜଳବିନ୍ଦୁ ଜଣେ ବୈଷ୍ଣବ ପାଇଁ ଅମୃତ ସଦୃଶ। ଆଉ ବିଶ୍ୱାସ ରହିଛି କଳ୍ପ ବୃକ୍ଷରେ ଯାହା ମଗାଯାଏ ତାହା ପୂରଣ ହୁଏ। ସେଇ ବିଶ୍ୱାସରେ ଆଜି ବଞ୍ଚିଛି ଆମ ସଂସ୍କୃତି ଓ ଇତିହାସ।

ଲୋକ କଥାରେ ତ ଗାଲମାଧବ କଥାକୁ ନେଇ ଅନେକ କାହାଣୀ ଏଥିରେ ଯୋଡ଼ି ହୋଇଗଲାଣି। କୁଆଡ଼େ ଇନ୍ଦ୍ରଦ୍ୟୁମ୍ନ ବ୍ରହ୍ମାଙ୍କୁ ଏ ମନ୍ଦିର ପ୍ରତିଷ୍ଠା ପାଇଁ ଡାକିବାକୁ ଯାଇଥିବା ବେଳେ ଗାଲମାଧବ ଏଠାରେ ରାଜା ଭାବେ ମନ୍ଦିର ପ୍ରତିଷ୍ଠା ପାଇଁ ଆଗକୁ ଆସିଥିଲେ। ଏପରିକି ଗାଲମାଧବ ନିଜେ ଏ ମନ୍ଦିର ଗଢ଼ିଥିବା ନେଇ ବ୍ରହ୍ମାଙ୍କ ଆଗରେ ପ୍ରକାଶ କରିଥିଲେ। ଏନେଇ ଇନ୍ଦ୍ରଦ୍ୟୁମ୍ନ ରାଜା ଓ ମାଧବ ରାଜାଙ୍କ ଭିତରେ ବିବାଦ ଉପୁଜିଥିଲା। ଇନ୍ଦ୍ରଦ୍ୟୁମ୍ନ ମନ୍ଦିରରେ ଥିବା କଳ୍ପବୃକ୍ଷ, ରୋହିଣୀ କୁଣ୍ଡକୁ ତାଙ୍କ ସାକ୍ଷୀ ଭାବେ ବ୍ରହ୍ମାଙ୍କ ଆଗରେ ବର୍ଣ୍ଣନା କରିଥିଲେ। ଏମିତି ଅନେକ କାହାଣୀ ଏହି ପୁରୁଷୋତ୍ତମ କ୍ଷେତ୍ରରେ। ନାରଦ ପୁରାଣ, ସ୍କନ୍ଦ ପୁରାଣ ଓ ବ୍ରହ୍ମ ପୁରାଣ ମଧ୍ୟ ଜଗନ୍ନାଥ, ବଳଭଦ୍ର, ସୁଭଦ୍ରାଙ୍କ ମୂର୍ତ୍ତି ଇନ୍ଦ୍ରଦ୍ୟୁମ୍ନଙ୍କ ଦ୍ୱାରା ପ୍ରତିଷ୍ଠିତ ବୋଲି ବିଶ୍ୱାସ କରେ। ଶୂଦ୍ରମୁନି ସାରଳା ଦାସ ମହାଭାରତରେ ଜରା ଶବର ଓ ଗାଲ ମାଧବଙ୍କ ଉପାଖ୍ୟାନକୁ ବିସ୍ତାର କରିଛନ୍ତି। ଧଉଳି ପାହାଡ଼ ଉପରେ ଏକ ଶିଶୁ ଗଛ ମୂଳରେ ସେ ପୁରୁଷୋତ୍ତମଙ୍କୁ ପୂଜା କରୁଥିଲା, ଯାହାଙ୍କୁ କାଞ୍ଚି ରାଜା ଗାଲମାଧବ, ବାସୁଦେବ ଦାସଙ୍କ ଦ୍ୱାରା ଠାବ କରିଥିଲେ।[୩] ହେଲେ କେହି କେହି ସେଥିରେ ଦ୍ୱିମତ ରହିଥିବା କହିଛନ୍ତି। ଏହି ଚର୍ଚ୍ଚା

ଭିତରେ ସୁମେରୀୟମାନଙ୍କ ଏଠାକୁ ଆସିବା ଏବଂ ସେମାନଙ୍କ ଦ୍ୱାରା ମଞ୍ଜା ତିଆରି ହୋଇ କାଠ ଦିଅଁଙ୍କୁ ପୂଜା କରିବାର ପରମ୍ପରା ଆଉ ଶୁଣିବାକୁ ମିଳୁନି। କିନ୍ତୁ ସମୁଦ୍ରକୁ ବୋଇତ ବାହିଲାବେଳେ ଏଇ ମଞ୍ଜା ଆଜିବି ଦିଗ୍‌ଦର୍ଶକ ହୋଇ ରହିଛି, ଏଥିରେ ଦ୍ୱିମତ ନାହିଁ।

କେହି କେହି କହୁଛନ୍ତି, ପୁରୁଷୋତ୍ତମଙ୍କ ଏ ମନ୍ଦିରଟି ଏକ ବୌଦ୍ଧ ପାଗୋଡ଼ା ଥିଲା। ଅଶୋକ କଳିଙ୍ଗକୁ ଆସିବା ପରେ ବୁଦ୍ଧଙ୍କ ପବିତ୍ର ଦନ୍ତ ଫରୁଆକୁ ଏଇଠି ରଖିଥିଲେ। ସପ୍ତମ ଶତାବ୍ଦୀରେ ରାଜା ହର୍ଷ ଯେତେବେଳେ ଉଡ୍ର ଦେଶକୁ ଆକ୍ରମଣ କଲେ ତା'ପରେ ଏଠାରେ ବୁଦ୍ଧଧର୍ମ ହିଁ ପ୍ରଚଳନ କରିଥିଲେ। ସେତେବେଳଠୁ ଲଳିତଗିରି ଓ ଉଦୟଗିରି ପାହାଡ଼ ମହାଯାନଙ୍କ ପାଇଁ ତୀର୍ଥକ୍ଷେତ୍ର ଭାବେ ପରିଚିତ ହୋଇଆସୁଛି। ତାଙ୍କ ପରେ କର ରାଜାମାନେ ଯେମିତି କ୍ଷମାକର, ନିଜକୁ ବୁଦ୍ଧଙ୍କ ପରମ ଉପାସକ ବୋଲି ପରିଚୟ ଦେଇ ଶାସନ କରୁଥିଲେ। ସେହିପରି ଶିବକର ନିଜକୁ ତଥାଗତଙ୍କ ଅନୁଗତ ଓ ତାଙ୍କ ପୁଅ ଶୁଭକର ନିଜକୁ ପରମ ସୌଗତ ବୋଲି କହି ଶାସନ ଚଳାଉଥିଲେ।

ଏହି କ୍ରମରେ ପୁରୁଷୋତ୍ତମ ପୁରୀରେ କୁଆଡ଼େ କର ରାଜାମାନଙ୍କ ଦ୍ୱାରା ପୁରୁଷୋତ୍ତମ ପୂଜାର୍ଚ୍ଚନା ଦକ୍ଷିଣ ତୋଷଳରେ ପ୍ରବର୍ତ୍ତିତ ରୀତିନୀତି ଅନୁସାରେ କରାଯାଉଛି ବୋଲି ବଡ଼ ବଡ଼ ପଣ୍ଡିତମାନେ କହୁଛନ୍ତି। ହେଲେ ଆମ ଭିତରେ ଯେଉଁ ଧାରଣା ତାହା ଏପରି ମତବାଦକୁ କେବେ ବିଶ୍ୱାସ କରି ନାହିଁ।

ଜରା ଶବର ଦ୍ୱାରିକାଧୀଶଙ୍କୁ ଶରାଘାତ କଲାପରେ ଦ୍ୱାପର ଯୁଗର ଅନ୍ତ ହେବାରୁ କଳିଯୁଗ ଆରମ୍ଭ ହେଲା। ଦ୍ୱାରିକା ସମୁଦ୍ରଗର୍ଭରେ ଲୀନ ହେଲା। ଆଉ ଦ୍ୱାରିକାଧୀଶ ବା ଭଗବାନ ବିଷ୍ଣୁଙ୍କ ସେହି '*ପଞ୍ଜରା*' ଏକ ନିମ କାଠଉପରେ ଭାସି ଭାସି ଆସି ଲାଗିଲା ପୁରୀ କୂଳରେ। ସେଇଠୁ ରାଜା ଇନ୍ଦ୍ରଦ୍ୟୁମ୍ନ ତାଙ୍କୁ ଏଠାରେ ପୂଜା କରି ଆସୁଛନ୍ତି। ଆଉ ସେଇ ବିଷ୍ଣୁ ପଞ୍ଜରା ଆଜିବି ପୁରୁଷୋତ୍ତମଙ୍କ କାଠ ଶରୀରରେ ରହିଛି, ଗୁପ୍ତରେ।[୪] ସେଇଥିପାଇଁତ ସେ ସର୍ବଶ୍ରେଷ୍ଠ। ଆଜି ଅନେକ ଗୋଳ ପରେ ମଧ୍ୟ ତାଙ୍କୁ ଲୋକେ ଭୁଲି ନାହାନ୍ତି। କେତେଯେ ବିଷ୍ଣୁ ଭକ୍ତଙ୍କୁ ଏହା ମଧ୍ୟରେ ଶୈବ ରୂପାନ୍ତର କରାଯାଇଛି ତାହା କିଏ ବା କହିପାରିବ ? ଯେଉଁମାନେ ପୁଣି ବିଷ୍ଣୁ ଭକ୍ତ ହୋଇ ରହିଲେ ସେମାନଙ୍କ ଉପରେ ତ ତାଡ଼ନା କାହିଁରୁ କ'ଣ ହୋଇଛି। ସେମାନେ ରାଜ ଶାସନ ଓ ଶୈବଭକ୍ତଙ୍କ ରୋଷ ଆଉ ଗୋଳର ଅନେକ ଶିକାର ହୋଇଛନ୍ତି। ତାଙ୍କ ଆରାଧ୍ୟଙ୍କୁ ଯେମିତି ଏକଘରକିଆ କରି ଦିଆଯାଇଛି। ଧର୍ମଚର୍ଯ୍ୟାରେ ସେମାନଙ୍କ ସ୍ଥାନ ଆଉ ନାହିଁ ପ୍ରାୟ...। ଗଙ୍ଗେଶ୍ୱର ଆଜି ତାଙ୍କୁ ଗୁରୁତ୍ୱ ଦେବେ ତାହା ତାଙ୍କ ବିଶ୍ୱାସର ବାହାରେ। କେହି କେହି ଏକଥା ଶୁଣି ଆତ୍ମହରା ହୋଇପଡ଼ୁଛନ୍ତି।

(୩)

ନୀଳମାଧବ

ମାଗଂଳା ଘାଟରୁ ନୂଆ ମନ୍ଦିର ଆଡ଼କୁ ପ୍ରସ୍ଥାନ ସମୟରେ ରାଜଗୁରୁଙ୍କ ମନରେ ଅନେକ ଚିନ୍ତା ପ୍ରବେଶ କରୁଛି। ପୋଥି ପାଞ୍ଜି ଓ ପୁରାଣରେ ପଢ଼ିଥିବା କାହାଣୀଗୁଡ଼ିକୁ ସେ ମନେ ପକାଉଛନ୍ତି। ପୁରୁଷୋତ୍ତମଙ୍କ ସୃଷ୍ଟିକୁ ନେଇ ରଚିତ କାହାଣୀଗୁଡ଼ିକ ତାଙ୍କୁ ବ୍ୟସ୍ତ ବିବ୍ରତ କରାଉଛି। ରାଜ୍ୟ ଶାସନରେ ଯେମିତି ବିଷ୍ଣୁଭକ୍ତଙ୍କ ଭୂମିକା କମିଛି, ସେଥିରେ ପୁଣି ଯେ ଉତ୍‌ଥାନ ହେବ ତାହାକୁ ବିଶ୍ୱାସ କରିପାରୁ ନାହାନ୍ତି ରାଜଗୁରୁ। କାରଣ ଅନେକ ଯୁଗ ହେଲା ପୁରୁଷୋତ୍ତମଙ୍କ ପୂଜା ବନ୍ଦ ହୋଇପଡ଼ିଛି। କେତେବେଳେ ଶୈବ ତ ଆଉ କେତେବେଳେ ବୌଦ୍ଧ ମତଧାରୀଙ୍କ ଚାପରେ କୋଣଠେସା ହୋଇଛି ବୈଷ୍ଣବ ପୂଜାର୍ଚ୍ଚନା।

କିନ୍ତୁ ଗଙ୍ଗେଶ୍ୱର ତ' ଚୋର, ସିଏ ତ ଏଇ ପୁରୀର ଆରାଧ୍ୟ ଠାକୁରଙ୍କୁ ଚୋରି କରି ନେଇଛନ୍ତି ! ସେଇଥିପାଇଁ ତ' ସମୁଦ୍ରକୂଳର ଶଅର ଲୋକମାନେ ତାଙ୍କୁ ଖୋଜିବୁଲୁଛନ୍ତି। ଦିନେ ନା ଦିନେ ତାଙ୍କ ଆରାଧ୍ୟ ନୀଳମାଧବଙ୍କୁ ସେମାନେ ଠାବ କରିବେ ବୋଲି ଜଙ୍ଗଲ ସମୁଦ୍ର ଚାରିଆଡ଼େ ତାଙ୍କ ଦୂତ ପଠାଇଛନ୍ତି। ସେମାନଙ୍କ ମତରେ ବିଷ୍ଣୁ ପଞ୍ଜରା କୁଆଡ଼େ ଏଇଠି ନୀଳମାଧବ ରୂପ ନେଇଥିଲେ। ଗୁପ୍ତରେ ସେମାନେ ଏଠାରେ ତାକୁ ପୂଜା କରୁଥିଲେ। ସେ ହିଁ ଥିଲେ ରାଜା। ଆଉ ସମସ୍ତେ ତାଙ୍କ ସେବକ। ନୀଳମାଧବଙ୍କୁ ସେମାନେ ନିଜ ଘରର ସଦସ୍ୟଭାବେ ବିବେଚନା କରୁଥିଲେ। ତାଙ୍କ ପାଇଁ ସ୍ୱତନ୍ତ୍ର ଅନ୍ନଭୋଗ ହେଉଥିଲା। ପୁଣି ଯେତେଥର ସେବକମାନେ ଅନ୍ନ ଖାଉଥିଲେ ସେତେଥର ମାଧବଙ୍କୁ ଅର୍ପଣ କରୁଥିଲେ। ଏବେ ବି ସେଇ ପରମ୍ପରା ଚାଲିଛି। ଏଥିପାଇଁ ବିଭିନ୍ନ ଗାଁରେ ମାଧବଙ୍କ ନାଁରେ ଜମି ଚାଷ କରାଯାଉଛି। ଯେଉଁ କ୍ଷେତର ଶସ୍ୟ ସବୁ ତାଙ୍କରି ନାଁରେ ଉତ୍ସର୍ଗ କରାଯାଉଛି।

ଆଜି ତାଙ୍କରି ରାଜାଙ୍କୁ ଗଙ୍ଗେଶ୍ୱର ଚୋରାଇ ନେଇଛନ୍ତି ବୋଲି ଅଭିଯୋଗ ହେଉଛି। ଏହିକ୍ରମରେ ଶଅର ସ୍ୱରକୁ ଦମନ କରିବାଲାଗି ମୁଖିଆଙ୍କୁ ହତ୍ୟା ମଧ୍ୟ କରାଯାଇଛି। ତାଙ୍କ

ବିଶ୍ୱାସ ଜିତିବାକୁ ଗଙ୍ଗେଶ୍ୱର ଲାଗି ପଡ଼ିଛନ୍ତି। ସେ ଯେ ଜଣେ ବିଷ୍ଣୁ ଭକ୍ତ ତାହା ପ୍ରମାଣିତ କରିବାରେ ଲାଗି ପଡ଼ିଛନ୍ତି। ସେଇଥିପାଇଁ ତ ଏତେବଡ଼ ମନ୍ଦିର ତିଆରି ହୋଇଛି। ଆଜି ସେଠାରେ ପୁରୁଷୋତ୍ତମଙ୍କୁ ପୂଜା କରିବା ପାଇଁ ଆୟୋଜନ ହେଉଛି...।

ଏଇ ଗଙ୍ଗେଶ୍ୱର ନିଜ ଭାଇ ପରମର୍ଦ୍ଦିଙ୍କ ସହ ଭିଙ୍ଗିଦେଶର ମୁଖଲିଙ୍ଗମ୍‌ରୁ ବାରମ୍ବାର ଏଠାକୁ ଆସିଛନ୍ତି। ସେତେବେଳର ଶଅର ରାଜାଙ୍କ ସହ ଅନେକଥର ତାଙ୍କର ମୁକାବିଲା ହୋଇଛି।[୪] କେଶରୀ ବଂଶ ଶାସନର ପ୍ରଭାବ ଏଠାରେ ନଥିବାରୁ ସେମାନେ ଏଇଠୁ ଉତ୍କଳ ଅଧିଗ୍ରହଣ ଆରମ୍ଭ କରିବାକୁ ଷଡ଼ଯନ୍ତ୍ର କରିଛନ୍ତି। ପାଖାପାଖି ତିନି ଦଶନ୍ଧି ଧରି ଏପରି ଷଡ଼ଯନ୍ତ୍ର ପରେ ଗଙ୍ଗେଶ୍ୱରଙ୍କୁ ଛାମୁ ବୋଲି ସ୍ୱୀକାର କରିଛନ୍ତି ଏଠାର ଅଧିବାସୀ। ଏଣୁ ସାଧାରଣ ଲୋକଙ୍କୁ ସେ ଆଉ ହଇରାଣ କରିବେନି। ତାଙ୍କ ବିଶ୍ୱାସ ରକ୍ଷା କରିବେ ନିଶ୍ଚୟ...। ଏ ଭିତରେ ସେ ପରମ ମାହେଶ୍ୱର ମୁକୁଟକୁ ହଟାଇ ନିଜ ନାଁ ଆଗରେ ପରମ ବୈଷ୍ଣବ ମୁକୁଟକୁ ପିନ୍ଧିଲେଣି। ବଡ଼ ବଡ଼ ବୈଷ୍ଣବ ପଣ୍ଡିତଙ୍କ ସହ ସମ୍ପର୍କରେ ଆସି ସେ ଶଅରଙ୍କ କ୍ରୋଧରୁ ମୁକ୍ତି ପାଇବାକୁ ପ୍ରାଣପଣେ ଚେଷ୍ଟା କରୁଛନ୍ତି। ଏଣୁ ଆଉ ଯୁଦ୍ଧ ଆଶଙ୍କା ନାହିଁ। ଶାନ୍ତି ଆସିବ ନିଶ୍ଚୟ...।

ହେଲେ ସେ ନୀଳମାଧବଙ୍କ ମୂର୍ତ୍ତି କୁଆଡ଼େ ଗଲା ? ଯାହାଙ୍କୁ ଏଇ ଗଙ୍ଗେଶ୍ୱର ଚୋରି କରିଛନ୍ତି ବୋଲି କୁହାକୁହି ହେଉଛନ୍ତି ତାହା ସତରେ କ'ଣ ଉଭାନ ହୋଇଗଲା, ନା ଛାମୁ କେଉଁଠି ଲୁଚାଇ ରଖିଛନ୍ତି ଏଠାକୁ ଆଣିବେ ?

ଏସବୁ ଯେମିତି ତାଙ୍କରି ମାୟା, ଯାହାଙ୍କ ଇଙ୍ଗିତରେ ଏ ସାରା ଦୁନିଆ ଚାଲେ। ଯିଏ ନିରାକାର ହୋଇ ଅନ୍ୟକୁ ଆକାର ଦିଏ। ତା'କୁ କ'ଣ କେବେ ନିଜ ଆକାର କେମିତି ହେବ ଅଛପା ଥିବ। ଆଜି ଛାମୁଙ୍କୁ ତାହା ଆଉଥରେ ମନେ ପକାଇବା ଆବଶ୍ୟକ ବା କ'ଣ ରହିଛି ? ତଥାପି ହଜାର ହଜାର ଭକ୍ତଙ୍କ ଆଶାରେ ଏ ନୀଳକନ୍ଦର ନିବାସୀଙ୍କ ଆକାରରେ ସତରେ କ'ଣ ପରିବର୍ତ୍ତନ ହେବ ନା ସେ ପୁଣି ଫେରିବେ ? କିଛିବର୍ଷ ପୂର୍ବେ ପ୍ରଭୁ ଅଚ୍ୟୁତଙ୍କୁ ଗଙ୍ଗେଶ୍ୱର ପୀଠାଧୀଶ ଭାବେ ଅବସ୍ଥାନ କରି ପୂଜାର୍ଚ୍ଚନା ଆରମ୍ଭ କରିଥିଲେ। ହେଲେ ସେ ଏଇ ଲୋକଙ୍କ ଦ୍ୱାରା ଗ୍ରହଣୀୟ ହେଲେ ନାହିଁ, ଆଜି ଯେଉଁ ପୁରୁଷୋତ୍ତମଙ୍କ କଥା କହୁଛନ୍ତି- ସେ ସମୁଦ୍ରରୁ ଆସିବେ...।

ଅବଶ୍ୟ ନୀଳମାଧବ ମଧ୍ୟ ସମୁଦ୍ରବାଟେ ଆସିଥିଲେ, ପରମେଶ୍ୱର ବିଷ୍ଣୁଙ୍କ ଅଂଶବିଶେଷ ବୋଲି ବି ତାଙ୍କୁ ବିଶ୍ୱାସ କରାଯାଏ କିନ୍ତୁ ସେଇ ପୁରୁଣା ଠାକୁରଙ୍କୁ ନଆଣି ପୁଣି ନୂଆ ପୁରୁଷୋତ୍ତମଙ୍କ ପୂଜା ଆରମ୍ଭ କରିବା ଦ୍ୱାରା ଲୋକେ ଗଙ୍ଗେଶ୍ୱରଙ୍କୁ ବିରୋଧ କରିବେନି ତ ? ଶାନ୍ତି ଭଙ୍ଗ ହେବନାହିଁ ତ ? ଏସବୁ ପ୍ରଶ୍ନ ଆନ୍ଦୋଳିତ କରୁଥାଏ ରାଜଗୁରୁଙ୍କୁ। ଆଖି ଛଳଛଳ ହୋଇଆସୁଥାଏ। ହେଲେ ସବୁ ତ ପୁରୁଷୋତ୍ତମଙ୍କ ଇଚ୍ଛା। ତାଙ୍କୁହିଁ ବନ୍ଦନା କରି ଆଗକୁ ଚାଲିଲେ ରାଜଗୁରୁ। ଆହୁରି ଅନେକ ବାଟ ଚାଲିବାକୁ ଅଛି...।

ଏଇ ବାଟରେ ଦିନେ ସେଇ ଯବନ ମନ୍ଦିରକୁ ଆସିଥିଲା। ପ୍ରଭୁ ଶ୍ରୀ ଲୋକନାଥ, ମାର୍କଣ୍ଡେୟ, ଜମ୍ବେଶ୍ୱର ତା'ର ସାକ୍ଷୀ ଅଛନ୍ତି। ପ୍ରବେଶ କରିଥିଲା ପୁରୁଷୋତ୍ତମଙ୍କ ମନ୍ଦିରରେ। ବିଷ୍ଣୁ ବା

କୃଷ୍ଣ ଉପାସନାର ଏକ ପେଣ୍ଠସ୍ଥଳ ଥିଲା ଏଇ ମନ୍ଦିର । ପୁରୁଷୋତ୍ତମଙ୍କ ସଙ୍ଗେ ଲକ୍ଷ୍ମୀ, ସରସ୍ୱତୀଙ୍କୁ ଏଠାରେ ପୂଜା କରାଯାଉଥିଲା । ଯାହାଙ୍କ ମୁଖ ପଦ୍ମ ପରି ସୁନ୍ଦର ଥିଲା, କଣ୍ଠରେ ସରସ୍ୱତୀ ବିରାଜମାନ କରିଥିଲେ । ଯାହାବି ରାଜ୍ୟରେ ଘଟୁଥିଲା ସବୁକିଛି ତାଙ୍କରି ଆଦେଶ ବା ଲୀଳା ବୋଲି ଗଣାଯାଉଥିଲା । ସେ ଥିଲେ ଶାସନର ସର୍ବୋଚ୍ଚ କର୍ତ୍ତା, ତାଙ୍କୁ ଅପହରଣ କରିବାକୁ ଉଦ୍ୟମ କଲା । ଏହା ଦେଖି ପୁରୁଷୋତ୍ତମପ୍ରେମୀ ବିରୋଧ କଲେ । ହେଲେ ସେ ଶକ୍ତିଶାଳୀ ଯବନ ଗୋଟିକ ପରେ ଗୋଟିଏ ମଣିଷଙ୍କୁ ଚିରି ପକାଇଲା । ସେମାନଙ୍କ ରକ୍ତରେ ତା'ର ହାତ ଦୁଇଟି ଜୁଡୁବୁଡୁ ହୋଇଯାଇଥିଲା, ତଥାପି ସେ ଶାନ୍ତ ହେଉ ନଥିଲା । ଏ ଜାତିର ଦେବତାଙ୍କୁ ଛଡ଼ାଇ ନେଲେ ରାଜ୍ୟ ତାହାର ହୋଇ ଯିବ ବୋଲି ଭାବି ବଢ଼ି ଚାଲିଲା । ଯିଏ ଆଗକୁ ଆସିଲା ତା'ରି ହାତରେ ହଣା ଖାଇଲା ଆଉ ମଲା । ଫଳରେ ବିରୋଧ କରିବାକୁ ରକ୍ତବାହୁ ଆଗକୁ ଆସିବାକୁ ଡରିଲେ ।

କିଛି ସେବକ କିନ୍ତୁ ଏହି ଘଡ଼ିସନ୍ଧି ତ୍ରିମୂର୍ତ୍ତିଙ୍କୁ ରତ୍ନସିଂହାସନରୁ ଅପହରଣ କରିବାକୁ ଲାଗିଲେ । ଦୋବନ୍ଧା ଘାଟ ଦେଇ ଭାର୍ଗବୀ ନଦୀରେ ଭେଳା କରି ଏ ବିଶାଳ ଠାକୁରଙ୍କୁ ଭସାଇ ନେଲେ ମହାନଦୀର ଛାତି ଉପରେ । ସୁବର୍ଣ୍ଣପୁରର ରାଜା ତାଙ୍କୁ ଏଥିପାଇଁ ପୂର୍ଣ୍ଣ ସହାୟତା ଦେଲେ । ନିଜ ରାଜ୍ୟର ଛଲିଆ ପାହାଡ଼ର ତଳେ ଘଞ୍ଚ ଜଙ୍ଗଲ ଭିତରେ ତ୍ରିମୂର୍ତ୍ତିଙ୍କ ପୂଜା ପାଇଁ ବ୍ୟବସ୍ଥା କରିଦେଲେ । ପାଖାପାଖି ୪୫ବର୍ଷ ଏମିତି ନିର୍ବାସନରେ ପୂଜାଚାଲିଥିଲା । ଠାକୁରଙ୍କୁ ସମସ୍ତେ ଦର୍ଶନ କରୁଥିଲେ । କିନ୍ତୁ ତୁଣ୍ଡବାଇଦ ଯେତେବେଳେ ଖେଳିଗଲା ଭୟ ବଢ଼ିଲା । ରାଜା ମଣିଲେ ଠାକୁରଙ୍କୁ ଭୂଇଁ ଉପରେ ରଖି ପୂଜା କରିବା ଏଣିକି ବିପଜ୍ଜନକ ହେବ । ଏଣୁ ତାଙ୍କୁ ଗୁପ୍ତ ଆଶ୍ରୟ ଦେବା !

ଏହିକ୍ରମରେ ଗୋପ ପଲ୍ଲୀର ଗୁମ୍ଫାରେ ଗୋପନ କରାଗଲା ମାହାବାହୁଙ୍କୁ । ଦିନେ ନୁହେଁ କି ବର୍ଷେ, ୯୯ ବର୍ଷ ଧରି ମାଟି ତଳେ ରହିବା ଏବଂ ଲୋକଙ୍କ ଆଢୁଆଳରୁ ବାହାରେ ରଖାଗଲା ତାଙ୍କୁ । ଯିଏ ରକ୍ତ ହୋଇ ତାଙ୍କ ଦେହରେ ବୋହୁଛନ୍ତି ତାଙ୍କ ବିଷୟରେ ଚର୍ଚ୍ଚା କରିବା ଏଣିକି ଅପରାଧ ହେଲା । କେହି ନିଜ ପରପିଢ଼ିଙ୍କୁ ବି କହିବାକୁ ଚାହିଁଲେ ନାହିଁ ଯେ, ତାଙ୍କ ପ୍ରାଣର ଠାକୁର, ତାଙ୍କ ପ୍ରକୃତ ରାଜା କେଉଁଠି ଅଛନ୍ତି । କାନ କୁହାକୁହି ରେ ଗୋଟିଏ କଥା ଶୁଣିବାକୁ ମିଳେ ଯେ ଠାକୁର ପାତାଳି ଅଛନ୍ତି । ହେଲେ ସେଠି କେହି ଖୋଜନ୍ତି ନାହିଁ କି କେହି ଯାଆନ୍ତି ନାହିଁ । ୧୪୪ ବର୍ଷ ଏମିତି ରତ୍ନ ସିଂହାସନରୁ ଦୂରରେ ରହିବା ପରେ କେଶରୀ ରାଜା ଯଜାତି ତାଙ୍କୁ ପୁଣି ପୁରୀରେ ଅବସ୍ଥାପିତ କରିଥିଲେ ।[୬] ଏହାପରେ ରାଜ୍ୟରେ ଶାନ୍ତି ଲକ୍ଷ୍ୟ କରାଯାଇଥିଲା । କିନ୍ତୁ କିଛିଦିନର ଶାନ୍ତି ପରେ ପରିସ୍ଥିତି ପୁଣି ଅଶାନ୍ତି ଭିତରକୁ ପ୍ରବେଶ ଏବେ କରିଛି । ଭାରତରେ ହିନ୍ଦୁ ରାଜାମାନଙ୍କ ପାଇଁ ସେ ସମୟ ଯେଉଁ ବିପର୍ଯ୍ୟୟ ସୃଷ୍ଟି କରିଥିଲା ତାହା ପୁଣି ପ୍ରକଟ ହୋଇଛି ଉତ୍କଟ ହୋଇ । ଏଣୁ ପୁରୀରୁ ବିପଦ ଟଳି ନାହିଁ ।

(୪)

ସିନ୍ଦୂରପୁରୀ

ଗଲା ଦୁଇ ଦଶନ୍ଧି ଧରି ଚାଲିଥିବା ଧାର୍ମିକ ଯୁଦ୍ଧରେ ଗଙ୍ଗେଶ୍ୱରଙ୍କ ଭୂମିକାକୁ ସହଜରେ ଗ୍ରହଣ କରିପାରୁନାହାନ୍ତି ରାଜଗୁରୁ କି ପୁରୁଷୋତ୍ତମପୁରୀର ଅଧିବାସୀ । କ୍ଷେତ୍ରର ଅଧିଷ୍ଠାତା ଶ୍ରୀପୁରୁଷୋତ୍ତମଙ୍କ ଅପସାରଣ ପଛରେ ତାଙ୍କରି ହାତ ରହିଛି ବୋଲି ସେମାନେ ନିଶ୍ଚିତ । କିନ୍ତୁ ଛାମୁଙ୍କ ବିରୋଧରେ ରାଜଗୁରୁ ଯାଇପାରିବେ ନାହିଁ । ପୁଣି ସେ ଯଦି ମୁହଁ ଖୋଲିବେ ତେବେ ଯେଉଁ କିଛିଦିନ ହେଲା ଶାନ୍ତି ପ୍ରତିଷ୍ଠା ହୋଇଛି ତାହା ଚୂର୍‌ମାର୍ ହୋଇଯିବ । ଏ ଭିତରେ ରକ୍ତବାହୁର ଆକ୍ରମଣ କଥା ମନେ ପଡ଼ିଛି । କେମିତି ସେ ପୁରୁଷୋତ୍ତମଙ୍କୁ ଅପହରଣ କରିନେଲା, ୧୪୪ ବର୍ଷ ଧରି ତାହାର ସନ୍ଧାନ ମିଳିଲା ନାହିଁ ତାହା ଆଉ କାହାକୁ ଅଛପା ହୋଇ ନାହିଁ । ଏଣୁ ଏ ଧର୍ମଯୁଦ୍ଧରେ ଛାମୁଙ୍କୁ ବିଶ୍ୱାସ କରିବାକୁ ପଡ଼ିବ ବୋଲି ପଣ କରିଛନ୍ତି ରାଜଗୁରୁ ।

ସଂସାର ଯିଏ ତିଆରିଛି ସିଏ ତ' ପାଳନ କରିବ । ଏହି ଭିତରେ ଇତିହାସକୁ ବଦଳାଇବାର ଯେଉଁ ସ୍ୱପ୍ନ ମଣିମା ଦେଖୁଛନ୍ତି ତାହା କ'ଣ ସତରେ ସାକାର ହେବ ? ଲୋକେ କ'ଣ ସବୁ କିଛି ଭୁଲି ପାରିବେ ? ଭୁଲିପାରିବେ ଯେ, ତାଙ୍କ ପ୍ରିୟ ଠାକୁରଙ୍କୁ ଯିଏ ଚୋରି କରି ନେଇଥିଲା ସିଏ ପ୍ରକୃତରେ ଚୋର ନୁହେଁ ? ହଜାର ହଜାର ଶୈବ ମନ୍ଦିରକୁ ପୋତି ଯେଉଁ ମନ୍ଦିର ତିଆରି ହେଲା ସେଥିରେ ବିଷ୍ଣୁ ପୂଜା ହେବେ ? ଏମିତି ଅସମାହିତ ପ୍ରଶ୍ନଗୁଡ଼ାକୁ ଏକାଠି କରି ଆଗକୁ ଚାଲିଲେ... ସିନ୍ଦୂରପୁରୀ ଆଡ଼େ... ।

ସିନ୍ଦୂରପୁରୀ, ନୂଆ ମନ୍ଦିରଠୁ ଅଳ୍ପ କେଇ କୋଶ ଦୂର । ଇନ୍ଦ୍ରଦ୍ୟୁମ୍ନ ପୋଖରୀର କୂଳରେ ଅବସ୍ଥିତ ସିନ୍ଦୂରପୁରୀରେ ପୂର୍ବରୁ ପୁରୁଷୋତ୍ତମଙ୍କ ପୂଜା ହେଉଥିଲା । ଉତ୍କଳ ଆକ୍ରମଣ ପୂର୍ବରୁ ଏଇଠି ଛାମୁ କିଛିଦିନ ତାଙ୍କ ଭାଇ ଓ ସହଯୋଗୀଙ୍କ ସହ ରହୁଥିଲେ । ଯେତେବେଳେ ଉତ୍କଳ

ବିଜୟ ହେଲା ସେତେବେଳେ ବି ଏହିଠାରୁ ରାଜକାର୍ଯ୍ୟ କରିଥିଲେ। ଏହିଠାରେ ସେ ପରମ ମାହେଶ୍ୱରରୁ ପରମ ବୈଷ୍ଣବ ପାଲଟିଲେ। ବିଷ୍ଣୁ ଭକ୍ତଙ୍କ ଏହି ଏକମାତ୍ର ଆସ୍ଥାନରେ ସେ ଏତେ ମଜ୍ଜି ଗଲେ ଯେ, ନିଜେ ବିଷ୍ଣୁ ଭକ୍ତ ପାଲଟିଗଲେ। ବୈଷ୍ଣବ ଭାବେ ସେ ନିଜର ସୈନ୍ୟ ସାମନ୍ତଙ୍କୁ ଜମିଜମା ଅର୍ପଣ କଲେ। ପ୍ରଦେଶର ବିଭିନ୍ନ ଅଞ୍ଚଳର କର ଆଦାୟ ଲାଗି ସେମାନଙ୍କୁ କ୍ଷମତାପନ୍ନ କଲେ।[୭] ତା'ଛଡ଼ା ଏ ଅବକ୍ଷୟମୁଖୀ ମନ୍ଦିର ବଦଳରେ ପୁରୁଷୋତ୍ତମ କ୍ଷେତ୍ରରେ ନୂଆ ମନ୍ଦିର ତିଆରି ପାଇଁ ଆଦେଶ ଦେଲେ। ଯାହାରି ବଳରେ ଆଜି ଏତେ ବଡ଼ ମନ୍ଦିର ତିଆରି ହୋଇପାରିଛି। ଏହିଠାରୁ ନୃସିଂହଙ୍କୁ ଅପସାରଣ କରି ନୂଆ ମନ୍ଦିରର ଆଦ୍ୟ ଦେବତା ଭାବେ ସ୍ଥାନିତ କରାଯାଇଛି। ଆଉ ଏବେ ମୂଳ ଠାକୁର କିଏ ହେବେ ସେ ନେଇ ଥିବା ସନ୍ଦେହ ମଧ୍ୟ ଦୂର ହୋଇଛି...।

ଧାନ କ୍ଷେତ କଟାଯାଇ ନୂଆ ମନ୍ଦିରକୁ ଯେଉଁ ରାସ୍ତା ତିଆରି ହୋଇଛି ତାହା କ୍ରମଶଃ ଅଧିକ ଚଉଡ଼ା ହେଲାଣି। ସେଇ ରାସ୍ତାରେ ଘୋଡ଼ା ଉପରେ ବସି ଗଲାବେଳକୁ ରାଜଗୁରୁଙ୍କ ମନେ ପଡ଼ିଲା ମୁରାରି ମିଶ୍ରଙ୍କ ଦ୍ୱାରା ଲିଖିତ '*ଅନର୍ଘ ରାଘବ ନାଟକ*'ର କଥାବସ୍ତୁ। ପୁରୁଷୋତ୍ତମଙ୍କ ପ୍ରସିଦ୍ଧ ଯାତ୍ରା ସମୟରେ ଏଇ ରାସ୍ତାରେ ତାହା ବେଶ୍ ଲୋକଙ୍କୁ ରୁଣ୍ଡ କରୁଥିଲା। ରାଜାଙ୍କ ଇଷ୍ଟଦେବ ଥିଲେ ପୁରୁଷୋତ୍ତମ। ଯାହାଙ୍କ ନାଁରେ ଶାସନ ଚାଲୁଥିଲା। ଲୋକେ ରାଜା କିଏ ବୋଲି ଜାଣୁ ନଥିଲେ। ସେ ଯାତ୍ରା ଯିଏ ଦେଖିଛି ସିଏ ମନେ ରଖିଛି ପୁରୁଷୋତ୍ତମଙ୍କୁ, ତାଙ୍କ ଲୀଳା ଖେଳାକୁ।[୮] ଉତ୍କଳ କାହିଁ ଭାରତ ବର୍ଷର ଅନେକ ରାଜା ଓ ବିଜ୍ଞ ବ୍ୟକ୍ତି ସେହି ମେଳାରେ ସାମିଲ୍ ହେଉଥିଲେ। ପୁରୁଷୋତ୍ତମଙ୍କ ଯାତ୍ରାକୁ ଅନୁଭବ କରୁଥିଲେ। ରଥରେ ବସି ପୁରୁଷୋତ୍ତମ ଯେତେବେଳେ ମନ୍ଦିର ବାହାରକୁ ଆସୁଥିଲେ ତାହା ଥିଲା ଅତୀବ ସୁନ୍ଦର, ଅଲୌକିକ। ସେଇଥିପାଇଁ ତ ଏହାକୁ କର୍ମପୁର ବୋଲି କୁହାଯାଉଛି। ହେଲେ କିଛି ବର୍ଷ ହେଲା ଏହି କର୍ମପୁର ଶାନ୍ତ ପ୍ରାୟ। ପୂର୍ବପରି ଯାତ୍ରା ଆଉ ହେଉନାହିଁ। କାରଣ ଠାକୁର ତ ନାହାନ୍ତି, ଯାତ୍ରା କାହାପାଇଁ ? ଆଜି ନୂଆ ମନ୍ଦିର ତିଆରି ହୋଇ ସେଇ ମନ୍ଦିରରେ ବିଷ୍ଣୁ ପୁରୁଷୋତ୍ତମଙ୍କୁ ପୂଜା କରାଯିବ ବୋଲି ଶୁଣିଲା ପରେ ପୁଣି ଥରେ ପୁରୀବାସୀଙ୍କ ମନରେ ଉତ୍ସାହ ଉଦ୍ଦୀପନା ଜାଗ୍ରତ ହୋଇଛି.. ଏହା ସ୍ୱାଭାବିକ।

ଗଲା ୧୨ ବର୍ଷ ହେଲା ନୂଆ ମନ୍ଦିର ନିର୍ମାଣ କାମ ଚାଲିଛି। ଉତ୍କଳର ପ୍ରତିଷ୍ଠିତ ଶିଳ୍ପୀମାନେ ଏଥିରେ ବିଭିନ୍ନ ଭାବନାକୁ ନେଇ ଲାଲ୍ ଖଣ୍ଡେଲାଇଟ୍ ପଥର ଉପରେ ଖୋଦେଇ କରୁଛନ୍ତି। ଏଥିରେ ହିନ୍ଦୁ ଧର୍ମର ବିଭିନ୍ନ ଭାବ ଓ ମନ୍ଦିର ତିଆରିର କୌଶଳ ଆପଣାଯାଉଛି। ଏ ଭିତରେ ପ୍ରାଚୀ ଅଞ୍ଚଳର ଲୋକମାନେ ବେଶ୍ ସହାୟତା କରୁଥାନ୍ତି। ରାଜଗୁରୁଙ୍କଠାରୁ ପୁରଷୋତ୍ତମଙ୍କ ପ୍ରତିଷ୍ଠା ବିଷୟ ପରୋକ୍ଷ ଭାବେ ଶୁଣି ପ୍ରାଚୀ ଅଞ୍ଚଳର ଭୂଜଙ୍ଗପୁରୀ ରାଜା ମାଧବ (ଲୋକ ମୁଖରେ ଗାଲମାଧବ ଭାବେ ପରିଚିତ) ଗଙ୍ଗେଶ୍ୱରଙ୍କୁ ଭେଟିବାକୁ ବାହାରିଲେ।

ଶ୍ରୀ ମାଧବ ପ୍ରାଚୀ ନଦୀକୂଳରେ ଅନେକ ଦିନ ହେଲା ପୂଜା ପାଉଛନ୍ତି। ଶୈବ ସମ୍ପ୍ରଦାୟର ଜୋରଦାର ପ୍ରଭାବ ଭିତରେ ସେ ଏକମାତ୍ର ବୈଷ୍ଣବ ଦିଅଁ ଭାବେ ପୁରୁଷୋତ୍ତମ କ୍ଷେତ୍ରରେ ପୂଜିତ। ଯେଉଁଠି ବୈଷ୍ଣବମାନଙ୍କ ସଂଜ୍ଞା ଲୀନ ହେବାକୁ ବସିଥିଲା ସେଠାରେ ଶ୍ରୀ ମାଧବ ହିଁ ଜୀବନ ନାଡ଼ିକୁ ଚଳାଇ ରଖିଥିଲେ। ଅବଶ୍ୟ ସେ ଗଙ୍ଗେଶ୍ୱରଙ୍କ ଦ୍ୱାରା ପରାଜିତ। ସେ

ବର୍ତ୍ତମାନ ତାଙ୍କ ଅଧୀନସ୍ଥ। କିନ୍ତୁ ରାଜା ମାଧବ ପ୍ରଭୁ ମାଧବଙ୍କ ଆରାଧନାରୁ ନିଜକୁ କେବେ ଚ୍ୟୁତ କରିନାହାନ୍ତି। ତାଙ୍କରି ପାଇଁ ଗଙ୍ଗେଶ୍ୱର ସ୍ୱତନ୍ତ୍ର ମନ୍ଦିର ମଧ ତିଆରି ପାଇଁ ଆଦେଶ ଦେଇଛନ୍ତି। ଏହି ସମୟରେ ଯେତେବେଳେ ଗଙ୍ଗେଶ୍ୱରଙ୍କ ବୈଷ୍ଣବ ସମ୍ପ୍ରଦାୟ ପ୍ରତି ଥିବା ଦୁର୍ବଳତାକୁ ଅନୁଭବ କଲେ ତାହାକୁ ଆଗକୁ ବଢ଼ାଇବା ଲାଗି ସେ ସହଯୋଗର ହାତ ବଢ଼ାଇଲେ । ସେଇ ସହଯୋଗ ହୁଏତ ଶୈବ ପ୍ରଭାବିତ ଅଞ୍ଚଳକୁ ବୈଷ୍ଣବ ଧର୍ମର ଏକ ଧାମ ଭାବେ ଗଢ଼ି ତୋଳି ଏହାର ହଜିଲା ସ୍ମୃତିକୁ ପୁଣିଥରେ ଖୋଜିବାର ପ୍ରୟାସ କରିବ।

ରାଜା ମାଧବଙ୍କ ଆଗମନ କଥା ଶୁଣି ଗଙ୍ଗେଶ୍ୱର ପ୍ରସନ୍ନ ହେଲେ। ସସମ୍ମାନେ ତାଙ୍କୁ ସ୍ୱାଗତ କରି ଦରବାରରରେ ବସାଇଲେ। ରାଜା ମାଧବ ସେତେବେଳେ ନିଜ ମନ କଥା କହିବା ପାଇଁ ଆଗ୍ରହ ପ୍ରକାଶ କଲେ। ଗଙ୍ଗେଶ୍ୱରଙ୍କ ଆଦେଶ ପାଇ ସେ କହିଲେ *ଛାମୁ, ଦେଉଳ ତିଆରି କାମ ପ୍ରାୟ ଶେଷ ହେଲାଣି। ଏ ଭିତରେ ମୁଁ ଶୁଣିଛି ଆପଣ ବଡ଼ ଦ୍ୱିଧାରେ ପଡ଼ିଛନ୍ତି। ଏଠାରେ ପ୍ରତିଷ୍ଠାତା ଦେବ କିଏ ହେବେ ସେ ନେଇ ? ମୁଁ ଭାବୁଛି ଏ ମାଟିର ଅଧିଷ୍ଠାତା ବା ଇଷ୍ଟ ଦେବ ମାଧବଙ୍କୁ ଏ ମନ୍ଦିରରେ ପ୍ରତିଷ୍ଠା କରାଗଲେ ଭଲ ହୁଅନ୍ତା... ।*

ହେଲେ ଗଙ୍ଗେଶ୍ୱରଙ୍କୁ ତ ସ୍ୱପ୍ନବାଣୀ କିଛି ଅଲଗା ହୋଇଛି। ସେ ତ ମନ ସ୍ଥିର କରିସାରିଛନ୍ତି। ଏଣୁ ରାଜା ମାଧବଙ୍କ ଚିନ୍ତା ପ୍ରତି ନିଜର କୃତଜ୍ଞତା ଜଣାଇ ତାହାକୁ ଏଡ଼ାଇବାକୁ ଚେଷ୍ଟା କଲେ ଗଙ୍ଗେଶ୍ୱର। ଏହାଛଡ଼ା ମାଧବଙ୍କ ପାଇଁ ନୂଆ ମନ୍ଦିର ମଧ୍ୟ ପ୍ରତିଷ୍ଠାକୁ ତ୍ୱରାନ୍ୱିତ ପାଇଁ ଆଦେଶ ଦେଲେ।

ମୁଖଲିଙ୍ଗମ୍, ଶ୍ରୀ କୂର୍ମମ୍, ସୀମାଞ୍ଚଳମ୍‌ଠାରେ ମନ୍ଦିରସବୁ ତାଙ୍କରି ସମୟରେ ହିଁ ହୋଇଛି। ହେଲେ ପୁରୁଷୋତ୍ତମ କ୍ଷେତ୍ରରେ ଯେମିତି ଦ୍ୱନ୍ଦ୍ୱ ଓ ଦ୍ୱିଧା ଭିତରେ ସେ ଅଛନ୍ତି ତାହା କେବେ ଦେଖିବାକୁ ମିଳିନାହିଁ। ଏପରିକି ଗଙ୍ଗେଶ୍ୱର ରାଜ୍ୟ ସମ୍ପ୍ରସାରଣକୁ ବି ଆଉ ଧ୍ୟାନ ଦେଉ ନାହାନ୍ତି। ପୁରୀକୁ ବୈଷ୍ଣବ ସମ୍ପ୍ରଦାୟର ପ୍ରାଣକ୍ଷେତ୍ର ଭାବେ ଗଢ଼ି ତୋଳିବା ପାଇଁ ସେ ଯେଉଁ ସିଦ୍ଧାନ୍ତ ନେଇଛନ୍ତି ତାହାକୁ କିପରି ଭାବେ କାର୍ଯ୍ୟକାରୀ କରାଯାଇ ପାରିବ ସେ ନେଇ ବାଟ ଖୋଜି ଖୋଜି ଆଜି ସ୍ୱୟଂ ବିଷ୍ଣୁ-ପୁରୁଷୋତ୍ତମଙ୍କ ସ୍ୱପ୍ନବାଣୀ ପାଇଛନ୍ତି। ଏଣୁ ତାହାହିଁ ବାସ୍ତବ ରୂପ ନେବା ଦରକାର।

(୪)

ଆଦିଗୁରୁ

ଅସମାହିତ ପ୍ରଶ୍ନଗୁଡ଼ିକୁ ନେଇ ରାଜଗୁରୁ ନୂଆ ମନ୍ଦିର ପରିଦର୍ଶନ କରି ସିନ୍ଦୂରପୁର ଆଡ଼େ ପ୍ରସ୍ଥାନ ହୋଇଛନ୍ତି। ସିନ୍ଦୂରପୁରଠାରେ ବିଷ୍ଣୁ ପୂଜନ କେଉଁ କାଳରୁ ଜାରି ରହିଛି। ସେହିଠାରେ ରାମାନୁଜ ଦିନେ ଅବସ୍ଥାନ କରିଥିଲେ। ବାଟରେ ବିଶାଳ ଧାନ କ୍ଷେତକୁ ପାର କରି ଗଲାବେଳକୁ ପ୍ରଭୁଙ୍କ ଯାତ୍ରାଦିନ କଥା ମନେ ପକାଉଛନ୍ତି। *ଅନର୍ଘ ରାଘବମ୍* ପରିବେଷଣରେ ବିଭିନ୍ନ ରାଜ୍ୟରୁ ଏଠାରେ ଯେମିତି ବିଜ୍ଞ ଲୋକଙ୍କ ସମାଗମ ଓ ତର୍କ ହୁଏ ତାହା ଆଉ କେଉଁଠି ସେ ଦେଖିବାକୁ ପାଇ ନାହାନ୍ତି। ଏ ଯାତ୍ରା ଆଉ ହେବ ନା ନାହିଁ ତାହା ମଧ୍ୟ ପ୍ରଶ୍ନ ଘେରକୁ ଆସିଛି। ଏ ଭିତରେ ଖବର ଆସିଛି ପ୍ରାଚୀ ନଦୀକୂଳର ଭୁଜଙ୍ଗପୁରୀ ରାଜା ଗାଲମାଧବ ପହଞ୍ଚିଛନ୍ତି ଗଙ୍ଗେଶ୍ୱରଙ୍କୁ ଭେଟି ନୂଆ ମନ୍ଦିରରେ ମାଧବ ପୂଜନ ପାଇଁ ପ୍ରସ୍ତାବ ଦେଇଛନ୍ତି। ହେଲେ ତାହାକୁ ଗଙ୍ଗେଶ୍ୱର ସସମ୍ମାନେ ପ୍ରତ୍ୟାଖ୍ୟାନ କରି ପୁରୁଷୋତ୍ତମ ପୂଜା ପାଇଁ ଦୃଢ଼ମନା ରହିଛନ୍ତି। କିନ୍ତୁ ନୂଆକରି ପ୍ରତିଷ୍ଠା ହେବାକୁ ସ୍ଥିର ହୋଇଥିବା ପୁରୁଷୋତ୍ତମଙ୍କ ଆକାର କ'ଣ ହେବ ତାହା ଏଯାଏ ସ୍ପଷ୍ଟ ହୋଇନି...

କାହିଁ କେଉଁ କାଳରୁ ଏ କ୍ଷେତ୍ର ହିନ୍ଦୁ ଧର୍ମରେ ଏକ ବିଷ୍ଣୁ ଧାମ ଭାବେ ପରିଚିତ ହୋଇଛି। ହେଲେ ରକ୍ତବାହୁର ଆକ୍ରମଣ ଯେମିତି ସବୁ କିଛି ଉପରେ ମାଟି ଫିଙ୍ଗି ଦେଇଥିଲା। ଆଦିଗୁରୁ ଶଙ୍କରାଚାର୍ଯ୍ୟ ସନାତନ ଧର୍ମର ପୁନଃ ପ୍ରତିଷ୍ଠା ପାଇଁ ଯେତେବେଳେ ପଣ କଲେ, ସେ ଚାଲିଆସିଲେ ଏଇ ପୁରୁଷୋତ୍ତମ କ୍ଷେତ୍ରକୁ, ପ୍ରଭୁ ପୁରୁଷୋତ୍ତମଙ୍କୁ ଦର୍ଶନ କରିବା ପାଇଁ। କାରଣ ସାଧନାରେ ଥିବାବେଳେ ସେ ପୁରୁଷୋତ୍ତମଙ୍କୁ ସାକ୍ଷାତ କରିଥିଲେ। ତାଙ୍କର କଳା, ଧଳା ବର୍ଣ୍ଣ, ଗୋଲ ଗୋଲ ଆଖି, ଚଉଡ଼ା ନାଲି ଓଠ ସବୁ କିଛିର ସେ ଆଭାସ ପାଇଥିଲେ। ଏଇ କଳ୍ପନାକୁ ବାସ୍ତବରେ ଦର୍ଶନ ପାଇଁ ସେ ଯେତେବେଳେ ଉତ୍କଳ ଦେଶର ତଟରେ ପହଞ୍ଚିଲେ, ସେତେବେଳେ ଅଭିଭୂତ ହୋଇଗଲେ କେଶରୀ ବଂଶ ରାଜା ଯଯାତି କେଶରୀ। ବୈତରଣୀ ନଦୀ କୂଳରୁ ତାଙ୍କୁ ପାଛୋଟି ନେଲେ।[୯]

ସୁବର୍ଣ୍ଣପୁର ଅଞ୍ଚଳରୁ ଆସି ଉତ୍କଳ ଜୟ କଲାପରେ ଯଯାତି ଯାଜପୁରରୁ ସମଗ୍ର ଉତ୍କଳକୁ ଶାସନ କରୁଥାନ୍ତି। ଶାକ୍ତ ସମ୍ପ୍ରଦାୟକୁ ପ୍ରୋତ୍ସାହନ ଦେଇ ସେଠାରେ ସେ ବିରଜାଙ୍କ ମନ୍ଦିର ପ୍ରତିଷ୍ଠା କରିଛନ୍ତି। ପୌରାଣିକ ଯୁଗରୁ ଏ ଅଞ୍ଚଳ ହିନ୍ଦୁ ସନାତନୀଙ୍କ ପାଇଁ ଏକ ଗୁରୁତ୍ୱପୂର୍ଣ୍ଣ

ପୀଠ ସାଜିଥିଲା । ଆଉ ଯଯାତିଙ୍କ ଆଗମନ ପରେ ଏହା ଅଧିକ ଲୋକପ୍ରିୟ ହୋଇଛି । ଫଳରେ କେଶରୀ ବଂଶୀ ଶାସନକୁ ଅନେକ ଗ୍ରହଣ କରିବାରେ ଦ୍ୱିଧା ପ୍ରକାଶ କରି ନାହାନ୍ତି । ଏହାଛଡ଼ା ଯଯାତି ଅନ୍ୟ ସମ୍ପ୍ରଦାୟଙ୍କୁ ମଧ୍ୟ ଗୁରୁତ୍ୱ ଦେଇଛନ୍ତି । ତାଙ୍କ ଶାସନ ବେଳରେ ଭୁବନେଶ୍ୱରରେ ଲିଙ୍ଗରାଜ ମନ୍ଦିର ପ୍ରତିଷ୍ଠା ହୋଇଛି । ଶୈବ ସମ୍ପ୍ରଦାୟ ପାଇଁ ଏହା ସେତେବେଳେ ବଡ଼ ଆଶ୍ୱାସନା ଆଣିଥିଲା ।

କିନ୍ତୁ ଆଦିଗୁରୁ ଦେଖିଥିବା ସେ ମୂର୍ତ୍ତି କାହିଁ ? ମନ୍ଦିର କାହିଁ ? ଯେଉଁ ପୁରୁଷୋତ୍ତମଙ୍କୁ ଦର୍ଶନ ପାଇଁ ସେ ଏତେ ବାଟରୁ ଆସିଛନ୍ତି ସେ କାହାନ୍ତି ?

ଯଯାତି କେଶରୀ ଶଙ୍କରାଚାର୍ଯ୍ୟଙ୍କ ଉଦ୍ଦେଶ୍ୟକୁ ସମ୍ମାନ ଦେଇ ଆରମ୍ଭ କଲେ- *ପୁରୁଷୋତ୍ତମ କ୍ଷେତ୍ରରେ ଆଉ ଜଗନ୍ନାଥ ନାହାନ୍ତି । କେବେଠୁ ନାହାନ୍ତି ତାହା ସେ ଜାଣି ନାହାନ୍ତି । କୋଉଠି ଅଛନ୍ତି ସେ ବିଷୟରେ ମଧ୍ୟ ସେ ଅଜ୍ଞ । ପାରିଷଦରେ ମଧ୍ୟ ସେ ବିଷୟରେ କେହି ଜାଣି ନାହାନ୍ତି । ଏଣୁ ସନ୍ଥଙ୍କ ଆଗରେ ହାତଯୋଡ଼ି ଯଯାତି ନିବେଦନ କଲେ- ଆପଣ ଏଇଠି କିଛିଦିନ ବିତାନ୍ତୁ । ଆଉ ସେ ପୁରୁଷୋତ୍ତମଙ୍କୁ ନିଜ ଯୋଗ ସିଦ୍ଧି ବଳରେ ଖୋଜି ବାହାର କରନ୍ତୁ ।*

ଯେଉଁ ଲକ୍ଷ୍ୟ ନେଇ ଶଙ୍କରାଚାର୍ଯ୍ୟ ନିଜ ଯାତ୍ରା ଆରମ୍ଭ କରିଥିଲେ ତାହା ପ୍ରକୃତରେ ଆରମ୍ଭ ହେଲା ଏଇଠୁ । ଆରମ୍ଭ ହେଲା ଖୋଜିବା ପର୍ବ । ରାଜ କର୍ମଚାରୀମାନେ ତଥ୍ୟ ସଂଗ୍ରହରେ ଲାଗି ପଡ଼ିଲେ । ସୂଚନା ଆସିଲା ପୁରୁଷୋତ୍ତମଙ୍କୁ ପୋତି ଦିଆଯାଇଛି । ମାଟିତଳେ । ଆଜିକୁ ପାଖାପାଖି ୧୪୪ ବର୍ଷ ହେଲା ସେ ପୁରୁଷୋତ୍ତମ କ୍ଷେତ୍ର ଛାଡ଼ିଛନ୍ତି । ଯବନ କୁଶାଣମାନଙ୍କ ଭୟରେ ଏହି ଠାକୁରଙ୍କୁ ସୋନପୁରରେ ପାତାଳୀ କରାଯାଇଛି ।

ସୋନପୁରରୁ ଏଇ କିଛି ବର୍ଷ ହେଲା କେଶରୀ ଶାସନର କେନ୍ଦ୍ରସ୍ଥଳକୁ ସ୍ଥାନାନ୍ତର କରାଯାଇଥିଲା ଯାଜପୁରକୁ । ବିରଜା କ୍ଷେତ୍ରଭାବେ ପ୍ରତିଷ୍ଠିତ ଯାଜପୁରରେ ନୂଆ ରାଜବାଟୀ ତିଆରି ହୋଇଥିଲା । ହେଲେ ସୋନପୁର ଯେ, କେଶରୀ ଶାସନର ଏକ ଅବିଚ୍ଛେଦ୍ୟ ଅଙ୍ଗ ହୋଇ ରହିଛି ସେଥିରେ ସନ୍ଦେହ ନାହିଁ ।

ସ୍ଥାନୀୟ ଲୋକଙ୍କ ସହାୟତାରେ ସ୍ଥାନ ନିରୂପଣ କରାଗଲା । ଆଦିଗୁରୁ ମାଟି ତଳୁ ସେ ଦାରୁ ମୂର୍ତ୍ତିକୁ ଉଦ୍ଧାର ପାଇଁ ଚାହିଁଲେ । ହେଲେ ଏତେ ବର୍ଷର ସେ ଶରୀର କଣ ଆଉ ମିଳିବ ?

ନା ସେ ଶରୀର ମିଳିଲା ନା ତା ଗଢ଼ଣ ବିଷୟରେ କିଛି ସୂଚନା ମିଳିଲା । ଏମିତି ଏକ ସ୍ଥିତିରେ ବ୍ରହ୍ମକୁ କେମିତିବା ପୁନଃପ୍ରତିଷ୍ଠା କରାଯିବ ? ଏଣୁ ଆଦିଗୁରୁ ଧ୍ୟାନରେ ଗଲେ । ଅନକ ସମୟ ପରେ ନିଷ୍ପତ୍ତି ନେଲେ ନେପାଳରୁ ଜୀବନ୍ତ ଶଳଗ୍ରାମ ଆସିବେ । ଶିଷ୍ୟ ଭାରତୀ ଆଚାର୍ଯ୍ୟ ଗୁରୁଙ୍କ ଏହି ଆଦେଶ ପାଳନ କଲେ । ନେପାଳର ନରେଶ ଏନେଇ ଖୁସି ବ୍ୟକ୍ତ କଲେ । ତାଙ୍କର ଅକୁଣ୍ଠ ସହାୟତାରେ ହିମାଳୟ ପାଦଦେଶ ତଥା ଗଣ୍ଡକୀ ନଈର କୂଳରୁ ଜୀବନ୍ତ ଶଳଗ୍ରାମ ସଂଗ୍ରହ କଲେ ଭାରତୀ ଆଚାର୍ଯ୍ୟ ।

ଶିଷ୍ୟ ଭାରତୀଙ୍କ ଫେରିବା ବେଳକୁ ଆଦିଗୁରୁ ଯେମିତି ଭାବେ ପୁରୁଷୋତ୍ତମଙ୍କୁ ଧ୍ୟାନ ବଳରେ ଦେଖିଥିଲେ ସେଇ ଅନୁସାରେ ମୂର୍ତ୍ତି ତିଆରି କରୁଥାଆନ୍ତି । ଶାଳଗ୍ରାମ ପହଞ୍ଚିଲା ପରେ ଆରମ୍ଭ ହେଲା ପ୍ରାଣ ପ୍ରତିଷ୍ଠାର ପର୍ବ । ଯେଉଁ ରୂପକୁ କେହି କେବେ ଦେଖି ନଥିଲେ ସେ ରୂପ ନେଲେ ଶ୍ରୀଜିଉ । ଅର୍ଥାତ୍ ଏକ ନବକଳେବର ହେଲା ପୁରୁଷୋତ୍ତମ କ୍ଷେତ୍ରରେ । ଯଯାତିଙ୍କ ଉପସ୍ଥିତିରେ ବ୍ରହ୍ମକୁ ସଜାଇ ଶଙ୍କରାଚାର୍ଯ୍ୟ ପ୍ରଥମ ଆରତି ପ୍ରଦାନ କଲେ । ଆଉ ସେଇଠୁ ପୁଣିଥରେ ଜୀବିତ ହେଲା ପୁରୁଷୋତ୍ତମ ଜଗନ୍ନାଥ ସଂସ୍କୃତି ।

ତାଙ୍କରି ଉଦ୍ୟମରେ ପୁଣିଥରେ ଏକ ମନ୍ଦିର ତିଆରିହେଲା । ପାଖାପାଖି ୩୮ ହାତ ଉଚ୍ଚା ହେଲା ଏ ମନ୍ଦିର ।[୧୦] ଶୈବ ଶାକ୍ତ ଓ ବୈଷ୍ଣବ ସଭିଙ୍କ ପ୍ରାଣକେନ୍ଦ୍ର ପାଲଟିଲା । କାରଣ ପୁରୁଷୋତ୍ତମଙ୍କୁ ଜଗତର ନାଥ ବା ଜଗନ୍ନାଥ ଭାବେ ସମ୍ବୋଧିତ କରି ଆଦିଗୁରୁ ନା ତାଙ୍କୁ ବୈଷ୍ଣବମାନଙ୍କ ପରମ୍ପରା ଓ ମନ୍ତ୍ରରେ ପୂଜା କଲେ ନା ଶୈବମାନଙ୍କ । ନିଜ ମା'ଙ୍କୁ ଅନ୍ତିମ ଶଯ୍ୟାରେ ସେ ଯେଉଁ ମନ୍ତ୍ର ଶୁଣାଇଥିଲେ ତାହାକୁ ପୁଣିଥରେ ଏଠାରେ ଉଚ୍ଚାରଣ କରିଥିଲେ । ଯାହାକି ଉଭୟ ଶୈବ ଓ ବୈଷ୍ଣବ ମନ୍ତ୍ରରେ ସମାହାର ହୋଇଥିଲା । ତାଙ୍କରି ତତ୍ତ୍ୱାବଧାନରେ ଏଠାରେ ଚାଲିଲା ସ୍ୱତନ୍ତ୍ର ପୂଜାର୍ଚ୍ଚନା ।

ଖାଲି ସେତିକି ନୁହେଁ ଜଗନ୍ନାଥଙ୍କ ପାଖରେ ଅନ୍ନ ପ୍ରସାଦ ଭୋଗର ପରମ୍ପରା ସେ ଆରମ୍ଭ କରିଥିଲେ । କୁହାଯାଏ ସେ ନିଜେ ଭୋଗ ମଣ୍ଡପରେ ଛତାଧରି ବସି ଏ କାର୍ଯ୍ୟର ସୁପରିଚାଳନା ପାଇଁ ଚେଷ୍ଟା କରୁଥିଲେ । ପରେ ତାଙ୍କର ଗୋବର୍ଦ୍ଧନ ପୀଠ ପ୍ରତିଷ୍ଠା ହୋଇଥିଲା । ଆଦିଗୁରୁଙ୍କ ଏ ପ୍ରଚେଷ୍ଟା ଦ୍ୱାରା ପୁରୁଷୋତ୍ତମ କ୍ଷେତ୍ର ହଜିଯାଇଥିବା ସେ ଅତୀତକୁ ପୁଣିଥରେ ଫେରି ପାଇ ପାରିଥିଲା । ସେତେବେଳେ ହିନ୍ଦୁ ଧର୍ମ ଭିତରେ ସୃଷ୍ଟି ହୋଇଥିବା ସାମ୍ପ୍ରଦାୟିକ ଭେଦଭାବକୁ ସେ ଶ୍ରୀଜଗନ୍ନାଥଙ୍କ ମାଧ୍ୟମରେ ସମାଧାନ କରିବାକୁ ଯେଉଁ ଉଦ୍ୟମ ଆରମ୍ଭ କରିଥିଲେ ସେଥିରେ ଅତ୍ୟନ୍ତ ସଫଳତା ବି ମିଳିଥିଲା । ଉଭୟ ଶୈବ ଓ ବୈଷ୍ଣବ ସମ୍ପ୍ରଦାୟ ଭିତରେ ସମନ୍ୱୟ ରକ୍ଷା ହୋଇପାରିଥିଲା । ଅନ୍ୟପଟେ ଶାକ୍ତ ସମ୍ପ୍ରଦାୟ ବିଶ୍ୱାସୀ ଯଯାତି କେଶରୀ ମଧ୍ୟ ଏଥିରେ ବେଶ୍ ପ୍ରସନ୍ନ ହେଲେ । ଆଦିଗୁରୁଙ୍କୁ ଶ୍ରୀମନ୍ଦିରର ମହାଧିନାୟକ ଭାବେ ପରିଗଣିତ କଲେ । ସିଦ୍ଧ ପତ୍ରରେ ଏ ବିଷୟ ଉଲ୍ଲେଖ କରି ସେ ଶଙ୍କରାଚାର୍ଯ୍ୟଙ୍କୁ ଅର୍ପଣ କଲେ । ଯେତେବେଳେ ବି ଯେଉଁ ବିବାଦ ଆସିବ ତାକୁ ସେ ସମାଧାନ କରିବେ ବୋଲି ଘୋଷଣା କଲେ । ଆଉ ତାଙ୍କୁ ଧର୍ମ ସେତୁ, ସିଦ୍ଧାନ୍ତକ ବୋଲି ଉପାଧିମାନ ଦେଲେ । ତା'ଛଡ଼ା ନେପାଳ ନରେଶଙ୍କୁ ଶ୍ରୀଜଗନ୍ନାଥଙ୍କୁ ସିଧାସଳଖ ପୂଜା କରିବାର ଅଧିକାର ଦେଲେ । ତାଙ୍କୁ ପାଟ ମହାନାୟକ ବୋଲି ମଧ୍ୟ ସମ୍ବୋଧନ କଲେ ଆଦିଗୁରୁ ।

କିନ୍ତୁ କାଳର କରାଳ ଗତି ଭିତରେ ସବୁ କିଛି ଲୀନ ହୋଇଗଲା । ଯଯାତିଙ୍କ ପରେ ଆସିଥିବା ଶାସକମାନେ ଆଉ ଏ ମନ୍ଦିର ପ୍ରତି ଧ୍ୟାନ ନଦେବାରୁ ଏ ସଂସ୍କୃତି ହଜିଗଲା ପ୍ରାୟ । ଜରାଜୀର୍ଣ୍ଣ ହୋଇଗଲା ସେ ମନ୍ଦିର । ଆଉ ତା'ରି ଭିତରେ ଠାକୁର ମଧ୍ୟ । ଅନେକ ବର୍ଷ ପରେ ଆଜି ଏକ ନୂଆ ଉଦ୍ଦୀପନା ସୃଷ୍ଟି ହୋଇଛି । ଗଙ୍ଗେଶ୍ୱରଙ୍କ ଶାସନ ସ୍ଥାପନ ପରେ ପୁଣିଥରେ ବୈଷ୍ଣବଙ୍କ ଆଶା ଉଜ୍ଜୀବିତ ହୋଇଛି ।

(୬)

ରାମାନୁଜାଚାର୍ଯ୍ୟ

ସନାତନ ହିନ୍ଦୁଧର୍ମର ଆଦିଗୁରୁ ପୁରୁଷୋତ୍ତମ କ୍ଷେତ୍ରରେ ବିଜେ ହେବା ଏବଂ ଏଠାରେ ବୈଷ୍ଣବ କ୍ଷେତ୍ର ପ୍ରତିଷ୍ଠାକୁ ଗଙ୍ଗେଶ୍ୱର ମନେ ପକାଇଛନ୍ତି। ସେହି ଅନୁସାରେ ପୁରୁଷୋତ୍ତମ କ୍ଷେତ୍ରର ପ୍ରତିଷ୍ଠା ପାଇଁ ଆଲୋଚନା ଚାଲିଛି। ହେଲେ ଆଦିଗୁରୁ ଯେଉଁଭଳି ରୀତିନୀତିର ପ୍ରଚଳନ କରିଥିଲେ ତାହା ଅଧିକ ଶୈବ ପରମ୍ପରାଭିତ୍ତିକ ହୋଇଛି। ଏନେଇ କିଛି ବୈଷ୍ଣବଙ୍କ ଆପତ୍ତି ମଧ୍ୟ ରହିଛି। ବିଶେଷକରି ସନ୍ଥ ରାମାନୁଜାଚାର୍ଯ୍ୟ ଏପରି ପରମ୍ପରାକୁ ବିରୋଧ କରିଛନ୍ତି। ରାମାନୁଜାଚାର୍ଯ୍ୟ ଏବେ ପୁରୀରେ ଅବସ୍ଥାନ କରୁଛନ୍ତି। ପୁରୁଷୋତ୍ତମ କ୍ଷେତ୍ରରେ ସେ ଶ୍ରୀ ପୁରୁଷୋତ୍ତମଙ୍କ ପୂଜା ପାଇଁ ଚାହୁଁଥିଲେ ମଧ୍ୟ ପୁରୀର ସେବାୟତମାନେ ପୁରୁଣା ଠାକୁରଙ୍କୁ କୌଣସି ମୁହୂର୍ତ୍ତରେ ଅପସାରଣ କରାଯାଇପାରିବ ନାହିଁ ବୋଲି ରୋକ୍‌ଠୋକ୍ ଶୁଣାଇ ଦେଇଛନ୍ତି। ଏ ମୁହୂର୍ତ୍ତରେ ପୁରୀକୁ ବୈଷ୍ଣବକ୍ଷେତ୍ର ଭାବେ ଗଢ଼ି ତୋଳିବା ଲାଗି ରାମାନୁଜାଚାର୍ଯ୍ୟଙ୍କ ଅନୁଶୀଳନ ଅତ୍ୟନ୍ତ ଜରୁରୀ।

ଉତ୍କଳକୁ ନିଜର କରିବା ପାଇଁ ସେ ଯେଉଁ ସ୍ୱପ୍ନ ଦେଖିଥିଲେ ତାହା ପୂରଣ ହୋଇସାରିଛି। ପ୍ରତାପୀ ସୋମବଂଶୀ ରାଜା କର୍ଣ୍ଣଦେବଙ୍କୁ ଯୁଦ୍ଧ କ୍ଷେତ୍ରରେ ମାଟି ଚଟାଇବାରେ ଗଙ୍ଗେଶ୍ୱର ଚୋଡ଼ଗଙ୍ଗ ଦେବ ସଫଳ ହୋଇଛନ୍ତି। କିନ୍ତୁ ରାଜାଙ୍କୁ ଜୟ କଲେ ଯେ ରାଜ୍ୟ ଅକ୍ତିଆର ହୋଇଯିବ ତା'ନୁହେଁ, ଏଥିପାଇଁ ପ୍ରଜାଙ୍କ ମନକୁ ଜୟ କରିବା ଦରକାର। ସେଥିପାଇଁ ଉତ୍ତମ ବ୍ୟକ୍ତିତ୍ୱ ଓ ନୂଆ ନୀତିର ଆବଶ୍ୟକ ରହିଛି। ଯାହାଦ୍ୱାରା ଏକ ନୂଆ ପରିଚୟ ସୃଷ୍ଟି ହୋଇପାରିବ ଉତ୍କଳ ମାଟିରେ। ନହେଲେ ଜଣେ ବିଦେଶୀ ଶାସକଙ୍କୁ ଏଠାର ପ୍ରଜାମାନେ କାହିଁକି ବା ନିଜର ମୁରବି ବୋଲି ମାନିବେ ? ଏଣୁ ଅନ୍ୟ ରାଜ୍ୟ ଜୟ ପାଇଁ ଆସକ୍ତି ନରଖି ପ୍ରାଚୀ ନଦୀର ତଟରେ ସେ ଉତ୍କଳର ରାଜନୀତିକୁ ଏକ ନୂଆ ମୋଡ଼ ଦେବାକୁ ଚେଷ୍ଟା କଲେ।

ପୂର୍ବ ଅଭିଯାନଗୁଡ଼ିକରେ ସେ ଉତ୍କଳ ପ୍ରଜାଙ୍କ ଚାଲିଚଳଣ ବାବଦରେ ଅନେକ ଶିକ୍ଷା ଗ୍ରହଣ କରିଥିଲେ। ଏ ରାଜ୍ୟର ପ୍ରଜାମାନେ ଯେ ସରଳ ତାହାକୁ ଜାଣିବା ସହ ଏମାନଙ୍କ ଦୁର୍ବଳତାକୁ ମଧ୍ୟ ମାପିଥିଲେ ଗଙ୍ଗେଶ୍ୱର। ଧର୍ମ ପ୍ରତି ପ୍ରଜାଙ୍କ ଅଶେଷ ଦୁର୍ବଳତାକୁ ଲକ୍ଷ୍ୟ କରି ତାହାର ଫାଇଦା ନେବାକୁ ଚାହିଁଥିଲେ । ଯେହେତୁ ପୂର୍ବ ଶାସକ ଏଠାରେ ବୈଷ୍ଣବମାନଙ୍କୁ ଉଚିତ ଧ୍ୟାନ ଦେଉ ନଥିଲେ ସେତେବେଳେ ସେମାନଙ୍କ ଭିତରେ ଆଗ୍ନେୟଗିରି ସ୍ୱରୂପ ବିଦ୍ରୋହ ସୁପ୍ତ ହୋଇ ରହିଥିଲା। ଯାହାକୁ ସେ ଉତ୍ତମ ଶାସନର ମୂଳଦୁଆ ଭାବିଥିଲେ।

ମନେ ମନେ ରାମାନୁଜାଚାର୍ଯ୍ୟଙ୍କ କଥାଗୁଡ଼ିକୁ ମନେ ପକାଉଥାଆନ୍ତି। କଳିଙ୍ଗରେ ଥିବା ସମୟରେ ତାଙ୍କ ସହ ଦୀର୍ଘ ସମୟ ଧରି ସେ ଆଲୋଚନା କରିଥିଲେ। ବୈଷ୍ଣବ ଧର୍ମର ପ୍ରବର୍ତ୍ତା ରାମାନୁଜାଚାର୍ଯ୍ୟ ଦାକ୍ଷିଣାତ୍ୟରେ ଚୋଳମାନଙ୍କ ଶାସନରେ ଅତିଷ୍ଠ ହୋଇପଡ଼ି ସ୍ୱତଃ ରାଜ୍ୟ ଛାଡ଼ି ପଳାଇ ଆସିଥିଲେ। ଆଉ ଏହି ନିର୍ବାସନ ସମୟରେ ଭେଟ ହୋଇଥିଲା ଗଙ୍ଗେଶ୍ୱରଙ୍କୁ। ଗଙ୍ଗେଶ୍ୱର ସେତେବେଳେ ପରମ ମହେଶ୍ୱର ଭାବେ ପରିଚିତ ଥିଲେ। ଅର୍ଥାତ୍ ଶିବ ଭକ୍ତ ଓ ତାଙ୍କରି ଆଶ୍ରାରେ ଶାସନ ଚଳାଉଥିଲେ। କିନ୍ତୁ ଜଣେ ବିଚକ୍ଷଣ ଶାସକ ଥିଲେ, ଏହା ନିଃସନ୍ଦେହ। ଉଭୟ ଗଙ୍ଗ ଓ ଚୋଳ ରକ୍ତ ତାଙ୍କ ଦେହର ପ୍ରବାହିତ ହେଉଥିବାରୁ ତାଙ୍କର ବୈଷ୍ଣବଙ୍କ ପ୍ରତି ଶ୍ରଦ୍ଧା ମଧ୍ୟ ରହିଥିଲା। ରାମାନୁଜାଚାର୍ଯ୍ୟ ତାଙ୍କୁ ଅଦ୍ୱୈତବାଦ ସମ୍ପର୍କରେ ବୁଝାଇଲେ। ୧୧୦୭ ମସିହାରୁ ୧୧୧୭ ମସିହାଯାଏ ସନ୍ଥ ରାମାନୁଜାଚାର୍ଯ୍ୟ କଳିଙ୍ଗରେ ଅବସ୍ଥାନ କରିଥିଲେ।[୧୧] ଏହି ସମୟ ଭିତରେ ସନ୍ଥଙ୍କଠାରୁ ଶିଖିଥିବା ଆଦର୍ଶ ଓ ଧର୍ମ ଶିକ୍ଷା ତାଙ୍କୁ ଉଦ୍‌ବୁଦ୍ଧ କରାଇଥିଲା। ତାଙ୍କରି ଜ୍ଞାନ ଓ ଚେତନାକୁ ସେ ଉତ୍କଳର ଶାସନରେ ପ୍ରୟୋଗ କରିବାକୁ ଚାହିଁଥିଲେ। ଏହି କ୍ରମରେ ସେ ନିଜକୁ ପରମ ବୈଷ୍ଣବ ବୋଲି ପରିଚିତ କରାଇଲେ। ଅର୍ଥାତ୍ ଯେଉଁ ସ୍ୱଳ୍ପ ଗୋଷ୍ଠୀ ବୈଷ୍ଣବମାନେ ନିଜ ମନର ଭାବନାକୁ ବର୍ଷ ବର୍ଷ ଧରି ଚାପି ରଖିଥିଲେ ତାହାକୁ ସେ ନିଜର କରିନେଲେ। ଆଉ ଧର୍ମକୁ ରାଜନୀତି ପଶାପାଲିର ଏକ ପ୍ରମୁଖ ଅଙ୍ଗ ଭାବେ ବିବେଚନା କଲେ।

ଏ ଭିତରେ ଉତ୍କଳ ଜୟ ହେବାର ୧୨ ବର୍ଷ ସମୟ କେବଳ ମନ୍ଦିର ତିଆରିରେ ନିବେଶ ହୋଇଛି। ଯାହାଫଳରେ ଗଢ଼ି ଉଠିଛି ଗଙ୍ଗ ବଂଶର ସବୁଠାରୁ ବଡ଼ କୀର୍ତ୍ତି। କାହା ପାଇଁ ଏ ମନ୍ଦିର ଉତ୍ସର୍ଗ ହେବ, କିଏ ତା'ର ମୂଳ ଦେବତା ହେବେ- ସେ ନେଇ ଅନେକ ଆଲୋଚନା ପରେ ଏବେ ତାହା ଲକ୍ଷ୍ମୀ ପୁରୁଷୋତ୍ତମଙ୍କ ପାଇଁ ଉଦ୍ଦିଷ୍ଟ ହେବ ବୋଲି ସ୍ପଷ୍ଟ କରିଛନ୍ତି। ନିଜର ମନୋଭାବ ସ୍ପଷ୍ଟ ଥିଲେ ମଧ୍ୟ କିପରି ଭାବେ ତାହାକୁ ପ୍ରତିଷ୍ଠା କରାଯିବ ସେ ନେଇ ଦ୍ୱିଧା ଦୂର ହୋଇ ନଥାଏ।

ଗଙ୍ଗେଶ୍ୱର ଆଚାର୍ଯ୍ୟ ରାମାନୁଜଙ୍କ ପରାମର୍ଶ ଲୋଡ଼ିଲେ। ଭାବିଲେ, ରାମାନୁଜାଚାର୍ଯ୍ୟଙ୍କ ଦ୍ୱାରା ହିଁ ପୁରୁଷୋତ୍ତମକ୍ଷେତ୍ରରେ ପୁରୁଷୋତ୍ତମଙ୍କ ପୂଜାର୍ଚ୍ଚନାକୁ ନେଇ ଚାଲିଥିବା ଦ୍ୱନ୍ଦ୍ୱ ଦୂର ହୋଇପାରିବ। ଏଣୁ ପରମ ବୈଷ୍ଣବ ଗଙ୍ଗେଶ୍ୱର ରାମାନୁଜାଚାର୍ଯ୍ୟଙ୍କୁ ଉତ୍କଳ ଅଞ୍ଚଳକୁ ଆସିବାକୁ ନିମନ୍ତ୍ରଣ ଦେଲେ, ନୂଆ ଦେଉଳରେ ପୁରୁଷୋତ୍ତମଙ୍କ ପୂଜାର୍ଚ୍ଚନା ବିଷୟରେ ଚର୍ଚ୍ଚା କଲେ। ପଞ୍ଚରାତ୍ର ପୂଜା ପଦ୍ଧତି ଆପଣାଇବା ପାଇଁ ଗଙ୍ଗେଶ୍ୱରଙ୍କୁ ବୁଝାଇଲେ ରାମାନୁଜ।

ହେଲେ ସେ ତ ଲକ୍ଷ୍ମୀଙ୍କୁ ପୂଜା କରିବା ପାଇଁ ଆଦେଶ ପାଇଛନ୍ତି । ମହୋଦଧିରୁ ସେ ତାଙ୍କ ସ୍ୱାମୀଙ୍କ ସହ ବଡ଼ ଦେଉଳରେ ବିରାଜମାନ କରିବାକୁ ଚାହୁଁଛନ୍ତି, ଏହା କିପରି ସମ୍ଭବ ହେବ ? ଯଦି ପୁରୁଷୋତ୍ତମଙ୍କୁ ସିନ୍ଦୂରପୁରରୁ ଅଣାଯିବ ତେବେ ମହାଲକ୍ଷ୍ମୀଙ୍କ ସ୍ଥାନ କେଉଁଠି ରହିବ ? ଏମିତି ଅନେକ ପ୍ରଶ୍ନ । ଏହାର ଏକ ସୁନ୍ଦର ଉପାୟ ବାହାର କଲେ ସନ୍ଥ ରାମାନୁଜାଚାର୍ଯ୍ୟ । ଆଉ ତାଙ୍କରି ପରାମର୍ଶରେ ବଡ଼ ଦେଉଳରେ ଲକ୍ଷ୍ମୀଙ୍କ ପାଇଁ ଆଉ ଏକ ମନ୍ଦିର ତିଆରି ହେଲା । ଆଉ ସିଂହାସନରେ ଏକୁଟିଆ ପୂଜା ହେଲେ ଶ୍ରୀ ପୁରୁଷୋତ୍ତମ । ପୁଣି ପୁରୁଷୋତ୍ତମ ସ୍ୱୟଂ ଲକ୍ଷ୍ମୀ ନାରାୟଣଙ୍କ ମିଳନ ବୋଲି କୁହାଗଲା ।

କିନ୍ତୁ ଏ କ'ଣ ? ସେବକମାନେ ରାମାନୁଜାଚାର୍ଯ୍ୟଙ୍କ ପଞ୍ଚରାତ୍ର ପଦ୍ଧତିକୁ ଆପଣାଇବାକୁ ପ୍ରତ୍ୟାଖ୍ୟାନ କରୁଛନ୍ତି । ବୈଷ୍ଣବ ବ୍ରାହ୍ମଣ ପୂଜାକୁ ବିରୋଧ କରାଯାଉଛି । ଯେଉଁ ଶୈବମାନଙ୍କ ଗୁରୁତ୍ୱକୁ ସେ କମାଇ ବୈଷ୍ଣବର ପ୍ରୋତ୍ସାହନ କରିବାକୁ ଚାହୁଁଥିଲେ ତାହାକୁ ଏଠାର ବିଷ୍ଣୁ ଭକ୍ତମାନେ ବି ବିରୋଧ କରୁଛନ୍ତି । ବୈଷ୍ଣବବାଦର ପୁନରୁତ୍‌ଥାନ ପାଇଁ ଖୋଦ୍ ଗଙ୍ଗେଶ୍ୱରଙ୍କ ଆଦେଶକୁ ଏଠାରେ ବୈଷ୍ଣବମାନେ ଗ୍ରହଣ କରିବାକୁ ଅରାଜି, କାହିଁକି ?

ବିଧିର ବିଧାନ ଯାହା ସେଥିରେ ବା ପରିବର୍ତ୍ତନ ହେବ କେମିତି ? ଅନେକ ଆଲୋଚନା ପର୍ଯ୍ୟାଲୋଚନା ପରେ ଗଙ୍ଗେଶ୍ୱର ରାମାନୁଜାଚାର୍ଯ୍ୟଙ୍କ ପଦ୍ଧତିକୁ ପ୍ରତ୍ୟାହାର କଲେ । ବାଧ୍ୟ ହୋଇ ଗଙ୍ଗେଶ୍ୱର ଆଦିଗୁରୁଙ୍କ ଦ୍ୱାରା ପ୍ରତିଷ୍ଠା କରାଯାଇଥିବା ପରମ୍ପରାକୁ ଆପଣାଇଲେ । ଅର୍ଥାତ୍ ଉଭୟ ଶୈବ, ଶାକ୍ତ ଓ ବୈଷ୍ଣବ ଧର୍ମର ମିଳନରେ ଶ୍ରୀ ପୁରୁଷୋତ୍ତମଙ୍କୁ ପୂଜା କରାଗଲା । ଆଉ ଏହାଦ୍ୱାରା ଶାସନ ମଧ୍ୟ ସନ୍ତୁଳନତା ବୃଦ୍ଧି ପାଇଥିଲା । ସନ୍ଥ ରାମାନୁଜାଚାର୍ଯ୍ୟ ଏଥିରେ ଅପମାନବୋଧ କଲେ । ପରେ ରାମାନୁଜାଚାର୍ଯ୍ୟଙ୍କ ଧାରାକୁ ଗ୍ରହଣ କରିବା ଲାଗି ଅଲାରନାଥ ମନ୍ଦିର ପ୍ରତିଷ୍ଠା ହେଲା, କେବଳ ସମ୍ପୂର୍ଣ୍ଣ ବୈଷ୍ଣବ ମତବାଦରେ ପୂଜାର୍ଚ୍ଚନା ପାଇଁ । ଦକ୍ଷିଣ ଭାରତୀୟ ମୂର୍ତ୍ତି ଶୈଳୀରେ ଏଠାରେ ମୂର୍ତ୍ତି ତିଆରି ହେଲା । ଶଂଖ, ଚକ୍ର, ଗଦା, ପଦ୍ମ ଧରି ଠିଆ ହେଲେ ପ୍ରଭୁ ଶ୍ରୀ ବିଷ୍ଣୁ, ଅଲାରନାଥଙ୍କ ରୂପରେ ।

କିନ୍ତୁ ଜଗନ୍ନାଥ ମନ୍ଦିରରେ ଏପରି ମିଶ୍ର ପୂଜାର୍ଚ୍ଚନାକୁ ଗ୍ରହଣ କରିପାରୁ ନଥିଲେ ଆଚାର୍ଯ୍ୟ ରାମାନୁଜ । ଗଙ୍ଗେଶ୍ୱର ମଧ୍ୟ ତାହା ଚାହୁଁନଥିଲେ । ବୈଷ୍ଣବ କ୍ଷେତ୍ରର ମୂଳ ପିଣ୍ଡ ଭାବେ ପୁରୁଷୋତ୍ତମ କ୍ଷେତ୍ରକୁ ଗଢ଼ିତୋଳିବାର ଯେଉଁ ପରମ୍ପରା ସେ ଆରମ୍ଭ କରିବାକୁ ଯାଉଥିଲେ ତାହା ଯେମିତି ମଳିନ ପଡୁଥିଲା । ଏଣୁ ଗଙ୍ଗେଶ୍ୱର ଏଥିରୁ ମୁକ୍ତି ପାଇବା ପାଇଁ ଚାହିଁଲେ । ରାମାନୁଜଙ୍କ ବୈଷ୍ଣବବାଦ ଯୁକ୍ତିରେ ପ୍ରସନ୍ନ ହୋଇ ଗଙ୍ଗେଶ୍ୱର ପୂଜା ରୀତିନୀତିରେ ପରିବର୍ତ୍ତନ ପାଇଁ ଆଦେଶ ଦେଲେ । ମନ୍ଦିର ଚୂଡ଼ାରେ ଏବଂ ସମ୍ମୁଖ ଦ୍ୱାରରେ ଚିତା ଖୋଦାଇ କରା ହେଲା । ପରବର୍ତ୍ତୀ ସମୟରେ ପଞ୍ଚରାତ୍ର ପୂଜା ପଦ୍ଧତି ମଧ୍ୟ ଆପଣାଗଲା । ଏହାଦ୍ୱାରା ପୁଣି ଆନ୍ଦୋଳନ ହେଲା । ପରେ ପୂର୍ବ ପ୍ରଚଳିତ ପୂଜା ବିଧିକୁ ଆପଣାଯାଇଥିଲା ବଡ଼ ଦେଉଳରେ । ଆଉ ଅଲାରନାଥଙ୍କୁ ପରମ ବୈଷ୍ଣବ ଭାବେ ପୂଜା କରାଯାଇଥିଲା ।

(୭)

ସାଧୁ ଭୀମଦେବ

ଲକ୍ଷ୍ମୀ ପୁରୁଷୋତ୍ତମଙ୍କ ପୂଜାର୍ଚ୍ଚନା କିପରି ହେବ ସେ ନେଇ ପରମ ବୈଷ୍ଣବ ଗଙ୍ଗେଶ୍ୱର ସନ୍ଥ ରାମାନୁଜାଚାର୍ଯ୍ୟଙ୍କ ପରାମର୍ଶ ଗ୍ରହଣ କଲେ। ପାଖାପାଖି ୧୧୧୨ ମସିହାରେ ଏଥିପାଇଁ ଉଭୟଙ୍କ ଭିତରେ ବୈଠକ ହୋଇଥିଲା। ସନ୍ଥ ବଡ଼ଦେଉଳରେ ପଞ୍ଚରାତ୍ର ପଦ୍ଧତି ପ୍ରଣୟନ କରିବା ପାଇଁ ପରାମର୍ଶ ଦେଲେ। ରାଜନ ତାହାକୁ ଗ୍ରହଣ କରି ଲକ୍ଷ୍ମୀଙ୍କ ପାଇଁ ଆଉ ଏକ ମନ୍ଦିର ସ୍ଥାପନ କଲେ। ପୁରୁଷୋତ୍ତମଙ୍କୁ ଏକୁଟିଆ ପ୍ରତିଷ୍ଠା କରାଗଲା। ହେଲେ କେବଳ ବୈଷ୍ଣବ ନୁହେଁ, ବରଂ ଉଭୟ ଶୈବ, ଶାକ୍ତ ଓ ବୈଷ୍ଣବ ଧାରାରେ ପୂଜାର୍ଚ୍ଚନା ପାଇଁ ସେବକମାନେ କହିଲେ, ଯୁକ୍ତି ବି ଉପସ୍ଥାପନ କଲେ, ତାହା ହିଁ ହେଲା। ରାମାନୁଜାଚାର୍ଯ୍ୟଙ୍କୁ ଶାନ୍ତ କରିବାକୁ ଆଉ ଏକ ନୂଆ ମନ୍ଦିର ଗଢ଼ା ହେଲା, ଯେଉଁଠାରେ ପ୍ରଭୁ ଶ୍ରୀ ଅଲାରନାଥଙ୍କୁ ସ୍ଥାପନ କରାଗଲା। ଆଉ ବଡ଼ ଦେଉଳ ଉପରେ ରାମାନୁଜାଚାର୍ଯ୍ୟଙ୍କ ଉଦ୍ଦେଶ୍ୟରେ ସ୍ଥାପନ କରାଗଲା ରାମାନୁଜ ତିଳକ।

ରାଜଗୁରୁ ପୁରୀ କୋଠିରେ ଛାମୁଙ୍କ ସମ୍ମୁଖରେ ଉପସ୍ଥିତ ହେଲେ। ବଡ଼ ଦେଉଳର ପୂଜା ଆଉ ସେବକମାନଙ୍କ ଅନୁରକ୍ତି ଓ ସନ୍ତୋଷ ସମ୍ପର୍କରେ ଛାମୁଙ୍କୁ କହିଲେ। 'ଏହାଦ୍ୱାରା ବୈଷ୍ଣବମାନଙ୍କ ମନରେ ଆତ୍ମବିଶ୍ୱାସ ବଢ଼ିଛି। ଖାଲି ପୁରୀରେ ନୁହେଁ, ଦରିଆ ପାର ହୋଇ ବିଦେଶକୁ ପୁରୁଷୋତ୍ତମଙ୍କ କଥା ବ୍ୟାପିଲାଣି। ଅନ୍ୟପକ୍ଷରେ ଶୈବ ସମ୍ପ୍ରଦାୟର ଏକଚାଟିଆ ଅଧିକାର ଆଉ ନାହିଁ। ପୁଣି ବ୍ରାହ୍ମଣ ପୂଜା ପଦ୍ଧତିକୁ ନେଇ ଛାମୁ ଯେଉଁ ସ୍ୱପ୍ନ ଦେଖିଛନ୍ତି ତାହା ସାକାର ହେବା ଆରମ୍ଭ କରିଛି'।

ଏହାଶୁଣି ଗଙ୍ଗେଶ୍ୱର ବେଶ୍ ପ୍ରସନ୍ନ ହେଲେ। କହିଲେ- *'ମୁଁ ଚାହୁଁଛି ବିଷ୍ଣୁ-ପୁରୁଷୋତ୍ତମ ସବୁଠାରୁ ଅଧିକ ସୁନ୍ଦର ଦିଶନ୍ତୁ। ପ୍ରାଚ୍ୟଠୁ ପ୍ରତୀଚୀ ସବୁଠି ତାଙ୍କରି ନାଁ ପ୍ରବୁଦ୍ଧ ହେଉ'।*

ଏଣୁ ମୁଁ ପ୍ରତିପନ୍ନ ଯେ, *'ପୁରୁଷୋତ୍ତମଙ୍କ ଅଙ୍ଗ-ରଙ୍ଗ ସେବା ଆରମ୍ଭ ହେବ। ଏହାଦ୍ୱାରା ଠାକୁର ସବୁବେଳେ ସୁନ୍ଦର ଦିଶିବେ । ସାଧୁ ଭୀମଦେବଙ୍କୁ ଏଥିଲାଗି ଦାୟିତ୍ୱ ଦିଆଯିବା ଦରକାର। ଏନେଇ ବିଶେଷ ଆଲୋଚନା କରିବାକୁ ମୁଁ ଆପଣଙ୍କୁ ଦାୟିତ୍ୱ ଦେଉଛି'।*

ରାଜଗୁରୁ ନିରଳର ସାଧୁ ଭୀମଦେବଙ୍କୁ ଏ ନେଇ ଅନୁରୋଧ ପଠାଇଲେ।

୧୧୩୧ ମସିହା କଥା। ସାଧୁ ଭୀମଦେବ ରାଜ ଦରବାରରେ ଉପସ୍ଥିତ ହେଲେ। ଛାମୁ କହିଲେ, *'ଆପଣଙ୍କ ବାବଦରେ ଅନେକ ସୁସମ୍ବାଦ ପାଇଛି। ଆପଣ ରୀତିନୀତି ଅନୁସାରେ*

ପ୍ରଭୁଙ୍କୁ ସଜାଇବାରେ ସିଦ୍ଧହସ୍ତ। ଏବେ ଆପଣଙ୍କୁ ଏକ ଅନୁରୋଧ, ପୁରୀ ବିଶ୍ୱର ସବୁଠାରୁ ବଡ଼ ବୈଷ୍ଣବ କେନ୍ଦ୍ରଭାବରେ ପ୍ରତିଷ୍ଠା ହୋଇଛି। ସାରା ବ୍ରହ୍ମାଣ୍ଡର ବୈଷ୍ଣବ ଏଠାକୁ ଆସିବା ପାଇଁ ପ୍ରସ୍ତୁତ ହେଲେଣି। ସାଧବ ପୁଅମାନେ ବାଣିଜ୍ୟ ମାଧ୍ୟମରେ ଅନେକ ଦେଶରେ ବିଜ୍ଞ ପ୍ରତିଷ୍ଠିତ ବିଷ୍ଣୁପ୍ରେମୀଙ୍କୁ ନିମନ୍ତ୍ରଣ ଦେଇଛନ୍ତି। ଏହିକ୍ରମରେ ମୁଁ ଚାହୁଁଛି ଭକ୍ତର କ୍ଷଣିକ ଦର୍ଶନ ସ୍ମରଣୀୟ ହେଉ। ସେ ସେଥିରେ ଲାଖି ରହୁ। ଆଉ ଅନୁଭବ କରୁ ଯେ, ସେଇଠି ତା'ର ମୋକ୍ଷ ପ୍ରାପ୍ତ ହୋଇଛି। ଏଥିପାଇଁ ଆପଣ ବିଷ୍ଣୁ ପୁରୁଷୋତ୍ତମ ଦେବଙ୍କ ଅଙ୍ଗ-ରଙ୍ଗ-ଭୋଗର ଦାୟିତ୍ୱ ନିଅନ୍ତୁ'।

ବେଶ୍ ପ୍ରସନ୍ନ ହେଲେ ସାଧୁ ଭୀମଦେବ। ନିଜକୁ କୃତଜ୍ଞ ମନେକରି ଦାୟିତ୍ୱ ଗ୍ରହଣ କଲେ। ଏଥିଲାଗି ନିର୍ଦ୍ଧାରିତ ଜମି ମଧ୍ୟ ସାଧୁଙ୍କୁ ଅର୍ପଣ କରାଗଲା। ସାଜସଜ୍ଜାର ଉପକରଣ ଆସିଲା। ସାଧୁ ଭୀମଦେବ ମନୋନିବେଶ କରି ବିଷ୍ଣୁ ପୁରୁଷୋତ୍ତମଙ୍କ ବିଭିନ୍ନ ବେଶର ବ୍ୟବସ୍ଥା କରାଇଲେ। କେଉଁଠି ଆଲୋକମାଳା ଲାଗିବ, କେଉଁଦିନ କେଉଁ ରଙ୍ଗ ଓ ସୁଗନ୍ଧର ଫୁଲ ଅର୍ପଣ ହେବ ତାହା ସ୍ଥିର ହେଲା। ଏହା ବୈଷ୍ଣବଙ୍କ ମନୋବଳକୁ ଆହୁରି ବଢ଼ାଇଲା। ଶୈବଙ୍କ ଏକଚାଟିଆ ପ୍ରାଦୁର୍ଭାବ ଦୂର ହେଲା। ବୋଧହୁଏ ଗଙ୍ଗେଶ୍ୱର ଯାହା ସ୍ୱପ୍ନ ଦେଖିଥିଲେ ତାହା ପୂରଣ ହେବାକୁ ଯାଉଥିଲା। ଗୋଟିଏ ଛୋଟିଆ ଅଞ୍ଚଳରେ ବୈଷ୍ଣବମାନଙ୍କୁ ପ୍ରସନ୍ନ କରି ଗଙ୍ଗେଶ୍ୱର ସାରା ଉତ୍କଳୀୟ ପ୍ରଜାଙ୍କ ପ୍ରିୟପାତ୍ର ହେଲେ।

ରାଣୀ ଗଣ୍ଡଚୋଡ଼ ଦେବୀ ଇତିମଧ୍ୟରେ ପୁରୁଷୋତ୍ତମଦେବଙ୍କ ଜଣେ ବହୁତ ବଡ଼ ଭକ୍ତ ପାଲଟିଥିଲେ। ଛାମୁଙ୍କ ଆଗରେ ନିଜର ମନକଥା ପ୍ରକାଶ କରିବାକୁ ଯାଇ ରଥଯାତ୍ରା କଥା କହିଲେ। ଯେଉଁଯାତ୍ରା କିଛି ବର୍ଷ ହେଲା ବନ୍ଦ ପଡ଼ିଛି ତାହା ପୁଣିଥରେ ଏକ ନୂଆ ରୂପରେ ଆରମ୍ଭ ହେବ ବୋଲି ଚିନ୍ତା କରି ଗଙ୍ଗେଶ୍ୱର ପ୍ରସ୍ତାବରେ ପ୍ରସନ୍ନ ହେଲେ। ଆଉ ରାଣୀଙ୍କ ଅନୁରୋଧକୁ ରକ୍ଷାକରି ସିନ୍ଦୂରପୁରୀ ଅଞ୍ଚଳରେ ଏକ ଭବ୍ୟ ମନ୍ଦିରର ନିର୍ମାଣ ଆଦେଶ ଦେଲେ। ମନ୍ଦିର ଶେଷ ହେବା କ୍ଷଣି ଯାତ୍ରା ପାଇଁ ପ୍ରସ୍ତୁତି ଆରମ୍ଭ ହେଲା। ପୂର୍ବରୁ ଯେମିତି ଯାତ୍ରା ହେଉଥିଲା ଠିକ୍ ସେମିତି। କିନ୍ତୁ ଏ ଯାତ୍ରାକୁ ରାଣୀଙ୍କ ନାଁରେ ଗୁଣ୍ଡିଚା ଯାତ୍ରା ବୋଲି ବୋଲାଗଲା। ସାରା ଉତ୍କଳରେ ଏହା ଏକ ନୂତନ ଉନ୍ମାଦନା ସୃଷ୍ଟିକଲା। ଆଉ ପୁରୀ ପାଲଟିଗଲା ବୈଷ୍ଣବ ପୂଜାସ୍ଥଳୀର ସବୁଠାରୁ ଗୁରୁତ୍ୱପୂର୍ଣ୍ଣ ସ୍ଥାନ। ବିଷ୍ଣୁପ୍ରେମର ଆକର୍ଷଣରେ ବିଶ୍ୱର ବିଭିନ୍ନ କୋଣରୁ ଆସିଥିବା ଯାତ୍ରୀ, ପଣ୍ଡିତମାନେ ଏଥିରେ ତଲ୍ଲୀନ ହୋଇଗଲେ। କେହି କେହି ଆଉ ଫେରିଲେ ନାହିଁ। ଏସବୁ ଭିତରେ ଗଙ୍ଗେଶ୍ୱର ନିଜ ଭିତରେ ଏକ ପ୍ରକୃତ ଶାସକର ମନୋବଳ ଲାଭ କରିଥିଲେ। ଶ୍ରୀଜଗନ୍ନାଥଙ୍କ ଆଶୀର୍ବାଦରେ ଖାଲି ଉତ୍କଳରେ ରାଜନୀତିକ ବାତାବରଣ ଶାନ୍ତିପୂର୍ଣ୍ଣ ରହିପାରିଥିଲା ତା' ନୁହେଁ, ବରଂ ଦାକ୍ଷିଣାତ୍ୟ ଅଭିଯାନରେ ମଧ୍ୟ ସଫଳ ହୋଇଥିଲେ। ଏଣୁ ଚିନ୍ତା କଲେ ମୁଖଲିଙ୍ଗମ୍‌ରୁ ନିଜ ରାଜଧାନୀକୁ ସବୁଦିନ ପାଇଁ ଚୌଦ୍ୱାର-କଟକକୁ ସ୍ଥାନାନ୍ତର କରିବାକୁ। ତାହାହିଁ ହେଲା। ୧୧୩୪ ମସିହାରେ ଏହା ଉତ୍କଳର ରାଜଧାନୀ ଭାବେ ସ୍ଥାପିତ ହେଲା। ହେଲେ ପୁରୀ ରହିଲା ଶାସନର ମୂଳକେନ୍ଦ୍ର। ଏ ବଂଶର ଶାସକମାନେ ଜଗନ୍ନାଥ ସଂସ୍କୃତିର ବିକାଶ ପାଇଁ ଲାଗି ପଡ଼ିଥିଲେ। ବର୍ଷ ପରେ ବର୍ଷ ବିତିଲା। ନାମ କୀର୍ତ୍ତନ ଓ ବିଷ୍ଣୁ ଚର୍ଚ୍ଚାରେ ରାଜଗୁରୁଙ୍କ ମୋକ୍ଷପ୍ରାପ୍ତି ହେଲା। ହେଲେ ତାଙ୍କ ମନରେ ଉଠିଥିବା ପ୍ରଶ୍ନଗୁଚ୍ଛର ଉତ୍ତର ମିଳିପାରିଲା ନାହିଁ।

(୮)

ଲକ୍ଷ୍ମୀ ନାରାୟଣ ଓ ମେଘେଶ୍ୱର

ସାଧୁ ଭୀମଦେବ ରାଜାଧିରାଜ ଚୋଡ଼ଗଙ୍ଗଙ୍କ ସାନ୍ନିଧ ଲାଭ କରି ପୁରୁଷୋତ୍ତମଙ୍କ ଅଙ୍ଗ-ରଙ୍ଗ ସେବାରେ ନିୟୋଜିତ ହୋଇଛନ୍ତି। ବିଶ୍ୱସ୍ତରରେ ପୁରୁଷୋତ୍ତମ କ୍ଷେତ୍ରର ମାହାତ୍ମ୍ୟ ବୃଦ୍ଧିଲାଗି ଚେଷ୍ଟା ହୋଇଛି। ବିଭିନ୍ନ ଆଡ଼ୁ ଭକ୍ତ ଆସି ଏଠାରେ ତଲ୍ଲୀନ ହୋଇଛନ୍ତି। ଇତିମଧ୍ୟରେ ଉତ୍କଳର ନୂଆ ରାଜଧାନୀକୁ ଗଙ୍ଗେଶ୍ୱର ଅଧିକ ମଜଭୂତ କରିଛନ୍ତି- ମହାନଦୀ କୂଳରେ। କିନ୍ତୁ ପୁରୁଷୋତ୍ତମ କ୍ଷେତ୍ରଟି ଧାର୍ମିକ ରାଜଧାନୀଭାବେ ବେଶ୍ ଖ୍ୟାତି ଅର୍ଜନ କରିଥିବାରୁ ଗଙ୍ଗେଶ୍ୱରଙ୍କ ଲକ୍ଷ୍ୟ ଅନେକ ପରିମାଣରେ ପୂରଣ ହୋଇଛି, ହେଲେ ଏଠାରେ ତିନି ସମ୍ପ୍ରଦାୟ ଭିତରେ ଥିବା ବିବାଦ ସମ୍ପୂର୍ଣ୍ଣ ଥମି ନାହିଁ।

... ୧୧୫୦। ଗଙ୍ଗେଶ୍ୱରଙ୍କ ଦେହାନ୍ତ ହେଲା। ଗୋଟିଏ ପଟେ ଶୋକାକୁଳ ପରିବେଶ ଏବଂ ଅନ୍ୟପଟରେ ଉତ୍କଳର ସିଂହାସନରେ ନୂଆ ଉତ୍ତରାଧିକାରୀଙ୍କ ରାଜାଭିଷେକ, ଯାହା ପ୍ରତିଟି ରାଜପରିବାରର ଏକ ସନ୍ଧିକ୍ଷଣ ମୁହୂର୍ତ୍ତ। ଅନେକ କିଛି ଘଟଣା ଏହି ସମୟରେ ଘଟିଥିବା ଇତିହାସ ସାକ୍ଷୀ ରହିଛି। ବଡ଼ ପୁଅ ଅଭିଷେକ ହେବା ପରମ୍ପରା ରହିଥିଲେ ମଧ୍ୟ ଶକ୍ତି ବଦଳରେ ସାନପୁଅ ସିଂହାସନ ଛଡ଼ାଇ ନେଇଛି। ନହେଲେ ମୃତ ରାଜାଙ୍କ ଭାଇ ବି ଅକ୍ତିଆର କରିଛି ଶାସନର ଡୋରିକୁ...।

ହେଲେ ଏଠି ସେମିତି କିଛି ଘଟିବାଭଳି ଲାଗୁନାହିଁ। କିନ୍ତୁ...।

ଆଶଙ୍କା ହୋଇଛି ବିଷ୍ଣୁ ଓ ଶୈବ ସମ୍ପ୍ରଦାୟ ଭିତରେ। ଶ୍ରୀମନ୍ଦିରର କ'ଣ ହେବ; ପୁଣି ବିବାଦକୁ ଠେଲି ହେବ ନା ସବୁକିଛି ସୁରୁଖୁରୁ ରହିବ? ଯେଉଁ ଯାତ୍ରୀମାନେ ବିଦେଶରୁ ଆସୁଛନ୍ତି ସେମାନେ ଶାନ୍ତିପୂର୍ଣ୍ଣ ଭାବେ ଫେରିପାରିବେ ତ'? ମନ୍ଦିର ସମ୍ପୂର୍ଣ୍ଣ ହେବ ତ'?

ଏ ଆଶଙ୍କା ଆସିବା ସ୍ୱାଭାବିକ। କାରଣ ହିନ୍ଦୁ ପରମ୍ପରା କହୁଛି ବାପାଙ୍କ ମନ୍ଦିର ତିଆରି କାମ ଅଧାରେ ରହିଲେ ପୁଅ ତାହାକୁ ସମ୍ପୂର୍ଣ୍ଣ କରେ ନାହିଁ। ଅର୍ଥାତ୍ ଗୋଟିଏ ପିଢ଼ି ରହିଯାଏ ପ୍ରତୀକ୍ଷାରେ। ନାତିକୁ ଅପେକ୍ଷା କରେ ସେ ମନ୍ଦିର, କୋଠା, ପ୍ରାସାଦକୁ ସମ୍ପୂର୍ଣ୍ଣ କରିବାଲାଗି। ଏଠି କ'ଣ ତାହା ହେବ?

ପ୍ରଜାଙ୍କ ଭିତରେ ଏମିତି ସଂଶୟ ଭିତରେ କଟକରେ ଚାଲିଥାଏ ରାଜାଭିଷେକ କାର୍ଯ୍ୟ। ବଡ଼ପୁଅ ଭାବେ କାମାର୍ଣ୍ଣବ ସିଂହାସନରେ ଅଭିଷିକ୍ତ ହେଲେ। ଶାସନ ଚାଲିଲା ରାଘବ ଓ କାମାର୍ଣ୍ଣବଙ୍କ ଦ୍ୱାରା। ପାଖାପାଖି ୨୦ ବର୍ଷ ସେମାନେ ଉତ୍କଳର ମଙ୍ଗ ଧରିଲେ। ସେପଟେ ଶତ୍ରୁପକ୍ଷଙ୍କ ଉତ୍ପାତ ବଢୁଥାଏ। ଦାକ୍ଷିଣାତ୍ୟକୁ ବଞ୍ଚାଇବା ତଥା ଶତ୍ରୁପକ୍ଷଙ୍କୁ ଦମନ କରିବା ଲାଗି ସେମାନେ ଆଉ ପୁରୁଷୋତ୍ତମ କ୍ଷେତ୍ରକୁ ସେତିକି ଧ୍ୟାନ ଦେଲେ ନାହିଁ, ଯେମିତି ଗଙ୍ଗେଶ୍ୱରଙ୍କ ସମୟରେ ହେଉଥିଲା। ପରେ ଦ୍ୱିତୀୟ ରାଜରାଜ ଭାଇ ରାଘବଙ୍କଠାରୁ କ୍ଷମତା ଦଖଲ ନେଲେ, ପାଖାପାଖି ୧୧୭୦ ମସିହାରେ।

ରାଜରାଜ ଦେବଙ୍କ ରାଣୀ ହେଲେ ସୁରମା। ରାଜଶାସନରେ ତାଙ୍କର ପରୋକ୍ଷ ହସ୍ତକ୍ଷେପ ରହିଲା। ରାଣୀଙ୍କ ଭାଇ ତଥା ଦ୍ୱିତୀୟ ରାଜରାଜଙ୍କ ଶାଳକ ସ୍ୱପ୍ନେଶ୍ୱର ଦେବ ଜଣେ ବିଷ୍ଣୁ ଭକ୍ତ ଥିଲେ। ପୁରୁଷୋତ୍ତମଙ୍କୁ ବିଷ୍ଣୁଭାବେ ସେ ଗ୍ରହଣ କରୁଥିଲେ। କୃଷ୍ଣଙ୍କୁ ସର୍ବଶ୍ରେଷ୍ଠ ଭାବେ ସେ ଗ୍ରହଣ କରୁନଥିଲେ କି ରାଧା-କୃଷ୍ଣଙ୍କ ଲୀଳାକୁ ସେ ଧ୍ୟାନ ଦେଉ ନଥିଲେ। ତାଙ୍କ ହିସାବରେ ବିଷ୍ଣୁ ହେଉଛନ୍ତି ସିଏ- ଯାହାଙ୍କ ସଙ୍ଗେ ଲକ୍ଷ୍ମୀ ବିରାଜମାନ କରନ୍ତି। ସିଏ ହିଁ ସର୍ବଶକ୍ତିମାନ ଯିଏ ଗରିବଙ୍କ ତ୍ରାଣକର୍ତ୍ତା, ଯିଏ ସଂସାର ପାଳନ କର୍ତ୍ତା। ବାମନ ଅବତାରରେ ମହାରାଜ ବଳିଙ୍କୁ ଯିଏ ପାତାଳରେ ଚାପିଥିଲେ; ବିଶିକେସନଙ୍କ ଅବତାରରେ ଯିଏ ସମଗ୍ର ଧରାକୁ ଅଧିବାସୀଙ୍କ ଉପକାର ନିମନ୍ତେ ଉପରକୁ ଉଠାଇଥିଲେ ଆଉ ଯିଏ ବରାହ ଅବତାର ବି ନେଇଥିଲେ।[୧୩]

ପୁଣି ଲକ୍ଷ୍ମୀ ହିଁ ବିଷ୍ଣୁଙ୍କ ପତ୍ନୀ, ରାଧା ନୁହନ୍ତି। ଲକ୍ଷ୍ମୀ ଯିଏ ସମୁଦ୍ର ମନ୍ଥନରୁ ଜାତ ହୋଇଥିଲେ ଏବଂ ନାରାୟଣ ଯାହାଙ୍କୁ ଗ୍ରହଣ କରିଥିଲେ, ସିଏ ହେଉଛନ୍ତି ସୁରମା, ତାଙ୍କ ଭଉଣୀ। ସେଇ ମତବାଦକୁ ପ୍ରଚାର କରିବାରେ ଲାଗିଲେ। ମହର୍ଷି ରାମାନୁଜାଚାର୍ଯ୍ୟଙ୍କ ପ୍ରଭାବରେ ଏହି ବିଷ୍ଣୁବାଦ ତାଙ୍କ ମନରେ ପ୍ରଖର ହୋଇଥିଲା। ଏହା ବିଷ୍ଣୁପ୍ରେମୀଙ୍କୁ ସାହସ ଯୋଗାଇଥିଲା ସତ; କିନ୍ତୁ ସମାଜ ଭିତରେ ସମନ୍ୱୟ ରକ୍ଷା କରିବାରେ ସଫଳ ହୋଇ ପାରିନଥିଲା। ସର୍ବପନ୍ଥ ସମନ୍ୱୟର ଯେଉଁ ବାର୍ତ୍ତା ପୁରୁଷୋତ୍ତମ କ୍ଷେତ୍ରରେ ପ୍ରବାହିତ ହେଉଥିଲା ତାହା କ୍ରମଶଃ ଶିଥିଳ ପଡ଼ିଥିଲା। ଏହି ହେତୁ ବିଷ୍ଣୁପ୍ରେମୀମାନେ ଭାଗଭାଗ ହେଲେ। ଶ୍ରୀକୃଷ୍ଣଙ୍କୁ ଯେଉଁ ଶ୍ରେଷ୍ଠତ୍ୱ ମିଳୁଥିଲା ତାହା ଆଉ ମିଳିଲା ନାହିଁ। ଫଳରେ ଶୈବ, ଶାକ୍ତ, ବୈଷ୍ଣବ ପରେ ପୁରୁଷୋତ୍ତମ କ୍ଷେତ୍ରରେ ଏକ ସ୍ୱତନ୍ତ୍ର ଗୋପାଳ ପନ୍ଥ ସୃଷ୍ଟି ହେଲା। ଏହି ବର୍ଗରେ ଯେଉଁ ଗୋପାଳମାନେ ଦିନେ ଶ୍ରୀକୃଷ୍ଣଙ୍କ ଦାୟାଦ ବୋଲି ନିଜକୁ ମନେ କରୁଥିଲେ ସେମାନେ କୋଣଠେସା ହେଲେ। ପୁରୁଷୋତ୍ତମ କ୍ଷେତ୍ରରେ ଶ୍ରୀ କୃଷ୍ଣଙ୍କ ବିଷ୍ଣୁପିଞ୍ଜରା ଲାଗିଛି ବୋଲି କହି ଯେଉଁମାନେ ଏହି କ୍ଷେତ୍ରକୁ ମହାକ୍ଷେତ୍ରଭାବେ ଗ୍ରହଣ କରୁଥିଲେ ସେମାନେ ହତୋତ୍ସାହିତ ହେଲେ। ଧୀରେ ଧୀରେ ସମାଜରେ ସେମାନଙ୍କ ପ୍ରାଧାନ୍ୟ କମିଲା।

ପୁରୁଷୋତ୍ତମ କ୍ଷେତ୍ରକୁ ଯାତ୍ରୀଙ୍କ ସଂଖ୍ୟା ବି କମିଲା । ଦୁଇ ଦଶନ୍ଧି ଧରି ଯେଉଁ ରାଜନୀତି ରାଷ୍ଟ୍ରକୁ ନିୟନ୍ତ୍ରଣ କରୁଛି ସେଥିରେ ଅସନ୍ତୋଷ ବଢ଼ିଚାଲିଲା । ପୁରୁଷୋତ୍ତମ କ୍ଷେତ୍ରକୁ ଅଣଦେଖା କରି ସ୍ୱପ୍ନେଶ୍ୱର ଦେବ ମେଘେଶ୍ୱରଙ୍କ ଉଦ୍ଦେଶ୍ୟରେ ଆଉ ଏକ ମନ୍ଦିର ନିର୍ମାଣ କଲେ ଏକାମ୍ର ନଗରୀରେ । ସେଠାରେ କୈଳାସଙ୍କୁ ପୂଜା କରିବାର ବ୍ୟବସ୍ଥା କରାଗଲା ।

...ପୁରୁଷୋତ୍ତମ ମନ୍ଦିର କାର୍ଯ୍ୟ ଆଉ ଆଗକୁ ବଢ଼ିପାରୁ ନାହିଁ । ଯେତିକି କାମ ହୋଇଥିଲା ସେତିକିରେ ପ୍ରାୟ ପୂର୍ଣ୍ଣଚ୍ଛେଦ ପଡ଼ିଯାଇଛି । ମନ୍ଦିର ଚାରିକଡ଼ରେ ପ୍ରାଚୀର ନାହିଁ । ଯେଉଁଭଳି ଭାବେ ମୁସଲ୍‌ମାନ ଶାସକମାନଙ୍କ ପ୍ରାଦୁର୍ଭାବ ଭାରତ ବର୍ଷରେ ବଢ଼ି ଚାଲିଲାଣି କେବେ ଯେ, ତାହା ପୁରୁଷୋତ୍ତମ କ୍ଷେତ୍ରରେ ପଡ଼ିବ ସେ ଆଶଙ୍କା କରିବା ବି ଦୂର ହୋଇ ନାହିଁ । କାରଣ ଉତ୍କଳର ପଡ଼ୋଶୀ ବଙ୍ଗ ଓ ମଗଧ ଦେଶରେ ମୁସଲମାନମାନେ ଲୁଣ୍ଠନ ଜାରି ରଖିଛନ୍ତି । ଏମିତି ଏକ ମୁହୂର୍ତ୍ତରେ ପୁଣିଥରେ ପରିବର୍ତ୍ତନ ହେଲା ଉତ୍କଳର ଶାସନ ।

ରାଜା ଦ୍ୱିତୀୟ ରାଜରାଜ ଦେବଙ୍କ ମୃତ୍ୟୁ ହେଲା । ତାଙ୍କ ଭାଇ ଅନଙ୍ଗ ଭୀମ ଦେବ ସିଂହାସନ ଆରୋହଣ କଲେ । ତାଙ୍କର ପୁରୁଷୋତ୍ତମ ପ୍ରେମ, ସର୍ବଧର୍ମ ସମନ୍ୱୟର ପରିଭାଷା ଏବଂ ପୁରୁଷୋତ୍ତମ ମନ୍ଦିରର ସୁରକ୍ଷା ମନୋଭାବ ହେତୁ ପୁଣିଥରେ କ୍ଷେତ୍ରବାସୀଙ୍କ ମନରେ ଆଶା ସଂଚାର ହେଲା.. ଯେମିତି କିଛି ଆଗକୁ ଭଲ ଘଟିବାକୁ ଯାଉଛି ।

କ୍ଷମତା ଆରୋହଣ କରିବା କ୍ଷଣି ଦ୍ୱିତୀୟ ଅନଙ୍ଗ ଭୀମ ଦେବ ପୁରୁଷୋତ୍ତମ ମନ୍ଦିରର ନିର୍ମାଣକାର୍ଯ୍ୟ ଶେଷ ପାଇଁ ବ୍ରତୀ ହେଲେ । ଜଗନ୍ନାଥଙ୍କ ଉଦ୍ଦେଶ୍ୟରେ ଥିବା ଭଣ୍ଡାରଗୃହକୁ ଖୋଲିଦିଆଗଲା । ସାଧବମାନେ ବିଦେଶରୁ ଆଣି ଉପହାର ଦେଇଥିବା ସୁନା, ମୋତି, ମାଣିକ୍ୟକୁ ଏହିଠାରେ ଜମା ରଖାଯାଉଥିଲା ଅନେକ ବର୍ଷ ହେଲା । ମନ୍ଦିର ତିଆରିରେ ୧୦ ଲକ୍ଷ ମାଢ଼ ଅର୍ଥାତ୍ ୫ ଲକ୍ଷ ତୋଳା ସୁନା ଖର୍ଚ୍ଚ କରାଗଲା । ଏହାସହ ପୁରୁଷୋତ୍ତମଙ୍କ ଅଙ୍ଗସଜ୍ଜା ନିମନ୍ତେ ଆହୁରି ଦେଢ଼ଲକ୍ଷ ତୋଳା ସୁନା ଅଳଙ୍କାର ତିଆରି ହେଲା । ଅର୍ଥାତ୍ ରାଜକୋଷକୁ ସାଢ଼େ ଛଅଲକ୍ଷ ତୋଳା ସୁନା ପ୍ରଦାନ ବ୍ୟବସ୍ଥା ହେଲା, ଉଦ୍ଦେଶ୍ୟ ଥିଲା- ପୁରୁଷୋତ୍ତମପ୍ରେମୀଙ୍କୁ ଖୁସି କରିବା । ପାଖାପାଖି ୧୧୯୭ ମସିହାରେ ଅର୍ଥାତ୍ ମୃତ୍ୟୁର ଏକବର୍ଷ ପୂର୍ବରୁ ମନ୍ଦିର ନିର୍ମାଣ କାର୍ଯ୍ୟ ସମ୍ପନ୍ନ ହୋଇ ମୂର୍ତ୍ତି ପ୍ରତିଷ୍ଠା ହେଲା । ଏହିକ୍ରମରେ ତାଙ୍କୁ କେହି କେହି ମନ୍ଦିରର ପ୍ରତିଷ୍ଠାତା ବୋଲି ମଧ୍ୟ ଅଭିହିତ କଲେ । ଏହାଙ୍କ ପରେ ଉତ୍କଳର ସିଂହାସନକୁ ତୃତୀୟ ରାଜରାଜ ଦେବ ଆରୋହଣ କଲେ । ସେ ୧୩ ବର୍ଷ ଶାସନ କରିବା ପରେ ତାଙ୍କ ପୁଅ ଅନଙ୍ଗ ଭୀମ ଦେବ ତୃତୀୟ ୧୨୧୧ ମସିହାରେ ଉତ୍କଳର ରାଜାଭାବେ ସିଂହାସନ ଆରୋହଣ କଲେ । ଉତ୍କଳର ସୁରକ୍ଷା ଓ ଶାନ୍ତିପୂର୍ଣ୍ଣ ରାଜନୀତି ପାଇଁ ସେ ଏତେ ବ୍ରତୀ ହେଲେ ଯେ, ଲାଗୁଥିଲା ଯେମିତି ପୁରୁଷୋତ୍ତମ କ୍ଷେତ୍ର ତାଙ୍କୁ ହିଁ ଅପେକ୍ଷା କରିଥିଲା... ।

(୯)

ପୁରୁଷୋତ୍ତମ ପୁତ୍ର

ଗଙ୍ଗଶାସନର ଯେଉଁ ମୂଳଦୁଆ ଚୋଡ଼ଗଙ୍ଗ ଦେବ ଉତ୍କଳରେ ପକାଇଥିଲେ ତାହା ତାଙ୍କ ଦାୟାଦମାନଙ୍କ ସମୟରେ ଦୁର୍ବଳ ହୋଇ ଚାଲିଥିଲା । ଯଦିଓ ଦ୍ୱିତୀୟ ଅନଙ୍ଗଭୀମ ଦେବ ମନ୍ଦିରକୁ ପୂର୍ଣ୍ଣାଙ୍ଗ ରୂପ ଦେଇ ସେଠାରେ ମୂର୍ତ୍ତି ପ୍ରତିଷ୍ଠା କରିଥିଲେ କିନ୍ତୁ ତାଙ୍କ ପରେ ପୁଣି ୧୩ ବର୍ଷ ଶାସନରେ ଶିଥିଳ ଆସିଛି । ରାଜରାଜ ଦେବ ଏଥିପ୍ରତି ଗୁରୁତ୍ୱ ଦେଇ ନାହାନ୍ତି । ଏ ଭିତରେ ଉତ୍କଳର ସୀମା ରକ୍ଷା ଏକ ଆହ୍ୱାନ ଭାବେ ମୁଣ୍ଡ ଟେକିଛି । ଏମିତି ଏକ ମୁହୂର୍ତ୍ତରେ ଶାସନ ଗାଦି ଅକ୍ତିଆର କରିଛନ୍ତି ତୃତୀୟ ଅନଙ୍ଗ ଭୀମ ଦେବ ।

ଚୌହାନ ରାଜପୁତଙ୍କ ପତନ ପରେ ଭାରତର ଅନେକ ଅଞ୍ଚଳକୁ ଲୁଣ୍ଠନ କରୁଥାନ୍ତି ମୁସଲମାନ ଶାସକମାନେ । ଏହି କ୍ରମରେ ବଙ୍ଗ ଓ ମଗଧ ମଧ୍ୟ ସେମାନଙ୍କ କବଜାକୁ ଚାଲିଯାଇଥାଏ । ପୁଣି ଉତ୍କଳର ବିଭବରେ ସେମାନେ କୁଆଡ଼େ ଈର୍ଷାନ୍ୱିତ ହୋଇଥିବା ଖବର ମିଳିଲାଣି । ଇଖ୍ତିୟାରୁଦ୍ଦିନ୍ ମହମ୍ମଦ, ମହମ୍ମଦ-ଇ ସିୟରନ୍ ଓ ଅହମ୍ମଦ-ଇ ସିୟରନ୍ ପୃଥକ୍ ପୃଥକ୍ ସମୟରେ ଉତ୍କଳକୁ ନିଜ ଅକ୍ତିଆରକୁ ନେବା ପାଇଁ ମଧ୍ୟ ଚାହିଁଛନ୍ତି । ଅନେକ ଥର ସେମାନଙ୍କ ପକ୍ଷରୁ ଯାଜନଗରକୁ ଆକ୍ରମଣ କରିବାକୁ ଚେଷ୍ଟା କରାଯାଇଛି । ହେଲେ ପରାକ୍ରମୀ ରାଜରାଜ ତୃତୀୟ ସେମାନଙ୍କୁ ତଡ଼ିବାରେ ବେଶ୍ ସକ୍ଷମ ହୋଇଛନ୍ତି । ଏଣୁ ଶତ୍ରୁପକ୍ଷ ଅଧିକ ଯତ୍ନବାନ ହେବା ସ୍ୱାଭାବିକ ।

ଏହାକୁ ଦୃଷ୍ଟିରେ ରଖି ମହମ୍ମଦୀୟ ସେନାଠୁ ଅଧିକ ଯତ୍ନବାନ୍ ହୋଇଛନ୍ତି ତୃତୀୟ ଅନଙ୍ଗ ଭୀମଦେବ ।[୧୪] ବାପା ତୃତୀୟ ରାଜାରାଜଙ୍କ ମୃତ୍ୟୁ ପରେ ଗଲା ୧୯ ବର୍ଷ ହେଲା ସେ ଶାସନକୁ ସମ୍ଭାଳିଛନ୍ତି ଆଉ ଗଙ୍ଗ ବଂଶର ଯେଉଁ ଶୌର୍ଯ୍ୟ ସାରା ଭାରତ ବର୍ଷରେ ଉଇଁଥିଲା ତାକୁ କ୍ଷୁଣ୍ଣ ହେବାକୁ କେବେ ଦେବେ ନାହିଁ ବୋଲି ମଧ୍ୟ ପଣ କରିଛନ୍ତି । ଯାହାକୁ ନେଇ

ପଡ଼ୋଶୀ ରାଜ୍ୟ ତଥା ବିଧର୍ମୀମାନଙ୍କ ଭିତରେ ଆତଙ୍କ ଖେଳିଯାଇଛି । ଯେଉଁ ପ୍ରକାରେ ସେ ଦୁଇ ଖିଲିଜୀ ଭାଇଙ୍କୁ ଓଡ଼ିଶା ମାଟିରୁ ତଡ଼ିଲେ ତାହାକୁ ଡରି, ଗଲା ୨୫ ବର୍ଷ ହେଲା କୌଣସି ବାହ୍ୟ ଶତ୍ରୁ ଓଡ଼ିଶା ଆଡ଼େ ମୁହାଁଉ ନାହାଁନ୍ତି । ଏଥିନେଇ ତାଙ୍କୁ ଅଧିକ ସହାୟ ହୋଇଛନ୍ତି ରାଜ୍ୟର ସେନାଧ୍ୟକ୍ଷ ବିଷ୍ଣୁ । ଏକୁଟିଆ ସେ ଏ ଶତ୍ରୁ ଆକ୍ରମଣକୁ ପଣ୍ଡ କରିବାରେ ସକ୍ଷମ ହୋଇଛନ୍ତି । ତାଙ୍କର ବୀରତ୍ୱ ଓ କୌଶଳରେ ସାରା ରାଜ୍ୟ ଆଜି ଶତମୁଖ । ନିଜର ଧନୁର୍ବିଦ୍ୟାରେ ସେ ସାରା ଭାରତ ଜିଣିବାରେ ମଧ୍ୟ ସକ୍ଷମ । ଯେଭଳି ଭାବେ ଏକୁଟିଆ ଧନୁ ଓ ତୀର ଦ୍ୱାରା ସେ ମୁସଲମାନଙ୍କୁ ତଡ଼ିଛନ୍ତି ତାହା ତ ସମସ୍ତେ ଦେଖିଛନ୍ତି । କେବଳ ସେତିକି ନୁହେଁ ସେନାପତି ବିଷ୍ଣୁ ମଧ୍ୟ କୋଶଳ ରାଜ୍ୟର କାଳଚୁରି ଶାସକମାନଙ୍କୁ ଯୁଦ୍ଧ କ୍ଷେତ୍ରରେ ପାଣି ପିଆଇଛନ୍ତି । ରାଜା ଅନଙ୍ଗଭୀମ ଦେବ ମଧ୍ୟ ଏହାକୁ ଅସ୍ୱୀକାର କରି ନାହାନ୍ତି । ଯଥୋଚିତ ସମ୍ମାନ ଦେଇ ତାଙ୍କ ମନୋବଳ ବୃଦ୍ଧି କରିଛନ୍ତି । କଟକ ନିକଟସ୍ଥ ଚଟେଶ୍ୱର ମନ୍ଦିର ପ୍ରାଙ୍ଗଣରେ ଏଥିନେଇ ଏକ ଶିଳାଲେଖ ଅନଙ୍ଗ ଭୀମଦେବ ସ୍ଥାପନ କଲେ, କେବଳ ବିଷ୍ଣୁଙ୍କ ବୀରତ୍ୱକୁ ସମ୍ମାନ ଦେବା ଉଦ୍ଦେଶ୍ୟରେ ।

ଏଣୁ ରାଜ୍ୟକୁ ବାହ୍ୟ ଶତ୍ରୁଙ୍କ ଭୟ ବିଶେଷ ନାହିଁ । ହେଲେ ରାଜ୍ୟ ଭିତରେ ଶାନ୍ତି ତ’ ନିହାତି ଦରକାର । ସବୁ ଲୋକଙ୍କୁ ନେଇ ପ୍ରଜାମଙ୍ଗଳ ରାଜ୍ୟ ଗଠନ ପାଇଁ ଗଙ୍ଗବଂଶୀୟ ରାଜାମାନେ ଯେଉଁ ସ୍ୱପ୍ନ ଦେଖିଛନ୍ତି ତାହାତ’ ଅକ୍ଷୁଣ୍ଣ ରହିବା ଦରକାର ! ଯଦି ତାହା ନହୁଏ ତେବେ ଆଭ୍ୟନ୍ତରୀଣ କନ୍ଦଳ ସୃଷ୍ଟି ହେବ, ରାଜ୍ୟ ଭିତରେ ଯଦି ବିଦ୍ରୋହ ଲାଗିବ ଆଉ ବାହ୍ୟ ଶତ୍ରୁ ଏହାର ଫାଇଦା ନେବେ.. ।

ଘନ ଘନ ବିଚାର ବିମର୍ଶ ଚଳାଇଲେ ଅନଙ୍ଗ ଭୀମ ଦେବ । ଏଠି ରାଜାଙ୍କ ଉପରେ କେହି ଅସନ୍ତୁଷ୍ଟ ନୁହଁନ୍ତି । କିନ୍ତୁ ସମ୍ପ୍ରଦାୟ ନେଇ ଯେଉଁ ବିବାଦ ଗଙ୍ଗ ଶାସନ ପୂର୍ବରୁ ଚାଲିଥିଲା ତାହା ବଢ଼ି ଚାଲିଛି ବୋଲି ସମସ୍ତେ ମତ ଦେଲେ । ଯଦିଓ ଜୈନ ଓ ବୌଦ୍ଧ ସମ୍ପ୍ରଦାୟ ଶାନ୍ତିରେ ଅଛନ୍ତି କିନ୍ତୁ ଶୈବ, ଶାକ୍ତ ଓ ବୈଷ୍ଣବଙ୍କୁ ନେଇ ଅସନ୍ତୋଷ ଲାଗି ରହିଛି । ଏଥିରେ ଶାନ୍ତି ଆଣିବାକୁ ପଡ଼ିବ । ପୂର୍ବଜଙ୍କ କଥା ମନେ ପକାଇଲେ: ଏ ବଂଶର ପ୍ରତିଷ୍ଠାତା ଚୋଡ଼ଗଙ୍ଗ ଦେବ ଜଣେ ଶିବ ଭକ୍ତ ହୋଇ ମଧ ନିଜକୁ ପରମ ବୈଷ୍ଣବ ବୋଲି ଘୋଷଣା କରି ବୈଷ୍ଣବ ସମ୍ପ୍ରଦାୟର ବିକାଶ କରାଇଥିଲେ । ଫଳରେ ତିନି ସମ୍ପ୍ରଦାୟ ଭିତରେ ସାମ୍ୟ ପ୍ରତିଷ୍ଠା ହୋଇପାରିଥିଲା । କିନ୍ତୁ ପରବର୍ତ୍ତୀ ସମୟରେ ତାହାକୁ ଶାସକମାନେ ଅଣଦେଖା କଲେ । ଅନଙ୍ଗଭୀମ ଦେବଙ୍କ ପରାକାଷ୍ଠାକୁ କେବଳ ଉପଭୋଗ କଲେ । ରାଜ୍ୟର ସୁରକ୍ଷା ପ୍ରତି ଯଦିଓ ସଚେତନ ରହିଥିଲେ କିନ୍ତୁ ଆଭ୍ୟନ୍ତରୀଣ ସୌହାର୍ଦ୍ଦ୍ୟ ପାଇଁ ପଦକ୍ଷେପ ନେଲେନାହିଁ । ଫଳରେ ପୁଣିଥରେ ତିନି ସମ୍ପ୍ରଦାୟ ଭିତରେ ବିବାଦ ଆରମ୍ଭ ହୋଇଛି । ଏଣୁ ଛାମୁ ଅନୁଭବ କଲେ ବିଷ୍ଣୁଭକ୍ତଙ୍କୁ ପ୍ରୋତ୍ସାହନ ନଦେଲେ ରାଜ୍ୟରେ ଶାନ୍ତି ଅସମ୍ଭବ । ଧର୍ମ ହିଁ ଏ ରାଜ୍ୟ ଶାସନର ପ୍ରଧାନ ପ୍ରତିହର । ଏହାକୁ ଶାସନରୁ ମୁକ୍ତ କଲେ ଶାସନ ଅରାଜକତା ରୂପ ନେବ । ଭବିଷ୍ୟତରେ ଶାସନର ଡୋରିରେ କାହାକୁ ବନ୍ଧାଯାଇପାରିବ ନାହିଁ । ଏଣୁ ଗଙ୍ଗେଶ୍ୱରଙ୍କ ରାସ୍ତା ଆପଣାଇଲେ, ଅନଙ୍ଗଭୀମ ଦେବ ତୃତୀୟ ।

ନିଜକୁ ପୁରୁଷୋତ୍ତମଙ୍କ ପୁତ୍ର ଭାବେ ଘୋଷଣା କରି ସେ ମହାନଦୀର ପବିତ୍ର ଜଳରାଶିରେ

ବୁଡ଼ ପକାଇଲେ । ଆଉ ଏହାରି କୂଳରେ ନୂତନ ରାଜଧାନୀ ସ୍ଥାପନା ପାଇଁ ମନୋନିବେଶ କଲେ । ଯାହାର ନାଁ ରଖିଲେ ଅଭିନବ ବାରାଣସୀ କଟକ । ଖାଲି ସେତିକି ନୁହେଁ; ପୁରୁଷୋତ୍ତମ କ୍ଷେତ୍ରର ଉନ୍ନତିରେ ଯେମିତି ବାଧା ନଆସେ ସେଥିପ୍ରତି ମଧ୍ୟ ଧ୍ୟାନ ଦିଆଗଲା । ଠାକୁରଙ୍କ ନାଁରେ ଜମି ସାଙ୍ଗକୁ ପୁରୁଷୋତ୍ତମଙ୍କ ସେବାୟତମାନଙ୍କୁ କରମୁକ୍ତ ଜମି ବଣ୍ଟାଗଲା । ତାଙ୍କରି ନାଁରେ ମଧ୍ୟ ନିଜ ରାଜ୍ୟକୁ ନାମିତ କରାଗଲା । ଯାହା ପୁରୁଷୋତ୍ତମ ସାମ୍ରାଜ୍ୟ ଭାବେ ପରିଚିତ ହେଲା ।

ପୁଣି ନୂଆ ରାଜଧାନୀରେ ଏକ ନୂଆ ପୁରୁଷୋତ୍ତମ ମନ୍ଦିର ସ୍ଥାପନା ପାଇଁ ଯୋଜନା କଲେ । ଏହି ବିଷୟରେ ମହାରାଣୀ ତଥା ଅନଙ୍ଗ ଭୀମଙ୍କ ପ୍ରଥମ ପତ୍ନୀ କସ୍ତୁରା ଦେବୀ କାଞ୍ଚିପୁରମରେ ଏକ ଶିଳାଲେଖ ସ୍ଥାପନ କଲେ, ପାଖାପାଖି ୧୨୩୦ ମସିହାରେ । ପୁରୀ ନିକଟ ଅଲାରନାଥ ମନ୍ଦିରରେ ସ୍ଥାପନ କରିଥିବା ଶିଳାଲେଖରେ ସେ ନିଜ ପତିଙ୍କୁ ପୁରୁଷୋତ୍ତମଙ୍କ ସେବକଭାବେ ଅଭିହିତ କଲେ । ତାଙ୍କରି ନିର୍ଦ୍ଦେଶରେ ତାଙ୍କ ଆରାଧ୍ୟ ଉତ୍କଳରେ ଶାସନ କରୁଥିବା ଉଲ୍ଲେଖ କଲେ । ବିଷ୍ଣୁ ଭକ୍ତଙ୍କ ଉତ୍ସାହ ବଢ଼ିଲା ।

ରାଜକନ୍ୟା ତଥା ତୃତୀୟ ଅନଙ୍ଗଭୀମ ଦେବଙ୍କ କନ୍ୟା ଚନ୍ଦ୍ରିକା ଦେବୀ ମଧ୍ୟ ବିଷ୍ଣୁଙ୍କ ଆରାଧନାରେ ନିଜକୁ ନିୟୋଜିତ କରି ଶୈବ କ୍ଷେତ୍ର ଏକାମ୍ର ନଗରୀରେ ବୈଷ୍ଣବମାନଙ୍କ ମନ ଜିତିଥିଲେ । ବିନ୍ଦୁ ସାଗରରେ ବୁଡ଼ ପକାଇ ସେ ବଳଦେବ, ଶ୍ରୀକୃଷ୍ଣ ଏବଂ ସୁଭଦ୍ରାଙ୍କୁ ପୂଜା ଅର୍ପଣ କରିଥିଲେ । ଏଥିପାଇଁ ଏକ ମନ୍ଦିର ନିର୍ମାଣ କରିଥିଲେ । ଯାହା ଅନନ୍ତ ବାସୁଦେବ ମନ୍ଦିର ନାମରେ ଖ୍ୟାତ ।

ବିଷ୍ଣୁ ଭକ୍ତ ଅନଙ୍ଗ ଭୀମଦେବ କିନ୍ତୁ ଶୈବ ଓ ଶାକ୍ତଙ୍କୁ ମନାଇବା ପାଇଁ ଭୁଲି ନଥିଲେ । ଯଦିଓ ତାଙ୍କରି ବଂଶଧର ଭାବେ ଏଠାରେ ବୈଷ୍ଣବ ସମ୍ପ୍ରଦାୟର ଗୁରୁତ୍ୱ ରହିଛି କିନ୍ତୁ ଶୈବ ଓ ଶାକ୍ତଙ୍କୁ ଅଣଦେଖା କରାଯାଇ ନପାରେ ବୋଲି ସେ ଚିନ୍ତା କରିଥିଲେ । ଏହି କ୍ରମରେ ଅନଙ୍ଗ ଭୀମଦେବ ନିଜକୁ ଶୈବ, ଶାକ୍ତ ଓ ବୈଷ୍ଣବଙ୍କ ବନ୍ଧୁ ଭାବେ ଘୋଷଣା କଲେ । ନିଜକୁ ପୁରୁଷୋତ୍ତମଙ୍କ ପୁତ୍ର କହିବା ସହ ରୁଦ୍ର ପୁତ୍ର ଓ ଦୁର୍ଗା ପୁତ୍ର ବୋଲି ଅଭିହିତ କଲେ । ଏଠାରେ ପୁରୁଷୋତ୍ତମ କହିଲେ ପୁରୀରେ ବୈଷ୍ଣବମାନଙ୍କୁ ବୁଝାଇଲା ଆଉ ଦୁର୍ଗା କହିଲେ ପୁରୁଣା ରାଜଧାନୀ ଯାଜନଗରର ବିରଜାଙ୍କ ଏବଂ ରୁଦ୍ର ପୁତ୍ର ଭାବେ ଏକାମ୍ର ନଗରୀକୁ ସୂଚାଇଲା । ଫଳରେ ତିନି ସମ୍ପ୍ରଦାୟ ଭିତରେ ଏକ ଭଲ ସମନ୍ୱୟ ରକ୍ଷା କରିବାକୁ ମଧ୍ୟ ସେ ଚାହିଁଥିଲେ । ଏହାଙ୍କ ପୂର୍ବରୁ କେହି ଏପରି ପଦକ୍ଷେପ ନେଇ ନଥିଲେ ।

(୧୦)

ବଳଭଦ୍ର ପୂଜା

ଭାରତବର୍ଷ ଉପରେ କ୍ରମାଗତ ବିଦେଶୀ ମୁସଲମାନ ଲୁଣ୍ଠନକାରୀଙ୍କ କୋପ ଦୃଷ୍ଟି ପଡ଼ିଛି। ବିଭିନ୍ନ ସମୟରେ ମନ୍ଦିରଗୁଡ଼ିକ ଉପରେ ଆକ୍ରମଣ କରି ସେମାନେ ଧନସମ୍ପତ୍ତି ଲୁଟୁଛନ୍ତି। ଏହି ଆକ୍ରମଣ ଉତ୍କଳର ଦ୍ୱାରଦେଶରେ ମଧ୍ୟ ଦେଖିବାକୁ ମିଳିଛି। କିନ୍ତୁ ଅଦମ୍ୟ ପ୍ରଜା ଓ ସେନାପତିଙ୍କ ସହାୟତାରେ ସେସବୁ ପଣ୍ଡ ହୋଇପାରିଛି। ହେଲେ ଉତ୍କଳର ପୃଷ୍ଠଭୂମିରେ ଏକ ଭିନ୍ନ ଧରଣର ବାତାବରଣ ଆମ ଭିତରେ ବିଭାଜନ ସୃଷ୍ଟି ପାଇଁ ଯେମିତି ପ୍ରସ୍ତୁତ ହେଉଛି। ତାହା ହେଲା ଶୈବ-ଶାକ୍ତ-ବୈଷ୍ଣବଙ୍କ ଭିତରେ ବଢୁଥିବା ତାରତମ୍ୟ। ଯେତେ ମନ୍ଦିର ତୋଳାଗଲେ ବି ତାହା ଥମୁନାହିଁ। ଏଣୁ ମହାଭାଗ ଅନଙ୍ଗଭୀମ ଦେବ ବେଶ୍ ଶଙ୍କାରେ ପଡ଼ିଛନ୍ତି। ଆଉ ଚିନ୍ତା କରୁଛନ୍ତି 'ଶ୍ରୀ'ମନ୍ଦିରକୁ ଏ ତିନି ସମ୍ପ୍ରଦାୟଙ୍କ ମନ୍ଦିର ଭାବେ ଗଢ଼ିତୋଳିବାକୁ।

ପଦ୍ମପୁରାଣରେ ଲେଖାଯାଇଥିବା ବିଷ୍ଣୁପୂଜା ଓ ବୈଷ୍ଣବ ସେବା ପ୍ରସଙ୍ଗ ମହୀଶୂରରୁ ଆସିଥିବା ଏଇ ଗଙ୍ଗବଂଶୀ ଶାସକଙ୍କୁ ବେଶ୍ ଅନୁପ୍ରାଣିତ କରିଥିଲା। ଯେଉଁଥିରେ ସ୍ୱୟଂ ମହାଦେବ, ବିଷ୍ଣୁଙ୍କ ପ୍ରତି ପୂଜାର୍ପଣ କରିବା ପାଇଁ ମା' ଦୁର୍ଗାଙ୍କୁ ଉପଦେଶ ଦେଇଥିଲେ। ସେଇ ଆଧାରରେ ମୁଖଲିଙ୍ଗମ୍‌ଠାରୁ ଆରମ୍ଭ କରି ପୁରୁଷୋତ୍ତମ କ୍ଷେତ୍ରରେ ବିଷ୍ଣୁ ପୂଜା ପ୍ରସାରଲାଭ କରିଛି। ପାଦେ ଆଗକୁ ଯାଇ ଏହାର ଶାସକମାନେ ଏଇ ଭୂଖଣ୍ଡକୁ ବୈଷ୍ଣବ ଦେଶରେ ପରିଣତ କରିଛନ୍ତି। ଚୋଡ଼ଗଙ୍ଗ ଦେବ ଏଠାରେ ନୂଆ ମନ୍ଦିର ତିଆରି କରିବା, ସେଠାରେ ଲକ୍ଷ୍ମୀ-ପୁରୁଷୋତ୍ତମଙ୍କୁ

ପୂଜା କରିବା ଦ୍ୱାରା ଏହା ପ୍ରମାଣିତ ହୋଇଛି। ବୈଷ୍ଣବ ମହନ୍ତ ତଥା '*ଶ୍ରୀ*' ବାଦର ପ୍ରବର୍ତ୍ତକ ରାମାନୁଜଙ୍କ ଏହି ନଭଶ୍ଚୁମ୍ବୀ ମନ୍ଦିରକୁ ଶ୍ରୀମନ୍ଦିରର ଆଖ୍ୟା ଦେଇଛନ୍ତି। ଖାଲି ସେତିକି ନୁହେଁ, ଚୋଡ଼ଗଙ୍ଗଙ୍କ ପରେ ତାଙ୍କ ବଂଶଧରମାନେ ଏହି ବିଷ୍ଣୁ ପୁରୁଷୋତ୍ତମଙ୍କ ପୂଜା ହେତୁ ରାଜ୍ୟ ଜୟ କରିଚାଲିଛନ୍ତି। ବିଜୟର ବାନାକୁ ଉଡ଼ାଇ ଚାଲିଛନ୍ତି। ଚୋଡ଼ଗଙ୍ଗଙ୍କ ପାଟମହାଦେଈ କସ୍ତୁରୀକାମୋଦିନୀଙ୍କ ପୁତ୍ର କାମାର୍ଣ୍ଣବ ଦେବଙ୍କ କଥା କୁହନ୍ତୁ କି ଦ୍ୱିତୀୟ ପତ୍ନୀଙ୍କ ପୁତ୍ର ରାଘବ ଅଥବା ଦ୍ୱିତୀୟ ରାଜରାଜ ସମସ୍ତେ '*ଶ୍ରୀ*' ବାଦର ପ୍ରଚାର ଓ ବିଷ୍ଣୁ ପୂଜାରେ ନିଜକୁ ନିୟୋଜିତ କରି ଏହାକୁ ରାଜ ଧର୍ମ ଭାବେ ଗ୍ରହଣ କରିଛନ୍ତି। ଘରେ ଘରେ ଦଶାବତାର ବିଷୟ ପାଠ କରାଯାଉଛି। ରାଜରାଜଙ୍କ ଦ୍ୱାରା କେନ୍ଦୁଲି ଗ୍ରାମର କବି, ବିଦ୍ୱାନ ତଥା ବିଷ୍ଣୁପ୍ରେମୀ ଜୟଦେବଙ୍କୁ ପ୍ରୋତ୍ସାହନ ମିଳିଛି। ତାଙ୍କରି ଦ୍ୱାରା ସବୁଦିନ ଶ୍ରୀମନ୍ଦିରରେ '*ଗୀତ ଗୋବିନ୍ଦ*' ଗାନ ହେଉଛି। ଏହା ବିଷ୍ଣୁବାଦକୁ ଆହୁରି ଖେଳାଇ ଦେଇଛି।

ସେଇ ବିଷ୍ଣୁ ଶ୍ରୀପୁରୁଷୋତ୍ତମଙ୍କ ଆଶୀର୍ବାଦରେ ଉତ୍କଳକୁ ଇସ୍‌ଲାମ୍ ଧର୍ମ ପ୍ରବେଶ କରିବା ବାରଣ କରାଯାଇ ପାରିଛି। ଅନଙ୍ଗ ଭୀମ ଦେବଙ୍କ ଜେଜେବାପା ତଥା ଦ୍ୱିତୀୟ ରାଜରାଜଙ୍କ ଭାଇ ଉତ୍କଳକୁ ଶ୍ରୀପୁରୁଷୋତ୍ତମଙ୍କ ଅଧୀନରେ ଶାସନ କଲାବେଳେ ଯାଜନଗରକୁ ମୁସଲ୍‌ମାନମାନେ ଆକ୍ରମଣ କରିବାକୁ ଚେଷ୍ଟା କରିଥିଲେ। ଦୁଇ ମୁସଲ୍‌ମାନ୍ ଆକ୍ରମଣକାରୀ ଭାଇ ମହମ୍ମଦ-ଇ-ସିୟରନ୍ ଓ ଅହମ୍ମଦ-ଇ-ସିୟରନ୍‌ଙ୍କୁ ରୋକିବାରେ ରାଜରାଜ ସେତେବେଳେ ସକ୍ଷମ ହୋଇଥିଲେ।

ବିଷ୍ଣୁବାଦକୁ ପ୍ରୋତ୍ସାହନ ଦେଉଥିବା ଗଙ୍ଗରାଜାମାନେ କିନ୍ତୁ କେବେ ଶୈବବାଦରେ ବିଶ୍ୱାସ ରଖିଥିବା ସମ୍ପ୍ରଦାୟକୁ ହେୟଜ୍ଞାନ କରିନାହାନ୍ତି। ଏଣୁ ବିଭିନ୍ନ ସମୟରେ ଏକାମ୍ର ନଗରୀରେ ଶିବ ମନ୍ଦିରମାନ ପ୍ରତିଷ୍ଠା କରାଯାଇଛି। ଦ୍ୱିତୀୟ ରାଜରାଜଙ୍କର ପତ୍ନୀଙ୍କ ଭାଇ ସ୍ୱପ୍ନେଶ୍ୱର ଦେବ ଏକାମ୍ରରେ କୈଳାସର ଦେବତା ମେଘେଶ୍ୱରଙ୍କ ପାଇଁ ମନ୍ଦିର ନିର୍ମାଣ କରାଇ ସେଠାରେ ପୂଜାର୍ଚ୍ଚନା ଆରମ୍ଭ କରାଇଥିଲେ। ଯାହାକି ସେତେବେଳେ ଶିବ ଭକ୍ତଙ୍କ ମନରେ ଆଶା ସଂଚାର କରିଥିଲା ଏବଂ ଏକ ଭାଇଚାରା ବାତାବରଣ ସୃଷ୍ଟି କରିବାରେ ସମର୍ଥ ହୋଇଥିଲା।

ଏହିକ୍ରମରେ ଏବେ ସମୟ ଆସିଛି ସବୁ ସମ୍ପ୍ରଦାୟକୁ ସାଙ୍ଗରେ ନେଇ ଏକାଠି ଚାଲିବାର, ନ ହେଲେ ଭାରତ ବର୍ଷରେ ଯେମିତି ବିଧର୍ମୀଙ୍କ ଆକ୍ରମଣ ଆରମ୍ଭ ହେଲାଣି ସେଥିରେ ଗଙ୍ଗ ସାମ୍ରାଜ୍ୟ ବାଧା ପାଇବା ଆଶଙ୍କା ସୃଷ୍ଟି ହେବା ସ୍ୱାଭାବିକ। ଏଣୁ ଆଭ୍ୟନ୍ତରୀଣ ସଦ୍‌ଭାବ ବଜାୟ ରଖିବା ତଥା ଅଧିବାସୀଙ୍କ ବିଶ୍ୱାସ ଜିତିବାକୁ ଶ୍ରୀମନ୍ଦିରକୁ ସବୁ ସମ୍ପ୍ରଦାୟର ମୂଳ କେନ୍ଦ୍ରଭାବେ ଗଢ଼ି ତୋଳିବାକୁ ଉଦ୍ୟମ କଲେ ତୃତୀୟ ଅନଙ୍ଗ ଭୀମଦେବ।

ଶୈବ, ବୈଷ୍ଣବ ଓ ଶାକ୍ତଙ୍କ ଭିତରେ ସମନ୍ୱୟ ସୃଷ୍ଟି କରିବା ପାଇଁ ସେମାନଙ୍କୁ ଗୋଟିଏ ମଞ୍ଚ ଉପରକୁ ଆଣିବା ଦରକାର ବୋଲି ସିଦ୍ଧାନ୍ତ କଲେ। ତାହା ପୁଣି ପୁରୁଷୋତ୍ତମ କ୍ଷେତ୍ରରେ। ଯଦିଓ ଲିଙ୍ଗରାଜ ମନ୍ଦିର ଓ ବିରଜା କ୍ଷେତ୍ର ଯଥାକ୍ରମେ ଶୈବ ଓ ଶାକ୍ତଙ୍କ ପାଇଁ ବୈକୁଣ୍ଠ ପ୍ରାୟ ଥିଲା କିନ୍ତୁ ରାଜ୍ୟର ଧର୍ମ ଗୋଟିଏ ହେବା ଦରକାର ବୋଲି ରାଜନ ଅନୁଭବ କରିଥିଲେ। ଯେଉଁ କ୍ଷେତ୍ରକୁ ନେଇ ଏବେ ସାରା ବିଶ୍ୱରେ ଉତ୍କଳ ନିଜର ପ୍ରତିଷ୍ଠା ଲାଭ କରିଛି ସେଠାରେ

ତ୍ରିମୂର୍ତ୍ତି ପୂଜା ହେବା ଆବଶ୍ୟକ ଚିନ୍ତା କଲେ, ଏହାଦ୍ୱାରା ତିନି ସମ୍ପ୍ରଦାୟ ମଧ୍ୟରେ ଧର୍ମ ସେତୁ ସୃଷ୍ଟି କରାଯାଇପାରିବ ବୋଲି ବିଚାର ରହିଲା। ତାହାକୁ ଲାଗୁ କରିବାକୁ ଆଗକୁ ବଢ଼ିଲେ ମହାନୁଭବ ପୁରୁଷୋତ୍ତମ ପୁତ୍ର, ଦୁର୍ଗାପୁତ୍ର ଓ ରୁଦ୍ର ପୁତ୍ର ଅନଙ୍ଗଭୀମ ଦେବ।

ପୁରୁଷୋତ୍ତମ କ୍ଷେତ୍ର ପ୍ରତି ଅଧିକ ସମୟ ନିବେଶ କରିଲେ ମହାନୁଭବ। ରତ୍ନ ସିଂହାସନରେ ସେତେବେଳେ କେବଳ ବିଷ୍ଣୁ ପୁରୁଷୋତ୍ତମ ହିଁ ପୂଜା ପାଉଥାନ୍ତି। ତାଙ୍କରି ସ୍ଥାନରେ ତିନିମୂର୍ତ୍ତି ସ୍ଥାପନ କରିବାକୁ ହେବ ବୋଲି ଯେଉଁ ଚିନ୍ତାଧାରା ଜାତ ହୋଇଛି ତାହାକୁ ଆବଶ୍ୟକ ରୂପ ଦେବା ଲାଗି ହଳି, ଚକ୍ରୀ ଓ ସୁଭଦ୍ରାଙ୍କ ପୂଜା ଆରମ୍ଭ ହେଲା। ଅର୍ଥାତ୍ ପୁରୁଷୋତ୍ତମ କ୍ଷେତ୍ରରେ ଲକ୍ଷ୍ମୀ-ପୁରୁଷୋତ୍ତମଙ୍କ ପୂଜା ବଦଳରେ ଆରମ୍ଭ ହେଲା ବଳଭଦ୍ର ଓ ସୁଭଦ୍ରା ପୂଜା। ବଳଭଦ୍ରଙ୍କୁ ପୁରୁଷୋତ୍ତମଙ୍କ ବଡ଼ ଭାଇ ରୂପେ ବିବେଚନା କରାଗଲା। ଯେମିତି କୃଷ୍ଣ ସମ୍ପ୍ରଦାୟରେ ବଳରାମ ଠିକ୍ ସେମିତି ପୁରୁଷୋତ୍ତମଙ୍କ ବଡ଼ ଭାଇ ହେଲେ ବଳଭଦ୍ର। ଆଉ ସୁଭଦ୍ରାଙ୍କୁ ଦୁଇ ଭାଇଙ୍କ ଭଉଣୀ ବୋଲି ଗ୍ରହଣ କରାଗଲା। କାରଣ ବଡ଼ ଭାଇର ମଞ୍ଚ ଉପରେ ସାନ ଭାଇର ପତ୍ନୀ ପୂଜା ପାଇବା ଶୋଭା ଦେବ ନାହିଁ ବୋଲି ବିଚାର ଆସିଲା। ଏଠାରେ ସୁଭଦ୍ରା ପାଲଟିଲେ ଶକ୍ତି ସମ୍ପ୍ରଦାୟର ପ୍ରତୀକ, ବଳଭଦ୍ର ହେଲେ ଶୈବ ସମ୍ପ୍ରଦାୟର ପ୍ରତୀକ।

ଏସବୁ ପରିକଳ୍ପନା ହେଲା ପାଖାପାଖି ୧୨୩୭ ମସିହା ବେଳକୁ। ପୁରୀରେ ଏଥିନେଇ ଶିଳାଲେଖ ସ୍ଥାପନା କରାଗଲା। ନରସିଂହ ମନ୍ଦିରରେ ସ୍ଥାପନ ହୋଇଥିବା ଏହି ଶିଳାଲେଖରେ ସେତେବେଳେ ମହାନୁଭବଙ୍କ ଚିନ୍ତାଧାରାକୁ ପ୍ରସ୍ଫୁଟିତ କରିବାକୁ ଚେଷ୍ଟା କରାଯାଇଥିଲା। ଯାହାଫଳରେ କାହା ମନରେ ଯେମିତି ପ୍ରଶ୍ନ ନଉଠିବ। ସେଠାରେ ଉଲ୍ଲେଖ କରାଗଲା *‘ହଳି, ଚକ୍ରୀ ଓ ସୁଭଦ୍ରାଙ୍କ ପୂଜା ଆରମ୍ଭ ହେଲା। ଯେଉଁଠାରେ ହଳି ଶିବଙ୍କୁ ବୁଝାଉଥିବା ବେଳେ ଚକ୍ରୀ ଶ୍ରୀକୃଷ୍ଣ ପୁରୁଷୋତ୍ତମ ଏବଂ ସୁଭଦ୍ରା ଦୁର୍ଗାଙ୍କୁ ପ୍ରତିପାଦନ କରୁଛି’।*

ଅନ୍ୟ ଏକ ଶୈବ ପୀଠ ଏକାମ୍ର ନଗରୀରେ ମଧ୍ୟ ଅନୁରୂପ ଭାବେ ଶିଳାଲେଖ ସ୍ଥାପନ କରାଗଲା, ଏଠାର ଲୋକଙ୍କୁ ରାଜାଙ୍କ ମନୋଭାବ ବିଷୟରେ ସ୍ପଷ୍ଟ କରିବା ପାଇଁ। ପୁରୁଷୋତ୍ତମ କ୍ଷେତ୍ରରେ ମଧ୍ୟ ଅନୁରୂପ ଭାବେ ଏକ ଶିଳାଲେଖ ମନ୍ଦିରରେ ସ୍ଥାପନ କରି ତ୍ରିମୂର୍ତ୍ତି ପୂଜା ପ୍ରତି ଧ୍ୟାନ ଦିଆଯାଇଥିବା ଉଲ୍ଲେଖ କରାଗଲା। ଏହାଦ୍ୱାରା ବିଶ୍ୱାସ କରାଗଲା ଯେ ରାଜାଙ୍କ ଉପରେ ପ୍ରଜାଙ୍କ ଆସ୍ଥା ବୃଦ୍ଧି ପାଇବ। ସେଇଆ ହିଁ ହେଲା। ପରେ ପରେ ପୁରୀ-ସନାତନ ସମ୍ପ୍ରଦାୟର ଏକ ଗୁରୁତ୍ୱପୂର୍ଣ୍ଣ ପୀଠ ପାଲଟିଲା।

(୧୧)

ଦେବସ୍ତ୍ରୀ ଓ କାଲୁଆ ମାଲୁଣୀ

ଶ୍ରୀ' ମନ୍ଦିରକୁ ସବୁ ସମ୍ପ୍ରଦାୟର ପେଣ୍ଠସ୍ଥଳ ଭାବେ ଗଢ଼ି ତୋଳିବାକୁ ତୃତୀୟ ଅନଙ୍ଗଭୀମ ଦେବ ଚେଷ୍ଟା କରିଛନ୍ତି। ଲକ୍ଷ୍ମୀ ପୁରୁଷୋତ୍ତମଙ୍କ ସ୍ଥାନରେ ପୁରୁଷୋତ୍ତମ, ବଳଭଦ୍ର ଓ ସୁଭଦ୍ରାଙ୍କୁ ପ୍ରତିଷ୍ଠା କରିଛନ୍ତି। ଏହାସହ ତିନି ସମ୍ପ୍ରଦାୟକୁ ଏକାଠି କରିବା ଲାଗି ରାଜା ନିଜକୁ ପୁରୁଷୋତ୍ତମ ପୁତ୍ର, ରୁଦ୍ର ପୁତ୍ର ଓ ଦୁର୍ଗା ପୁତ୍ର ଭାବେ ଅଭିହିତ କରିଛନ୍ତି। ବିଭିନ୍ନ ସ୍ଥାନରେ ଅଭିଲେଖମାନ ସ୍ଥାପନ କରି ରାଜାଙ୍କ ଉଦ୍ଦେଶ୍ୟକୁ ପ୍ରଜାଙ୍କ ଆଗରେ ସ୍ୱଷ୍ଟ କରାଯାଇଛି। ଲକ୍ଷ୍ୟ ରହିଛି ଶ୍ରୀପୁରୁଷୋତ୍ତମ କ୍ଷେତ୍ରକୁ ସନାତନ ଧର୍ମର ସର୍ବୋତ୍କୃଷ୍ଟ ମର୍ଯ୍ୟାଦା ଦେବା ପାଇଁ...।

ଏ ଭିତରେ ଭଗବାନ ପୁରୁଷୋତ୍ତମଙ୍କ ପ୍ରତିଷ୍ଠାର ୭୩ ବର୍ଷ ବିତିଗଲାଣି। ଗଙ୍ଗେଶ୍ୱରଙ୍କ ରାଜକବି ଶ୍ରୀପୁରୁଷୋତ୍ତମଙ୍କ ଉଦ୍ଦେଶ୍ୟରେ ଯେଉଁ ଅଖଣ୍ଡ ଦୀପ ଦାନ କରିଥିଲେ ତାହା ନିରନ୍ତର ଆଲୁଅ ବିତରଣ କରୁଛି। ଏହି ଅଖଣ୍ଡଦୀପକୁ ଅନେକ ଶ୍ରୀପୁରୁଷୋତ୍ତମଙ୍କ ଅସ୍ତିତ୍ୱ ବୋଲି ବର୍ଣ୍ଣନା କରୁଛନ୍ତି। ଯେତେ ଯାହା ହେଲେ ବି ତାହା ଯେମିତି ନ ଲିଭିବ ସେଥିପ୍ରତି ବିଷ୍ଣୁପ୍ରେମୀ ବିଶେଷ ଯତ୍ନବାନ ହୋଇଛନ୍ତି। କେହି କେହି ଏହି ଦୀପ ଦଣ୍ଡଟିକୁ '*ଦେବସ୍ତ୍ରୀ*'ଙ୍କ ସହ ତୁଳନା କରି ଏହାର ସୌନ୍ଦର୍ଯ୍ୟବୃଦ୍ଧି ପାଇଁ ଧ୍ୟାନ ଦେଇଛନ୍ତି। ରାଜକବି ନାରାୟଣ ଏଥିଲାଗି ଯେଉଁ ୩୫ ନିଷ୍କ ଦାନ କରିଥିଲେ ତାହାରି ଖର୍ଚ୍ଚରେ ମାଳାକାର ଧମ୍ପିଲ ଘିଅ ଦାନ ଜାରି ରଖିଛନ୍ତି। ଅବଶ୍ୟ ରାଜକବିଙ୍କ ପରେ ଖିମିଡ଼ି ରାଜ୍ୟର ବଙ୍କୁନ ନାୟକ ସହ ଅନେକ ମଧ୍ୟ ଦୀପ ଦାନ କରିଛନ୍ତି। ମହୋପୁରର ଗ୍ରାମବାସୀଙ୍କୁ ନିଷ୍କ, ଭୂମି, ଗୋ, ଦିଆଯାଇ ଦୀପ ପାଇଁ ଆବଶ୍ୟକ ଘିଅ ଯୋଗାଣ ଜାରି ରଖିବାକୁ ଭକ୍ତ ଓ ରାଜ କର୍ମଚାରୀମାନେ ଉଦ୍ୟମ କରିଛନ୍ତି।

ଗଙ୍ଗେଶ୍ୱରଙ୍କ ପରେ ପୁତ୍ର କାମାର୍ଣ୍ଣବ ଦେବ ଶାସନ କରି ପିତାଙ୍କ ମତବାଦକୁ ଆଗକୁ

ନେବାକୁ ଚେଷ୍ଟା କରିଥିଲେ । ସେ ବି ତିନି ସମ୍ପ୍ରଦାୟକୁ ଗୁରୁତ୍ୱ ଦେବା ଲାଗି ଉଦ୍ୟମ କରି ବଳଭଦ୍ର ଓ ସୁଭଦ୍ରାଙ୍କ ପୂଜାକୁ ସମାନ ଗୁରୁତ୍ୱ ଦେଇଥିଲେ, କିନ୍ତୁ ସେତେବେଳେ ତ୍ରିମୂର୍ତ୍ତି ନୂଆ ମନ୍ଦିରରେ ବିରାଜ ନକରି ନରସିଂହ ମନ୍ଦିରରେ ବିରାଜମାନ କରିଥିବା ବିଶ୍ୱାସ କରାଯାଏ ।[୧୫] ସେମାନେ ନୂଆ ମନ୍ଦିରର ରତ୍ନସିଂହାସନରେ ବସିବେ ବୋଲି କାହାର ବିଶ୍ୱାସ ନଥିଲା । ଏଣୁ ତିନି ସମ୍ପ୍ରଦାୟ ଭିତରେ ସମ୍ପର୍କ ବଢ଼ିପାରୁ ନଥିଲା । ଭକ୍ତମାନେ ବିଭିନ୍ନ ସମୟରେ ମନ୍ଦିରର ରକ୍ଷଣାବେକ୍ଷଣ ତଥା ପୂଜାର୍ଚ୍ଚନା ପାଇଁ ନିଷ୍କ (ସ୍ୱର୍ଣ୍ଣମୁଦ୍ରା) ଦାନ ଦେଉଥିଲେ । ମାଳାକାର ଜୟରାଜଙ୍କ ମାଧ୍ୟମରେ ବ୍ରାହ୍ମଣମାନଙ୍କୁ ଭୂମି ଦାନ କରାଯାଉଥିବା ବିଷୟ ମଧ୍ୟ ମନ୍ଦିର ଶିଳାଲେଖରେ ସ୍ପଷ୍ଟ କରାଯାଇଥିଲା । ହେଲେ ଅନେକ ଶିଳାଭିଲେଖ ଏହି ଦାନକୁ ପୁରୁଷୋତ୍ତମଙ୍କ ଉଦ୍ଦେଶ୍ୟରେ ବୋଲି ଉଲ୍ଲେଖ କରିଛି ।

ଏବେ ତ୍ରିମୂର୍ତ୍ତିଙ୍କୁ ଏକାଠି ପ୍ରତିଷ୍ଠା କରି ଯେଉଁ ସମନ୍ୱୟ ନରେନ୍ଦ୍ର ଅନଙ୍ଗଭୀମ ଦେବ ଆଣିଛନ୍ତି ତାହା ପୂର୍ବରୁ କେବେ ହୋଇ ନଥିଲା । ଏହା ଶ୍ରୀକ୍ଷେତ୍ରରେ ସୌହାର୍ଦ୍ଦ୍ୟ ଫେରାଇ ଆଣିବ ବୋଲି ଆଶା ସଂଚାର କରିଛି ।

ତ୍ରିମୂର୍ତ୍ତି ପୂଜାରେ ଯେମିତି କୌଣସି ବିଚ୍ୟୁତି ହେବନାହିଁ, କୌଣସି ସମ୍ପ୍ରଦାୟ ଯେମିତି ନିଜ ମତବାଦ ପ୍ରଚାରରେ କାହା ଉପରେ ଚାପ ପକାଇ ପାରିବେ ନାହିଁ ସେଥିନେଇ ଆଦେଶ ଦିଆଗଲା । ମନ୍ଦିରର କାନ୍ଥରେ ନୂଆ ପଥର ଖଣ୍ଡ ଲଗାଗଲା, ଯେଉଁଥିରେ ତ୍ରିମୂର୍ତ୍ତି ପୂଜା ପାଇଁ ବିଭିନ୍ନ ଦାନ, ନୀତି ସବୁ ସ୍ପଷ୍ଟ କରାଗଲା । ତ୍ରିମୂର୍ତ୍ତି ପୂଜା ରାଜାଙ୍କ ଆଦେଶ ବୋଲି ଗ୍ରହଣ କରିବାକୁ ତିନି ସମ୍ପ୍ରଦାୟର ପଣ୍ଡିତମାନଙ୍କ ଆଗରେ ଏକ ପ୍ରକାର ପ୍ରଶାସନିକ ବାଧ୍ୟତା ରୂପକ ବାତାବରଣ ସୃଷ୍ଟି ହେଲା । ଏହିକ୍ରମରେ ରାଜା '*ରାଉତ*' ଉପାଧି ଅପେକ୍ଷା 'ନରେନ୍ଦ୍ର' ଉପାଧି ଧାରଣ କରି ଶାସନକୁ ଅଧିକ ଶୃଙ୍ଖଳିତ କରିବା ପାଇଁ ଚେଷ୍ଟା କଲେ । '*ରାଉତ*' ଶବ୍ଦର ଅର୍ଥ ସେବକ । ପୂର୍ବରୁ ଗଙ୍ଗବଂଶୀ ଶାସକମାନେ ପୁରୁଷୋତ୍ତମଙ୍କ ସେବକ ବୋଲି ନିଜକୁ ବର୍ଣ୍ଣନା କରିଥିଲେ । ହେଲେ ଶାସନରେ ଅଧିକ ଶୃଙ୍ଖଳା ଆଣିବା ଲାଗି '*ନରେନ୍ଦ୍ର*' ଶବ୍ଦକୁ ବ୍ୟବହାର କରାହେଲା ।

ରାତ୍ରୀକାଳରେ ଯାତ୍ରୀଙ୍କ ସୁବିଧା ସକାଶେ ଶ୍ରୀମନ୍ଦିରର ଏକ ଠଣାରେ ଦୀପ ଜଳାଇବାର ପ୍ରାବଧାନ କରାଗଲା । ପାତାଳେଶ୍ୱର ମନ୍ଦିର ଯାହାକି ଏବେ ବଳିପାତାଳ ଭାବେ ପରିଚିତ ହେଉଛି, ତା'ରି କାନ୍ଥରେ ମଧ୍ୟ ମନ୍ଦିରର ପଣ୍ଡିତ ଓ ଜିଜ୍ଞାସୁଙ୍କ ଉଦ୍ଦେଶ୍ୟରେ ଶିଳାଲେଖସବୁ ସ୍ଥାପନ କରାଗଲା । ରାଜାଙ୍କ ୧୫ ଅଙ୍କ ସମୟରେ ଲଗାଯାଇଥିବା ଏକ ଶିଳାଲେଖ ପରୋକ୍ଷ ଭାବେ ସୂଚନା ଦେଲା ଯେ, ମନ୍ଦିର ନୀତି ପରିଚାଳନା ପାଇଁ ଆବଶ୍ୟକ ଜିନିଷ ଯୋଗାଣରେ ରାଜା ତତ୍ପର ରହିଛନ୍ତି । ଘିଅ, ଶସ୍ୟ ଯୋଗାଣ ଉଦ୍ଦେଶ୍ୟରେ ମନ୍ଦିରର ଶିରୀକରଣ ସୁରୁ ସେନାପତିଙ୍କୁ ଭୂମି ଦାନ ଦିଆଯାଇଛି । ସେ ଏହି ଭୂମିରେ ଚାଷ କରି ପୁରୁଷୋତ୍ତମଙ୍କୁ ଚାଉଳ, ଘିଅ, ଦହି, ବ୍ୟଞ୍ଜନ ସହ ପାନ, ପତ୍ର ବ୍ୟବସ୍ଥା କରିବେ । ଏହି ଆଦେଶ ସେତେବେଳର ରାଜକର୍ମଚାରୀ ମହାଦେବ ପାଢ଼ୀଙ୍କୁ ଗୋଚର ହେଲା ବୋଲି ଏକ ଆଜ୍ଞାରେ ଉଲ୍ଲେଖ କରାଯାଇଥିଲା ।[୧୬]

ଶ୍ରୀଜିଉଙ୍କ ଦୈନନ୍ଦିନ ପୂଜା ଉଦ୍ଦେଶ୍ୟରେ ଆବଶ୍ୟକ ଫୁଲ ଯୋଗାଣ ପାଇଁ ମଧ୍ୟ ବ୍ୟବସ୍ଥା କରିବାକୁ କାଲୁଆ ମାଲୁଣିଙ୍କୁ ଆଦେଶ ଦେଲେ ନରେନ୍ଦ୍ର। ଏହି ଆଦେଶକୁ ଶିଳାଲେଖରେ ଉତ୍ତାରି ପାତାଳେଶ୍ୱରଙ୍କ ମନ୍ଦିରରେ ଉପସ୍ଥାପନ କରିଥିଲେ। ସେଥିରେ ଉଲ୍ଲେଖ ରହିଲା ଯେ, *'କାଲୁଆ ମାଲୁଣି ପୁରୁଷୋତ୍ତମଙ୍କ ପୂଜାର୍ଥେ ସୁଗନ୍ଧ ଫୁଲ ହାର ପ୍ରଦାନ କରିବେ। ଏଥିନେଇ ମଧ୍ୟ ତାଙ୍କୁ ଭୂମି ଦାନ ଦିଆଗଲା ବୋଲି ସେଥିରେ ଉଲ୍ଲେଖ ହେଲା'।*

କେବଳ ସେତିକି ନୁହେଁ; ଯେଉଁ ଗୁରୁତ୍ୱପୂର୍ଣ୍ଣ ରାଜ ଅତିଥି ପୁରୁଷୋତ୍ତମଙ୍କ ମନ୍ଦିର ପରିଦର୍ଶନ କରି ତାଙ୍କ ଆଶୀର୍ବାଦ କାମନା କରୁଥିଲେ ସେମାନଙ୍କ ଉଦ୍ଦେଶ୍ୟରେ ମଧ୍ୟ ଅଭିଲେଖ ସ୍ଥାପନ କରାଗଲା। ଉଦ୍ଦେଶ୍ୟ ଥିଲା ଭକ୍ତ-ଭଗବାନ-ସେବକଙ୍କ ଭିତରେ ଏକ ସୁସମ୍ପର୍କ ସ୍ଥାପନ କରିବା। ପାତାଳେଶ୍ୱର ମନ୍ଦିରର ବାମ ପାର୍ଶ୍ୱ କାନ୍ଥରେ ସଂସ୍କୃତ ଓ ତେଲୁଗୁ ମିଶ୍ରିତ ଲିପି ଦ୍ୱାରା ଏକ ଅଭିଲେଖକୁ ଭାଦ୍ରବ ମାସ ନେତ୍ରୋତ୍ସବରେ ସ୍ଥାପନ କରି କୁହାଗଲା, ମତ୍ସ୍ୟବଂଶୀୟ ମୁକୁନ୍ଦ ଗିରିଙ୍କ ପୁତ୍ର ପୁରୁଷୋତ୍ତମଙ୍କ ଉଦ୍ଦେଶ୍ୟରେ ଶସ୍ୟ ଦାନ କରିଛନ୍ତି। ଏହା ତାଙ୍କ ନୈବେଦ୍ୟ ପାଇଁ ଅର୍ପଣ ହେଲା।[୧୭] ଖାଲି ମୁକୁନ୍ଦ ଗିରି ନୁହନ୍ତି, କୃତ୍ତିବାସ ନାୟକ ଓ ଅନ୍ୟ କେତେ ଭକ୍ତ ପୁରୁଷୋତ୍ତମ, *ହଳି*, ସୁଭଦ୍ରାଙ୍କ ଉଦ୍ଦେଶ୍ୟରେ ଜମି ଦାନ କରିଥିଲେ। ଏଭଳି ରାଜ ପ୍ରୋତ୍ସାହନ ପାଇବା ଦ୍ୱାରା ସମଗ୍ର ଉତ୍କଳ ଦେଶରେ ତ୍ରିମୂର୍ତ୍ତିଙ୍କ ପୂଜା ସୁରୁଖୁରୁ ହୋଇପାରିଥିଲା। ରାଜ୍ୟ ଭିତରେ ଏକ ପ୍ରଶାସନିକ ଐକ୍ୟ ସ୍ଥାପନ ହୋଇଥିଲା, ଯାହା ଶତ୍ରୁ ପକ୍ଷର ଆଖିକୁ ଫେରାଇ ନେବାକୁ ବାଧ୍ୟ କରୁଥିଲା।

(୧୨)

ଜୋତାପିନ୍ଧା ସୂର୍ଯ୍ୟଦେବ

ଶ୍ରୀମନ୍ଦିରରେ ତିନିମୂର୍ତ୍ତିଙ୍କ ସାଜସଜ୍ଜା ଓ ରୀତିନୀତିକୁ ଠିକଣା ସମୟରେ ତୁଲାଇବା ଲାଗି ଶାସନ ବ୍ୟବସ୍ଥାରେ ପ୍ରାବଧାନ ହେଲା। ବିଶେଷକରି ଫୁଲ ଏବଂ ଦୀପର ବ୍ୟବସ୍ଥା ହେଲା। ଯେଉଁମାନେ ଭୂମିଦାନ, ଦୀପ ଦାନ କରୁଥିଲେ ସେମାନଙ୍କ ନାମକୁ ମଧ୍ୟ ଶ୍ରୀମନ୍ଦିରରେ ଲିପିବଦ୍ଧ କରାଯାଉଥିଲା। ରାଜା ଯେଉଁ ଆଦେଶ ଦେଉଥିଲେ ତାହା ଶିଳାଲେଖ ମାଧ୍ୟମରେ ଶ୍ରୀମନ୍ଦିରର ବିଭିନ୍ନ ଦ୍ୱାରରେ ସର୍ବସାଧାରଣଙ୍କ ଅବଗତି ନିମନ୍ତେ ଜଣାଇ ଦିଆଗଲା। ଉଦ୍ଦେଶ୍ୟ ଥିଲା କାହାର ଯେମିତି ରାଜ୍ୟ ଓ ଶାସନ ବ୍ୟବସ୍ଥା ପ୍ରତି କୋପଦୃଷ୍ଟି ନପଡ଼ିବ। ସବୁ ସମ୍ପ୍ରଦାୟ ମଧ୍ୟରେ ସଦ୍‌ଭାବ ରହିବ ଏବଂ ବ୍ୟବସ୍ଥା ସ୍ୱଚ୍ଛ ହେବ।

୧୨୩୮ ମସିହା, ତୃତୀୟ ଅନଙ୍ଗଭୀମ ଦେବଙ୍କ ମୃତ୍ୟୁ ହେଲା। ବିଧି ଅନୁସାରେ ମହାରାଣୀ କସ୍ତୁରା ଦେବୀଙ୍କ ପୁତ୍ର ନରସିଂହ ଦେବ ଆସିଲେ ଶାସନ ଗାଦିକୁ। ବାପାଙ୍କ ଭଳି ସେ ମଧ୍ୟ ପୁରୁଷୋତ୍ତମ ତଥା ଶ୍ରୀମନ୍ଦିରରେ ସ୍ଥାପନ କରାଯାଇଥିବା ତ୍ରିମୂର୍ତ୍ତିଙ୍କ ପ୍ରଥମ ସେବକଭାବେ ନିଜକୁ ବର୍ଣ୍ଣନା କଲେ। ମନ୍ଦିରର ଉତ୍‌ଥାନ ପାଇଁ ତଥା ବିଭିନ୍ନ ସମ୍ପ୍ରଦାୟ ମଧ୍ୟରେ ସମ୍ପର୍କ ରକ୍ଷା ପାଇଁ ଉଦ୍ୟମ କଲେ। ଏକାମ୍ର ନଗରୀ, ଶ୍ରୀକ୍ଷେତ୍ର ଏବଂ ବିରଜା କ୍ଷେତ୍ରରେ ମନ୍ଦିର ଓ ଭିନ୍ନ ଭିନ୍ନ ସମ୍ପ୍ରଦାୟଙ୍କ ବିକାଶ ପାଇଁ ଧ୍ୟାନ ଦିଆଯାଉଥିବାବେଳେ ଏକ ପୁରୁଣା ଆଧ୍ୟାତ୍ମବାଦୀ ସମ୍ପ୍ରଦାୟ ଅଣଦେଖା ହୋଇ ରହିଯାଇଥିବା ହୃଦ୍‌ବୋଧ ହେଲା। ସମୁଦ୍ରକୂଳରେ ଥିବା ଏହି ଜାତି ଭଗବାନ ସୂର୍ଯ୍ୟଙ୍କ ଉପାସକ ଥିଲେ। ସେମାନେ ସୂର୍ଯ୍ୟଙ୍କୁ ସକଳ ଶକ୍ତିର ଆଧାର ବୋଲି ବିଚାର କରୁଥିଲେ। ଏକ ଛୋଟିଆ ମନ୍ଦିରରେ ସୂର୍ଯ୍ୟ ଭଗବାନଙ୍କ ମୂର୍ତ୍ତିଙ୍କୁ ପୂଜା କରିବା ସହ ପ୍ରତିବର୍ଷ ଭଗବାନଙ୍କ ଯାତ୍ରା ଆୟୋଜନ ମଧ୍ୟ କରୁଥିଲେ। ଯେମିତି ଲାଗୁଥିଲା ତାହା ସବୁଠାରୁ

ପୁରୁଣା ପରମ୍ପରା। ସେଇଠୁ ଶ୍ରୀମନ୍ଦିରକୁ ରଥଯାତ୍ରା ପରମ୍ପରା ଆସିଛି ବୋଲି କେହି କେହି କହୁଛନ୍ତି। ବିଶ୍ୱାସ ଥିଲା ସେହିଠାରେ ସବୁ ଅଭିଶାପରୁ ମୁକ୍ତି ମିଳେ। ସବୁ ରଷ୍ଟ ଖଣ୍ଡନ ହୁଏ। ଦିନେ ଭଗବାନ ଶ୍ରୀକୃଷ୍ଣଙ୍କ ପୁଅ ଶାମ୍ବ ଏହିଠାକୁ ଆସିଥିଲେ- ଅଭିଶାପମୁକ୍ତ ହେବା ପାଇଁ। ସୂର୍ଯ୍ୟଙ୍କ ଉପାସନା ପରେ ସେ ସେଥିରୁ ମୁକ୍ତ ହୋଇଥିଲେ। ବ୍ରହ୍ମ ପୁରାଣର ଏହି କଥାଗୁଡ଼ିକ ସୂର୍ଯ୍ୟ ଉପାସକମାନଙ୍କୁ ବେଶ୍ ଆତ୍ମବିଶ୍ୱାସୀ କରିଥିଲା। ସେମାନଙ୍କ କିଛି ଦାବି ନଥିଲେ ବି ଏହି ନିର୍ଦ୍ଦିଷ୍ଟ ସମ୍ପ୍ରଦାୟଙ୍କୁ ମଧ୍ୟ ମୁଖ୍ୟ ସ୍ରୋତରେ ସାମିଲ୍ କରାଯିବା ଦରକାର। ଏଥିପାଇଁ ପ୍ରତିଶ୍ରୁତିବଦ୍ଧ ହେଲେ ନରେନ୍ଦ୍ର ନରସିଂହ ଦେବ।

...ଏ ଭିତରେ ଖବର ଆସିଲା ବଙ୍ଗ ତୁର୍କ ଲୁଣ୍ଠନକାରୀଙ୍କ ଅକ୍ତିଆରକୁ ଆସିଯାଇଛି। ଦିଲ୍ଲୀ ପୂର୍ବତନ ସୁଲ୍‌ତାନ୍ ସାମ୍ ସୁଦ୍ଦିନ୍ ଇଲ୍‌ତୁତ୍‌ମିସ୍‌ଙ୍କ କେହି ଜଣେ ସେବକ ବଙ୍ଗର ଗଭର୍ଣ୍ଣରଭାବେ ନିଯୁକ୍ତି ପାଇଲେଣି। ଅଓ୍ୱର୍ ଖାନ୍ ଆଇବାକ୍‌ଙ୍କୁ ପରାସ୍ତ କଲା ପରେ ସେ ବଙ୍ଗ ସହ ବିହାର୍ ଓ ଅଓ୍ୱଧକୁ ନିଜ ଶାସନ ଭିତରକୁ ଆଣି ସାରିଥାଆନ୍ତି। ତାଙ୍କରି ଲୁଣ୍ଠନକାରୀ ପ୍ରବୃତ୍ତି ହେତୁ ଉତ୍କଳ ପ୍ରଭାବିତ ହୋଇପାରେ।... ସଙ୍ଗେ ସଙ୍ଗେ ଓଡ଼ିଆ ପାଇକମାନଙ୍କୁ ସେଠାକୁ ପଠାଇ ନିଜର ସୀମା ସୁରକ୍ଷା କରିବା ତଥା ଶକ୍ତି ପ୍ରଦର୍ଶନ ପାଇଁ ଯତ୍ନବାନ ହେଲେ ନରସିଂହ ଦେବ। କାରଣ ଏହି ସମୟରେ ଯଦି ଶକ୍ତି ପ୍ରଦର୍ଶନ ନହୁଏ ତେବେ ବିଦେଶୀ ଶାସକମାନଙ୍କ ଆକ୍ରମଣ ମନୋବୃତ୍ତି ବୃଦ୍ଧି ପାଇବ। ଆମ ରାଜ୍ୟ ଉପରେ ସେମାନଙ୍କ ଲୋଲୁପ ଦୃଷ୍ଟି ଦୃଢ଼ୀଭୂତ ହେବ। କିନ୍ତୁ ତୁଘ୍ରଲ୍ ଖାନ୍ ନରସିଂହ ଦେବଙ୍କ ନେତୃତ୍ୱରେ ଥିବା ଓଡ଼ିଆ ପାଇକଙ୍କୁ ପରାସ୍ତ କରିବାରେ ସକ୍ଷମ ହେଲା। ଯେମିତି ଉତ୍କଳର ପାଇକ ତାଙ୍କ ପରାକ୍ରମ ଆଗରେ ତୁଚ୍ଛବୋଲି ସେମାନେ ବିଚାର କଲେ। ଆଉ ସୀମନ୍ତରେ ଥିବା କାଟାସୀନ ଦୁର୍ଗକୁ ଦଖଲ କଲେ । ଏକାଠି ହୋଇ ଏହି ବିଜୟର ଉନ୍ମାଦନାକୁ ସ୍ମରଣୀୟ କରିବା ଲାଗି ବଙ୍ଗର ରାଜଧାନୀ ଲଖ୍‌ନୌତିରେ ଉତ୍ସବ ଆୟୋଜନ କଲେ। କିନ୍ତୁ ପରାଜୟର ଗ୍ଲାନିରେ ଜର୍ଜରିତ ହେଉଥାଆନ୍ତି ଉତ୍କଳର ବୀର ଯୋଦ୍ଧାମାନେ। ପରାଜୟର ମୁହଁ ଆଉ ରାଜ୍ୟବାସୀଙ୍କୁ କାହିଁକି ଦେଖାଇବୁ ବୋଲି ବିଚାର କରୁଥାଆନ୍ତି। ଏହିକ୍ରମରେ ମୁସଲ୍‌ମାନଙ୍କ ଏପରି ଆନନ୍ଦ ଉତ୍ସବକୁ ବିଜୟର ମାର୍ଗ ବୋଲି ବିଚାର କଲେ। ନିଜେ ମରିବୁ ନହେଲେ ସମସ୍ତଙ୍କୁ ମାରି ବିଜୟର ବାନା ନେଇ ଫେରିବୁ ବୋଲି ସ୍ଥିର କରି ଏକାଠି ଆକ୍ରମଣ କଲେ ସମବେତ ମୁସଲ୍‌ମାନ ସୈନିକଙ୍କୁ। ହଜାର ହଜାର ସଂଖ୍ୟାରେ ମୁସ୍‌ଲିମ୍ ସୈନିକଙ୍କ ଗଳା କାଟି ହତ୍ୟା କଲେ। ଉତ୍କଳର ପାଇକ ବିଜୟୀ ହେଲେ, ଦେଶକୁ ଫେରିଲେ।

ଏ ଆକ୍ରମଣର ଜବାବ ଦେବାଲାଗି ତୁଘ୍ରଲ୍ ଖାନ୍ ଦିଲ୍ଲୀ ସୁଲ୍‌ତାନ୍ ଆଲ୍ଲାଉଦ୍ଦିନ୍ ମସୌଦ୍ ଶାହଙ୍କ ସହାୟତା ଲୋଡ଼ିଲେ। ସେ ସଙ୍ଗେସଙ୍ଗେ ମାଲିକ କରକସ ଖାନ୍ ଏବଂ ଅଓ୍ୱଧର ତୁଘଲକ୍ ତୋମାର ଖାନ୍‌ଙ୍କୁ ସହାୟତା ପାଇଁ ପଠାଇଲେ। ହେଲେ ତୋମାର୍ ଖାନ୍ ଏହାକୁ ଏକ ମୌକା ବୋଲି ବିଚାର କରି ବଙ୍ଗକୁ ଅଧିକାର କରିନେଲେ। ଆଉ ତୁଘ୍ରଲ ଦିଲ୍ଲୀ ଫେରିଗଲେ।

ସୀମାକୁ ସୁରକ୍ଷିତ କଲେ ନରସିଂହ ଦେବଙ୍କ ସୈନ୍ୟ ବାହିନୀ। ଉତ୍କଳ ଫେରି ଆସିଲା ପରେ ଏହି ସୈନ୍ୟବାହିନୀକୁ ସବୁବେଳେ କର୍ମ ନିୟୋଜିତ କରି ରଖିବାଲାଗି ଯୋଜନା ପ୍ରସ୍ତୁତ

କଲେ ନରସିଂହ । ଏହିକ୍ରମରେ ଅର୍କକ୍ଷେତ୍ରର ପୁନରୁଦ୍ଧାର ଚିନ୍ତା ଆସିଲା । ଏମିତି ଏକ ମନ୍ଦିର ଏଠାରେ ତିଆରି ପାଇଁ ଚିନ୍ତା ହେଲା ଯାହା ସାରା ବିଶ୍ୱକୁ ଚକିତ କରିଦେବ; ସୂର୍ଯ୍ୟ ଯେ ସକଳ ଶକ୍ତିର ଆଧାର ଏବଂ ସେ ଯେ ସର୍ବଶକ୍ତିମାନ ତାହା ପ୍ରମାଣିତ କରି ଉତ୍କଳର ସବୁ ସମ୍ପ୍ରଦାୟଙ୍କୁ ଏକାଠି କରିବାରେ ସମର୍ଥ ହେବ; ଏହାଦ୍ୱାରା ଶୈବ, ବୈଷ୍ଣବ ଏବଂ ଶାକ୍ତ ସମ୍ପ୍ରଦାୟଙ୍କ ଭିତରେ ଯେଉଁ ବିବାଦ ଚାଲିଛି ତାହା ଦୂର ହେବ । ଏହି ଲକ୍ଷ୍ୟରେ କୁଶଳୀ ସୈନ୍ୟବାହିନୀକୁ ମୂର୍ତ୍ତି କଳାରେ ନିୟୋଜନ କରାଗଲା । ସେମାନଙ୍କ ମନର ଭାବନାରେ ଏକ ବିଶାଳ ବିଜୟସ୍ମୃତି ସୃଷ୍ଟି ପାଇଁ ଲକ୍ଷ୍ୟ ହେଲା । ବାରଶ' ପାଇକ ତଥା ବଢ଼େଇ ଓ ଶିଳ୍ପୀକାର ୧୨ବର୍ଷଧରି ଏହି ନିର୍ମାଣରେ ନିୟୋଜିତ ହେଲେ । ଶାସନର ୧୭ ଅଙ୍କରେ ନିର୍ମାଣ ଶେଷ ହେଲା । ନାଁ ରହିଲା କୋଣାର୍କ । ରାଜ୍ୟର ସବୁ ରାଜସ୍ୱ ଏହି ସମୟରେ କୋଣାର୍କ ତିଆରିରେ ଉତ୍ସର୍ଗୀକୃତ ହେଲା । ଏହି ଉତ୍ସର୍ଗ ହେତୁ ଏମିତି କାରୁକାର୍ଯ୍ୟ ସେମାନେ ସୃଷ୍ଟି କଲେ ସତରେ ତାହା ବିଶ୍ୱ ଆଗରେ ଏକ ଆଶ୍ଚର୍ଯ୍ୟ ଭାବେ ଠିଆହେଲା । ଏହାଙ୍କ ପୂର୍ବରୁ ପୁରନ୍ଦର କେଶରୀ ସୂର୍ଯ୍ୟଙ୍କ ଉଦ୍ଦେଶ୍ୟରେ ନୂଆ ମନ୍ଦିରର କିଛି ଦୂରରେ ଏକ ଛୋଟିଆ ମନ୍ଦିର ନିର୍ମାଣ କରିଥିଲେ ସତ, ଆଉ ଗଙ୍ଗବଂଶୀ ଶାସକମାନେ ସୂର୍ଯ୍ୟ ଉପାସନା ପାଇଁ ଜମି ଦାନ କରିଥିଲେ ସତ କିନ୍ତୁ ନରସିଂହ ଦେବ ଯାହା କରିଛନ୍ତି ତାହା ବିଶ୍ୱକୁ ଚକିତ କରିଛି ଏଥିରେ ସନ୍ଦେହ ନାହିଁ ।

୧୨୫୮ରେ ନିର୍ମାଣ କାର୍ଯ୍ୟ ଶେଷ ହେଲା ।[୮] କିନ୍ତୁ ଏହି ମନ୍ଦିରରେ ଯେ କେବଳ ସୂର୍ଯ୍ୟ ଉପାସନା ହେବ ତାହା ନୁହେଁ । ସୂର୍ଯ୍ୟଙ୍କୁ ନାରାୟଣଙ୍କ ରୂପ ସହ ବର୍ଣ୍ଣନା କରାଯାଇ ଏଠାରେ ସୂର୍ଯ୍ୟ ନାରାୟଣଙ୍କ ମୂର୍ତ୍ତି ସ୍ଥାପନ ହେଲା । ମକରଧ୍ୱଜ ରଥ ଉପରେ ଯୋଦ୍ଧା ରୂପରେ ସୂର୍ଯ୍ୟନାରାୟଣଙ୍କୁ ପ୍ରତିଷ୍ଠା କରାଗଲା । ସାତୋଟି ଘୋଡ଼ା ଗାୟତ୍ରୀ, ବୃହତି, ଉଷ୍ଣୀକ, ଜଗତି, ତ୍ରିଷ୍ଟୁପ, ଅନୁଷ୍ଟୁପ ଏବଂ ପଂକ୍ତିଙ୍କୁ ଏହି ରଥରେ ବନ୍ଧାଗଲା । ସୂର୍ଯ୍ୟ ନାରାୟଣ ଆଣ୍ଠୁତଳଯାଏ ଜୋତା ପିନ୍ଧିଥିବା ଦେଖିବାକୁ ମିଳିଲା । ବୃହତ ସଂହିତା ଆଧାରରେ ଏପରି ମୂର୍ତ୍ତି ନିର୍ମାଣ ହେଲା କେବଳ ଉତ୍କଳର ସବୁ ସମ୍ପ୍ରଦାୟ ଭିତରେ ଏକ ସଦ୍‌ଭାବ ଆଣିବା ଲାଗି । କୌଣସି ସମ୍ପ୍ରଦାୟ କାହାର ଅଧୀନରେ ନୁହେଁ, ସମସ୍ତେ ସ୍ୱାଧୀନ-ଏହାହିଁ ହେଲା ମୂଳମନ୍ତ୍ର ।

(୧୩)

ଅଠରନଳା

ପ୍ରଥମ ନରସିଂହ ଦେବଙ୍କ ଜୟଜୟକାର ରାଜ୍ୟ ଓ ରାଜ୍ୟ ବାହାରେ ଗୁଞ୍ଜରିତ ହେଲା। ପଡ଼ୋଶୀ ଭୟଭୀତ ହେଲେ। ଓଡ଼ିଶାରେ ଶାନ୍ତି ବଢ଼ିଲା। ସୌନ୍ଦର୍ଯ୍ୟର ସର୍ଜନାରେ ଯେ ଭଗବାନଙ୍କ ପ୍ରକୃତ ସାନ୍ନିଧ ମିଳେ, ତାହା କୋଣାର୍କ ଅନ୍ୟମାନଙ୍କୁ ପ୍ରବର୍ତ୍ତାଇଲା। ସୂର୍ଯ୍ୟ ଉପାସକଙ୍କ ଆନନ୍ଦ କହିଲେ ନସରେ ! ହେଲେ ବିଷ୍ଣୁ ଉପାସକ.. ?

ତାଙ୍କୁ କୋଣଠେସା କରାଯାଇ ପାରିବ ନାହିଁ। ନରସିଂହଙ୍କ ଶାସନର ଅବସାନ ପରେ ପୁଅ ପ୍ରଥମ ଭାନୁଦେବ ସିଂହାସନ ଆରୋହଣ କରିବାକ୍ଷଣି ପଣ୍ଡିତ, ବୈଷ୍ଣବ ଓ ଜଗନ୍ନାଥ ଉପାସକଙ୍କ ପରାମର୍ଶ ଚାହିଁଲେ। ରାଜ ପାର୍ଷଦରେ ଉପସ୍ଥିତ ପଣ୍ଡିତମାନେ କହିଲେ ଛାମୁ ! ପ୍ରତିବର୍ଷ ଗୁଣ୍ଡିଚାବେଳେ ବାଙ୍କୀ ନଈ ଫୁଲି ଉଠୁଛି। ନିଜର ପ୍ରସ୍ଥ ବଢ଼ାଇ କୂଳ ଖାଉଛି। ଏକୂଳରୁ ସେ କୂଳ ଯିବା ଯାତ୍ରୀଙ୍କ ପାଇଁ ସମ୍ଭବପର ହେଉ ନାହିଁ। ଏହାଛଡ଼ା ରଥଯାତ୍ରା ବି ପ୍ରଭାବିତ ହେଉଛି। ଅନୁମାନ କହୁଛି ଏଥର ବି କାଦୁଆ ଗୁଣ୍ଡିଚା ହେବ। ପୂର୍ବପରି ଯଦି ବାଙ୍କୀ ନଈରେ ବଢ଼ିପାଣି ଆସେ ତେବେ ଗୁଣ୍ଡିଚା ଯାତ ଆକର୍ଷଣ ହରାଇବ ? ଭକ୍ତମାନେ ନିରାଶ ହେବେ !

ମୁଖ୍ୟ ମନ୍ଦିରଠାରୁ ଗୁଣ୍ଡିଚା ମନ୍ଦିର ମଧ୍ୟରେ ବାଙ୍କୀ ନଈ ପ୍ରବାହିତ। ବର୍ଷା ଆରମ୍ଭରୁ ଏହାର ପ୍ରସ୍ଥ ବୃଦ୍ଧି ହୁଏ। ରଥରୁ ବିଗ୍ରହଙ୍କୁ ନୌକାରେ ବସାଇ ନଈ ପାର କରିବାକୁ ହୁଏ। ପୁଣି ଠାକୁରଙ୍କୁ ସିନା ନୌକାରେ ବସାଇ ନେଇହୁଏ ହେଲେ ଏତେ ସଂଖ୍ୟାରେ ଭକ୍ତ ଗୁଣ୍ଡିଚା ମନ୍ଦିର ଯିବାକୁ ବଡ଼ ହୀନସ୍ତା ହୁଅନ୍ତି। ଛାମୁ ଯଦି କିଛି ବ୍ୟବସ୍ଥା କରନ୍ତେ ତେବେ ଜଗନ୍ନାଥ ଭକ୍ତ କୃତଜ୍ଞ ହେବେ।

କିନ୍ତୁ ଏହା ତ ପ୍ରକୃତିର ନିର୍ଦ୍ଦେଶ ! ସମାଧାନ ବା କ'ଣ ? ପଣ୍ଡିତ ମହାଶୟ ପାର୍ଷଦଙ୍କ ସମ୍ମୁଖରେ ଏକ ପ୍ରସ୍ତାବ ଦେଲେ, ବାଙ୍କୀ ଏକ ପ୍ରଶାଖା ମାତ୍ର । ନଗର ବାହାରେ ଏହାକୁ ନିୟନ୍ତ୍ରଣ କରାଯାଇପାରିବ । ଯଦି ତାହା ହୁଏ, ତେବେ ବର୍ଷାଦିନେ ପୁରୀ ଆସୁଥିବା ଯାତ୍ରୀ ବି ହରକତ ହେବେ ନାହିଁ । ଯଦି ଛାମୁ ବଡ଼ଦାଣ୍ଡରେ ବାଙ୍କୀ ନଦୀକୁ ପୋତି ଗୁଣ୍ଡିଚା ମନ୍ଦିର ପଛପଟେ ତାହାକୁ ନିୟନ୍ତ୍ରଣ କରିବାର ବନ୍ଦୋବସ୍ତ କରନ୍ତି ତେବେ ନଦୀର ପ୍ରକୋପ ଆଉ ରହନ୍ତା ନାହିଁ । ସାଧାରଣ ଲୋକ ବି ଯା'ଆସ କରିପାରନ୍ତେ । ସେପଟେ ଭବ୍ୟ କୋଣାର୍କ ତିଆରି ପରେ ବୈଷ୍ଣବମାନେ ସାମାନ୍ୟ ଅଭିମାନରେ ଅଛନ୍ତି । ଛାମୁ ଆଉ ବିଷ୍ଣୁଭକ୍ତଙ୍କୁ ଧ୍ୟାନ ଦେଉ ନାହାନ୍ତି ବୋଲି ଚର୍ଚ୍ଚା ହେଉଛି ।

ଛାମୁ ଏ କଥାକୁ ବିଶେଷ ଧ୍ୟାନ ଦେଲେ । ଅନେକ ଆଲୋଚନା ଓ ଆକଳନ ପରେ ସ୍ଥିର ହେଲା ବଡ଼ଦାଣ୍ଡରେ ପ୍ରବାହିତ ବାଙ୍କୀ ନଦୀକୁ ପୋତି ଦିଆଯିବ । ଆଉ ଯାତ୍ରୀଙ୍କ ସୁବିଧା ଲାଗି ଗୁଣ୍ଡିଚା ମନ୍ଦିର ବାହାରେ ନଦୀର ପ୍ରବାହକୁ ନିରାପଦ କରାଯିବ । ନଦୀର ନିୟନ୍ତ୍ରଣ ଲାଗି ସଡ଼କ ପଥରେ ନଳା ବ୍ୟବସ୍ଥା ହେବ । ଏହିକ୍ରମରେ ଆବଶ୍ୟକ ନିର୍ମାଣ ହେଲା । ଅଠରଟି ସମାନ ଆକୃତିର ନଳା ନିର୍ମାଣ ହୋଇ ନଦୀର ପ୍ରବାହକୁ ନିୟନ୍ତ୍ରଣ କରାଗଲା । ଲୋକେ ପୂର୍ବରୁ ଏମିତି କେବେ ଦେଖି ନଥିଲେ । ଏଭଳି ଉଦ୍ୟମ ପାଇଁ ଛାମୁଙ୍କୁ ଯୁଏ ନାହିଁ ସିଏ ପ୍ରଶଂସାରେ ପୋତି ପକାଇଲେ । ପୁଣି ଏ ଜାଗାଟିକୁ ଲୋକଙ୍କ ମାନସପଟରେ ଜୀବୀତ ରଖିବାକୁ ନାଁ ଦେଲେ '*ଅଠରନଳା*' । ସେହିପରି ସମୁଦ୍ର ତଟରୁ ଆବଶ୍ୟକ ବାଲି ଆଣି ପୋତି ଦିଆଗଲା ସହର ଭିତରେ ବୋହୁଥିବା ବାଙ୍କୀ ନଦୀର କେନାକୁ । ଏହାଦ୍ୱାରା ରଥଯାତ୍ରାରେ ନଦୀ ଆଉ ପ୍ରତିବନ୍ଧକ ହେଲା ନାହିଁ । ଭକ୍ତଙ୍କ ଉତ୍ସାହ ଦ୍ୱିଗୁଣିତ ହେଲା ।

ପରବର୍ତ୍ତୀ ସମୟରେ ଶାସନ ବ୍ୟବସ୍ଥାରେ ଜଗନ୍ନାଥ ଉପାସନାର କୌଣସି ହାନି ଯେମିତି ନ ହୁଏ ସେଥିପ୍ରତି ଧ୍ୟାନ ଦିଆଗଲା । ଭାନୁଦେବଙ୍କ ଅନ୍ତ ପରେ ନରସିଂହଙ୍କ ନାତି ଦ୍ୱିତୀୟ ନରସିଂହ ଦେବ ନିଜକୁ ବିଷ୍ଣୁଙ୍କ ଅଧୀନ ଭାବେ ବୋଲାଇ ଉତ୍କଳ ଶାସନ କରିଲେ । ଅର୍ଥାତ୍ ଉତ୍କଳର ଗଙ୍ଗଶାସନ କାଳରେ ଶ୍ରୀମନ୍ଦିରରେ ବସିଥିବା ତ୍ରିମୂର୍ତ୍ତି ହିଁ ପ୍ରମୁଖ ଭୂମିକା ଗ୍ରହଣ କଲେ । ତାଙ୍କରି ନାଁରେ ଗଙ୍ଗବଂଶୀ ଶାସନର ପରମ୍ପରାକୁ ନରସିଂହ ଦେବ ଆଗକୁ ବଢ଼ାଇ ପ୍ରଜାଙ୍କ ମନୋବଳକୁ ଜିତିଲେ । ଖାଲି ସେତିକି ନୁହେଁ ପ୍ରଜାଙ୍କ ମନୋବଳ ଟାଣ ହେବାରୁ ଯେତେବେଳେ ବି ମୁସଲମାନ ଆକ୍ରମଣ ହୋଇଛି ତା'ର ଜବାବ ଦେବାରେ ସକ୍ଷମ ହେଲେ । ଭାରତବର୍ଷର ସବୁ ହିନ୍ଦୁ ରାଜ୍ୟ ଯେତେବେଳେ ଆତଙ୍କରେ ଆତଙ୍କିତ ହୋଇ ରହୁଥିଲେ ସେତେବେଳେ ଉତ୍କଳ ଶ୍ରୀଜଗନ୍ନାଥଙ୍କ କୃପାରୁ ନିର୍ଭୟରେ ରହୁଥିବାର ମତବାଦ ପ୍ରଚାର ହେଲା ।

(୧୪)

ତ୍ରିମୂର୍ତ୍ତିଙ୍କୁ ବିସର୍ଜନ

ବଙ୍ଗରେ ମୁସଲ୍‌ମାନ ଶାସକଙ୍କ ଉପରେ ବିଜୟ ଲାଭ କରିବା ପରେ ଓଡ଼ିଶା ସୈନ୍ୟ ଓ ଶାସକଙ୍କ ମନୋବଳ ବୃଦ୍ଧି ଘଟିଛି। ସେହି ବିଜୟକୁ ପ୍ରକୃତ ବିଜୟ ବୋଲି ଲାଙ୍ଗୁଳା ନରସିଂହ ଦେବ ବିଚାର କରିବା ସହ ତାହାର ସବୁ ଶ୍ରେୟ ସୂର୍ଯ୍ୟଦେବଙ୍କୁ ଉତ୍ସର୍ଗ କରିଛନ୍ତି। ଫଳରେ ଦୀର୍ଘଦିନ ଧରି ଅବହେଳିତ ସୂର୍ଯ୍ୟ ଉପାସକମାନେ ପୁଣି ପ୍ରତ୍ୟକ୍ଷ ଶାସନରେ ସାମିଲ ହୋଇପାରିଛନ୍ତି। ସେମାନଙ୍କ ଉଦ୍ଦେଶ୍ୟରେ କୋଣାର୍କକୁ ସୂର୍ଯ୍ୟ ଉପାସନାର ମୂଳ କେନ୍ଦ୍ର ଭାବେ ଗଢ଼ାଗଲା। ଉତ୍କଳୀୟ କାରୁକାର୍ଯ୍ୟରେ ତିଆରି ହେଲା ଭବ୍ୟ ମନ୍ଦିର। ଶାନ୍ତିଶୃଙ୍ଖଳା ଓ ଧର୍ମୀୟ ମତବାଦରେ ଶାସନ ପରିଚାଳନା ହେଲା। ପିଢ଼ି ପରେ ପିଢ଼ି ଓଡ଼ିଶାରେ ଶାନ୍ତି ଓ ଭାଇଚାରା ଏତେ ବିସ୍ତାର କଲା ଯେ ଏଥିରେ ଉଭୟ ରାଜା ଓ ପ୍ରଜା ରାଜକାର୍ଯ୍ୟ ଭୁଲିଗଲେ। ଫଳରେ ଶତ୍ରୁପକ୍ଷ ଆକ୍ରମଣ ପାଇଁ କ୍ଷେତ୍ର ପ୍ରସ୍ତୁତ ହେଲା।

କୋଣାର୍କକୁ ପାଖାପାଖି ୧୦୦ ବର୍ଷ ହେବାକୁ ବସିଲାଣି। ଦରିଆରେ ଯାଉଥିବା ସବୁ ନାବିକ ଏହାକୁ ଦିଗ ନିର୍ଣ୍ଣାୟକ ଭାବେ ଗ୍ରହଣ କରୁଛନ୍ତି। ଆଉ ଦେଶ ଭିତରେ ଥିବା ପ୍ରଜା ଓ ରାଜାମାନେ ଏହାକୁ ଓଡ଼ିଶାର ବିଜୟ ପ୍ରତୀକ ବୋଲି ମାନୁଛନ୍ତି। ପଡ଼ୋଶୀ ରାଜ୍ୟସବୁ ମୁସଲ୍‌ମାନ ଅଧୀନ ହୋଇଥିଲେ ମଧ୍ୟ ଏଠାରେ ସେମାନେ ଆଖି ପକାଇବାକୁ ସାହସ କରୁନାହାନ୍ତି। ଆଉ ଯେଉଁମାନେ କେବେ କେମିତି ଆକ୍ରମଣ କରୁଛନ୍ତି ସେମାନଙ୍କୁ ପାଇକମାନେ ଉଚିତ ଜବାବ ଦେଉଛନ୍ତି। ଅର୍ଥାତ୍ ଓଡ଼ିଶା ଦେଶରେ ଏକ ସ୍ଥିର ଶାସନ ହେତୁ ପ୍ରଜାଙ୍କ ମନୋବଳ ବଢ଼ି ଚାଲିଛି। ସାତ ଦରିଆ ପାର ହୋଇ ସେମାନେ ବିଦେଶରେ ବିଭିନ୍ନ ଦ୍ରବ୍ୟ ବିକି ବେଶ୍ ଅର୍ଥ ନିଜ ଦେଶକୁ ଆଣୁଛନ୍ତି ଆଉ ଧର୍ମ ଓ ନୀତି ଉପରେ ନିର୍ଭର କରି ପ୍ରଜାମାନେ ବେଶ୍ ଆନନ୍ଦରେ ଅଛନ୍ତି।

ରାଜପାଟ ପରିବର୍ତ୍ତନ ହୋଇ ନରସିଂହ ଦେବଙ୍କ ପୁଅ ତୃତୀୟ ଭାନୁଦେବ ଶାସନଭାର ଗ୍ରହଣ କଲେ। ପାଖାପାଖି ୧୩୫୨ ମସିହାରେ। ସିଂହାସନ ଆରୋହଣ ଯେମିତି ଓଡ଼ିଶା ପାଇଁ ବିପଦକୁ ଡାକି ଆଣିଲା। ତୃତୀୟ ନରସିଂହ ଦେବଙ୍କ ଶାସନ ବେଳରେ ଯେଉଁ ଶାନ୍ତିର ବାତାବରଣ ଥିଲା ତାହାକୁ କ୍ଷୁଣ୍ଣ କରିବା ଲାଗି ବଙ୍ଗପଟୁ ଓଡ଼ିଶା ଆକ୍ରମଣର ଯୋଜନା କଲେ ବଙ୍ଗ ସୁଲ୍‌ତାନ୍ ଶାମ୍‌ସୁଦ୍ଦିନ୍ ଇଲିଆସ ଶାହ। ଓଡ଼ିଶାର ହାତୀ ରାଜ୍ୟର ସବୁଠାରୁ ବଡ଼ ଶକ୍ତି ବୋଲି ବିଚାର କରି ଏଠାରୁ ହାତୀଙ୍କୁ ଚୋରି କରି ନେବା ପାଇଁ ଏହି ଆକ୍ରମଣ ଉଦ୍ଦିଷ୍ଟ ଥିଲା। ଏହାଛଡ଼ା ଯାଜପୁର ଯାଏ ଆକ୍ରମଣ କରି ମୁସଲ୍‌ମାନ ସେନା ହିନ୍ଦୁ ମନ୍ଦିର ସବୁକୁ ଲୁଣ୍ଠନ କଲେ।[୧୯]

ଏହାର ତିନି ବର୍ଷ ପରେ ଦାକ୍ଷିଣାତ୍ୟର ଭୟ ଓଡ଼ିଶାରେ ବ୍ୟାପିଲା। ନୂଆକରି ପ୍ରତିଷ୍ଠା ହୋଇଥିବା ବିଜୟ ନଗରମ୍ ସାମ୍ରାଜ୍ୟ ଓଡ଼ିଶା ଉପରକୁ ଆକ୍ରମଣ କରିବା ଆରମ୍ଭ କଲା। ଭାନୁ ଦେବଙ୍କ ପୂର୍ବପୁରୁଷ ଅନେକ ଥର ଦାକ୍ଷିଣାତ୍ୟ ଅଭିଯାନରେ ବିଜୟ ହୋଇଥିବାରୁ ସେ ମଧ୍ୟ ଏହି ଅଭିଯାନ ଆରମ୍ଭ କଲେ। ବିଜୟନଗରମ୍ ରାଜା ଦ୍ୱିତୀୟ ସଙ୍ଗମ୍‌ଙ୍କ ନେତୃତ୍ୱରେ ଆସୁଥିବା ସୈନ୍ୟବାହିନୀ ସହ ଯୁଦ୍ଧ ହେଲା। ଭୟଭୀତ ହୋଇଗଲେ ଭାନୁ ଦେବ। ଏଠାରେ ଭାନୁ ଦେବଙ୍କ ପରାଜୟ ହେଲା।

କେହି କିଛି ନ ପଚାରିଲେ ବି ବୀର ଭାନୁଦେବ ଆଉ ନିଜକୁ ବୀର ବୋଲି ସମ୍ବୋଧନ କରିବାକୁ ଭଲ ପାଇଲେ ନାହିଁ। ଓଡ଼ିଆ ସୈନ୍ୟମାନଙ୍କ ମନୋବଳ ଦୁର୍ବଳ ହୋଇ ପଡୁଥାଏ। ସେମାନଙ୍କ ଭିତରେ ଯେ, କାପୁରୁଷ ଆଉ ସଂକୀର୍ଣ୍ଣ ମନୋଭାବ ବଢ଼ି ଚାଲିଥିଲା ତାହା ଜାଣି ସେମାନେ ଲାଜରେ ଆଉ ମୁଣ୍ଡ ଟେକିପାରୁ ନଥାନ୍ତି।

ଆତ୍ମ ସମୀକ୍ଷାରେ ନିବେଶ ହେଲେ ବୀର ଭାନୁ ...।

ବିଭିନ୍ନ ଆଡୁ ମାଡ଼ି ଆସୁଥିବା ବିପଦକୁ କ'ଣ ଗଙ୍ଗବଂଶର ଏ ଦାୟାଦ ପ୍ରତିରୋଧ କରିପାରିବନି ? ତାଙ୍କ ପରେ କ'ଣ ଗଙ୍ଗବଂଶ ଲୋପ ପାଇଯିବ ? ଯେଉଁମାନଙ୍କ ପରାକ୍ରମରେ ସାରା ଭାରତ ଦିନେ ବଶତା ସ୍ୱୀକାର କରିଥିଲା ସେମାନେ କ'ଣ ଏ ବିଦେଶୀ ବିଧର୍ମୀଙ୍କୁ ଠିକ୍ ବାଟ ଦେଖାଇ ପାରିବେନି ? ରାଜ୍ୟ ଶାସନର ବିଶ୍ୱସ୍ତ ଲୋକମାନଙ୍କ ସହ ଆଲୋଚନା ଚାଲିଲା। ହେଲେ ସମସ୍ତଙ୍କର ସେହି ଗୋଟିଏ କଥା ସୈନ୍ୟବାହିନୀ ଦୁର୍ବଳ ହୋଇ ଯାଇଛନ୍ତି। ଆଉ ସେ ହାତୀ ନାହାନ୍ତି କି ତାକୁ ଚଳାଇବା ପାଇଁ ଯୋଦ୍ଧା ନାହାନ୍ତି। ସୀମାଗୁଡ଼ିକ ଅତ୍ୟନ୍ତ ଦୁର୍ବଳ ହୋଇପଡ଼ିଛନ୍ତି। କେବଳ ଧନରତ୍ନ ନୁହେଁ ନାରୀ ମାୟାରେ ମଧ୍ୟ ବାୟା ହୋଇ ଯାଇଛନ୍ତି ସୀମାର ଯୋଦ୍ଧାମାନେ। ଏସବୁ ଶୁଣିଲା ପରେ ଯେମିତି ମୁଣ୍ଡ ବୁଲାଇ ଯାଉଥାଏ ବୀର ଭାନୁଙ୍କ। ହେଲେ ସେ କରିବେ କ'ଣ ?

ଏମିତି ଆଲୋଚନା ପର୍ଯ୍ୟାଲୋଚନାରେ ଦୁଇ ବର୍ଷ ବିତିଯାଇଥାଏ। କିନ୍ତୁ ଦୁର୍ବଳ ସେନା ଉପରେ ରାଜାଙ୍କ ଆସ୍ଥା ବଢ଼ି ପାରୁ ନଥାଏ। ଅନ୍ୟପକ୍ଷରେ ବୀର ଭାନୁ ଜଣେ ଦୁର୍ବଳ ଶାସକ ବୋଲି ପ୍ରଚାର ଚାଲିଥାଏ। ଏଣେ ଦାକ୍ଷିଣାତ୍ୟରେ ନିଜକୁ ଅଧିକ ସୁରକ୍ଷିତ ଭାବି ବୀର ଭାନୁ

ସେଠାକୁ ବାରମ୍ବାର ଗସ୍ତ କରୁଥାନ୍ତି। ଏହାର ଫାଇଦା ନେଇ ପୁଣିଥରେ ଓଡ଼ିଶାରେ ମୁସଲମାନ୍ ଆକ୍ରମଣ ହେଲା। ଦିଲ୍ଲୀ ସୁଲତାନ୍ ଫିରୋଜ୍ ତୁଗ୍ଲକ୍ ଓଡ଼ିଶା ଆକ୍ରମଣ କଲେ। ଯେଉଁମାନେ ତାଙ୍କୁ ପ୍ରତିରୋଧ କଲେ ସେମାନଙ୍କୁ ମୃତ୍ୟୁ ହିଁ ମିଳିଲା। ଖ୍ୱଚିଂଠାରୁ ଆରମ୍ଭ କରି ବାରାଣସୀ କଟକ ଯାଏ ସମସ୍ତ ହିନ୍ଦୁ ମନ୍ଦିରକୁ ଧ୍ୱଂସ କରି ମାଡ଼ି ଚାଲିଲେ ଫିରୋଜ୍। ଏ ଖବର ଶୁଣି ଭୟଭୀତ ହୋଇପଡ଼ିଲେ ଭାନୁ ଦେବ। ଆକ୍ରମଣକୁ ମୁକାବିଲା କରିବାର ଶକ୍ତି ହରାଇଥିବାରୁ ସେ ନିଜ ପ୍ରାଣ ବଞ୍ଚାଇବାକୁ ଶ୍ରେଷ୍ଠ ମଣିଲେ। ରାୟ ସାହେବ ମହାନଦୀକୁ ଡେଇଁ ପଡ଼ିଲେ। ନଦୀ ଭିତରେ ଏକ ଦ୍ୱୀପରେ ଯାଇ ଆଶ୍ରୟ ନେଲେ। ଅନେକ ଦିନ ଫିରୋଜ ଶାହ କଟକରେ ରହି ହାତୀ ଶିକାରରେ ଲାଗି ପଡ଼ିଲେ। କଟକ ଦୁର୍ଗରେ ଥିବା ପଥରର ପୁରୁଷୋତ୍ତମ ମୂର୍ତ୍ତିକୁ ଭାଙ୍ଗି ନଈରେ ଫୋପାଡ଼ି ଦେଲେ। ରାଜାଙ୍କ ଭୟ ଦେଖି ଲୋକେ ବି ଭୟଭୀତ ହେଲେ। ପ୍ରଚାର ହେଲା ଶ୍ରୀକ୍ଷେତ୍ରକୁ ପୁଣି ମୁସଲମାନ ଓଡ଼ିଶା ଆକ୍ରମଣ କରିଛନ୍ତି, ଏଥର ଶ୍ରୀମନ୍ଦିରରୁ ଶ୍ରୀଜିଉଙ୍କୁ ସମୁଦ୍ରରେ ବିସର୍ଜନ କରିଦେଇଛନ୍ତି !

ଏସବୁ ଆତଙ୍କ ଦେଖି ରାଜା ଭାନୁ ଦେବ ଫିରୋଜ ଶାହଙ୍କ ସହ ସନ୍ଧି କରିବା ଲାଗି ପତ୍ର ପଠାଇଲେ। ଦୂତ ପାଖରୁ ଏ ଖବର ପାଇ ଫିରୋଜ ଶାହ କହିଲେ ସେ ତ ଆକ୍ରମଣ କରିବା ବା ରାଜାଙ୍କୁ ବନ୍ଦୀ କରିବା ଉଦ୍ଦେଶ୍ୟରେ ଆସି ନାହାନ୍ତି। ଏଥିରେ ସନ୍ଧି କ'ଣ ହେବ... ?

ସୁଲ୍ତାନ୍ ଆକ୍ରମଣ କରିବାକୁ ଆସି ନାହାନ୍ତି ତ ଆଉ କ'ଣ ପାଇଁ ? ଜବାବ ଆସିଲା ସେ ଓଡ଼ିଶାର ହାତୀମାନଙ୍କ ଶକ୍ତି କଥା ଶୁଣିଛନ୍ତି। ଏଠାରେ ଜଙ୍ଗଲ ଜନ୍ତୁ ବେଶ୍ ବଳିଷ୍ଠ ବୋଲି ଜାଣିଛନ୍ତି । ଏଣୁ ସେ ସେମାନଙ୍କ ଶିକାରରେ ଆସିଛନ୍ତି। ମହାବଳ ଓ ହାତୀ ଶିକାର ତାଙ୍କ ଉଦ୍ଦେଶ୍ୟ। ଏଥିରେ ରାଜା କାହିଁକି ଗାଦି ଛାଡ଼ି ଲୁଚିଛନ୍ତି... ?[୨୦]

ହାଲୁକା ଅନୁଭବ କଲେ ଭାନୁ ଦେବ। ଅଜ୍ଞାତବାସ ଛାଡ଼ି ସୁଲ୍ତାନ୍ଙ୍କ ଆଗରେ ଉପସ୍ଥିତ ହେଲେ। ଆଉ ୨୦ଟି ଲଢୁଆ ହାତୀ ତାଙ୍କୁ ଉପହାର ଦେଲେ। ଚୁକ୍ତି ହେଲା ଦିଲ୍ଲୀର ଏହି ସୁଲ୍ତାନ୍ଙ୍କୁ ବାର୍ଷିକ ପେସ୍କସ୍ ମଧ୍ୟ ଭାନୁ ଦେବ ପଠାଇବେ। ସୁଲ୍ତାନ୍ ପ୍ରସ୍ଥାନ ପାଇଁ ପ୍ରସ୍ତୁତ ହେଲେ। ବାରବାଟୀରୁ ଲୁଟିଥିବା ଧନସମ୍ପତ୍ତିକୁ ୭୨ଟି ହାତୀ ଉପରେ ଲଦାଗଲା। ତା ପରେ ସେ ପ୍ରସ୍ଥାନ ହେଲେ, କିନ୍ତୁ ବାଟ ଭୁଲିଗଲେ ଦିଲ୍ଲୀ ଯିବା ଲାଗି।

(୧୫)

ଶିଥିଳ ମତ୍ତଭାନୁ

ଗଙ୍ଗ ସାମ୍ରାଜ୍ୟର ଶୌର୍ଯ୍ୟ ନରମ ହୋଇ ଆସୁଛି। ସୀମାନ୍ତ ବିପଦପୂର୍ଣ୍ଣ ହେବାରେ ଲାଗିଛି। ପୂର୍ବ, ଉତ୍ତର ଓ ଦକ୍ଷିଣ ସୀମାର ପଡ଼ୋଶୀ ତଥା ସୀମା ପାର ବିଦେଶୀ ଆକ୍ରମଣକାରୀ ବିଭିନ୍ନ ସମୟରେ ରାଜ୍ୟ ସୀମାକୁ ଆଘାତ କରି ଓଡ଼ିଶାକୁ ଲୁଣ୍ଠିବାରେ ଲାଗିଛନ୍ତି। ସମସ୍ତଙ୍କ ଲକ୍ଷ୍ୟସ୍ଥଳ ରହିଛି ଜଗନ୍ନାଥ ମନ୍ଦିର। କାରଣ ଏଠାରେ ରାଜା ହେଉଛନ୍ତି ସ୍ୱୟଂ ଶ୍ରୀଜଗନ୍ନାଥ ଆଉ ସମସ୍ତେ ତାଙ୍କ ଦାସ ତଥା ଆଶ୍ରିତ। ତାଙ୍କୁ ହିଁ ସୁରକ୍ଷିତ କରି ରଖିବା ଲାଗି ସଭିଏଁ ଲାଗି ପଡ଼ିଛନ୍ତି। ମଝିରେ ମଝିରେ ଜଗନ୍ନାଥ ମନ୍ଦିର ଆକ୍ରମଣ ପାଇଁ କିଛି ବିଧର୍ମୀ ଅସଫଳ ଉଦ୍ୟମ ବି କରିଛନ୍ତି। କିଏ କହୁଛି ଜଗନ୍ନାଥଙ୍କୁ ମନ୍ଦିର ସିଂହାସନରୁ ବାହାର କରି ଦରିଆରେ ଫୋପାଡ଼ି ଦିଆଯାଇଛି, କିନ୍ତୁ ପରେ ତାହା ମିଛ ବୋଲି ସାବ୍ୟସ୍ତ ହୋଇଛି। ରାଜା ପ୍ରଚୁର ଅର୍ଥ, ଯୁଦ୍ଧହସ୍ତୀ ଦେଇ ପ୍ରତିଟି ଆକ୍ରମଣକାରୀଙ୍କୁ ସନ୍ତୁଷ୍ଟ କରିବାକୁ ଚାହିଁଛନ୍ତି। ଆଶା ରହିଛି ଓଡ଼ିଶାରେ ଶାନ୍ତି, ସୌହାର୍ଦ୍ଦ୍ୟ ବଢ଼ାଇବା କିନ୍ତୁ...

ଫିରୋଜ ଶାହ ତୁଗଲକ୍‌ଙ୍କୁ ସହ ବୀର ଭାନୁଙ୍କ ଆପ୍ୟାୟିତ କରିବା ପ୍ରସଙ୍ଗ ଓଡ଼ିଶା ଉପରେ ବାହ୍ୟ ଆକ୍ରମଣକୁ ରୋକି ପାରିଥିଲା ସତ କିନ୍ତୁ ଗଙ୍ଗ ବଂଶୀ ଶାସନର ଦୁର୍ବଳତାକୁ ପଦାରେ ପକାଇଥିଲା ତାହା ନିଃସନ୍ଦେହ। ପରବର୍ତ୍ତୀ ଶାସକଙ୍କୁ ଏହା ଅଧିକ ବିଳାସ ବ୍ୟସନରେ ଲିପ୍ତ କରାଇଥିଲା। ଆକ୍ରମଣକୁ ଜବାବ ଦେବା ବଦଳରେ ଲୁଣ୍ଠନକାରୀଙ୍କ ପାଇଁ ଦ୍ୱାର ଉନ୍ମୁକ୍ତ କରି ଆସନ ବଞ୍ଚାଇବାକୁ ଚାହିଁଲେ ଗଙ୍ଗବଂଶୀ ରାଜାମାନେ। ଏହାକୁ ଦେଖି ଜଉନ୍‌ପୁରର ସୁଲତାନ୍ ଓଡ଼ିଶାର ଧନ ସମ୍ପତ୍ତିରେ ଲୋଭାଗ୍ରସ୍ତ ହୋଇ ଆକ୍ରମଣ କଲେ। ଏହି ସମୟରେ ଚତୁର୍ଥ ନରସିଂହ ଦେବ ନିଜର ଅଙ୍କ ଆରମ୍ଭ କରିଥାନ୍ତି। ବାପାଙ୍କ ଅମଳରୁ ମୁସଲ୍‌ମାନ୍ ସୁଲ୍‌ତାନ୍‌ଙ୍କୁ ତୁଷ୍ଟ କରିବା ପାଇଁ ଅହେତୁକ ଧନ ସମ୍ପତ୍ତି ଉପହାର ଦେବା ପରମ୍ପରାର ସେ ପୁନରାବୃତ୍ତି କଲେ। ସୀମାଞ୍ଚଳମ୍‌ଠାରେ ନିଜ ଶାସନ ବ୍ୟବସ୍ଥା ସମ୍ପର୍କରେ ଶିଳାଲେଖ ପ୍ରତିଷ୍ଠା କରି ନିଜକୁ

ଗଜପତି ବୋଲାଇଲେ।[୨୧] ଗଜ ନଥାଇ ଗଜପତି ଉପାଧି ଧାରଣ କରିଥିବା ଏହି ଶାସକ ବଡ଼ ବିଷାଦରେ ୩୬ ବର୍ଷ ରାଜପଣ କରିଲେ। ତାଙ୍କ ପରେ ପୁତ୍ର ଚତୁର୍ଥ ଭାନୁ ଦେବ ନାମରେ ରାଜପଣ ଆରମ୍ଭ କରିଥିଲେ ମଧ ରାଜ୍ୟର ବାହ୍ୟ କି ଆଭ୍ୟନ୍ତରୀଣ ସୁରକ୍ଷା ନେଇ ପ୍ରଜାଙ୍କ ମନରେ ଆତ୍ମବିଶ୍ୱାସ ଜାଗ୍ରତ ହୋଇପାରିଲା ନାହିଁ। ପ୍ରତି ମୁହୂର୍ତ୍ତରେ ପ୍ରଜା ନିଜକୁ ଅସୁରକ୍ଷିତ ମନେ କଲେ। ବ୍ୟବସାୟ ବାଣିଜ୍ୟ ଠପ୍ ହୋଇଗଲା।

ଦକ୍ଷିଣରେ ରେଡ୍ଡୀ, ଉତ୍ତରରେ ବାହାମନି ସୁଲତାନ୍ ଆଉ ଗୌଡ଼ ଦେଶର ପଠାଣମାନେ ଯେମିତି ଉତ୍କଳର ଗୌରବକୁ ହରଣ କରିବା ପାଇଁ ସୁଯୋଗ ଖୋଜିବାରେ ଲାଗିଲେ। ବାରମ୍ବାର ଉତ୍କଳକୁ ଆକ୍ରମଣ କରି ସେମାନେ ଏହି ସନ୍ଦେଶ ମଧ୍ୟ ଦେଇ ଚାଲିଛନ୍ତି। ଛାମୁ ତାଙ୍କୁ ଏ ଦେଶର ଭଣ୍ଡାର ଘରୁ ଧନ କାଢ଼ି ଦେଇ ଚାଲିଛନ୍ତି, ପ୍ରଜାଙ୍କ ଧନ ଜୀବନର ସୁରକ୍ଷା ପାଇଁ। ଯୁଦ୍ଧ ହାତୀ ସବୁ ମଧ୍ୟ ଦିଆଯାଉଛି। ହାତୀ ପିଠିରେ ଯେତିକି ହୀରା ନୀଳା ସବୁ ସନ୍ଧି ଉଦ୍ଦେଶ୍ୟରେ ଦିଆଯାଉଛି ତାହାକୁ ଦେଖିଲେ ଯା' କାହାର ଆଖି ଖୋସି ହୋଇଯିବ। ଆମ ସାଧବ ପୁଅମାନେ ଏହାକୁ ବିଭିନ୍ନ ଦେଶକୁ ବଣିଜ କରିବାକୁ ଯାଇ ସଂଗ୍ରହ କରିଥିଲେ। ସେଥିରୁ ଅନେକ ରାଜା ଓ ଶ୍ରୀଜଗନ୍ନାଥଙ୍କ ଉଦ୍ଦେଶ୍ୟରେ ଦାନ କରିଥିଲେ। ସେମାନଙ୍କ ବାଣିଜ୍ୟରେ ଏ ଦେଶ ଧନ ସମ୍ପଦରେ ପୂରି ଉଠୁଥିଲା। ଆଜି ଛାମୁଙ୍କ ଶକ୍ତି କ୍ଷୀଣ ହେବାରୁ ପଡ଼ୋଶୀ ଦେଶର ବଣିକମାନେ ମଧ୍ୟ ସାଧବ ପୁଅଙ୍କୁ ଆଖି ଦେଖେଇଲେଣି। ଏମିତିକି ଦରିଆରେ କଳିଙ୍ଗର ଯେଉଁ ଅଧିକାର ଥିଲା ଆଜି ପ୍ରାୟ ସେସବୁ କ୍ଷୀଣ ହେବାରେ ଲାଗିଲାଣି। ତାମିଲ ବଣିକମାନେ ଅଧିକ ଶକ୍ତିଶାଳୀ ବି ହେଲେଣି। ଏହାଦ୍ୱାରା ଖାଲି ଯେ ଉତ୍କଳ ପ୍ରତି ଆର୍ଥିକ ସଙ୍କଟ ମାଡ଼ି ଆସୁଛି ତା ନୁହେଁ; ସମାଜରେ ଅର୍ଥନୈତିକ ତାରତମ୍ୟ ମଧ୍ୟ ବଢ଼ି ଚାଲିଛି। ଶାସନ କଳ ପ୍ରଜାଙ୍କ ଉପରେ ଅନେକ କର ଲଦି ଶାସନ ପାଣ୍ଠିକୁ ମଜଭୁତ କରିବା ପାଇଁ ଚେଷ୍ଟା କରୁଛନ୍ତି। ଯେଉଁ ଦେଶର ଲୁଣ ବ୍ୟବସାୟ ଏକ ବଡ଼ କାରବାର ଥିଲା ତା'ରି ଉପରେ କର ଲାଗୁ କରାଯାଇ ରାଜସ୍ୱ ବୃଦ୍ଧି କରାଯାଉଛି।

ଏମିତି ମୁହୂର୍ତ୍ତରେ ଆଉ ଏକ ଆକ୍ରମଣର ଖବର ଆସିଲା। ଏଥର ଉତ୍ତର ବା ଉତ୍ତର ପୂର୍ବରୁ ନୁହେଁ ବରଂ ଦକ୍ଷିଣ ଆଡୁ। ଯେଉଁ ଶାସକମାନେ ତୃତୀୟ ନରସିଂହ ଦେବ ତଥା ତୃତୀୟ ଭାନୁ ଦେବଙ୍କ ସମୟରେ ସାମନ୍ତ ଭାବେ ମୁଣ୍ଡ ନୁଆଁଇଥିଲେ ଆଜି ସେମାନେ ରାଜା ହୋଇ କଳିଙ୍ଗର ସୀମାକୁ ଲୁଣ୍ଠିବା ଆରମ୍ଭ କଲେଣି। ଦାକ୍ଷିଣାତ୍ୟରୁ ସେନାପତି ଖବର ଦେଲେ ରାଜମୁଣ୍ଡାରୀରେ ଶାସନ କରୁଥିବା ରେଡ୍ଡୀମାନେ ଗଙ୍ଗ ସାମ୍ରାଜ୍ୟକୁ ଦକ୍ଷିଣରୁ ଆକ୍ରମଣ କରୁଛନ୍ତି। ସୀମାଞ୍ଚଳମ୍ ଯାଏ ସେମାନେ ଅଗ୍ରସର ହୋଇ ଆକ୍ରମଣର ସଙ୍କେତ ମଧ୍ୟ ଦେଲେଣି। ଏଣୁ ତୁରନ୍ତ ଯୁଦ୍ଧ ଅଶ୍ୱ, ହସ୍ତୀ ଓ ସେନାର ଆବଶ୍ୟକତା ରହିଛି। ଏଥିପାଇଁ ଛାମୁ ଆଦେଶ ଦିଅନ୍ତୁ...। ହେଲେ ଛାମୁଙ୍କ ଏଥିପ୍ରତି ନଜର ହିଁ ନଥିଲା। ରାଜ୍ୟ ଶାସନ ଦାୟିତ୍ୱ ସେ ଜଗନ୍ନାଥଙ୍କ ଉପରେ ନ୍ୟସ୍ତ କରି ନିଜକୁ ଆରାମ ଅୟସ୍ ଭିତରେ ବୁଡାଇ ରଖିଥିଲେ। ପରିସ୍ଥିତି ଗମ୍ଭୀର ହେଉଥିଲେ ମଧ୍ୟ ତାଙ୍କର ଆଚରଣରେ ପରିବର୍ତ୍ତନ ହେଉ ନଥିଲା। ଯିଏ ଯାହା ଅଭିଯୋଗ କଲେ ଉତ୍ତର ଆସୁଥିଲା- ପ୍ରଭୁ ଶ୍ରୀଜଗନ୍ନାଥଙ୍କ ଇଛା...। ଜଣେ ରାଜାଙ୍କର ଏପରି ବ୍ୟବହାର ପ୍ରଜା ଓ ଶାସନ ମଧ୍ୟରେ ତାରତମ୍ୟ ସୃଷ୍ଟି କରିବା କଥା, ଯାହା ଓଡ଼ିଶାରେ ମଧ୍ୟ ଦେଖା ଦେଇଥିଲା।

ସୈନ୍ୟ ସାମନ୍ତଙ୍କ କଥା ଛାଡ଼ନ୍ତୁ ବିଶ୍ୱସ୍ତ ମନ୍ତ୍ରୀମାନେ ମଧ୍ୟ ଆଉ ରାଜାଙ୍କ ଆୟତ୍ତରେ ରହିଲେ

ନାହିଁ। ଅର୍ଥାତ୍ ଆଭ୍ୟନ୍ତରୀଣ ଅସନ୍ତୋଷ ବଢ଼ି ଚାଲିଲା। ଏ ଭିତରେ ମାଳବର ସୁଲତାନ୍ ହୋଶଙ୍ଗ୍ ଓଡ଼ିଶା ଆକ୍ରମଣ କଲେ। ଜଗନ୍ନାଥ ମନ୍ଦିର ଲୁଣ୍ଠନ ଉଦ୍ଦେଶ୍ୟ ଥିଲା। କିନ୍ତୁ ରାଜା ଯୁଦ୍ଧ ପାଇଁ ଆଦେଶ ଦେଲେ ନାହିଁ। ଜଗନ୍ନାଥ ନିଜ ସୁରକ୍ଷା ନିଜେ କରିବେ ବୋଲି କହି ଶାନ୍ତ ରହିଲେ। ସୁଲତାନ୍ ଚାଲାକି ତଥା ଛଳନାରେ ମହାରାଜା ଗଜପତି ତଥା ନିଶଙ୍କ ଭାନୁ ଦେବଙ୍କୁ ବନ୍ଦୀ କଲେ। ନିଜକୁ ମୁକୁଳାଇବାକୁ ଯାଇ ପୁଣି ନିଶଙ୍କ ଭାନୁ ଦେବ ସନ୍ଧି କଲେ, ଯୁଦ୍ଧ ହାତୀ ଉପହାର ଦେଲେ।[୨୨] ତଥାପି ପରିସ୍ଥିତି ବଦଳିଲା ନାହିଁ।

ଏହି ଅୟସ୍ ଓ ଆରାମ ସମାଜର ଏକ ଗୋଷ୍ଠୀକୁ ଖୁବ୍ ଆନ୍ଦୋଳିତ କରୁଥାଏ। ଖାଲି ନିଜକୁ ଗଜପତି ବୋଲି ସମ୍ବୋଧନ କଲେ କ'ଣ ହେବ... ଏବେ ତ ରାଜ୍ୟରେ ଗଜଙ୍କ ଅଭାବ ହେଲାଣି। ଯଦି ଏମିତି ଗୋଟିକ ପରେ ଗୋଟିଏ ଗଜ ବିଦେଶୀଙ୍କୁ ଦିଆଯିବ ତେବେ ଦେଶର ସୁରକ୍ଷା କିଏ କରିବ? ବିଶେଷକରି ପୁରୀରେ ଶ୍ରୀଜଗନ୍ନାଥଙ୍କ ପଣ୍ଡିତମାନଙ୍କୁ ଏହା ଖୁବ୍ ବାଧୁଥିଲା। ସେମାନେ ଛାମୁଙ୍କୁ ପାଗଳ ରାଜା ବୋଲି ଆଖ୍ୟା ଦେଲେ। ନିଜର ଚଳନ୍ତି ଭଗବାନଙ୍କୁ ସେମାନେ ବୀର ଭାନୁ ନୁହେଁ ମତ୍ତଭାନୁ ବୋଲି କହିଲେ। ରାଜା ଯଦି ନିଜ କାମ ନକରିବ ତାକୁ ଭଗବାନ କେମିତି ବା ସହାୟକ ହେବେ? ଏ ପ୍ରଶ୍ନ ପ୍ରଜାମାନଙ୍କ ପକ୍ଷରୁ ପଚାରିବା ଆରମ୍ଭ ହେଲା। ଅର୍ଥାତ୍ ଛାମୁ ଆଉ ମାନସିକଭାବେ ଠିକ ନାହାନ୍ତି ବୋଲି ପ୍ରଚାର ହେଲା। ଅନ୍ୟପଟେ ରାଜା ଅପୁତ୍ରିକ ଥିବା ହେତୁ ତାଙ୍କ ଅନ୍ତେ ଓଡ଼ିଶାକୁ କିଏ ଶାସନ କରିବ ସେ ଚିନ୍ତାରେ ପଡ଼ିଲେ ପ୍ରଜା। କାରଣ ସେମାନେ ଚାହୁଁଥିଲେ ଏକ ବଳିଷ୍ଠ ନେତୃତ୍ୱ। ଯାହାଙ୍କ ବଳରେ ସେମାନେ ସୁରକ୍ଷିତ ହୋଇପାରିବେ। ପ୍ରଜା ତାଙ୍କର ଧନ ସମ୍ପଦକୁ ବଜାୟ ରଖିପାରିବେ। ନା ଲୁଣ୍ଠନର ଭୟ ଥିବ ନା ଶତ୍ରୁ ପକ୍ଷ ଆକ୍ରମଣର ଆତଙ୍କ।

୧୬

ଜଗନ୍ନାଥ ପୁତ୍ର

ମତ୍ତ ଭାନୁ ଦେବଙ୍କ ଶାସନ ରାଜ୍ୟ ପାଇଁ ବିପଦ ଆଣିବାରେ ଲାଗିଛି। ଦାକ୍ଷିଣାତ୍ୟରୁ ରେଡ୍ଡୀମାନେ ସୀମାଞ୍ଚଳମ୍ ଦଖଲ କରିସାରିଛନ୍ତି। ଦିନକୁ ଦିନ ଶିଥିଳ ହୋଇପଡୁଥିବା ଗଙ୍ଗଶାସନ ଯେ, ଆଉ ଓଡ଼ିଶାର ଗୌରବ ରକ୍ଷା କରିପାରିବ ନାହିଁ ଏହି ମତବାଦ ପ୍ରଚାର ହେବାରେ ଲାଗିଛି। ଛାମୁ ମଧ୍ୟ କାହାକୁ ନିଜର ଉତ୍ତରାଧିକାରୀ କରିବେ ସେ ଚିନ୍ତାରେ ପଡ଼ିଛନ୍ତି।

କପିଳେଶ୍ୱର ରାଉତରାୟ- ଯଜ୍ଞେଶ୍ୱର ଏବଂ ବେଲମା'ଙ୍କ ପୁଅ । ଜଣେ ସାଧାରଣ ପରିବାରରୁ ସେ ଆସି ଏବେ ଗଙ୍ଗବଂଶୀୟ ଓଡ଼ିଶା ସେନାବାହିନୀର ଜଣେ ଦକ୍ଷ ସେନାପତି। ତାଙ୍କର ବଳିଷ୍ଠ ଚେହେରା ଓ ଦୂରଦୃଷ୍ଟିରେ ସେନାବାହିନୀ ଅଭିଭୂତ ହେଉଥାଏ। କିଛି ବର୍ଷ ପୂର୍ବରୁ ଦାକ୍ଷିଣାତ୍ୟ ବିଜୟରେ ସେ ଛାମୁଙ୍କ ପରମ ସହାୟକ ହୋଇଥିଲେ। ସେ ନଥିଲେ ବିଜୟ ଅସମ୍ଭବ ପ୍ରାୟ ହୋଇଥାନ୍ତା। କାହିଁକି ନା ତାଙ୍କରି ବଳରେ ଦାକ୍ଷିଣାତ୍ୟରେ ରେଡ୍ଡୀ ଶାସକମାନଙ୍କୁ ଦମନ କରାଯାଇପାରିଛି। ସେଠାରେ ରେଡ୍ଡୀ ଶାସନକୁ ପ୍ରତିହତ କରି ଉତ୍କଳୀୟ ଶାସନ ପରମ୍ପରା ପ୍ରଚଳନ ହୋଇପାରିଛି। ପୁଣି କପିଳଙ୍କୁ ତ ସ୍ୱୟଂ ଛାମୁ ଶ୍ରୀଜଗନ୍ନାଥଙ୍କ ଆଦେଶ ଅନୁସାରେ ରାଜ୍ୟରେ ପ୍ରଥମେ ସେନାପତି ଓ ଏବେ ମନ୍ତ୍ରୀ ପଦ ମଧ୍ୟ ଦେଇଛନ୍ତି !

କେହି କେହି ତ କପିଳେଶ୍ୱରଙ୍କୁ ମତ୍ତଭାନୁଙ୍କ ଉତ୍ତରଦାୟାଦ ଭାବେ ସ୍ୱୟଂ ଜଗନ୍ନାଥ ପ୍ରେରଣ କରିଥିବା କଥା ହେଉଛନ୍ତି। କିଏ କହୁଛି କ୍ଷତ୍ରିୟ ପୁତ୍ର କପିଳ ରାଜ କର୍ମଚାରୀ ଭାବେ ଛାମୁ ମତ୍ତଭାନୁଙ୍କ ସଂସ୍ପର୍ଶରେ ଆସିବା ପୂର୍ବରୁ ଜଣେ ସାଧାରଣ ଭକ୍ତ ଭାବେ ସବୁଦିନ ଶ୍ରୀଜଗନ୍ନାଥଙ୍କ ଦର୍ଶନ କରି ଫେରିଲା ପରେ ଅନ୍ୟକାର୍ଯ୍ୟ ଆପଣାଉଥିଲେ। ଆଉ ଶ୍ରୀଜଗନ୍ନାଥଙ୍କ ଆଦେଶରେ ତାଙ୍କୁ ଛାମୁ ସେନାପତି ଭାବେ ନିଯୁକ୍ତି ଦେଲେ। ପରେ ତାଙ୍କ ଅଦମ୍ୟ ସାହସ ଓ ବୀରପଣ

ରାଜ୍ୟରେ ଚର୍ଚ୍ଚା ହେଲା । ଆଉ ରାଜ୍ୟର ସବୁକୋଣ ଏବେ ତାଙ୍କ ଆଜ୍ଞାକୁ ଅପେକ୍ଷା କରୁଛି ।

ଆଉ କେହି କହନ୍ତି- ନିଶଙ୍କ ମତ୍ତଭାନୁ ରାଜ୍ୟର ପରବର୍ତ୍ତୀ ଶାସକ କିଏ ହେବେ ସେ ସମ୍ପର୍କରେ ବେଶ୍ ଚିନ୍ତାଶୀଳ ଥାଆନ୍ତି । ଜଗନ୍ନାଥଙ୍କ ପାଖରେ ଏଥିଲାଗି ଅନେକ ମିନତି ମଧ୍ୟ କରିଛନ୍ତି । ସନ୍ତାନଟିଏ ପାଇଁ ଅନେକ ପୁଣ୍ୟ, ପୂଜା, କର୍ମ, ଯଜ୍ଞ କରିଛନ୍ତି, ହେଲେ ସୁଫଳ ମିଳି ନାହିଁ । ଦିନେ ଛାମୁ ସ୍ୱପ୍ନରେ ଶ୍ରୀଜଗନ୍ନାଥଙ୍କ ଆଦେଶ ପାଇଲେ-*'ସକାଳେ ବିମଳାଙ୍କ ମନ୍ଦିର ପାଖରେ ଯେଉଁ ଯୁବକ ସହ ସାକ୍ଷାତ ହେବ ସେ ହିଁ ପରବର୍ତ୍ତୀ ସମୟରେ ଏ ରାଜ୍ୟର ମୁଖିଆ ହେବ, ସେ ହିଁ ହେବ ତୁମର ଦାୟାଦ'* ।

ଏହି ଆଦେଶ ପାଇଲା ପରେ ପ୍ରସନ୍ନ ହୋଇ ସେଦିନ ଛାମୁ ମନ୍ଦିର ଅଭିମୁଖେ ଆସିଥିଲେ । ହାତୀ ଛତିରେ ଭରି ଉଠି ଥିଲା ଶ୍ରୀକ୍ଷେତ୍ର ବଡ଼ଦାଣ୍ଡ । ଛାମୁ ଶ୍ରୀଜଗନ୍ନାଥଙ୍କୁ ଦର୍ଶନ କରିବା ପରେ ବିମଳାଙ୍କ କୂଅ ପାଖରେ ଏକ ବଳିଷ୍ଠ ଚେହେରାକୁ ଦେଖିଲେ । ସେ ଥିଲେ କପିଳେଶ୍ୱର । ତାଙ୍କ ଚେହେରା ହିଁ ତାଙ୍କୁ ପ୍ରଥମେ ଆକର୍ଷିତ କରିଥିଲା । ଏହା ହିଁ ଜଗନ୍ନାଥଙ୍କ ଇଚ୍ଛା ବୋଲି ଗ୍ରହଣ କଲେ ।

କିଛି ବଂଶ ପରିଚୟ ନପଚାରି ତାଙ୍କୁ ରାଜକର୍ମଚାରୀ ଭାବେ ନିଯୁକ୍ତ କଲେ । ପରେ ପଡ଼ୋଶୀ ରାଜ୍ୟସହ ସମ୍ପର୍କ ରଖିବାକୁ ତାଙ୍କୁ ଦାୟିତ୍ୱ ଦିଆଗଲା । ବାହାମନି ସୁଲ୍‌ତାନଙ୍କ ସହ କୌଣସି ଏକ ବ୍ୟାପାରରେ ସେ ନିଜର ସିଦ୍ଧହସ୍ତତା ପ୍ରମାଣ କଲେ । ତା'ପରଠୁ ତାଙ୍କୁ ମନ୍ତ୍ରୀ ପଦ ଦିଆଗଲା । ଜଗନ୍ନାଥଙ୍କ ପ୍ରତିନିଧି ଭାବେ ସେ ପରିଚିତ ହୋଇ ରହିଲେ । ଏଣୁ ସେ ହିଁ ଶାସନ ଭାର ହାତକୁ ନେଲେ ଉଭୟ ରାଜ୍ୟ ଓ ପ୍ରଜା ସୁରକ୍ଷିତ ହୋଇପାରିବେ ବୋଲି ଧାରଣା ଜାତ ହେଲା । ହଜିଯାଉଥିବା ଓଡ଼ିଆଙ୍କ ଗୌରବ ପୁଣିଥରେ ଫେରି ଆସିବ ବୋଲି ବିଶ୍ୱାସ ହେଲା । ଯେଉଁଭଳି ଭାବେ ରାଜମୁଣ୍ଡାରୀର ରେଡ୍ଡୀମାନେ ସୀମାଞ୍ଚଳମ୍ ଦଖଲ କରି ଓଡ଼ିଶା ଆକ୍ରମଣ ଯୋଜନା କରିଛନ୍ତି ତାହାକୁ ମୁକାବିଲା କରିବା ପାଇଁ କପିଳେନ୍ଦ୍ର ହିଁ ଏକମାତ୍ର ବିକଳ୍ପ ହୋଇପାରନ୍ତି ।

ମତ୍ତ ଭାନୁ ଦେବଙ୍କ ଏହି ଚିନ୍ତାଧାରା ଓ ଜନସାଧାରଣଙ୍କ ବିଶ୍ୱାସକୁ ଗଙ୍ଗବଂଶୀୟ ରାଜପରିବାରର ସଦସ୍ୟମାନେ ଗ୍ରହଣ କରିପାରିଲେ ନାହିଁ । *'କେହି ଜଣେ ବୀର ହେଲା ବୋଲି ରାଜା ହେବ ତାହା ଗ୍ରହଣଯୋଗ୍ୟ ନୁହେଁ । ପୁଣି ସେ ତ ରାଜପୁତ୍ର ନୁହେଁ, ଏତେ ବଡ଼ ଗଙ୍ଗ ସାମ୍ରାଜ୍ୟକୁ ସମ୍ଭାଳିବେ କେମିତି ? ଏମିତି ପ୍ରଶ୍ନ, ଶଙ୍କା ବି ଚାରିଆଡ଼େ ଗୁଞ୍ଜରିତ ହେଲା ।'*

କିନ୍ତୁ ଓଡ଼ିଶାର ଶକ୍ତି ବୃଦ୍ଧି, ସୁଶାସନ ପାଇଁ ଗଙ୍ଗବଂଶୀୟ ରକ୍ତର ଆଉ ଆବଶ୍ୟକତା ନାହିଁ ବୋଲି ବିଚାର କଲେ ପଣ୍ଡିତ ଓ ରାଜ କର୍ମଚାରୀଗଣ । ଶ୍ରୀମନ୍ଦିରରେ କକାଇ ସାନ୍ତରା, ଗୋପୀନାଥ ମହାପାତ୍ର, ଜଳେଶ୍ୱର ସେନା ନରେନ୍ଦ୍ର, କାଶୀ ବିଦ୍ୟାଧର, ବେଲେଶ୍ୱର ପ୍ରହରାଜ, ଲଖଣ ପୁରୋହିତ, ପଟ୍ଟନାୟକ ଦାମୋଦର ମହାସେନାପତି ପ୍ରମୁଖ ଆଲୋଚନା କରୁଥାନ୍ତି ।

କେମିତି ଏ ଗଙ୍ଗବଂଶୀ ରାଜ ପରମ୍ପରା ତଥା ବିରୋଧକୁ ପ୍ରତିହତ କରିବେ ? କେମିତି

ଓଡ଼ିଶାବାସୀଙ୍କ ମନରେ କପିଳେନ୍ଦ୍ରଙ୍କୁ ରାଜା ଭାବେ ଗ୍ରହଣ କରିବାର ଭାବନା ସେଇଠୁ ଜାତ କରିବେ ? ଯେଉଁ ଭାବନା ସେମାନେ ରାଜ୍ୟର ହିତ ପାଇଁ ଚିନ୍ତା କରିଛନ୍ତି ତାହା ଯଦି ସଫଳ ନହୁଏ ତେବେ ପୁରୀରୁ ହିଁ ବିଦ୍ରୋହ ଆରମ୍ଭ ହୋଇଯିବ ଏଥିରେ ସନ୍ଦେହ ନାହିଁ।

କିନ୍ତୁ ଏ ରାଜ୍ୟର ପ୍ରକୃତ ଅଧିଷ୍ଠାତା ତ' ପ୍ରଭୁ ଶ୍ରୀପୁରୁଷୋତ୍ତମ। ତାଙ୍କରି ଆଦେଶ ବଳରେ ଛାମୁମାନେ ଶାସନ କରିଛନ୍ତି। ଚୋଡ଼ଗଙ୍ଗ ଦେବଙ୍କଠାରୁ ଆରମ୍ଭ କରି ଭାନୁ ଦେବଙ୍କ ଯାଏ ସମସ୍ତେ ତାଙ୍କ ଶରଣରେ ନିଜକୁ ଉତ୍ସର୍ଗ କରିଛନ୍ତି। ପୁଣି ଭାନୁ ଦେବ ତ ନିଜେ କପିଳେନ୍ଦ୍ରଙ୍କୁ ଜଗନ୍ନାଥଙ୍କ ପ୍ରସାଦ ଭାବେ ଗ୍ରହଣ କରି ତାଙ୍କରି ଇଚ୍ଛାରେ ସେନାଧ୍ୟକ୍ଷ ଭାବେ ନିଯୁକ୍ତ କରିଛନ୍ତି। ଏଣୁ ପ୍ରଜାମାନେ ଏହାଙ୍କୁ ପ୍ରତ୍ୟାଖ୍ୟାନ କରିବେ କାହିଁକି ? ବରଂ ପ୍ରଜାଙ୍କୁ ଏ ବିଷୟ ଜଣାଇବାକୁ ହେବ ଯେ, ଜଗନ୍ନାଥଙ୍କ ଆଦେଶରେ କପିଳେନ୍ଦ୍ରଙ୍କ ଅଙ୍କ କଟାଯିବ। ଏହାକୁ କେହି ଅମାନ୍ୟ କରିବା ଅନୁଚିତ।

ଛାମୁଙ୍କ ଅସୁସ୍ଥତାର ସନ୍ଧିବେଳେ ଏ ବିଷୟ ପ୍ରଚାର ହେଲା। ଲୋକଙ୍କ ମନରେ କପିଳେନ୍ଦ୍ରଙ୍କ ପ୍ରତି ଭରସା ବଢ଼ି ଚାଲିଲା। ଆମ ଦେଶ ସୁରକ୍ଷିତ ରହିବ ଓ ପ୍ରଜା ଆନନ୍ଦରେ ରହିବେ ବୋଲି ବିଶ୍ୱାସ ଜନ୍ମିଲା। .... କିଛିଦିନ ପରେ ଛାମୁଙ୍କ ଦେହାନ୍ତ ହେଲା। କାହାକୁ ଦାୟାଦ ବାଛି ନଥିବା ରାଜପରିବାର ଆଗରେ ଯେତେ ବିକଳ୍ପ ଆସିଲେ ବି ସେସବୁକୁ ପଛରେ ପକାଇ ପ୍ରଜାଙ୍କ ଆଗରେ ସବୁଠାରୁ ଗୁରୁତ୍ୱପୂର୍ଣ୍ଣ ହେଲେ କପିଳେନ୍ଦ୍ର।

ହାତୀ ସୁନା କଳସ ଢାଳିଲା ପରି ସମ୍ଭ୍ରାନ୍ତ ବଂଶୀ ଓ ପ୍ରଭାବଶାଳୀ ପ୍ରଜାମାନେ କପିଳେଶ୍ୱରଙ୍କୁ ଶାସକ ଭାବେ ଗ୍ରହଣ କଲେ। ପ୍ରଚାର ହେଲା '*ତାଙ୍କୁ ହିଁ ଦାୟାଦ ଭାବେ ଗ୍ରହଣ କରିବା ପାଇଁ ମତ୍ତଭାନୁ ଦେବ ଶ୍ରୀଜଗନ୍ନାଥଙ୍କ ଆଶୀର୍ବାଦ ପାଇଛନ୍ତି। ସେ ଜଗନ୍ନାଥଙ୍କ ପୁତ୍ର। ଆଉ ଶ୍ରୀଜଗନ୍ନାଥଙ୍କ ନାମରେ ସେ ଏ ମାଟିର ସନ୍ତାନ ଭାବେ ଶାସନ ପରିଚାଳନା କରିବେ*'।

ଜୁଲାଇ ୨୯, ୧୪୩୫ ମସିହା, ପୁରୁଷୋତ୍ତମ କଟକରୁ ଆରମ୍ଭ ହେଲା ଆଉ ଏକ ରାଜବଂଶର ଶାସନ। ଅସ୍ତ ହେଲା ଗଙ୍ଗ ବଂଶୀୟ ଶୌର୍ଯ୍ୟ। ବୀରାଧିବୀରବର କପିଳେନ୍ଦ୍ର ଦେବଙ୍କ ସହ ଉଦୟ ହେଲା ସୂର୍ଯ୍ୟବଂଶୀ ରାଜ ପରମ୍ପରା। ଏଠି ବଂଶ ଅପେକ୍ଷା ପ୍ରତିଭା ଯେ ଗୁରୁତ୍ୱପୂର୍ଣ୍ଣ; ପ୍ରଜାମାନଙ୍କ ଦ୍ୱାରା ଯେ ରାଜ ଶାସନ ସ୍ଥିର ହୋଇପାରେ ସେହି ମତବାଦର ଆଉ ଏକ ନିଅଁ ପଡ଼ିଲା ଓଡ଼ିଶାରେ। ଶ୍ରୀଜଗନ୍ନାଥଙ୍କ ପାଖରେ ନିଜ ଶାସନକୁ ଉତ୍ସର୍ଗ କରି କପିଳେଶ୍ୱର ଏକ ନୂଆ ଯୁଗର ଆରମ୍ଭ କଲେ ଯାହା କପିଳାବ୍ଦ ଭାବେ ଜଣାଗଲା।

କପିଳେଶ୍ୱରଙ୍କ ଆଗମନ ପରେ ଜଗନ୍ନାଥଙ୍କ ଭାବଧାରା ଏମିତି ପ୍ରଚାର ହେଲା ଯେମିତି ଲାଗୁଥିଲା ଏସବୁ କାର୍ଯ୍ୟ ସମ୍ପାଦନରେ ଜଗନ୍ନାଥ ହିଁ ପ୍ରମୁଖ ଭୂମିକା ଗ୍ରହଣ କରୁଥିଲେ। ବୋଧହୁଏ ସ୍ୱୟଂ ଜଗନ୍ନାଥ ଚାହୁଁଥିଲେ କପିଳେଶ୍ୱରଙ୍କୁ ଶାସକ ଭାବେ ଦେଖିବାକୁ। ସେଇ ଜଗନ୍ନାଥଙ୍କ କିଛି ସେବକ ଓ କଟକର କିଛି ପ୍ରଭାବଶାଳୀ ରାଜକର୍ମଚାରୀଙ୍କ ଦ୍ୱାରା ହିଁ କପିଳେଶ୍ୱର ଆଜି ଗଜପତି। ଏଣୁ ସେଇ ପ୍ରଜାଙ୍କ ଉନ୍ନତି ପାଇଁ ଲାଗିପଡ଼ିଲେ କପିଳେଶ୍ୱର।

ପ୍ରଥମ ଆହ୍ୱାନ କ୍ରମରେ ରାଜ୍ୟର ଆର୍ଥିକ ମଜଭୁତି ଉପରେ ଧ୍ୟାନ ଦେଲେ ବୀରାଧିବୀରବର। ଲୋକଙ୍କ ଉପରେ ଲାଗୁ କରାଯାଇଥିବା ଲୁଣ ଓ କଉଡ଼ି କରକୁ ଉଠାଇବାକୁ ଆଦେଶ ଦେଲେ। ପୁରୀର ବାଣିଜ୍ୟିକ ପେଣ୍ଠସ୍ଥଳଗୁଡ଼ିକୁ ଅଧିକ ମଜଭୁତ କରାଗଲା। ଏଠାରୁ ଯେଉଁ ବସ୍ତ୍ର, ମସଲାଜାତ ଦ୍ରବ୍ୟ ଜାହାଜରେ ରପ୍ତାନୀ କରାଯାଉଥିଲା ତାହା କିପରି ସୁରକ୍ଷିତ ଭାବେ ଚାଲିପାରିବ ସେଥିପ୍ରତି ଧ୍ୟାନ ଦେବାକୁ କର୍ମଚାରୀଙ୍କୁ ନିଯୁକ୍ତି ଦିଆଗଲା। ଫଳରେ ରାଜ୍ୟରେ ପୁଣିଥରେ ବାଣିଜ୍ୟ କାରବାର ସୁଦୃଢ଼ ହୋଇପାରିଲା। କଉଡ଼ି ଆମଦାନୀ ଦ୍ୱାରା ରାଜ୍ୟରେ ନେଣଦେଣ ପ୍ରକ୍ରିୟା ସୁରୁଖୁରୁ ହୋଇପାରୁଥିବାରୁ ତା' ଉପରେ ଲାଗୁ କରାଯାଇଥିବା କରକୁ ମଧ୍ୟ ଉଠାଇବାକୁ ନିର୍ଦ୍ଦେଶ ଦେଲେ।

ହଁ, ରାଜଗାଦି ଉପରେ ବସି ରାଜଦଣ୍ଡ ଧରି ବୀରାଧିବୀରବର କପିଳେନ୍ଦ୍ର ଏସବୁ ଗୁରୁତ୍ୱପୂର୍ଣ୍ଣ ଆଦେଶ ଦେଲେ ନାହିଁ। ପ୍ରଜାଙ୍କ ଏକତାକୁ ନିଜର ଶକ୍ତିକେନ୍ଦ୍ର ଭାବେ ଗ୍ରହଣ କରିଥିବା ଏହି ରାଜନ୍ ଲୋକଙ୍କ ଧର୍ମୀୟ ଭାବନାକୁ ଭିତ୍ତିକରି ରାଜ୍ୟ ଶାସନର ମଞ୍ଜି ପୋତିଲେ। ଯେଉଁ ମଞ୍ଜି ଦିନେ ଗଙ୍ଗବଂଶର ଶାସକମାନେ ପୁରୀରେ ପୋତି ସବୁ ପନ୍ଥଙ୍କୁ ଏକାଠି କରିପାରିଥିଲେ, ସେହି ପନ୍ଥାକୁ ଆପଣାଇଲେ କପିଳେନ୍ଦ୍ର।

ଶ୍ରୀମନ୍ଦିରରେ ଶ୍ରୀଜଗନ୍ନାଥଙ୍କ ପାଖରେ ନିଜ ପୂଜାର୍ଚ୍ଚନା ସାରିବା ପରେ ଏସବୁ ନିଷ୍ପତ୍ତି ବିଷୟରେ ପ୍ରଜାମାନଙ୍କୁ ଅବଗତ କରାଇଲେ ସ୍ୱୟଂ ଗଜପତି କପିଳେଶ୍ୱର। ଜୟ ବିଜୟ ଦ୍ୱାରଦେଶରେ ଏଥିପାଇଁ ପଥର ଖୋଦନ କରାଇ ସେ ନିଜ ଶାସନ ଓ କର ବ୍ୟବସ୍ଥା ତଥା ନୂଆ ନୀତି ସମ୍ପର୍କରେ ଉଲ୍ଲେଖ କରିଲେ।[୨୩] କକାଇ ସାନ୍ତରା, ଗୋପୀନାଥ ମହାପାତ୍ର, ଜଳେଶ୍ୱର ସେନା ନରେନ୍ଦ୍ର, କାଶୀ ବିଦ୍ୟାଧର, ବେଲେଶ୍ୱର ପ୍ରହରାଜ, ଲଖଣ ପୁରୋହିତ, ପଟ୍ଟନାୟକ ଦାମୋଦର ମହାସେନାପତି ପ୍ରମୁଖ କପିଳେଶ୍ୱରଙ୍କୁ ବେଶ୍ ସହାୟକ ହୋଇଥିଲେ। ଏହି ଆଦେଶ ଯିଏ ନ ମାନିବ ସେ ଜଗନ୍ନାଥ ଦ୍ରୋହୀ ହେବ ବୋଲି ମଧ୍ୟ କାନ୍ଥରେ ଉଲ୍ଲେଖ କରିଲେ। ଏହି ଅବସରରେ ଗଜପତି ମହାରାଜା ପ୍ରମୁଖ ପ୍ରଜା ମୁଖିଆଙ୍କୁ ଶାସନର ମୁଖ୍ୟ ସ୍ରୋତରେ ନିଷ୍ପତ୍ତି ନିର୍ଦ୍ଧାରକ ଭାବେ ନିଯୁକ୍ତ କଲେ। ଗୋପୀନାଥଙ୍କୁ ଛାମୁ ମଙ୍ଗରାଜ ବା ସେନାପତି ଅର୍ଥାତ୍ କମାଣ୍ଡର ପଦବୀକୁ ପଦୋନ୍ନତି ଦିଆଗଲା। ଏହାଦ୍ୱାରା ପ୍ରଥମ ଥର ପାଇଁ କୌଣସି ବ୍ରାହ୍ମଣଙ୍କୁ ସେନାପତି ପଦବୀରେ ଓଡ଼ିଶା ଶାସନ ଦେଖିଲା।

(୧୭)

ରାଷ୍ଟ୍ର ଦେବତା

ଗଙ୍ଗବଂଶୀୟ ଶାସନକୁ ପ୍ରତିହତ କରି ସେନାଧ୍ୟକ୍ଷ କପିଳେନ୍ଦ୍ର ରାଉତରାୟ ଓଡ଼ିଶାର ଶାସନଭାର ଗ୍ରହଣ କରିଛନ୍ତି। ନିଜକୁ ଜଗନ୍ନାଥଙ୍କ ପୁତ୍ର ବୋଲି କହି ସାରା ରାଜ୍ୟକୁ ତାଙ୍କରି ପାଦ ତଳେ ଉତ୍ସର୍ଗ କରିଛନ୍ତି। ଏହାଦ୍ୱାରା ପ୍ରଜାଙ୍କ ଆସ୍ଥା ତାଙ୍କ ଉପରେ ବୃଦ୍ଧି ପାଇଛି। ଶାସନର ୪ ବର୍ଷ ସମୟ ଭିତରେ ସେ ଜଗନ୍ନାଥ ମନ୍ଦିରରେ ନିଜ ଶାସନ ବ୍ୟବସ୍ଥା ସମ୍ପର୍କରେ ସ୍ପଷ୍ଟ କରି ପ୍ରଜାମାନଙ୍କ ପ୍ରତି ଅତ୍ୟାଚାରୀ ନହୋଇ ସେମାନଙ୍କ ସେବକଭାବେ କାମ କରିବାକୁ ଆଦେଶ ଦେଇଛନ୍ତି। ଯଦି କେହି ତାଙ୍କ ଆଦେଶକୁ ଅବମାନନା କରିବେ, ତେବେ ତାଙ୍କ ବିଚାର ସ୍ୱୟଂ ଜଗନ୍ନାଥ କରିବେ ବୋଲି କପିଳେଶ୍ୱର ପ୍ରଚାର କରିଛନ୍ତି। ଅର୍ଥାତ୍ ସାମନ୍ତ ରାଜାଙ୍କୁ ଧମକ ଦେବା ସହ ନିଜେ ପ୍ରଜାବତ୍ସଳ ହୋଇ ଗଜପତି ସାମ୍ରାଜ୍ୟର ଏକ ମଜଭୁତ ମୂଳଦୁଆ ପକାଇଛନ୍ତି।

ଉତ୍‌କ୍ଷିପ୍ତ ହେଲେ ଗଙ୍ଗବଂଶୀ ଦାୟାଦମାନେ। ରାଜ୍ୟ ଭିତରେ ଅଶାନ୍ତି ବାତାବରଣ ସୃଷ୍ଟି ପାଇଁ ଚେଷ୍ଟା କଲେ। ବିଭିନ୍ନ ସ୍ଥାନରେ ଥିବା ସାମନ୍ତ ରାଜାମାନଙ୍କ ସହ ମିଶି ସେମାନେ ବିଦ୍ରୋହ ସୃଷ୍ଟି କଲେ। ଯାହା କପିଳେନ୍ଦ୍ରଙ୍କ ପାଇଁ ଏକ ଆହ୍ୱାନ ଭାବେ ଉଭା ହେଲା। ଏହାକୁ ଦେଖି କପିଳେଶ୍ୱର ଅଧିକ ଦୃଢ଼ ହୋଇଗଲେ। ଗଜପତି ଭାବେ ନିଜକୁ ପରିଚୟ ଦେଇ କପିଳେଶ୍ୱର ଗଙ୍ଗବଂଶୀ ଦାୟାଦମାନଙ୍କୁ ଚେତାବନୀ ଦେଲେ- *'ଯଦି ଏ ରାଜ୍ୟରେ ରହିବାକୁ ଚାହୁଁଛନ୍ତି ତେବେ ଶାନ୍ତିରେ ଗଜପତିଙ୍କ ଆଦେଶ ମାନନ୍ତୁ। ନହେଲେ ସମ୍ପତ୍ତି ବାଜ୍ୟାପ୍ତ ହେବ ଏବଂ ଗଜପତି ରାଜ୍ୟରୁ ସେମାନଙ୍କୁ ବହିଷ୍କାର କରାଯିବ'।*

ଏହା କେବଳ ମନ୍ତ୍ରୀ ଓ ପାର୍ଷଦ ତଥା ସାମନ୍ତ ରାଜାଙ୍କ ମନରେ ଆତଙ୍କ ସୃଷ୍ଟି କଲା ତାହା ନୁହେଁ; ରାଜାଙ୍କ ଆତ୍ମବିଶ୍ୱାସକୁ ପ୍ରମାଣିତ କରୁଥିଲା। ଏକ ବଳିଷ୍ଠ ସାମ୍ରାଜ୍ୟର ମୂଳଦୁଆ ପକାଇବାରେ ଏପରି କଠୋର ଏବଂ ଦୃଢ଼ ମନୋଭାବ ଯଥେଷ୍ଟ ସହାୟକ ହୋଇଥିଲା। ବିଶାଖାପାଟଣାରେ ଥିବା ଚାଲୁକ୍ୟ ରାଜବଂଶୀ ଦାୟାଦମାନେ ମଧ୍ୟ ଏଥିରେ ଭୟଭୀତ ହେଲେ। କାରଣ ଗଙ୍ଗବଂଶୀ ସାମନ୍ତ ତଥା ପାର୍ଷଦଙ୍କ ସହ ସେମାନଙ୍କର ବୈବାହିକ ସମ୍ପର୍କ ଥିଲା। ଏପରି କଠୋରପଣିଆ ଦ୍ୱାରା ଗଙ୍ଗଙ୍କ ଶକ୍ତି ହ୍ରାସ ପାଇଲା। ଧୀରେଧୀରେ ଗଙ୍ଗବଂଶୀମାନେ ରାଷ୍ଟ୍ରଦ୍ରୋହରୁ ନିଜକୁ ଦୂରେଇବା ଆରମ୍ଭ କରିଥିଲେ। ଆଉ ବାଧ୍ୟହୋଇ ଗଜପତିଙ୍କୁ ସମର୍ଥନ କଲେ। ଜଗନ୍ନାଥ ସଂସ୍କୃତି ଓ ଭାବଧାରା ଚାରିଆଡ଼େ ପ୍ରତିଫଳିତ ହେଲା। ଗଜପତି ଶାସନର ସଂକେତ ସ୍ୱରୂପ ବିଭିନ୍ନ ସ୍ଥାନରେ ଗଜ ପୂଜା ଆରମ୍ଭ ହେଲା। ପୁରୁଷୋତ୍ତମ କଟକକୁ ସାମନ୍ତମାନଙ୍କ ସୁଅ ଛୁଟିଲା। ସେମାନେ ଜଗନ୍ନାଥଙ୍କ ଆଶୀର୍ବାଦ ମନାସିବା ସହ ଜଗନ୍ନାଥ ମନ୍ଦିରକୁ ଅନେକ ଧନ ସମ୍ପତ୍ତି ଦାନ ଦେଲେ। ଛାମୁ ଜଗନ୍ନାଥ ମନ୍ଦିରର ଏକ ବାହାର ବେଢ଼ା ତିଆରି କଲେ। କୁରୁମ ବେଢ଼ାଠାରୁ ଏହା ଅଧିକ ଉଚ୍ଚ ଆଉ ଶକ୍ତ ରହିଲା। ମନ୍ଦିରକୁ ଅଧିକ ସୁରକ୍ଷିତ କରିବା ଏହାର ଉଦ୍ଦେଶ୍ୟ ଥିଲ। ଏହାବାଦ୍ ପୁରୀର ସଂସ୍କୃତି ଓ ଧର୍ମୀୟ ଭାବନାକୁ ସୁଦୂରପ୍ରସାରୀ କରିବା ପାଇଁ ଉଦ୍ୟମ ହେଲା। ବିଭିନ୍ନ ସାମନ୍ତ ରାଜ୍ୟରେ ଦଧିବାମନ ମନ୍ଦିର ପ୍ରତିଷ୍ଠା ହେଲା। ଯେଉଁ ଅଞ୍ଚଳ ଗଜପତି ସାମ୍ରାଜ୍ୟରେ ଅନ୍ତର୍ଭୁକ୍ତ ହେଉଥିଲା ସେଠାରେ ଜଗନ୍ନାଥଙ୍କୁ ଦଧିବାମନ ଭାବେ ପୂଜା କରିବା ବାଧ୍ୟତାମୂଳକ ହେଲା। ଏପରିକି ସାମନ୍ତରାଜାମାନଙ୍କୁ ଉପହାର ସ୍ୱରୂପ ପୁରୀରୁ ଜଗନ୍ନାଥଙ୍କ ଆଶୀର୍ବାଦ ନେଇ ଶ୍ରୀଜଗନ୍ନାଥଙ୍କ ଏକକ ମୂର୍ତ୍ତି ମଧ୍ୟ ପ୍ରେରଣ ଆରମ୍ଭ ହେଲା।

ଅପରପକ୍ଷେ ଶୈବପନ୍ଥୀଙ୍କ ମନ ଜିଣିବା ଲାଗି ରାଜ୍ୟରେ ଥିବା ସମସ୍ତ ଶୈବ ମନ୍ଦିରର ରକ୍ଷଣାବେକ୍ଷଣ ଓ ଉନ୍ନତି ପାଇଁ ମଧ୍ୟ କପିଳେଶ୍ୱର ଅଧିକ ଯତ୍ନବାନ ହେଲେ। ଫଳରେ ଶୈବ, ଶାକ୍ତ ଓ ବୈଷ୍ଣବ ସମସ୍ତଙ୍କ ପାଖରେ ଗଜପତି ପ୍ରିୟ ହୋଇପାରିଲେ। ଏହିପରି ଭାବେ ଶାସନକୁ ହାତକୁ ନେବା ପରେ ପାଖାପାଖି ୭ ବର୍ଷ ସମୟ ଲାଗିଥିଲା କପିଳେଶ୍ୱରଙ୍କୁ ରାଜ୍ୟ ଭିତରେ ଏକ ଶାନ୍ତି ବାତାବରଣ ଆଣି ସମସ୍ତଙ୍କ ମନ ଜିତିବାକୁ। ଜଗନ୍ନାଥଙ୍କ ପାଖରେ ନିଜକୁ ଅର୍ପଣ କରି ବୈଷ୍ଣବବାଦରେ ବିଶ୍ୱାସ ରଖିଥିଲେ ମଧ୍ୟ ହିନ୍ଦୁ ଧର୍ମର ଅନ୍ୟ ସମ୍ପ୍ରଦାୟକୁ ଭୁଲି ନଥିଲେ ମହାନୁଭବୀ କପିଳେନ୍ଦ୍ର। କାରଣ ପୂର୍ବରୁ ଓଡ଼ିଶାରେ ଥିବା ତିନି ସମ୍ପ୍ରଦାୟ ଯଥା ବୈଷ୍ଣବ, ଶକ୍ତ ଏବଂ ଶୈବଙ୍କ ମଧ୍ୟରେ ଉତ୍ତମ ସମ୍ପର୍କ ରକ୍ଷା ପାଇଁ ପୁରୁଷୋତ୍ତମ କଟକଠାରେ ତ୍ରିମୂର୍ତ୍ତି ପୂଜା ପ୍ରଚଳନ କରାଯାଇଛି। ତଥାପି ରାଜ୍ୟରେ ଅନ୍ୟ ମନ୍ଦିରଗୁଡ଼ିକ ପ୍ରତି ଅନେକ ଲୋକ ଜଡ଼ିତ ଥିବାରୁ ସେ ସେମାନଙ୍କ ମନରେ ଆଘାତ ଦେବାକୁ ଚାହୁଁ ନଥିଲେ। ଏହି କ୍ରମରେ ସେ ଲିଙ୍ଗରାଜ ମନ୍ଦିରକୁ ଜମି ଦାନ କରିବା ସହ ରକ୍ଷଣାବେକ୍ଷଣ ପାଇଁ ସ୍ୱତନ୍ତ୍ର ରାଜସ୍ୱର ବ୍ୟବସ୍ଥା କରିଲେ। ଲିଙ୍ଗରାଜଙ୍କୁ ଭୁବନେଶ୍ୱରର ଇଷ୍ଟଦେବ ବୋଲି ମଧ୍ୟ ସ୍ୱୀକାର କଲେ। ପ୍ରାଚୀ ନଦୀକୂଳରେ ଥିବା ଅଷ୍ଟଶମ୍ଭୁଙ୍କୁ ମଧ୍ୟ ଯଥା ରୀତିରେ ପୂଜା ପାଇଁ ଅନୁମତି ଦେଲେ। ଶାକ୍ତ ଧର୍ମାବଲମ୍ବୀଙ୍କ ନିମନ୍ତେ ସେ ଅନୁରୂପ ବ୍ୟବସ୍ଥା ଆପଣାଇଥିଲେ।

ସବୁ ପନ୍ଥର ସ୍ୱତନ୍ତ୍ର ଗରିମା, ରୀତିନୀତି, ଉପାସନା ମାର୍ଗ ବାବଦରେ ପ୍ରଚାର ପ୍ରସାର ହେବା ଆବଶ୍ୟକ ବୋଲି ସେ ଅନୁଭବ କଲେ। ଫଳରେ ଧର୍ମ ଭିତରେ ଲୁଚିଥିବା ନୀତି ଅନୁସାରେ

ଲୋକେ ନିଜର ଜୀବନମାର୍ଗ ବାଛିବେ। ପରସ୍ପର ଭିତରେ ଝଗଡ଼ାରୁ ନିବୃତ୍ତ ହେବେ। ଏଣୁ ଛାମୁ ଅନୁଭବ କଲେ ସବୁ ସମ୍ପ୍ରଦାୟ ବାବଦରେ ଆବଶ୍ୟକ ପ୍ରଚାର ହେବା ଆବଶ୍ୟକ। ବିଶେଷକରି ଜଗନ୍ନାଥଙ୍କ ଗୁଣଗାନ ବିସ୍ତୃତ ହେବା ଜରୁରୀ। ସଂସ୍କୃତରେ ଥିବା କାବ୍ୟଗୁଡ଼ିକ ସାଧାରଣ ଲୋକଙ୍କ ପାଖରେ ପହଞ୍ଚିବା କଷ୍ଟକର ହେଉଥିବାରୁ ସେ ତାହାର ଓଡ଼ିଆରେ ରୂପାନ୍ତରୀକରଣ କରିବା ପାଇଁ ଚାହିଁଲେ। ନିଜ ପାଣ୍ଡିତ୍ୟ, ସୁବିଚାରକୁ ବିନିଯୋଗ କରି ସେ ରଚନା କଲେ ପର୍ଶୁରାମ ବିଜୟ ନାଟକ। ଏହି ନାଟକରେ ଛାମୁ ସ୍ୱୟଂ ପର୍ଶୁରାମ ଭାବେ ନିଜକୁ ଆବିର୍ଭୂତ କଲେ। ଏ ଦେଶରେ ଜଗନ୍ନାଥଙ୍କ ନାମରେ ଶାସନକୁ ପୁଣିଥରେ ଉଜ୍ଜୀବିତ କରିବା ପାଇଁ ଚେଷ୍ଟା କଲେ। ଏହାଛଡ଼ା କବି ସିଦ୍ଧେଶ୍ୱର ପରିଡ଼ାଙ୍କୁ ମଧ୍ୟ ସସମ୍ମାନେ ନିଜର କାବ୍ୟ ପ୍ରସ୍ତୁତ କରିବାକୁ ପ୍ରୋତ୍ସାହନ ଦେଲେ। ଝଙ୍କଡ଼ର ମା' ଶାରଳାଙ୍କ ଉପାସକ ସିଦ୍ଧେଶ୍ୱର ନିଜକୁ ସାରଳା ଦାସ ଭାବେ ପରିଚୟ ଦେଇ ଓଡ଼ିଆରେ ମହାଭାରତ ସୃଷ୍ଟି କଲେ। ଏହାସହ ବିଲଙ୍କା ରାମାୟଣ, ଚଣ୍ଡୀ ପୁରାଣ ପ୍ରଭୃତି ରଚନା କଲେ। ଏସବୁ ଉଦ୍ୟମରେ ଓଡ଼ିଆ ସାହିତ୍ୟ ପାଇଁ ଲୋକଙ୍କ ମନରେ ସ୍ୱତନ୍ତ୍ର ରୁଚି ସୃଷ୍ଟି ହୋଇପାରିଲା। ପାଠକ ସଂଖ୍ୟା ବଢ଼ିଲା। ଲୋକଙ୍କ ମୁହଁରେ ଯେମିତି ଆଧାତ୍ମ ଚିନ୍ତାଧାରାର ପ୍ରସାର ହେବ ସେଥିଲାଗି ବସ୍ତ ଦାସ ଓ ମାର୍କଣ୍ଡଙ୍କ ପରି ବିଦ୍ୟାରତ୍ନମାନେ ଚଉତିଶା ଓ କେଶବ କୋଇଲି ପ୍ରଭୃତି ଗ୍ରନ୍ଥମାନ ଓଡ଼ିଆ ଭାଷାରେ ରଚନା କରିଲେ। ଏହିପରି ଭାବେ ସାହିତ୍ୟ ମାଧ୍ୟମରେ ଲୋକଙ୍କ ସହ ଏକ ସମ୍ପର୍କର ଯୋଡ଼ ସୃଷ୍ଟି କଲେ କପିଳେନ୍ଦ୍ର। ଏହି ଅଭିନବ ପ୍ରକ୍ରିୟା ସେତେବେଳେ ଛାମୁଙ୍କୁ ପ୍ରଜାନୁରାଗୀ ହେବାକୁ ଆହୁରି ସହାୟକ ହୋଇପାରିଥିଲା। ତା' ପରେ ଗଜପତି ଆରମ୍ଭ କଲେ ନିଜର ବାହ୍ୟ ଶତ୍ରୁ ଦମନ ପ୍ରକ୍ରିୟା।

(୧୮)

ରାଜମୁଣ୍ଡାରୀ

ବିଳିଷ୍ଠ ନୀତି ଓ ରାଜ କର୍ମଚାରୀଙ୍କ ଶୃଙ୍ଖଳାଗତ ଆଚରଣ ଦ୍ୱାରା ରାଜ୍ୟ ଭିତରେ ଶାନ୍ତି ପ୍ରତିଷ୍ଠା ହେଲା । ଗଜପତି ଯେ ଏକମାତ୍ର ସମ୍ରାଟ ତାହା ପ୍ରତିପାଦିତ ହେଲା । ଶ୍ରୀ ଜଗନ୍ନାଥଙ୍କ ପାଦଦେଶରେ ନିଜକୁ ସମର୍ପିତ କରି ଗଜପତି କପିଳେଶ୍ୱର ଦେବ ଏବେ ଚାହିଁଲେ ଅନ୍ୟ ରାଜ୍ୟ ଜୟ କରିବାକୁ । ଅର୍ଥାତ୍ ରାଜ୍ୟ ଜୟ କରିବା ଯେ ଜଣେ ରାଜାର କର୍ତ୍ତବ୍ୟ ତାହା ଭୁଲି ନଥିଲେ କପିଳେଶ୍ୱର । ଅନ୍ୟ ପକ୍ଷରେ ଅତୀତରେ ଯେଉଁ ଓଡ଼ିଶା ଆଗଙ୍ଗା ଗୋଦାବରୀ ଯାଏ ବିସ୍ତୃତ ହୋଇ ଓଡ଼ିଆଙ୍କ ଗୌରବକୁ ପରିସ୍ଫୁଟ କରିଥିଲା, ତାହାକୁ ଫେରାଇବାକୁ ପଡ଼ିବ ବୋଲି କପିଳେଶ୍ୱର ପଣ କଲେ ।

ଦାକ୍ଷିଣାତ୍ୟରେ ଦେବରାୟଙ୍କ ଅନ୍ତ ହେଲା । ଆଉ ଏହିହେତୁ ରାଜମୁଣ୍ଡାରୀରେ ରାଜନୈତିକ ଅସ୍ଥିରତା ଦେଖାଦେଲା । ଏହାର ଫାଇଦା ନେବାକୁ ଯାଇ ଗଜପତି ବାହାରିଲେ ଦାକ୍ଷିଣାତ୍ୟ ଅଭିଯାନରେ । ଶ୍ରୀଜଗନ୍ନାଥଙ୍କ ଆଶୀର୍ବାଦରେ ରାଜମୁଣ୍ଡାରୀ ଜୟ ହେଲା । ବିଶାଖାପଟନମ୍ ଅନ୍ତର୍ଭୁକ୍ତ ହେଲା ଓଡ଼ିଶାରେ । ପେଣୁଗୁଣ୍ଡା, ଗୋଦାବରୀ ଓଡ଼ିଶାରେ ପୁଣିଥରେ ମିଶିଲା । ରଘୁଦେବ ନରେନ୍ଦ୍ର ମହାପାତ୍ରଙ୍କୁ କପିଳେନ୍ଦ୍ର ରାଜମୁଣ୍ଡାରୀରେ ଅଧିଷ୍ଠିତ କରାଇ କଟକ ଫେରିଆସିଲେ । କିଛିଦିନ ପରେ ପୁଣି କୃଷ୍ଣା ନଦୀ ପାର ହୋଇ କୋଣ୍ଡାବିଡ୍ଡୁ ଜୟ କଲେ । ଗଣଦେବ ରାଉତରାୟଙ୍କୁ ସେଠାର ପରିଛା ଭାବେ ନିଯୁକ୍ତ କଲେ । ଗଜପତିଙ୍କ ପୁଅ ହମ୍ବୀର ଦେବ ସେଠାରେ ବାପାଙ୍କ ଆଧିପତ୍ୟକୁ ବିସ୍ତାର କଲେ । ଦାକ୍ଷିଣାତ୍ୟର ସେନାପତି ତଥା ସମ୍ରାଟ ଭାବେ ସେ ପରିଚିତ ହେଲେ ।

ଦାକ୍ଷିଣାତ୍ୟ ଜୟ କଲା ପରେ ଏବେ ଗୌଡ଼ ଦେଶର ପାଳି । ଯେଉଁ ଗୌଡ଼ ଦେଶରେ ନିଯୁକ୍ତ ପଠାଣ ସରକାରମାନେ ସବୁବେଳେ ଶ୍ରୀଜଗନ୍ନାଥଙ୍କ ଉପରେ ଲୋଲୁପ ଦୃଷ୍ଟି ପକାଇଛନ୍ତି । ଇତିହାସ ପୃଷ୍ଠାରେ ସେମାନେ ରାଜା ନଥିବା ବେଳେ ମନ୍ଦିର ଆକ୍ରମଣ କରି

ଏଠାରୁ ଧନ ସମ୍ପତ୍ତି ଲୁଟି ନେଇଛନ୍ତି, ଏଠା ଲୋକଙ୍କ ମନରେ ଅସୁରକ୍ଷିତ ଭାବନା ସୃଷ୍ଟି କରିଛନ୍ତି- ଏବେ ସେମାନଙ୍କ ଉପରେ ଜଗନ୍ନାଥ ଦେଶର ଜୟ ଦେଖାଇବାକୁ ପଡ଼ିବ। ଏହି କ୍ରମରେ ଗୌଡ଼ ଦେଶର ମୁସଲମାନ ଶାସକ ମାଲିକ ବାଦ୍‌ଶାହଙ୍କ ସହ ଯୁଦ୍ଧ ହେଲା। ସମଗ୍ର ଗୌଡ଼ ଦେଶ ଜୟ ହେଲା।

ଏକ ସ୍ଥିର ଶାସନ ଦେବା ସହ ରାଜ୍ୟର ସୀମା ବୃଦ୍ଧି କରିଥିବାରୁ କପିଳେଶ୍ୱରଙ୍କ ଖାତିର ବେଶ୍ ବଢ଼ିଗଲା। ଦିଗ୍‌ବିଜୟୀ ଗଜପତି ଗୌଡ଼େଶ୍ୱର କପିଳେନ୍ଦ୍ର ଦେବ ଭାବେ ସେ ପରିଚିତ ହେଲେ। ପୁରୁଷୋତ୍ତମ କଟକ ଫେରିବା ପରେ ସେ ଶ୍ରୀଜଗନ୍ନାଥଙ୍କ କରକମଳରେ ନିଜର କୃତଜ୍ଞତା ପ୍ରକାଶ କଲେ। ଦାକ୍ଷିଣାତ୍ୟ ବିଜୟର ଉପହାର ସ୍ୱରୂପ ତାଙ୍କୁ 'ପଣ୍ଡୁରୀକ୍ଷ ଗୋପ' ନାମକ ଏକ ମୂଲ୍ୟବାନ ଶାଢ଼ି ଅର୍ପଣ କଲେ। ନିଜକୁ ଗୌଡ଼େଶ୍ୱର ଭାବେ ପରିଚୟ କରାଇ ଜଗନ୍ନାଥଙ୍କ ମନ୍ଦିର ଦ୍ୱାରଦେଶରେ କୃତଜ୍ଞତା ଜ୍ଞାପନ କଲେ। ଏବେ ଦିଗ୍‌ବିଜୟ ହୋଇଥିବା ରାଜ୍ୟଗୁଡ଼ିକରେ ଯିଏ ଗଜପତି ଶାସନକୁ ଉଲ୍ଲଘଂନ କରିବ ସେ ଜଗନ୍ନାଥ ଦ୍ରୋହୀ ବୋଲି ବିଚାର କରାଯିବ। ଅର୍ଥାତ୍ ବିଜୟନଗରମ୍ ଓ ଓଡ଼ିଶାର ଶାସନ ଜଗନ୍ନାଥଙ୍କ ଆଶ୍ରିତ ହେଲା। ଏହାଥିଲା ଗୌଡ଼େଶ୍ୱର ପ୍ରତାପ କପିଳେଶ୍ୱରଙ୍କ ୧୯ତମ ଅଙ୍କରେ ଶାସନ ସମୟ।

ସେପଟେ ଦାକ୍ଷିଣାତ୍ୟରେ କପିଳେନ୍ଦ୍ରଙ୍କ ପୁଅ ହମ୍ବୀର ନିଜକୁ ଜଣେ ବଡ଼ ଯୋଦ୍ଧା ଭାବେ ପରିଚୟ ଦେଇଥାନ୍ତି। କାବେରୀ ନଦୀ କୂଳରେ ସେ ଗଜପତି ସାମ୍ରାଜ୍ୟକୁ ଆହୁରି ବିସ୍ତାର କରିବା ଉଦ୍ୟମରେ ଥାଆନ୍ତି। ବାପାଙ୍କ ଭଳି ଜଣେ ଭଲ ଶାସକ ଭାବେ ପରିଚୟ ଦେବା ତାଙ୍କ ଉଦ୍ଦେଶ୍ୟ ଥାଏ। ସେ କାବେରୀ ନଦୀକୂଳରେ ଶ୍ରୀରଙ୍ଗମ ମନ୍ଦିରରେ ପୂଜାର୍ଚ୍ଚନା କରି କର୍ଣ୍ଣାଟକ ଅଭିମୁଖୀ ହେଲେ। ମୁନ୍ନୁର ଓ ଆରକଟ ଜୟ ହେଲା। କୃତଜ୍ଞତା ସ୍ୱରୂପ ଶ୍ରୀରଙ୍ଗମ୍ ମନ୍ଦିରର ଉନ୍ନତି ପାଇଁ ଜମି ବ୍ୟବସ୍ଥା କରାଗଲା। ଏ ମନ୍ଦିରରେ ଦୀପ ଜାଳିବା ତଥା କ୍ଷୀର ସେବା ପାଇଁ ଏଠା ଲୋକଙ୍କୁ ଗୋ-ଦାନ କରିଲେ ହମ୍ବୀର ଦେବ। କପିଳେନ୍ଦ୍ର ଦେବଙ୍କ ନାତି ତଥା ହମ୍ବୀର ଦେବଙ୍କ ପୁତ୍ର କପିଳେଶ୍ୱର ଦେବଙ୍କୁ ସେଠାରେ ଶାସକ ପରୀକ୍ଷା ମୂଳକ ଭାବେ ଅଧିଷ୍ଠିତ କରାଗଲା। କର୍ଣ୍ଣାଟକ ଜୟ ହେବା ଫଳରେ କପିଳେନ୍ଦ୍ର ନିଜକୁ ନବକୋଟି କର୍ଣ୍ଣାଟ କଳବର୍ଗେଶ୍ୱର ଉପାଧିରେ ଭୂଷିତ କରିଲେ। ସମସ୍ତ ଧନରତ୍ନକୁ ଜଗନ୍ନାଥଙ୍କ ଉଦ୍ଦେଶ୍ୟରେ ଦାନ ଦେଲେ। ବ୍ରାହ୍ମଣମାନଙ୍କୁ ଅତିରିକ୍ତ ଧନ ସହ ଭୂମି ଦାନ କଲେ। ନିଜକୁ ଜଗନ୍ନାଥଙ୍କ ସେବକ ବୋଲି କହି ଭୀମକର ମହାପାତ୍ର, ଜମ୍ବେଶ୍ୱର ମହାପାତ୍ର, କରମୁ ମହାପାତ୍ର, ନାଥ ମହାପାତ୍ରଙ୍କ ଉପସ୍ଥିତିରେ ଜୟବିଜୟ ଦ୍ୱାର ନିକଟରେ ଏଥିନେଇ ଶିଳାଲେଖ ସ୍ଥାପନ କଲେ।

କିନ୍ତୁ ଏହି ବିଜୟ ଅଧିକ ଦିନ ବ୍ୟାପ୍ତ ହୋଇପାରିଲା ନାହିଁ। କପିଳେନ୍ଦ୍ରଙ୍କ ପୁଅମାନଙ୍କ ମଧ୍ୟରେ ଅସନ୍ତୋଷ ଆରମ୍ଭ ହୋଇସାରିଥିଲା। ବାପାଙ୍କ ଅବସାନ ପରେ କିଏ ଶାସକ ହେବ ସେ ନେଇ ଦ୍ୱନ୍ଦ୍ୱ ଆରମ୍ଭ ହେଉଥାଏ। ଏପଟେ ଦାକ୍ଷିଣାତ୍ୟ ଜୟ କରିଥିବା ବଡ଼ ପୁଅ ହମ୍ବୀର ଦେବଙ୍କ ଉପରେ ଗଜପତି ସମ୍ପୂର୍ଣ୍ଣ ଭାବେ ଭରସା କରିପାରୁ ନଥାନ୍ତି। ୧୮ ଜଣ ପୁଅ ଏହା ମଧ୍ୟରେ ରାଜ୍ୟ ଭାର ପାଇଁ ଉଦ୍ୟମ ଆରମ୍ଭ କରିଥାନ୍ତି। ସେପଟେ ଏହି ଅସନ୍ତୋଷକୁ ଲକ୍ଷ୍ୟ କରି କାବେରୀକୂଳରେ ଗଜପତି ଶାସନ ଦ୍ୱନ୍ଦ୍ୱ ମଧ୍ୟକୁ ଠେଲି ହୋଇ ଚାଲୁଥାଏ।
ମାତ୍ର ବର୍ଷକ ଭିତରେ କର୍ଣ୍ଣାଟକର ସାଲ୍ୱ ନରସିଂହ ପୁଣିଥରେ ନିଜକୁ ସକ୍ରିୟ କରାଇ ନିଜ

ରାଜ୍ୟ ଦଖଲ ପାଇଁ ଉଦ୍ୟମ କଲେ। ୧୪୬୫ ମସିହାରେ ସେ କାବେରୀ କୂଳରୁ ଓଡ଼ିଆ ସେନାକୁ ହଟାଇବାରେ ସଫଳ ହୋଇପାରିଲେ। ଓଡ଼ିଶାରେ ଥିବା କିଛି ସାମନ୍ତ ରାଜାଙ୍କ କୁଚକ୍ରାନ୍ତ ଫଳରେ ବିଦେଶୀ ଶକ୍ତି ଏପରି ଆଚରଣ କରୁଥିବାର ଅନୁମାନ କଲେ କପିଳେନ୍ଦ୍ର। ଏହି କ୍ରମରେ ସେ ପୁରୁଷୋତ୍ତମ କଟକକୁ ଚାଲିଲେ ଶ୍ରୀଜଗନ୍ନାଥଙ୍କ ସାମନାରେ ଏହାକୁ ପ୍ରକାଶ କରିବାକୁ। ଦୁଃଖ ଜଣାଇବାକୁ। ଯାହାଙ୍କ କୃପାରୁ ସେ ଆଜି ନବକୋଟି କର୍ଣ୍ଣାଟ କଳବର୍ଗେଶ୍ୱର ଗଜପତି ମହାରାଜା, ଆଜି କ'ଣ ତାଙ୍କ ଅନ୍ତ ବେଳକୁ ସେ ସବୁ କ୍ଷୁଣ୍ଣ ହୋଇଯିବ? ଗୁହାରି ପଡ଼ିଲେ ଜଗନ୍ନାଥଙ୍କ ତଳେ ଆଉ ପରବର୍ତ୍ତୀ ଆଦେଶ କାମନା କଲେ।

ଶ୍ରୀଜଗନ୍ନାଥ ମନ୍ଦିର ଲୋକାରଣ୍ୟରେ ପୂରି ଉଠିଲା। ଗଜପତି ଆସିଥିବା ଜାଣି ସେବକେ ଖୁସି ହେଲେ। ବିଶାଳ ପୂଜାର ଆୟୋଜନ ହେଲା। ଆଶୀର୍ବାଦ ପ୍ରାପ୍ତ ହେଲେ କପିଳେନ୍ଦ୍ର। ହେଲେ ସେ ଉତ୍ସାହ ଆଉ ନାହିଁ, କି ଉଦ୍ଦୀପନା। ଗଜପତି ଯେତେବେଳେ ଦିଗ୍‌ବିଜୟରେ ଯାତ୍ରା କରୁଥିଲେ ସେତେବେଳେ ଚଉଦ ଭୁବନ ପ୍ରକମ୍ପିତ ହେଉଥିଲା। ଆଜି ସେଥିରେ ଶିଥିଳତା ଦେଖା ଦେଇଛି। ଏହାର କାରଣ କ'ଣ ହୋଇପାରେ? ଗଜପତିଙ୍କ ବୃଦ୍ଧାବସ୍ଥା ନା ପାରିବାରିକ କନ୍ଦଳ? ଏହା ମଧ୍ୟରେ କପିଳେନ୍ଦ୍ର ଅଧିକ ଭଲ ପାଉଥିବା ଦାସୀ ଫୁଲବାଇର ପୁତ୍ର ପୁରୁଷୋତ୍ତମଙ୍କୁ ଦାୟାଦ ଭାବେ ବାଛିବା ପାଇଁ ଜଗନ୍ନାଥଙ୍କ ଆଶୀର୍ବାଦ ପାଇଥିବା ପ୍ରଚାର ହେଲା। ନିଜର ଦକ୍ଷତାରେ ପୁରୁଷୋତ୍ତମ କପିଳେନ୍ଦ୍ରଙ୍କୁ ବିମୋହିତ ମଧ୍ୟ କରିଥାନ୍ତି। ଜାରଜ ସନ୍ତାନ ବୋଲି ତାଙ୍କୁ ଅନେକ କହୁଥିଲେ ମଧ୍ୟ ସେ ଯେ ତାଙ୍କ ଔରସରୁ ଜାତ ତାହାକୁ ଅସ୍ୱୀକାର କରିପାରୁ ନଥା'ନ୍ତି କପିଳେନ୍ଦ୍ର। ହେଲେ ବିଧି ଅନୁସାରେ ପାଟରାଣୀଙ୍କ ପୁତ୍ର ହମ୍ବୀର ଦେବଙ୍କୁ କିପରି ବୁଝାଯାଇପାରିବ? ୧୮ ଜଣ ରାଜ ପୁତ୍ର ଥାଉ ଥାଉ ଜଣେ ଦାସୀପୁତ୍ର ରାଜା ହେବେ ଏହାକୁ କିଏ ବା ସହ୍ୟ କରିବ? ଏଥିଲାଗି ପୁଣିଥରେ ଗୋଳ ଆରମ୍ଭ ହୋଇ ଯିବ ନାହିଁ ତ? କ୍ଷମତା ପାଇଁ ରକ୍ତାକ୍ତ ସଂଗ୍ରାମ ଚାଲିବନି ତ? ଆଉ ତାଙ୍କ ଦିଗ୍‌ବିଜୟରେ ଭଙ୍ଗା ପଡ଼ିଯିବ ନାହିଁ ତ? ଏମିତି ଅନେକ ପ୍ରଶ୍ନ କପିଳେନ୍ଦ୍ରଙ୍କ ମାନସପଟରେ ଉଙ୍କି ମାରୁଥାଏ। କିପରି ତାଙ୍କୁ ଶାସନରୁ ଅଲଗା କରାଯାଇ ପାରିବ ଏ ଚିନ୍ତାରେ ପଡ଼ିଥାଆନ୍ତି ଗଜପତି। କିନ୍ତୁ ସାରା ଜୀବନ ଯେତେବେଳେ ଜଗନ୍ନାଥଙ୍କ ଆଦେଶରେ ତାଙ୍କ କରକମଳରେ ଉତ୍ସର୍ଗ କରିଥିଲେ ଏବେ ଶେଷ ବେଳକୁ ଶ୍ରୀଜଗନ୍ନାଥଙ୍କ ବାଣୀକୁ ଅନ୍ୟଥା କାହିଁକି ବା କରିବେ?

ଏହି ଦ୍ୱନ୍ଦ୍ୱ ଭିତରେ କିନ୍ତୁ ଗଜପତି ପ୍ରସ୍ତୁତ ହେଲେ ଯୁଦ୍ଧ ପାଇଁ। ବୃଦ୍ଧ ହେଲେ ବି ସେ ଯେ ଜଣେ ବିଖ୍ୟାତ ଯୋଦ୍ଧା ଏଥିରେ ସନ୍ଦେହ ନଥାଏ। ରାଜ୍ୟ ସୀମାରେ ଯେଉଁ ଅସନ୍ତୋଷ ଚାଲିଥିଲା ତାହାକୁ ପରାହତ କରିବାକୁ ସେ ବାହାରି ପଡ଼ିଲେ କାବେରୀ ଅଭିମୁଖେ। ବାରାଣସୀ କଟକରେ ପୁରୁଷୋତ୍ତମଙ୍କୁ ମନ୍ତ୍ରୀ ଭାବେ ଦାୟିତ୍ୱ ଦେଇ ଏହି ଅଭିଯାନ ଆରମ୍ଭ ହେଲା। ନରସିଂହଙ୍କ ପୁଣିଥରେ ଆବିର୍ଭାବ ହେବାକୁ ସେ ତିଳେମାତ୍ର ଗ୍ରହଣ କରିପାରୁ ନଥିଲେ। ବିଜୟଓ୍ୱାଡ଼ାଠାରେ ପହଞ୍ଚିଲା ପରେ କପିଳେନ୍ଦ୍ରଙ୍କୁ ଯେମିତି ସବୁକିଛି ଅନ୍ଧାର ଦିଶିଲା। ଆଉ ଯେମିତି ସେ ସମର୍ଥ ନୁହନ୍ତି ତାହା ଅନୁମେୟ ହେଲା। ସେ ସେଠାରୁ ଫେରି ଆସିଲେ। ପୁଣିଥରେ ଜଗନ୍ନାଥଙ୍କ ଆଶୀର୍ବାଦ ନେଲେ। ୧୪୬୭ରେ ସେ କୃଷ୍ଣାନଦୀକୂଳରେ ପୁଣି ବିଜୟ ଅଭିଯାନ ଆରମ୍ଭ କଲେ। କିନ୍ତୁ ବିଧିର ବିଧାନ ଅଲଗା ଥିଲା। କୃଷ୍ଣା ନଦୀକୂଳରେ ତାଙ୍କ ପ୍ରାଣ ବାୟୁ ଉଡ଼ିଗଲା। ଅନ୍ତ ହେଲା କପିଳାବ୍ଦ।

(୧୯)

ପୁରୁଷୋତ୍ତମ କଟକ

ପୁରୁଷୋତ୍ତମ ! ସେ କିଏ ? ବୀର ବୀର୍ଯ୍ୟର ୧୮ ଜଣ ପୁତ୍ର ଥାଉ ଥାଉ ଜଣେ ଜାରଜ ରାଜା ହେବ ? ଏହା କେଉଁ ଶାସ୍ତ୍ରରେ ଲେଖା ? ଯେଉଁ ବୈଷ୍ଣବ ଧର୍ମକୁ ଗଜପତି ସାମ୍ରାଜ୍ୟ ନିଜର ମୂଳମନ୍ତ୍ର ଭାବେ ଗ୍ରହଣ କରିଛି, ଏହା କ'ଣ ତା'ର ବିରୁଦ୍ଧାଚରଣ କରୁନାହିଁ ? ଆମକୁ କିଛି କରିବାକୁ ପଡ଼ିବ ।

କୃଷ୍ଣା ନଦୀ ତ୍ରିପୁଟରେ ବାପାଙ୍କ ଆକଟ ଆଗରେ ଗଜପତି ଆସନ ଲାଭ ପାଇଁ ୧୮ଜଣ ଯାକ ପୁତ୍ର ଏକାଠି ହେଲେ- ପୁରୁଷୋତ୍ତମଙ୍କ ବିରୋଧରେ । ହେଲେ ଯାହା ପାଖରେ ସ୍ୱୟଂ ଜଗନ୍ନାଥ ଅଛନ୍ତି ତା'ର କିଏ ବା କ'ଣ କରିପାରିବ ?

ପୁରୁଷୋତ୍ତମ ପୁଣିଥରେ କଟକ ସିଂହାସନରେ ନିଜକୁ ଜଗନ୍ନାଥଙ୍କ ଦ୍ୱାରା ବଛା ଯାଇଥିବା ଉତ୍ତରାଧିକାରୀ ବୋଲି ପରିଚୟ ଦେଲେ । କିନ୍ତୁ ଦାସୀପୁତ୍ର କହି ପୁରୁଷୋତ୍ତମଙ୍କୁ ଉପହାସ କଲେ ହମ୍ବୀର ଦେବ ଏବଂ ଅନ୍ୟମାନେ । କହିଲେ-ଯଦି ତୁମକୁ ସ୍ୱୟଂ ଜଗନ୍ନାଥ କହିଛନ୍ତି ତେବେ ତାହାର ପ୍ରମାଣ ଦିଅ । କେମିତି ସେ ଜଗନ୍ନାଥଙ୍କ ଆଦେଶ ପ୍ରାପ୍ତ କରିଛନ୍ତି ତାହା ବଖାଣ ? ଯଦି ପୁରୁଷୋତ୍ତମ ଏହାର ପ୍ରମାଣ ନଦେଇପାରିବେ ତେବେ ସେ ପରାଜୟ ସ୍ୱୀକାର କରନ୍ତୁ । ନହେଲେ ମୃତ୍ୟୁଦଣ୍ଡ ବା ନିର୍ବାସନ ପାଇଁ ପ୍ରସ୍ତୁତ ରହନ୍ତୁ ।

ହେଲେ ଜଗନ୍ନାଥ ତାଙ୍କୁ ଏବଂ ତାଙ୍କ ପିତାଙ୍କୁ ତାଙ୍କ ରାଜ୍ୟ ଗ୍ରହଣ ସମ୍ପର୍କରେ ଆଦେଶ ଦେଇଥିବା କେମିତି ବା ପ୍ରମାଣ ହେବ? ଏହାର ସାକ୍ଷୀ କିଏ? କେମିତି ସେ ଏ ଅଗ୍ନି ପରୀକ୍ଷାରେ ଉତ୍ତୀର୍ଣ୍ଣ ହେବେ? ପୁରୁଷୋତ୍ତମ ବେଶ୍ ଚିନ୍ତାରେ ପଡ଼ିଲେ।

ଯେତେବେଳେ ଭକ୍ତର ଭଗବାନ ବୋଲି ଜଗନ୍ନାଥ ନିଜର ପରିଚୟ ହାସଲ କରିଛନ୍ତି, ଯାହାଙ୍କ କୃପା ସାରା ଦେଶରେ ବ୍ୟାପ୍ତ ହୋଇଛି, ଦେଶ ବିଦେଶରୁ ଭକ୍ତଙ୍କ ସୁଅ ପୁରୁଷୋତ୍ତମ କଟକକୁ ଛୁଟିଛି- ସେତେବେଳେ ଶ୍ରୀଜଗନ୍ନାଥ କ'ଣ ଭକ୍ତର ଏ ଭାବନାକୁ ଶୁଣିବେ ନାହିଁ? ଯିଏ ସାରା ଜୀବନ ଜଗନ୍ନାଥଙ୍କ ସେବାରେ ନିଜ ଶାସନକୁ ଉତ୍ସର୍ଗ କରିଥିଲା ତା'ର ଶେଷ ଇଚ୍ଛାକୁ କ'ଣ ପ୍ରଭୁ ରକ୍ଷା କରିବେ ନାହିଁ? ଏମିତି ଅନେକ ପ୍ରଶ୍ନ ଶ୍ରୀକ୍ଷେତ୍ରର କୋଣ ଅନୁକୋଣରେ ଗୁଞ୍ଜରିତ ହେଲା। ସାଧାରଣ ଜନତାଠାରୁ ଆରମ୍ଭ କରି ଭକ୍ତ ଓ ବିଦେଶୀ ଶତ୍ରୁମାନେ ମଧ୍ୟ ଅପେକ୍ଷା କଲେ ପୁରୁଷୋତ୍ତମଙ୍କ ଅଗ୍ନି ପରୀକ୍ଷାକୁ।

ନିଜ ଉପଲବ୍ଧିର ବାହାରେ ଥିଲା ଏସବୁ ପ୍ରଶ୍ନର ଉତ୍ତର। ଏଥିପାଇଁ କିଛି ମହତ ଅନୁଭବର ଆବଶ୍ୟକ ରହିଛି। ଅନ୍ୟୋପାୟ ନପାଇ ଧ୍ୟାନରେ ଗଲେ ପୁରୁଷୋତ୍ତମ। ପ୍ରଶ୍ନ ବାଣ ଛୁଟିଲା। ୧୮ ଜଣଯାକ ପୁଅ ତାଙ୍କୁ ସଶସ୍ତ୍ର ଆକ୍ରମଣ କଲେ। ନିରସ୍ତ୍ର ପୁରୁଷୋତ୍ତମ କେବଳ ଅପେକ୍ଷା କଲେ ଶ୍ରୀପୁରୁଷୋତ୍ତମ ଜଗନ୍ନାଥଙ୍କ ଆଶୀର୍ବାଦକୁ। ଅସ୍ତ୍ର ନିକ୍ଷେପ ହେଲା କିନ୍ତୁ ଧ୍ୟାନସ୍ଥ ପୁରୁଷୋତ୍ତମ ଦେବଙ୍କ ଉପରେ ଏହା ପ୍ରହାର ହୋଇପାରିଲା ନାହିଁ, ବରଂ ୧୮ ଜଣଯାକ ରାଜପୁତ୍ର ହାର୍ ମାନିଲେ। ପୁରୁଷୋତ୍ତମ ଆଖି ଖୋଲିଲା ବେଳକୁ ସମସ୍ତେ ନିଜ ଭୁଲ ପ୍ରାୟ ବୁଝି ସାରିଥିଲେ। କେହି ଆଉ ଆକ୍ରମଣ କରିବାକୁ ସମର୍ଥ ନଥିଲେ। ସମସ୍ତଙ୍କ ଶକ୍ତି କ୍ଷୀଣ ହୋଇ ସାରିଥିଲା। ଆଉ ନିରଙ୍କୁଶରେ ସେ ଗଜପତିଙ୍କ ମୁକୁଟ ପିନ୍ଧି ନିଜର ଅଙ୍କ ଟାଣିଲେ।

ପୁରୁଷୋତ୍ତମଙ୍କ ଏହି ଅଗ୍ନି ପରୀକ୍ଷା ଓଡ଼ିଶାରେ ଗଣତାନ୍ତ୍ରିକ ଶାସନର ଏକ ସାଙ୍କେତିକ ଲକ୍ଷଣ ମାତ୍ର। ଯେଉଁ ରାଜ୍ୟରେ ସ୍ୱୟଂ ଜଗନ୍ନାଥ ହେଉଛନ୍ତି ଶାସକ ସେଠାରେ ରାଜା ନୁହେଁ ଶାସନ ମୁଣ୍ଡରେ ତାଙ୍କର ସେବକର ଆବଶ୍ୟକତା ରହିଛି। ଏହି ବାର୍ତ୍ତା ଗଙ୍ଗଶାସନ ଶେଷରେ ପରିସ୍ଫୁଟ ହୋଇଥିଲା, ଆଉ ଲୋକଙ୍କ ଦ୍ୱାରା ବଛା ଯାଇଥିଲେ କପିଳେନ୍ଦ୍ର। ଏଣୁ ତାଙ୍କ ଅନ୍ତେ ତାଙ୍କ ପୁଅମାନେ କିପରି ବଂଶବାଦର ଖିଅ ବିଛାଇଥାଆନ୍ତେ! ଏଣୁ ରାଜରକ୍ତ ବୋହୁଥିବା ଏମିତି ଜଣେ ବ୍ୟକ୍ତିଙ୍କ ଉପରେ ସାରା ଓଡ଼ିଶା ଆସ୍ଥା ଅଜାଡ଼ିଥିଲା ଯାହାଙ୍କ ଦ୍ୱାରା ଜଗନ୍ନାଥଙ୍କ ମହିମା ଅତୁଟ ରହିବ ଆଉ ରାଜ୍ୟରେ ସାମାଜିକ ଆର୍ଥିକ ବିକାଶ ନିରନ୍ତର ହେବ।

...କିନ୍ତୁ ଶତ୍ରୁ ଯିଏ ହେଉନା କାହିଁକି ସେ ପାଖରେ ରହିବା ଉଚିତ୍ ନୁହେଁ। ଅଣ୍ଟି ଛୁରୀ ତଣ୍ଟି କାଟିବା ନ୍ୟାୟରେ ଏହି ଏକପତ୍ରୀମାନେ ଅନାର୍ଯ୍ୟ ହେବା ସ୍ୱାଭାବିକ। ଏଣୁ ଏସବୁକୁ ଦମନ କରିବାକୁ ହେବ। ଏଣୁ ପୁରୁଷୋତ୍ତମ ବଡ଼ ଭାଇ ହମ୍ବୀର ଦେବଙ୍କୁ ଦେଶାନ୍ତର କଲେ। ସାମ୍ରାଜ୍ୟରେ ତାଙ୍କ କ୍ଷମତା କ୍ଷୀଣ ହେଲା। ଏପରିକି ସେ ତାଙ୍କ ଅଧୀନ ହୋଇ ରହିବା ପାଇଁ ବାଧ୍ୟ ହେଲେ। ଆଉ ବଳିଷ୍ଠ ହେଲା ଗଜପତି ସାମ୍ରାଜ୍ୟ। ପିତାଙ୍କ ସ୍ୱପ୍ନକୁ ସାକାର କରିବା ତଥା ଏକ ପ୍ରଜା ମଙ୍ଗଳକାରୀ ରାଷ୍ଟ୍ର ଗଠନ କରିବାପାଇଁ ଉଦ୍ୟମ ଆରମ୍ଭ ହେଲା, ମାର୍ଚ୍ଚ ୨୦, ୧୪୬୭ ମସିହାରୁ।

ଶାସନ ମଙ୍ଗ ଧରିବା କ୍ଷଣି ଶ୍ରୀଜଗନ୍ନାଥଙ୍କ ଆଗରେ ଉପସ୍ଥିତ ହେଲେ ନୂଆ ରାଜନ। ପିତାଙ୍କ ଭଳି ନିଜ ଶାସନକୁ ସେ ଜଗନ୍ନାଥଙ୍କ ପାଖରେ ଉତ୍ସର୍ଗ କଲେ। ପୁରୀ ମନ୍ଦିରକୁ ଅଜସ୍ର ଧନ ସମ୍ପତ୍ତି ଦାନ କଲେ। ସୁନା, ରୁପା ଅଳଙ୍କାର ସହ ମନ୍ଦିର ପରିଚାଳନା ପାଇଁ ଜମିବାଡ଼ି ମଧ୍ୟ ଖଞ୍ଜା କରାଗଲା। ଏନେଇ ଜୟବିଜୟ ଦ୍ୱାରରେ ବୈଶାଖ ଶୁକ୍ଳ ଦ୍ୱାଦଶୀ ଗୁରୁବାର ଦିନ ଶିଳାଲେଖ ସ୍ଥାପନ ହେଲା। ୨ୟ ଅଙ୍କରେ ସ୍ଥାପନ ହୋଇଥିବା ଏହି ୯ ଧାଡ଼ି ବିଶିଷ୍ଟ ଶିଳାଲେଖରେ କୁହାଗଲା, 'ଶ୍ରୀଜଗନ୍ନାଥଙ୍କ ସେବା ସହ ବିଭିନ୍ନ ଦେବଦେବୀଙ୍କ ପୂଜା ଓ ସେବା ପାଇଁ ସ୍ୱତନ୍ତ୍ର ବ୍ୟବସ୍ଥା ହେବ। ବ୍ରାହ୍ମଣମାନଙ୍କ ମଧ୍ୟରେ ସେବା ବଣ୍ଟନ ହେବ। ବିଭିନ୍ନ ସେବା, ଭୋଗ ପାଇଁ ଭୂମି, ଦୀପ, ଧାନ ସରକାରୀ ଭାବେ ଦାନ ହେବ'। ବ୍ରାହ୍ମଣମାନଙ୍କୁ ସମ୍ମାନ ଜଣାଇବାକୁ ଯାଇ ସେ ତାଙ୍କ ଉପରୁ ଚୌକିଦାରୀ କର ଉଚ୍ଛେଦ କଲେ। ସେମାନଙ୍କ ପାଇଁ ଜମି ବାଡ଼ିଖଞ୍ଜା କଲେ। ଏହାଦ୍ୱାରା ସେ ଅଧିକ ଲୋକପ୍ରିୟତା ହାସଲ କଲେ। ଆଉ ଫେରି ଆସିଲେ କଟକକୁ ନିଜର ପରବର୍ତ୍ତୀ ଶାସନ ସମ୍ବନ୍ଧରେ ଆଲୋକପାତ କରିବାକୁ।

ପ୍ରଜାଙ୍କ ପ୍ରଶ୍ନ କିନ୍ତୁ ସରିଲା ନାହିଁ। କୌଣସି ନା କୌଣସି କୋଣରେ ସେଇ ସ୍ୱର, ଯଦି ସେ କ୍ଷତ୍ରିୟ, ଯଦି ସେ ଜଗନ୍ନାଥ ପ୍ରିୟ, ଯଦି ସେ ଗଜପତି ଶାସନର ପ୍ରତିଷ୍ଠାତାଙ୍କ ସର୍ବଶ୍ରେଷ୍ଠ ପସନ୍ଦ ତେବେ ସେ ବାପାଙ୍କ ଅଧୁରା ସ୍ୱପ୍ନକୁ କାହିଁକି ପୂରଣ କରୁନାହାନ୍ତି। କାହିଁକି ଦାକ୍ଷିଣାତ୍ୟର ସେ ହତ ଗୌରବକୁ ଫେରାଇ ଆଣିବାକୁ ଅଭିଯାନ କରୁନାହାନ୍ତି ?

(୨୦)

କାଞ୍ଚି ଅଭିଯାନ

ଦାସୀ ଗର୍ଭରୁ ଜାତ ପୁରୁଷୋତ୍ତମ ସର୍ବଶ୍ରେଷ୍ଠ ବୋଲି ପ୍ରମାଣିତ ହେଲା। ୧୮ଜଣ ରାଜପୁତ୍ରଙ୍କୁ ହରାଇ ସମସ୍ତ ଷଡ଼ଯନ୍ତ୍ରକୁ ଅତିକ୍ରମ କରି ସେ ଗଜପତି ଆସନ ଅଳଙ୍କୃତ ହେଲେ। ନିଜକୁ ଜଗନ୍ନାଥ ପ୍ରିୟ ବୋଲି ସମ୍ବୋଧିତ କଲେ। ଶାସନର ଆରମ୍ଭ ଦିନଠାରୁ ଜଗନ୍ନାଥ ହିଁ ସର୍ବସ୍ୱ ବୋଲି ପ୍ରଚାର କଲେ। ପିତାଙ୍କ ସ୍ୱପ୍ନକୁ ସାକାର କରିବା ପାଇଁ ଆଭ୍ୟନ୍ତରୀଣ ଶାନ୍ତି ପ୍ରତିଷ୍ଠାଲାଗି ଉଦ୍ୟମ କଲେ। ଏହି କ୍ରମରେ ରାଜ୍ୟର ବିଭିନ୍ନ ସ୍ଥାନରେ ପୁଷ୍କରିଣୀ ବ୍ୟବସ୍ଥା ହେଲା। ଶ୍ରୀମନ୍ଦିରର ସେବକମାନଙ୍କୁ ରାଷ୍ଟ୍ରର ସର୍ବୋଚ୍ଚ ନାଗରିକ ଭାବେ ପରିଚୟ ଦିଆଗଲା। ସେମାନଙ୍କୁ ଜମି, ଗୋ' ଦାନ ଦିଆଗଲା। ଠାକୁରଙ୍କ ଉଦ୍ଦେଶ୍ୟରେ ଏ ରାଜ୍ୟକୁ ସମର୍ପିତ କରାଯାଇ ପ୍ରଜାଙ୍କ ଭରସା ଜିତିବାକୁ ଚେଷ୍ଟା କଲେ ଶ୍ରୀପୁରୁଷୋତ୍ତମ। ହେଲେ ପ୍ରଜା ତାଙ୍କ ପ୍ରତି ଆସ୍ଥା ପ୍ରକଟ କଲେ ନାହିଁ। ଅନେକ ସମୟରେ ପୁରୁଷୋତ୍ତମ ଷଡ଼ଯନ୍ତ୍ର କରି ରାଜ୍ୟ ଛଡ଼ାଇ ନେଇଛନ୍ତି ବୋଲି ମଧ୍ୟ ପ୍ରଚାର ହେଲା। ଯଦି ସେ ଜଗନ୍ନାଥ ପ୍ରିୟ ତେବେ ଦାକ୍ଷିଣାତ୍ୟ ଅଭିଯାନ କାହିଁକି ପୂରା ହେଉନାହିଁ ବୋଲି ପ୍ରଶ୍ନ ପଚରାଗଲା।

୧୪୬୯ ମସିହା। ବାରଣାସୀ କଟକରେ ଶାସନର ଦୁଇ ଅଙ୍କ କାଟି ଶ୍ରୀଜଗନ୍ନାଥଙ୍କ ଆଶିଷ ଭିକ୍ଷା ପାଇଁ ଆସିଛନ୍ତି। ଏ ଭିତରେ ରାଜ୍ୟ ଭିତରର ରୋଷ ପ୍ରାୟ ପ୍ରଶମିତ ହୋଇଛି। ସାମନ୍ତ ରାଜାମାନେ ପୁରୁଷୋତ୍ତମ ଦେବଙ୍କୁ ଗଜପତି ବଂଶର ଦାୟାଦ ଭାବେ ସ୍ୱୀକାର କରିଛନ୍ତି। ତଥାପି ଦାକ୍ଷିଣାତ୍ୟର କିଛି ଅଞ୍ଚଳରେ ବଡ଼ ଭାଇ ହମ୍ବୀର ଦେବ ଗୋଳ ସୃଷ୍ଟି କରୁଥାଆନ୍ତି। ତାଙ୍କରି ପ୍ରଭାବରେ କିଛି ସାମନ୍ତ ରାଜା ପୁରୁଷୋତ୍ତମଙ୍କୁ ପ୍ରାଣପଣେ ତାଙ୍କର ବୋଲି ଗ୍ରହଣ କରିପାରୁନାହାନ୍ତି। ସେ ଯେ ଜଗନ୍ନାଥଙ୍କ ବରଦାନ ସେ ଆଶଙ୍କାରେ ଏଯାଏ ଯବନିକା ପଡ଼ିନି।

'କାହିଁ ଦାକ୍ଷିଣାତ୍ୟ ଅଭିଯାନ ତ' ଆରମ୍ଭ ହେଉନାହିଁ? ଯଦି ସେ ଜଗନ୍ନାଥଙ୍କ ପ୍ରସାଦ ତେବେ ସେ ଡରୁଛନ୍ତି କାହିଁକି? ସ୍ୱୟଂ ଜଗନ୍ନାଥ ତ ତାଙ୍କ ସହ ଯୁଦ୍ଧ କରିବାକୁ ଯିବେ। ଯଦି ତାହା ହେଉ ନାହିଁ ତେବେ କେଉଁଠି ନା କେଉଁଠି ନବକୋଟି କର୍ଣ୍ଣାଟ କଳବର୍ଗେଶ୍ୱର ବିରାଧିବୀରବର ପ୍ରତାପ ପୁରୁଷୋତ୍ତମ ଦେବ ଲୋକଙ୍କ ଆସ୍ଥା ହରାଉଛନ୍ତି'।

...ସେବକମାନଙ୍କ ଉପସ୍ଥିତିରେ ଶ୍ରୀ ପୁରୁଷୋତ୍ତମ ଦେବ ଶ୍ରୀମନ୍ଦିରରେ ଉପସ୍ଥିତ ହେଲେ। ଯେଉଁ ପରମ୍ପରା ପୂର୍ବଜଙ୍କଠାରୁ ଚାଲି ଆସିଥିଲା ସେ ପୁଣି ତାହାକୁ ଦୋହରାଇଲେ। ଜଗନ୍ନାଥଙ୍କ ଉଦ୍ଦେଶ୍ୟରେ ଦାନ ପର୍ବ ଆରମ୍ଭ ହେଲା। ଏଥିରେ ସାମନ୍ତ ରାଜାମାନଙ୍କ ଆସ୍ଥା ଜିତି ସେମାନଙ୍କ ସନ୍ଦେହ ଦୂର କରିବା ଲକ୍ଷ୍ୟ ରହିଲା।

ସେଦିନ ମେଷ ଶୁକ୍ଳପକ୍ଷ ୧୩ଦିନ ଗୁରୁବାର ପଡ଼ିଥାଏ। ଛାମୁ ଜଗନ୍ନାଥଙ୍କ ସମ୍ମୁଖରେ ଠିଆ ହେଲେ। ପ୍ରକୃତରେ ରାଜ୍ୟର ରକ୍ଷାକର୍ତ୍ତା ହେଉଛନ୍ତି ସ୍ୱୟଂ ଜଗନ୍ନାଥ। ଏଣୁ ତାଙ୍କରି ଉଦ୍ଦେଶ୍ୟରେ ମୂଲ୍ୟବାନ ରତ୍ନ ପଲଙ୍କ ଦାନକଲେ। ଏହାସହ ଗୋଟିଏ ରତ୍ନ କଚ୍ଛତରୁ ସିଂହାସନ, ଗୋଟିଏ ରତ୍ନ ଛତି, ଗୋଟିଏ ରତ୍ନ ଖଟ, ସୁନା ମାର୍ଜଣୀ ପଟା, ୨ଟି ରତ୍ନ ବେଣ୍ଟର ଚଅଁର ଦାନ କଲେ। ଏହାସହ ରତ୍ନ କାନଫୁଲ, ମେରୁତାଡ଼ ବାହୁଟି ଯୋଡ଼ା, ୨ଟି ରତ୍ନ ବିଚଣା, ଗୋଟିଏ ରତ୍ନ ଦର୍ପଣ, ମଥାରେ ଲଗାଇବା ରତ୍ନ ବିନ୍ଦିଆ ପ୍ରଭୃତି ଜଗନ୍ନାଥଙ୍କ ମନ୍ଦିରରେ ଦାନ ଦେଇ ପ୍ରଭୁଙ୍କ ରୀତିନୀତିକୁ ଠିକଣା ଭାବେ ପାଳନ ଲାଗି ବିଧି କଲେ। ତାଙ୍କ ପୂର୍ବରୁ ଯଦିଓ ଛାମୁଙ୍କ ପକ୍ଷରୁ ଅନେକ କିଛି ମନ୍ଦିରକୁ ଦାନ ଦିଆଯାଇଥିଲା ହେଲେ ଏତେ ସଂଖ୍ୟାରେ ରତ୍ନ ପଥରରେ ନିର୍ମିତ ଆସବାବ ବା ଦୈନନ୍ଦିନ ସାମଗ୍ରୀ କେବେ ମନ୍ଦିର ଭିତରକୁ ଠାକୁରଙ୍କ ଉଦ୍ଦେଶ୍ୟରେ ଅଣାଯାଇ ନଥିଲା। ପ୍ରଥମରେ ସେବକମାନଙ୍କୁ ଜମି, ଗୋ' ଦାନ ଏବଂ ଶ୍ରୀମନ୍ଦିରରେ ସେବା ବଣ୍ଟନ ଏବଂ ପରେ ମନ୍ଦିରରେ ରତ୍ନ ପଥରର ଏତେ ସଂଖ୍ୟାରେ ଉପକରଣ ଦେଖି ଶ୍ରୀମନ୍ଦିରରେ ଛାମୁଙ୍କ ପ୍ରତି ଲୋକଙ୍କ ଭାବ ବଦଳିଲା। ବିଶ୍ୱାସ ପ୍ରକଟ ହେଲା। ଏ ଉପକରଣ ଓ ଗହଣାସବୁ ଯେମିତି ଶ୍ରୀମନ୍ଦିରରେ ସବୁବେଳେ ଶୋଭା ପାଇବ କେହି ଯେମିତି ଏ ପ୍ରକାର ଆସବାବକୁ ତାଙ୍କ ନିଜ ଘରକୁ ନ ନିଅନ୍ତି ସେଥିଲାଗି ଛାମୁ ଆଦେଶ ଦେଲେ। ଯଦି କୌଣସି ବ୍ୟକ୍ତି ଏହି ଆସବାବ ଓ ଗହଣା ପ୍ରତି ଆସକ୍ତ ହୁଏ ଏବଂ ତାକୁ ନିଜ ଘରକୁ ନିଏ, ତେବେ ତାକୁ ଜଗନ୍ନାଥ ଦ୍ରୋହୀ ବୋଲି ବିଚାର କରାଯିବା ନେଇ ଘୋଷଣା ହେଲା। ପରେ ସେହି ଦୋଷରେ ସମ୍ପୃକ୍ତ ଅପରାଧୀକୁ ଦଣ୍ଡାଦେଶ ହେବ ବୋଲି ନିୟମ ରହିଲା। ଏସବୁ ପଦକ୍ଷେପ ଦ୍ୱାରା ଧୀରେ ଧୀରେ ପ୍ରଜାଙ୍କ ଆସ୍ଥା ବଢ଼ିବାରେ ଲାଗିଲା।

ଏହି ପରିବେଶରେ ପ୍ରଜାଙ୍କ ଆସ୍ଥା ଜିତି ଆରମ୍ଭ କଲେ ଦାକ୍ଷିଣାତ୍ୟ ଅଭିଯାନ। ଯେଉଁ ଅଭିଯାନକୁ ବାପା ଅଧାରୁ ରଖି ଆର ପାରିକୁ ଚାଲିଗଲେ ତାହାକୁ ସମ୍ପୂର୍ଣ୍ଣ କରିବା ଲାଗି ହେଲା କାଞ୍ଚି ଅଭିଯାନର ପ୍ରସ୍ତୁତି। ଏହି ଅଭିଯାନରେ ଦୁଇଟି ଉଦ୍ଦେଶ୍ୟ ଥିଲା। ପ୍ରଥମ ଶତ୍ରୁ ଭାଇ ହମ୍ବୀର ଦେବଙ୍କୁ ସଙ୍କୁଚିତ କରିବା। ଆଉ ଦ୍ୱିତୀୟ ଶତ୍ରୁ କାଞ୍ଚିର ରାଜାଙ୍କୁ ଓଡ଼ିଶାର ବୀରତ୍ୱ ବିଷୟରେ ଅବଗତ କରିବା।

ଓଡ଼ିଶା ସାରା ଯେତେ ସାମନ୍ତରାଜା ଥିଲେ ସମସ୍ତଙ୍କୁ ସତର୍କ କରିଦିଆଗଲା। ସେମାନଙ୍କ ସୈନ୍ୟସାମନ୍ତ ସବୁ ଗଜପତିଙ୍କ ସାଙ୍ଗ ଦେଲେ। ଯୁବକ, ଅବିବାହିତ ମହାରାଜା ଗଜପତି ପୁରୁଷୋତ୍ତମ ଦେବଙ୍କ ଶୌର୍ଯ୍ୟରେ ସାରା ରାଜ୍ୟ ପ୍ରକମ୍ପିତ ହେଲା। ଗଙ୍ଗ ଓ ଶୈଳୋଦ୍‌ଭବ ରାଜାମାନେ ଏଥିରେ ସହାୟକ ହେଲେ। କର୍ଣ୍ଣାଟର ପୂର୍ବଭାଗ କାଞ୍ଚି ଯାଏ ଦଖଲ ହେଲା। ଯାହାର ରାଜା ଥିଲେ ଚନ୍ଦ୍ରଗିରିର ରାଜା ସାଲ୍ଵ ନରସିଂହ ଦେବ। କାଞ୍ଚିକୁ ଦଖଲ କଲା ପରେ ସେଠାରୁ ରତ୍ନ ଖଚିତ ସିଂହାସନ ଶ୍ରୀଜଗନ୍ନାଥଙ୍କ ଉଦ୍ଦେଶ୍ୟରେ ନେଇ ଆସିଲେ ପୁରୁଷୋତ୍ତମ। କିନ୍ତୁ ବେଶୀଦିନ କାଞ୍ଚି ତାଙ୍କ ଅଧୀନରେ ରହି ପାରିଲା ନାହିଁ। କାରଣ ସାଲୁଭ ନରସିଂହଙ୍କ ଶକ୍ତିକୁ ସମ୍ପୂର୍ଣ୍ଣ ପରାସ୍ତ କରିବା ପୁରୁଷୋତ୍ତମଙ୍କ ପକ୍ଷେ ସମ୍ଭବ ହୋଇ ନଥିଲା। ଅନ୍ୟ ପକ୍ଷରେ ହମ୍ବୀର ଦେବଙ୍କ ଷଡ଼ଯନ୍ତ୍ର ମଧ୍ୟ ବାଧା ଦେଇଥିଲା ତାଙ୍କ ବିଜୟ ରାସ୍ତାରେ।

(୨୦)

ପୁନଶ୍ଚ ପରାଜୟ

ଦାକ୍ଷିଣାତ୍ୟ ବିଜୟ ପାଇଁ ଗଜପତି ପୁରୁଷୋତ୍ତମ ଦେବ ଯେଉଁ ସ୍ୱପ୍ନ ଦେଖିଥିଲେ ତାହା ସମ୍ଭବ ହେଲା ନାହିଁ। ପ୍ରଥମ ବିଜୟ ଯାତ୍ରାରେ ବାଧା ଆସିଲା। ଏହି ପରାଜୟ ଗଜପତିଙ୍କୁ କଷ୍ଟଦେବା ଆରମ୍ଭ କଲା। ମନ୍ତ୍ରୀ ପରିଷଦ ସହ ଆଲୋଚନାରେ ନିମଗ୍ନ ହେଲେ। କିନ୍ତୁ ସୁଯୋଗ ମିଳିଲା ନାହିଁ। ରାଜା ହୋଇ ଯଦି ରାଜ୍ୟ ବୃଦ୍ଧି ଘଟାଇବ ନାହିଁ, ନିଜ ପ୍ରଜାଙ୍କୁ ସୁରକ୍ଷିତ କରିପାରିବ ନାହିଁ ତେବେ ସେଭଳି ରାଜା ହୋଇ ଲାଭ କ'ଣ ? ରାଜାଙ୍କ ମନକୁ ପରାଜୟର ଗ୍ଲାନି ଯେମିତି ଅସ୍ତବ୍ୟସ୍ତ କରୁଥାଏ ଠିକ୍ ସେପରି ପ୍ରଜା ମଧ୍ୟ ବ୍ୟତିବ୍ୟସ୍ତ ଥାଆନ୍ତି। ଏହି କାଳରେ ଜଗନ୍ନାଥ ହିଁ ଏକମାତ୍ର ଭରସା ବୋଲି ବିଚାର କଲେ ଗଜପତି। ଆଉ ଜଗନ୍ନାଥଙ୍କ ମନ୍ଦିରକୁ ଦାନ ତଥା ମନ୍ଦିରର ସମ୍ପ୍ରସାରଣ ସହ ବ୍ରାହ୍ମଣମାନଙ୍କ ସୁରକ୍ଷା ପାଇଁ ବ୍ରତୀ ହେଲେ ପୁରୁଷୋତ୍ତମ।

କିନ୍ତୁ... ଜିତିବାକୁ ତ' ହେବ। ଆଶିଷ ମାଗିବା ପାଇଁ ପୁରୁଷୋତ୍ତମ କଟକ ଯିବା ପାଇଁ ସ୍ଥିର କଲେ ଛାମୁ। କିନ୍ତୁ ପ୍ରଜା କହିବେ କ'ଣ ? ତାଙ୍କର ବିଶ୍ୱାସ ଆଉ ତୁଟିଯିବନି ତ... ? ଏପରି ଭାବନା ତାଙ୍କ ମନୋବଳକୁ ଦୁର୍ବଳ କରୁଥିଲା। ଛାମୁ ନିଜକୁ ଶକ୍ତ କରିବା ପାଇଁ ଚାହିଁଲେ। ବିଚାର ବିମର୍ଶ ଚାଲିଲା। ସାଲ୍ୱ ନରସିଂହ ଦେବ ଜଣେ ବଳଶାଳୀ, ଲୋକପ୍ରିୟ ହିନ୍ଦୁ ରାଜା। ବୈଷ୍ଣବ ଭାବନାରେ ସେ ଶାସନ କରୁଛନ୍ତି।

ତାଙ୍କୁ ପରାସ୍ତ କରିବା ସମ୍ଭବ ନୁହେଁ। ଅନ୍ୟ ପକ୍ଷରେ ବଡ଼ଭାଇ ହମ୍ବୀର ଦେବଙ୍କ ଷଡ଼ଯନ୍ତ୍ର ମଧ୍ୟ ବାଧା ଦେଉଛନ୍ତି ବିଜୟ ରାସ୍ତାରେ। ଏ ଭିତରେ ରାଜମୁଣ୍ଡାରୀରେ ଗୋଳ ସୃଷ୍ଟି ହେଲା।

ସୈନ୍ୟମାନେ ଦୁର୍ଗପତିଙ୍କ ବିରୋଧରେ ଯୁଦ୍ଧ ଘୋଷଣା କଲେ । ସୁଲ୍‌ତାନ୍ ମହମ୍ମଦ ତୃତୀୟଙ୍କ ଦ୍ୱାରା ନିଯୋଜିତ ଦୁର୍ଗପତିଙ୍କୁ ହତ୍ୟା କରି ହମ୍ବୀର ଦେବଙ୍କୁ ରାଜା ଭାବେ ସ୍ୱୀକାର କଲେ । ହମ୍ବୀର ଦେବ ଏହି ସମୟରେ ଓଡ଼ିଶା ରାଜା ପୁରୁଷୋତ୍ତମ ଦେବଙ୍କ ଶରଣାପନ୍ନ ହେବେ ବୋଲି ଦୂତ ହାତରେ ବାର୍ତ୍ତା ଦେଲେ । ଏହି ବାର୍ତ୍ତାରେ ସର୍ତ୍ତ ରହିଲା ହମ୍ବୀର ଦେବ ପୁରୁଷୋତ୍ତମଙ୍କ ଶରଣ ସ୍ୱୀକାର କରିବାକୁ ଚାହୁଁଛନ୍ତି, କିନ୍ତୁ ଏହା ବଦଳରେ ତାଙ୍କୁ ତେଲଙ୍ଗାନା ମିଳିବା ଦରକାର । ପୂର୍ବରୁ ହମ୍ବୀର ବାହମନୀ ସୁଲ୍‌ତାନ୍ ମହମ୍ମଦ ତୃତୀୟଙ୍କ ଖାସ୍ ବ୍ୟକ୍ତି ଭାବେ ଜଣାଶୁଣା ଥିଲେ । ତାଙ୍କ ଭଳି ଜଣେ ଯୋଦ୍ଧା ଏବେ ମୁସଲ୍‌ମାନଙ୍କ ହାତ ଛାଡ଼ି ଓଡ଼ିଶାର ହାତ ଧରିବେ ବୋଲି ଦେଇଥିବା ପ୍ରସ୍ତାବକୁ ପୁରୁଷୋତ୍ତମ ସୁଯୋଗ ଭାବେ ଗ୍ରହଣ କଲେ । ପୁରୁଷୋତ୍ତମ ଭାବିଲେ ଏବେ ପିତାଙ୍କ ସ୍ୱପ୍ନକୁ ସାକାର କରିବା ପାଇଁ ଉଚିତ ସମୟ ଆସିଛି । ପୁଣିଥରେ ଆରମ୍ଭ ହେଲା ଦାକ୍ଷିଣାତ୍ୟ ଅଭିଯାନ ।

ରାଜମୁଣ୍ଡାରୀଠାରେ ନିଜାମ୍ ଉଲ୍ ମୁଲ୍କଙ୍କ ନେତୃତ୍ୱରେ ଥିବା ସେନା ବାହିନୀ ପରାସ୍ତ ହେଲା । ଅର୍ଥାତ୍ ରାଜମୁଣ୍ଡାରୀ ଦଖଲ ହେଲା ।[୨୪] ଏବେ କୋଣ୍ଡାବିଡୁ ପାଳି । କିନ୍ତୁ ଏ ଭିତରେ ଖୋଦ୍ ସୁଲ୍‌ତାନ୍ ବିଶାଳ ସେନାବାହିନୀ ସହ ରାଜମୁଣ୍ଡାରୀ ଆଡୁ ଆସୁଥିବା ଖବର ମିଳିଲା । ଗଜପତି ପୁରୁଷୋତ୍ତମ ଏହା ଦେଖି ଭୟଭୀତ ହେଲେ । ରାଜମୁଣ୍ଡାରୀ ଦେଇ କଳିଙ୍ଗର ପଥ ଅବରୋଧ ହୋଇଥିବାରୁ ଗଜପତି ଗୋଦାବରୀ ପାର ହୋଇ ନିଜ ରାଜ୍ୟକୁ ଫେରି ଆସିଲେ । ସେତେବେଳେ ହିନ୍ଦୁ ରାଜା ନରସିଂହ ଏ ବିଷୟରେ ଅବଗତ ଥିଲେ ମଧ୍ୟ ପୁରୁଷୋତ୍ତମଙ୍କୁ ସହାୟତା କଲେ ନାହିଁ । ଫଳରେ କୋଣ୍ଡାବିଡୁରେ ମୁସଲ୍‌ମାନ ଶାସନ ଚାଲିଲା । ପୁରୁଷୋତ୍ତମ ନିଜ ରାଜଧାନୀକୁ ପ୍ରତ୍ୟାବର୍ତ୍ତନ କଲେ ।[୨୫]

ଗଜପତିଙ୍କ ପ୍ରତ୍ୟାବର୍ତ୍ତନର କିଛିବର୍ଷ ଭିତରେ ସୁଲ୍‌ତାନ୍ ଓଡ଼ିଶା ଆକ୍ରମଣ କଲେ । ଅତ୍ୟଧିକ ସୈନ୍ୟସାମନ୍ତ ଓ ପ୍ରତିଶୋଧ ନେବାର ମନୋବୃତ୍ତିକୁ ଲକ୍ଷ୍ୟକରି ଗଜପତି ଯୁଦ୍ଧ ଅପେକ୍ଷା ସନ୍ଧି ପାଇଁ ଆଗ୍ରହ ହେଲେ । ସୁଲ୍‌ତାନ ଗଜପତିଙ୍କଠାରୁ ୨୫ଟି ଲକ୍ଷୁଆ ହାତୀ ମାଗିଲେ । ଏହାସହ ଅନେକ ଧନସମ୍ପତ୍ତି । ସବୁ କିଛି ଯୋଗାଇ ଦିଆଗଲା, ସୁଲ୍‌ତାନ୍ ଫେରିଗଲେ ।[୨୬]

ବାରମ୍ବାର ଶତ୍ରୁପକ୍ଷ ଆଗରେ ଯୁଦ୍ଧ ନକରି ଫେରି ଆସିବା ବୀର ଗଜପତି ପୁରୁଷୋତ୍ତମଙ୍କୁ ଭଲ ଲାଗୁ ନଥାଏ । ଜଗନ୍ନାଥଙ୍କ ବରପ୍ରସାଦ ଭାବେ ପରିଚିତ ହୋଇ ମଧ୍ୟ ସେ ପିତା ଗଜପତି କପିଳେନ୍ଦ୍ର ଦେବଙ୍କ ସ୍ୱପ୍ନକୁ ସାକାର କରିପାରୁ ନଥିଲେ । ନିଜକୁ ଧିକ୍କାର କରି ଶ୍ରୀ ଜଗନ୍ନାଥଙ୍କ ଆଗରେ ସବୁ କିଛି ବଖାଣିଲେ । ଯେଉଁ ରାଜ୍ୟର ରକ୍ଷାକାରୀ ସ୍ୱୟଂ ଜଗନ୍ନାଥ, ଯାହାଙ୍କ ନାଁ ନେଇ ଏଠାରେ ବିଚାର ଚାଲେ, ଶାସନ ଚାଲେ, ତାଙ୍କରି ରାଜ୍ୟ ପ୍ରତି ଆସିଥିବା ଏସବୁ ଅପମାନ କ'ଣ ସତରେ ମୁଣ୍ଡପାତି ସହିବାକୁ ପଡ଼ିବ ? ପୁଣି ଯେଉଁଠାରେ ଗଜପତିଙ୍କ ପ୍ରକୃତ ଦାୟାଦ, ଦିଗ୍‌ବିଜୟୀ ଯୋଦ୍ଧା ଗଜପତି କପିଳେନ୍ଦ୍ରଙ୍କ ବଡ଼ ପୁଅ ହମ୍ବୀର ଦେବ ମହାପାତ୍ରଙ୍କୁ ରାଜଗାଦି ନ ଦିଆଯାଇ ତାଙ୍କୁ ରାଜଗାଦିର ଦାୟିତ୍ୱ ଅର୍ପଣ ହେଲା ସେଠାରେ କ'ଣ ଯୁଦ୍ଧ କରି ରାଜ୍ୟ ପାଇଁ ଗୌରବ ଫେରାଇ ଆଣିବା ତାଙ୍କ କର୍ତ୍ତବ୍ୟ ନୁହେଁ ? ଏହି କ୍ରମରେ ପୁଣିଥରେ ଗଜପତି ଜଗନ୍ନାଥଙ୍କ ଆଶ୍ରିତ ହେଲେ ।

ଏମିତି ଚିନ୍ତା ଭିତରେ ସେ ଜନମଙ୍ଗଳକାରୀ ଯୋଜନାକୁ ଅଧିକ ପରିବ୍ୟାପ୍ତ କରିବାକୁ ଚେଷ୍ଟା କଲେ। ବିଭିନ୍ନ ସ୍ଥାନରେ ନୂଆ ଗାଁ ସବୁ ପ୍ରତିଷ୍ଠା କଲେ। ଜଗନ୍ନାଥ ମନ୍ଦିରରେ ନୂଆ କରି ଏକ ଭୋଗ ମଣ୍ଡପ ଯୋଡ଼ା ହେଲା। ଅର୍ଥାତ୍ ତିନି ଥାକିଆ ଜଗନ୍ନାଥ ମନ୍ଦିର ସୃଷ୍ଟି ହେଲା। ଗଜପତିଙ୍କ ଅଧୀନ ସବୁ ରାଜ୍ୟର ରାଜାଙ୍କୁ ଏକାଠି କରି ସେଠାରେ ସୈନ୍ୟବଳ ବୃଦ୍ଧି କରାଗଲା। କୌଣସି ପ୍ରକାରେ ଯେମିତି ଅନ୍ୟାୟ ଭାବରେ କର ଆଦାୟ ନ ହେବ ସେଥିପ୍ରତି ଦୃଷ୍ଟି ଦିଆଗଲା। ବିଶେଷକରି ବ୍ରାହ୍ମଣମାନଙ୍କୁ କୌଣସି ପ୍ରକାର ଅତ୍ୟାଚାର ଯେମିତି ନ ହୁଏ ସେଥିପ୍ରତି ଧ୍ୟାନ ଦେବାକୁ ଆଦେଶ ହେଲା। ଏପରିକି ଯେତେ ଦିନ ଯାଏଁ ଏ ପୃଥିବୀ ଥିବ, ସେତେଦିନ ଯାଏ ବ୍ରାହ୍ମଣମାନଙ୍କୁ ସ୍ୱାଚ୍ଛନ୍ଦ୍ୟରେ ବଞ୍ଚିବାର ସୁଯୋଗ ଦେବାକୁ ହେବ। ଏନେଇ ଅନ୍ୟ ରାଜାମାନଙ୍କୁ ଆଦେଶ ଦିଆଗଲା। ଯିଏ ଏହାକୁ ନମାନିବ ତାକୁ ଜଗନ୍ନାଥ ଦ୍ରୋହୀ ବୋଲି ବିବେଚନା କରାଯିବ ବୋଲି ମଧ୍ୟ ଉଲ୍ଲେଖ କରାଗଲା। ବିଭିନ୍ନ ସ୍ଥାନରେ ଥିବା ପୁରୁଣା ଶୈବ, ଶାକ୍ତ ଓ ବୈଷ୍ଣବ ଧର୍ମପୀଠଗୁଡ଼ିକର ପରିଚାଳନା ପାଇଁ ବ୍ୟବସ୍ଥା ଗ୍ରହଣ କରାଗଲା। ଏହାଦ୍ୱାରା ରାଜ୍ୟବାସୀଙ୍କ ମନୋବଳ ବୃଦ୍ଧି ପାଇଲା। ତା' ସଙ୍ଗେ ଛାମୁ ନିଜେ ମଧ୍ୟ ଅଧିକ ଶକ୍ତ ହେଲେ ନିଜର ସାମ୍ରାଜ୍ୟ ବୃଦ୍ଧି ତଥା ମନର ଇଚ୍ଛାକୁ ବାସ୍ତବତାରେ ପରିଣତ କରିବା ପାଇଁ।

(୨୨)

ଏଥର ବିଜୟ

ବାରମ୍ବାର ଦାକ୍ଷିଣାତ୍ୟ ଅଭିଯାନରେ ବିଫଳ ହେଉଥିବା ଗଜପତି ପୁରୁଷୋତ୍ତମ ଦେବ ରାଜ୍ୟବାସୀଙ୍କ ମଙ୍ଗଳ ପାଇଁ ବିଭିନ୍ନ ଯୋଜନା ଆପଣାଇଛନ୍ତି। ଜଗନ୍ନାଥ ମନ୍ଦିରର ବିକାଶ ତଥା ବ୍ରାହ୍ମଣମାନଙ୍କୁ ଉପଯୁକ୍ତ ମର୍ଯ୍ୟାଦା ପାଇଁ ଆଦେଶ ଦେଇଛନ୍ତି। ଏପରିକି ତାଙ୍କ ଅଧୀନ କୌଣସି ସାମନ୍ତ ରାଜା ଯେପରି ବ୍ରାହ୍ମଣଙ୍କୁ ଅପମାନିତ ନକରନ୍ତି ସେଥିଲାଗି ସେ ଯତ୍ନବାନ ହୋଇଛନ୍ତି। ଆଉ ପରବର୍ତ୍ତୀ ସମୟରେ ଏହି ବ୍ରାହ୍ମଣଙ୍କୁ ଆୟୁଧ କରି ପ୍ରସ୍ତୁତ ହେଉଛନ୍ତି କାଞ୍ଚି ଅଭିଯାନ ପାଇଁ।

ଏ ଭିତରେ ଚାରି ବର୍ଷ ସମୟ ଅତିବାହିତ ହୋଇଯାଇଥାଏ। ପଡ଼ୋଶୀ ବାହାମନି ସୁଲ୍‌ତାନ୍ ତୃତୀୟ ମହମ୍ମଦଙ୍କ ଏକ ଭୁଲ ଆଦେଶ ଦ୍ୱାରା ମନ୍ତ୍ରୀ ମାମୁଦ୍ ଗାୱାନ୍‌ଙ୍କୁ ମୃତ୍ୟୁ ଦଣ୍ଡ ଦିଆଗଲା। ଏହାକୁ ନେଇ ପଡ଼ୋଶୀ ରାଜ୍ୟରେ ଅସନ୍ତୋଷ ସୃଷ୍ଟି ହେଲା। ଆଉ କେହି ଯୋଦ୍ଧା ରହିଲେ ନାହିଁ ସୁଲ୍‌ତାନ୍‌ଙ୍କୁ ଉପଯୁକ୍ତ ଉପଦେଶ ଦେବା ପାଇଁ ତଥା ଶତ୍ରୁ ପକ୍ଷ ସଙ୍ଗେ ଯୁଦ୍ଧର ବ୍ୟୂହ ରଚନା କରିବା ପାଇଁ। ପରିସ୍ଥିତିକୁ ଦେଖି ପୁରୁଷୋତ୍ତମ ଦାକ୍ଷିଣାତ୍ୟ ବିଜୟ ପାଇଁ ପ୍ରସ୍ତୁତ ହେଲେ। ଲକ୍ଷ୍ୟ ରହିଲା ଉଦୟଗିରି ହାସଲ କରିବା। ହେଲେ ଏଥର ବିଜୟ ନିଶ୍ଚିତ ହେବା ଉଚିତ, ନହେଲେ ମାନ ସମ୍ମାନ ସବୁକିଛି ଚାଲିଯିବ। ପ୍ରଜାଙ୍କ ଆସ୍ଥା ତୁଟିଯିବ! ଏଣୁ କଳ, ବଳ କୌଶଳ ସବୁ କିଛିର ପ୍ରୟୋଗ ପାଇଁ ମନ୍ତ୍ରଣା ଚାଲିଲା। ଜଗନ୍ନାଥଙ୍କ ମନ୍ଦିରରେ ଗୁହାରି ପଡ଼ିଲେ ଛାମୁ।

ଧର୍ମଭିତ୍ତିକ ବ୍ୟୂହ ରଚନା ହେଲା- ବ୍ରାହ୍ମଣମାନଙ୍କୁ ଆୟୁଧ କରାଯିବ। କାରଣ ସାଲ୍ଵ ନରସିଂହ ବ୍ରାହ୍ମଣଙ୍କ ଉପରେ ଅସ୍ତ୍ର ପ୍ରହାର କରିବେ ନାହିଁ, କାରଣ ସିଏ ଜଣେ କଠୋର ହିନ୍ଦୁ ବିଶ୍ୱାସୀ। ରାଜ୍ୟ ପଛେ ଯାଉ, ଧର୍ମ ନଯାଉ - ଏହା ହେଉଛି ତାଙ୍କର ମୂଳ ବିଚାର। ଗୁପ୍ତଚର ଓ ମହାମନ୍ତ୍ରୀଙ୍କ ସହାୟତାରେ ଏହି ଦୁର୍ବଳତାର ଫାଇଦା ନେବା ପାଇଁ ବ୍ୟବସ୍ଥା ହେଲା...।

ଜଗନ୍ନାଥଙ୍କ ମନ୍ଦିରରୁ ବାହାରିଲା ବେଳକୁ ଛାମୁ ଭାରି ପ୍ରସନ୍ନ ଲାଗୁଥିଲେ। ଯେମିତି ତାଙ୍କୁ ବିଜୟର ମନ୍ତ୍ର ମିଳିଯାଇଛି। କିନ୍ତୁ ଯୁଦ୍ଧନୀତିକୁ ଗୁପ୍ତ ରଖାଗଲା।

ପ୍ରଚାର ହେଲା ଏଥର ସ୍ୱୟଂ ଜଗନ୍ନାଥ, ବଳଭଦ୍ର ଯୁଦ୍ଧ ପାଇଁ ବାହାରିଛନ୍ତି। ଆଉ ପରାଜୟ ଭୟ ନାହିଁ।

ଜଗନ୍ନାଥ... ? ପୁଣି ଯୁଦ୍ଧ ପାଇଁ। ହଁ, ରାଜାଙ୍କୁ ଏଥିନେଇ ସ୍ୱପ୍ନବାଣୀ ହୋଇଛି। ଏ ତତ୍ତ୍ୱଟି ଯେମିତି ବିଜୁଳି ହୋଇଗଲା। ଘରେ ଘରେ ସବୁ ପୁରୁଷ ବାହାରିଗଲେ ଯୁଦ୍ଧ ଲାଗି। ଘରୋଇ ତଥା କୃଷିକର୍ମରେ ବ୍ୟବହୃତ ଅସ୍ତ୍ରଶସ୍ତ୍ରଠାରୁ ଆରମ୍ଭ କରି କାହା କାହା ଘରେ ଥିବା ଖଣ୍ଡା ତଲ୍‌ୱାର୍ ମଧ୍ୟ ସାଙ୍ଗରେ ବାହାରିଲା। ଚିଲିକା, ଋଷିକୂଲ୍ୟା ଦେଇ ଦାକ୍ଷିଣାତ୍ୟ ଅଭିଯାନକୁ ରାସ୍ତା ସ୍ଥିର ହେଲା। ବାଟରେ ଥିବା ସବୁ ସାମନ୍ତ ରାଜା ଓ ତାଙ୍କ ସୈନ୍ୟସାମନ୍ତ ଏଥିରେ ଯୋଗଦେଲେ। ବୈଶାଖ ମାସର ଖରାରେ ପାଇକମାନଙ୍କ ତଣ୍ଟି ଶୁଖିଯାଉଥିଲା। ଚିଲିକା ଭିତରେ ଟାପୁ ରାଜ୍ୟଗୁଡ଼ିକ ସେତେବେଳେ ଦହି ପାଇଁ ବେଶ୍ ପରିଚିତ ଥିଲେ। ଗଉଡୁଣୀମାନେ ଗାଁ ଗାଁ ବୁଲି ଦହି ବିକ୍ରି କରୁଥିଲେ। ବଦଳରେ କଉଡ଼ି ନେଇ ଧାନ କିଣୁଥିଲେ। ଏତେ ସଂଖ୍ୟାରେ ସୈନ୍ୟ ସାମନ୍ତଙ୍କୁ ଦହି ପିଆଇବା ପରେ ତାଙ୍କୁ କଉଡ଼ି ଦେବାକୁ ଆଉ ଛାମୁଙ୍କ ପାଖରେ ସମ୍ବଳ ନଥାଏ। ବିଜୟ ପାଇଁ ଯେଉଁ ପଟୁଆରରେ ଜଗନ୍ନାଥ ସ୍ୱୟଂ ବାହାରିଛନ୍ତି ସେତେବେଳେ ଆଉ କଉଡ଼ିର ଆବଶ୍ୟକତା କ'ଣ ଛାମୁ ?

ଖୁସି ହୋଇଗଲେ ପୁରୁଷୋତ୍ତମ। କ'ଣ କହିଲ- *ତୁମେ ପୁରୁଷୋତ୍ତମଙ୍କୁ ଦେଖିଛ?*

ହଁ ପ୍ରଭୁ- ଏଇ ଟିକିଏ ଆଗରୁ ତ' ଦୁଇଜଣ ଘୋଡ଼ାରେ ଯାଇଛନ୍ତି। ମୋତେ ଏ ମୁଦିଟି ଦେଇଛନ୍ତି, ରତ୍ନ ଖଚିତ। ପ୍ରଜାଙ୍କ ପାଖରେ ଯେ, ଜଗନ୍ନାଥ ଆସିଥିବା ବାର୍ତ୍ତାଟି ପହଞ୍ଚିଛି; ଶ୍ରୀମନ୍ଦିର ପରିସରରେ ଯାହା ମନ୍ତ୍ରଣା ହୋଇଥିଲା ତାହାର ସୁଫଳ ମିଳିଛି। ରାଜନ ନିଶ୍ଚିତ ହେଲେ।

ଜଗନ୍ନାଥ ଏ ଜାତିର ଦେବତା। ତାଙ୍କ ନାଁ ନେଇ ଯାହା ବି କରାଯିବ ସେଥିରେ ପ୍ରଜାଙ୍କ ସମର୍ଥନ ରହିବ ଏଥିରେ ସନ୍ଦେହ ନାହିଁ। ଏ ଭିତରେ ଆସିକା ନିକଟରେ ପହଞ୍ଚିଲେ ପୁରୁଷୋତ୍ତମ। ରାତି ବିଶ୍ରାମ ବେଳରେ ସେନାପତିଙ୍କୁ ପଚାରିଲେ- ବ୍ରାହ୍ମଣଙ୍କ ସଂଖ୍ୟା କେତେ ?

ହଜୁର, ଯଥେଷ୍ଟ କମ୍। ସାଲ୍ଵଙ୍କ ସୈନ୍ୟଙ୍କୁ ଏମାନେ ମୁକାବିଲା କରିପାରିବା ଭଳି ଲାଗୁନାହିଁ।

ଆଗରେ ମୌର୍ଯ୍ୟ ଶାସନର ଶିଳାଲେଖ ସାମ୍ନାକୁ ଆସିଲା। ରାଜ୍ୟକୁ ଏକାଠି କରି ରଖିବାରେ ସେତେବେଳେ ଏଇ ଲେଖାଟି ଭରସା ହୋଇଥିଲା। ହେଲେ ଏବେ ସେ ଧର୍ମ ଲୀନ ହୋଇଗଲାଣି।

ଏଇ ଗାଁରୁ ବ୍ରାହ୍ମଣଙ୍କୁ ସାମିଲ୍ କରାଅ।.... *ଛାମୁ ଏ ସମସ୍ତେ ବୌଦ୍ଧଧର୍ମାବଲମ୍ବୀ। ସେମାନେ ବ୍ରାହ୍ମଣ ନୁହନ୍ତି। ଅଧିକାଂଶ ଗୋପାଳନ କରନ୍ତି।*

ଛାମୁ ସ୍ମିତ ହାସ୍ୟ ଦେଲେ, ମନ୍ତ୍ରୀ ବୁଝିଗଲେ।

ସବୁ ବୌଦ୍ଧଧର୍ମୀଙ୍କ ପାଖରେ ବାର୍ତ୍ତା ପହଞ୍ଚିଲା... *'ଛାମୁ କହିଛନ୍ତି ଆଜିଠୁ ତୁମେ ବ୍ରାହ୍ମଣ ହେଲ। ତୁମେ ପଇତା ପିନ୍ଧ। ଗାଈ ବଳଦଙ୍କୁ ନେଇ ସେନା ବାହିନୀରେ ସାମିଲ୍ ହୁଅ। ଫେରିଲେ ତୁମର ସବୁ ଦାବି ପୂରଣ ହେବ। ତୁମ ଗାଁରେ ପୋଖରୀ ଖୋଳାଯିବ। ନୂଆ ଗାଁ ବ୍ୟବସ୍ଥା ହେବ। ଖଜଣା ଛାଡ଼ କରାଯିବ'।*

ବ୍ରାହ୍ମଣଙ୍କ ପ୍ରଭାବ ଯୋଗୁ ବୌଦ୍ଧଧର୍ମାବଲମ୍ବୀମାନେ ଯେଉଁ ତାଡ଼ନା ସ୍ୱୀକାର କରୁଥିଲେ ତାହାର ତ' ଅନ୍ତ ହେବ! ଏହା ଜାଣି ଆନନ୍ଦିତ ହେଲେ, ଆଉ ଆଗ ପଛ ନ ବିଚାରି ଯୋଗଦେଲେ ପୁରୁଷୋତ୍ତମ ସେନାବାହିନୀରେ।

ଏହିକ୍ରମରେ ପୁରୁଷୋତ୍ତମ କଟକରୁ ଦକ୍ଷିଣକୁ ଗଲାବେଳକୁ ବାଟରେ ଥିବା ସମସ୍ତ ଧର୍ମାବଲମ୍ବୀଙ୍କୁ ସୈନ୍ୟ ଭାବେ ନିଆଗଲା। ଗୋ-ସମ୍ପଦକୁ ସେନାବାହିନୀରେ ରଖାହେଲା। ଚାଷ କରୁଥିବା ବୌଦ୍ଧଧର୍ମାବଲମ୍ବୀଙ୍କୁ ବ୍ରାହ୍ମଣ ଭାବେ ପରିଚୟ କରାଯାଇ ପଇତା ପିନ୍ଧାଗଲା। ଯୁଦ୍ଧ ନିୟମର ଏହା ବିପରୀତ ହୋଇପାରେ କିନ୍ତୁ *'ଯୁଦ୍ଧ ଓ ପ୍ରେମରେ ସବୁ କିଛି ଗ୍ରହଣୀୟ'* ଏହି ନୀତିକୁ ଆପଣାଇଲେ ଜଗନ୍ନାଥ ପ୍ରସାଦ ପୁରୁଷୋତ୍ତମ ଦେବ।

ପ୍ରଥମେ ଜୟ ହେଲା ବିଜୟନଗର ବା ରାଜମୁଣ୍ଡାରୀ। ପରାସ୍ତ ହେଲେ ଦ୍ୱିତୀୟ ବିରୂପାକ୍ଷ। ମଲ୍ଲିକାର୍ଜ୍ଜୁନଙ୍କ ମୃତ୍ୟୁ ପରେ ଏ ରାଜ୍ୟକୁ ସେ ୧୪୬୫ରୁ ଶାସନ କରି ଆସୁଥିଲେ। କିନ୍ତୁ ସିଂହାସନକୁ ନେଇ ସେଠାରେ ପାରିବାରିକ ଦ୍ୱନ୍ଦ୍ୱ ଉପୁଜିଥିଲା । ସେଠାରୁ ରାଜାଙ୍କ ଆରାଧ୍ୟ ଦେବ ଗୋପାଳ କୃଷ୍ଣଙ୍କୁ ସାଙ୍ଗରେ ନେଲେ ପୁରୁଷୋତ୍ତମ। ସାଙ୍ଗରେ ରାଜକନ୍ୟା ରୂପାମ୍ବିକାଙ୍କୁ ମଧ୍ୟ ନେଇ ଆସିଲେ, ଜଣେ ଚଣ୍ଡାଳ ହାତରେ ଦେବା ପାଇଁ। ଏହା ପରେ କୋଣ୍ଡାବିଡୁ ଜୟ କରି ସେଠାରେ ପୂର୍ବରୁ ପ୍ରଚଳିତ ବିବାହ କର ପ୍ରଥାକୁ ଉଚ୍ଛେଦ କରାଯିବା ପାଇଁ ଆଦେଶ ଦିଆଗଲା। ଗୁଣ୍ଟୁରଠାରେ ଥିବା ଲକ୍ଷ୍ମୀନାରାୟଣ ମନ୍ଦିର ପାଇଁ ଉପହାର ବ୍ୟବସ୍ଥା ହେଲା। ଗୁଣ୍ଡାକମ୍ପା ଶିବ ମନ୍ଦିର ପାଇଁ ଏକ ଗାଁ ପ୍ରତିଷ୍ଠା କରାଗଲା । ଯାହାର ନାଁ ରଖାଗଲା ପୋଟଭରମ୍। ଏହାପରେ ପୂର୍ବରୁ ଦଖଲ ହୋଇ ଏବେ ସାଲୁଭଙ୍କ ପ୍ରତ୍ୟକ୍ଷ କ୍ଷମତାରେ ଥିବା ଉଦୟଗିରି ଉପରେ ଶକ୍ତି ନିବେଶ କଲେ ଗଜପତି। ଏହିଠାରେ ମୁକାବିଲା କରିବାକୁ ହେବ ରାଜା ସାଲୁଭ ନରସିଂହ ଦେବଙ୍କୁ। ବେଶ୍ ଜ୍ଞାନୀଗୁଣୀ ଏବଂ ପରାକ୍ରମୀ ଯୋଦ୍ଧା ଥିଲେ ସାଲୁଭ। ପୂର୍ବରୁ ତାଙ୍କ ସହ ମୁକାବିଲା କରି ନପାରି ପୁରୁଷୋତ୍ତମ ପଳାୟନ କରିଛନ୍ତି। ଏବେ କିନ୍ତୁ

ପରିସ୍ଥିତି ବଦଳିଛି । ଏହା ଫେରିବାର ସମୟ ନୁହେଁ ବିଚାରି ପୂର୍ବ ନୀତିକୁ ଆପଣା ଗଲା ।

ପୂର୍ବ ପ୍ରସ୍ତୁତ ରଣନୀତି ଅନୁସାରେ ଆଗରେ ରହିଲେ ଗୋ-ବ୍ରାହ୍ମଣ । ଆଉ ପଛରେ ସେନା ବାହିନୀ । ଏତେ ସଂଖ୍ୟାରେ ଗୋ-ବ୍ରାହ୍ମଣଙ୍କୁ ଦେଖି ଡରିଗଲେ ସାଲ୍ୱ । ଗୋ ହତ୍ୟା ଓ ବ୍ରହ୍ମ ହତ୍ୟାର ପାପ ନିଜ ମୁଣ୍ଡରେ ନେବେ ନାହିଁ ବୋଲି ବିଚାର କଲେ । ଆଉ ନିରସ୍ତ୍ର ହେଲେ । ନିଜର ମୁକ୍ତି ପାଇଁ ସାଲ୍ୱ ନରସିଂହ ଉଦୟଗିରିଠାରେ ଗଜପତିଙ୍କ ଆଗରେ କାକୁସ୍ତ ହେଲେ । ଅର୍ଥାତ୍ ସମଗ୍ର କର୍ଣ୍ଣାଟ ରାଜ୍ୟ ତାଙ୍କ କରଗତ ହେଲା । କର୍ଣ୍ଣାଟର ଅଂଶବିଶେଷ ସ୍ୱରୂପ କାଞ୍ଚି ମଧ୍ୟ ପ୍ରାପ୍ତ ହେଲା ଗଜପତିଙ୍କ ହାତରେ । ପରବର୍ତ୍ତୀ ସମୟରେ କୁମାର ପ୍ରତାପରୁଦ୍ର ରଚନା କରିଥିବା '*ସରସ୍ୱତୀ ବିଳାସମ୍*' କାବ୍ୟରେ ସେ ନରସିଂହଙ୍କୁ କିପରି ପୁରୁଷୋତ୍ତମ ନିଜ ବଶକୁ କରିପାରିଥିଲେ ତାହା ବର୍ଣ୍ଣନା କରିଛନ୍ତି ।

ଏହାପରେ ଆଉ ଦାକ୍ଷିଣାତ୍ୟକୁ ଜୟ କରିବା ପାଇଁ ଆଗ୍ରହ ପ୍ରକାଶ କରି ନଥିଲେ ପୁରୁଷୋତ୍ତମ । ଏତେବଡ଼ ସାମ୍ରାଜ୍ୟ ପରିଚାଳନାରେ କଷ୍ଟ ହୋଇପାରେ ବୋଲି ସେ ଅନୁମାନ କଲେ । ଆଉ ଫେରି ଆସିଲେ କଟକ । ସେଠାରୁ ଆଣିଥିବା ବିଭିନ୍ନ ଦେବଦେବୀଙ୍କ ମୂର୍ତ୍ତିଙ୍କୁ ବିଭିନ୍ନ ସ୍ଥାନରେ ସ୍ଥାପନ କଲେ । ବାଟରେ ରାଜାମାନଙ୍କୁ ସେମାନଙ୍କ ସହଯୋଗର ସ୍ମାରକୀ ସ୍ୱରୂପ ଧନ ସମ୍ପତ୍ତି ଜୟ ହୋଇଥିବା ରାଜ୍ୟର ଇଷ୍ଟ ଦେବଙ୍କୁ ମଧ୍ୟ ଦାନ କରିଥିଲେ । ସବୁଠାରୁ ଅଧିକ ସହାୟକ ହୋଇଥିବା ଆସିକା ଅଞ୍ଚଳରେ ଥିବା ବୌଦ୍ଧ ଗ୍ରାମରେ ଏକ ନୂଆ ଗାଁ ପ୍ରତିଷ୍ଠା ହେଲା, ନାଁ ରହିଲା ପୁରୁଷୋତ୍ତମପୁର । କାଞ୍ଚିରୁ ଆଣିଥିବା ମାଧବଙ୍କ ମୂର୍ତ୍ତିକୁ ଋଷିକୂଲ୍ୟା ନଦୀକୂଳରେ ସ୍ଥାପନ କଲେ । ତା' ନାଁ ଦେଲେ ସୁନ୍ଦର ମାଧବ ମନ୍ଦିର । ପୋଟେଶ୍ୱର ଭଟ୍ଟଙ୍କୁ ଏହି ଗାଁ ଅର୍ପଣ କରାଗଲା ବଂଶ ବଂଶଯାଏ । ଏ ବାବଦରେ ଏକ ତମ୍ବା କୁରାଢ଼ି ମୁଣ୍ଡରେ ଉଲ୍ଲେଖ କରାଯାଇ ତାହାକୁ ଗଡ଼ପଦାଠାରେ ସ୍ଥାପନ କରାଗଲା ।

(୨୩)

ରୂପାୟିକା

କୂଟନୀତି ପ୍ରୟୋଗ କରି ବିନା ଯୁଦ୍ଧରେ ଦାକ୍ଷିଣାତ୍ୟ ଜୟକଲେ ଗଜପତି ପୁରୁଷୋତ୍ତମ ଦେବ। ଯୁଦ୍ଧର ନିୟମ ଅନୁସାରେ ସେଠାରେ ବିଗ୍ରହ ତଥା ମୂଲ୍ୟବାନ ରତ୍ନକୁ ପୁରୁଷୋତ୍ତମ ସାଙ୍ଗରେ ଆଣିଲେ। ତା' ସହ ପରାଜିତ ରାଜ୍ୟର ରାଜକୁମାରୀଙ୍କୁ। ଏ ବିଜୟର ସବୁ ଶ୍ରେୟ ସେ ନିଜେ ନନେଇ ଜଗନ୍ନାଥଙ୍କୁ ଅର୍ପଣ କଲେ। ସେମାନେ ତାଙ୍କ ସଙ୍ଗେ ପ୍ରତ୍ୟକ୍ଷ ଯୁଦ୍ଧରେ ସାମିଲ୍ ଥିଲେ ବୋଲି ପ୍ରଚାର ହେଲା। ଏହା ପରେ ରଚନା ହେଲା ବିଖ୍ୟାତ 'କାଞ୍ଚି ଅଭିଯାନ' କାହାଣୀ।

ବ୍ରାହ୍ମଣମାନଙ୍କ ଅଶାନ୍ତି ବଢ଼ିଲା। ପ୍ରକୃତ ଦ୍ୱିଜ ପରିବାରରେ ଜନ୍ମ ଗ୍ରହଣ କରିଥିବା ବ୍ରାହ୍ମଣଙ୍କ ଶ୍ରେଣୀରେ ବୌଦ୍ଧଧର୍ମୀଙ୍କୁ ସାମିଲ କରିବାରୁ ସେମାନେ ରାଜାଙ୍କୁ ଅଭିଯୋଗ କଲେ। ଗଜପତି କେବେ ବି ବ୍ରାହ୍ମଣଙ୍କୁ ଅସନ୍ତୋଷ କରିବାକୁ ଚାହୁଁନଥିଲେ। ଏ ବିଷୟକୁ ସମାଧାନ କରିବା ଲାଗି ଋଷିକୂଲ୍ୟା ନଦୀ ତଟବର୍ତ୍ତୀ ଯେଉଁ ବୌଦ୍ଧଧର୍ମାବଲମ୍ବୀଙ୍କୁ ବ୍ରାହ୍ମଣ କରି ପଇତା ପିନ୍ଧାଯାଇଥିଲା ସେମାନଙ୍କ ଦେହରୁ ପଇତା କାଢ଼ିବା ଲାଗି ଆଦେଶ ହେଲା। ଏହାକୁ ନେଇ ପ୍ରଜା ଅସନ୍ତୋଷ ଆହୁରି ବଢ଼ିଲା।

...ଆମେ ତ' ଚାଷୀ ଥିଲୁ। ଆମର ସମ୍ପ୍ରଦାୟ ଅଲଗା ଥିଲା। ଦୁଃଖେ କଷ୍ଟେ ଗୋପାଳନ କରି ଆମ ଦିନ ବିତୁଥିଲା। ଆମକୁ ଏ ରାଜା କାହିଁକି ବ୍ରାହ୍ମଣ ହେବାକୁ କହିଲେ ? ଧର୍ମ ଭୁଲି ଆମେ ଅନ୍ୟଧର୍ମ ନେଲୁ। ଏବେ ପୁଣି ସେଇ ଧର୍ମକୁ ଫେରିବା ଅର୍ଥାତ୍ ଆମେ ଧର୍ମଦ୍ରୋହୀ...। ସ୍ୱାର୍ଥ ହାସଲ ପରେ ରାଜା ଏମିତି ଆମକୁ ଯାତନା ଦେବା କ'ଣ ଉଚିତ ? ବୁଦ୍ଧ ଠିକ୍ କହୁଥିଲେ... ଆଶାରୁ ହିଁ ଦୁଃଖ ଆସେ।

ଏହି ଦାକ୍ଷିଣାତ୍ୟ ରାଜାଙ୍କୁ ବ୍ବରଂ ସହାୟତା କଲେ ଲାଭ ଅଛି। ସେ ତ' ସତ୍ୟବଚନୀ। ବ୍ରାହ୍ମଣଙ୍କୁ ପ୍ରହାର କରିବେ ନାହିଁ ବୋଲି ରାଜ୍ୟ ଛାଡ଼ିଦେଲେ। ରାଜକନ୍ୟାକୁ ମଧ୍ୟ ଆମ ରାଜାଙ୍କ ହାତରେ ଦେଲେ।

ପ୍ରଜାଙ୍କ ଭିତରେ ଅସନ୍ତୋଷ ଖବର ବିଜୁଳି ହେବା ପରେ ମନ୍ତ୍ରୀଙ୍କ ସହ ଆଲୋଚନା ହେଲା। ପରେ ସେମାନଙ୍କୁ ବ୍ରାହ୍ମଣ ଭାବେ ଜୀବନ ଜିଇବାର ସୁଯୋଗ ଦିଆଗଲା। ତାଙ୍କ ପାଇଁ ଏକ ଗାଁ ସ୍ଥାପନ ହେଲା ଯାହାର ନାଁ ରହିଲା ପୁରୁଷୋତ୍ତମପୁର। ତାରାତାରିଣୀ ପାହାଡ଼ ତଳେ ଏବଂ ଋଷିକୂଲ୍ୟା ନଦୀ ପାର୍ଶ୍ୱରେ ଥିବା ଏହି ଗାଁ ପରବର୍ତ୍ତୀ ସମୟରେ ବିଶେଷ ନାଁ କଲା। କିନ୍ତୁ ବ୍ରାହ୍ମଣମାନେ ତାଙ୍କୁ ସେହିଭଳି ମର୍ଯ୍ୟାଦା ଦେଲେ ନାହିଁ ଯାହା ସେମାନେ (ସାଧାରଣ ବ୍ରାହ୍ମଣମାନେ) ବଂଶ ଅନୁସାରେ ପ୍ରାପ୍ତ କରୁଥିଲେ। ଯେହେତୁ ନୂଆକରି ବ୍ରାହ୍ମଣ ଗୋଷ୍ଠୀରେ ସାମିଲ୍ ହୋଇଥିବା ଏହି ଗୋଷ୍ଠୀ ନିଜର କୌଳିକ ବ୍ୟବସାୟ ଚାଷକୁ ଗୁରୁତ୍ୱ ଦେଉଥିଲେ ସେମାନଙ୍କୁ ତାଚ୍ଛଲ୍ୟ କରି କେହି କେହି ହଳୁଆ ବ୍ରାହ୍ମଣ ମଧ୍ୟ କହିଲେ।[୨୭] ପରବର୍ତ୍ତୀ ସମୟରେ ପୁରୁଷୋତ୍ତମପୁର ବିକଶିତ ହେଲା। ଏଠାରୁ ବିଭିନ୍ନ ଉତ୍ପାଦକୁ ନିକଟସ୍ଥ ଆସିକା ସହରରେ ବିକ୍ରିପାଇଁ ନିଆଗଲା। ଆସିକା ଏକ ବ୍ୟବସାୟିକ ପେଣ୍ଠସ୍ଥଳ ଥିବାରୁ ସେଠାକୁ ଅନେକ ସାଧବ ପୁଅ ଦ୍ରବ୍ୟ କିଣିବାକୁ ଆସୁଥିଲେ। ବିଦେଶକୁ ମଧ୍ୟ ଏହି ଦ୍ରବ୍ୟ ରପ୍ତାନୀ ହେଉଥିଲା। ପୁରୀ ବନ୍ଦର ସହ ଆସିକାର ବିଶେଷ ସମ୍ପର୍କ ସ୍ଥାପନ ହୋଇଥିଲା।[୨୮]

ପୁରୁଷୋତ୍ତମପୁର ଛାଡ଼ି ଆସିବା ବେଳେ ସାଙ୍ଗରେ ଯୁଦ୍ଧ ହାତୀ, ଘୋଡ଼ା, ସୈନ୍ୟସାମନ୍ତଙ୍କ ସହ ରହିଲେ କାଞ୍ଚିରୁ ଆସିଥିବା ଗୋପାଳଜିଉ ଏବଂ ପରାଜିତ ରାଜ୍ୟର ରାଜକନ୍ୟା ରୂପାମ୍ବିକା, ଯାହାଙ୍କ ପ୍ରେମରେ ପଡ଼ିଥିଲେ ଅବିବାହିତ ପୁରୁଷୋତ୍ତମ। କିନ୍ତୁ ତାଙ୍କ ବାପାଙ୍କଠାରୁ ଯେଉଁ ଅପମାନ ସେ ପାଇଥିଲେ ତାହାକୁ ଭୁଲିପାରୁ ନଥାଆନ୍ତି। ଏଣୁ ବିବାହ ବଦଳରେ ତାଙ୍କୁ କୌଣସି ଚଣ୍ଡାଳ ହାତରେ ଦେବା ପାଇଁ ସ୍ଥିର ହେଲା। ଦିନ ପରେ ଦିନ ବିତୁଥାଏ। ହେଲେ ଉପଯୁକ୍ତ ପାତ୍ର ରାଜକନ୍ୟାଙ୍କ ଲାଗି ମିଳୁ ନଥାଆନ୍ତି। ସେପଟେ ରାଜଧାନୀ ବାରଣାସୀ କଟକଠାରେ ଗୋପାଳ ଜିଉଙ୍କ ଅବସ୍ଥାନ ନିମନ୍ତେ ସ୍ୱତନ୍ତ୍ର ମନ୍ଦିର ତିଆରି ହୋଇ ଏହି ଅପରୂପ ମୂର୍ତ୍ତିଙ୍କୁ ସ୍ଥାପନ ସରିଲା।

ଏବେ ରୂପାମ୍ବିକାଙ୍କ କଥା। ଯାହାଙ୍କୁ ଗଜପତି ପ୍ରାଣପଣେ ଭଲ ପାଉଛନ୍ତି। ଯାହାଙ୍କ ପାଇଁ ଦାକ୍ଷିଣାତ୍ୟ ଅଭିଯାନ ଅଧିକ କ୍ରିୟାଶୀଳ ହୋଇଥିଲା, ତାଙ୍କୁ ସତରେ କ'ଣ ଚଣ୍ଡାଳ ହାତରେ ଦେବେ ? ହେଲେ ଯିଏ ସ୍ୱୟଂ ଜଗନ୍ନାଥଙ୍କ ସେବକଙ୍କୁ ଚଣ୍ଡାଳ ବୋଲି କହିଲା ତାକୁ ତ ଶାସ୍ତି ଦରକାର, ନୁହେଁ କି ? ଏମିତି ଅନେକ ପ୍ରଶ୍ନ ପଚରାଯାଉଥିଲା, ଶୂନ୍ୟକୁ। ଗଜପତି କ'ଣ ନିଷ୍ପତ୍ତି ନେବେ ତାକୁ ନେଇ ରାଜ୍ୟବାସୀ ମଧ୍ୟ ଚାତକ ଭଳି ଅନାଇ ବସିଥାନ୍ତି। ଜଣେ ରାଜକୁମାରୀଙ୍କୁ ଚଣ୍ଡାଳ ହାତରେ ବିବାହ ଦିଆଯିବା ନିହାତି ଏକ ଘୃଣ୍ୟ ପରମ୍ପରା ସୃଷ୍ଟି କରିବ। ପୁଣି ବାପା ଯଦି ଭୁଲ କଲା, ଦେବେ ଝିଅ କାହିଁକି ଏହାର ଦୋଷ ନେବ ? ସେବକ ଲେଙ୍କା ଓ ମହାପାତ୍ର ପ୍ରମୁଖ ରାଜାଙ୍କ ଉଦ୍ଦେଶ୍ୟରେ ଦରବାରରେ ଏ ବିଷୟରେ ନିଜ ନିଜ ମତ ରଖିଲେ। ହେଲେ ଗଜପତିଙ୍କ ମୁହଁରୁ ତ ଥରେ ତାଙ୍କୁ ଚଣ୍ଡାଳ ସହ ବିବାହ ଦେବେ ବୋଲି ବାହାରି ଆସିଛି। ତା କ'ଣ ସେ ପୁଣି ଫେରାଇ ନେବେ ?

ଏହି କ୍ରମରେ ସ୍ଥିର ହେଲା ଗଜପତି ରଥ ଉପରେ ଯେତେବେଳେ ପହଁରା ଦେଉଥିବେ ସେତେବେଳେ ରୂପାମ୍ବିକାଙ୍କୁ ତାଙ୍କ ହସ୍ତରେ ଅର୍ପଣ କରାଯିବ। ଅର୍ଥାତ୍ ପ୍ରେମ ବି ରହିବ ଆଉ ବଚନ ମଧ୍ୟ। ତାହାହିଁ ହେଲା। ରଥ ଯାତ୍ରା ସମୟରେ ପୁରୁଷୋତ୍ତମ ନନ୍ଦିଘୋଷ ଉପରେ ରୂପାମ୍ବିକାଙ୍କୁ ଗ୍ରହଣ କଲେ। ଏକମାତ୍ର ରାଣୀ ଭାବେ ସେ କଟକର ରାଜ ଉଆସ ମଣ୍ଡନ କଲେ। ଆଉ ଜନ୍ମ ଦେଲେ ଜଗନ୍ନାଥ ସଂସ୍କୃତିର ଅନ୍ୟ ଜଣେ ପରିବାହକ ପ୍ରତାପରୁଦ୍ର କୁମାରଙ୍କୁ।

ଏହାପରେ ଗଜପତି ପୁରୁଷୋତ୍ତମ ଆଉ ରାଜ୍ୟ ବିଜୟରେ ମନୋନିବେଶ ନକରି ରାଜ୍ୟର ସୁରକ୍ଷା ଓ ଆଭ୍ୟନ୍ତରୀଣ ଶାନ୍ତି ପ୍ରତିଷ୍ଠାରେ ଲାଗିପଡ଼ିଲେ। ଜଗନ୍ନାଥଙ୍କୁ ନିଜ ବିଜୟର ସମସ୍ତ ଶ୍ରେୟ ଦେବାକୁ ଯାଇ ପରବର୍ତ୍ତୀ ସମୟରେ ଜଗନ୍ନାଥଙ୍କ ମହିମା ପ୍ରଚାର ଓ ଧର୍ମ ପ୍ରୋତ୍ସାହନ କାର୍ଯ୍ୟକୁ ଗୁରୁତ୍ୱ ଦେଲେ। ଶ୍ରୀମନ୍ଦିର କାନ୍ଥରେ କାଞ୍ଚି ବିଜୟ ପ୍ରସଙ୍ଗକୁ ଉଲ୍ଲେଖ କରାଗଲା। ମାଣିକ ପାଟଣାରେ ଜଗନ୍ନାଥ ଓ ବଳଭଦ୍ରଙ୍କ ଅଚାନକ ଆବିର୍ଭାବ ଯୋଗୁଁ ଦାକ୍ଷିଣାତ୍ୟ ବିଜୟ ସମ୍ଭବ ହେଲା ବୋଲି କୁହାଗଲା। ସବୁବେଳେ ସବୁ ସମୟରେ ଜଗନ୍ନାଥ ସ୍ୱୟଂ ତାଙ୍କ ପାଖରେ ରହିଛନ୍ତି ଏବଂ ସେ ହିଁ ରାଜ୍ୟରେ ଶାସନ କରୁଛନ୍ତି ବୋଲି ସ୍ପଷ୍ଟ କଲେ ଗଜପତି ପୁରୁଷୋତ୍ତମ ଦେବ। ଅର୍ଥାତ୍ ଶ୍ରୀଜଗନ୍ନାଥ ହିଁ ରହିଲେ ରାଜ୍ୟ ଶାସନର ସର୍ବାଗ୍ରେ।

(୨୪)

ସାକ୍ଷୀଗୋପାଳ

ଜଗନ୍ନାଥଙ୍କୁ ନିଜ ବିଜୟର ସମସ୍ତ ଶ୍ରେୟ ଦେବାକୁ ଯାଇ ପରବର୍ତ୍ତୀ ସମୟରେ ଜଗନ୍ନାଥଙ୍କ ମହିମା ପ୍ରଚାର ଓ ଧର୍ମ ପ୍ରୋତ୍ସାହନ କାର୍ଯ୍ୟକୁ ଗୁରୁତ୍ୱ ଦିଆଗଲା। ଶ୍ରୀମନ୍ଦିର କାନ୍ଥରେ କାଞ୍ଚି ବିଜୟ ପ୍ରସଙ୍ଗକୁ ଉଲ୍ଲେଖ କରାଗଲା। ମାଣିକ ପାଟଣାରେ ଜଗନ୍ନାଥ ଓ ବଳଭଦ୍ରଙ୍କ ଅଚାନକ ଆବିର୍ଭାବ ଯୋଗୁଁ ଦାକ୍ଷିଣାତ୍ୟ ବିଜୟ ସମ୍ଭବ ହେଲା ବୋଲି କୁହାଗଲା। ସବୁବେଳେ ସବୁ ସମୟରେ ଜଗନ୍ନାଥ ସ୍ୱୟଂ ତାଙ୍କ ପାଖରେ ରହିଛନ୍ତି ଏବଂ ସେ ହିଁ ରାଜ୍ୟରେ ଶାସନ କରୁଛନ୍ତି ବୋଲି ସ୍ପଷ୍ଟ କଲେ ଗଜପତି ପୁରୁଷୋତ୍ତମ ଦେବ। ଅର୍ଥାତ୍ ଶ୍ରୀଜଗନ୍ନାଥ ହିଁ ରହିଲେ ରାଜ୍ୟଶାସନର ସର୍ବାଗ୍ରେ।

କିନ୍ତୁ ବିଜିତ ରାଜ୍ୟର ଆରାଧ୍ୟଙ୍କୁ କେଉଁଠି ଆରାଧନା କରାଯିବ? କେମିତି ସର୍ବସାଧାରଣ ଜାଣିବେ ଯେ, ଇଏ ହେଉଛନ୍ତି ଗଜପତି ପୁରୁଷୋତ୍ତମ ଦେବଙ୍କ ଜୀବନର ଗୌରବମୟ ଇତିହାସର ଗୋଟିଏ ପୃଷ୍ଠା, ଯାହା ସବୁ ଓଡ଼ିଆଙ୍କୁ ଆଗକୁ ଉତ୍ସାହିତ କରିବ। ଏହିକ୍ରମରେ ରାଜମୁଣ୍ଡାରୀ ବିଜୟ ପରେ ଓଡ଼ିଶା ଅଣାଯାଇଥିବା ତାଙ୍କ ଆରାଧ୍ୟ ଦେବତା ଗୋପାଳଙ୍କ ପାଇଁ ଭବ୍ୟ ଆସ୍ଥାନ କଳ୍ପନା ହେଲା, ବାରାଣସୀ କଟକରେ। ଘୋଷଣା ହେଲା ଆଜିଠୁ 'ସାକ୍ଷୀ ଗୋପାଳ' ଓଡ଼ିଶାରେ ପୂଜା ପାଇବେ। କୃଷ୍ଣ ଧର୍ମାବଲମ୍ବୀଙ୍କ ପାଇଁ ଏହା ସବୁଠାରୁ ବଡ଼ କ୍ଷେତ୍ର ହେବ।

କିନ୍ତୁ ଏ ଗୋପାଳ କିଏ? ସେ ତ ତେଲଗୁ ଦେଶରେ ଗୋପୀନାଥ ଭାବେ ପରିଚିତ। ପୁଣି ସେ ତ ଗୋପାଳ। ସାକ୍ଷୀଗୋପାଳ କେମିତି ହେଲେ? ଗଜପତିଙ୍କ ବିଜୟର ସାକ୍ଷୀ ବୋଲି କ'ଣ ତାଙ୍କ ନାଁ ସାକ୍ଷୀଗୋପାଳ? ନା ବିଜୟ ପୂର୍ବରୁ ଗୋପୀନାଥ ବିଦ୍ୟାନଗରୀରେ ସାକ୍ଷୀ ଗୋପାଳ ଭାବେ ଜଣାଶୁଣା ଥିଲେ?

ବୃନ୍ଦାବନରେ ପୂଜା ପାଉଥିବା କୃଷ୍ଣ କହ୍ନେଇଙ୍କ ପରି ତାଙ୍କ ରୂପ। ଅବିକଳ ଚେହେରାରେ ଯେ କେହି ଧୋକା ଖାଇବା ସତ ଯେ, ଏମିତି ଅବିକଳ ମୂର୍ତ୍ତି କେମିତି ତିଆରି ହୋଇପାରିଲା? ଯେଉଁ ମୂର୍ତ୍ତିକୁ ଖୋଦ୍ ଶ୍ରୀକୃଷ୍ଣଙ୍କ ନାତି ରାଜା ବଜ୍ର କଳ୍ପନା କରିଥିଲେ, ଯାହା ପୃଥିବୀ ପୃଷ୍ଠରେ ଅଦ୍ୱିତୀୟ ବୋଲି ଜଣାଯାଏ ସେ ପୁଣି ଆଉ ଥରେ ବିଦ୍ୟାନଗରୀରେ ଉଭା ହେଲେ କିପରି?
ବୃନ୍ଦାବନରେ ଏହି ମୂର୍ତ୍ତିକୁ ଦର୍ଶନ କରିବା ହେଉଛି କୃଷ୍ଣପ୍ରେମୀଙ୍କ ପରମ ସୌଭାଗ୍ୟ। ସେଥିପାଇଁ ଦେଶ ବିଦେଶରୁ ଅନେକ କୃଷ୍ଣପ୍ରେମୀ ସେଠାକୁ ଯାତ୍ରା କରୁଛନ୍ତି। ଜୀବନକାଳରେ

ଅତିକମ୍‌ରେ ଥରେ ବି ତାଙ୍କର ସାନ୍ନିଧ୍ୟ ଲାଭ କରିବାକୁ ଚାହୁଁଛନ୍ତି। ଯାହା ହେଉ ଗଜପତିଙ୍କ ପରାକ୍ରମରେ ବୃନ୍ଦାବନ ଆଉ ଦୂର ହୋଇ ରହିଲା ନାହିଁ। କିନ୍ତୁ ଯେଉଁ ପ୍ରଶ୍ନ ତାଙ୍କ ନାମକରଣକୁ ନେଇ ହୋଇଛି ତାହାର ଉତ୍ତର ଏଯାଏ ମିଳିଲା ନାହିଁ। ଏ ଭିତରେ ଅନେକ କାହାଣୀ ପ୍ରଚାର ହେଲାଣି। ହେଲେ ସେଥିରୁ ଯାହା ଲୋକ ମୁଖର ହୋଇଛି ତାହା ଏମିତି: କୃଷ୍ଣ ପ୍ରେମରେ ବିଭୋର ହୋଇ ବିଦ୍ୟାନଗରୀର ଜଣେ ବୟବୃଦ୍ଧ ବ୍ରାହ୍ମଣ ଏକୁଟିଆ ଯାତ୍ରା ଆରମ୍ଭ କରିଲେ ବୃନ୍ଦାବନ। ଆଉଥରେ ତାଙ୍କ ଘରକୁ ଫେରି ଆସିବେ ବୋଲି ବିଶ୍ୱାସ ନଥାଏ। ତଥାପି କୃଷ୍ଣ ଦର୍ଶନରେ ନେତ୍ର ପବିତ୍ର କରିବାକୁ ଚାଲିଥାଆନ୍ତି। ବାଟରେ ତାଙ୍କୁ ସେହି ଗାଁର ଜଣେ ଯୁବକ ବ୍ରାହ୍ମଣଙ୍କ ସାକ୍ଷାତ ହେଲା। ଉଭୟଙ୍କ ଗନ୍ତବ୍ୟସ୍ଥଳ ଗୋଟିଏ ହୋଇଥିବାରୁ ସେମାନେ ବନ୍ଧୁ ପାଲିଟି ଆଗକୁ ଚାଲିଲେ। ବୃଦ୍ଧ ବ୍ରାହ୍ମଣଙ୍କୁ ଅନ୍ୟ ଯୁବକ ବ୍ରାହ୍ମଣ ଜଣକ ଯଥେଷ୍ଟ ସହାୟକ ହେଲେ। ବିଭିନ୍ନ ତୀର୍ଥ କ୍ଷେତ୍ର ବୁଲି ଯେତେବେଳେ ବୃନ୍ଦାବନରେ ପହଞ୍ଚିଲେ ବୃଦ୍ଧ ଜଣକ ଅଭିଭୂତ ହୋଇଗଲେ। ଲୋତକପୂର୍ଣ୍ଣ ଆଖିରେ ସହଯୋଗୀ ଯୁବକଙ୍କୁ କହିଲେ ମୁଁ ତୁମ ପାଖରେ ଋଣୀ। ଆଉ ଏ ଋଣ ପରିଶୋଧ କରିବାକୁ ଚାହୁଁଛି। ଅବାକ୍ ହୋଇଗଲେ ଯୁବକ ଜଣକ। କହିଲେ, ଏହା ମୋର କର୍ତ୍ତବ୍ୟ। ଆପଣ ମୋ ପିତାଙ୍କ ବୟସର। ଏଣୁ ଯାତ୍ରାରେ ସହଯୋଗ କରିବା ମୋର କର୍ତ୍ତବ୍ୟ ଥିଲା। ଏଥିରେ ମୋର କୌଣସି ଆଶା ନାହିଁ ବା ଆପଣଙ୍କ ଋଣ ଶୁଝିବାର ପ୍ରଶ୍ନ ଉଠୁ ନାହିଁ।

ବୃଦ୍ଧ କିନ୍ତୁ ମାନିବାକୁ ନାରାଜ। ବୃନ୍ଦାବନରେ ଗୋପାଳଙ୍କୁ ସାକ୍ଷୀ କରି ଯୁବକଙ୍କୁ କହିଲେ, ଦେଖ ମୁଁ ମୋ ଝିଅକୁ ତୁମ ସହ ବିବାହ ଦେବାକୁ ଚାହୁଁଛି।

ବୃଦ୍ଧ ବ୍ରାହ୍ମଣ ଜଣକ ଯଥେଷ୍ଟ ଧନୀ ଥିଲେ। ଆଉ ଯୁବକ ଜଣକ ଗରିବ। ଧନୀ ଘରର ଝିଅଙ୍କୁ ବାହା ହେବା ତାଙ୍କ ପାଇଁ ଅବାସ୍ତବ ପ୍ରାୟ ଥିଲା। ସେ ତୁରନ୍ତ ମନା କରିଦେଲେ। କହିଲେ, ଏହା ଅସମ୍ଭବ। ମୁଁ ଜଣେ ଗରିବ ବ୍ରାହ୍ମଣ। ପ୍ରଭୁ ସେବା କରିବା ମୋର ଧର୍ମ। ମୁଁ ଆପଣଙ୍କ ଝିଅଙ୍କୁ ବାହା ହୋଇପାରିବାର କ୍ଷମତା ବହନ କରୁନାହିଁ । ଏଣୁ ଏଥିରୁ ମୋତେ ମୁକ୍ତି ଦିଅନ୍ତୁ।

ବୃଦ୍ଧ ମାନିବାକୁ ନାରାଜ। କହିଲେ, ମୁଁ ସଂକଳ୍ପ କରି ସାରିଛି। ଆଉ ଏ ଗୋପାଳ ତାହାର ସାକ୍ଷୀ। ଏଣୁ ମୁଁ ଏ ବଚନକୁ ଫେରାଇ ନେଇପାରିବି ନାହିଁ। ଆପଣ ପ୍ରସ୍ତୁତ ରହନ୍ତୁ। ଆପଣ ରାଜି ହୁଅନ୍ତୁ। ବୃଦ୍ଧଙ୍କ ସଙ୍କଳ୍ପ ରକ୍ଷା କରିବା ପାଇଁ ସହମତ ହେଲେ ଯୁବକ ଜଣକ।

ଦୁହେଁ ଗାଁକୁ ଫେରି ଆସିଲେ। ବୃଦ୍ଧ ବ୍ରାହ୍ମଣ ତାଙ୍କ ବଡ଼ ପୁଅଙ୍କୁ ଡାକି କହିଲେ, ମୁଁ ଝିଅ ପାଇଁ ଏକ ବରପାତ୍ର ପାଇଛି। ସେ କୃଷ୍ଣଙ୍କ ପ୍ରସାଦ ବୋଲି ଜାଣ। ଘଟଣା ବିଷୟରେ ସବୁ କହିଲା ପରେ ଚିହିଙ୍କି ଉଠିଲେ ପୁତ୍ର। ଆଉ କହିଲେ ଏସବୁ ନାଟକବାଜି। ସେ ଯୁବକର ଆମ ଧନ ସମ୍ପତ୍ତି ଉପରେ ନଜର ରହିଛି, ଏଣୁ ସେ ଏପରି ନାଟକ କରିଛି, ଏବଂ ପିତାଙ୍କୁ ପ୍ରଭାବିତ କରିଛି।

ବୃଦ୍ଧ ବ୍ରାହ୍ମଣ ବଡ଼ ମନସ୍ତାପରେ ଥିବାବେଳେ ସମ୍ପୃକ୍ତ ଯୁବକ ଜଣକ ପ୍ରତିଜ୍ଞା ରକ୍ଷା କରି

ଝିଅର ହାତ ମାଗିବାକୁ ଆସିଲେ। ଏହା ଦେଖି ବୃଦ୍ଧ ବ୍ରାହ୍ମଣଙ୍କ ପୁଅ ତାଙ୍କୁ ଯଥେଷ୍ଟ ଅପମାନିତ କଲେ। ଗାଁ ଲୋକଙ୍କ ସାମ୍ନାରେ କହିଲେ, ଯଦି ପିତା ସଂକଳ୍ପ କରିଛନ୍ତି ତେବେ ଯିଏ ସାକ୍ଷୀ ଅଛନ୍ତି ତାଙ୍କୁ ପ୍ରଥମେ ଆଣି ପ୍ରମାଣିତ କର। ଏହା ଶୁଣି ଗରିବ ବ୍ରାହ୍ମଣ ଜଣକ ଦୁଃଖ କଲେ। ଆଉ ନିଜକୁ ଗୋପାଳଙ୍କ ପାଖରେ ସମର୍ପିତ କରି ନିରୀହପଣକୁ ପ୍ରମାଣ କରିବାକୁ ଚାହିଁଲେ। ସଂକଳ୍ପ ନେଲେ ବୃନ୍ଦାବନରୁ ଗୋପାଳଙ୍କୁ ଏଠାକୁ ଆଣିବେ।

ଏକମୁଖା ହୋଇ ଆଗକୁ ବଢ଼ିଲେ। ଆଗରେ ଗୋଟିଏ ଲକ୍ଷ୍ୟ । ତାଙ୍କ ଉପରେ ଆସିଥିବା ଅଭିଯୋଗକୁ ଅସତ୍ୟ ବୋଲି ପ୍ରମାଣିତ କରିବେ। ବୃନ୍ଦାବନର ମନ୍ଦିର ଭିତରେ ପହଞ୍ଚି ଗୋପାଳଙ୍କୁ ସବୁ କହିଲେ । ଆଉ ନେହୁରା ହେଲେ ତାଙ୍କ ସହ ବିଦ୍ୟାନଗର ଆସିବା ଲାଗି।

ଉତ୍ତର କିଛି ମିଳିଲା ନାହିଁ। ମୂର୍ତ୍ତି କ'ଣ କଥା କହିବ ? ନିରାଶ ଭାବରେ ପଡ଼ି ରହିଥାଆନ୍ତି ବ୍ରାହ୍ମଣ ଜଣଙ୍କ, ଅଖିଆ ଅପିଆ ହୋଇ।

କେହି ଜଣେ ଯେମିତି ପଛଆଡୁ କିଛି ପଚାରିଲା ଭଳି ବୋଧ ହେଲା। ବ୍ରାହ୍ମଣ ଜଣଙ୍କ କାନ ଦେଲେ, କେହି ତ ନାହାନ୍ତି ? ଏ କାହାର ସ୍ୱର ? ପୁଣିଥରେ ପ୍ରଶ୍ନ: ତୁମେ ମୋତେ ନେବାକୁ ଆସିଛ, କିନ୍ତୁ ମୁଁ ତ ମୂର୍ତ୍ତି, କେମିତି ଯିବି ?

ବ୍ରାହ୍ମଣ ହତବାକ୍। ଆନନ୍ଦରେ ବିଭୋର। କହିଲେ- *ପ୍ରଭୁ ମୂର୍ତ୍ତି ହୋଇ ଆପଣ ଯେମିତି କଥା କହିପାରୁଛନ୍ତି ସେମିତି ମୋ ସହ ଯିବେ!*

ଶୂନ୍ୟ କହିଲା: ଠିକ୍ ଅଛି। କିନ୍ତୁ ତୁମେ ପଛକୁ ଚାହିଁବ ନାହିଁ। ଯେଉଁଠି ଚାହିଁବ, ମୁଁ ସେଇଠି ରହିଯିବି। ମୋର ବଂଶୀ ସ୍ୱର ତୁମକୁ ମୋର ଅସ୍ତିତ୍ୱ ବିଷୟରେ ଜଣାଇବ। ସମ୍ପୂର୍ଣ୍ଣ ରାସ୍ତା ସେ ପଛକୁ ଚାହିଁଲେ ନାହିଁ। ସ୍ୱପ୍ନ ପରି ତାଙ୍କର କାନରେ କେବଳ ଶ୍ରୀକୃଷ୍ଣଙ୍କ ବଂଶୀସ୍ୱର ହିଁ ଶୁଣାଯାଉଥିଲା। ଯେତେବେଳେ ନିଜ ଗାଁ ବିଦ୍ୟାନଗର ପହଞ୍ଚିଲେ ଆଉ ସେ ସ୍ୱର ଶୁଣିପାରିଲେ ନାହିଁ। ଦ୍ୱିଧାରେ ପଡ଼ିଲେ। କିଛିସମୟ ସ୍ଥିର ରହି ପୁଣି ଚାଲିଲେ। ତଥାପି ବଂଶୀ ସ୍ୱର ଶୁଣିଲେ ନାହିଁ। ମନରେ ପାପ ଛୁଇଁଲା। ପଛକୁ ଚାହିଁଦେଲେ। ଆଉ ଦେଖିଲେ ଅବିକଳ ମୂର୍ତ୍ତି। ଯେମିତି ବୃନ୍ଦାବନରେ କୃଷ୍ଣ, ଠିକ୍ ସେମିତି ବେଣୁଧର।

ଘରକୁ ଯାଇ ସବୁ କଥା କହିଲେ। ଗାଁରେ ଚହଳ ପଡ଼ିଲା। ବିଦ୍ୟାନଗର ରାଜା ଏହି ବେଣୁ ଗୋପାଳଙ୍କ ଲାଗି ଏକ ଅପରୂପ ମନ୍ଦିର କରିଲେ। ନିଜ ବଚନ ସତ୍ୟ ପ୍ରମାଣିତ ହେଲା। ବୃଦ୍ଧ ବ୍ରାହ୍ମଣ ଆନନ୍ଦିତ ହେଲେ। ଆଉ ନିଜ କନ୍ୟାଙ୍କୁ ଏହି ବ୍ରାହ୍ମଣଙ୍କ ହାତରେ ଅର୍ପଣ କଲେ।

ଗଜପତି ପୁରୁଷୋତ୍ତମ ଦେବ ବିଦ୍ୟାନଗରକୁ ଜୟ କରିବା ପରେ ଏହି ଅପରୂପ ମୂର୍ତ୍ତିଙ୍କୁ ସାଙ୍ଗରେ ନେଇ ଚାଲି ଆସିଲେ। କଟକର ଗଡ଼ରେ ପୂଜା କରିଲେ। ପରବର୍ତ୍ତୀ ସମୟରେ ତାହାଙ୍କୁ ପୁରୀ ଶ୍ରୀମନ୍ଦିରକୁ ସ୍ଥାନାନ୍ତର କରାଯାଇଥିଲା। ମୁସଲମାନଙ୍କ ଆକ୍ରମଣ ଭୟରେ ତାଙ୍କୁ ସତ୍ୟବାଦୀକୁ ସ୍ଥାନାନ୍ତର କରାଯାଇଥିଲା। ସେଠାରେ ଏକ ସ୍ୱତନ୍ତ୍ର ମନ୍ଦିର ତିଆରି କରାଗଲା। ବିଶ୍ୱାସ ରହିଛି ତୀର୍ଥଯାତ୍ରୀଙ୍କ ତୀର୍ଥଯାତ୍ରା ସାକ୍ଷୀଗୋପାଳଙ୍କୁ ଦର୍ଶନ ବିନା ସମାପ୍ତ ହୁଏ ନାହିଁ।

(୨୫)

ଗୀତଗୋବିନ୍ଦ

ଗଜପତି ପୁରୁଷୋତ୍ତମ ଦେବ ବିଦ୍ୟାନଗରକୁ ଜୟ କରିବା ପରେ ସାକ୍ଷୀଗୋପାଳଙ୍କ ଅପରୂପ ମୂର୍ତ୍ତିଙ୍କୁ ସାଙ୍ଗରେ ନେଇ ଚାଲି ଆସିଲେ। କଟକର ଗଡ଼ରେ ପୂଜା କରିଲେ। ପରବର୍ତ୍ତୀ ସମୟରେ ତାହାଙ୍କୁ ପୁରୀ ଶ୍ରୀମନ୍ଦିରକୁ ସ୍ଥାନାନ୍ତର କରାଯାଇଥିଲା। ଖାଲି ସେତିକି ନୁହେଁ, ବିଜୟ ଗାଥାରେ ସାରା ମନ୍ଦିର ଓ ରାଜ୍ୟ ଗୁଞ୍ଜରିତ ହେଲା।

୧୪୯୯ ମସିହା, ଚତୁର୍ଥ ଅଙ୍କ ସରିବାକୁ ଆଉ ଅଳ୍ପ କିଛିଦିନ ବାକି ଅଛି। ପରମ ଜ୍ଞାନୀ, ସଂସ୍କୃତ ପଣ୍ଡିତ, ୬୪ କଳାର ଅଧିକାରୀ ନବକୋଟି କର୍ଣ୍ଣାଟ କଳବର୍ଗେଶ୍ୱର ବିରାଧିବୀରବର ପ୍ରତାପରୁଦ୍ର ଦେବ ଶ୍ରୀଜଗନ୍ନାଥଙ୍କ ଦର୍ଶନାର୍ଥେ ପୁରୀ ଗସ୍ତରେ ଆସିବାକୁ ସ୍ଥିର ହେଲା। ପୁଅ ବୀରଭଦ୍ର ସେତେବେଳକୁ ଉଦ୍ଦାମ ବୟସରେ ଅବତୀର୍ଣ୍ଣ ହେଲେଣି। ତାଙ୍କ କାନ୍ଧରେ ସେ ଗଜପତି ସାମ୍ରାଜ୍ୟର ଭବିଷ୍ୟତକୁ ବି ଭରସା କରିଲେଣି। ଏବେ ଉଚିତ ସମୟ ପିତାଙ୍କ ଅଧୁରା ଦାକ୍ଷିଣାତ୍ୟ ଅଭିଯାନକୁ ସମ୍ପୂର୍ଣ୍ଣ କରିବା। ଏ ଭିତରେ ଗୁପ୍ତଚର ବାର୍ତ୍ତା ପଠାଇଛନ୍ତି- ବିଜୟ ନଗରମ୍‌ରେ ଗୋଳ ଚାଲିଛି। ଅର୍ଥାତ୍ ଏ ସମୟକୁ ଉଚିତ ସମୟ ଭାବେ ଗ୍ରହଣ କରି ଦାକ୍ଷିଣାତ୍ୟ ଅଭିଯାନ ଆରମ୍ଭ କରିବା ଠିକ୍ ହେବ। ଅପେକ୍ଷା ଏବର୍ଷର ରଥଯାତ୍ରା ଶେଷ ହେଉ...।

ହାଲୁକା ମେଘ ଥିଲେ ମଧ୍ୟ ବର୍ଷା ଆଶଙ୍କା ନାହିଁ। ଗରମ ମଧ୍ୟ କମିଛି। ଜହ୍ନପକ୍ଷିଆ ସନ୍ଧ୍ୟାକୁ ସମୁଦ୍ରକୂଳରେ ବିତାଇବାକୁ ସେଦିନ ସ୍ଥିର ହେଲା। ଏହିକ୍ରମରେ ସମୁଦ୍ରକୂଳରେ ଶିବିର ପଡ଼ିଲା। ତନ୍ତୀ, କମାର, ସୁନାରି, କୁମ୍ଭାର ଆଉ ତେଲି ସମ୍ପ୍ରଦାୟର ବିଶିଷ୍ଟ ସାଧବମାନେ ଏହା ଶୁଣି ଛାମୁଙ୍କୁ ଭେଟିବା ଲାଗି ଆଗ୍ରହ ଦେଖାଇଲେ। କିଛିଦିନ ପରେ ଯାତ୍ରା ପଡ଼ିବ, ଏଣୁ କିଛି ସାଧବ ବିଭିନ୍ନ ଜିନିଷକୁ ସଂଗ୍ରହ କରି ମେଳାରେ ବିକ୍ରି ପାଇଁ ଲକ୍ଷ୍ୟ ରଖିଛନ୍ତି। ଆଉ କିଛି ବର୍ଷା ପରେ ଜଳଯାତ୍ରା ପାଇଁ ପ୍ରସ୍ତୁତ ହେଉଛନ୍ତି।

ପୁରୁଷାନୁକ୍ରମରେ ସେମାନେ ପ୍ରତ୍ୟକ୍ଷ ବା ପରୋକ୍ଷଭାବେ ସମୁଦ୍ର ଉପରେ ନିର୍ଭର କରି ଆସୁଛନ୍ତି। ପ୍ରାଚ୍ୟ ଦେଶଗୁଡ଼ିକୁ ବିଶେଷକରି ଚୀନ, ମାଳୟ, ଜାଭା, ବୋର୍ଣ୍ଣିଓ, ସୁମାତ୍ରାକୁ ସେମାନଙ୍କ ଭିତରୁ କିଛି ନାବିକଭାବେ ଏଠାରୁ ଯାତ୍ରା କରି ରାଜ୍ୟ ପାଇଁ କଉଡ଼ି ଅର୍ଜନ କରନ୍ତି। ଏଇଠୁ ଚାଉଳ, ଲବଙ୍ଗ, ସୂତାଲୁଗା, ଲାଖ, ମହୁଫେଣାର ସିଠା, ତେଲ ପ୍ରଭୃତି ନୌକାରେ ଯାଏ। ସେଗୁଡ଼ିକୁ ରାଜ୍ୟର ବିଭିନ୍ନ ପ୍ରାନ୍ତରୁ ଏହି ନିର୍ଦ୍ଦିଷ୍ଟ ସମ୍ପ୍ରଦାୟ ବା ପେସାଧାରୀମାନେ

ସଂଗ୍ରହ କରିଥାଆନ୍ତି । ନୌକାଥିବା ନାବିକଙ୍କୁ ସେମାନେ ତାହା ଦେଇ ଅପେକ୍ଷା କରନ୍ତି ତାଙ୍କ ଫେରିବା ବାଟକୁ । ବିଦେଶରୁ ଶ୍ରୀଜଗନ୍ନାଥଙ୍କ ଲାଗି ସୁନା, ରୁପା ମଧ ଫେରିଥାଏ । ତା' ସହ ସେ ଦେଶର କପଡ଼ା ମଧ ଆମ ମହାରାଜା ଆଉ ସାମନ୍ତମାନଙ୍କୁ ବେଶ୍ ଆକର୍ଷିତ କରିଥାଏ । ପୁରୀ ବନ୍ଦରରୁ ଚିଲିକା ମାଣିକପାଟଣା ବନ୍ଦର ଓ ପାଲୁର ହୋଇ ବିଦେଶ ଯାତ୍ରା ସ୍ଥିର ହୁଏ । ସେହିପରି ସମୁଦ୍ରବାଟେ ହିଜିଲି ହୋଇ ମଧ ଜଳଯାତ୍ରା ଚାଲେ । ଏମିତିରେ ଅନେକ ଓଡ଼ିଆ ନାବିକ ଓ ସାଧବ ଏବେ ଚୀନ୍‌ରେ ସ୍ଥାୟୀ ବାସିନ୍ଦା ହୋଇଗଲେଣି । କାରଣ ଏଠାରୁ ଧାନ ନେଇ ସେଠାରେ ବିକି ସେମାନେ ଏତେ ଲାଭବାନ ହୋଇଛନ୍ତି ଯେ, ତାଙ୍କୁ ଚୀନ୍‌ର ଲୋକେ ବେଶ୍ ସମ୍ମାନ ଦେଉଛନ୍ତି । ଓଡ଼ିଶା ଅପେକ୍ଷା ସେଠାରେ ଖର୍ଚ୍ଚ କମ୍ ବୋଲି ସେମାନେ ଅନୁଭବ କରିଛନ୍ତି । ଗୋଟିଏ ଟୋକେଇ ଚାଉଳ ବଦଳରେ ସେମାନେ ୨୫୦ କଉଡ଼ି ଅର୍ଜନ କରୁଛନ୍ତି । ଏତେ ପରିମାଣରେ ଲାଭ ଓ କମ୍ ଖର୍ଚ୍ଚ ଓଡ଼ିଆମାନଙ୍କୁ ସେ ସ୍ଥାନ ଏମିତି ଆକର୍ଷିତ କରିଛି ଯେ, ୧୦ ଜଣଙ୍କ ଭିତରୁ ୯ ଜଣ ଚୀନରେ ଅବସ୍ଥାନ କରିବାକୁ ଉଚିତ ଭାବିଛନ୍ତି ।[୨୯] କିଛି ତ ସେଠାର ଅଧିବାସୀଙ୍କ ସହ ପାରିବାରିକ ସମ୍ପର୍କ ବି ବାନ୍ଧି ସାରିଛନ୍ତି ।

ପୁଣି ଜଳଯାତ୍ରାରେ ଯାଉଥିବା ସାଧବଙ୍କ ଭିତରୁ ଅନେକ ବୌଦ୍ଧ ଧର୍ମାବଲମ୍ବୀ ଥିବାରୁ ଚୀନ୍ ଲୋକଙ୍କ ଆଦର ଯଥେଷ୍ଟ ରହିଛି । ସେମାନେ ଓଡ଼ିଆ ନାବିକଙ୍କୁ ଉତିଶ୍ ଦେଶର ଅଧିବାସୀ ବୋଲି କହନ୍ତି । ଆମ ନାବିକମାନଙ୍କ ପାଖରେ ଆଉ ଗୋଟିଏ ଅମୂଲ୍ୟ ରତ୍ନ ମିଳୁଥାଏ- ତାହା ହେଲା ରାମଚିଡ଼ିଆ ବା ମାଛରଙ୍କା ଚଢ଼େଇର ପର, ଯାହା ସେଠାରେ ଅମୂଲ୍ୟ ରତ୍ନ ପ୍ରାୟ । ହେଲେ ସେଠାରେ ତାହା ମିଳେନା । ଆମରି ରାଜ୍ୟରେ ହିଁ ଏ ଜାତୀୟ ପକ୍ଷୀ ବିଶେଷ ସଂଖ୍ୟାରେ ଦେଖିବାକୁ ମିଳନ୍ତି । ଚିଲିକାର ନୀଳ ଜଳରାଶିରେ ସେମାନେ ମାଛ ଖାଇ ନିଜର ସଂଖ୍ୟା ବିସ୍ତାର କରନ୍ତି । ଆଉ ସେଇ ପକ୍ଷୀଙ୍କୁ ଶିକାର କରି ତା'ରି ପର ନେଇ ଏହି ସାଧବମାନେ ବେଶ୍ ରୋଜଗାର କରିଥାଆନ୍ତି ।

ଚୀନ୍ ଦେଶର ମହିଳାମାନେ ଏହିପ୍ରକାର ଚଢ଼େଇର ନୀଳ ପରକୁ ଅଳଙ୍କାର ଭାବେ ବ୍ୟବହାର କରି ବିଭିନ୍ନ ପୋଷାକ ତିଆରି କରନ୍ତି । ମୁଣ୍ଡରେ ଖୋସି ସେଠାର ପୁରୁଷମାନଙ୍କୁ ଆକର୍ଷିତ ବି କରନ୍ତି । ଏ ପ୍ରକାର କଳାକୁ ତିଆନ୍‌ସୁଇ ବୋଲି ଗଣାଯାଏ । ଅର୍ଥାତ୍ ରାମଚିଡ଼ିଆର ପର ଏକ ସମ୍ଭ୍ରାନ୍ତ ପରିବାର ହେବାନେଇ ସେଠାରେ ପରିଚୟ ସୃଷ୍ଟି କରିଆସୁଛି । ଏହିକ୍ରମରେ ଉତିଶ୍ ଦେଶର ଲୋକ ତଥା ଆମ ସାଧବମାନେ ଅନେକ ସମ୍ପତ୍ତି ଉପାର୍ଜନ କରୁଥିଲେ ।

ଅନ୍ୟପକ୍ଷରେ ଏହି ସାଧବମାନେ ଯେତେ ଧନୀ ହେଲେ ମଧ ଗଜପତିଙ୍କ ପାଇଁ ଉପହାର ପଠାଇବାକୁ ଭୁଲନ୍ତି ନାହିଁ । ଏହିକ୍ରମରେ ଗଜପତିଙ୍କ ଶିବିର ପଡ଼ିଥିବା ଜାଣି ସେମାନେ ନିଜ ନିଜର ଉପହାର ଶ୍ରୀଜଗନ୍ନାଥଙ୍କ ଉଦ୍ଦେଶ୍ୟରେ ନିଜ ଜ୍ଞାତି କୁଟୁମ୍ବଙ୍କ ସହାୟତାରେ ଦାନ କଲେ ।

କିଛିଦିନ ପରେ ରଥଯାତ୍ରା ଥିବାରୁ ଖର୍ଚ୍ଚ କିପରି ଉଠିବ ସେଥିନେଇ ଚର୍ଚ୍ଚା ହେଲା । ପୁରୀର ପଣ୍ଡିତ ସମାଜ, ସେବାୟତ ସଭିଏଁ ଏକାଠି ହେଲେ । ଏ ଭିତରେ ଜଣେ ଯାତ୍ରୀ ଛାମୁଙ୍କ ଦୃଷ୍ଟି ଆକର୍ଷଣ କଲେ । ରାମାନନ୍ଦୀ ତିଳକ ଲଗାଇ ସାଧୁ ବେଶରେ ଥିବା ଏହି ବୈଷ୍ଣବଙ୍କ ଅଭିଯୋଗ ଥିଲା ଶ୍ରୀମନ୍ଦିରରେ ଅପସଂସ୍କୃତି ପ୍ରବେଶ କରୁଛି । ତେଲଙ୍ଗାମାନେ ଏବେବି ନିଜର ପ୍ରାଧାନ୍ୟ

ବିସ୍ତାର କରିଛନ୍ତି । ସେମାନେ ମନ୍ଦିରରେ ରାତି ରାତି କ'ଣ କରୁଛନ୍ତି ତାହା ସଂଶୟ ସୃଷ୍ଟି କରୁଛି । ଏଥିପାଇଁ ଛାମୁ ଧ୍ୟାନ ଦିଅନ୍ତୁ ।

ମନ୍ଦିର ଭିତରେ ଭକ୍ତଙ୍କ ଅସନ୍ତୋଷ ନିଶ୍ଚିତ ଭାବେ ଏକ ଘୋର ସମସ୍ୟା । ଏହାକୁ ଦୂର କରିବାକୁ ପଡ଼ିବ । ପରମ ଜ୍ଞାନୀ ସଂସ୍କୃତ ପଣ୍ଡିତ ଗଜପତି ମହାରାଜା ସେ ଭକ୍ତଙ୍କ ଶବ୍ଦ ସଂଯୋଜନାରେ ବିଚଳିତ ହେଲେ ।

ଏଥିପାଇଁ କିଏ ଦାୟୀ ? କାହିଁକି ଶ୍ରୀମନ୍ଦିରରେ ଏତେ ଉଚ୍ଛୃଙ୍ଖଳିତ ହୋଇଛି । ବ୍ରାହ୍ମଣମାନେ ଏ ବିଷୟରେ ସଚେତନ କାହିଁକି ହେଉ ନାହାନ୍ତି ?

'ବ୍ରାହ୍ମଣମାନଙ୍କୁ ଅନେକ ଥର ତାଗିଦ କରିଛନ୍ତି ଛାମୁ । କିନ୍ତୁ ପ୍ରତ୍ୟେକଙ୍କ ନିର୍ଦ୍ଦିଷ୍ଟ ଗୋଷ୍ଠୀ ରହିଛି । ଗଙ୍ଗ ରାଜତ୍ୱର ଅନ୍ତ ହୋଇଥିଲେ ମଧ୍ୟ ତାଙ୍କ ଦ୍ୱାରା ନିଯୁକ୍ତ ଦକ୍ଷିଣୀ ସେବକ ତଥା ତେଲଙ୍ଗା ଭକ୍ତଙ୍କ ପ୍ରଭାବ କମି ନାହିଁ । ଏବେ ସମ୍ପୂର୍ଣ୍ଣ ଭକ୍ତ ସମାଜ ତିନିଭାଗରେ ବିଭକ୍ତ ହୋଇଛି । ଗୋଟିଏ ବୈଷ୍ଣବ ସମାଜ ଆଉ ଗୋଟିଏ ତେଲଙ୍ଗା ଏବଂ ଅନ୍ୟଟି ଓଡ଼ିଆ । ଏବେ ଏମାନଙ୍କ ଭିତରେ ସମନ୍ୱୟ ଲୋଡ଼ା' । ମନ୍ତ୍ରୀ ବିଦ୍ୟାଧରଙ୍କ ଏହି ଉକ୍ତି ଛାମୁଙ୍କୁ ସମାଧାନର ରାସ୍ତା ଦେଲା । କିନ୍ତୁ ଅପେକ୍ଷା ହେଲା ରଥଯାତ୍ରାକୁ ।

ଯାତ୍ରା ସାରି ତିନି ଠାକୁର ବିରାଜମାନ ହେଲାପରେ ଝୁଲଣ ଯାତ୍ରାର ନିର୍ଘଣ୍ଟ ସ୍ଥିର ହେଲା । ମୁକ୍ତିମଣ୍ଡପରେ ଛାମୁ ଆଦେଶ ଦେଲେ 'ଏଣିକି ଜଗନ୍ନାଥ ମନ୍ଦିରରେ ଭିନ୍ନ ଭିନ୍ନ ଗାନ, ତାନ ହେବ ନାହିଁ । ଯାହା ହେବ ତାହା ରାଜାଙ୍କ ଆଦେଶ ମୁତାବକ । ସମସ୍ତ ଭୋଗରେ, ସନ୍ଧ୍ୟାଧୂପଠାରୁ ଆରମ୍ଭ କରି ବଡ଼ସିଙ୍ଗାର ପର୍ଯ୍ୟନ୍ତ ସବୁ ସମୟରେ କେବଳ ଗୀତଗୋବିନ୍ଦ ନୃତ୍ୟ ଓ ଗୀତ ହିଁ ପରିବେଷଣ ହେବ ।[୩୦] ସଙ୍ଗୀତର ତାଳେତାଳେ ଦେବଦାସୀ ନୃତ୍ୟ ପାଇଁ ଆଦେଶ ହେଲା । ପୁରୁଣା ଓଡ଼ିଆ ସମ୍ପ୍ରଦାୟ, ତେଲଙ୍ଗା ସମ୍ପ୍ରଦାୟ ଓ ବୈଷ୍ଣବ ସମ୍ପ୍ରଦାୟଙ୍କ ନର୍ତ୍ତକ ଓ ଗାଇବା ଲୋକେ ଏଥିପ୍ରତି ସଚେତନ ହେବା ଦରକାର । ଯେଉଁମାନେ ଏ ବିଷୟରେ ଜାଣି ନାହାନ୍ତି ସେମାନେ ଅନ୍ୟଙ୍କଠାରୁ ଶିକ୍ଷା କରିବେ । ଯେଉଁମାନେ ଏହି ଆଦେଶକୁ ଅମାନ୍ୟ କରିବେ ସେମାନେ ଶ୍ରୀଜଗନ୍ନାଥଙ୍କ ଦ୍ରୋହୀ ହେବେ' ।

ଜୟବିଜୟ ଦ୍ୱାରର ବାମ ପାର୍ଶ୍ୱରେ ଏଥିନେଇ ଏକ ଶିଳାଲେଖ ସ୍ଥାପନ ହେଲା । ଜଗନ୍ନାଥଙ୍କୁ ରାଷ୍ଟ୍ର ଦେବତା ଭାବେ ଗ୍ରହଣ କରିବା ସହ ଯେଉଁ ଚାରିଜଣ ବୈଷ୍ଣବ ଗାଆଣ ଅଛନ୍ତି ସେମାନଙ୍କୁ ଆଦେଶ ହେଲା ଅନ୍ୟମାନଙ୍କୁ ଗୀତଗୋବିନ୍ଦ ଗାନ ଶୈଳୀ ଶିଖାଇବା ଲାଗି । ସମ୍ପୂର୍ଣ୍ଣ ଗାଇ ନପାରିଲେ ମଧ୍ୟ ଗୀତଗୋବିନ୍ଦ ଗାନ ସମୟରେ ନଜାଣିଥିବା ଲୋକେ ଉପସ୍ଥିତ ରହି ସେ ଶୈଳୀକୁ ଶିକ୍ଷା କରିବେ । ଏହା ହେଲେ ସଂସ୍କୃତ ଜାଣି ନଥିବା ଲୋକେ ବି ତାହା ଶିକ୍ଷା କରିଯିବେ ବୋଲି ବିଶ୍ୱାସ ଜନ୍ମିଲା । ଉଦ୍ଦେଶ୍ୟ ରହିଲା ଜଗନ୍ନାଥ ମନ୍ଦିରକୁ ଶୃଙ୍ଖଳିତ କରି ରଖିବା । କାରଣ ଏଠାରେ ବିଶୃଙ୍ଖଳା ହେଲେ ସାରା ରାଜ୍ୟ ଦୋହଲିଯିବ, ବିଶୃଙ୍ଖଳିତ ହେବ । ସବୁ ରାଜନୀତି ପଣ୍ଡ ହୋଇଯିବ । ଲୋକେ ପ୍ରଶ୍ନ ହିଁ କରିବେ ଆଉ ଶାସକ ପାଖରେ ଉତ୍ତର ବୋଲି କିଛି ନଥିବ ।

(୨୫)

ବୀରଭଦ୍ର

ଶାସନର ଚତୁର୍ଥ ଅଙ୍କ (୧୪୯୯)ରେ ଗଜପତି ପ୍ରତାପରୁଦ୍ର ଦେବ ପୁରୀ ଶ୍ରୀମନ୍ଦିରରେ ନୀତି ଶୃଙ୍ଖଳା ପାଇଁ ବ୍ୟବସ୍ଥା କଲେ। ଗୀତ ଗୋବିନ୍ଦକୁ ସବୁଦିନ ଏକକ ଶୃଙ୍ଖଳିତ ଢଙ୍ଗରେ ଗାନ ପାଇଁ ଆଦେଶ ଦେଲେ। ଅନ୍ୟ କୌଣସି ଭାଷାରେ କୌଣସି ସଙ୍ଗୀତ ମନ୍ଦିରରେ ଗାନ ପାଇଁ ବାରଣ ହେଲା। ଯେଉଁମାନେ ସଂସ୍କୃତ ଗୀତଗୋବିନ୍ଦ ଜାଣି ନାହାନ୍ତି ସେମାନଙ୍କୁ ଜାଣିଥିବା ପଣ୍ଡିତମାନେ ବୋଲି ଶୁଣାଇବେ ଏବଂ ଶୁଣି ଶୁଣି ସେମାନେ ତାହାକୁ ମନେ ରଖିବାର ବ୍ୟବସ୍ଥା ହେଲା। ଝୁଲଣ ଯାତ୍ରାବେଳେ ଏହି ଆଦେଶ ଦେଇ ଗଜପତି କଟକ ଦୁର୍ଗକୁ ଫେରିଲେ ଏବଂ ପ୍ରସ୍ତୁତ ହେଲେ ଦାକ୍ଷିଣାତ୍ୟ ଅଭିଯାନ ପାଇଁ।

ଜୁଲାଇ, ୧୫୧୨। ରଥ ଉପରେ ଛେରାପହଁରା ପାଇଁ ଛାମୁ ବିଜେ ହେଲେ। ଏହା ହିଁ ଏକମାତ୍ର ସମୟ ପ୍ରଜାଙ୍କ ଉପସ୍ଥିତିରେ ଛାମୁ ମହାପ୍ରଭୁଙ୍କୁ ଅଳି କରିବେ। ରାଜ୍ୟ ଓ ରାଜ୍ୟବାସୀଙ୍କ ପାଇଁ ଭିକ୍ଷା କରିବେ।

ସେପଟେ କୃଷ୍ଣ ଦେବରାୟଙ୍କ ଶକ୍ତି ବୃଦ୍ଧି କୃଷ୍ଣାନଦୀକୁ ପାର କରିବାକୁ ସୁଯୋଗ ଦେଉନାହିଁ। ଏପଟେ ହୁଗୁଳି ପାର୍ ହୋଇ ହୁସେନ୍ ଶାହ ଯାଜନଗର ଆକ୍ରମଣ କରି ଫେରିଲାଣି। ଅନେକ ଧନସମ୍ପତ୍ତି ଆଉ ଲଢୁଆ ହାତୀ ନେଇ ସେ ଶାନ୍ତି ଚୁକ୍ତି କରିଛି କିନ୍ତୁ ବିଧର୍ମୀ ଆକ୍ରମଣକାରୀଙ୍କ ଉପରେ କି ବିଶ୍ୱାସ? କେତେବେଳେ, କୌଣସି ମୁହୂର୍ତ୍ତରେ ବି ସେମାନେ ଆକ୍ରମଣ କରିପାରନ୍ତି!

କଟକ ବି ଆଉ ତାଙ୍କ ଅଧୀନରେ ନାହିଁ ପ୍ରାୟ। ଲୋକେ ଗଜପତି ବୋଲି ସମ୍ମାନ ଦେଉଛନ୍ତି

କିନ୍ତୁ ... । ଦୁଇ ଦୁଇଥର ଦାକ୍ଷିଣାତ୍ୟ ଅଭିଯାନରେ ବିଫଳ ହେବା ପରେ ଆଉ ସେନାବାହିନୀ ଆଗରେ ମୁହଁ ଦେଖାଇବାକୁ ଶକ୍ତି ନାହିଁ ମହାରାଜାଙ୍କର । ଗୋବିନ୍ଦ ବିଦ୍ୟାଧରଙ୍କ ହାତରେ ସେନାବାହିନୀ ଏବେ ପରିଚାଳିତ ।

'ପିତାଙ୍କ ସ୍ୱପ୍ନ ପୂରଣ କରିପାରିଲି ନାହିଁ, ରାଜ୍ୟ ରକ୍ଷା କର ପ୍ରଭୁ । ଯେମିତି କଳାଘୋଡ଼ାରେ ତୁମେ ଆସି ବାପାଙ୍କୁ ସହାୟ ହୋଇଥିଲ, ମୋତେ ବି ସେମିତି ସହାୟ ହୁଅ । ଏ ରାଜ୍ୟରେ ଶାନ୍ତି ଆସୁ, ବୈଷ୍ଣବ ସୁରକ୍ଷିତ ରହନ୍ତୁ, ବ୍ରାହ୍ମଣ ଉନ୍ନତି କରନ୍ତୁ । ବାଣିଜ୍ୟ ବଢ଼ିଚାଲୁ' । ଆଖିରୁ ଅଶ୍ରୁଧାର ବୋହି ପଡ଼ିଲା । ସାମନ୍ତ ଓ ପ୍ରଜାମାନେ ଏହା ଦେଖି ନିର୍ବାକ୍ ହୋଇଗଲେ । ବଡ଼ଦାଣ୍ଡର ପ୍ରକମ୍ପନ କିଛି କ୍ଷଣ ପାଇଁ ନିରବ ହୋଇଗଲା ପ୍ରାୟ !

ଏହି ସମୟରେ ଶ୍ରୀ ଚୈତନ୍ୟଙ୍କ ନାମକୀର୍ତ୍ତନର ଗିନି ମୃଦଙ୍ଗ ଶୁଣାଗଲା । ଯେମିତି ସ୍ୱୟଂ ଭଗବାନ ଧରାକୁ ଓହ୍ଲାଇ ଆସିଲେ ତାହା ଅନୁଭବ କରି ଗୌଡ଼ୀୟ ଓ ଉତ୍କଳୀୟ ବୈଷ୍ଣବମାନେ ନାଚି ଉଠିଲେ । ହରେ କୃଷ୍ଣ ହରେ କୃଷ୍ଣ କୃଷ୍ଣ କୃଷ୍ଣ ହରେ ହରେ । ବଡ଼ ଦାଣ୍ଡ ପୁଣି ପ୍ରକମ୍ପିତ ହେଲା । ଛାମୁ ଓହ୍ଲାଇ ଆସିଲେ । ଗଜ ଉପରେ ବସି ପ୍ରସ୍ଥାନ ହେଲେ, ରଥ ଚାଲିଲା ।[୩୧]

ଅଳ୍ପ କିଛିଦିନ ପରେ ଖବର ଆସିଲା ସାଲ୍ୱ ନରସିଂହଙ୍କ ସ୍ୱପ୍ନ ସାକାର କରିବା ଲାଗି କୃଷ୍ଣଦେବରାୟ ଆକ୍ରମଣ ଯୋଜନା ପ୍ରସ୍ତୁତ କରିଛନ୍ତି । ହେଲେ ସେ ଆକ୍ରମଣ ଉମାତ୍ତୁର ଅଧିଗ୍ରହଣ ପାଇଁ ଉଦ୍ଦିଷ୍ଟ । ଏପଟେ ବର୍ଷା ସରି ଆଶ୍ୱିନମାସର ପୂଜା ପାଇଁ ପ୍ରସ୍ତୁତି ଚାଲିଥାଏ । ଶକ୍ତି ପୂଜା ପାଇଁ ଯାଜପୁର କ୍ଷେତ୍ର ପ୍ରସ୍ତୁତ ହେଉଥାଏ । ଏ ମୁହୂର୍ତ୍ତରେ ଦାକ୍ଷିଣାତ୍ୟ ଗଲେ ପୁଣିଥରେ ଉତ୍ତର ପଟୁ ଆକ୍ରମଣ ନହେବ ତାହା କିଏ କହିବ ? ଏଣୁ ଗଜପତି ଆଦେଶ ଦେଲେ ଉଦୟଗିରିକୁ ସେନା ଛାଉଣୀ କରିବା ଲାଗି । କୃଷ୍ଣ ଦେବରାୟଙ୍କୁ ଯେକୌଣସି ମୁହୂର୍ତ୍ତରେ ଜବାବ ଦେବା ଲାଗି ପ୍ରସ୍ତୁତ ରହିବା ଲାଗି ନିର୍ଦ୍ଦେଶ ଦିଆଗଲା ।

ଉଦୟଗିରି ଓ କୋଣ୍ଡାଭୀଡୁ ପୂର୍ବରୁ ବିଜୟନଗରମ୍ ରାଜ୍ୟରେ ଥିଲା । ପୁରୁଷୋତ୍ତମ ଦେବ ତାହାକୁ ବିଜୟ କରିଥିଲେ । କଳେ ବଳେ ବା କୌଶଳେ ସେ ବିଜୟ ହାସଲ ହୋଇଥିବାରୁ ସାଲୁଭ ନରସିଂହ ଦେବ ବେଶ୍ ଅସନ୍ତୁଷ୍ଟ ଥିଲେ ଏବଂ ତାହାକୁ ଦଖଲ କରିବାକୁ ଚାହୁଁଥିଲେ । ମୃତ୍ୟୁ ବେଳକୁ ଏହା ତାଙ୍କ ଇଚ୍ଛା ଥିଲା ଯେ, ଏ ଦୁଇ ଦୁର୍ଗକୁ ତାଙ୍କ ରାଜ୍ୟକୁ ପୁଣିଥରେ ଫେରାଇ ଅଣାଯିବ ।

ଉଦୟଗିରିରେ ପୁରୁଷୋତ୍ତମ ଦେବଙ୍କ ସାନ ଭାଇ ଅର୍ଥାତ୍ ପ୍ରତାପରୁଦ୍ରଙ୍କ କକା ତିରୁମାଲା ରାଉତରାୟଙ୍କ ଶାସନ ଚାଲିଛି । ତାଙ୍କ ପରିବାର ସେଠାରେ ଅବସ୍ଥାନ କରିଛନ୍ତି । କୋଣ୍ଡାବିଡୁ ଦାକ୍ଷିଣାତ୍ୟର ସବୁଠାରୁ ଗୁରୁତ୍ୱପୂର୍ଣ୍ଣ ସ୍ଥାନ । ଏଠାରେ ଦିନେ ସ୍ୱୟଂ ଛାମୁ ଯୁବରାଜ ଥିବାବେଳେ ଶାସନ କରୁଥିଲେ । ଏବେ ସେଠାରେ କୁମାର ବୀରଭଦ୍ର ଶାସନ କରୁଛନ୍ତି । ଦୁର୍ଗ ରକ୍ଷା ତାଙ୍କ ପାଇଁ ସବୁଠାରୁ ଗୁରୁତ୍ୱପୂର୍ଣ୍ଣ ହୋଇଛି ।

'୧୦ହଜାର ସୈନ୍ୟଙ୍କ ଘେରାଉରେ ଏବେ ଉଦୟଗିରି ରହିଛି । ଏଣୁ କୃଷ୍ଣ ଦେବରାୟ

ଏହାକୁ ଦେଖି ଡରିବ ନିଶ୍ଚୟ'- ଗୋବିନ୍ଦ ବିଦ୍ୟାଧର ଛାମୁଙ୍କୁ ଜଣାଇଦେଲେ। କିନ୍ତୁ ଶତ୍ରୁ ଅଧିକ ବୁଦ୍ଧିମାନ ତାହା ଜଣାନଥିଲା ତାଙ୍କୁ। କୃଷ୍ଣ ଦେବରାୟ ୩୪ହଜାର ପଦାତିକଙ୍କ ସହ ୮୦୦ ହାତୀ ଧରି ଆକ୍ରମଣର ବ୍ୟୂହ ରଚନା କଲେ। ଗଙ୍ଗରାଜାଙ୍କ କବଳରେ ଥିବା ଉମାତ୍ତୁର ଦଖଲ କରିବା ପରେ ଏତେ ସଂଖ୍ୟାରେ ପଦାତିକଙ୍କୁ ଦେଖି ଏକପ୍ରକାର ଭୟଭୀତ ହୋଇଗଲେ ତିରୁମାଲା ରାଉତରାୟ। ତଥାପି ନିଜର ସୈନ୍ୟଙ୍କ ସହ ମୁକାବିଲା କରିବାକୁ ପ୍ରସ୍ତୁତ ହେଲେ। ପରେ ସ୍ଥିର କଲେ ଶତ୍ରୁ ପକ୍ଷ ଏତେ ଭୟଙ୍କର ଯେ, ଏଥିପାଇଁ ଯୁଦ୍ଧ ନୁହେଁ ବରଂ ସନ୍ଧି ଜରୁରୀ। ନହେଲେ ନିଜ ସତ୍ତା ଆଉ ରହିପାରିବ ନାହିଁ। ସନ୍ଧି ପାଇଁ ସନ୍ଦେଶ ଦିଆଗଲା। ଏ ଭିତରେ ଶୀତ ଯାଇ ବର୍ଷା ପାଖାପାଖି ହେଲାଣି। କୃଷ୍ଣ ଦେବରାୟ ଆଉ ସମ୍ଭାଳି ପାରିଲେ ନାହିଁ। ସନ୍ଧି ବଦଳରେ ତିରୁମାଲା ରାଉତରାୟ ଆଉ ତାଙ୍କ ପତ୍ନୀଙ୍କୁ ବନ୍ଦୀ କଲେ। ସେଠାରେ ପୂଜା ପାଉଥିବା ବାଳକୃଷ୍ଣଙ୍କୁ ମଧ୍ୟ ଉଠାଇ ନେଲେ। ଉଦୟଗିରିର ପତନ ହେଲା। ଫେରିଗଲେ ୪୦୦ ମାଇଲ୍ ବିଜୟନଗରମ୍‌କୁ। ସେଠାରେ ବିଜିତ ଦୁର୍ଗର ରାଣୀଙ୍କୁ ଦରବାରରେ ରଖାଗଲା। ଆଉ ଦୁର୍ଗପତି ବନ୍ଦୀ ହେଲେ।

ଏହାପରେ କୋଣ୍ଡାଭୀଡୁର ପାଳି। ବର୍ଷା ଶେଷକୁ ଅପେକ୍ଷା କଲେ କୃଷ୍ଣ ଦେବରାୟଙ୍କ ସେନା। ହେଲେ କୋଣ୍ଡାବିଡୁ ଆକ୍ରମଣ ପୂର୍ବରୁ ବାଟରେ ଥିବା ଗଜପତି ସାମ୍ରାଜ୍ୟକୁ ଅଧିଗ୍ରହଣ କରିବାକୁ ପଡ଼ିବ। ଏହିକ୍ରମରେ ଅଦାଙ୍କି, ବିଣୁକୋଣ୍ଡା, ବଲ୍ଲମ୍ମା କୋଣ୍ଡା, ନାଗାର୍ଜ୍ଜୁନ କୋଣ୍ଡା, ତେଙ୍ଗଡ଼ା ଅଧିଗ୍ରହଣ ହେଲା। ପୁଣି ବର୍ଷାଋତୁ ପାଇଁ ଯୁଦ୍ଧ ବନ୍ଦ ରହିଲା। ବର୍ଷା ପରେ କୋଣ୍ଡାଭୀଡୁ ପାଳି। ଏ ଭିତରେ କୁମାର ବୀରଭଦ୍ର ରାୟ କଟକରେ ବାପାଙ୍କ ସ୍ଥିତି ଠିକ୍ ନାହିଁ ବୋଲି ଜାଣି ସାରିଲେଣି। କୃଷ୍ଣପ୍ରେମରେ ନିଜକୁ ଲୀନ କରି ସେନାପତି ହାତରେ ଶାସନ ଦେଇସାରିଛନ୍ତି ପ୍ରାୟ। ଏଣୁ ସେପଟୁ ସାହାଯ୍ୟ ମିଳିବା ସମ୍ଭବ ନୁହେଁ। ରାଜପୁତ୍ର ଭାବେ ନିଜକୁ ହିଁ ରକ୍ଷା କରିବାକୁ ପଡ଼ିବ। ସନ୍ଧି ପାଇଁ ବାର୍ତ୍ତା ପଠାଇଲେ। ସନ୍ଧି ନୁହେଁ ତ' ବନ୍ଦୀ ହେଲେ। ଖାଲି ସେ ନୁହନ୍ତି, ପ୍ରତାପରୁଦ୍ରଙ୍କ ରାଣୀ ପଦ୍ମାଙ୍କ ସମେତ କୁମାର ବୀରଭଦ୍ର, ନରହରି ପାତ୍ର, ମାଲୁ ଖାନ, ଉଦଣ୍ଡ ଖାନ, ଲକ୍ଷ୍ମୀପତି ରାଜୁ, ପଣ୍ଡିମା ବାଲିଚନ୍ଦ୍ର ପ୍ରମୁଖ ବନ୍ଦୀ ହେଲେ। ସମସ୍ତଙ୍କୁ ବିଜୟନଗରମ୍ ନିଆଗଲା। ରାଣୀ ପଦ୍ମାବତୀଙ୍କୁ ସ୍ୱତନ୍ତ୍ର ଭାବେ ବନ୍ଦୀ କରାଗଲା।[୩୨] ଆଉ କୁମାରଙ୍କୁ ନାୟକ ପଦରେ ମହିଶୂରର ଏକ ଦୁର୍ଗ ରକ୍ଷା ଦାୟିତ୍ୱ ଅର୍ପଣ ହେଲା। ଏଥିରେ ବିଚଳିତ ହେଲେ ନାହିଁ କୁମାର ବୀରଭଦ୍ର। କୃତଜ୍ଞତା ଜଣାଇ କ୍ଷତ୍ରିୟ ଶାସନ ଆରମ୍ଭ କଲେ। କୃଷ୍ଣ ଦେବରାୟଙ୍କୁ ରାଜା ଭାବେ ସ୍ୱୀକାର କଲେ। ତାଙ୍କ ନାଁରେ ଜମି ବନ୍ଦୋବସ୍ତ କଲେ। ଜଗନ୍ନାଥଙ୍କୁ ସାକ୍ଷୀ ରଖି ଶାସନକୁ ଲୋକାଭିମୁଖୀ କଲେ। କିନ୍ତୁ ଏପରି ଉଚିତ ଓ ଜନମଙ୍ଗଳକାରୀ ଶାସନକୁ ଦେଖି ପଡ଼ୋଶୀ ଦୁର୍ଗପତିମାନେ ଅସହିଷ୍ଣୁ ହେଲେ। ସେମାନେ କୃଷ୍ଣ ଦେବରାୟଙ୍କୁ କୁମନ୍ତ୍ରଣା କରିବା ଦ୍ୱାରା ତାଙ୍କୁ ବିଜୟନଗମ୍ ଦରବାରକୁ ଡକାଗଲା। ଜଣେ ଅଣକ୍ଷତ୍ରିୟଙ୍କ ସହ ଖଡ୍‌ଗଯୁଦ୍ଧ ପାଇଁ କୁହାଗଲା। ସାମ୍ନାରେ ମା'ପଦ୍ମାବତୀ ବାପାଙ୍କ ଦରବାର ଛାଡ଼ି ଆଉ ଏକ ଦରବାରର ସୌନ୍ଦର୍ଯ୍ୟବୃଦ୍ଧିରେ ନିୟୋଜିତ। ସାମ୍ନାରେ ଅଣକ୍ଷତ୍ରିୟ ସହ ଯୁଦ୍ଧ ପାଇଁ ଆହ୍ୱାନ। ଏହାକୁ ବିଧର୍ମୀଙ୍କ କାର୍ଯ୍ୟ ବୋଲି ଗ୍ରହଣ କଲେ କୁମାର। ଆଉ ଆହ୍ୱାନକୁ ପ୍ରତ୍ୟାଖ୍ୟାନ କଲେ। ଦରବାରରେ ତାଙ୍କୁ ଦଣ୍ଡାଦେଶ କରାଗଲା। ନାୟକ ପଦ ଚାଲିଗଲା। ଅପଦସ୍ଥ ହେଲେ ବୀରଭଦ୍ର। ଅପମାନରେ ଜର୍ଜରିତ ହୋଇ ଆତ୍ମହତ୍ୟା କଲେ...। ସେଇଠି ଶେଷ ହେଲା ପ୍ରତାପରୁଦ୍ରଙ୍କ ବିଶ୍ୱାସ, ଶକ୍ତି ଓ ଧୈର୍ଯ୍ୟ।

୨୭

ପଦ୍ମାବତୀ

ପଦ୍ମାବତୀ ମହାଦେଈ ହେଉଛନ୍ତି ଗଜପତିଙ୍କ ପାଟରାଣୀ । ସେ ବ୍ରାହ୍ମଣଙ୍କ ଅପେକ୍ଷ ବୌଦ୍ଧ ସନ୍ନ୍ୟାସୀଙ୍କୁ ଅଧିକ ଜ୍ଞାନୀ ବୋଲି ଗ୍ରହଣ କରୁଥିଲେ । ଏଣୁ ପୁରୁଷୋତ୍ତମ ପୁରୀରେ ବ୍ରାହ୍ମଣମାନେ ତାଙ୍କ ପ୍ରତି ଅସୂୟା ପ୍ରଦର୍ଶନ କରୁଥିଲେ । ସେଇଥିପାଇଁ ବୋଧହୁଏ ମହାରାଣୀ ରାଜଧାନୀର ଦୁର୍ଗ ଛାଡ଼ି ପୁତ୍ର ବୀରଭଦ୍ରଙ୍କ ସହ କୋଣ୍ଡାବିଡୁ ଦୁର୍ଗରେ ଅବସ୍ଥାନ କରୁଛନ୍ତି । ଏକମାତ୍ର ପୁତ୍ର କୋଣ୍ଡାବିଡୁ ସେଠାରେ ଦୁର୍ଗପତି । ଶ୍ରୀଜଗନ୍ନାଥଙ୍କ ପୂର୍ବରୁ ଭଗବାନ ବୁଦ୍ଧ ଏଠାରେ ପୂଜା ପାଉଥିବା ଆଲୋଚନାର ସେ ସପକ୍ଷବାଦୀ ଥିଲେ । ଅନେକ କେହି ତାହାର ପ୍ରମାଣ ରଖିଥିବା ମଧ କହନ୍ତି । ନରସିଂହ ଅବତାରଙ୍କ ପୂର୍ବରୁ ବୁଦ୍ଧ ଅବତାର ରହିଥିବା ଆଲୋଚନା ହୋଇଛି । କିନ୍ତୁ ବ୍ରାହ୍ମଣଙ୍କ ପରାକ୍ରମ ସେ ବିଶ୍ୱାସରେ ପାଣି ଫିଙ୍ଗି ଦେଇଛି । ଯାହାଫଳରେ ବିଭିନ୍ନ ସମୟରେ ରାଜ୍ୟରେ ବସା କରିଥିବା ବୌଦ୍ଧ ସନ୍ନ୍ୟାସୀ ତଥା ତାଙ୍କ ସମ୍ପ୍ରଦାୟ ଅସୁରକ୍ଷିତ ମଣିଲେଣି । ବୌଦ୍ଧ ଧର୍ମାବଲମ୍ବୀଙ୍କୁ ସେମାନେ ତନ୍ତ୍ର ଏବଂ ଯାଦୁ ବିଦ୍ୟାର ଧାରକ ବୋଲି ପ୍ରଚାର କରୁଛନ୍ତି । ଏମାନେ ଗୁଣିଗାରେଡ଼ି କରି ନିଜ କବଳକୁ କ୍ଷମତା ନେଉଥିବା ସେମାନେ କହି ବୁଲୁଛନ୍ତି, ଯାହାଫଳରେ ସମାଜରେ ଶୃଙ୍ଖଳା ହ୍ରାସ ପାଇଛି ।

ଏ ବିଷୟ ନେଇ ଅନେକ ଥର ଗଜପତି ମହାରାଜାଙ୍କ ସହ ସରଗରମ ଆଲୋଚନା ହୋଇଛି । ରାଜ୍ୟରେ ବୌଦ୍ଧ ସମ୍ପ୍ରଦାୟର ଲୋକେ ଯେ, ଅନଙ୍ଗ ଭୀମଦେବଙ୍କ ଭାଇ ମଦନ ମହାଦେବଙ୍କ ଶାସନ ସମୟରୁ ରହି ଆସିଛନ୍ତି ତାହା ରାଣୀ ଉପସ୍ଥାପନ କରିଛନ୍ତି । ରାଣୀଙ୍କ ମତରେ ବୌଦ୍ଧମାନେ ତ୍ରିକାଳଦର୍ଶୀ । ସେମାନେ ସବୁକିଛି ଜାଣନ୍ତି । ହେଲେ ରାଜାଙ୍କ ଜିଦ୍ ସେମାନେ ହେଉଛନ୍ତି କଳାବିଦ୍ୟାର ଧାରକ । ଗୁଣିଗାରେଡ଼ି ହେଉଛି ସେମାନଙ୍କ ଶକ୍ତି । ଏମିତି

ଆଲୋଚନା, ପର୍ଯ୍ୟାଲୋଚନା ଭିତରେ ସେମାନଙ୍କ ସର୍ବଜ୍ଞ ହେବାର ପରୀକ୍ଷା ପାଇଁ ସ୍ଥିର ହେଲା। ଅର୍ଥାତ୍ ବ୍ରାହ୍ମଣ ଓ ବୌଦ୍ଧ ସନ୍ନ୍ୟାସୀଙ୍କ ଭିତରେ ପରୀକ୍ଷା ହେବ। ରାଜ୍ୟସାରା ଏ ନେଇ ସତର୍କ ରହିବାକୁ କୁହାଗଲା।

ପରୀକ୍ଷା ବିଧି ଅନୁସାରେ ଗଜପତି ମହାରାଜା ଦରବାରରେ ସମସ୍ତଙ୍କ ସାମ୍ନାରେ ବୌଦ୍ଧ ସନ୍ନ୍ୟାସୀ ଓ ବ୍ରାହ୍ମଣ ପଣ୍ଡିତଙ୍କ ଭିତରେ ପ୍ରତିଯୋଗିତା କରିବେ। ଯିଏ ଜ୍ଞାନ ଯୁଦ୍ଧରେ ହାରିବ ତାଙ୍କର ସର୍ବନାଶ ହେବ।

ଭଗବାନ ନୃସିଂହଙ୍କର ଭକ୍ତ ପାଟମହାଦେଈ ଏ ଭିତରେ ପ୍ରଭୁଙ୍କୁ ଦର୍ଶନ କରି ଭିକ୍ଷା କରିବାକୁ ଉପସ୍ଥିତ ହେଲେ। ଶ୍ରୀମନ୍ଦିରର ପଶ୍ଚିମ ପାର୍ଶ୍ୱରେ ଭଗବାନ ନୃସିଂହଙ୍କ ବିଶାଳ ମୂର୍ତ୍ତି। ଆଖିରୁ ଅଶ୍ରୁ ଧାର ଧାର ହୋଇ ବୋହୁଥାଏ। କ'ଣ ଯେ ସେ ମନେ ମନେ କହୁଛନ୍ତି ତାହା କେବଳ ପ୍ରଭୁଙ୍କୁ ହିଁ ଜଣା।

ଏ ସମୟରେ ଆବିର୍ଭାବ ହେଲେ ବୃଦ୍ଧ ବୀରସିଂହ। ବୀରସିଂହ ହେଉଛନ୍ତି ବୃତ୍ତିରେ ଜଣେ ବୈଦ୍ୟ। ନୃସିଂହଙ୍କ ଭକ୍ତ। କିନ୍ତୁ ବୌଦ୍ଧଧର୍ମାବଲମ୍ବୀ। ପଚାରିଲେ, *ମହାରାଣୀ ଆପଣ କାନ୍ଦୁଛନ୍ତି କାହିଁକି ?*

ରାଣୀ ବୀରସିଂହଙ୍କ ବାବଦରେ ଅନେକ ଶୁଣିଥିଲେ। ତାଙ୍କ ଜ୍ଞାନ ଓ ଭକ୍ତିରେ ସାରା ଦୁନିଆ ପ୍ରଶଂସା କରୁଥିବା ସେ କହିଲେ। ଆଉ କହିଲେ, *ସାରା ରାଜ୍ୟ ଏବେ ଦ୍ୱିଧା ଭିତରକୁ ଚାଲି ଆସିଛି। ଆପଣ ତାହାକୁ ରକ୍ଷା କରିପାରିବେ। ଆପଣଙ୍କୁ ଜ୍ଞାନର ପରୀକ୍ଷା ଦେବାକୁ ହେବ।*

ଏକ ବ୍ରାହ୍ମଣ ପରିବାରରେ ଜନ୍ମ ନେଇଥିବା ବିନୋଦ ମିଶ୍ର, ଅନେକ ଜ୍ଞାନର ଅଧିକାରୀ। ଜଣେ ପ୍ରାକୃତିକ ଚିକିତ୍ସକ ଭାବେ ତାଙ୍କ ପରିଚିତି। ଅନେକ ଲୋକଙ୍କୁ ଦୁରାରୋଗରୁ ସେ ଭଲ କରିଛନ୍ତି। ନୃସିଂହଙ୍କ ଜଣେ ବଡ଼ ଭକ୍ତ। ପରବର୍ତ୍ତୀ ସମୟରେ ସେ ବୌଦ୍ଧଧର୍ମ ପ୍ରତି ଆକୃଷ୍ଟ ହୋଇଥିଲେ। ସେ ସମ୍ପ୍ରଦାୟର ପ୍ରମୁଖ ବ୍ୟକ୍ତି ହୋଇପାରିଥିଲେ ମଧ୍ୟ ନରସିଂହଙ୍କ ପୂଜାର୍ଚ୍ଚନାରୁ ବିଚ୍ୟୁତ ହୋଇ ନଥିଲେ।

କହିଲେ, ଠିକ୍ ଅଛି। ପରୀକ୍ଷା ପାଇଁ ମୁଁ ପ୍ରସ୍ତୁତ। ରାଣୀଙ୍କ ସହ ରାଜପ୍ରାସାଦରେ ବୌଦ୍ଧ ସନ୍ନ୍ୟାସୀ ପ୍ରବେଶ କଲେ। ପୂର୍ଣ୍ଣ ଦରବାରରେ ତାଙ୍କ ଜ୍ଞାନ ପରୀକ୍ଷା ହେବ। ବିଜ୍ଞ ବ୍ରାହ୍ମଣ ପଣ୍ଡିତମାନେ ଉପସ୍ଥିତ ଥାଆନ୍ତି। ଏହି ସମୟରେ ରାଜା ଆଦେଶ ଦେଲେ ଗୋପନରେ ରଖାଯାଇଥିବା ଦୁଇଟି ମାଟିପାତ୍ର ଆଣିବା ଲାଗି। ଏକାଭଳି ଦିଶୁଥିବା ଦୁଇଟି ମାଟିପାତ୍ରର ମୁହଁ ବନ୍ଦ ଥାଏ। ଗୋଟିକୁ ପଣ୍ଡିତ ଓ ଅନ୍ୟଟିକୁ ବୀରସିଂହଙ୍କୁ ଅର୍ପଣ କରାଗଲା। ପ୍ରଶ୍ନ ରହିଲା: ନିଜର ଦିବ୍ୟଜ୍ଞାନ ଦ୍ୱାରା ସେଥିରେ କ'ଣ ରହିଛି ତାହା କହିବାକୁ। ଯଦି ସତ ହେଲା ତେବେ ସମ୍ମାନ, ନହେଲେ ତଡ଼ିପାର।

ଗଜପତି କପିଳେନ୍ଦ୍ର ଦେବଙ୍କ ଦରବାର। ସେନାପତି ଗୋବିନ୍ଦ ବିଦ୍ୟାଧର ଉପସ୍ଥିତ।

ମାଟିପାତ୍ରକୁ କାନେଇଲେ ବୀରସିଂହ। ସୁଁ ସୁଁ ଶବ୍ଦ ଶୁଭୁଛି। ଉଭୟ ପାତ୍ର ଏକାଭଳି ଶବ୍ଦ କରୁଛି। ଅର୍ଥାତ୍ ଯାହା ଥିବ ଗୋଟିଏ ପ୍ରକାର ଜିନିଷ ହିଁ ଥିବ।

ବୀରସିଂହ କହିଲେ, ଏହା ସର୍ପ ଶବ୍ଦ। ଅର୍ଥାତ୍ ଏ ପାତ୍ରରେ ସର୍ପ ରହିଛି।

ଦରବାର ବି ସେଇ ଚିନ୍ତା କରୁଥିଲା। ବୀରସିଂହ ନିଜ ଜ୍ଞାନର ପରୀକ୍ଷା ଠିକ୍ ଦେଇଛନ୍ତି ବୋଲି ବିଚାର ହେଲା। ସମସ୍ତେ ନୀରବ ହୋଇଗଲେ ।

ଏବେ ବ୍ରାହ୍ମଣ ପଣ୍ଡିତଙ୍କ ପାଳି। ଗଜପତି ପଚାରିଲେ, *ଆପଣ ଏହି ମତରେ ଏକମତ ?*

ବ୍ରାହ୍ମଣ କହିଲେ: *ନା। ଏହା ଏକ ଶୂନ୍ୟ ପାତ୍ର। ଏଥିରେ କିଛି ନାହିଁ।*

ଏବେ ଦରବାରରେ ଉପସ୍ଥିତ ସମସ୍ତଙ୍କ ଛାତିରେ ହୃଦ୍‌ସ୍ପନ୍ଦନ ବଢୁଥାଏ। ପାଟ ମହାଦେଈ ବି ଶଙ୍କା ଭିତରେ ଥାଆନ୍ତି। ଉଭୟ ପାତ୍ର ଖୋଲାଗଲା।

ଏ କ'ଣ ? ଏହା ତ ସମ୍ପୂର୍ଣ୍ଣ ଶୂନ୍ୟ !

ବୌଦ୍ଧ ସନ୍ନ୍ୟାସୀଙ୍କ କଥା ଅସତ୍ୟ ହେଲା। ତାଙ୍କ ଦିବ୍ୟଜ୍ଞାନ କଥା ମିଛ। ବ୍ରାହ୍ମଣ ହିଁ ବିଜ୍ଞ। ସର୍ବଜ୍ଞ।

ଗଜପତି କପିଳେନ୍ଦ୍ର ବୀରବର ଦେବ ଆଦେଶ ଦେଲେ। ଏ ବୌଦ୍ଧ ସନ୍ନ୍ୟାସୀଙ୍କୁ ତଡ଼ିପାର କର।

ସଙ୍ଗେ ସଙ୍ଗେ ଆକ୍ରମଣ ହେଲା ବୀରସିଂହଙ୍କ ଉପରେ। କିନ୍ତୁ ବୃଦ୍ଧ ବୀରସିଂହ ଖସିଯିବାରେ ସମର୍ଥ ହୋଇଗଲେ। ଦଣ୍ଡକାରଣ୍ୟରେ ଯାଇ ଆଶ୍ରୟ ନେଲେ। ଶ୍ରୀକ୍ଷେତ୍ର ଆଉ କଟକରେ ଥିବା ବଙ୍ଗୀୟ ବୌଦ୍ଧ ଧର୍ମାବଲମ୍ବୀମାନେ ଚାଲିଲେ ବାଙ୍କୀ ଆଡ଼େ। ତନ୍ତ ବ୍ୟବସାୟ କରୁଥିବା ଏହି ବୌଦ୍ଧ ଧର୍ମାବଲମ୍ବୀ ସେହିଠାରେ ଅପେକ୍ଷା କଲେ ନିଜର ଆସନ୍ତା କାଲିକୁ। ପାଟ ମହାଦେଈ ବି ଚାଲିଲେ କୋଣ୍ଡାବିଡ୍ଡୁ।

ବିଦ୍ର: ମାଦଳା ପାଞ୍ଜିରେ ଏହି ସର୍ପ-ଭସ୍ମ ଉପାଖ୍ୟାନକୁ ମଦନ ଦେବଙ୍କ ସମୟର ବୋଲି କୁହାଯାଇଛି। କେହି କେହି ଅନଙ୍ଗ ଭୀମ ଦେବଙ୍କ ସମୟ ବୋଲି ଉଲ୍ଲେଖ କରିଛନ୍ତି। କିନ୍ତୁ ଐତିହାସିକ ପ୍ରଭାତ ମୁଖାର୍ଜୀ ଏହାକୁ ଖଣ୍ଡନ କରିଛନ୍ତି। ତାଙ୍କ ମତରେ ଅନଙ୍ଗ ଭୀମ ଦେବଙ୍କ କୌଣସି ରାଣୀଙ୍କ ନାଁ ପଦ୍ମାବତୀ ନଥିଲା ଏବଂ ବୀର ସିଂହ ଶ୍ରୀଚୈତନ୍ୟଙ୍କ ସମସାମୟିକ ଥିଲେ।

(୨୮)

ଜଗନ୍ମୋହିନୀ

ଗଜପତି ପ୍ରତାପରୁଦ୍ର ଦେବ କୃଷ୍ଣପ୍ରେମରେ ତଲ୍ଲୀନ। ରାଜ୍ୟ ରକ୍ଷାରେ ଗଜପତି ଆଉ କୌଣସି ଭୂମିକା ନେଉନାହାନ୍ତି ପ୍ରାୟ। ସବୁକିଛି ସେନାପତିଙ୍କ ହାତରେ। ଏହି ଦୁର୍ବଳତାର ସୁଯୋଗ ନେଇ କୃଷ୍ଣ ଦେବରାୟ ଆକ୍ରମଣ କରିଛନ୍ତି। ତାଙ୍କୁ ଜବାବ ନ ଦେଇପାରି ପୁତ୍ର ଆତ୍ମହତ୍ୟା କରିଛି ଓ ପତ୍ନୀ ଅନ୍ୟ ରାଜ୍ୟରେ ବନ୍ଦୀ ପ୍ରାୟ। ଏଭଳି ସ୍ଥିତିକୁ ଦେଖି ପ୍ରତାପରୁଦ୍ରଙ୍କ ଧ୍ୟାନଚ୍ୟୁତି ଘଟିଛି।

ଦକ୍ଷିଣରୁ ଖବର ଆସିଲା- ତେଲଙ୍ଗା ରାୟ କୃଷ୍ଣଦେବ କୃଷ୍ଣା ନଦୀକୂଳରେ ଶିବିର ପକାଇଛନ୍ତି। ପୋଣ୍ଡୁରୁଠାରେ ବିଜୟସ୍ତମ୍ଭ ସ୍ଥାପନ କରିଛନ୍ତି। ସୀମାଞ୍ଚଳମ୍ ଯାଏ ଅର୍ଥାତ୍ ଅଦ୍ଦାଙ୍କି, ବିଣୁକୋଣ୍ଡା, ବଲ୍ଲମ୍ମା କୋଣ୍ଡା, ନାଗାର୍ଜ୍ଜୁନ କୋଣ୍ଡା, ତେଙ୍ଗଡ଼ା ସହ ତୃତୀୟ ଅଭିଯାନରେ ଉଣ୍ଡ୍ର କୋଣ୍ଡା, ଅନନ୍ତଗିରି, କାମ୍ବମେଟ୍ଟା, ନେଲ୍‌ଗୋଣ୍ଡା, ୱାରାଙ୍ଗଲ ଦଖଲ କରିସାରିଥାଆନ୍ତି। ଓଡ଼ିଆ ରାଜାଙ୍କ ହାତରୁ ସେ ନିଜର ହୃତଗୌରବ ହାସଲ କରିଛନ୍ତି ବୋଲି ପ୍ରଚାର କରୁଛନ୍ତି। ତାଙ୍କ ଦୁଇ ରାଣୀ ଏହିକ୍ରମରେ ନୃସିଂହନାଥଙ୍କ ପାଖରେ ପୂଜାର୍ଚ୍ଚନା କରି ସମସ୍ତ ଶ୍ରେୟ ତାଙ୍କୁ ଅର୍ପଣ କରିଛନ୍ତି। ଆଉ ରାଣୀଙ୍କ ଅନୁରୋଧକ୍ରମେ ସେ ବିଜୟନଗରମ୍ ଫେରୁଛନ୍ତି।

ରାଜଦୂତର ଏହି ଖବର ନିରାଶା ଭିତରେ ଥିବା ପ୍ରତାପରୁଦ୍ରଙ୍କୁ ବିଚଳିତ କଲା ନାହିଁ। କିନ୍ତୁ ମନେ ପକାଇଦେଲା କୃଷ୍ଣ ଦେବରାୟଙ୍କ ପାଖରେ ତାଙ୍କ ପତ୍ନୀ ବନ୍ଧା ପଡ଼ିଛନ୍ତି। ଯିଏ ନିଜକୁ ଗଜପତି ବୋଲି ବୋଲାଉଛନ୍ତି ତାଙ୍କରି ଅତି ପ୍ରିୟ ରାଣୀ ଆଜି ଆଉ ଜଣେ ସମ୍ରାଟର ଦରବାର ମଣ୍ଡନ କରୁଛନ୍ତି। ସେଇ ଦରବାରରେ ପୁଅକୁ ଅପମାନ ହେବାରୁ ସେ ଆତ୍ମହତ୍ୟା କଲା। ରାଣୀଙ୍କୁ କେତେ ଅପମାନ, ନିର୍ଯାତନା ଦିଆ ନଯାଉଥିବ !

ଅଶ୍ରୁଧାର ବୋହିପଡ଼ିଲା ଗଜପତିଙ୍କ ନେତ୍ରରୁ । ସମ୍ପୂର୍ଣ୍ଣ କଟକ ସ୍ତବ୍ଧ ହୋଇଗଲା। ଉତ୍ତରରେ ମୁସଲମାନ, ଦକ୍ଷିଣରେ ତେଲଙ୍ଗା ଆଉ ପୂର୍ବ ସୀମାନ୍ତ ସମୁଦ୍ରରୁ କିଛି ବିଦେଶୀଙ୍କ ଓଡ଼ିଶା ଉପରେ ନଜର ପଡ଼ିଲାଣି। ଓଡ଼ିଆ ନାବିକମାନେ ଏକପ୍ରକାର ହାତ ବାନ୍ଧି ବସିଲେଣି। ସମୁଦ୍ରରେ ଯାତ୍ରା ବି ଆଉ ସହଜ ହୋଇ ନାହିଁ। ଫଳରେ ଅର୍ଥନୀତି, ରାଜନୀତି ସବୁ ଦୁର୍ବଳ ହୋଇଗଲାଣି।

ମନ୍ତ୍ରୀ ବିଦ୍ୟାଧର କହିଲେ, *ରାଣୀଙ୍କୁ ଫେରାଇ ଆଣିବାକୁ ହେବ!*
କେମତି ?
ସନ୍ଧି ଦ୍ୱାରା ଛାମୁ!

ହଁ, ଶ୍ରୀ ଚୈତନ୍ୟଙ୍କ ନାମ କୀର୍ତ୍ତନ ତଥା ଭକ୍ତିବାଦରେ ମଜ୍ଜିଥିବା ରାଜା ଓ ସେନାବାହିନୀଙ୍କ ଦ୍ୱାରା ଆଉ ଯୁଦ୍ଧକରି ବିଜୟ ସାଧନ ସମ୍ଭବ ନୁହେଁ। ଶାନ୍ତି ପାଇଁ ସନ୍ଧି ଦରକାର। ସନ୍ଧି ପାଇଁ ସର୍ତ୍ତ ସ୍ଥିର ହେଲା। ପ୍ରତାପରୁଦ୍ର ଗଜପତି ବିଜୟନଗରମ୍‌କୁ ଚିଠି ଲେଖିଲେ। ସେଥିରେ କୁହାଗଲା ରାଣୀଙ୍କୁ ମୁକ୍ତି ଦିଆଯାଉ । ହେଲେ ବିଜୟନଗରମ୍ ମନ୍ତ୍ରୀ କହିଲେ ତାଙ୍କ ରାଜାଙ୍କ ପାଇଁ ଗଜପତିଙ୍କ ଝିଅଙ୍କୁ ସନ୍ଧିର ଉପହାର ସ୍ୱରୂପ ପ୍ରଦାନ କରାଯାଉ।

ରାଜକନ୍ୟା ଜଗନ୍ମୋହିନୀ ଅତୀବ ସୁନ୍ଦରୀ। କ୍ଷତ୍ରିୟ କନ୍ୟା ସିଏ। ଗେହ୍ଲାରେ ତାଙ୍କୁ ସେ ଟୁକ୍ଲା ବୋଲି ଡାକୁଥାଆନ୍ତି। ଶ୍ରୀଜଗନ୍ନାଥଙ୍କ ଉପରେ ତାଙ୍କର ସମସ୍ତ ବିଶ୍ୱାସ ଓ ଗର୍ବ। ତାଙ୍କ ବିବାହ କଥା ଶୁଣିଲେ ଅନେକ ଦେଶର ରାଜକୁମାର ସ୍ୱୟମ୍ବର ପାଇଁ ଧାଡ଼ି ଲଗାଇବେ। ଏବେ ତ କିଛିଦିନ ତଳେ ତାଙ୍କର ଯୌବନପ୍ରାପ୍ତ ହୋଇଛି। କିନ୍ତୁ ପିତା କାହିଁକି ତାଙ୍କୁ ଜଣେ ଅଣ କ୍ଷତ୍ରିୟଙ୍କୁ ବିବାହ ଦେବାକୁ ଚାହୁଁଛନ୍ତି। ହଁ, ଭାଇ ପରେ ମା'ଙ୍କୁ ଉଦ୍ଧାର କରିବା ପାଇଁ ଏସବୁ ଯୋଜନା।

କନ୍ୟା ସମ୍ପତ୍ତିକୁ ବାଜି ଲଗାଇବାକୁ ପ୍ରସ୍ତୁତ ହେଲେ ଗଜପତି ପ୍ରତାପରୁଦ୍ର।[୩୩] କୃଷ୍ଣ ଦେବରାୟଙ୍କ ସହ ବିବାହ ହେଲା। ହୀରା ନୀଳା ସହ ହାତୀ ପିଠିରେ ସୁନା ଗହଣା ଲଦା ହୋଇ ବିଜୟନଗରମ୍ ପଠାଗଲା। ସାଙ୍ଗରେ ଜଗନ୍ନାଥଙ୍କ ଆଶୀର୍ବାଦ ମଧ୍ୟ।

ମହାରାଣୀ ମୁକ୍ତ ହେଲେ।

କିନ୍ତୁ ଜଗନ୍ମୋହିନୀ...। ମୁକ୍ତି ବଦଳରେ ସେ ବି ମୁକ୍ତି ଚାହିଁଲେ। କିଶୋର ବୟସରେ ଜଣେ ବୁଢ଼ା ବର ତାଙ୍କୁ କଷ୍ଟ ଦେଲା। ପୁଣି ଯେଉଁ ରାଜା ତାଙ୍କ ଭାଇକୁ ହତ୍ୟା କରିଛି, ଯିଏ ତାଙ୍କର ରାଜ୍ୟ ଦଖଲ କରିନେଇଛି ଆଉ ଶାନ୍ତି ପାଇଁ ମୋତେ ଉପଭୋଗ କରିବାକୁ ଚାହୁଁଛି ତା'ର ଶଯ୍ୟା ଶାୟିନୀ ହେବା ଅପେକ୍ଷା ଏ ସଂସାର ତ୍ୟାଗ କରିବା ହିଁ ଉଚିତ ହେବ।

କିନ୍ତୁ ନିଜ ଜୀବନ ହାରିଲେ ଲାଭ କ'ଣ। କନ୍ୟା ହେଲେ ବି ଜଣେ କ୍ଷତ୍ରିୟ। ମାଟି ପାଇଁ ଜୀବନ ଦେବା ତା' ରକ୍ତରେ ରହିଛି। ଏହା ଏବେ ପ୍ରମାଣ କରିବାକୁ ପଡ଼ିବ। ଏ ଅଣ କ୍ଷତ୍ରିୟଙ୍କୁ

ଜବାବ ଦେବାକୁ ହେବ। ଷଡ଼ଯନ୍ତ୍ର ତିଆରି କଲେ ଏହି ସନ୍ଧିକ୍ଷଣରେ। ମୂଳ ଲକ୍ଷ୍ୟ ତେଲଙ୍ଗା ରାଜାଙ୍କୁ ମୃତ୍ୟୁଦଣ୍ଡ ଦେବାକୁ ହେବ।

ଜଗନ୍ନାଥଙ୍କୁ ସାକ୍ଷୀ କରି ଜଣେ ରାଜକନ୍ୟାର ଧର୍ମ ନିର୍ବାହ କରିବାକୁ ଆସିଲେ ଜଗନ୍ମୋହିନୀ। ଯୁଦ୍ଧରେ ତ ପାରିବେ ନାହିଁ ହେଲେ ପ୍ରଥମେ ପ୍ରେମ ଓ ପରେ ପ୍ରତାରଣାରେ ତାଙ୍କୁ ହତ୍ୟା କରିବାକୁ ଯୋଜନା କଲେ।

ହେଲେ ସବୁକିଛି ଧରାପଡ଼ିଗଲା, ଷଡ଼ଯନ୍ତ୍ର ପଦାକୁ ଆସିଲା। କୃଷ୍ଣ ଦେବରାୟ ତାଙ୍କୁ କି ଦଣ୍ଡ ଦେବେ ସେଥିଲାଗି ଚିନ୍ତା କଲେ। ଜଣେ ନିରସ୍ତ୍ର ମହିଳାଙ୍କୁ ମୃତ୍ୟୁ ଦଣ୍ଡ ଦେବା ଅପେକ୍ଷା ତାଙ୍କୁ ଜୀବନସାରା ନିଃସଙ୍ଗକରି ପ୍ରତି ମୁହୂର୍ତ୍ତରେ ମାରିବାକୁ ସ୍ଥିର କଲେ। ଏଣୁ ମୃତ୍ୟୁ ଅପେକ୍ଷା ଚାହିଁଲେ ବାସନ୍ଦ କରିଦେବାଲାଗି। ତାଙ୍କୁ କୁଡ଼ମ୍ପାକୁ ପଠାଗଲା। ସେଠାରେ ଏକ ନିଃସଙ୍ଗ ଜୀବନ ଅତିବାହିତ କଲେ ଜଗନମୋହିନୀ।

ଏସବୁ ଖବର ପ୍ରତାପରୁଦ୍ର ଦେବଙ୍କ ପାଖରେ ପହଞ୍ଚୁଥାଏ। କିନ୍ତୁ ନିଜର ଦୁର୍ବଳ ମନୋଭାବ ଏବଂ କ୍ଷତ୍ରିୟ ଧର୍ମକୁ ଭୁଲି ନାମ କୀର୍ତ୍ତନରେ ମଜ୍ଜି ରହିଥିବା ହେତୁ ତାଙ୍କ ମନ୍ତ୍ରୀ ଅଧିକ କ୍ଷମତାପନ୍ନ ହେଲେ। ଗୋବିନ୍ଦ ବିଦ୍ୟାଧର ଚାହିଁଲେ ଏ ରାଜ ପରିବାରକୁ ହଟାଇ ନିଜେ ରାଜା ହେବେ। ପ୍ରତ୍ୟକ୍ଷଭାବେ ଓଡ଼ିଶାକୁ ଚଳାଇବେ।

ତାହା ବି ହେଲା। ରାଜାଙ୍କୁ ସଖୀ କଣ୍ଢେଇଟିଏ ପରି କେବଳ ସିଂହାସନରେ ବସାଗଲା। ଆଉ ସେ ରାଜ୍ୟ ଚଳାଇଲେ। ଦୁଇ ରାଜପୁତ୍ର କଖାରୁଆ ଦେବ ଏବଂ କାଳୁଆ ଦେବ ମଧ୍ୟ ରାଜ୍ୟ ଚଳାଇବାକୁ ସେତିକି ଯୋଗ୍ୟ ନଥିଲେ।

ଏମିତିରେ ପାଖାପାଖି ୨୦ ବର୍ଷ ଅତିବାହିତ ହେଲା। ଗଜପତିଙ୍କ ମୃତ୍ୟୁ ହେଲା। କାଳୁଆ ଦେବଙ୍କୁ ରାଜା ଭାବେ ଅଧିଷ୍ଠିତ କରାଗଲା। କିନ୍ତୁ ପ୍ରକୃତ କ୍ଷମତା ରହିଲା ଗୋବିନ୍ଦ ବିଦ୍ୟାଧରଙ୍କ ହାତରେ। ଦିନେ କାଳୁଆ ଦେବ ହିଙ୍ଗିଡ଼ି ଖେଳୁଥିଲେ। ଗୋବିନ୍ଦ ବିଦ୍ୟାଧର ଚତୁରତାର ସହ ତାଙ୍କ ଘୋଡ଼ାକୁ ଓଲଟାଇ ତାଙ୍କୁ ତଳେ ପକାଇଦେଲେ। ଆଉ କାଳୁଆ ଦେବଙ୍କ ମୃତ୍ୟୁ ହେଲା। ପରେ କଖାରୁଆ ଦେବଙ୍କୁ ଗୋବିନ୍ଦ ଶାସନଗାଦି ଦେଲେ। ସେତେବେଳକୁ କିଛି ରାଜକର୍ମଚାରୀ ଗୋବିନ୍ଦଙ୍କ କଳା କାରନାମା ବିଷୟରେ କହିଲେ। ଏଣୁ କଖାରୁଆ ଦେବ, ଗୋବିନ୍ଦଙ୍କ ଡେଣା କାଟିବାକୁ ଚାହିଁଲେ। ହେଲେ ତାହା ସମ୍ଭବ ହେଲା ନାହିଁ, ବରଂ ଓଲଟା କଖାରୁଆ ଦେବଙ୍କୁ ହତ୍ୟା କଲେ ଗୋବିନ୍ଦ। ନିଜେ ଗଜପତି ବୋଲାଇଲେ। ସେଇଠୁ ଅନ୍ତ ହେଲା ସୂର୍ଯ୍ୟବଂଶ।

ଗୋଟିଏ ଯୁଗର ଯବନିକା ପଡ଼ିଲା। ଆଗକୁ କେବଳ ଅନ୍ଧାର; ଅନ୍ଧାର ହିଁ ସତ୍ୟ ହେଲା। ଶ୍ରୀ ଜଗନ୍ନାଥଙ୍କ ଉପରେ କଳାବାଦଲ ମାଡ଼ି ଆସିଲା। ଯେତେବେଳେ ଖୋଦ୍ ରାଜା ପ୍ରଜାଙ୍କ ରକ୍ଷା କବଚ ନସାଜି ସନ୍ଧି ଉପରେ ନିର୍ଭରଶୀଳ ହୁଏ ସେତେବେଳେ ଶ୍ରୀଜଗନ୍ନାଥ ବି ମଉନ ସାଜନ୍ତି ତାହା ପ୍ରମାଣିତ ହେଲା।

୨୯

ମାଧବୀ ଦାସୀ

ମନ୍ତ୍ରୀ ଗୋବିନ୍ଦ ବିଦ୍ୟାଧର ଗଜପତିଙ୍କ ଦୁର୍ବଳତାର ସୁଯୋଗ ନେଇଛନ୍ତି । ଓଡ଼ିଶା ରାଜ୍ୟର ମଙ୍ଗ ଧରିବାକୁ ଚେଷ୍ଟା କରିଛନ୍ତି । ସେ ଜାଣିଛନ୍ତି ରାଜା ଭାବେ ଓଡ଼ିଶାର ଲୋକେ ତାଙ୍କୁ ବିରୋଧ କରିବେ । ଯେପର୍ଯ୍ୟନ୍ତ ସୂର୍ଯ୍ୟବଂଶୀ ଗଜପତି ପରିବାରର କୌଣସି ବି ଯୋଗ୍ୟ ସଦସ୍ୟ ଜୀବିତ, ତାଙ୍କର ସିଂହାସନ ଆରୋହଣ କଷ୍ଟକର । ଏଣୁ କଳେ ବଳେ କୌଶଳେ ହତ୍ୟା କରି ଚାଲିଲେ ସୂର୍ଯ୍ୟବଂଶର ଦାୟାଦମାନଙ୍କୁ । ଆଉ ଅବସାନ ହେଲା ସୂର୍ଯ୍ୟବଂଶୀ ଶାସନ ।

ସବୁଦିନ ଯଦି ରାଜା ଆସି ଏକ ସନ୍ନ୍ୟାସୀ ପାଦ ତଳେ ମୁଣ୍ଡିଆ ମାରି ହରେକୃଷ୍ଣ ହରେରାମ ନାମ କୀର୍ତ୍ତନ କରିବେ - ତେବେ କ୍ଷତ୍ରିୟର ଧର୍ମ କିଏ ନିଭାଇବ ? ଦିନେ ନାହିଁ କି ବର୍ଷେ; କୋଡ଼ିଏ ବର୍ଷ ସମୟ ଗଜପତି ପ୍ରତାପରୁଦ୍ର ରାଜ୍ୟର ସାର୍ବଭୌମତ୍ୱ ରକ୍ଷା ଚିନ୍ତା ଛାଡ଼ି ଶ୍ରୀ ଚୈତନ୍ୟଙ୍କ ଭଳି ଭକ୍ତିପ୍ରେମରେ ତଲ୍ଲୀନ କରିଥିଲେ, ସେଇଥିପାଇଁ ଆଜି ତାଙ୍କୁ ବୀର ନୁହେଁ କାପୁରୁଷ ବୋଲି ଖଳଲୋକେ କହୁଛନ୍ତି । ତାଙ୍କରି ପାଇଁ ଆଜି ଏ ମହାନ ସାମ୍ରାଜ୍ୟ ନଷ୍ଟଭ୍ରଷ୍ଟ ହେଲା ବୋଲି ଅଭିଯୋଗ କରୁଛନ୍ତି । କିନ୍ତୁ କାହିଁକି ?

ସେଇ କାଞ୍ଚି ଅଭିଯାନ ଆଜି ସମସ୍ତଙ୍କ କାନରେ ଗୁଞ୍ଜରି ଉଠୁଛି । ବିଭିନ୍ନ ସାମନ୍ତ ରାଜ୍ୟରେ ଜଗନ୍ନାଥ ମନ୍ଦିର ସ୍ଥାପନା ପାଇଁ ପୁରୁଷୋତ୍ତମ ଗଜପତି ଯେଉଁ ଆଦେଶ ଦେଇଥିଲେ ତାହାକୁ ପାଳନ କରି ଅନେକ ରାଜ୍ୟରେ ଜଗନ୍ନାଥ ମନ୍ଦିର ସ୍ଥାପନ ସରିଛି । ମନ୍ଦିରକୁ ଶତ୍ରୁ ପକ୍ଷରୁ ରକ୍ଷା କରିବା ପାଇଁ ଯେଉଁ ମେଘନାଦ ତିଆରି ହୋଇଛି ଆଜି ତାହା ଆହୁରି ଶକ୍ତିଶାଳୀ ହୋଇଛି । ମନ୍ଦିର ଯେମିତି ନଷ୍ଟ ନହେବ ସେଥିଲାଗି ଚୂନ ପ୍ରଲେପ ଦିଆଯାଇଛି । ହେଲେ ରାଜ୍ୟରେ ଏମିତି ବିଶୃଙ୍ଖଳା/ ଗୋଳ କାହିଁକି ?

କେହି କହୁଛନ୍ତି ଏଥିପାଇଁ ସ୍ୱୟଂ ଗଜପତି ଦାୟୀ । ଆଉ କେହି ଭକ୍ତିରସରେ ରାଜାଙ୍କୁ ମଗ୍ନ

କରାଇଥିବା ଶ୍ରୀ ଚୈତନ୍ୟଙ୍କୁ ଦାୟୀ କରିଛନ୍ତି। କେହି କହୁଛନ୍ତି ଶ୍ରୀ ଚୈତନ୍ୟଙ୍କ ଭକ୍ତିରସରେ ସେ ବୁଡିଥିବାରୁ ସୈନ୍ୟ ସାମନ୍ତଙ୍କ ଆସ୍ଥା ରକ୍ଷା କରିପାରିଲେ ନାହିଁ। କେହି କହୁଛନ୍ତି ସେ ଯୁଦ୍ଧ ବଦଳରେ ସନ୍ଧି କରି ନିଜକୁ ଦୁର୍ବଳ କରିବା ସହ ଓଡ଼ିଆଙ୍କ ମନୋବଳ ଦୁର୍ବଳ କରିଥିଲେ। ପତ୍ନୀଙ୍କୁ ଉଦ୍ଧାର କରିବା ପାଇଁ ଯୁଦ୍ଧ ବଦଳରେ ଝିଅକୁ ତେଲଙ୍ଗା ରାଜାଙ୍କୁ ବିବାହ ଦେବା ତାଙ୍କର ଆଉ ଏକ ଦୁର୍ବଳତା ଥିଲା...। ଆଉ ତାଙ୍କରି ଦୁର୍ବଳତାର ଫାଇଦା ଏବେ ମନ୍ତ୍ରୀ ନେବାକୁ ସୁଯୋଗ ପ୍ରସ୍ତୁତ କରିବା କିଛି ଅବାନ୍ତର ନୁହେଁ!

ଗୋଟିଏ ପରେ ଗୋଟିଏ ରାଜପୁତ୍ରଙ୍କ ହତ୍ୟା ଦ୍ୱାରା କଟକରେ ସୃଷ୍ଟି ହୋଇଥିବା ରାଜନୀତିକ ଅସ୍ଥିରତା ପରେ ଯେଉଁ ଭାବନା ପୁରୀରେ ସୃଷ୍ଟି ହୋଇଥିଲା ଏସବୁ ଚର୍ଚ୍ଚା ତାହାର ଛୋଟିଆ ଝଲକ ମାତ୍ର। ପୁରୀର ବିଜ୍ଞ, ପଣ୍ଡିତ, ସେବକ ସମସ୍ତଙ୍କ ମୁହଁରେ ଗୋଟିଏ କଥା ଶୁଣିବାକୁ ମିଳୁଥିଲା- ଏବେ କ'ଣ ଭୋଇ ଯୁଗ ଚାଲିବ ?

ଏଇ କିଛିଦିନ ତଳେ ଘଟିଥିବା ଅଘଟଣ ବୋଧହୁଏ ଯୁଗ ଯୁଗଯାଏ ହେତୁ ରହିବ। ଗଲା ଦୋଳଯାତ୍ରାବେଳେ ଭାରି ଉତ୍ସାହିତ ହୋଇ ଗୌଡ଼ୀୟ ଗୋବିନ୍ଦ ମହାପ୍ରଭୁଙ୍କୁ ଦୋଳବେଦୀକୁ ବିଜେ କରିବା ଲାଗି ସେବକଙ୍କୁ ଆଦେଶ ଦେଲେ। ସବୁବର୍ଷ ଏହି ନୀତି ପାଳନ ହୁଏ। ଗଜପତିଙ୍କ ପାଖରୁ ଆଜ୍ଞା ପାଇଲେ ସେବକେ ଆବଶ୍ୟକ ରୀତି ନୀତି କରନ୍ତି। ଶ୍ରୀଜିଉ ସେଦିନ ରତ୍ନ ସିଂହାସନରୁ ଆସି ଦୋଳିରେ ବସିବା କଥା। ତାହା ହିଁ ହେଲା। ଠାକୁରଙ୍କୁ ପହଣ୍ଡି କରି ବଡ଼ ଶ୍ରଦ୍ଧାରେ ସେବକେ ଆଣି ଦୋଳିରେ ବସାଇଲେ। ଦୋଳଗୋବିନ୍ଦ ବେଶରେ ତାଙ୍କୁ ସଜ୍ଜାଗଲା। ଅପୂର୍ବ ଦୃଶ୍ୟ ସିଏ ଥିଲା। କିନ୍ତୁ କିଛି ସମୟ ଉତ୍ତାରୁ ଦୋଳି ଛିଣ୍ଡିଗଲା। ମହାପ୍ରଭୁଙ୍କ ହାତ ଭାଙ୍ଗିଗଲା।

ସମସ୍ତେ ଅବାକ୍ ହୋଇଗଲେ। କେହି କେହି କହିଲେ ଏ ଅଘଟଣର ସୂତ୍ରପାତ। କେହି କହିଲେ ଗୌଡ଼ୀୟ ଗୋବିନ୍ଦଙ୍କ ଉପରେ ମହାପ୍ରଭୁ ଅରାଜି ଅଛନ୍ତି। ସେ ଯାହାହେଉ, ସେବକେ କିନ୍ତୁ ଗୋବିନ୍ଦ ବିଦ୍ୟାଧରଙ୍କୁ କପିଳେନ୍ଦ୍ର ଦେବଙ୍କ ଦାୟାଦମାନଙ୍କଠୁ ଉଚିତ ମଣୁଥିଲେ। ଏଣୁ ତାଙ୍କୁ ସମର୍ଥନ ବି କରୁଥିଲେ। ଠାକୁରଙ୍କୁ ରତ୍ନବେଦୀ ବିଜେ କଲାପରେ ପୁଣିଥରେ ଭୁଜ ନିର୍ମାଣ ହେଲା। ମହାସ୍ନାନ ହେଲା। ଆଉ ଆଦେଶ ଦିଆଗଲା ଏଣିକି ଦୋଳବେଦୀକୁ ଠାକୁର ଆସିବେ ନାହିଁ, ବରଂ ତାଙ୍କ ଚଳନ୍ତି ପ୍ରତିମା ଆସିବେ।

ଏମିତି ଅନେକ ଆଲୋଚନା ଚାଲିଥାଏ। କିଏ କହୁଥାଏ ଆଉ କିଏ ପାଟିରେ ହାତ ଦେଉଥାଏ। ପୁଣି କିଏ ପ୍ରଭୁଙ୍କ ଚକା ଚକା ଆଖିରେ ବିଶ୍ୱର ବଦଳୁଥିବା ଚିତ୍ରକୁ ଆଙ୍କୁଥାଏ।

କିଛି ସମୟ ଚୁପ୍ ବସିପଡ଼ିଲେ ରାଜଗୁରୁ। ମନେମନେ ଗୁଣୁଗୁଣୁ ହେଲେ-

ଚକା ନୟନ ହେ! ଜଗୁ ଜୀବନ ଶ୍ରୀହରି
କାତରେ ଜଣାଣ କରୁଛି ଛାମୁରେ
ଶୁଣ ପ୍ରଭୁ ଶ୍ରୁତି ଡେରି।।

ଜୀବନ୍ତି ପିଙ୍ଗଳା ଆଦିବାରବାଳା
ସଂସାରୁ ଗଲେ ନିସ୍ତରି ।
ଅପାର ମହିମା କେତନ ଉଡ଼ାଇ ରଖିଛ କୀରତି ଶିରୀ ।।
ଚକା ନୟନ ହେ !

କିଛିବର୍ଷ ତଳେ ବାଲ୍ୟ ବିଧବା ମାଧବୀ ଦାସୀ ଏହି ଭଜନକୁ ଗୁଣୁଗୁଣାଉଥିଲେ; ନିଜେ ଲେଖିଥିବା ଏହି ଭଜନ ପାଇଁ ସେ ଗଜପତି କପିଳେନ୍ଦ୍ର ଦେବଙ୍କ ସଭାରେ ସମ୍ବର୍ଦ୍ଧିତ ହୋଇଥିଲେ ।

ଓଡ଼ିଆ ବୈଷ୍ଣବଙ୍କ ଭିତରେ ସେ ବେଶ୍ ଜଣାଶୁଣା ଥିଲେ । ଯେତେବେଳେ ବୈଷ୍ଣବ ସାଧୁଙ୍କ ଗହଣରେ ମହିଳାଙ୍କ ଆତଯାତ ନଥିଲା ସେତେବେଳେ ସେ ମହିଳାଙ୍କ ଜ୍ଞାନ ଗରିମାକୁ ପ୍ରଦର୍ଶନ କରୁଥିଲେ । ପୁରୀ ଜିଲ୍ଲାର ବ୍ରହ୍ମଗିରି ଶାସନର ବେଣ୍ଣୁପୁରରେ ତାଙ୍କ ଜନ୍ମ । ତାଙ୍କର ଆଗ୍ରହ, ପାଣ୍ଡିତ୍ୟ ଦେଖି ଶ୍ରୀ ଚୈତନ୍ୟଙ୍କୁ ପ୍ରେମ ଭକ୍ତିର ତତ୍ତ୍ୱ ଶିଖାଇଥିବା ରାଜମହେନ୍ଦ୍ରୀର ପୂର୍ବତନ ରାଜା ରାୟ ରାମାନନ୍ଦ ତାଙ୍କ ମନରେ ଉତ୍ସାହ ଭରିଥିଲେ । ଭାରତବର୍ଷରେ ଆରମ୍ଭ ହୋଇଥିବା ଭକ୍ତି ଆନ୍ଦୋଳନରେ ଉଦ୍‌ବୁଦ୍ଧ ହୋଇ ମାଧବୀ ଅନେକ ଧର୍ମଗ୍ରନ୍ଥ ପାଠ କଲେ । ଓଡ଼ିଆ, ସଂସ୍କୃତ ଭାଷା ସାହିତ୍ୟରେ ନିପୁଣତା ଲାଭ କରିଥିବାରୁ ଗଜପତି ପ୍ରତାପରୁଦ୍ର ଦେବ ତାଙ୍କୁ ଦେଉଳ କରଣ ଭାବେ ନିଯୁକ୍ତ କରିଥିଲେ । ସେତେବେଳେ ତାଙ୍କୁ ଲେଖନାଧିକାରିଣୀ ବୋଲି ଅଭିହିତ କରାଗଲା । ଏବେଯାଏ ସେ ହିଁ ଏକମାତ୍ର ମହିଳା ସେବକ, ଯିଏ ଜଗନ୍ନାଥ ମନ୍ଦିରରେ ସେବାକାର୍ଯ୍ୟରେ ନିୟୋଜିତ ହୋଇପାରିଛନ୍ତି । ଭକ୍ତି ମାର୍ଗର ଉପାସିକା, ପରମ ବୈଷ୍ଣବୀ ମାଧବୀଙ୍କ ଜ୍ଞାନ ଆଗରେ ଅନେକ ସନ୍ଥ ଆଗରୁ ହାର ମାନିଛନ୍ତି । ଏବେ ସେବକେ ମଧ୍ୟ ତାଙ୍କୁ ବିଶେଷ ସମ୍ମାନ ପ୍ରଦର୍ଶନ କରୁଛନ୍ତି । ତାଙ୍କ ଦ୍ୱାରା ଲେଖା ହୋଇଥିବା 'ପୁରୁଷୋତ୍ତମ ଦେବ' ନାଟକ ଆଜି ବିଭିନ୍ନ ସ୍ଥାନରେ ପ୍ରଦର୍ଶିତ ହୋଇ ଗଜପତିଙ୍କ ବୀରତ୍ୱ, ଶ୍ରଦ୍ଧା ଓ ଭକ୍ତିଭାବକୁ ଉଜ୍ଜୀବିତ କରୁଛି ।[୩୪]

କିନ୍ତୁ ଏହି ଭାବନା ଆଉ କେତେ ଦିନ ?

ପ୍ରତାପରୁଦ୍ର ସିନା ପରାକ୍ରମୀ ନଥିଲେ କିନ୍ତୁ ଜ୍ଞାନ ଗରିମାରେ ତାଙ୍କଠାରୁ ବିଜ୍ଞ ସମ୍ରାଟ ତ' ଓଡ଼ିଶା ଭୂଇଁ କେବେ ଦେଖି ନଥିଲା । ତାଙ୍କ ଶାସନ କାଳରେ ଉତ୍ତର ଓ ପୂର୍ବ ଭାରତ ତାଳରେ ଓଡ଼ିଶାରେ ପ୍ରସ୍ତୁତ ହେଉଥିଲା ଭକ୍ତି ମାର୍ଗର ଅନେକ ଗବେଷଣା ଓ ଭାବଧାରା । ସେଇଥିପାଇଁ ତ ଜଗନ୍ନାଥ ମନ୍ଦିର ଆଜି ବିଷ୍ଣୁ ଭକ୍ତିର ଏକ ପେଣ୍ଠସ୍ଥଳ ହୋଇପାରିଛି । ମନ୍ଦିର ପରିସରରେ ଜୟଦେବଙ୍କ 'ଗୀତଗୋବିନ୍ଦ' ଆଜି ସେମିତି ଗାନ ହେଉଛି ଯେମିତି ଚାଲି ଆସିଛି । ଘରେ ଘରେ ଜଗନ୍ନାଥ ଦାସଙ୍କ ନବାକ୍ଷରୀ ଭାଗବତ ବେଶ୍ ପରିଚିତ ହୋଇଛି । ସେ ନଥିଲେ ତ' ଓଡ଼ିଆ ଭାଗବତ ସ୍ୱପ୍ନ ହୋଇଥାଆନ୍ତା । ଜଗନ୍ନାଥ ଦାସଙ୍କ ଅଭ୍ୟୁଦୟ ହୋଇ ପାରି ନଥାଆନ୍ତା !

କପିଳେଶ୍ୱର ପୁର ଶାସନରେ ଜଗନ୍ନାଥ ଦାସଙ୍କ ଜନ୍ମ । ସେ ସଂସ୍କୃତ ଭାଗବତକୁ ଜଗନ୍ନାଥଙ୍କ ଆଶୀର୍ବାଦରେ ଓଡ଼ିଆ କରିପାରିଥିଲେ । ଗଭୀର ଦର୍ଶନ ତାଙ୍କର ପ୍ରସ୍ଫୁଟିତ ହୋଇଥିଲା

ପ୍ରତାପରୁଦ୍ରଙ୍କ ସମୟରେ। ସେହିପରି ପଣ୍ଡିତ ବଳରାମ ଦାସ ଆଜି ପୂଜ୍ୟ ନମସ୍ୟ। ସେ ପୁରୀରେ ରହି ଜଗନ୍ନାଥଙ୍କ ପ୍ରେମରେ ପାଗଳ ହୋଇଯାଇଥିଲେ ପ୍ରାୟ। ରାମାୟଣରେ ସେ ପ୍ରଭୁ ଜଗନ୍ନାଥଙ୍କୁ ହିଁ ଦର୍ଶନ କରିଥିଲେ। ତାଙ୍କ ଦ୍ୱାରା ଲେଖା ହୋଇଥିବା *'ଲକ୍ଷ୍ମୀ ପୁରାଣ'* ଆଜି ଘରେ ଘରେ ବୋଲା ଯାଉଛି। ଲୋକେ ତ' ତାକୁ ବିଶ୍ୱାସ କରିସାରିଛନ୍ତି ଏକ ପରମ୍ପରା ଭାବେ। ମାର୍ଗଶିର ଗୁରୁବାର ଆସିଲେ ଲକ୍ଷ୍ମୀ ପାଦପଦ୍ମ ସହ ସ୍ତ୍ରୀ ଲୋକମାନେ ଏ ପୁରାଣକୁ ଗାଇ ନିଜକୁ ସଂସ୍କାରୀ ମହିଳା ଭାବେ ଗଢୁଛନ୍ତି। ଜାତି-ଧର୍ମକୁ ଗୋଟିଏ ସୂତ୍ରରେ ବାନ୍ଧିବାର ଏ ପରମ୍ପରା ତାଙ୍କଠାରୁ ହିଁ ଆରମ୍ଭ ବୋଲି କହିଲେ ଅତ୍ୟୁକ୍ତି ହେବ ନାହିଁ। *'ଜଗମୋହନ ରାମାୟଣ'*, *'ଭାବ ସମୁଦ୍ର'*, *'ବଟ ଅବକାଶ'* ପରି ମୂଳ ରଚନା ସହ ସେ *'ଶ୍ରୀମଦ୍ ଭାଗବତ ଗୀତା'*କୁ ଓଡ଼ିଆରେ ରୂପାନ୍ତର କରିଛନ୍ତି। ତା' ହେଲେ କେତେ ମହାନ ସିଏ ନଥିଲେ! ଏସବୁ କ'ଣ ସମ୍ଭବ ହୋଇଥାଆନ୍ତା ବିନା ରାଜ ଆଶୀର୍ବାଦରେ ?

ଆଜି ଯେଉଁ ଲୋକମାନେ ଗଜପତି ପ୍ରତାପରୁଦ୍ରଙ୍କୁ ରାଜ୍ୟର ସାର୍ବଭୌମତ୍ୱ ରକ୍ଷା କରିପାରିଲେନି ବୋଲି ଦାୟୀ କରୁଛନ୍ତି ସେମାନେ କ'ଣ ଏହା ଅସ୍ୱୀକାର କରିବେ ଯେ ସେ ଓଡ଼ିଆଙ୍କୁ ଏକ ସ୍ୱତନ୍ତ୍ର ବରଦାନ ଦେଇଛନ୍ତି ଆଉ ବାହାରେ ଓଡ଼ିଆଙ୍କ ନାଁକୁ ସମୃଦ୍ଧ କରିଛନ୍ତି ବୋଲି ? ଅବଶ୍ୟ ଆମର ଏହି ଜ୍ଞାନର ପ୍ରାଚୁର୍ଯ୍ୟ ଆଜି ଅନ୍ୟକୁ ଈର୍ଷାନ୍ୱିତ କରିଛି, ଏଥିରେ ସନ୍ଦେହ ନାହିଁ। ଯେଉଁ ଗୋବିନ୍ଦ ବିଦ୍ୟାଧର ଆଜି ଶାସନକୁ ଅଧିକାର କରିବା ପାଇଁ ଅପ ପ୍ରଚାର କରୁଛି, ରାଜପୁତ୍ରଙ୍କୁ ହତ୍ୟା କରିଛି ଆଉ ଗଜପତି ବଂଶଧରଙ୍କୁ ବାହ୍ୟ ଶତ୍ରୁଙ୍କ ସହାୟତାରେ ଦମନ କରୁଛି ତାହାଙ୍କ ଭବିଷ୍ୟତ କ'ଣ ?

ହାତ ଯୋଡ଼ି ଠିଆ ହୋଇ ପଡ଼ିଲେ ଚତୁର୍ଦ୍ଧା ମୂର୍ତ୍ତି ଆଗରେ। ଆଉ କେତେ କ'ଣ ଦେଖାଇବ ପ୍ରଭୁ, ଆଖି ଛଳ ଛଳ ହୋଇ ରାଜଗୁରୁ ଗାନ କଲେ-

ତୁ ସୃଷ୍ଟି ସ୍ଥିତି ଲୟ କରୁ; ଆବର ଗର୍ଭରେ ସମ୍ଭାଳୁ।
ଅଶେଷ କୋଟି ବସୁନ୍ଧରୀ; ତୋହରି ଗର୍ଭେଛନ୍ତି ପୂରି।
ଚଉଦ ଭୁବନ ଯା କିଣା; ଏସର୍ବ ତୋହର ରଚନା।।

ଜଗନ୍ନାଥ ଦାସଙ୍କ ଏହି ଭାଗବତ ବୃତ୍ତକୁ ଗାନ କରି ରାଜଗୁରୁ ପୁଣି ପ୍ରଶ୍ନ କଲେ- ଏ ଚୈତନ୍ୟ ମହାପ୍ରଭୁଙ୍କ ଦୋଷ କ'ଣ ପ୍ରଭୁ ? ପଣ୍ଡିତମାନେ ତ ତାଙ୍କୁ ତୁମ ଅବତାର ବୋଲି କହୁଛନ୍ତି ? ସଂସାରଯାକକୁ ଗୋପୀ କରି ତୁମରି ଲୀଳାରେ ସେ ନାଚ କରୁଛନ୍ତି। କାହିଁକି ଏ ଅପପ୍ରଚାର..ପ୍ରଭୁ ? ଏସବୁ ବି କ'ଣ ତୁମରି ଲୀଳା ?

ବଦଳୁଥିବା ବିଶ୍ୱରୁ ବାରଣାସୀ କଟକ ବା ବାଦ୍ ପଡ଼ିବ କେମିତି ? ଗୌଡ଼ୀୟ ଭୋଇବଂଶର ଶାସନ ଯେ ସବୁ ଦିନ ଚାଲିବ ତାହା କହିବା ଠିକ୍ ନୁହେଁ। କାରଣ ଚାଲୁକ୍ୟ ମୁକୁନ୍ଦ ଏବେ ଶକ୍ତିଶାଳୀ ହେଲେଣି। ସେବକେ ଗୋବିନ୍ଦଙ୍କ ଅପେକ୍ଷା ମୁକୁନ୍ଦଙ୍କୁ ସମର୍ଥନ କରିବାରୁ ସେ ଶାସନ ଭାର ଗ୍ରହଣ କରିବେ ବୋଲି ଚର୍ଚ୍ଚା ହେଲାଣି। ଆର ରଥକୁ ବୋଧହୁଏ ସେ ହିଁ ଛେରା ପହଁରା ପକାଇବେ!

୩୦

ମୁକୁନ୍ଦଙ୍କ ଚିନ୍ତା

ବାରାଣସୀ କଟକରେ ପରିସ୍ଥିତି ଅସମ୍ଭାଳ ହୋଇଛି। ଯିଏ ବଳଶାଳୀ ଆଉ କୂଟନୀତିରେ ପାରଙ୍ଗମ ସେ ରାଜ ସିଂହାସନକୁ ଅକ୍ତିଆର କରି ନିଜ ଅନୁସାରେ ଶାସନ ଚାହୁଁଛି। ପ୍ରତି ୮-୧୦ ବର୍ଷରେ ଥରେ ରାଜବଂଶର ପରିବର୍ତ୍ତନ ହେଉଛି। ଗଜପତି ବଂଶ ପରେ ଗୌଡ଼ୀୟ ଭୋଇବଂଶ ଆଉ ଏବେ ଚାଲୁକ୍ୟ ରାଜବଂଶର ଦାୟାଦ ଶାସନର ଡୋରି ଧରିଛନ୍ତି। ମୁକୁନ୍ଦ ଦେବଙ୍କ ରାଜାଭିଷେକ ପରେ ପରିସ୍ଥିତି କିଛି ପରିମାଣରେ ଶାନ୍ତ ପଡ଼ିଛି, କିନ୍ତୁ ରାଜ କର୍ମଚାରୀଙ୍କ ଷଡ଼ଯନ୍ତ୍ର ରଚନାର ଅଧ୍ୟାୟ ବନ୍ଦ ହୋଇନାହିଁ। ଭଞ୍ଜବଂଶୀମାନେ ଗଜପତି ସିଂହାସନକୁ ଅକ୍ତିଆର କରିବା ପାଇଁ ଚାହୁଁଛନ୍ତି। ତଥାପି ମୁକୁନ୍ଦ ଦେବ ନିଜର ବିଚକ୍ଷଣ ରାଜନୀତି ବଳରେ ପ୍ରଜାଙ୍କ ମନରେ ଧୀରେ ଧୀରେ ବିଶ୍ୱାସ ଜିତି ଚାଲିଛନ୍ତି। କୂଟନୀତି ପ୍ରୟୋଗ କରି ବାହ୍ୟଶତ୍ରୁଙ୍କୁ ଦମନ କରୁଛନ୍ତି। ନହେଲେ ଯୁଦ୍ଧ କରି ଶତ୍ରୁପକ୍ଷଙ୍କୁ ଭୟଭୀତ କରୁଛନ୍ତି।

ଏଇ ଅଳ୍ପ କିଛିଦିନ ହେଲା ପ୍ରଭୁ ରତ୍ନସିଂହାସନରୁ ବାହାରି ଦେବସ୍ନାନ ମଣ୍ଡପକୁ ଆସିଥିଲେ। ସେଦିନ ଟିକେ ବର୍ଷା ହୋଇଥିଲା। ତା'ପରେ ଅସହ୍ୟ ଗୁଳୁଗୁଳି ଜାରି ରହିଛି। ତଥାପି ଏହାକୁ ଖାତିର ନକରି ବିଷ୍ଣୁଭକ୍ତମାନେ ଅଲାରନାଥଙ୍କୁ ଦର୍ଶନ ପାଇଁ ବ୍ୟାକୁଳ ହେଉଛନ୍ତି। ଯଦି କିଏ ତାଙ୍କଠାରୁ ଖିରି ଟିକେ ଆଣି ଶ୍ରୀକ୍ଷେତ୍ର ଆସୁଛି ତ' ତାକୁ ପାଦୁକ ଭଳି ପାଉଛନ୍ତି ସେମାନେ। କି ଆଗ୍ରହ ଆଉ ଆନନ୍ଦ ସତରେ!

ପୁରୁଷୋତ୍ତମ କଟକରେ ଦିନକୁ ଦିନ ଭକ୍ତଙ୍କ ଭିଡ଼ ଜମୁଛି। ହେଲେ ବାରାଣସୀ କଟକରେ କିନ୍ତୁ ଆକାଶ ମେଘାଛନ୍ନ ହେବାଭଳି ମନେ ହେଲାଣି। କିଛିଦିନ ତଳେ ଗୌଡ଼ଦେଶ ଜୟ କରି ଗଙ୍ଗାଯାଏ ଓଡ଼ିଶାକୁ ବିସ୍ତାର କରିଛନ୍ତି। ଏହାପରେ ଗୌଡ଼ ରାଜାଙ୍କୁ ସବୁ ପ୍ରକାର ସହାୟତା ଦେବେ ବୋଲି ମଧ୍ୟ ଘୋଷଣା କରିଛନ୍ତି। କିନ୍ତୁ ରାଜା ଶାନ୍ତିରେ ଦିନ କାଟି ପାରୁନାହାନ୍ତି, ରାଜକର୍ମଚାରୀ ଓ ସାମନ୍ତମାନଙ୍କ ଛଳନା ଅନେକ ସମୟରେ ତେଲଙ୍ଗା ମୁକୁନ୍ଦ ଦେବଙ୍କୁ ଦ୍ୱନ୍ଦ୍ୱରେ ପକାଇଛି। ସେପଟେ ଗଙ୍ଗାଯାଏ ରାଜ୍ୟ ସିନା ବିଜୟ ହୋଇଛି ହେଲେ ଆଫଗାନ ସୁଲେମାନ୍ କରାନୀ ଏହାକୁ ନେଇ ଗୋଳ କରିବା ନିଶ୍ଚିତ ପ୍ରାୟ ହେଲାଣି। ଏହାକୁ ରୋକିବାକୁ ହେବ, ହେଲେ ଆଗକୁ ରଥଯାତ୍ରା...। ଦେଶ ବିଦେଶରୁ ଅନେକ ଭକ୍ତ ପ୍ରଭୁଙ୍କ ଦର୍ଶନ ପାଇଁ ଆସିବା ଆରମ୍ଭ କରିଦେଲେଣି। ସେପଟେ ରଥ ତିଆରି କାମ ବି ଶେଷ ହେଲାଣି। ମୂଷା ନଈର ଏ ମୁଣ୍ଡରେ ଥିବା ତିନି ରଥରେ ରଙ୍ଗ ମାରିବାରେ ଲାଗିଲେଣି ଚିତ୍ରକାର। ସେ ମୁଣ୍ଡ ରଥଗୁଡ଼ିକର କାମ ଟିକେ ପଛୁଆ ଚାଲିଛି। କିନ୍ତୁ ଠିକ୍ ସମୟରେ ସରିଯିବ ବୋଲି ଆଶା କରାଯାଉଛି। ତେଲଙ୍ଗା ମୁକୁନ୍ଦ ଦେବ ପୁରୀ ଆସିବା ପାଇଁ ପ୍ରସ୍ତୁତ ହେଲେ।

ଏହି ସମୟରେ ବାର୍ତ୍ତା ଆସିଲା- ଇଟାଲୀରୁ କେହି ଜଣେ ସେଜାରୀ ଫ୍ରେଡ୍ରିକ୍ ନାମଧାରୀ ବଣିକ ଆସିଛନ୍ତି ଆଉ ମହାରାଜାଙ୍କୁ ଭେଟିବାକୁ ଇଚ୍ଛା ପ୍ରକଟ କରିଛନ୍ତି। ବାରାଣସୀ କଟକର ଦରବାରରେ ମୁକୁନ୍ଦ ଦେବ ଫ୍ରେଡ୍ରିକ୍‌ଙ୍କୁ ସାକ୍ଷାତ ପାଇଁ ଅନୁମତି ଦେଲେ। ପଚାରିଲେ ଓଡ଼ିଶା ବାବଦରେ ଅନୁଭୂତି କ'ଣ? 'ଅତ୍ୟନ୍ତ ଶାନ୍ତ। ଭୟ ନାହିଁ। କେହି ରାତି ଅଧରେ ଖାଲି ହାତରେ ସୁନା ଧରି ଚାଲୁଥିଲେ ବି ତା' ଉପରେ ଆକ୍ରମଣ ଆଶଙ୍କା ନାହିଁ। ଦେଶୀ ବା ବିଦେଶୀ ସବୁ ନାଗରିକ ଏଠାରେ ସୁରକ୍ଷିତ।' ମୁକୁନ୍ଦ ପ୍ରସନ୍ନ ହେଲେ। ତାଙ୍କୁ ସବୁ ପ୍ରକାର ସହଯୋଗର ଆଶ୍ୱାସନା ଦେଲେ।[୩୫]

ରାଜ୍ୟର ରାଜସ୍ୱ ବୃଦ୍ଧି ପାଇଁ ମୁକୁନ୍ଦ ଦେବ ବିଦେଶୀ ବଣିକଙ୍କୁ ଏଠାରେ ବାଣିଜ୍ୟ କାରବାର ପାଇଁ ଯଥେଷ୍ଟ ପ୍ରୋତ୍ସାହନ ଦେଉଥିଲେ। ଯେମିତି କୌଣସି ବି ବଣିକ ଓଡ଼ିଶା ବାବଦରେ ଖରାପ ବାର୍ତ୍ତା ବହନ ନକରନ୍ତୁ ସେଥିପ୍ରତି ଯତ୍ନବାନ ଥିଲେ। ବ୍ୟକ୍ତିଗତ ଭାବେ ସେ ନିଜେ ବଣିକମାନଙ୍କୁ ସାକ୍ଷାତ କରୁଥିଲେ। ଏହାଦ୍ୱାରା ରାଜ୍ୟର ରାଜସ୍ୱ ବଢୁଥିଲା, ଶତ୍ରୁପକ୍ଷଙ୍କୁ ନିୟନ୍ତ୍ରଣ ପାଇଁ ଆବଶ୍ୟକୀୟ ଖର୍ଚ୍ଚ କରିବା ସମ୍ଭବ ହେଉଥିଲା।

ବାପା ତାଙ୍କର ସର୍ବରାଜ ଆଉ ମା' ସର୍ବଦେବୀ। ସେ ଚାଲୁକ୍ୟ ବଂଶର ଦାୟାଦ। ଗଜପତି ଶାସନ କାଳରେ ତାଙ୍କ ବାପା ଜଣେ ସାମନ୍ତ ରାଜା ଭାବେ ପରିଚିତ ଥିଲେ। ତେଲେଙ୍ଗାନା ଅଞ୍ଚଳରେ ତାଙ୍କ ରାଜ୍ୟ ଥିଲା। ତେଣୁ ତାଙ୍କୁ ତେଲଙ୍ଗା ରାଜା ବୋଲି ଅନେକ ଏବେ ବି ଡାକୁଛନ୍ତି। ନିଜ ରାଜ୍ୟ କହିଲେ ବିଶାଖାପାଟଣା ଅନ୍ତର୍ଗତ କୋସିମକୋଟକୁ ବୁଝାଏ। ସେ କେବେ ଭାବି ନଥିଲେ ଦିନେ ଗଜପତି ସିଂହାସନରେ ତାଙ୍କୁ ବସିବାର ସୁଯୋଗ ମିଳିବ। କିନ୍ତୁ ଆଜି ତାହା ସତ୍ୟ ହୋଇଛି। ୧୦ବର୍ଷ ଏ ଭିତରେ ବିତିଛି। ରାଜ୍ୟ ଭିତରେ ପ୍ରଜା ଶାନ୍ତିରେ ଅଛନ୍ତି। ତାଙ୍କ ପ୍ରତି ଲୋକଙ୍କ ଆସ୍ଥା ବଢ଼ିଛି। ରାଜ୍ୟର ଆୟତନ ମଧ୍ୟ ବୃଦ୍ଧି ପାଇଛି। କିନ୍ତୁ ଶତ୍ରୁ ପାଳଟିଛନ୍ତି ଭଞ୍ଜ ରାଜାମାନେ।

ରଥ ଉପରେ ପହଁରା ସେବା କରିବା ବେଳେ ପ୍ରଭୁଙ୍କୁ ନବକୋଟି କର୍ଣ୍ଣାଟ କଳବର୍ଗେଶ୍ୱର

ମୁକୁନ୍ଦ ଦେବ ନିରବ ହୋଇ କ'ଣ କ'ଣ ପଚାରି ଚାଲିଥିଲେ, ଅନେକ ସମୟ । ଶେଷରେ ଆଶିଷ ମାଗି ଓହ୍ଲାଇଲେ ରଥ ଉପରୁ । ହାତୀ ପିଠିରେ ବସି କିଛିବାଟ ରଥ ଦାଣ୍ଡରେ ଗଲାପରେ ଅଟକି ଗଲେ । ଅବଶ୍ୟ ଏହା କୋଉ ନୂଆ କଥା ନଥିଲା । ରଥକୁ ପ୍ରତ୍ୟକ୍ଷ ଅନୁଧ୍ୟାନ କରିବା ଗଜପତି ରାଜାମାନଙ୍କ ପାଇଁ ଏକ ପ୍ରମୁଖ କାର୍ଯ୍ୟ ଥିଲା । କିନ୍ତୁ ବଡ଼ ଦାଣ୍ଡରେ ରଥଠୁ ଦୂରରେ ତଳେ ଖାଲିପାଦରେ ଠିଆ ହୋଇ ଚକା ନୟନକୁ ଏକ ଲୟରେ ଅନାଇ ରହିବା ମୁକୁନ୍ଦ ଦେବଙ୍କୁ କେବେ ଦେଖାଯାଇ ନଥିଲା । ଏଭିତରେ କିଛି ରହସ୍ୟ ଅଛି ନିଶ୍ଚୟ । ରାଜଗୁରୁ ପଚାରିଲେ- ଛାମୁ କିଛି ତ୍ରୁଟି ହୋଇଛି କି ? ନା, କିନ୍ତୁ ମନରେ ସଂଶୟ !

ଶତ୍ରୁର ଶତ୍ରୁ ମିତ୍ର ମହାରାଜା । ଏହା ହିଁ ରାଜନୀତି । ଆପଣ ସୁଲେମାନ ଭୟରେ ଆଶଙ୍କିତ ନା, କାହିଁକି ? କାହିଁକି ମୋଗଲ ସମ୍ରାଟ୍ ଆକବରଙ୍କ ସହଯୋଗୀ ବୋଲି ଘୋଷଣା କରୁନାହାନ୍ତି ? ଆକବରଙ୍କ ନାଁ ଶୁଣିଲେ ଏ ଆଫଗାନ୍ ସଇତାନ୍ ଆପେ ଡରିଯିବ । ଆମ ପାଇକ ଉତ୍ତର ମୁଣ୍ଡରେ ସତର୍କ ଅଛନ୍ତି । ଆପଣ ଯାତ୍ରା ସରିବା କ୍ଷଣି ଆକବରଙ୍କ ଦରବାରକୁ ଦୂତ ପଠାଇ ଯୋଗାଯୋଗ କରନ୍ତୁ । ତାଙ୍କ ଦରବାରରେ ଥିବା ହିନ୍ଦୁ ରାଜାମାନେ ଆମକୁ ସହାୟ ହେବେ ନିଶ୍ଚୟ । କାରଣ ପୂର୍ବରୁ ତ ସମ୍ରାଟ ଆପଣଙ୍କ ଦରବାରକୁ ହାସନ୍ ଖାଁ ଖାଜାଞ୍ଚି ଆଉ ନରହରି ସହାୟଙ୍କୁ ପଠାଇଥିଲେ ସମର୍ଥନ ଉଦ୍ଦେଶ୍ୟରେ । ଏବେ ସାହାଯ୍ୟ ମାଗିଲେ କ୍ଷତି କ'ଣ ?

ମୁକୁନ୍ଦଙ୍କୁ ରାଜଗୁରୁଙ୍କ ପରାମର୍ଶ ଉଚିତ ଲାଗିଲା । ଭାବିଲେ ସ୍ୱୟଂ ଜଗନ୍ନାଥ ବୋଧେ ଏହା ଚାହୁଁଛନ୍ତି ଆଉ ରାଜଗୁରୁଙ୍କ ମୁହଁରେ ତାହା କୁହାଇଛନ୍ତି ।

ପରମାନନ୍ଦ ରାୟଙ୍କୁ ଆକବରଙ୍କ ଦରବାରକୁ ପଠାଇବା ଲାଗି ସ୍ଥିର ହେଲା । ଆଉ ଯାତ୍ରା ସରିବା କ୍ଷଣି ତ୍ରିବେଣୀ ଘାଟ ନିକଟରେ ଆଫଗାନଙ୍କ ଉପରେ ତୀକ୍ଷ୍ଣ ନଜର ରଖିବା ପାଇଁ ଖୋଦ୍ ମୁକୁନ୍ଦ ଦେବ ଯିବାକୁ ପ୍ରସ୍ତୁତ ହେଲେ । ...କିନ୍ତୁ ବିଜୟ ରଥରେ ବସିଥିବା ପରମାତ୍ମା ଶ୍ରୀଜଗନ୍ନାଥଙ୍କ ରଚନା ଥିଲା ଅଲଗା- ଆକ୍ରମଣ, ଲୁଣ୍ଠନ ଏବଂ ପରାଜୟ... ।

୩୧

ବାୟଜାଦ୍ ଖାନ୍

ପରମାନନ୍ଦ ରାୟଙ୍କୁ ଆକବରଙ୍କ ଦରବାରକୁ ପଠାଇବା ଲାଗି ସ୍ଥିର ହେଲା । ଆଉ ଯାତ୍ରା ସରିବା କ୍ଷଣି ତ୍ରିବେଣୀ ଘାଟ ନିକଟରେ ଆଫଗାନଙ୍କ ଉପରେ ତୀକ୍ଷ୍ଣ ନଜର ରଖିବା ପାଇଁ ଖୋଦ୍ ମୁକୁନ୍ଦ ଦେବ ଯିବାକୁ ପ୍ରସ୍ତୁତ ହେଲେ । ...କିନ୍ତୁ ବିଜୟ ରଥରେ ବସିଥିବା ପରମାତ୍ମା ଶ୍ରୀଜଗନ୍ନାଥଙ୍କ ରଚନା ଥିଲା ଅଲଗା- ଆକ୍ରମଣ, ଲୁଣ୍ଠନ ଏବଂ ପରାଜୟ... ।

ଯାତ୍ରା ଶେଷ ହେଲାକ୍ଷଣି ଆଗରେ ଗଜ ପଟୁଆର ନେଇ ତେଲେଙ୍ଗା ମୁକୁନ୍ଦ ଦେବ ଶ୍ରୀକ୍ଷେତ୍ରରୁ ବିଦାୟ ନେଲେ, ବାରାଣସୀ କଟକ ଅଭିମୁଖେ । ବାଟରେ ଗଲାବେଳେ ରାୟ ପରମାନନ୍ଦ ତାଙ୍କୁ ସୁଲେମାନ କରଣୀଙ୍କ ଚାଲ୍ ସମ୍ପର୍କରେ ସୂଚନା ଦେଉଥାଆନ୍ତି । ଯେହେତୁ ସମ୍ରାଟ୍ ଆକବରଙ୍କ ସମର୍ଥନ ଆମ ପାଖରେ ରହିଛି ଏଣୁ ସୁଲେମାନକୁ ଭୟ ନକରି ବରଂ ତା' ଉପରେ ଆକ୍ରମଣ କରିବା ଠିକ୍ ହେବ ବୋଲି ଆଲୋଚନା ହେଲା । ଅପେକ୍ଷା ରହିଲା ବର୍ଷା ଦିନଟି ଶେଷ ହେଉ । ଶରତ ଋତୁର ଆକାଶକୁ ଦେଖି ମୁକୁନ୍ଦ ଦେବଙ୍କ ପଟୁଆର ଚାଲିଲା ହୁଗୁଳି ତୀରକୁ । ଓଡ଼ିଶାରେ ତାହା ଗଙ୍ଗା ଭାବେ ପରିଚିତ । ସେଇ ସ୍ଥାନକୁ ପବିତ୍ର ବୋଲି ଗ୍ରହଣ କରି ତୀର୍ଥଯାତ୍ରୀ ଅନେକ ଥର ଯାଆନ୍ତି ବୁଡ଼ ପକାଇବାକୁ, ଅସ୍ଥି ବିସର୍ଜନ କରିବାକୁ ଆଉ ପିତୃ ଲୋକଙ୍କ ଉଦ୍ଦେଶ୍ୟରେ ପିଣ୍ଡଦାନ କରିବାକୁ ।

ଯାତ୍ରୀ ଓ ଭକ୍ତଙ୍କ ଉତ୍ସୁକତାକୁ ଲକ୍ଷ୍ୟ କରି ମୁକୁନ୍ଦ ଦେବ ସେଠାରେ ଏକ ବିରାଟ ଗାଧୁଆସ୍ଥଳ ନିର୍ମାଣ କରିଥିଲେ । ଯେମିତି ଭକ୍ତଙ୍କ ପ୍ରାଣହାନି ନହୁଏ ସେଥିପାଇଁ ବ୍ୟବସ୍ଥା ହୋଇଥିଲା । ପ୍ରତିବର୍ଷ ସେଠାରେ ନୌକା ପ୍ରତିଯୋଗିତା ହୋଇଥାଏ ।[୩୬] ତାହା ଏବେ ବି ସେମିତି ରହିଛି ।

ଶାସନକୁ ଆସିବାଠାରୁ ପ୍ରତିବର୍ଷ ସେ ଏଠାରେ ବିରାଟ ଉତ୍ସବର ମଧ୍ୟ ଆୟୋଜନ କରିଆସୁଛନ୍ତି। ଏହି ଉତ୍ସବର ଆଉ ଏକ ଅଙ୍ଗ ହେଉଛି ତ୍ରିବେଣୀ ଯାଏ ସଂଯୋଗ। ଏଥିଲାଗି ମଧ୍ୟ ସ୍ୱତନ୍ତ୍ର ରାସ୍ତାର ବ୍ୟବସ୍ଥା ହୋଇଥିଲା। ନଦୀ ଉପରେ ବନ୍ଧ ପକାଯାଇ ତ୍ରିବେଣୀ ଯାଏ ଯିବାର ବନ୍ଦୋବସ୍ତ ହୋଇଥିଲା। ତ୍ରିବେଣୀ ଓଡ଼ିଶାର ନହୋଇ ମଧ୍ୟ ଓଡ଼ିଶାର ଅବସ୍ଥିତି ଏଠାରେ ବେଶ୍ ଉଲ୍ଲେଖନୀୟ ଥିଲା।

ସମ୍ରାଟ୍‌ଙ୍କଠୁ ସହାୟତା ପାଇବା ଆଶାରେ ସୁଲେମାନଙ୍କୁ ଅବରୋଧ କରିବା ଆରମ୍ଭ କଲେ ମୁକୁନ୍ଦ ଦେବ। କିଛି ଅଂଶ ମଧ୍ୟ ଦଖଲ କରିନେଲେ। ଏହାକୁ ଦେଖି ସୁଲେମାନ୍ ଭୟଭୀତ ହେଲା। କିନ୍ତୁ ଆଗକୁ ବଢ଼ିବା ପାଇଁ ଆଉ ସମ୍ରାଟ୍‌ଙ୍କ ସମର୍ଥନ ପହଞ୍ଚିଲା ନାହିଁ, ମୁକୁନ୍ଦ ଦେବଙ୍କ ପାଖରେ। କାରଣ ଆକବର ଚିତ୍ତୋର ଆକ୍ରମଣରେ ବ୍ୟସ୍ତ ଥିଲେ। ସମ୍ରାଟ୍‌ଙ୍କ ସମସ୍ତ ସମର୍ଥକ ଚିତ୍ତୋର ଦୁର୍ଗ ଅଭିମୁଖେ ଯାଉଥିବାବେଳେ ଓଡ଼ିଶାର ଗଜପତିଙ୍କୁ ସହାୟତା କରିବା ପାଇଁ ଆଉ ସେନା ନଥିଲେ। ସମ୍ରାଟ ଆକବରଙ୍କ ପାଇଁ ଆଫଗାନ୍‌ଙ୍କ ଅପେକ୍ଷା ଅଧିକ ଗୁରୁତ୍ୱ ବହନ କରୁଥିଲେ ରାଜପୁତ୍। ସେମାନଙ୍କୁ କଳେ, ବଳେ କୌଶଳେ ଜୟ କରିବା ତାଙ୍କର ଲକ୍ଷ୍ୟ ଥିଲା। ଅର୍ଥାତ୍ ଆକବରଙ୍କ ଦରବାରର ଦୂତ ବଙ୍ଗରେ ସୁଲେମାନ କରାନୀକୁ ଦମନ ପାଇଁ ଗଜପତିଙ୍କ ସହାୟତା ମାଗିବା ଏବଂ ତାହାକୁ ଭିତ୍ତିକରି ଗଜପତି ବଙ୍ଗଆଡ଼େ ଅଗ୍ରସର ହୋଇ ଆବଶ୍ୟକ ସୈନ୍ୟ ସହଯୋଗ ମାଗିବା ତାଙ୍କ ପାଇଁ ଆଉ ସେହିଭଳି ଗୁରୁତ୍ୱ ବହନ କଲା ନାହିଁ। ପରିସ୍ଥିତିକୁ ସୁବର୍ଣ୍ଣ ସୁଯୋଗ ଭାବେ ଗ୍ରହଣ କଲା ସୁଲେମାନ୍। ଓଡ଼ିଶାରେ ଆତଙ୍କ ଖେଳାଇ ଲୁଣ୍ଠନ ଉଦ୍ଦେଶ୍ୟରେ ସୁଲେମାନ୍ କରାନୀ ଜଗନ୍ନାଥ ମନ୍ଦିର ଆକ୍ରମଣ ଆରମ୍ଭ କଲା। ମୟୂରଭଞ୍ଜ ହୋଇ ସୁଲେମାନ୍‌ର ସେନା ପହଞ୍ଚିଲା ଉପକୂଳ ଓଡ଼ିଶାରେ।

ପୁଅ ବାୟଜାଦ୍‌ଙ୍କ ନେତୃତ୍ୱରେ ଏହି ଦଳରେ ଥିଲେ ସିକନ୍ଦର୍ ଉଜ୍‌ବେଗ୍ ଏବଂ କଳା ପାହାଡ଼। ଏ ଖବର ପାଇ ଓଡ଼ିଶାକୁ ବଞ୍ଚାଇବା ପାଇଁ ମୁକୁନ୍ଦ ଦେବ ତାଙ୍କର ଦୁଇ ଦକ୍ଷ ଅଧିକାରୀ ରଘୁ ଭଞ୍ଜ ଏବଂ ଛୋଟରାୟଙ୍କୁ ପଠାଇଲେ ଆଫଗାନ୍ ସେନାକୁ ରୋକ୍ ଦେବା ଲାଗି। ମହାରାଜାଙ୍କ ଆଦେଶ ପାଇ ଏ ଦୁଇଜଣ ସୈନ୍ୟବଳକୁ ନେଇ ଉତ୍ତରସୀମାରେ ମୁସଲ୍‌ମାନ ସେନାକୁ ପ୍ରତିରୋଧ କରିବା ବଦଳରେ ନିଜ ମହାରାଜା ମୁକୁନ୍ଦଙ୍କ ବିରୋଧରେ ଯୁଦ୍ଧ ଘୋଷଣା କଲେ। ମୁକୁନ୍ଦ ଅନ୍ୟୋପାୟ ନପାଇ ଛୋଟରାୟଙ୍କ ପ୍ରତିରୋଧ କଲେ। ଯୁଦ୍ଧରେ ଦୁହିଁଙ୍କ ମୃତ୍ୟୁ ହେଲା। ସେପଟେ ରଘୁ ଭଞ୍ଜ କଟକରେ ଶାସନ ଗାଦିରେ ବସି ନିଜକୁ ରାଜା ବୋଲାଇଲେ। ହେଲେ ବାୟଜାଦ୍ ଖାନ୍ ତାଙ୍କୁ ଶୋଚନୀୟ ଭାବେ ପରାଜିତ କରରି ଓଡ଼ିଶାକୁ ନିଜର ବୋଲି ଘୋଷଣା କଲେ।

କଟକରେ ଏହି ଗୋଳ ଦେଖି ପୁରୀର ବ୍ରାହ୍ମଣମାନେ ଆତଙ୍କିତ ହେଲେ। ଗୁଇନ୍ଦା ଖବର ହେଲା ଯେ, ପୁରୀ ଆଉ ସୁରକ୍ଷିତ ନୁହେଁ। ପୂର୍ବରୁ ଯେମିତି ଆଫଗାନ୍ ମୁସଲମାନମାନେ ରାଜ୍ୟର ଧନ ସମ୍ପତ୍ତି ଓ ଇଜ୍ଜତ ସହ ଖେଳ ଖେଳିଛନ୍ତି, ଲୁଣ୍ଠନ କରିଛନ୍ତି, ଠିକ୍ ଏଥର ବି ତାହା ହୋଇପାରେ। ଏଣୁ ସବୁ ସତର୍କ ରୁହ। ଏହି ଆହ୍ୱାନକୁ ଦେଖି ଅନେକ ଉପହାସ କଲେ। ଯାହାକୁ ଜଗନ୍ନାଥ ଭରସା ତାକୁ ବା କ'ଣ ହେବ ?

ଝିଅ ବୋହୂମାନେ ନିଜ ଅଳଙ୍କାର ଓ ଇଜ୍ଜତ ବଞ୍ଚାଇବାକୁ ଜଗନ୍ନାଥ ମନ୍ଦିର ଆଡ଼କୁ ଅଗ୍ରସର ହେଲେ।[୩୭] ମନ୍ଦିର ଭିତରେ ଜଗନ୍ନାଥ ହିଁ ତାଙ୍କୁ ରକ୍ଷା କରିବେ ବୋଲି ତାଙ୍କର ବିଶ୍ୱାସ ରହିଲା। କାରଣ ଏ ରାଜ୍ୟର ପ୍ରକୃତ ଶାସକ ତ ଖୋଦ୍ ଜଗନ୍ନାଥ। ଗଜପତି ତ ତାଙ୍କ ରକ୍ଷା ପାଇଁ ଏଠାରେ ମଥା ନୁଆଁଉଛନ୍ତି। ସେ ତ ତାଙ୍କ ସେବକ। ପୁଣି ସ୍ୱୟଂ ଜଗନ୍ନାଥ ତ' ଅନେକ ଥର ଓଡ଼ିଶାକୁ ରକ୍ଷା କରିବା ପାଇଁ ଯୁଦ୍ଧକ୍ଷେତ୍ରକୁ ଓହ୍ଲାଇଛନ୍ତି। ମନେ ନାହିଁ କାଞ୍ଚି ଅଭିଯାନ କଥା !

ହେଲେ କଳାପାହାଡ଼କୁ ଅଟକାଇବ କିଏ ? ସିଏ ତ ସବୁ ହିନ୍ଦୁ ମନ୍ଦିର ଲୁଣ୍ଠନ କରିଚାଲିଛି। ଯେଉଁଠି ପ୍ରତିରୋଧ ଦେଖୁଛି ସେଇଠି ମନ୍ଦିରକୁ ଭାଙ୍ଗୁଛି। ପ୍ରତିମାକୁ ସିଂହାସନ ଉପରୁ ଗଡ଼ାଇ ଦେଉଛି। ଖାଲି ସୁନା, ମୋତି, ମାଣିକ୍ୟ ଉପରେ ତା'ର ନଜର। ଆଉ ତା'ର ସହଯୋଗୀମାନେ ତ ବ୍ରାହ୍ମଣ, କ୍ଷତ୍ରିୟ ଝିଅ ବୋହୂଙ୍କ ଇଜ୍ଜତ ଲୁଟିବାରେ ଲାଗିଛନ୍ତି। ଏଣୁ ତାଙ୍କୁ କ'ଣ ହାତ ଗୋଡ଼ ନଥିବା ଜଗନ୍ନାଥ ଅଟକାଇ ପାରିବେ ? ଏ ପ୍ରଶ୍ନ କିନ୍ତୁ ଆଶ୍ଚର୍ଯ୍ୟ ସୃଷ୍ଟି କଲା। କାହାର ବିଶ୍ୱାସ ହେଲାନି, ଯେ ନିଜକୁ ବି ପ୍ରସ୍ତୁତ ରହିବାକୁ ପଡ଼ିବ। କର୍ମ ନକଲେ ଭଗବାନ ବି ସହାୟକ ହୁଅନ୍ତିନି ତାହା ଭୁଲିଗଲେ ସଭିଏଁ। ଖାଲି କପାଳକୁ ହାତମାରି ଅପେକ୍ଷା କଲେ ଶ୍ରୀଜଗନ୍ନାଥଙ୍କ ନିର୍ଦ୍ଦେଶକୁ। ଅନୁଭବ ହେଉଥିଲା- ଯେମିତି ସୃଷ୍ଟି ଆଉ ଗୋଟିଏ ନୂଆ ମୋଡ଼ ନେବାକୁ ଅପେକ୍ଷା କରୁଥିଲା ! ଯେମିତି କରାଳସମୁଦ୍ରରେ ଦ୍ୱାରକା ବୁଡ଼ି ଯାଇଥିଲା ! ଯେମିତି ବନ୍ୟାରେ ଗାଁ ଗଣ୍ଡା ଭାସିଯାଇ ସବୁ କିଛି ଅନାଥ ହୋଇଯାଉଥିଲା ! ଠିକ୍ ସେମିତି କଳାପାହାଡ଼ ମାଡ଼ି ଆସୁଥିଲା... !

(୩୨)

କଳାପାହାଡ଼

ସମ୍ରାଟ୍‌ଙ୍କଠୁ ସହାୟତା ପାଇବା ଆଶାରେ ସୁଲେମାନଙ୍କୁ ଅବରୋଧ କରିବା ଆରମ୍ଭ କଲେ ମୁକୁନ୍ଦ ଦେବ। କିଛି ଅଂଶ ମଧ୍ୟ ଦଖଲ କରିନେଲେ। ଏହାକୁ ଦେଖି ସୁଲେମାନ୍ ଭୟଭୀତ ହେଲା। କିନ୍ତୁ ଆଗକୁ ବଢ଼ିବା ପାଇଁ ଆଉ ସମ୍ରାଟ୍‌ଙ୍କ ସମର୍ଥନ ପହଞ୍ଚିଲା ନାହିଁ ମୁକୁନ୍ଦ ଦେବଙ୍କ ପାଖରେ। କାରଣ ଆକବର ଚିତ୍ତୋର ଆକ୍ରମଣରେ ବ୍ୟସ୍ତ ଥିଲେ। ସମ୍ରାଟ୍‌ଙ୍କ ସମସ୍ତ ସମର୍ଥକ ଚିତ୍ତୋର ଦୁର୍ଗ ଅଭିମୁଖେ ଯାଉଥିବା ବେଳେ ଓଡ଼ିଶାର ଗଜପତିଙ୍କୁ ସହାୟତା କରିବା ପାଇଁ ଆଉ ସେନା ନଥିଲେ। ଏହାକୁ ମୌକା ଭାବେ ଗ୍ରହଣ କଲା ସୁଲେମାନ୍। ଓଡ଼ିଶାରେ ଆତଙ୍କ ଖେଳାଇ ଲୁଣ୍ଠନ ଉଦ୍ଦେଶ୍ୟ ରଖିଥିବା ଆଫଗାନ୍ ସୁଲେମାନ୍ ଜଗନ୍ନାଥ ମନ୍ଦିର ଆକ୍ରମଣ ଆରମ୍ଭ କଲା। ମୟୂରଭଞ୍ଜ ହୋଇ ସୁଲେମାନ୍‌ର ସେନା ପହଞ୍ଚିଲା ଉପକୂଳରେ।

ଯାଜପୁରର ମନ୍ଦିରସବୁ ଧ୍ୱଂସ ହେଲାଣି। ତା' ଲକ୍ଷ୍ୟ ଓଡ଼ିଶାର ଆରାଧ୍ୟଙ୍କୁ ଲୁଣ୍ଠନ କରାଯିବ। ଉତ୍କଳ ଦେଶରେ କୋକୁଆ ଭୟ ସୃଷ୍ଟି ହୋଇଗଲାଣି। କିଏ କେତେ କ'ଣ କହୁଛି ତାହାର ଆଉ ଠିକଣା ନାହିଁ। ସମସ୍ତଙ୍କ ମୁହଁରେ ଖାଲି ଅଶୁଭ ଚିନ୍ତା। କେହି କେହି ପଣ୍ଡିତ ଚର୍ଚ୍ଚା କରୁଛନ୍ତି ଏ ସମୟଟି ଲାଗୁଛି ଶ୍ରୀକୃଷ୍ଣଙ୍କ ମର୍ତ୍ତ୍ୟମଣ୍ଡଳୁ ଫେରିଯିବାର ବେଳପରି। ଦ୍ୱାପର ଯୁଗର କଥା ଇଏ। ସେତେବେଳେ ଯାଦବମାନେ ଅପ୍ରତିଦ୍ୱନ୍ଦ୍ୱୀ ଥିଲେ। କେହି ତାଙ୍କ ଉପରେ ଆକ୍ରମଣ କରିବାକୁ ଡରୁଥିଲେ। କିନ୍ତୁ ପରସ୍ପର ଭିତରେ କ୍ଷମତା ପାଇଁ ଯୁଦ୍ଧ ଲାଗିଲା। ଶ୍ରୀକୃଷ୍ଣଙ୍କ ପୁଅମାନେ ପରସ୍ପର ଭିତରେ ଯୁଦ୍ଧରେ ଲିପ୍ତ ହେଲେ। ଆଉ ଶେଷରେ ଯଦୁ ବଂଶ ନାଶ ହେଲା।

ଏଠି ବି ସମାନ ଅବସ୍ଥା ଥିଲା। ଗଜପତିଙ୍କ ନାଁରେ କମ୍ପୁଥିଲା ସାରା ଓଡ଼ିଶା। ଖାଲି ଓଡ଼ିଶା ନୁହେଁ ବଙ୍ଗ, ବିହାର କର୍ଣ୍ଣାଟ, କୋଣ୍ଡାଭୀଡୁ, ରାଜମୁଣ୍ଡାରୀ ସବୁ ଅଞ୍ଚଳରେ ଥିଲା ଗଜପତିଙ୍କ ଶାସନ। କିନ୍ତୁ ପ୍ରତାପରୁଦ୍ରଙ୍କ ଅନ୍ତ ପରେ ଧୀରେ ଧୀରେ ମନ୍ତ୍ରୀମାନେ କ୍ଷମତାପନ୍ନ ହେଲେ। କିଛି ଦିନ ହେଲା ତେଲେଙ୍ଗା ମୁକୁନ୍ଦ ଦେବ ବି ପ୍ରଜାଙ୍କ ମନ ଜିତିଛନ୍ତି। ରାଜ୍ୟ ଶାସନରେ ଶାନ୍ତି ଆସିଥିବା ସମସ୍ତେ ଅନୁମାନ କରୁଛନ୍ତି। ଯୁଦ୍ଧ ଓ କୂଟନୀତିରେ ଆଗୁଆ ଥିବା ମୁକୁନ୍ଦ ଦେବ କିନ୍ତୁ ଅଷ୍ଟିଛୁରୀ ବିପଜ୍ଜନକ ହେଲାଣି ବୋଲି ଅନୁମାନ କରିପାରିଲେ ନି। ଫଳରେ ତାଙ୍କରି ପାରିଷଦମାନେ ବିଶ୍ୱାସଘାତକତା କଲେ। ଏହି ହେତୁ ଏ କଟକ ରାଜ୍ୟ ଆଜି ଲୀନ ହେବାକୁ ବସିଛି ।

ଯାଜପୁର ପାର ହୋଇ କଟକ ପହଞ୍ଚିଲା ପରେ ରାଜ ଉଆସରେ ରାଣୀଙ୍କ ସଙ୍ଗେ କଳାପାହାଡ଼ ଯେମିତି ବ୍ୟବହାର ପ୍ରଦର୍ଶନ କରୁଥିବା ଶୁଣାଯାଉଛି ତାହା ଆଉ ବୟାନ କରିହେବ ନାହିଁ। ଏ ବୈଷ୍ଣବପୁରୀରେ ହାଡ଼ମାଂସ ରାନ୍ଧିବାକୁ କିଏ ବା କାହିଁକି ରାଣୀମା'ଙ୍କୁ ବାଧ କରିବ ? ଏ ଭିତରେ ରାଣୀମା' ମଧ୍ୟ ରାଜଉଆସ ଛାଡ଼ି କୁଆଡ଼େ ଚାଲିଗଲେଣି। ତାଙ୍କ ଖବର କାହା ପାଖରେ ବି ନାହିଁ କହିଲେ ଚଳେ। ଏବେ ଶ୍ରୀକ୍ଷେତ୍ରକୁ କିଏ ସାହା ହେବ ?

ଯୁଆଡ଼େ ଶୁଣିବ ଖାଲି କଳାପାହାଡ଼... କଳାପାହାଡ଼.. କଳାପାହାଡ଼।
କେହି କେହି ତ କହୁଛନ୍ତି- *ଅଇଲା କଳାପାହାଡ଼। ଭାଙ୍ଗିଲା ଲୁହାର ବାଡ଼।*

ଏବେ ପୁରୀର ପାଳି। ଆଉ ଲୁହା ତା' ଆଗରେ କିଛି ନୁହେଁ। ଯଦି ଭରସା ତ ଜଗନ୍ନାଥ ଭରସା। ତଥାପି ଓଡ଼ିଆ ସୈନ୍ୟମାନେ ଜଗନ୍ନାଥଙ୍କୁ ରକ୍ଷା କରିବାକୁ ସଜାଗ ହୋଇଛନ୍ତି। ଝିଅ, ବୋହୂମାନେ ବି ଜଗନ୍ନାଥ ମନ୍ଦିରରେ ଠୁଳ ହୋଇଛନ୍ତି, ଜୀବନ ପଛେ ଯାଉ ମୋ ଠାକୁର ନିଶ୍ଚିତ ରହନ୍ତୁ।

କଳାପାହାଡ଼ ଜାଣିପାରୁନି ଜଗନ୍ନାଥ ଅଛନ୍ତି କୋଉଠି ? ସମସ୍ତଙ୍କୁ ପଚାରୁଛି: ଓଡ଼ିଶାର ଜଗନ୍ନାଥ କୋଉଠି ?

ଗାଁଗଣ୍ଡା ନିସ୍ତବ୍ଧ ହୋଇସାରିଛି। ଏ ଭିତରେ କିନ୍ତୁ ବିଶ୍ୱାସଘାତୀଙ୍କ ସଂଖ୍ୟା କମିନି। ରାଜା ମୁକୁନ୍ଦଙ୍କ ଦୁଇ ଦରବାରୀ କ୍ଷମତା ଲୋଭରେ କଳାପାହାଡ଼ର ପାଖରେ ହାଜର ହେଲେ - ଶିଖି ଏବଂ ମନାଇ ମହାପାତ୍ର।

ଆମକୁ କ'ଣ ଦେବ ? ତମକୁ ସବୁ ଠିକଣା ଦେଇଦବୁ।

ବିନା କରରେ ଜାଗିରି। ଧନ ଦୌଲତ ସବୁକିଛି। ଖାଲି କୁହ କେଉଁଠି ଅଛି ଉତ୍କଳର ଦେବତା ?

ବାଟ ତ ଏମିତି। କିନ୍ତୁ ବଡ଼ ଦୁର୍ଗମ। ବଣ ଜଙ୍ଗଲରେ ପାଇକ କେଉଁଠି ଲୁଚନ୍ତି ଆଉ

କେଉଁଠି ଆକ୍ରମଣ କରିବେ ତାହା ଜାଣିବା ଦରକାର। ଏଥିଲାଗି ସମ୍ମୁଖ ନୁହେଁ, ପଛୁଆ ଯୁଦ୍ଧ ଜରୁରୀ।

ଖୋର୍ଦ୍ଧାର ବଣ ଜଙ୍ଗଲ ରାସ୍ତା ଦେଇ କିପରି ଓଡ଼ିଶାର ପାଇକ ଓ ସେବକମାନଙ୍କୁ ପଛପଟୁ ଆକ୍ରମଣ କରିହେବ ତାହାର ବାଟ ବତାଇ ଦେଲେ। ଆଉ କଳାପାହାଡ଼ ଆଗକୁ ମାଡ଼ି ଚାଲିଲା। ଜଗନ୍ନାଥ ମନ୍ଦିରରେ ପହଞ୍ଚି ସବୁ ମନ୍ଦିରକୁ ଭାଙ୍ଗିବାକୁ ଚେଷ୍ଟା କଲା। ସେଇଠି ସବୁ ବିରୋଧ ପଣ୍ଡ ହୋଇଗଲା। ସିଂହାସନକୁ ଚଢ଼ି ତିନିଠାକୁରଙ୍କୁ ଗଡ଼ାଇ ଦେଲା କଳାପାହାଡ଼।

ଭଣ୍ଡାରଘରେ ଯାହା ଥିଲା- ସୁନା, ରୁପା, ମୋତି, ମାଣିକ୍ୟ ହୀରା ଆଉ ନୀଳାର ଗହଣା, ମୂଲ୍ୟବାନ ପଥର ସବୁକିଛି ଦେଖି ପାଗଳ ହୋଇଗଲା। ସବୁଯାକ ଲୁଟି ନେବାକୁ ଚାହିଁଲା। ଅନେକ କୁଳବଧୂଙ୍କ ଜୀବନ ସେଠି ଗଲା।

ଏସବୁ ନେଇଯାଅ। ଆମ ପ୍ରଭୁଙ୍କୁ ଛାଡ଼ିଦିଅ...।

ହାତୀପିଠିରେ ଲଦା ହେଲା ମହଣ ମହଣ ସୁନା। ଏତେ ସୁନା ଅଳଙ୍କାର ଯେ, ହାତୀବି ଚାଲିବାକୁ ସକ୍ଷମ ହେଉନଥିଲା। ହେଲେ ଏ ଧନ ସମ୍ପତ୍ତି ଅପେକ୍ଷା ମୂଲ୍ୟବାନ ହେଉଛନ୍ତି ଜଗନ୍ନାଥ। ତାଙ୍କୁ ବି ବାନ୍ଧିଦେଲା, ଚମ ଦଉଡ଼ିରେ। ଘୋଷାରି ଘୋଷାରି ମନ୍ଦିରରୁ ଆଣିଲା। ହାତୀ ଗୋଡ଼ରେ ବାନ୍ଧି ଦେଲା।

ଏଇ ବଡ଼ଦାଣ୍ଡ ଦେଖିଛି ପ୍ରଭୁ ମୋର କେତେ ସଜଧ୍ୱଜ ହୋଇ ଭକ୍ତଙ୍କୁ ଭେଟିବାକୁ ଆସିଛନ୍ତି। ପୁଣି ସେଇ ବଡ଼ଦାଣ୍ଡରେ ତାଙ୍କୁ ଚମ ଦଉଡ଼ିରେ ଭିଡ଼ି ନେଉଛି ଯବନ। ଆମ ଜୀବନ କାହିଁକି ରହିବ...? ଅନେକଙ୍କ ଜୀବନ ଗଲା.. କାହାର ଖଣ୍ଡାରେ ତ ଆଉ କାହାର କାନ୍ଦି କାନ୍ଦି ବିନା ଆଧାରରେ।

ବି.ଦ୍ର: ମାଦଳା ପାଞ୍ଜିରେ ଏହି ସମୟରେ ଦିବ୍ୟସିଂହ ଦେବ ରାଜା ଥିବା ଉଲ୍ଲେଖ କରାଯାଇଛି। ସେ କଳାପାହାଡ଼ ଆକ୍ରମଣକୁ ଦେଖି ତ୍ରିମୂର୍ତ୍ତିଙ୍କୁ ଚିଲିକା ମଧ୍ୟସ୍ଥ ଏକ ଦ୍ୱୀପରେ ଗୁପ୍ତ ଭାବେ ଲୁଚାଇଥିବା ବର୍ଣ୍ଣନା କରାଯାଇଛି। ଏହି ସମୟରେ ନିକଟବର୍ତ୍ତୀ କୋକୋ ଗାଁର ଦର୍ପହନ୍ତ ସିଂହ ନାମକ ଜଣେ ଜମିଦାର କଳାପାହାଡ଼କୁ ଜଗନ୍ନାଥଙ୍କ ଗୁପ୍ତ ଠିକଣା ବତାଇଥିବା ଉଲ୍ଲେଖ ରହିଛି। ଏହି ଦର୍ପହନ୍ତ ସିଂହ ଲୋକମୁଖରେ ପାହାନ୍ତା ସିଂ ଭାବେ କୁଖ୍ୟାତ। ***(ବିଷୟ ସୂତ୍ର:** ସାର୍ ହନ୍ସ ସିଙ୍ଗର,*

(୩୩)

ବାରବାଟୀ

ଗାଁଗଣ୍ଡା ନିସ୍ତବ୍ଧ ହୋଇସାରିଛି । କିନ୍ତୁ ବିଶ୍ୱାସଘାତୀଙ୍କ ସଂଖ୍ୟା କମିନି । ରାଜା ମୁକୁନ୍ଦଙ୍କ ଦୁଇ ଦରବାରୀ କ୍ଷମତା ଲୋଭରେ କଳାପାହାଡ଼ର ପାଖରେ ହାଜର ହେଲେ - ଶିଖି ଏବଂ ମନାଇ ମହାପାତ୍ର । ବିନା କରରେ ଜାଗିରି ଏବଂ ଧନ ଦୌଲତ ଲୋଭରେ ଜଗନ୍ନାଥଙ୍କ ଠିକଣା ଦେଇଛନ୍ତି କଳାପାହାଡ଼କୁ । ଜଗନ୍ନାଥ ମନ୍ଦିରରେ ପହଞ୍ଚି ସବୁ ମନ୍ଦିରକୁ ଭାଙ୍ଗିବାକୁ ଚେଷ୍ଟା କରିଛି କଳାପାହାଡ଼, ସେଥିରେ କେହି ତାକୁ ପ୍ରତିରୋଧ କରିବାକୁ ସକ୍ଷମ ହୋଇ ନାହାନ୍ତି । ଭଣ୍ଡାରଘରେ ଯାହା ଥିଲା- ସୁନା, ରୁପା, ମୋତି, ମାଣିକ୍ୟ ହୀରା ଆଉ ଲୀଳାର ଗହଣା, ମୂଲ୍ୟବାନ୍ ପଥର ସବୁକିଛି ଲୁଟି ନେବା ପରେ ଶ୍ରୀଜଗନ୍ନାଥଙ୍କୁ ମଧ୍ୟ ଦୟନୀୟ ଭାବେ ନେଇଗଲା, ଚାହିଁ ରହିଥିଲା ପରାଜିତ ଓଡ଼ିଆ ଜାତି...

ଚାରିଆଡ଼େ ଝାଟିମାଟି, କୁଟାକାଠିର ଘର ଭିତରେ ଦୂରକୁ ଯେଉଁ କୋଠାଟି ପ୍ରତୀୟମାନ ହେଉଛି ତାହା ହେଲା ବାରବାଟୀ । ପଥର ଯୋଡ଼େଇରେ ସୁଉଚ୍ଚ ଆଉ ସୁବିଶାଳ ରାଜପ୍ରାସାଦ । ଏମିତି ପ୍ରାସାଦ ଓଡ଼ିଶାରେ ଆଗରୁ କେବେ ଦେଖିବାକୁ ମିଳି ନଥିଲା । ମୁକୁନ୍ଦ ଦେବ ନିଜ ହାତକୁ ଶାସନ ନେବା ପରେ ବାରାଣସୀ କଟକର ପ୍ରାସାଦରୁ ବାହାରି ରାଜ୍ୟ ପାଇଁ ନୂଆ ଦୁର୍ଗ ତିଆରି କରିଥିଲେ । ଦୁର୍ଗ ଚାରିପାଖେ ଗଡ଼ଖାଇ । ସେଇ ଗଡ଼ଖାଇର ପାଣିରେ କୁମ୍ଭୀର ବୁଲୁଛନ୍ତି । ବାହ୍ୟଶତ୍ରୁ ପ୍ରବେଶ କଲେ ଗଡ଼ ଭିତରକୁ ଖବର ପହଞ୍ଚିବା ଲାଗି ସ୍ୱତନ୍ତ୍ର ବ୍ୟବସ୍ଥା ହୋଇଛି । ସବୁଆଡ଼େ ବୀର ପାଇକମାନେ ସଜାଗ ରହିଛନ୍ତି । ଗଡ଼ ଭିତରୁ ମାଟି ତଳେ ତଳେ ନଦୀକୁ ଆସିବା ଲାଗି ରାସ୍ତା ବି ରହିଛି, ଯାହା ଗୁପ୍ତ ରାସ୍ତା ଭାବେ ପରିଚିତ । ଅପରପକ୍ଷେ ଜଳଯାତ୍ରାରେ ମହାରାଜା ଯିବାକୁ ଚାହିଁଲେ ଏ ରାସ୍ତା ବ୍ୟବହାର କରନ୍ତି । ସବୁବେଳେ ଏଠି ସୈନ୍ୟ, ସାମନ୍ତ, ମଙ୍ଗରାଜ ସତର୍କ ଥାଆନ୍ତି । ସେଇ ରାସ୍ତା ଦେଇ ରାଣୀ ପ୍ରାସାଦରୁ ବାହାରି କୁଆଡ଼େ ଚାଲି ଯାଇଛନ୍ତି ବୋଲି ଚର୍ଚ୍ଚା ହେଉଛି ।

ଏହି ନୂଆ କଟକ ପୂର୍ବରୁ ବାରାଣସୀ କଟକ ଥିଲା ଗଜପତି ରାଜବଂଶର ଗାଦି। ଯେଉଁଠାରୁ ସାରା ଓଡ଼ିଶା ଶାସନ ହେଉଥିଲା। ୧୨୯ ଦୁର୍ଗପତି ଏହିଠାରୁ ଅପେକ୍ଷା କରୁଥିଲେ ରାଜ ଆଦେଶକୁ। ମୁକୁନ୍ଦ ଏକଦା ଏହି ଦୁର୍ଗର ରକ୍ଷକ ଥିଲେ। କିନ୍ତୁ ଯେତେବେଳେ ରାଜ୍ୟ ମଙ୍ଗ ସମ୍ଭାଳିଲେ ସେତେବେଳେ ଓଡ଼ିଶାର ଉତ୍ତରସୀମାକୁ ସୁନିଶ୍ଚିତ କରିବା ପାଇଁ ରାଇବଣିଆ ଦୁର୍ଗ ସମେତ ଆଉ କିଛି ଦୁର୍ଗ ତିଆରି କଲେ। ସେଠାରେ ବଳିଷ୍ଠ ଯୋଦ୍ଧାଙ୍କୁ ନିଯୁକ୍ତ କଲେ। ନୀଳଗିରିର ସାମନ୍ତ ରାଜାଙ୍କୁ ମଧ୍ୟ ସୀମା ସୁରକ୍ଷା ପାଇଁ ବିଶେଷ ସହାୟତା ବି ଦେଲେ। ଶତ୍ରୁପକ୍ଷରୁ ରାଜ୍ୟକୁ ବଞ୍ଚାଇବା ତାଙ୍କ ଉଦ୍ଦେଶ୍ୟ ଥିଲା। କିନ୍ତୁ ଘର ଢିଙ୍କି ଯଦି କୁମ୍ଭୀର ହେବେ...।

ଆଜ ମୁକୁନ୍ଦଦେବ ପରାଜିତ, ମୃତ। ପୁଣି ନିଜର ଜଣେ ବିଶ୍ୱାସଘାତକ ସାମନ୍ତଙ୍କ ଦ୍ୱାରା।

...ଓଡ଼ିଶାର ନିଜସ୍ୱ କାରିଗରଙ୍କ ଦ୍ୱାରା କମନୀୟ କାରୁକଳାରେ ତିଆରି ଏ ଦୁର୍ଗ କିନ୍ତୁ ଯେମିତି ତାଙ୍କୁ ଖୋଜୁଛି। ଯେଉଁ ଦୁର୍ଗ ଦିନେ ୟୁରୋପୀୟ ବ୍ୟବସାୟୀଙ୍କୁ ଚମକାଇ ଦେଉଥିଲା ସେଠାରେ ଆଉ ସେ ସ୍ଥିତି ନାହିଁ। ସେ ଭିତରକୁ ଯିବା କଥା ଛାଡ଼ନ୍ତୁ ଓଡ଼ିଶାରେ ବ୍ୟବସାୟ କରିବାକୁ ସେମାନେ ଆଉ ଚାହୁଁ ନାହାନ୍ତି। ଯେଉଁ ଓଡ଼ିଆ ବୀର ପାଇକମାନେ ଥିଲେ ସେମାନେ ଆଉ ସେଠାରେ ନାହାନ୍ତି।

ଏବେ ୨୧୫୦ ଫୁଟ ଲମ୍ବ ୧୮୦୦ ଫୁଟ ଓସାରର ବିଶାଳ ଦୁର୍ଗ ସୁଲେମାନ୍ କବ୍‌ଜାରେ। ନବତଳ ବିଶିଷ୍ଟ ଏ ପଥରର ରାଜପ୍ରାସାଦରେ ଆଉ ମୁକୁନ୍ଦଙ୍କ ଚିହ୍ନ ନାହିଁ। ସବୁ କିଛି ସୁଲେମାନ୍ ଓ ତା' ପାରିଷଦଙ୍କ କବ୍‌ଜାରେ। ସୁରା, ସାକୀ ଓ ଆମିଷରେ ବୁଡ଼ି ରହିଛି ପ୍ରାସାଦ। ଅନେକ ସ୍ଥାନରେ ଓଡ଼ିଆ ପାଇକ ବନ୍ଦୀ ହୋଇ ରହିଛନ୍ତି। ଆଉ କିଛିଙ୍କୁ ଭୃତ୍ୟଭାବେ ବ୍ୟବହାର କରାଯାଉଛି।

ଦୁର୍ଗ ରକ୍ଷକ ସାମନ୍ତ କୋଳି ସାମନ୍ତସିଂହାର, ଗଜପତି ମହାରାଜା ମୁକୁନ୍ଦ ଦେବଙ୍କ ମୃତ୍ୟୁ ଖବର ଶୁଣି ଦୁର୍ଗକୁ ବଞ୍ଚାଇବାକୁ ଚାହିଁଥିଲେ। ନିଜ ରାଜକାର୍ଯ୍ୟ, ରାଜ ଶପଥକୁ ପ୍ରତିପାଦନ କରିବାକୁ ଯାଇ ସତର୍କ ହେଲେ, ଯୁଦ୍ଧ ଲଢ଼ିଲେ। ଆଫଗାନ୍‌ମାନଙ୍କ ସହ ଲଢ଼େଇ ହେଲା। ନିଜର ବିଶ୍ୱସ୍ତ ସେନା ଦ୍ୱାରା ପ୍ରତିରୋଧର ସମସ୍ତ କୌଶଳ ବ୍ୟବହାର ହେଲା। କିନ୍ତୁ ବଙ୍ଗ ଅଧିପତି ସୁଲେମାନ୍ କରାନୀଙ୍କ ଶକ୍ତି ଓ କଟକରେ ରାଜ ଦାୟାଦଙ୍କ ବିଶ୍ୱାସଘାତକତା ଆଗରେ ହାରିଗଲେ। ହେଲେ ପାଇକ ତ ଶେଷ ରକ୍ତଯାଏ ଲଢ଼େ !

ହଁ, ସେଇଠି ତାଙ୍କ ମୃତ୍ୟୁ ହେଲା। ଆଉ ତାଙ୍କ ପରିବାର ?
ରାଣୀଙ୍କ ଭଳି ଗୁପ୍ତ ରାସ୍ତା ଦେଇ ଦୁର୍ଗ ଛାଡ଼ିଲେ।

ଚନ୍ଦ୍ରଭାନୁ ସାମନ୍ତସିଂହାର, କୋଳି ସାମନ୍ତସିଂହାରଙ୍କ ପୁଅ। ବଳିଷ୍ଠ ଚେହେରା। ଅଶ୍ୱ ଆଉ ଖଣ୍ଡା ଚଳାଇବାରେ ସିଦ୍ଧହସ୍ତ। କିନ୍ତୁ ଏ ହିଂସ୍ର ବିଧର୍ମୀଙ୍କ ଆଗରେ ଏକୁଟିଆ କ'ଣ ବା କରିପାରିବେ ? ଏଣୁ ନଦୀ ନାଳ ଡେଇଁ ପାହାଡ଼ର ଖୋଲ ଖୋଜି ଚାଲିଲେ ଆତ୍ମରକ୍ଷା କରିବା

ଲାଗି। ଅନେକ ରାସ୍ତା ଗଲା ପରେ ସାମ୍ନାକୁ ଆସିଲା ଖଣ୍ଡୁଆଳ ଖୋଲ। ଚାରିଆଡ଼େ ପାହାଡ଼, ଘଞ୍ଚ ଜଙ୍ଗଲ- ମଝିରେ କିଛି ସମତଳ ଅଞ୍ଚଳ। ଭାବିଲେ ଏହା ସୁରକ୍ଷିତ ରହିବ। ଏ ଭିତରକୁ ଶତ୍ରୁପକ୍ଷ ଆସିବେ ନାହିଁ। ଧନିଆ, ଟାଙ୍ଗିରିମୁଣ୍ଡିଆ, ଶଙ୍ଖାରୀ ପ୍ରଭୃତି କିଛି ଅଞ୍ଚଳ ପାଖାପାଖି ରହିଛି। ଏଇଠି ଅନେକ ଓଡ଼ିଆ ପାଇକ ବି ଅଛନ୍ତି। ଏଣୁ ଏ ଅଞ୍ଚଳ ସୁରକ୍ଷିତ ହେବ ବୋଲି ଜାଣି ସେଠାରେ ଆସ୍ଥାନ ସୃଷ୍ଟି କଲେ। ନାଁ ଦେଲେ କାଇପଦର ଗଡ଼।[୩୮] ଯେମିତି ଏକ ନୂଆ ସକାଳକୁ ଏହି ଗଡ଼ ଅପେକ୍ଷା କରିଥିଲା। ଭାବୁଥିଲା କେବେ ପୁଣି ସେ ଦିନ ଆସିବ ଯେତେବେଳେ ଓଡ଼ିଶାରେ ଜଗନ୍ନାଥଙ୍କ ଶାସନ ପ୍ରତିଷ୍ଠା ହେବ! କିନ୍ତୁ ଜଗନ୍ନାଥ ତ' ଖୋଦ୍ ତାଙ୍କ ମନ୍ଦିରରେ ନାହାନ୍ତି, ତାଙ୍କୁ ଏ ବିଧର୍ମୀମାନେ ଟାଣି ଟାଣି କୁଆଡ଼େ ନେଇଗଲେଣି। ପୁରୀ ସହର ସ୍ତବ୍ଧ, ସାରା ଓଡ଼ିଶାରେ ଓଡ଼ିଆ ପ୍ରାଣ ନିରବ। ଅନେକ ଭୟରେ ଧର୍ମ ପରିବର୍ତ୍ତନ କରିଦେଲେଣି। ଆଉ କିଛି ସନ୍ନ୍ୟାସୀ ହୋଇ ପାଗଳଙ୍କ ଭଳି ଜଗନ୍ନାଥଙ୍କୁ ଖୋଜୁଛନ୍ତି। ସତରେ କ'ଣ ଜଗନ୍ନାଥ ଆଉ ଫେରିବେ... ?

୩୩

ବିଶର ମହାନ୍ତି

ଜଗନ୍ନାଥ ତ' ଖୋଦ୍ ତାଙ୍କ ମନ୍ଦିରରେ ନାହାନ୍ତି। ତାଙ୍କୁ ଏ ବିଧର୍ମୀମାନେ ଟାଣି ଟାଣି କୁଆଡ଼େ ନେଇଗଲେଣି। ପୁରୀ ସହର ସ୍ତବ୍ଧ, ସାରା ଓଡ଼ିଶାରେ ଓଡ଼ିଆ ପ୍ରାଣ ନିରବ। ଅନେକ ଭୟରେ ଧର୍ମ ପରିବର୍ତ୍ତନ କରିଦେଲେଣି। ଆଉ କିଛି ସନ୍ନ୍ୟାସୀ ହୋଇ ପାଗଳଙ୍କ ଭଳି ଜଗନ୍ନାଥଙ୍କୁ ଖୋଜୁଛନ୍ତି। ସତରେ କ'ଣ ଜଗନ୍ନାଥ ଆଉ ଫେରିବେ... ?

ଏପଟେ ପୁରୀରେ ହାହାକାର ଚାଲିଥାଏ। କେହି କେହି କଳାପାହାଡ଼ କାହିଁକି ଏମିତି ଆକ୍ରମଣ କଲା ବୋଲି ମନରେ ଚିନ୍ତା କରୁଥାଆନ୍ତି। ଏହି ସମୟରେ କେହି ଜଣେ କହିଲା କଳାପାହାଡ଼ ହିନ୍ଦୁ, ମୁସଲମାନ ନୁହେଁ!

ହାଁ! ହିନ୍ଦୁ ହୋଇ ହିନ୍ଦୁଙ୍କ ଆରାଧ୍ୟଙ୍କୁ ଏମିତି ଅପମାନିତ କରୁଛି, କାହିଁକି ?

ତା'ର ପ୍ରକୃତ ନାଁ ହେଲା କଳାଚାନ୍ଦ ରାୟ। ବଙ୍ଗଦେଶର ରାଜସାହି ଜିଲ୍ଲା ବିଜି ଗାଁରେ ତା' ଘର। କିଛିଦିନ ତଳେ ସେ ଜଗନ୍ନାଥ ମନ୍ଦିର ବୁଲିବାକୁ ଆସିଥିଲା। ହେଲେ ପଣ୍ଡିତମାନେ ତାକୁ ପଠାଣ ବୋଲି କହି ଭିତରକୁ ପୂରାଇ ଦେଲେ ନାହିଁ। ସେଥିପାଇଁ ସେ ରାଗ ରଖି ଏପରି ଆକ୍ରମଣ କରିଛି। ଓଡ଼ିଶାର ସବୁ ହିନ୍ଦୁ ମନ୍ଦିର ଦେବଦେବୀଙ୍କୁ ଧ୍ୱଂସ କରିବାକୁ ପଣ କରିଛି।

ସେବକେ କାହିଁକି ତାଙ୍କୁ ମନ୍ଦିର ଭିତରକୁ ପୂରାଇ ଦେଲେନି ?

କିଛିଦିନ ତଳେ ସେ ସୁଲତାନ୍ ସୁଲେମାନ୍ କରାନୀର ଝିଅ ଦୁଲାରୀକୁ ବାହା ହୋଇଛି। ବାସ୍ତବରେ ଦେଖିଲେ ସେ ଏଥିଲାଗି ବାଧ୍ୟ ଥିଲା। ଦୁଲାରୀ କଳାପାହାଡ଼ର ଶକ୍ତି ଓ ବୀରତ୍ୱକୁ ଦେଖି ପ୍ରେମରେ ପଡ଼ିଲା। ଅନେକଥର ତାଙ୍କୁ ପ୍ରେମ ନିବେଦନ ମଧ୍ୟ କରିଥିଲା। କିନ୍ତୁ କଳାପାହାଡ଼ ସେଥିରେ ରାଜି ହୋଇନଥିଲା। ହେଲେ ସୁଲତାନ୍‌ର ଝିଅ ଦୁଲାରୀ ଏଥିଲାଗି

ବାପାଙ୍କ ସହାୟତା ମାଗିଲେ। ଆଉ ଶେଷରେ ଶାସନର ଚାପ ଓ ପ୍ରେମ ଆଗରେ ମୁଣ୍ଡ ନୁଆଁଇଁ ଦୁଲାରୀକୁ ବିବାହ ହୋଇଛି କଳାପାହାଡ଼। ଏଥିପାଇଁ ସେ ନିଜ ଧର୍ମ ବଦଳାଇଛି ବୋଲି ସମସ୍ତଙ୍କ ଧାରଣା। ଦୁଇ ପତ୍ନୀ ଥାଉ ଥାଉ ସେ ଆଉ ଜଣେ ପତ୍ନୀ ପୁଣି ପଠାଣ କନ୍ୟାଙ୍କୁ ବିବାହ କରିବା ନେଇ ବଙ୍ଗରେ ଯେଉଁ ଆଲୋଡ଼ନ ହୋଇଥିଲା, ସେଥିରେ ପୁରୀର ପଣ୍ଡିତ ଓ ସେବକମାନଙ୍କ ମନରେ ତା' ପ୍ରତି ଘୃଣା ଭାବ ସୃଷ୍ଟି ହୋଇଥିଲା। ଆଉ ତାକୁ ବିରୋଧ କରିଥିଲେ। ତାକୁ ଶ୍ରୀମନ୍ଦିର ବାରଣ କରାଯାଇଥିଲା। ଆଉ ଏହା ଦେଖି ସେ ଉତ୍‌କ୍ଷିପ୍ତ ହୋଇ ସୁଯୋଗ ମିଳିଲେ ମନ୍ଦିର ଓ ଜଗନ୍ନାଥଙ୍କୁ ଧ୍ୱଂସ କରିବା ପଣ କରିଛି।

ଏ କଥାରେ କେତେ ସତ, କେତେ ମିଛ ତାହାକୁ ବିଶ୍ଳେଷଣ କରିବା ଲାଗି ଶକ୍ତି, ଧୈର୍ଯ୍ୟ ବା ସମ୍ବଳ କାହା ପାଖରେ ନଥିଲା। ହେଲେ ଏ ଗୁଜବ ପୁରୀରେ ଖେଳି ଚାଲିଥାଏ। ଆଉ କଳାପାହାଡ଼ର ସେ ସେନାବାହିନୀ ପଛରେ ଫକିର ବେଶରେ ପାଗଳ ହୋଇ ଦଉଡୁଥାଏ ବିଶର ମହାନ୍ତି।

ହାତରେ କୀର୍ତ୍ତନ ମର୍ଦ୍ଦଳଟିଏ ଧରିଥାଏ ବିସର। ହରିନାମ ଜପୁଥାଏ। ପାଗଳ ଭଳି ଆଚରଣ କରୁଥାଏ। କିନ୍ତୁ ଲକ୍ଷ୍ୟଥାଏ ପ୍ରଭୁଙ୍କୁ ଉଦ୍ଧାରିବା। ଦୁର୍ଦ୍ଦିନରେ ଥିବା ଭକ୍ତଙ୍କୁ ଭଗବାନ ଅନେକ ଥର ସହାୟ ହୋଇଛନ୍ତି। ପଥର ଶରୀରରୁ ଅହଲ୍ୟାଙ୍କୁ ଉଦ୍ଧାର କରିଛନ୍ତି। ସୁଦାମାର ଡାକ ଶୁଣି ତାକୁ ସୌଭାଗ୍ୟ ଦେଇଛନ୍ତି। ଦ୍ରୌପଦୀଙ୍କୁ କୋଟି ବସ୍ତ୍ର ଦେଇ ଲାଜ ବଞ୍ଚାଇଛନ୍ତି ଆଉ ଘୋର ବନସ୍ତରେ ହାତୀକୁ ବିପଦରୁ ଉଦ୍ଧାର କରିଛନ୍ତି। ହେଲେ ଭକ୍ତ କେବେ ଭଗବାନଙ୍କୁ ଉଦ୍ଧାର କରିଛି କି ?

ନା, ବରଂ ଭକ୍ତ ଭଗବାନଙ୍କୁ ଶର ନିକ୍ଷେପ କରି ତାଙ୍କ ମୃତ୍ୟୁର କାରଣ ହୋଇପାରିଛି।

ତା' ହେଲେ ଆଜି ଏ ପାଗଳ କାହିଁକି ଏକ ନିଃଶ୍ୱାସରେ ଦୌଡୁଛି ଏ ପଠାଣ ସେନାଙ୍କ ପଛରେ, ଛଦ୍ମଭାବେ। ଯାହାଙ୍କଠୁ ବୀର ପାଇକମାନେ ହାରିଗଲେ... ଯାହାଙ୍କୁ ଦେଖି ସ୍ୱୟଂ ଭଗବାନ ବି ନିରବ ରହିଲେ, ତାଙ୍କୁ କ'ଣ ବିସର ମହାନ୍ତି... ରକ୍ଷା କରିପାରିବ ?

ଅନେକ ବାଟ ଚାଲିଲା ପରେ ସେନା ପହଞ୍ଚିଲା କୁଜଙ୍ଗଗଡ଼ରେ । ସମୁଦ୍ର ତଟରେ କଳାପାହାଡ଼ ନିଜକୁ ଅଣନିଃଶ୍ୱାସୀ ମନେ କଲା। ଯେମିତି ତା'ର ପ୍ରାଣବାୟୁ ଚାଲି ଯାଉଛି। କେହି ଜଣେ ଯେମିତି ତାକୁ କହୁଛି ହିନ୍ଦୁଧର୍ମର ଆରାଧ୍ୟଙ୍କୁ ନେଇ ଆସି ସେ ଭୁଲ୍ କରିଛି। ସେଥିଲାଗି ଆଜି ସେ କ୍ଳାନ୍ତ । ଟିକେ ବିଶ୍ରାମ ପାଇଁ ଚାହିଁଲା। ଶିବିର ଠିଆ ହେବା ପୂର୍ବରୁ ସୂଚନା ଆସିଲା ବଙ୍ଗପଟୁ ମୋଗଲ ସେନା ତାଙ୍କ ଆଡ଼କୁ ଆସୁଛନ୍ତି...।

ଅଟକି ଗଲା କଳାପାହାଡ଼। ପଛକୁ ଅନାଇଲା... ସବୁ କିଛି ଠିକ୍ ଅଛି। ହାତୀ ଉପରେ ଲଦା ହୋଇଥିବା ସୁନା, ହୀରା, ନୀଳା ଓ ମଣିମୁକ୍ତା ସବୁ କିଛି। କିନ୍ତୁ ହାତୀ, ଘୋଡ଼ା କେହି ତ କ୍ଳାନ୍ତ ହୋଇ ନାହାନ୍ତି ! ପୁରୀରୁ ଆସିବା ଦିନଠାରୁ ସେମାନେ କିଛି ଖାଇ ନାହାନ୍ତି। ତଥାପି ଦଉଡ଼ିବାକୁ ପ୍ରସ୍ତୁତ ରହିଛନ୍ତି। ମୁଁ କାହିଁକି କ୍ଳାନ୍ତ, ଶକ୍ତିହୀନ ମନେ କରୁଛି ? ସତରେ କ'ଣ

ଏହା ଜଗନ୍ନାଥଙ୍କ ଲୀଳା ନା, ଏ ମୋ ଦେହରେ ବୋହୁଥିବା ହିନ୍ଦୁ ରକ୍ତର ପ୍ରଭାବ ?

ଆଦେଶ ଦେଲା– *ସେ କାଠ ମୂର୍ତ୍ତିଙ୍କୁ ଏଇ ବାଲିରେ ଫୋପାଡ଼ି ଦିଅ । ଆଗକୁ ଅନେକ ବାଟ ଯିବାର ଅଛି ।* ସ୍ତବ୍ଧ ହୋଇଗଲା ସମଗ୍ର ସେନା ବାହିନୀ । ଯେଉଁଥି ପାଇଁ ଏତେ ଉଦ୍ୟମ, ହାହାକାର, ତାହାକୁ ସୁଲ୍‌ତାନ ହାତରେ ଦେଇ ବାହାବା ନେବା ବଦଳରେ କଳାପାହାଡ଼ ଏ କ'ଣ କହୁଛି ?

ଖାଲି ଫୋପାଡ଼ି ଦେଲେ ହେବ ନାହିଁ... ସେଥିରେ ନିଆଁ ଲଗାଇ ଦିଅ । ପୋଡ଼ି ଦିଅ, ଜାଳିଦିଅ, ନଷ୍ଟ କରିଦିଅ ।

... ତାହା ହିଁ ହେଲା । ଆଉ ଓଡ଼ିଶାର ଆରାଧ୍ୟ ଦେବଙ୍କ ଶରୀର ଜଳୁଥିବା ଦେଖି ଆଗକୁ ବଢ଼ିଲା ପଠାଣ ସେନା ।

ସବୁଆଡ଼େ ଶୂନ୍ୟ ଓ ମଝିରେ ହୁତ୍ ହୁତ୍ ହୋଇ ନିଆଁ ଜଳୁଥିବା ଦେଖିଲେ ଜଣେ ମୁସଲ୍‌ମାନ୍ ଫକିର । ଅନତି ଦୂରରେ ତାଙ୍କ ଟୁଙ୍ଗୀ, କିଛିଦିନ ହେଲା ସେ ସେଠିକୁ ଆସିଛନ୍ତି ।

ନିଆଁ ଭିତରେ ଯେମିତି ଏକ ଜୀବନ୍ତ ପ୍ରାଣ ଜଳୁଥିବା ତାଙ୍କର ଅନୁଭବ ହେଲା । ତାହାକୁ ଲିଭାଇବାକୁ ଚେଷ୍ଟା କଲେ । ସମୁଦ୍ରରୁ ପାଣି ଆଣି ଅନେକ ଉଦ୍ୟମ କଲେ ଆଉ ଶେଷରେ ସେଥିରେ ସଫଳ ବି ହେଲେ । ଦେଖିଲେ ପାଉଁଶ ଭିତରେ କିଛି ଗୋଟେ ଜିନିଷ ଯାହା ଚମକ ଦେଉଛି । ଏତେ ନିଆଁରେ ବି ତାହାର କିଛି ହୋଇନି ।

ଅଧାପୋଡ଼ା ସେ ଅଂଶବିଶେଷକୁ ନେଇ ତାଙ୍କ ଟୁଙ୍ଗୀକୁ ଚାଲିଗଲେ । ସେଇଠି ରଖିବେ । କେବେ ତ କିଏ ଜଣେ ଆସିବ, ତାଙ୍କୁ ଖୋଜିବାକୁ । କେବେ ତ ଏ ଅହଙ୍କାର, ଗୋଳ ଦୂର ହେବ ! ଅପେକ୍ଷା କଲେ ସମୟର ସେହି ଶୁଭକ୍ଷଣକୁ ।

ଅବିଶ୍ରାନ୍ତ ଦଉଡୁଥିବା ବିଶର ମହାନ୍ତି ପହଞ୍ଚିଲେ ସେଇ ଅଘଟଣ ସ୍ଥାନରେ । ଦେଖିଲେ କିଛି ବି ନାହିଁ । ସବୁ କିଛି ନିଶ୍ଚିହ୍ନ; ଖାଲି ପାଉଁଶ କିଛି ପଡ଼ିଛି ଯାହା । ଯେଉଁ ପରଂବ୍ରହ୍ମଙ୍କ ଲାଗି ସେ ଆଜି ପାଗଳ ପ୍ରାୟ ଗୋଡ଼ାଇ ଆସିଛି ହେଲେ ସେ ପ୍ରଭୁ କୁଆଡ଼େ ଉଭାନ ହୋଇ ଯାଇଛନ୍ତି !

ଚିତ୍କାର କଲା... । କାନ୍ଦିଲା... । ଡାକିଲା... । କେବଳ ନିଜ ସ୍ୱର ଛଡ଼ା ଆଉ କିଛି ତାକୁ ଶୁଭିଲାନି । ହେଲେ ଲମ୍ବା ଦାଢ଼ିଥିବା ସେଇ ମୁସଲମାନ ଫକିର ଏହା ଶୁଣି ତା' ଆଗରେ ଉଭା ହେଲେ । ସବୁକିଛି ଜାଣିଲାପରେ ବିଶରଙ୍କୁ ଡାକିନେଲେ ଅନତି ଦୂରରେ ଥିବା ତାଙ୍କ କୁଡ଼ିଆକୁ । ସେଠାରେ କେହି ନଥିଲେ । କେବଳ ଥିଲେ କୋଟି କୋଟି ହିନ୍ଦୁଙ୍କ ସେଇ ଗୋଟିଏ ପ୍ରାଣ । ଖୁସି ହୋଇଗଲା ବିସର । ଆତ୍ମହରା ହୋଇଗଲା । ଆଜିଯାଏ ଯାହାଙ୍କୁ ଖୋଜୁଥିଲା ତାଙ୍କୁ ପାଇଗଲା । ଏହାଠୁ ବଳି ଆଉ ସୌଭାଗ୍ୟ କ'ଣ ହୋଇପାରେ !

୩୫

ବଳୀବିକ୍ରମ ସିଂହ

ତାଙ୍କୁ ଲାଗିଲା ସେ ଅର୍ଦ୍ଧଦଗ୍ଧ ଅଂଶଟି ଜୀବନ୍ତ। ହୃଦୟ ଭଳି ଧକ୍‌ଧକ୍ ହେଉଛି। ଛୁଇଁବାକୁ ଚାହିଁଲେ ବିଶର ମହାନ୍ତି।

ନା, ପ୍ରଭୁଙ୍କୁ କେମିତି ଛୁଇଁବି ? ପୁଣି ଅଗାଧୁଆ ଅପାଧୁଆ, ମଇଳା କପଡ଼ା ପିନ୍ଧି ? ଭୋକ ଉପାସରେ ଏତେ ଦିନ.. କେତେ କଷ୍ଟ ଯେ ନପାଉଥିବେ ସେ। ଖାଲି ଦିନମାନଙ୍କରେ ବି ତାଙ୍କ ପାଇଁ ୫୬ ପ୍ରକାର ଭୋଗ ହୁଏ। ଦିନକୁ ତିନିଥର ଅନ୍ନ ଲାଗି ହୁଏ। କେତେ ଆଡ଼ମ୍ବର, କେତେ ମଣିରତ୍ନ ତାଙ୍କ ପାଖରେ ଭକ୍ତ ଢାଳି ଦିଅନ୍ତି। ସମସ୍ତଙ୍କୁ ସେ ଅନ୍ନ ଯୋଗାନ୍ତି ବୋଲି ଭକ୍ତଙ୍କ ବିଶ୍ୱାସ ଏବେ ବି ରହିଛି। ହେଲେ ସେ ଅଖିଆ ଓପାସ.. ସହି ହେଉନାହିଁ ପ୍ରଭୁ ! ମୁଁ ନାଚାର। ମୋତେ ବୁଦ୍ଧିବାଟ ଦିଶୁନି ପ୍ରଭୁ। ମୁଁ କ'ଣ କରିବି ତ କୁହ ! ମୁଣ୍ଡ ଗଡ଼ାଇଲା, ପୁଣି କାନ୍ଦିଲା...।

ତୁମେ ବାହାରକୁ ଆସିଲେ ରୋଶଣି ଜମେ। ତୁମେ ଆସିଥିବା ଜାଣି ଭକ୍ତ ତୁମ ଦେହରେ ଘଷି ହୁଅନ୍ତି। ହେଲେ....। ଆଖିରୁ ଲୁହ ଧାର ଧାର ହୋଇ ବୋହି ଚାଲିଲା, ନିର୍ବାକ୍ ହୋଇ ସେ ପିଣ୍ଡକୁ ଅନାଇ ରହିଲା ବିଶର ମହାନ୍ତି।

ଫକିର ବାବା କହିଲେ-କ'ଣ ଭାବୁଛ ବାବା ?

କିଛି ନୁହେଁ, ବାବା, ମୁଁ ଏହାଙ୍କୁ ନେଇ ଯାଇପାରିବି ?

ହଁ, ତୁମର ଭଗବାନ ସେ। ତାଙ୍କୁ ରକ୍ଷା କରିବା ଦାୟିତ୍ୱ ତୁମର। ମୁଁ ଜାଣିଥିଲି କିଏ ନା କିଏ ଆସିବ, ଯାଙ୍କୁ ନେଇଯିବ। ବୋଧହୁଏ ସେଇ ଜଗନ୍ନାଥ ଆଜି ତୁମ ବେଶରେ ଆସିଛନ୍ତି। ନେଇ ଯାଅ...।

ହେଲେ କେମିତି ନେବି ? କିଛି ଚିନ୍ତା କରନି, ତୁମ ମନକୁ ଯେମିତି ଆସୁଛି ସେମିତି ନେଇଯାଅ। ତାହା ହିଁ ଭଗବାନଙ୍କ ଇଚ୍ଛା ବୋଲି ଧରିନିଅ।

...ଶୁଣିଛି ଦ୍ୱାପର ଯୁଗରେ ଶ୍ରୀକୃଷ୍ଣଙ୍କ କଥା। ତାଙ୍କୁ ଓଜନ କରିବାକୁ ଦ୍ୱାରକାର ସମସ୍ତ ଧନସମ୍ପତ୍ତି ବି ହାଲୁକା ହୋଇଯାଇଥିଲା। ବାସ୍ ତୁଳସୀ ପତ୍ର ହିଁ ତାଙ୍କ ସମକକ୍ଷ ହୋଇଥିଲା। ଏଣୁ ନିକଟରୁ ତୁଳସୀ ପତ୍ର କିଛି ତୋଳି କାନରେ ଖୋସିଲେ ବିସର। କୀର୍ତ୍ତନ ଢୋଲ ଭିତରେ ତୁଳସୀ ପତ୍ର ସହ ପିଣ୍ଡୁଳାକୁ ଭର୍ତ୍ତି କରି ତାକୁ ଉଠାଇଲେ। ପଛକୁ ଚାହିଁଲେନି, ଚାଲିଲେ ଆଗକୁ। କୁଆଡ଼େ ଯିବେ କ'ଣ କରିବେ କିଛି ସେ ଭାବି ନାହାନ୍ତି। ଖାଲି ଆଗକୁ ଚାଲୁଛନ୍ତି। ସାରଳା ଦାସଙ୍କ ମହାଭାରତର ସେଇ ଅଂଶଟି ମନେ ପଡ଼ିଲା, ସମୁଦ୍ରର ବାଲିରେ ଚାଲୁଥିବା ବେଳେ ଗାଇ ଉଠିଲେ ବିଶର ମହାନ୍ତି-

...ଇଚ୍ଛାମୟ ହରି ତୁମ ମହିମା ଅସୀମ
ଦୂବଗଛ କରିପାର ଭୟଙ୍କର ଦ୍ରୁମ।
ତୁମ୍ଭର କୃପାରେ ପଙ୍ଗୁ ଲଙ୍ଘିପାରେ ଗିରି
ତୁମର ବଳେ କପିଏ ଗଲେ ସିନ୍ଧୁ ତରି।

ହରେ କୃଷ୍ଣ ହରେ କୃଷ୍ଣ; କୃଷ୍ଣ କୃଷ୍ଣ ହରେ ହରେ।
ହରେ ରାମ ହରେ ରାମ; ରାମ ରାମ ହରେ ହରେ।

ଆଗକୁ ଚାଲିଥାଆନ୍ତି ବିଶର ମହାନ୍ତି। ପୁରୀରେ ଯେମିତି ଆଫଗାନମାନଙ୍କ ଗୋଳ ଚାଲିଛି ସେଥିରେ ଜଗନ୍ନାଥଙ୍କ କିଛି ମହତ୍ତ୍ୱ ନାହିଁ। ସେଠାକୁ ଯଦି ଏବେ ଏହି ଅଂଶକୁ ନେବେ ତେବେ ତାହାର ଅବସ୍ଥା କ'ଣ ହେବ ସେକଥା ଆଉ କାହାକୁ କହିବା ଠିକ୍ ହେବ ନାହିଁ। ଚାରିଆଡ଼େ ବିଶ୍ୱାସଘାତକତା, ଲୁଣ୍ଠନ, ରାହାଜାନି। ଏଣୁ ପ୍ରଭୁଙ୍କୁ ଲୁଚାଇ ରଖିବାକୁ ହେବ। ପରିସ୍ଥିତି ଶାନ୍ତ ହେଲା ଯାଏ।

ସମୁଦ୍ରକୂଳେ ବିଶରଙ୍କୁ ପାଗଳ ହୋଇ ବୁଲୁଥିବା ଦେଖି କୁଜଙ୍ଗର ଷଣ୍ଢ ରାଜାଙ୍କୁ କେହି ଜଣେ ଖବର ଦେଲେ। ସେ ଯେ ଜଣେ ଚମତ୍କାରୀ ସାଧୁ ତାହା ରାଜାଙ୍କ ହୃଦ୍‌ବୋଧ ହେଲା। ସୈନିକଙ୍କ ଦ୍ୱାରା ତାଙ୍କୁ ଦରବାରରେ ହାଜର କଲାଗଲା।

ରାଜାଙ୍କ ସହ ଏକୁଟିଆ କଥା ହେବାକୁ ଚାହିଁଲେ ବିଶର । ତାହା ହିଁ ହେଲା ।

ସବୁ କଥା ଶୁଣିଲା ପରେ ରାଜା କହିଲେ- *ତୁମେ ବ୍ୟସ୍ତ ହୁଅ ନାହିଁ । ଆଜିଠୁ କୁଜଙ୍ଗ ଗଡ଼ରେ ରହିବେ କଳାଠାକୁର । ଯଥା ସମ୍ଭବ ତାଙ୍କ ନୀତି ପାଳନ ହେବ କିନ୍ତୁ ଗୁପ୍ତରେ । କାନକୁ କାନ ଖବର ହେବ ନାହିଁ ।*

କୁଜଙ୍ଗ ଗଡ଼ରେ ପ୍ରତିଷ୍ଠା ହେଲେ ଦାରୁ ମୂର୍ତ୍ତିଙ୍କ ଏହି ଜୀବନ୍ତ ପିଣ୍ଡ । ଅପେକ୍ଷା ରହିଲା କେବେ ହେବ ତାଙ୍କ ଶରୀର । କେବେ ସେ ପାଇବେ ନବକଳେବର ।

ଏ ଭିତରେ କଳାପାହାଡ଼ ମୋଗଲ ସେନାଙ୍କ ଦ୍ୱାରା ନିହତ ହୋଇଥିବା ଖବର ବ୍ୟାପିଲା । ଆକବରଙ୍କ ସେନାପତି ଖାନ୍-ଇ- ଆଜମ୍‌ଙ୍କ ଖଣ୍ଡା ଚୋଟରେ କଳାପାହାଡ଼ର ଜୀବନ ଯାଇଛି, ଏ ଖବର ତତ୍‌କ୍ଷଣାତ ବିଜୁଳି ହୋଇଗଲା । ସମଗ୍ର ଓଡ଼ିଶାରେ ହିନ୍ଦୁମାନେ ଆଶ୍ୱସ୍ତ ହେଲେ । ଜଗନ୍ନାଥଙ୍କ ଉପରେ ଆକ୍ରମଣ କରିଥିବାରୁ ତା'ର ଅବସ୍ଥା ଆଜି ଏଇଆ ହେଲା ବୋଲି ଚର୍ଚ୍ଚା ହେଲା । ଏହି ଖବର ଆକବରଙ୍କ ଦରବାରରେ ମଧ୍ୟ ପହଞ୍ଚିଲା । ସେଠାରେ ଥିବା ହିନ୍ଦୁ ରାଜାମାନେ ଶ୍ରୀ ଜଗନ୍ନାଥଙ୍କ ପ୍ରତି ହୋଇଥିବା ଏ ଦୁର୍ବ୍ୟବହାରକୁ ନିନ୍ଦା କଲେ, ସମବେଦନା ପ୍ରକାଶ କଲେ । ଓଡ଼ିଶାରେ ଶାନ୍ତି ପ୍ରତିଷ୍ଠା ତଥା ଆଫଗାନ୍‌ଙ୍କ କବଳରୁ ଏହି ପ୍ରଦେଶକୁ ମୁକୁଳାଇବାର ଚେଷ୍ଟା ଆରମ୍ଭ ହେଲା । ଏହି ସମୟରେ ଜନାର୍ଦ୍ଦନ ବିଦ୍ୟାଧରଙ୍କ ପୁତ୍ର ରାମଚନ୍ଦ୍ର ଦେବଙ୍କ ଆବିର୍ଭାବ ହୋଇଥାଏ ଓଡ଼ିଶାରେ । ତିନିବର୍ଷ ପର୍ଯ୍ୟନ୍ତ ତୋଟମୀ ଗଡ଼ରେ ରହିବା ପରେ ସେ ଏବେ ଖୋର୍ଦ୍ଧାଗଡ଼ ପ୍ରତିଷ୍ଠା କରିଥାଆନ୍ତି ।

ତୋଟମୀ ଗଡ଼ରେ ଥିବାବେଳେ ତାଙ୍କ ଜୀବନ ଉପରେ ବିପଦ ପଡ଼ିଥିଲା । ସେଥିରୁ ରକ୍ଷା ପାଇବା ଲାଗି ସେ ଖୋର୍ଦ୍ଧାକୁ ଆସିଥିଲେ । ନିଜକୁ ଓଡ଼ିଶାର ରାଜାଙ୍କ ବଂଶଧର ବୋଲି ବୋଲାଉଥିବା ରାମଚନ୍ଦ୍ରଙ୍କୁ ଖୋଲାପଲା ଶୁଦ୍ଧଶୈରି ବଳୀବିକ୍ରମ ସିଂହ ନିଜ ଅଧୀନରେ ଥିବା ଖୋର୍ଦ୍ଧା ପଲ୍ଲୀକୁ ଦାନ ଦେଲେ । ପରେ ସେହି ସ୍ଥାନକୁ ଜଗନ୍ନାଥ ପଲ୍ଲୀ ବୋଲି ନାମ ଦେଇ ଗଡ଼ ପାଇଁ ଶୁଭଦେଲେ ରାମଚନ୍ଦ୍ର ଦେବ । କୁହାଯାଏ ସେଠାରେ ରାମଚନ୍ଦ୍ର ବଳୀବିକ୍ରମ ସିଂହର କଟା ମୁଣ୍ଡ ପୋତି ଗଡ଼ ପ୍ରତିଷ୍ଠା କଲେ । ଯାହା ପରେ ଖୋର୍ଦ୍ଧାଗଡ଼ ନାମରେ ନାମିତ ହେଲା ।

୩୬

ରାମଚନ୍ଦ୍ର ଦେବ

ଶ୍ରୀ ଜଗନ୍ନାଥଙ୍କ ବ୍ରହ୍ମକୁ ଗୋପନରେ ପୂଜା କରୁଛି ବିଶର ମହାନ୍ତି, କୁଜଙ୍ଗରେ। କଳାପାହାଡ଼ ନିହତ ହେବା ପରେ ଓଡ଼ିଶାରେ ଶାନ୍ତି ଫେରୁଛି। ତୋଟମୀ ଗଡ଼ରୁ ଜନାର୍ଦ୍ଦନ ବିଦ୍ୟାଧରଙ୍କ ପୁତ୍ର ରାମଚନ୍ଦ୍ର ଦେବ ଖୋର୍ଦ୍ଧା ଆସି ଆସ୍ଥାନ ଖୋଜୁଛନ୍ତି। ନିଜକୁ ଓଡ଼ିଶାର ରାଜାଙ୍କ ବଂଶଧର ବୋଲି ବି ସେ ପରିଚିତ କରୁଛନ୍ତି। ରାମଚନ୍ଦ୍ରଙ୍କୁ ଖୋଲାପଲା ଶୁଦ୍ଧଶୌରି ବଳୀବିକ୍ରମ ସିଂହ ନିଜ ଅଧୀନରେ ଥିବା ଖୋର୍ଦ୍ଧା ପଲ୍ଲୀକୁ ତାଙ୍କୁ ଦାନ ଦେଲେ। ପରେ ସେହି ସ୍ଥାନକୁ ଜଗନ୍ନାଥ ପଲ୍ଲୀ ବୋଲି ନାମିତ କରି ଶୁଭଦେଲେ ରାମଚନ୍ଦ୍ର ଦେବ। କୁହାଯାଏ ସେଠାରେ ରାମଚନ୍ଦ୍ର ବଳୀବିକ୍ରମ ସିଂହର ମୁଣ୍ଡ ପୋତି ଗଡ଼ ପ୍ରତିଷ୍ଠା କଲେ। ଯାହା ପରେ ଖୋର୍ଦ୍ଧାଗଡ଼ ନାମରେ ନାମିତ ହୋଇଛି।

କଟକ ଓ ପୁରୁଷୋତ୍ତମ ପୁରୀ ମଧ୍ୟରେ ବାରୁଣୀ ପର୍ବତର ପାଦଦେଶରେ ଅବସ୍ଥିତ ଖୋଲାପଲା। ସେ ଭିତରେ ଏକ ଛୋଟିଆ ଗାଁ ଖୋର୍ଦ୍ଧା। ଚାରିଆଡ଼େ ଜଙ୍ଗଲ, ପାହାଡ଼। ମଝିରେ ମଝିରେ ପାହାଡ଼ରୁ ଝରି ଆସୁଥିବା ଝରଣା ପୋଖରୀ ସୃଷ୍ଟି କରିଛି ବନ୍ୟଜନ୍ତୁଙ୍କ ଜୀବନଧାରଣ ପାଇଁ। ଏହି ଦୁର୍ଗମ ଅଞ୍ଚଳକୁ ବିଦେଶୀ ଆସିବାକୁ ଭୟ କରିବେ। ସେଥିଲାଗି ପୂର୍ବରୁ ବାରବାଟୀରୁ ଚାଲିଆସିଥିବା କିଛି ପାଇକ ଦୁର୍ଗ କରି ରହିଛନ୍ତି, ତାଙ୍କ ସହ କିଛି ବ୍ରାହ୍ମଣ ପରିବାର ମଧ୍ୟ। ସେମାନେ ଯେମିତି ଅପେକ୍ଷା କରିଛନ୍ତି ତାଙ୍କ ଛାମୁରାଜାଙ୍କୁ। ଏହି ସମୟରେ ଦାକ୍ଷିଣାତ୍ୟରେ ଗୋଲକୁଣ୍ଡା ସୁଲ୍‌ତାନ୍ ଇବ୍ରାହିମ୍ କୁତବ୍‌ଶାହ ଚିଲିକା ପର୍ଯ୍ୟନ୍ତ ସାମ୍ରାଜ୍ୟ ବିସ୍ତାର ଲକ୍ଷ୍ୟରେ ଆକ୍ରମଣ କରୁଥାଏ।[୩୯] ଆଉ ସେହି ଆକ୍ରମଣ ଭୟରେ କ୍ଷତ୍ରିୟ ରାମଚନ୍ଦ୍ର ଭୟଭୀତ ହୋଇ ବିଶାଖାପାଟଣା ନିକଟ ତୋଟମୀଗଡ଼ ଛାଡ଼ି ଖୋର୍ଦ୍ଧାରେ ପ୍ରବେଶ କଲେ। ତାଙ୍କ ପରିଚୟ

ପାଇ ପୂର୍ବରୁ ଏଠାରେ ଆସ୍ଥାନ କରିଥିବା ରାଜଗୁରୁ, ସେନାପତିଙ୍କ ବଂଶଧରମାନେ ଆଶ୍ଚର୍ଯ୍ୟ ହେବା ସହ ଆନନ୍ଦିତ ହେଲେ। ତାଙ୍କରି ରାଜାଙ୍କ ବଂଶଜ ଯେ, ତାଙ୍କ ପାଖରେ ପହଞ୍ଚିବେ- ତାହା ସେମାନଙ୍କ କେବେ ଆଶା ହିଁ ନଥିଲା। ଏଣୁ ତାଙ୍କୁ ଦେଖି ଆନନ୍ଦିତ ହେବା ସହ ମନ ଭିତରେ ଆଶା ସଞ୍ଚାର ହେବା ସ୍ୱାଭାବିକ। ସେମାନେ ଭାବିଲେ ଯେ, ପୁଣିଥରେ ଓଡ଼ିଆଙ୍କ ରାଜତ୍ୱ ଫେରିବ। ପୁଣି ତାଙ୍କ କଳାଠାକୁର ଫେରିବେ। ପୁଣି ପୁରୀ ସହର ଚଳଚଞ୍ଚଳ ହେବ। ଆଉ ଯେଉଁ ଆଫଗାନ୍‌ମାନେ ତାଙ୍କ ଠାକୁରଙ୍କୁ ଏତେ ନିର୍ଯାତନା ଦେଇଛନ୍ତି ସେମାନେ ମାଟିରେ ମିଶିଯିବେ, ତାଙ୍କ କୁକର୍ମର ଫଳ ପାଇବେ।

ସୋମବଂଶୀ, ଗଙ୍ଗବଂଶୀ ଓ ସୂର୍ଯ୍ୟବଂଶୀ ଗଜପତି ରାଜାମାନଙ୍କ ରାଜଗୁରୁଭାବେ ଦାୟିତ୍ୱ ତୁଲାଉଥିବା ବିଞ୍ଚ ବ୍ରାହ୍ମଣଙ୍କ ଦାୟାଦ ତଥା କବି ଡିଣ୍ଡିମଙ୍କ ପୁତ୍ର ବର୍ଦ୍ଧନ ମହାପାତ୍ର ମଧ୍ୟ ରାମଚନ୍ଦ୍ରଙ୍କୁ ସମର୍ଥନ ଜଣାଇଲେ। ପ୍ରତିବଦଳରେ କ୍ଷତ୍ରିୟ ଭୋଇବଂଶର ଦାୟାଦ ରାମଚନ୍ଦ୍ର ଦେବ ତାଙ୍କୁ ରାଜଗୁରୁଭାବେ ସ୍ୱୀକାର କଲେ। ଏହାଦ୍ୱାରା ରକ୍ଷଣଶୀଳ ବ୍ରାହ୍ମଣ ସମାଜର ସେ ଆନୁଗତ୍ୟ ଲାଭ କଲେ। ମୁସ୍‌ଲିମ୍ ଆଧିପତ୍ୟରୁ ରାମଚନ୍ଦ୍ର ଦେବଙ୍କୁ ରକ୍ଷା କରିବା ପାଇଁ ସୁଦୂର ସମ୍ବଲପୁର ରାଜ୍ୟର ପ୍ରତିଷ୍ଠାତା ଚୌହାନ ବଂଶୀୟ ରାଜା ବଳରାମ ଦେବ ମଧ୍ୟ ତାଙ୍କୁ ସହାୟତା ଦେଲେ। ଏହାପରେ ରାମଚନ୍ଦ୍ର ଖୋର୍ଦ୍ଧା ଚାରିପଟେ ଗଢ଼ି ଉଠିଥିବା ଛୋଟ ବଡ଼ କ୍ଷତ୍ରିୟ ଗଡ଼ଗୁଡ଼ିକୁ ନିଜ କବଳକୁ ଆଣିଲେ। ଆଉ ସ୍ୱଧର୍ମ ସଂସ୍ଥାପନ ପାଇଁ ବ୍ରତୀ ହେଲେ।

ଗଡ଼ ପ୍ରତିଷ୍ଠା ଦିନର ସେ କଥା ରାମଚନ୍ଦ୍ରଙ୍କ ମନରେ ସବୁବେଳେ ଉଙ୍କି ମାରୁଥାଏ। ସେଦିନ ପାର୍ଷଦମାନେ ତାଙ୍କୁ ପୁରୁଷୋତ୍ତମ କ୍ଷେତ୍ରର ମନ୍ଦିରରେ ଦେବତା ପ୍ରତିଷ୍ଠା ତଥା ହିନ୍ଦୁ ଧର୍ମର ରକ୍ଷା ପାଇଁ ପରାମର୍ଶ ଦେଇଥିଲେ। କିନ୍ତୁ ତାହା ଏଯାଏ ହୋଇପାରି ନାହିଁ। ଏ ଭିତରେ ୩ବର୍ଷ ବିତିଗଲାଣି। ରାଜଗୁରୁ ପ୍ରଶ୍ନ କଲେ, ଛାମୁ ପୁରୁଷୋତ୍ତମ କ୍ଷେତ୍ର ବାବଦରେ କିଛି ନିଷ୍ପତ୍ତି ନେଲେ କି ? ... ହଁ, କିନ୍ତୁ ସେଠାରେ ପୂଜା କିଏ ହେବେ ? କେଉଁ ଦେବତା ପ୍ରତିଷ୍ଠା ହେବେ ସେ ବାବଦରେ ତ ମୁଁ ଆପଣମାନଙ୍କୁ ଅନେକ ଥର ପଚାରିଛି, କିଛି ଉତ୍ତର ପାଇଛନ୍ତି କି ? .... ସମସ୍ତେ ନିରବ ରହିଲେ।

ଏ ବାବଦରେ ଚିନ୍ତା କରି ରାତିରେ ନିଦ୍ରା ଗଲେ। ସ୍ୱପ୍ନରେ କେହି ଜଣେ ଆଜ୍ଞା ଦେଲେ- *'ମୁଁ କୁଜଙ୍ଗଠାରେ ବିଜେ କରିଅଛି। ସେଠାରୁ ମୋତେ ଆଣିବାର ବ୍ୟବସ୍ଥା ତୁ କରିବୁ। ସେଥିଲାଗି ପ୍ରଥମେ ଏକ ଦାରୁମୂର୍ତ୍ତି ନିର୍ମାଣ କରିବୁ। ତା'ର ଭିତର ପୋଟଳରେ ମୋତେ ରଖିବୁ। ଯେମିତି କାହାର ଦୃଷ୍ଟିଗୋଚରରେ ଏ କାମ ନହୁଏ, ସେଥିପ୍ରତି ଧ୍ୟାନ ରଖିବାକୁ ହେବ। ମହାଅଣସର କାଳରେ ଏସବୁ ନୀତି ସମାପ୍ତ ହେବା ଆବଶ୍ୟକ। ପରେ ତାହାକୁ ରତ୍ନ ସିଂହାସନରେ ବିଜେ କରାଇବୁ, ଏହା ଅତ୍ୟନ୍ତ ଗୁପ୍ତ ନୀତି, ଗୋପନ ରହିବା ଆବଶ୍ୟକ'।*

ବିଜୁଳି ପ୍ରବାହିତ ହେଲାଭଳି ରାମଚନ୍ଦ୍ର ଦେବଙ୍କ ଧମନୀ ଦଉଡ଼ିବାରେ ଲାଗିଲା। ହୃତ୍‌ପିଣ୍ଡର ବେଗ କ୍ଷିପ୍ର ହେଲା। ଛାମୁ ଉଠିପଡ଼ିଲେ।

... ଠିକ୍ ଯେମିତି ଗଙ୍ଗ ସମ୍ରାଟ ଚୋଡ଼ଗଙ୍ଗ ଦେବଙ୍କ ଅବସ୍ଥା ହୋଇଥିଲା ଚୌଦ୍ୱାର

କଟକରେ, ଠିକ୍ ସେମିତି। ସେ ଯେମିତି ସ୍ୱପ୍ନାଦେଶ ପାଇଥିଲେ ପୁରୀକୁ ବୈଷ୍ଣବ କ୍ଷେତ୍ର ଭାବେ ରୂପାନ୍ତର କରିବା ପାଇଁ, ଠିକ୍ ସେମିତି।

ପାହାନ୍ତା ପ୍ରହରରୁ ରାମଚନ୍ଦ୍ର ଦେବ ଦୂତ ସହାୟତାରେ ଭଟ୍ଟମିଶ୍ର, ସାମନ୍ତ, ଘଡ଼ାଇ, ମାଲଜେଠୀ, ରାଉତ ସେବକଙ୍କ ସହ ରାଜଗୁରୁଙ୍କୁ ଡାକରା ଦେଲେ। ରାଜସଭା ଆରମ୍ଭ ହେଲା। ଉତ୍କଣ୍ଠା ବଢୁଥାଏ। ଆଶଙ୍କା ବି। ଉତ୍ତର ଭାରତରେ ଶାସନ ପରିବର୍ତ୍ତନ ହୋଇଛି, ଏହାର ପ୍ରଭାବ ଓଡ଼ିଶା ଉପରେ ପଡ଼ିବ ବୋଲି ଆଲୋଚନା ହୁଏ। ଛାମୁ ବୋଧହୁଏ ସେଥିପାଇଁ ଅଶଙ୍କାଗ୍ରସ୍ତ। କିନ୍ତୁ କେହି କିଛି ଆରମ୍ଭ କରିପାରୁ ନଥାଆନ୍ତି। ଛାମୁ ନିରବତା ଭାଙ୍ଗି ଗତ ରାତିର ସ୍ୱପ୍ନ ଆଉ ସ୍ୱପ୍ନାଦେଶ କଥା କହିଲେ। ଛାମୁଙ୍କ କଥା ସରିଲା କ୍ଷଣି ସମସ୍ତଙ୍କ ଦେହ ମନରେ ଯେମିତି ଶିହରଣ ଉଠିଲା। ସମସ୍ତେ ଆନନ୍ଦିତ ହୋଇଗଲେ। ପୁଣିଥରେ ପୁରୀ ଚଳଚଞ୍ଚଳ ହେବ ସେଥିନେଇ ବିଶ୍ୱାସ ଜନ୍ମିଲା।

ରାଜା ସଙ୍ଗେ ସଙ୍ଗେ ପଦ୍ମନାଭ ପଟ୍ଟନାୟକଙ୍କୁ ଆଦେଶ ଦେଲେ।

'ତୁମେ କୁଜଙ୍ଗ ଯିବ। ସେ ପିଣ୍ଡ ସସମ୍ମାନେ ଗୁପ୍ତରେ ଆଣିବ। କେଉଁଠି ତାହା ଅଛି, କିଏ ରଖିଛି ତାହା ଖୋଜିବା ତୁମ ଦାୟିତ୍ୱ, କିନ୍ତୁ ଏହା କାନକୁ ଦି'କାନ ନହେବା ଦରକାର।'

ରାଜଗୁରୁ କହିଲେ, *ଛାମୁ ଆପଣଙ୍କ ଏହି କାମ ଯୁଗ ଯୁଗକୁ ମନେ ରହିବ। ... କିନ୍ତୁ ସେ ଦାରୁମୂର୍ତ୍ତିର ରୂପ କେମିତି ହେବ ?*

୩୭

ନବକଳେବର

ପାହାନ୍ତା ପ୍ରହରରୁ ରାମଚନ୍ଦ୍ର ଦେବ ଦୂତ ସହାୟତାରେ ଭଟ୍ଟମିଶ୍ର, ସାମନ୍ତ, ଘଡ଼ାଇ, ମାଲଜେଠୀ, ରାଉତ ଓ ରାଜଗୁରୁଙ୍କୁ ଡାକରା ଦେଲେ। ରାଜସଭା ଆରମ୍ଭ ହେଲା। କିନ୍ତୁ ସମସ୍ତେ ନିରବ ରହିଲେ। ଛାମୁ ବିଳମ୍ବ ନକରି ନିରବତା ଭାଙ୍ଗିଲେ ଆଉ ସ୍ୱପ୍ନାଦେଶ କଥା କହିଲେ। ଛାମୁଙ୍କ କଥା ସରିଲା କ୍ଷଣି ସମସ୍ତଙ୍କ ଦେହମନରେ ଯେମିତି ଶିହରଣ ଉଠିଲା। ସମସ୍ତେ ଆନନ୍ଦିତ ହୋଇଗଲେ। ପୁଣିଥରେ ପୁରୀ ଚଳଚଞ୍ଚଳ ହେବ ସେଥିନେଇ ବିଶ୍ୱାସ ଜନ୍ମିଲା।

ମୂର୍ତ୍ତି ଯେମିତି ଥିଲେ ସେମିତି ହେବେ। ସ୍କନ୍ଦପୁରାଣର ନିୟମ ଅନୁସାରେ ଦାରୁମୂର୍ତ୍ତି ପ୍ରସ୍ତୁତ କରନ୍ତୁ। ଏହା ବିଶାଳକାୟ ହେବା ଉଚିତ। ସବୁଠୁ ବଡ଼। ବଡ଼ ଠାକୁର-ବଡ଼ ଦେଉଳରେ ରହି ପୂଜା ପାଇବେ। ଏଣୁ ଚିନ୍ତା କାହିଁକି ?

କୁତ୍ଲୁ ଖାଁ ଲୋହାନୀକୁ ଭୟ କରୁଛନ୍ତି ? ଖୋର୍ଦ୍ଧା ଗଡ଼ରେ ବନ ଜାଗ କରନ୍ତୁ ରାଜଗୁରୁ... । ଏଇଠି ସ୍ଥାପନ ହେବେ ଚତୁର୍ଦ୍ଧା ମୂର୍ତ୍ତି। ଯେତେବେଳେ ତାଙ୍କ ଇଚ୍ଛା ହେବ ସେ ଶ୍ରୀପୁରୁଷୋତ୍ତମ କ୍ଷେତ୍ରକୁ ଯିବେ। ଆଉ କେତେଦିନ ଆମେ ବିନା ଅଧିପତିରେ ଏଠାରେ ବାସ କରିବା... ? କେତେଦିନ ଆଉ ତାଙ୍କର ବାସନ୍ଦକୁ ଆମେ ସହିବା ? ତାଙ୍କର ଅସ୍ତିତ୍ୱ ଦେଖିବାର ଯେଉଁ ଆଗ୍ରହ ଓ ଆସ୍ଥା ଏବେ ସୃଷ୍ଟି ହୋଇଛି ତାହାକୁ ସାକାର କରିବାକୁ ହେବ। ଆପଣମାନେ ଚିନ୍ତା କରନ୍ତୁ ନାହିଁ...ଶାସ୍ତ୍ର ମୁତାବକ ଶ୍ରୀଜଗନ୍ନାଥଙ୍କ ମୂର୍ତ୍ତି ନିର୍ମାଣ ଓ ପ୍ରତିଷ୍ଠା ପାଇଁ ଆଗେଇ ଯାଆନ୍ତୁ।

କିନ୍ତୁ ଜଗନ୍ନାଥଙ୍କ ମୂର୍ତ୍ତି ତିଆରି କାରିଗର ଆଉ କେଉଁଠି ନାହାନ୍ତି, ଛାମୁ। ଅଢ଼େଇଶ'ବର୍ଷ ପୂର୍ବେ ଏମିତି ଏକ ପରିସ୍ଥିତି ପଡ଼ିଥିଲା ଯେତେବେଳ ଚତୁର୍ଦ୍ଧା ମୂର୍ତ୍ତି ପ୍ରଥମ ଥର ପାଇଁ ସ୍ଥାପନ

ହୋଇଥିଲେ । ସେଥିପାଇଁ ସମୁଦ୍ରପଥରେ ଦାରୁ ଆସିଥିଲା । ମହେନ୍ଦ୍ରଗିରି ପର୍ବତମାଳାରେ ଥିବା ଜଙ୍ଗଲ ଅଞ୍ଚଳରୁ ପୁରୁଷୋତ୍ତମ କ୍ଷେତ୍ରରେ ଦାରୁ ଲାଗିଥିଲା । ଏହା ପାଖାପାଖି ୧୩୦୮ ମସିହା କଥା । ସେତେବେଳେ ଶ୍ରୀଜିଉଙ୍କ ପ୍ରଥମ ନବକଳେବର ହୋଇଥିଲା ବୋଲି ପୁରୁଣା ଲୋକେ କହୁଛନ୍ତି ।[୪୦] ପୁଣି ସେମାନେ କହୁଛନ୍ତି ଯେଉଁ ମହାରଣା ସେ ମୂର୍ତ୍ତି ଗଢ଼ିଥିଲେ ସେ ତ ଖୋଦ୍ ପୁରୁଷୋତ୍ତମ ହିଁ ଥିଲେ । ଏବେ କେଉଁଠୁ କାରିଗର ଖୋଜାଯିବ । ପାରମ୍ପରିକ ଶିଳ୍ପୀ ଓ ସେବକମାନେ ଏଥିରେ ନିୟୋଜିତ ହେଲେ । ଶାସ୍ତ୍ର ଅନୁସାରେ ସମସ୍ତ ମାପଚୁପରେ ଏକ ମୂର୍ତ୍ତି ଗଢ଼ାଗଲା, ଠିକ୍ ଯେମିତି ସେମାନେ ଶ୍ରୀମନ୍ଦିରରେ ତାଙ୍କୁ ଦେଖିଥିଲେ । ଏଥିପାଇଁ ଅନେକ ନିଷ୍ଠା ପାଳନ କରିଥିଲେ ବ୍ରାହ୍ମଣ ଓ ସେବକ ।

...ଏବେ ବାରବାଟୀ ବଙ୍ଗ ସୁଲ୍‌ତାନ୍‌ଙ୍କ ଅଧୀନରେ । ପୁରୀ ମଧ୍ୟ କୁତୁଲ୍ ଖାଁଙ୍କ ତତ୍ତ୍ୱାବଧାନରେ । ଏହି କାବୁଲିବାଲା ଆଫଗାନ୍‌ମାନଙ୍କ ସହ ରାମଚନ୍ଦ୍ର ଦେବଙ୍କ ଅହି-ନକୁଳ ସମ୍ପର୍କ । କିନ୍ତୁ ପରିସ୍ଥିତି ଦିନକୁ ଦିନ ବଦଳିବାରେ ଲାଗିଛି । ଆଉ ଅଳ୍ପଦିନ ଭିତରେ ଏ ଆଫଗାନ୍‌ମାନେ ଓଡ଼ିଶା ଛାଡ଼ି ଚାଲିଯିବେ ଏଥିରେ ସନ୍ଦେହ ନାହିଁ । କାରଣ ହେଉଛି ଆଫଗାନ ସୁଲ୍‌ତାନ ଓ ମୋଗଲ ସମ୍ରାଟଙ୍କ ଭିତରେ ଚାଲିଥିବା ଯୁଦ୍ଧ କ୍ରମଶଃ ଘନୀଭୂତ ହେଲାଣି । ବଙ୍ଗ ଯଦି ମୋଗଲଙ୍କ ଅଧିକୃତ ହୁଏ ତେବେ କଟକ ମୋଗଲମାନଙ୍କ କବ୍‌ଜାକୁ ଆସିଯିବ । ଆଉ ମୋଗଲ୍ ସମ୍ରାଟଙ୍କ ପାଖରେ ଥିବା ହିନ୍ଦୁ ରାଜା ତଥା ସେନାପତିମାନେ ହିନ୍ଦୁ ଧର୍ମପୀଠର ପୁନରୁଦ୍ଧାର କରିବାରେ ହେଳା କରିବେ ନାହିଁ । ଏହିସବୁ ସମ୍ଭାବନାର ଆଲୋଚନା ଭିତରେ ଖବର ପହଞ୍ଚିଲା ବଙ୍ଗର ପରାକ୍ରମୀ ସୁଲ୍‌ତାନ୍ ଦାଉଦ ଖାଁ ତକ୍‌ରାଇଙ୍କ ପରାଜୟ ହୋଇଛି । ସମ୍ରାଟ୍ ଆକବରଙ୍କ ସେନା ତାଙ୍କୁ ମାଟି ଚଟାଇ ଦେଇଛନ୍ତି । ଖାଲି ସେତିକି ନୁହେଁ, ସେ ପରସ୍ପର ଭିତରେ ମଧ୍ୟ ଶାନ୍ତି ସନ୍ଧି ସ୍ୱାକ୍ଷର ହୋଇଛି । *'କଟକ ସନ୍ଧି'* ନାଁରେ ତାହା ପରିଚିତ । ଏହି ସନ୍ଧି ଅନୁସାରେ ଶ୍ରୀକ୍ଷେତ୍ର ପୁରୀ ଅଞ୍ଚଳରେ ଆଫଗାନ୍‌ଙ୍କ ସତ୍ତା ରହିବ ନାହିଁ । ସେ ଅଞ୍ଚଳ ସମ୍ପୂର୍ଣ୍ଣ ଭାବେ ସମ୍ରାଟ୍‌ଙ୍କ ଅଧୀନରେ ରହିବ ।

ମାର୍ଚ୍ଚ ୩ ତାରିଖ ୧୫୭୫ ମସିହାରେ ଏହି ସନ୍ଧି ହେଲା । ପୁରୀ ଦାୟିତ୍ୱରେ ରହିଲେ ମୋଗଲ ସେନାର ଖାନ୍ ଇ ଖାନମ୍ ମୁନିମ୍ ଖାନ୍ । କିନ୍ତୁ ବଙ୍ଗ ସୁଲ୍‌ତାନ୍ ଦାଉଦ ଖାଁର ପୁରୀ ଉପରେ ଲୋଭ କମି ନଥାଏ । ସମୟେ ସମୟେ ଆକ୍ରମଣର ଆଶଙ୍କା କରୁଥାଆନ୍ତି ପୁରୀବାସୀ । କାରଣ ଦାଉଦ୍ ଖାଁର ମୃତ୍ୟୁ ହୋଇ ନଥିଲା । ରାମଚନ୍ଦ୍ର ଦେବ ମୁକ୍ତ କଣ୍ଠରେ ମୋଗଲ ସେନାର ଦ୍ୱିତୀୟ ଅଧିପତି ତଥା ରାଜା ତୋଡ଼ରମଲ୍ଲଙ୍କୁ ସମର୍ଥନ ଘୋଷଣା କଲେ । ଆଉ ତୋଡ଼ର ମଲ୍ଲ, ରାମଚନ୍ଦ୍ର ଦେବଙ୍କୁ ଜଗନ୍ନାଥ ମନ୍ଦିରରେ ଶ୍ରୀଜଗନ୍ନାଥଙ୍କୁ ସ୍ଥାପନ ପାଇଁ ସଙ୍କେତ ଦେଲେ ।

ଏ ଭିତରେ ୧୦ ବର୍ଷ ବିତିଗଲାଣି । ଶ୍ରୀମନ୍ଦିର ଶ୍ରୀହୀନ ହୋଇ ପଡ଼ି ରହିଛି । ଯଦି ଶ୍ରୀମନ୍ଦିରକୁ ଶ୍ରୀଜଗନ୍ନାଥ ଫେରି ଆସନ୍ତି ତେବେ ତାହା ଏକ ବିଶାଳ ରାଜନୀତିକ ଓ କୂଟନୀତିକ ବିଜୟ ହେବ । ଖାଲି ଓଡ଼ିଶାର ଜନସାଧାରଣଙ୍କ ଆଗରେ ସେ ବିଶ୍ୱାସଭାଜନ ହୋଇପାରିବେ ତା'ନୁହେଁ, ଆଫଗାନ୍‌ମାନେ ମଧ୍ୟ ଭୟ କରିବେ । ଆଉ ଯୁଗେ ଯୁଗେ ଅମର ହୋଇଯିବେ ରାମଚନ୍ଦ୍ର । ଏଣୁ ଖୋର୍ଦ୍ଧା କି କଟକ ବଦଳରେ ଶ୍ରୀମନ୍ଦିରରେ ହିଁ ମୂର୍ତ୍ତି ପ୍ରତିଷ୍ଠା ହେବା ନେଇ ନିଷ୍ପତ୍ତି ହେଲା ।

ଖବର ଆସିଲା ପୁଣିଥରେ ଦାଉଦ୍ ଖାଁ ରାଗରେ ଜର୍ଜରିତ ହୋଇ ପୁରୀ ଆକ୍ରମଣ ପାଇଁ ମାଡ଼ି ଆସୁଛି। ଏହାଶୁଣି କଳାବାଦଲର ଛାଇ ମାଡ଼ି ଆସଲା ଖୋର୍ଦ୍ଧା ଉପରେ। ମୋଗଲ ସେନାର ଖାନ୍-ଇ ଜାହାଁ ଏବଂ ରାଜା ତୋଡ଼ରମଲ୍ଲ ସତର୍କ ହେଲେ ଓ ଜୁଲାଇ୧୨, ୧୫୭୬ରେ ଦାଉଦ୍ ଖାଁଙ୍କୁ ହତ୍ୟା କଲେ। ଯଦିଓ ଆଫଗାନ୍‌ଙ୍କ କବଳରୁ ସମଗ୍ର ଓଡ଼ିଶା ମୋଗଲଙ୍କ ପକ୍ଷକୁ ଆସି ନଥାଏ କିନ୍ତୁ ଖୋର୍ଦ୍ଧା, ପୁରୀ ଅଞ୍ଚଳରେ ଆଉ ଆଫଗାନ୍‌ଙ୍କ ଦାଉ ସହିବାକୁ ପଡ଼ିବ ନାହିଁ ବୋଲି ନିଶ୍ଚିତ ହେଲେ ରାମଚନ୍ଦ୍ର।

ଆଫଗାନ୍ ସୁଲ୍‌ତାନ୍ ଦାଉଦ୍ ଖାଁର ମୃତ୍ୟୁ ପୁରୀରେ ଏକ ନୂଆ ସକାଳ ଆଣିଲା। ନିର୍ଦ୍ଧାରିତ ଦିନରେ ପ୍ରଭୁ ଶ୍ରୀଜଗନ୍ନାଥଙ୍କ ବ୍ରହ୍ମକୁ କୁଜଙ୍ଗରୁ ଅଣାଗଲା। ତାହାକୁ ରୀତିନୀତି ଅନୁସାରେ ସ୍ଥାପନ କରାଯାଇ ନବକଳେବର ସମ୍ପନ୍ନ ହେଲା। ଏ ସମସ୍ତ ଶ୍ରେୟ ରାମଚନ୍ଦ୍ର ଦେବଙ୍କୁ ଉତ୍ସର୍ଗ କରି ସେତେବେଳର ବ୍ରାହ୍ମଣ ସମାଜ ତାଙ୍କୁ ଅଭିନବ ଇନ୍ଦ୍ରଦ୍ୟୁମ୍ନ, ଦ୍ୱିତୀୟ ଇନ୍ଦ୍ରଦ୍ୟୁମ୍ନ ବୋଲି ଅଭିହିତ କଲେ। ଶ୍ରୀମନ୍ଦିରରେ ତାଙ୍କ ଉଦ୍ଦେଶ୍ୟରେ ଶାଢ଼ି ବାନ୍ଧି ଶ୍ରୀଜିଉଙ୍କ ଉଦ୍ଦେଶ୍ୟରେ ସଙ୍ଖୁଡ଼ି ଭୋଗ ଆରମ୍ଭ କଲେ। ଅର୍ଥାତ୍ ଅନ୍ନ ପ୍ରସାଦର ପ୍ରଚଳନ ହେଲା। ବ୍ରାହ୍ମଣଙ୍କ ଉଦ୍ଦେଶ୍ୟରେ ଷୋଳ-ଶାସନର ପ୍ରତିଷ୍ଠା ପାଇଁ ଆଦେଶ ଦେଲେ ରାମଚନ୍ଦ୍ର।

ସେଇଠୁ ଆରମ୍ଭ ହେଲା ପୁରୀରେ ଏକ ନୂଆ ଯୁଗ। ବ୍ରାହ୍ମଣମାନଙ୍କ ପତିଆରା। ଛୁଆଁ ଅଛୁଆଁ, ଉଚ୍ଚ ନୀଚ ଜାତିର ବାଛ ବିଚାର। ଯେଉଁ କାଳିଆ ଠାକୁର ଆଗରେ ସମଗ୍ର ବିଶ୍ୱ ଗୋଟିଏ ଜାତି ବୋଲି ବର୍ଣ୍ଣନା କରାଯାଉଥିଲା ତାହା ଏଣିକି ସୀମିତ ହେବାରେ ଲାଗିଲା। ଓଡ଼ିଶାର ଶାସନ କିଛି ନିର୍ଦ୍ଦିଷ୍ଟ ବ୍ରାହ୍ମଣ ସମ୍ପ୍ରଦାୟଙ୍କ ଦ୍ୱାରା କ୍ଷତ୍ରିୟ ରାଜାଙ୍କ ନାମରେ ନିୟନ୍ତ୍ରଣ ହେଲା।

୩୮

ମୁକ୍ତିମଣ୍ଡପ

ଆଫଗାନ୍ ସୁଲ୍‌ତାନ୍ ଦାଉଦ୍ ଖାଁର ମୃତ୍ୟୁ ପୁରୀରେ ଏକ ନୂଆ ସକାଳ ଆଣିଲା। ନିର୍ଦ୍ଧାରିତ ଦିନରେ ପ୍ରଭୁ ଶ୍ରୀଜଗନ୍ନାଥଙ୍କ ପରଂବ୍ରହ୍ମକୁ କୁଜଙ୍ଗରୁ ଅଣାଗଲା। ତାହାକୁ ରୀତିନୀତି ଅନୁସାରେ ସ୍ଥାପନ କରାଯାଇ ନବକଳେବର ସମ୍ପନ୍ନ ହେଲା। ଏ ସମସ୍ତ ଶ୍ରେୟ ରାମଚନ୍ଦ୍ର ଦେବଙ୍କୁ ଉତ୍ସର୍ଗ କରି ସେତେବେଳର ବ୍ରାହ୍ମଣ ସମାଜ ତାଙ୍କୁ ଅଭିନବ ଇନ୍ଦ୍ରଦ୍ୟୁମ୍ନ, ଦ୍ୱିତୀୟ ଇନ୍ଦ୍ରଦ୍ୟୁମ୍ନ ବୋଲି ଅଭିହିତ କଲେ। ଶ୍ରୀମନ୍ଦିରରେ ତାଙ୍କ ଉଦ୍ଦେଶ୍ୟରେ ଶାଢ଼ି ବାନ୍ଧି ଶ୍ରୀଜିଉଙ୍କ ଉଦ୍ଦେଶ୍ୟରେ ସଙ୍ଖୁଡ଼ି ଭୋଗ ପୁନଃଆରମ୍ଭ କଲେ। ବ୍ରାହ୍ମଣଙ୍କ ଉଦ୍ଦେଶ୍ୟରେ ଷୋଳ-ଶାସନର ପ୍ରତିଷ୍ଠା ପାଇଁ ଆଦେଶ ଦେଲେ ରାମଚନ୍ଦ୍ର ଦେବ।

କଟକରେ ଯେମିତି ଷୋହଳ ଶାସନ ପ୍ରତିଷ୍ଠା ହୋଇ ବ୍ରାହ୍ମଣମାନଙ୍କୁ ନିଷ୍କର ଜମି ଦିଆଯାଇଥିଲା ଠିକ୍ ସେମିତି ପୁରୀ ଅଞ୍ଚଳରେ ଷୋହଳ ଶାସନ ପ୍ରତିଷ୍ଠା ପାଇଁ ଉଦ୍ୟମ ହେଲା। କିନ୍ତୁ ୧୬ଟି ଆତ୍ମନିର୍ଭରଶୀଳ ଗାଁ ନୂଆକରି ପ୍ରତିଷ୍ଠା କରିବା ଲାଗି ରାମଚନ୍ଦ୍ର ଦେବଙ୍କ ପାଖରେ ନା ଶକ୍ତି ଥିଲା ନା ସାମର୍ଥ୍ୟ। ଅତିବେଶୀରେ ୫ଟି ଗାଁ ସେ ପ୍ରତିଷ୍ଠା କରିପାରିଲେ। ସେଗୁଡ଼ିକ ହେଲା ବୀର ରାମଚନ୍ଦ୍ରପୁର, ଶ୍ରୀରାମଚନ୍ଦ୍ରପୁର, ପ୍ରତାପ ରାମଚନ୍ଦ୍ରପୁର, ବିଜୟ ରାମଚନ୍ଦ୍ରପୁର, ଓ ଉଭୟମୁଖୀ ରାମଚନ୍ଦ୍ରପୁର। ଏହି ୫ଟି ଶାସନ ଗାଁକୁ ୧୨ ଖଣ୍ଡିରେ ବିଭକ୍ତ କରାଯାଇ ସେଗୁଡ଼ିକୁ ବାର ଶାସନ ରୂପେ ଗଣାଗଲା। ତାଙ୍କ ପୂର୍ବପୁରୁଷ ଗୋବିନ୍ଦ ବିଦ୍ୟାଧର ଏବଂ ଚକ୍ର ପ୍ରତାପଙ୍କ ଦ୍ୱାରା ପ୍ରତିଷ୍ଠା ହୋଇଥିବା ବୀର ଗୋବିନ୍ଦପୁର ଓ ବୀର ପ୍ରତାପପୁରକୁ ଦୁଇ ଶାସନ ଗାଁ ଭାବେ ଗ୍ରହଣ କରାଗଲା। ପ୍ରତ୍ୟେକ ଦୁଇ ଖଣ୍ଡିରେ ବିଭକ୍ତ ହୋଇଥିବାରୁ ଏହି ସମୁଦାୟ ୧୬ ଖଣ୍ଡିକୁ ୧୬ଶାସନ ରୂପେ ମାନ୍ୟତା ଦିଆଗଲା। ଏହି ଷୋଳ ଶାସନରୁ ବ୍ରାହ୍ମଣ ମୁଖ୍ୟଙ୍କୁ

ପୁରୀ ମନ୍ଦିରର ରୀତିନୀତି ପରିଚାଳନାରେ ଅନ୍ତର୍ଭୁକ୍ତ କରାଗଲା । ପୂର୍ବରୁ କଟକରେ ପ୍ରତିଷ୍ଠିତ ୧୬ ଶାସନର ମୁଖ୍ୟଙ୍କୁ ଶ୍ରୀମନ୍ଦିର ପ୍ରଶାସନର ପ୍ରମୁଖ ଅଙ୍ଗ ଭାବେ ଗ୍ରହଣ କରି ଗଜପତି ପ୍ରତାପରୁଦ୍ର ଦେବ ୧୫୧୧ ମସିହା ବେଳକୁ ଶ୍ରୀମନ୍ଦିର ପରିସରରେ ଏକ ମୁକ୍ତିମଣ୍ଡପ ମହାସଭା ନିର୍ମାଣ କରିଥିଲେ । ଏହି ମହାସଭା ଧର୍ମୀୟ କାର୍ଯ୍ୟରେ ରାଜାଙ୍କୁ ସହାୟତା କରୁଥିଲେ । ସେହି ପରମ୍ପରାକୁ ପୁଣିଥରେ ଆରମ୍ଭ କରିବା ଲାଗି ଅଭିନବ ଇନ୍ଦ୍ରଦ୍ୟୁମ୍ନ ତଥା ଶୂଦ୍ର ରାଜା ଗଜପତି ରାମଚନ୍ଦ୍ର ଦେବ ଇଚ୍ଛା ପ୍ରକାଶ କରିଥିଲେ ।[୪୧] ଏହିକ୍ରମରେ ମୁକ୍ତିମଣ୍ଡପର ପୁନଃ ପ୍ରତିଷ୍ଠା ହୋଇଥିଲା । ଏହା ପାଖାପାଖି ୧୫୭୮ ମସିହା କଥା ।[୪୨] ପରବର୍ତ୍ତୀ ସମୟରେ ରାଜା ମାନ ସିଂହ ଓ ତାଙ୍କ ପାଟରାଣୀ ଗୌରୀ ମହାଦେବୀ ଜଗନ୍ନାଥ ମନ୍ଦିର ପରିଦର୍ଶନରେ ଆସିଥିବା ବେଳେ ଏହି ମଣ୍ଡପର ପୁନରୁଦ୍ଧାର କରିବା ପାଇଁ ଚାହିଁଥିଲେ । ଏହା ୧୫୯୨ ମସିହା କଥା ।

ଆଭ୍ୟନ୍ତରୀଣ ଶାନ୍ତି ପ୍ରତିଷ୍ଠା ଲାଗି ରାମଚନ୍ଦ୍ର ଦେବ ବ୍ରାହ୍ମଣମାନଙ୍କ ପ୍ରାଧାନ୍ୟ ବୃଦ୍ଧି କଲେ । ସେପଟେ ବାହ୍ୟ ସମ୍ପର୍କକୁ ବୃଦ୍ଧି ପାଇଁ ନିର୍ଭର କଲେ ରାଜା ମାନ ସିଂହଙ୍କ ଉପରେ । ତାଙ୍କୁ ଭବ୍ୟ ସମ୍ବର୍ଦ୍ଧନା ଦେଇ ସ୍ୱାଗତ କଲେ । ହେଲେ ମାନସିଂହଙ୍କ ପୁରୀ ଗସ୍ତ ଏକ ଛଳନା ଥିଲା । ତାଙ୍କ ଦ୍ୱାରା ଶ୍ରୀଜଗନ୍ନାଥ ମନ୍ଦିର ପରିଦର୍ଶନର ପ୍ରକୃତ ଉଦ୍ଦେଶ୍ୟ ଥିଲା ଖୋର୍ଦ୍ଧାର ହିସାବ ଲଗାଇବା । ଫେରିଲାବେଳେ ପିପିଲିଠାରୁ ରାଜା ମାନ ସିଂହ ଖୋର୍ଦ୍ଧା ଆକ୍ରମଣ ପାଇଁ ଷଡ଼ଯନ୍ତ୍ର କଲେ । କାରଣ ଏହା ପୂର୍ବରୁ ସାରଙ୍ଗଗଡ଼ରେ ମୋଗଲ ବିରୋଧୀ ଆଫଗାନ୍‌ଙ୍କୁ ରାମଚନ୍ଦ୍ର ଆଶ୍ରୟ ଦେଇଥିଲେ । ଯଦିଓ ସାରଙ୍ଗଗଡ଼ ସେ ଦଖଲ କରିଛନ୍ତି କିନ୍ତୁ ରାମଚନ୍ଦ୍ରଙ୍କ ଉପରେ ବିଶ୍ୱାସ କରିପାରି ନାହାନ୍ତି । ଅପରପକ୍ଷେ ରାମଚନ୍ଦ୍ରଙ୍କ ଶକ୍ତି ବୃଦ୍ଧି ପାଉଥିବାରୁ ଏହା ମୋଗଲ ସମ୍ରାଟଙ୍କ ପାଇଁ ଆଶଙ୍କା ବୋଲି ସେ ଆକଳନ କରିଥିଲେ । ମାନ ସିଂହଙ୍କ ଏହି କୂଟନୀତିକୁ ରାମଚନ୍ଦ୍ର ଠଉରାଇପାରି ଆଉ ଯୁଦ୍ଧ ନ କରିବାକୁ ଶ୍ରେୟ ମଣିଲେ । ମୋଗଲ ସେନା ସହ ଲଢ଼ିବା ଅପେକ୍ଷା ସେମାନଙ୍କ ସହ ଚୁକ୍ତି କରିବାକୁ ଶ୍ରେୟସ୍କର ମଣି ପୁଅ ବୀରବଲଙ୍କ ହାତରେ ମାନ୍ ସିଂହଙ୍କ ପାଇଁ ଉପହାର ପଠାଇଲେ । ମାନ୍‌ସିଂହ ମଧ୍ୟ ରାମଚନ୍ଦ୍ର ଦେବଙ୍କ ଶକ୍ତି ସାମର୍ଥ୍ୟକୁ ସ୍ୱୀକାର କରି ତାଙ୍କର ଚୁକ୍ତି ପ୍ରସ୍ତାବକୁ ସ୍ୱୀକାର କରିବା ସହ ରାମଚନ୍ଦ୍ରଙ୍କୁ ନିଜର ସହଯୋଗୀ ଭାବେ ଗ୍ରହଣ କଲେ । ରାଜ୍ୟର ବାହ୍ୟ ସମ୍ପର୍କ ଶକ୍ତ ହୋଇପାରିବାରୁ ମହାରାଣୀ ଗୌରୀ ମହାଦେବୀଙ୍କ ସ୍ମୃତି ରକ୍ଷା ପାଇଁ ରାମଚନ୍ଦ୍ର ଦେବ ମୁକ୍ତିମଣ୍ଡପକୁ ଆହୁରି ଆକର୍ଷିତ କରାଇଲେ । ଆଦି ନୃସିଂହ ମନ୍ଦିର ପାଖରେ ନିର୍ମିତ ଏହି ମଣ୍ଡପରେ ୧୬ଟି ସ୍ତମ୍ଭ ରହିଲା । ପ୍ରତ୍ୟେକ ସ୍ତମ୍ଭ ଗୋଟିଏ ଗୋଟିଏ ଶାସନକୁ ପ୍ରତିନିଧିତ୍ୱ କଲା । ପ୍ରତ୍ୟେକ ଖମ୍ବ ୮ ଫୁଟ ଉଚ୍ଚ ରହିଲା ଏବଂ ସେଥିରେ ହିନ୍ଦୁ ଦେବଦେବୀଙ୍କ ପ୍ରତିମୂର୍ତ୍ତିକୁ ସ୍ଥାପନ କରାଗଲା ।[୪୩]

ଶ୍ରୀଜଗନ୍ନାଥଙ୍କ ପାଖରେ ନିଜକୁ ଉତ୍ସର୍ଗ କରି ଗଜପତି ରାମଚନ୍ଦ୍ର ଦେବ ଧୀରେ ଧୀରେ ଲୋକଙ୍କ ବିଶ୍ୱାସ ଓ ସାମନ୍ତ ରାଜାମାନଙ୍କ ସମର୍ଥନ ହାସଲ କରୁଥିବାରୁ ତାଙ୍କର ଶକ୍ତି କ୍ରମଶଃ ବଢ଼ିବାରେ ଲାଗିଥିଲା । ଏହା ସହ ରାଜ୍ୟରେ ଆଫଗାନ୍‌ଙ୍କ ଦ୍ୱାରା ଅଶାନ୍ତି ବି ଦେଖିବାକୁ ମିଳୁ ନଥିଲା । ମୋଗଲଙ୍କୁ ମଧ୍ୟ ବିଶ୍ୱାସକୁ ନନେଇ ରାମଚନ୍ଦ୍ର ଦେବ ନିଜର କୂଟନୀତିରେ ଭୟଭୀତ ଆଫଗାନ୍ ଯୋଦ୍ଧାଙ୍କୁ ମୋଗଲ ସୈନ୍ୟଙ୍କ କବଳରୁ ସୁରକ୍ଷା ପାଇବା ଲାଗି ବ୍ୟବହାର କରୁଥିଲେ । ବିଭିନ୍ନ ସ୍ଥାନରେ ସେ ସେମାନଙ୍କୁ ଆଶ୍ରୟ ମଧ୍ୟ ଦେଉଥିଲେ । ଏହାଦ୍ୱାରା

ରାମଚନ୍ଦ୍ରଙ୍କ ଉପରେ ମୋଗଲ ସେନାଧକ୍ଷ ରାଜା ମାନ ସିଂହଙ୍କ ରୋଷ ବଢ଼ିଥିଲା । ଏଣୁ ଖୋର୍ଦ୍ଧା ଆଖପାଖ ଦୁର୍ଗକୁ ଦଖଲ କରି ସେ ଖୋର୍ଦ୍ଧା ଉପରେ ଚାପ ପକାଉଥିଲେ । ଦୀର୍ଘଦିନ ଧରି ଏପରି ସଂଗ୍ରାମ ଦ୍ୱାରା କୌଣସି ସମାଧାନ ପାଉ ନଥିବାରୁ ଏ ଖବର ସମ୍ରାଟ୍ ଆକବରଙ୍କ ପାଖରେ ପହଞ୍ଚିଥିଲା । ସମ୍ରାଟ୍ ଓଡ଼ିଶାରେ ଶାନ୍ତି ପ୍ରତିଷ୍ଠା ପାଇଁ ରାଜା ମାନ୍ ସିଂହଙ୍କୁ ଖୋର୍ଦ୍ଧା ଏବଂ ଆଖପାଖ ଅଞ୍ଚଳରୁ ସେନା ପ୍ରତ୍ୟାହାର ପାଇଁ ନିର୍ଦ୍ଦେଶ ଦେଇଥିଲେ । ପରବର୍ତ୍ତୀ ସମୟରେ ରାମଚନ୍ଦ୍ର ଦେବ ଏବଂ ସମ୍ରାଟ୍ ଆକବରଙ୍କ ଭିତରେ ସୁ-ସମ୍ପର୍କ ବଢ଼ିଥିଲା । ଅପରପକ୍ଷେ 'ଗଜପତି' ଅଳଙ୍କାର ପାଇଁ ତେଲେଙ୍ଗା ମୁକୁନ୍ଦ ଦେବଙ୍କ ପୁଅ ରାମଚନ୍ଦ୍ର ଦେବ ଏବଂ ରାଜା ରାମଚନ୍ଦ୍ର ଦେବଙ୍କ ଭିତରେ ଯେଉଁ ବିବାଦ ଚାଲିଥିଲା ତାହା ମଧ୍ୟ ସମାଧାନ ହୋଇଥିଲା । ଚନ୍ଦନଯାତ୍ରା ସମୟରେ ଶ୍ରୀଜଗନ୍ନାଥଙ୍କ ପ୍ରସାଦକୁ ଶୂଦ୍ର ରାଜା ରାମଚନ୍ଦ୍ରଙ୍କୁ ଦେଇ ତାଙ୍କୁ ଜଗନ୍ନାଥଙ୍କ ପ୍ରକୃତ ସେବକ ଭାବେ ଘୋଷଣା କଲେ ରାଜା ମାନ ସିଂହ । ଉତ୍କଳ ରାଜ୍ୟକୁ ୩ଭାଗରେ ବିଭକ୍ତ କରାଇ ମୁକୁନ୍ଦ ଦେବଙ୍କ ଦୁଇ ପୁତ୍ର ରାମଚନ୍ଦ୍ର ଏବଂ ଛକଡ଼ି ଭ୍ରମରବର ଓ ଶୂଦ୍ରରାଜା ରାମଚନ୍ଦ୍ରଙ୍କ ଭିତରେ ବାଣ୍ଟି ଦେଲେ । ୧୨୯ଟି କିଲ୍ଲା ସମେତ ଖୋର୍ଦ୍ଧାଗଡ଼କୁ ରାମଚନ୍ଦ୍ର ଦେବଙ୍କୁ ଅର୍ପଣ କରିବା ସହ ତାଙ୍କୁ ମହାରାଜା ଉପାଧି ଦେଲେ । ଅର୍ଥାତ୍ ସେ ହେଲେ ଗଜପତି ମହାରାଜା ରାମଚନ୍ଦ୍ର ଦେବ । ତେଲେଙ୍ଗା ମୁକୁନ୍ଦ ଦେବଙ୍କ ପୁଅ ରାମଚନ୍ଦ୍ର ଦେବଙ୍କୁ ଆଳି କିଲ୍ଲା ଏବଂ ଆଖ ପାଖର ୨୩ଟି ଦୁର୍ଗକୁ ଅର୍ପଣ କରିଥିଲେ । ସେହିପରି ଛକଡ଼ି ଭ୍ରମରବରଙ୍କୁ ସାରଙ୍ଗଗଡ଼ ଦୁର୍ଗ ପ୍ରଦାନ କରିଥିଲେ ।

କେବଳ ଜଗନ୍ନାଥଙ୍କ କୃପାରୁ ଅଭିନବ ରାମଚନ୍ଦ୍ର ଦେବ ଗଜପତି ଆସନ ପାଇଲେ ବୋଲି ବିଶ୍ୱାସ ଜନ୍ମିଲା । ସାରା ଭାରତରେ ଜଗନ୍ନାଥଙ୍କ ମହିମା ପ୍ରଚାର ହେଲା । ରାଜ୍ୟରେ ଏକ ପ୍ରକାର ଶାନ୍ତ ପରିବେଶ ସୃଷ୍ଟି ହେଲା । ଓଡ଼ିଶାର ଇତିହାସ ଓ ରାଜବଂଶ ପରମ୍ପରାକୁ ଉଜ୍ଜୀବିତ ରଖିବା ଲାଗି ଶ୍ରୀଜଗନ୍ନାଥଙ୍କ ଉଦ୍ଦେଶ୍ୟରେ ଏକ ପଞ୍ଜିକା ରଚନା ପାଇଁ ରାମଚନ୍ଦ୍ର ଦେବ ଆଦେଶ ଦେଲେ । ଏହି କ୍ରମରେ ଭଞ୍ଜେଶ୍ୱର ମହାନ୍ତି ମାଦଳା ପାଞ୍ଜି ରଚନା ଆରମ୍ଭ କରିଲେ । ଶ୍ରୀମନ୍ଦିରରେ କେବେ କ'ଣ ଘଟିଛି ତାହାର ହିସାବ ଏବଂ ଠାକୁରଙ୍କ ରୀତିନୀତି ସମ୍ପର୍କରେ ଟିକିନିଖି ବିବରଣୀ ଏଥିରେ ଉଲ୍ଲେଖ କରାଗଲା । ପଣ୍ଡିତମାନେ ଗଙ୍ଗବଂଶୀ ରାଜାଙ୍କ ଠାରୁ ଆରମ୍ଭ କରି ସୂର୍ଯ୍ୟବଂଶୀ ଗଜପତି ମହାରାଜାଙ୍କ ବିବରଣୀ ସବୁ ସେଥିରେ ଉଲ୍ଲେଖ କରିବା ସହ ରାମଚନ୍ଦ୍ର ଦେବଙ୍କ ଦ୍ୱାରା ବିଭିନ୍ନ ସମୟରେ ଦିଆଯାଇଥିବା ଆଦେଶକୁ ମଧ୍ୟ ଉଲ୍ଲେଖ କଲେ । ପରବର୍ତ୍ତୀ ସମୟରେ ତାହା ଓଡ଼ିଶା ଇତିହାସର ଏକ ବିଶ୍ୱସନୀୟ କୀର୍ତ୍ତି ହିସାବରେ ପରିଗଣିତ ହେଲା ।

୩୯

ଆଲୋକବର୍ତ୍ତିକା

କେବଳ ଜଗନ୍ନାଥଙ୍କ କୃପାରୁ ଅଭିନବ ରାମଚନ୍ଦ୍ର ଦେବ ଗଜପତି ଆସନ ପାଇଲେ ବୋଲି ବିଶ୍ୱାସ ଜନ୍ମିଲା। ସାରା ଭାରତରେ ଜଗନ୍ନାଥଙ୍କ ମହିମା ପ୍ରଚାର ହେଲା। ରାଜ୍ୟରେ ଏକ ପ୍ରକାର ଶାନ୍ତ ପରିବେଶ ସୃଷ୍ଟି ହେଲା। ଓଡ଼ିଶାର ଇତିହାସ ଓ ବଂଶ ପରମ୍ପରାକୁ ଉଜ୍ଜୀବିତ ରଖିବା ଲାଗି ଶ୍ରୀଜଗନ୍ନାଥଙ୍କ ଉଦ୍ଦେଶ୍ୟରେ ଏକ ପଞ୍ଜିକା ରଚନା ପାଇଁ ରାମଚନ୍ଦ୍ର ଦେବ ଆଦେଶ ଦେଲେ। ଏହି କ୍ରମରେ ଭଟ୍ଟେଶ୍ୱର ମହାନ୍ତି ମାଦଳା ପାଞ୍ଜି ରଚନା ଆରମ୍ଭ କରିଲେ। ଶ୍ରୀମନ୍ଦିରରେ କେବେ କ'ଣ ଘଟିଛି ତାହାର ହିସାବ ଏବଂ ଠାକୁରଙ୍କ ରୀତିନୀତି ସମ୍ପର୍କରେ ଟିକିନିଖି ବିବରଣୀ ଏଥିରେ ଉଲ୍ଲେଖ କରାଗଲା। ପଣ୍ଡିତମାନେ ଗଙ୍ଗବଂଶୀ ରାଜାଙ୍କଠାରୁ ଆରମ୍ଭ କରି ସୂର୍ଯ୍ୟବଂଶୀ ଗଜପତି ମହାରାଜାଙ୍କ ବିବରଣୀ ସବୁ ସେଥିରେ ଉଲ୍ଲେଖ କରିବା ସହ ରାମଚନ୍ଦ୍ର ଦେବଙ୍କ ଦ୍ୱାରା ବିଭିନ୍ନ ସମୟରେ ଦିଆଯାଇଥିବା ଆଦେଶକୁ ମଧ୍ୟ ଉଲ୍ଲେଖ କଲେ। ପରବର୍ତ୍ତୀ ସମୟରେ ତାହା ଓଡ଼ିଶା ଇତିହାସର ଏକ ବିଶ୍ୱସନୀୟ କୀର୍ତ୍ତି ହିସାବରେ ପରିଗଣିତ ହେଲା।

ହିନ୍ଦୁମାନଙ୍କ ଏ ଉତ୍ସାହ ଉଦ୍ଦୀପନାରେ ମୁସଲ୍‌ମାନ୍‌ମାନେ ମଧ୍ୟ ସାମିଲ ହେଲେ। ଶ୍ରୀମନ୍ଦିରରେ ଜାତି, ଧର୍ମ, ବର୍ଣ୍ଣର କିଛି ବି ଗୁରୁତ୍ୱ ରହିଲା ନାହିଁ। ସମସ୍ତେ ସେଇ ମହାବାହୁଙ୍କ ଭୁଜତଳେ ଆଶ୍ରିତ ହେଲେ। ବିଶ୍ୱର କୌଣସି ମନ୍ଦିରରେ ରନ୍ଧା ଖାଦ୍ୟ ମିଳୁ ନଥିବାବେଳେ ଏଠାରେ ମିଳୁଥିବା ଅବଢ଼ା ସମସ୍ତଙ୍କୁ ଆକର୍ଷିତ କଲା। କି ହିନ୍ଦୁ କି ମୁସଲମାନ, କି ବ୍ରାହ୍ମଣ କି ଚଣ୍ଡାଳ ସମସ୍ତେ ଆନନ୍ଦ ବଜାରରେ ଏକାଠି ଖାଇଲେ। ଏହା ଦେଖି ବିଶ୍ୱସ୍ତରର ରାଜା, ମହାରାଜା,

ନାବିକ, ବ୍ୟବସାୟୀ, ପଣ୍ଡିତ, ଲେଖକ ସମସ୍ତେ ତାଙ୍କ ଗୁଣ ଗାଇଲେ। ସମ୍ରାଟ ଆକବରଙ୍କ ଦ୍ୱାରା ଏସବୁକୁ ପ୍ରୋତ୍ସାହନ ମଧ୍ୟ ମିଳିଲା। ଯେମିତି ଇସ୍‌ଲାମ୍‌ର ପ୍ରଚାର ସେମିତି ଜଗନ୍ନାଥ ଚରିତ୍ର, କିମ୍ବଦନ୍ତୀର ପ୍ରଚାର ହେଲା।

କିଏ ତାଙ୍କୁ କହିଲା ଦଶ ଦିଗପାଳ, କିଏ କହିଲା ଦଶାବତାର ଶ୍ରେଷ୍ଠ, ପୁଣି କିଏ ଦୀନବନ୍ଧୁ, ଆର୍ତ୍ତନାଶକ... ଏମିତି। ସବୁଠାରୁ ବଡ଼ କଥା ହେଲା ତାଙ୍କର ମହିମାକୁ ମୁସଲ୍‌ମାନ ପଣ୍ଡିତମାନେ ମଧ୍ୟ ପ୍ରଚାର କଲେ। ଆକବରଙ୍କ ସମୟ ଶେଷ ଆଡ଼କୁ ଅହମ୍ମଦ ରାଜିଙ୍କ ଦ୍ୱାରା ଲିଖିତ ହଫଦ୍ ଇକ୍‌ଲିମ୍‌ରେ ସେତେବେଳର ଜଗନ୍ନାଥଙ୍କ ମହିମା ବିଷୟ ପ୍ରଚାର ହେଲା। ହିନ୍ଦୁଙ୍କ ବିଶ୍ୱାସରେ ସେ ହେଉଛନ୍ତି ସର୍ବଶ୍ରେଷ୍ଠ। ଯିଏ ତାଙ୍କୁ ଅସମ୍ମାନ କରେ ସେ ତତ୍‌କ୍ଷଣାତ ଦଣ୍ଡିତ ହୁଏ। ମୃତ୍ୟୁମୁଖରେ ବି ପଡ଼ିପାରେ, ଯେମିତି ହେଲା କଳାପାହାଡ଼ର। ଯେମିତି ହେଲା ଆଫଗାନ୍‌ଙ୍କର। ଏମିତି ବିଶ୍ୱାସ ରହିଛିଯେ, ଯଦି କେହି ଗୁରୁତର ରୋଗରେ ପୀଡ଼ିତ ହୁଏ ତେବେ ସେ ଜଗନ୍ନାଥଙ୍କ ସାନ୍ନିଧ୍ୟରେ ଆରୋଗ୍ୟ ବି ପାଏ। ଯଦି କାହାର ହାତ କି ଜିଭ କଟିଯାଏ ତେବେ ସେ ଏହିଠାରେ ତା'ର ଅଙ୍ଗ ଯୋଡ଼ି ଦେଇପାରେ। ତାଙ୍କର ତୁଳସୀ, ତାଙ୍କର ଦୟଣା, ତାଙ୍କର ପ୍ରସାଦ ଓ ମହାପ୍ରସାଦ ସବୁ କିଛି ମହାନ।

ଥରେ ନିଶାପୁରର ଜଣେ ଧର୍ମଗୁରୁ ମୌଲାନା ଲୁତ୍‌ଫୁଲ୍-ଉଲ୍ଲା ଜଗନ୍ନାଥଙ୍କ ଏହି ମହିମା ପ୍ରଚାରରେ ଆକର୍ଷିତ ହୋଇ ତାଙ୍କୁ ଦର୍ଶନ କରିବାକୁ ଚାହିଁଲେ। ନିଜ ସମ୍ପ୍ରଦାୟର କିଛି ଲୋକଙ୍କ ସହ ପୁରୀ ଆସିଲେ। ଶ୍ରୀମନ୍ଦିର ସିଂହଦ୍ୱାରରେ ତାଙ୍କୁ ବ୍ରାହ୍ମଣମାନେ ପ୍ରଶ୍ନ କଲେ ଆପଣ ଶ୍ରୀ ଜଗନ୍ନାଥଙ୍କୁ ବିଶ୍ୱାସ କରନ୍ତି ? କୌଣସି ଅପମାନ କରିବେ ନାହିଁ ତ ?

ମୌଲାନା ନା, କହି ତାଙ୍କ ଦଳ ସହ ଶ୍ରୀମନ୍ଦିରରେ ପ୍ରବେଶ କଲେ। ହାତ ପାଦ ନଥିବା ଶ୍ରୀ ଜଗନ୍ନାଥଙ୍କ ମହିମା କିପରି ଏତେ ଅପାର ବୋଲି ଭାବି ସେଥିରେ ଲୀନ ଥିବା ବେଳେ ତାଙ୍କ ସହ ଆସିଥିବା ଜଣେ ବନ୍ଧୁ ଶ୍ରୀଜଗନ୍ନାଥଙ୍କ ଉପରକୁ ଛେପ ପକାଇଲେ। ତତ୍‌କ୍ଷଣାତ୍ ତା'ର ମୃତ୍ୟୁ ହେଲା। ଏହା ସେତେବେଳେ ଚହଳ ପକାଇଲା। ମୌଲାନା ବାହାରକୁ ଆସି ଏ କଥା କହିଲେ। ତାହାକୁ ତାଙ୍କ ନାତି ଅହମ୍ମଦ ଗାଜି ମଧ୍ୟ ପୁସ୍ତକ ରଚନାରେ ସ୍ଥାନିତ କରିଲେ।

ଏମିତି ତୁଣ୍ଡ ବାଇଦରେ ଜଗନ୍ନାଥଙ୍କ ମହିମା ପ୍ରଚାର ଚାଲିଥାଏ। ଦିନେ ସନ୍ଥ କବୀର ଶ୍ରୀମନ୍ଦିର ଆସିଲେ। ତାଙ୍କ ଟଙ୍କତୋରାଣି ସେବନ କରି ଏତେ ପ୍ରସନ୍ନ ହେଲେ ଯେ ତାଙ୍କ ମହିମା ପ୍ରଚାର କରିବାକୁ ଭୁଲିଲେ ନାହିଁ। ଏହି ସମୟରେ ଲେଖାଯାଇଥିବା '*ରିୟାଜ୍ ଉସ୍ ସୁଲାଟିନ୍*' ଗ୍ରନ୍ଥରେ କବୀରଙ୍କ ପୁରୀ ଗସ୍ତକୁ ଉଲ୍ଲେଖ କରାଯାଇଛି। ସେ ଲେଖିଛନ୍ତି, *ପୁରୁଷୋତ୍ତମ କ୍ଷେତ୍ରର ଜଗନ୍ନାଥ ମନ୍ଦିର ଏମିତି ଏକ ହିନ୍ଦୁ ଧର୍ମପୀଠ ଯେଉଁଠାରେ ଉଭୟ ହିନ୍ଦୁ ଓ ମୁସଲ୍‌ମାନମାନେ ପ୍ରବେଶ କରନ୍ତି। ସେମାନେ ଆନନ୍ଦ ବଜାରରେ ଅନ୍ନ ଓ ରନ୍ଧା ଖାଦ୍ୟ ଏକାଠି ଖାଆନ୍ତି। ମନ୍ଦିରରେ ପ୍ରବେଶ ପୂର୍ବରୁ ତୀର୍ଥଯାତ୍ରୀମାନେ ଲଣ୍ଡା ହୁଅନ୍ତି। ପ୍ରବେଶ ଦ୍ୱାରରେ ଟଙ୍କତୋରାଣି ସେବନ କରି ଭିତରକୁ ଯାଆନ୍ତି।*

ଏହା କଳ୍ପନା ହୋଇପାରେ କିନ୍ତୁ ଲୋକଙ୍କ ମନୋଭାବନାକୁ ଏହା ସ୍ପଷ୍ଟ କରୁଥିଲା। ହିନ୍ଦୀ

ଭାଷାରେ ମୁସଲ୍‌ମାନ କବିମାନେ ମଧ୍ୟ ଜଗନ୍ନାଥଙ୍କ ବନ୍ଦନା କରିବାକୁ ଭୁଲି ନାହାନ୍ତି। ମାଲିକ ମହମ୍ମଦ ଜୈସି 'ପଦ୍ମାବତ୍' କାବ୍ୟରେ ତାଙ୍କ କାବ୍ୟର ନାୟକ ରତ୍ନାଂସୀଙ୍କୁ ମେୱାରରୁ ପୁରୁଷୋତ୍ତମ କ୍ଷେତ୍ରକୁ ପଠାଇଛନ୍ତି। ସେଠାରେ ସେ ଅବଢ଼ା ଖାଇବା ବିଷୟ ଲେଖିଛନ୍ତି।

ଏ ଭକ୍ତିବାଦର ଏହି ସମୟରେ ଶୂନ୍ୟବାଦର ପ୍ରଚାରକ ଅଚ୍ୟୁତାନନ୍ଦ ଦାସ ସମଗ୍ର ସମାଜକୁ ଦିଗ୍‌ଦର୍ଶନ ଦେଇଛନ୍ତି। ଜଗନ୍ନାଥଙ୍କ ମହିମା ଗାନ କରିବାକୁ ଯାଇ ସେ ଲେଖିଛନ୍ତି-

ଅତି ଆରତରେ ମୃଗୁଣୀ ଡାକିଲା
ଇନ୍ଦ୍ରକୁ ପେଷିଲ ହରି
ମୃଗୁଣୀ ଆରତ ଫେଡ଼ି ଜଗନ୍ନାଥ
ତାହାର ମାନ ଉଦ୍ଧାରି।। (ଦୀନବନ୍ଧୁ)

ଦୀନ ଦରିଦ୍ରଙ୍କ ବାନ୍ଧବ ବୋଲି ତାଙ୍କୁ ବର୍ଣ୍ଣନା କରିଛନ୍ତି ଅଚ୍ୟୁତାନନ୍ଦ। କବି ଲେଖକ, ମୌଲବୀ, ପଣ୍ଡିତଙ୍କ ଏପରି ରଚନା ସାଧାରଣ ଲୋକ, ରାଜ ପରିବାର ଉପରେ ବିଶେଷ ପ୍ରଭାବ ପକାଉଥାଏ। ସେପଟେ ଉତ୍କଳର କବିଙ୍କୁ ସମ୍ରାଟ ଆକବରଙ୍କ ଦରବାରରେ ସମ୍ମାନିତ ମଧ୍ୟ କରାଯାଉଥାଏ। କବିଚନ୍ଦ୍ର ବିଶ୍ୱନାଥ ସାମନ୍ତରାୟ ଆକବରଙ୍କ ଦରବାରରେ ସମ୍ମାନିତ ହେବା ପରେ ସାରା ଉତ୍କଳରେ ଚହଳ ପଡ଼ିଲା। ଭାଇଚାରାରେ ପୁରୀ ସମୃଦ୍ଧ ହେଉଥିଲା।

ଦିନକୁ ଦିନ ପୁରୁଷୋତ୍ତମ ପୁରୀରେ ଲୋକଙ୍କ ମେଳା ବଢୁଥାଏ। କିନ୍ତୁ ଏ ଭିତରେ ଅବସାନ ହେଲା ମହାମହିମ ସମ୍ରାଟ ଆକବରଙ୍କ। ଆଉ ପୁରୀରେ ପୁଣି କଳାବାଦଲର ଛାଇ ଆଶଙ୍କା ଘେନି ଉଦୟ ହେଲା।

୩୯

କେସୋଦାସ ମାରୁ

ସନ୍ଥ କବୀର ଶ୍ରୀମନ୍ଦିର ଆସି 'ଟଙ୍କ ତୋରାଣି' ସେବନ କରି ପୁରୁଷୋତ୍ତମ କ୍ଷେତ୍ରର ଅନନ୍ୟ ପରମ୍ପରା ତଥା ଶ୍ରୀଜଗନ୍ନାଥ ମନ୍ଦିରରେ ଉଭୟ ହିନ୍ଦୁ ଓ ମୁସଲମାନମାନେ ପ୍ରବେଶ କରନ୍ତି, ସେମାନେ ଆନନ୍ଦ ବଜାରରେ ଅନ୍ନ ଓ ରନ୍ଧା ଖାଦ୍ୟ ଏକାଠି ଖାଆନ୍ତି ବୋଲି ଉଲ୍ଲେଖ କଲେ। ମାଲିକ ମହମ୍ମଦ ଜୈସି 'ପଦ୍ମାବତୀ' କାବ୍ୟରେ ତାଙ୍କ କାବ୍ୟର ନାୟକ ରତ୍ନାଂସୀଙ୍କୁ ମେୱାରରୁ ପୁରୁଷୋତ୍ତମ କ୍ଷେତ୍ରକୁ ପଠାଇଛନ୍ତି। ସେଠାରେ ସେ ଅବଢ଼ା ଖାଇବା ବିଷୟ ଲେଖିଛନ୍ତି। କବି, ଲେଖକ, ମୌଲବୀ, ପଣ୍ଡିତଙ୍କ ଏପରି ରଚନା ସାଧାରଣ ଲୋକ, ରାଜ ପରିବାର ଉପରେ ବିଶେଷ ପ୍ରଭାବ ପକାଉଥାଏ। ଦିନକୁ ଦିନ ପୁରୁଷୋତ୍ତମ ପୁରୀରେ ଲୋକଙ୍କ ମେଳା ବଢୁଥାଏ। କିନ୍ତୁ ଏ ଭିତରେ ଅବସାନ ହୁଏ ମହାମହିମ ସମ୍ରାଟ ଆକବରଙ୍କ। ଆଉ ପୁରୀରେ ପୁଣି କଳାବାଦଲର ଛାଇ ଆଶଙ୍କା ଘେନି ଉଦୟ ହୁଏ।

ମା' ତାଙ୍କର ହିନ୍ଦୁ। ବାପା ପୁଣି ଭାରତ ବର୍ଷରେ ସର୍ବଧର୍ମ ସମନ୍ୱୟର ପ୍ରତୀକ। ଯାହାଙ୍କ ସମୟରେ ହିନ୍ଦୁ-ମୁସଲମାନ ଏକ ହୋଇ ପାରିଛନ୍ତି। କଳା, ସଂସ୍କୃତି ସମ୍ପର୍କର ବିକାଶ ହୋଇପାରିଛି। ତଥାପି...।

ସେ ଆଜି ଭାରତର ସମ୍ରାଟ। ଯଦିଓ ସେ ସମ୍ରାଟ ଆକବରଙ୍କ ବଡ଼ପୁଅ ଏବଂ ରାଜ୍ୟର ଉତ୍ତରାଧିକାରୀ ହେବାକୁ ଯୋଗ୍ୟଥିଲେ, ହେଲେ ସମ୍ରାଟ୍ ତାହାଙ୍କ ଯୁଦ୍ଧଖୋର, ଲୁଣ୍ଠନ ମନୋବୃତ୍ତି ଓ ଧର୍ମନୀତିକୁ ନେଇ ଅସନ୍ତୁଷ୍ଟ ଥିଲେ। ଅନ୍ତିମ ଶଯ୍ୟାରେ ପଡ଼ି ମଧ୍ୟ ସେ ନାତିକୁ ସମ୍ରାଟ୍ ଆସନ ଦେବାକୁ ଅଧିକ ପସନ୍ଦ କରୁଥିଲେ। ପ୍ରଥମ ରାଣୀ ରକୟା ସୁଲତାନ୍ ବେଗମ୍

ଏବଂ ସଲିମା ସୁଲତାନ୍ ବେଗମ୍ ସମ୍ରାଟ୍‌ଙ୍କ ଉପରେ ଚାପ ପକାଇଲେ- ସଲିମ୍ ତ ଏ ଘରର ବଡ଼ ପୁଅ। ତାଙ୍କୁ ହିଁ ରାଜଗାଦି ମିଳିବା ଉଚିତ। ସଲିମ୍‌ଙ୍କ ନିଜ ମା' ତଥା ସମ୍ରାଟ୍‌ଙ୍କ ହିନ୍ଦୁରାଣୀ ଯୋଦ୍ଧାବାଈ ଓରଫ୍ ମାରିୟମ୍ ଉଜ୍ ଜମାନୀ କିନ୍ତୁ ଏ ବାବଦରେ ସମ୍ରାଟ୍‌ଙ୍କୁ ପକ୍ଷ ଦେଉଥାଆନ୍ତି। ଆକବର ତାଙ୍କୁ ସବୁଠାରୁ ଅଧିକ ଭଲ ପାଆନ୍ତି, ହେଲେ ସେ କାହିଁକି ନିଜ ପୁଅ ପାଇଁ ପଦଟିଏ ବି କହୁନାହାନ୍ତି ?

ବାଷଠି ବର୍ଷୀୟ ସମ୍ରାଟ୍ ବେଗମ୍ ଯୋଦ୍ଧାବାଈଙ୍କ ଆଭିମୁଖ୍ୟକୁ ଭଲ ଭାବେ ଜାଣିଥିଲେ। ଅନ୍ତିମ କାଳ ଜାଣି ରାଜମାତା ହମିଦାବାନୁ ବେଗମ୍ ଘଟଣାରେ ପୁତ୍ର ଆକବରଙ୍କୁ ଏ ବାବଦରେ ତୁରନ୍ତ ନିଷ୍ପତ୍ତି ନେବାକୁ କହିଲେ। ନହେଲେ ପରବର୍ତ୍ତୀ କାଳରେ ସବୁକିଛି ବିଗିଡ଼ିଯିବ। ମୋଗଲ ସାମ୍ରାଜ୍ୟ ଧ୍ୱଂସ ପାଇଯିବାର ଆଶଙ୍କା ମଧ୍ୟ ରହିଛି। ଏଣୁ ଉତ୍ତରାଧିକାରୀ ଭାବେ ସଲିମ୍‌ଙ୍କୁ ବାଛିବା ଉଚିତ ହେବ ବୋଲି କହିଲେ। ତାହା ହିଁ ହେଲା। ମୋଗଲ୍ ସାମ୍ରାଜ୍ୟର ଉତ୍ତରାଧିକାରୀ ଭାବେ ସେ ରାଜଗାଦି ଆରୋହଣ କଲେ।[୪୪] ଆଉ ପରମ୍ପରା ଅନୁସାରେ ନିଜକୁ ମୀର୍ଜା ନୂରଉଦ୍ଦିନ୍ ବେଗ୍ ମହମ୍ମଦ ଖାନ୍ ସଲିମ୍ ଜାହାଙ୍ଗୀର ବୋଲି ପ୍ରତିଷ୍ଠିତ କଲେ। ପାର୍ସି ଭାଷାରେ '*ଜାହାଙ୍ଗୀର*' ଶବ୍ଦର ଅର୍ଥ ହେଉଛି ବିଶ୍ୱବିଜୟୀ। ଆଉ ସେ ନିଜକୁ ବିଶ୍ୱବିଜୟୀ ବୋଲାଇଲେ। ପରବର୍ତ୍ତୀ ସମୟରେ ସେ ରାଜପୁତ ରାଜାମାନଙ୍କୁ ଦମନ କରିଛନ୍ତି। ଯେଉଁ ଭାବ ସମ୍ପର୍କ ସମ୍ରାଟ୍ ଆକବରଙ୍କ ସମୟରେ ରାଜପୁତଙ୍କ ଥିଲା ତାହା ଆଉ ନାହିଁ। କେବଳ ସେମାନେ କରଦ ରାଜା ହୋଇ ମୋଗଲ ସାମ୍ରାଜ୍ୟର ବଶତା ସ୍ୱୀକାର କରିବାକୁ ବାଧ୍ୟ ହୋଇଛନ୍ତି। କେହି କେହି ଜାହାଙ୍ଗୀରଙ୍କୁ ସନ୍ତୁଷ୍ଟ କରିବା ପାଇଁ ଅଜସ୍ର ଧନସମ୍ପତ୍ତି ସହ ନିଜର କୁଆଁରୀ କନ୍ୟାଙ୍କୁ ବି ଉପହାର ଦେଉଥିଲେ। ଆଉ କେହି ନିଜ ଭଉଣୀଙ୍କୁ। କାରଣ ସମ୍ରାଟ ଆଉ ଆକବରଙ୍କ ଭଳି ନୀତିସମ୍ପନ୍ନ ହୋଇ ରହି ନାହାନ୍ତି ବରଂ ଲୋଭ, ଅହଙ୍କାର, ମାୟା, କାମନାରେ ସେ ବଶୀଭୂତ। ସମ୍ରାଟଙ୍କ ରାଜ୍ୟ ଜୟ ଲକ୍ଷ୍ୟ ଆଗରେ ଯିଏ ବି କଣ୍ଟା ହେଉଥିଲା ତା' ଜୀବନ ଦୁର୍ବିଷହ ହେଉଥିଲା। ତେଣିକି ସେ ତା'ର ଭାଇ ବା କାହିଁକି ନହେଉ।

ଯିଏ ନିଜ ପୁଅକୁ ଅନ୍ଧ କରିବାକୁ ପଛାଇ ନାହାନ୍ତି, ଆଉ ଅନ୍ଧ ହୋଇ ମଧ୍ୟ କାଳେ ରାଜ୍ୟରେ କନ୍ଦଳ ସୃଷ୍ଟି କରିବ ସେଥିଲାଗି ତାକୁ ବନ୍ଦୀ ଆଦେଶ ଦେଇଛନ୍ତି, ତାଙ୍କ ଆଗରେ 'ହିନ୍ଦୁ'ର ମହତ୍ତ୍ୱ କ'ଣ ?[୪୫] ଜଗନ୍ନାଥଙ୍କ ଭବିଷ୍ୟତ କ'ଣ ? ବଶତା ସ୍ୱୀକାର କରିଥିବା ରାଜ୍ୟର ରାଜାଙ୍କ ସ୍ୱାଧୀନତା ବା କ'ଣ ? ଏମିତି ଅନେକ ପ୍ରଶ୍ନ ଉଙ୍କି ମାରୁଥାଏ ଖୋର୍ଦ୍ଧାଗଡ଼ରେ। କ୍ରମଶଃ ତାହା ଅଧିକ ଘନୀଭୂତ ହେଲା ଯେତେବେଳେ ଶାସନ ନୀତିରେ ପରିବର୍ତ୍ତନ ହୋଇ ଓଡ଼ିଶାକୁ ଏକ ସ୍ୱତନ୍ତ୍ର ସୁବା ଭାବେ ମୋଗଲ ସାମ୍ରାଜ୍ୟ ସ୍ୱୀକୃତି ଦେଲେ। ଏହା ୧୬୦୭ ମସିହା କଥା। ପ୍ରଥମ ସୁବାଦାର ଭାବେ ନିଯୁକ୍ତି ପାଇଲେ ହାସିମ୍ ଖାଁ। ଯୋଜନା ହେଲା ଖୋର୍ଦ୍ଧା ରାଜ୍ୟ ଆକ୍ରମଣ ହେବ। ଲୁଣ୍ଠନ ହେବ। ସମ୍ରାଟଙ୍କୁ ଖୁସି କରାଯିବ।

କିନ୍ତୁ ଖୋର୍ଦ୍ଧାରେ ଅଛି କ'ଣ, ବରଂ ପୁରୀ ଆକ୍ରମଣ ହେଲେ ଶ୍ରୀମନ୍ଦିରରୁ ଧନ ସମ୍ପତ୍ତି ଲୁଟି ହେବ। କାରଣ ଦେଶ ବିଦେଶରୁ ଅନେକ ଶ୍ରଦ୍ଧାଳୁ ଶ୍ରୀମନ୍ଦିର ଆସୁଛନ୍ତି, ଜଗନ୍ନାଥଙ୍କୁ ଦର୍ଶନ କରି ଯଥାସାଧ୍ୟ ଦାନ କରୁଛନ୍ତି। ଜଗନ୍ନାଥ ତ ସର୍ବ ଶକ୍ତିମାନ ବୋଲି ପ୍ରଚାର ହେଉଛି। ରାଜା ତାଙ୍କର ଭୃତ୍ୟ ଭାବେ ଶାସନ ପରିଚାଳନା କରୁଛନ୍ତି, ପ୍ରକୃତ ଶାସକ ହେଲେ ପ୍ରଭୁ ଜଗନ୍ନାଥ।

ଏଣୁ ସ୍ଥିର ହେଲା- ଶ୍ରୀମନ୍ଦିର ଅତର୍କିତ ଭାବେ ଆକ୍ରମଣ ହେବ, ଲୁଟ୍ ହେବ ସମସ୍ତ ଧନସମ୍ପତ୍ତି ।

ଏବେ ପୁରୀରେ ଭିଡ଼ ଲାଗିଲାଣି, ତିନିଠାକୁରଙ୍କ ରଥଯାତ୍ରାକୁ ଦେଖିବା ଲାଗି ହଜାର ହଜାର ଯାତ୍ରୀ ପୁରୀରେ ସମାଗମ ହେଲେଣି । ୬ଟି ରଥ ତିଆରି ହୋଇଛି । ବର୍ଷା ହେଉଥିଲେ ବି ଯାତ୍ରୀଙ୍କ ଆଗ୍ରହ କମି ନାହିଁ । ହଁ, ଆଉ ଏକ ବଡ଼ କଥା ହେଲା ଏଥର ଖୋର୍ଦ୍ଧା ରାଜା ପୁରୀ ଆସି ନାହାଁନ୍ତି- ଛେରାପହଁରା ପାଇଁ । ଏଣୁ ସୁରକ୍ଷା ବ୍ୟବସ୍ଥା ଏତେ କଡ଼ାକଡ଼ି ହୋଇ ନାହିଁ । ଖୋର୍ଦ୍ଧାର ପାଇକମାନେ ଦୁର୍ଗ ସୁରକ୍ଷାରେ ଲାଗିଛନ୍ତି ।

ହାସିମ୍ ଖାଁ ଯୋଜନା କଲା- ନିଜେ ଆକ୍ରମଣ ନ କରି ହିନ୍ଦୁ ରାଜପୁତ୍‌ଙ୍କ ଦ୍ୱାରା ହିନ୍ଦୁ ମନ୍ଦିର ଆକ୍ରମଣ ହେବ । ଏହିକ୍ରମରେ ହାତବାରିସି ସାଜିଲା କେସୋଦାସ ମାରୁ । ଆକବରଙ୍କ ସମୟରେ ସେ ଜଣେ ରାଜପ୍ରତିନିଧି ଭାବେ ଏଠାରେ ନିଯୁକ୍ତ ଥିଲା । ଜଣେ ରାଜପୁତ ହୋଇ ମଧ୍ୟ ସେ ସବୁବେଳେ ଦିଲ୍ଲୀ ସମ୍ରାଟ୍‌ଙ୍କ ପ୍ରିୟପାତ୍ର ହେବାକୁ ଚାହୁଁଥିଲା । ପୁଣି ନୂଆକରି ନିଯୁକ୍ତ ସୁବାଦାର ହାସିମ୍ ଖାଁ ଦିଲ୍ଲୀ ସମ୍ରାଟ୍‌ଙ୍କ ନିକଟ ସମ୍ପର୍କୀୟ ହୋଇଥିବାରୁ ତାଙ୍କୁ ଆପ୍ୟାୟିତ କରିବା ଲାଗି ମନସବ୍‌ଦାର କେସୋଦାସ ନିଜ ଧର୍ମ, ମର୍ଯ୍ୟାଦାକୁ ଭୁଲି ଶ୍ରୀମନ୍ଦିର ଆକ୍ରମଣ ପାଇଁ ରାଜି ହେଲା । ଯଦିଓ ତା' ପାଖରେ ୩୦୦ ଅଶ୍ୱାରୋହୀ ରଖିବାର କ୍ଷମତା ମିଳିଥିଲା, କିନ୍ତୁ ଜାଗିରଦାର ପଦବୀ ମିଳିଲେ ମାଗଣାରେ ଜମି ଉପଭୋଗ କରିବ ବୋଲି ଲୋଭ ଦେଖାଇଲା ହାସିମ୍ ଖାଁ । ସମ୍ପତ୍ତି ଓ କ୍ଷମତା ଲୋଭରେ ବଶୀଭୂତ ହୋଇ ଆରମ୍ଭ କଲା ଶ୍ରୀମନ୍ଦିର ଲୁଣ୍ଠନର ପର୍ବ । ଛଦ୍ମ ବେଶରେ ଶ୍ରୀମନ୍ଦିରରେ ପ୍ରବେଶ କଲା କେସୋଦାସ ମାରୁ... ।

୪୦

ଶ୍ରୀମନ୍ଦିର ଲୁଣ୍ଠନ

ନୂଆକରି ନିଯୁକ୍ତ ସୁବାଦାର ହାସିମ୍ ଖାଁ ଦିଲ୍ଲୀ ସମ୍ରାଟ୍‌ଙ୍କ ନିକଟ ସମ୍ପର୍କୀୟ ହୋଇଥିବାରୁ ତାଙ୍କୁ ଆପ୍ୟାୟିତ କରିବା ଲାଗି ମନସବ୍‌ଦାର କେସୁଦାସ ନିଜ ଧର୍ମ, ମର୍ଯ୍ୟାଦାକୁ ଭୁଲି ଶ୍ରୀମନ୍ଦିର ଆକ୍ରମଣ ପାଇଁ ରାଜି ହେଲା। ଯଦିଓ ତା' ପାଖରେ ୩୦୦ ଅଶ୍ୱାରୋହୀ ରଖିବାର କ୍ଷମତା ମିଳିଥିଲା, କିନ୍ତୁ ଜାଗିରଦାର ପଦବୀ ମିଳିଲେ ମାଗଣାରେ ଜମି ଉପଭୋଗ କରିବ ବୋଲି ଲୋଭ ଦେଖାଇଲା ହାସିମ୍ ଖାଁ। ସମ୍ପତ୍ତି ଓ କ୍ଷମତା ଲୋଭରେ ବଶୀଭୂତ ହୋଇ ଆରମ୍ଭ କଲା ଶ୍ରୀମନ୍ଦିର ଲୁଣ୍ଠନର ପର୍ବ। ଛଦ୍ମବେଶରେ ଶ୍ରୀମନ୍ଦିରରେ ପ୍ରବେଶ କଲା କେସୁଦାସ ମାରୁ...

ବାହୁଡ଼ା ପର୍ବ ପାଇଁ ପ୍ରସ୍ତୁତି ଚାଲିଥାଏ। ରାଜ ପ୍ରତିନିଧିଙ୍କଠାରୁ ଆରମ୍ଭ କରି ସୈନ୍ୟ, ସାମନ୍ତ, ଆଗନ୍ତୁକ ସମସ୍ତେ ଗୁଣ୍ଡିଚା ମନ୍ଦିରରେ ଧ୍ୟାନ ନିବେଶ କରିଥାଆନ୍ତି। ଅର୍ଥାତ୍ ଶ୍ରୀମନ୍ଦିର ଉପରେ ଆଉ କାହାର ନଜର ନଥାଏ। ଏହି ସମୟରେ ଶ୍ରୀମନ୍ଦିରକୁ ଦଖଲ କଲା କେସୋଦାସ ମାରୁ। ରାଜପୁତ ସିଏ। ସେ ଏପରି ବିଧର୍ମୀ କାମ କରିବ ବୋଲି କାହିଁକି ବା କିଏ ଜାଣିଥାଆନ୍ତା ? କିନ୍ତୁ ସବୁ ତ' ମାୟାର ଖେଳ ! ନିଜ ସୈନ୍ୟମାନଙ୍କ ଦ୍ୱାରା ଭଣ୍ଡାର ଘର ଖୋଲିଲା। ହୀରା, ନୀଳା, ମୋତି ଖଚିତ ଅଳଙ୍କାରକୁ ଏକାଠି କଲା। କେସୋଦାସର ଏହି ମନ୍ଦ ଉଦ୍ଦେଶ୍ୟ ତତ୍‌କ୍ଷଣାତ୍ ବିଜୁଳି ବେଗରେ ବ୍ୟାପିଗଲା। ଖୋର୍ଦ୍ଧା ଦରବାରରେ ଗଜପତି ପୁରୁଷୋତ୍ତମ ଦେବଙ୍କ ପାଖରେ ହାଜର ହେଲେ ମନ୍ତ୍ରୀ ତଥା ସେନାପତି ଦାସ ବିଦ୍ୟାଧର।

'ଛାମୁ, ଅଘଟଣ ଘଟିଛି। ଏଇ ନିମିଷକେ ଯୁଦ୍ଧ ଆଦେଶ ଦିଅନ୍ତୁ...। ସେ ରାଜପୁତ ସଇତାନ ରୂପ ଧରି ମନ୍ଦିର ଭିତରେ ପଶିଛି ଆଉ କହୁଛି ହିନ୍ଦୁଧର୍ମର ବିନାଶ କରିବ। ଆମେ ନଗଲେ ଆଉ ଶ୍ରୀକ୍ଷେତ୍ର ବଞ୍ଚିବନି ଛାମୁ; ଇତିହାସ ଆମକୁ କ୍ଷମା ଦେବନି'।

ପୁରୁଷୋତ୍ତମଙ୍କ ମୁଣ୍ଡରେ ଚଡ଼କ ପଡ଼ିଲା। ଏଇ କିଛିଦିନ ହେଲା ରାଜ୍ୟରେ ଶାନ୍ତି ଟିକେ ଫେରିଛି। ଯେଉଁ ଗୋଳ ଯୋଗୁଁ ତାଙ୍କ ପୂର୍ବ ପୁରୁଷ କଟକ ଛାଡ଼ିଥିଲେ ପୁଣି ସେଇ ଗୋଳ ଆରମ୍ଭ ହୋଇଗଲାଣି। ସ୍ୱଧର୍ମୀ ଯଦି ଘାତକ ସାଜିବେ ତେବେ କାହାକୁ କି ଉତ୍ତର ଦିଆଯିବ ?

ଶ୍ରୀଜଗନ୍ନାଥଙ୍କୁ ରକ୍ଷା କରିବାକୁ ମୋର ଜନ୍ମ। ଏ ବଂଶର ଉତ୍ପତ୍ତି। ଏ ଜାତିର ସମ୍ମାନ ସିଏ। ପୁରୀ ଅଭିମୁଖେ ଅଭିଯାନ ଆରମ୍ଭ କରନ୍ତୁ।

ରାଜାଙ୍କ ଏ ପ୍ରତିକ୍ରିୟା ଖୋର୍ଦ୍ଧା ପାଇକଙ୍କ ରକ୍ତ ପ୍ରବାହକୁ ତତାଇ ଦେଲା। ଯାହା ଘରେ ଯାହା ଥିଲା- ପନିକିଠାରୁ ଆରମ୍ଭ କରି କୋଦାଳ, କୁରାଢ଼ି, ଖଣ୍ଡା, ବର୍ଚ୍ଛା, ଫାର୍ସା ଆଉ ବନାଟି ଗୋଳା ସବୁକୁ ଏକାଠି କରି ପୁରୀ ଅଭିମୁଖେ ଚାଲିଲେ ପାଇକମାନେ। ବାଟରେ ଯେଉଁ ଗାଁ ଆସିଲା ସବୁ ଗାଁରୁ ଲୋକେ ଏହି ଡାକରାରେ ସ୍ୱତଃ ସାମିଲ ହୋଇଗଲେ। ଏତେ ବିଶାଳ ଏ ସୈନ୍ୟ ବାହିନୀ ହୋଇଗଲା ଯେ, ତାହାକୁ ଦେଖିଲେ ଯେକେହି ଡରିଯିବ। ଆଉ ମନ୍ଦିର ଭିତରେ ରହିଥିବା ରାଜପୁତମାନେ ଏଥିରୁ ବର୍ତ୍ତିବେ ବା କିପରି ?

କିନ୍ତୁ ବିଧିର ବିଧାନ ଅଲଗା ଥିଲା। ନିଜକୁ ବଞ୍ଚାଇବା ଲାଗି କେସୋଦାସ ଜଗନ୍ନାଥଙ୍କୁ ଅର୍ଥାତ୍ ଓଡ଼ିଆ ଜାତିର ପରମ ଦେବତା ତଥା କୋଟି ଓଡ଼ିଆଙ୍କ ହୃଦୟଙ୍କୁ ଆୟୁଧ କଲା।

ବାହାରକୁ ବାହାରିଲେ ତ ପାଇକମାନେ ମାରିଦେବେ। ଏ ସୈନ୍ୟଙ୍କୁ ମୁକାବିଲା କରିବା ଲାଗି ମୋଗଲ ସୈନ୍ୟ ବି ନାହାନ୍ତି। ପୁଣି ବଙ୍ଗଳାରୁ ସୈନ୍ୟ ଆସିବାକୁ ଅନେକ ଦିନ ଲାଗିଯିବ। ଏ ଭିତରେ କେସୋଦାସ ଚିନ୍ତା କଲା ଏ ସୈନ୍ୟଙ୍କ ଆଡ଼କୁ ଅଗ୍ନି ନିକ୍ଷେପ କରାଇବ। ମନ୍ଦିରରେ ଦୀପ ଜଳାଇବା ଲାଗି ତେଲ ମହଜୁଦ ଥିଲା। ସେତେବେଳେ ବିଭିନ୍ନଆଡୁ ଭକ୍ତମାନେ ଜଗନ୍ନାଥଙ୍କ ଉଦ୍ଦେଶ୍ୟରେ ତେଲ ପଠାଉଥିଲେ। ସେହି ତେଲରେ ଯଦି ନିଆଁ ଲଗାଇ ଦିଆଯିବ ଏବଂ ସେହି ନିଆଁକୁ ମନ୍ଦିର ବାହାରକୁ ଛାଡ଼ି ଦିଆଯିବ ତେବେ ଖୋର୍ଦ୍ଧା ପାଇକ ଡରରେ ପଳାଇଯିବେ। ଏଥିଲାଗି ମନ୍ଦିରରେ ଥିବା ଚାଳ ଛପର ଘରଗୁଡ଼ିକରୁ ବାଉଁଶ କଢ଼ାଗଲା। ସେଥିରେ ବାନା ପତାକା ପାଇଁ ଥିବା କନା ଓ ଠାକୁରଙ୍କ ଅଙ୍ଗବସ୍ତ୍ର ଭାବେ ବ୍ୟବହୃତ କପଡ଼ାକୁ ଏକାଠି ବନ୍ଧାଗଲା। ତାହାକୁ ତେଲରେ ବୁଡ଼ାଇ ଖୋର୍ଦ୍ଧା ପାଇକଙ୍କ ଆଡ଼କୁ ଫୋପାଡ଼ିବା ଆରମ୍ଭ କଲା ରାଜପୁତ ସେନା।

ଏହି ସମୟରେ ତିନି ରଥ ସିଂହଦ୍ୱାର ନିକଟରେ ପହଞ୍ଚି ସାରିଥାଆନ୍ତି। କାଠ ଓ କପଡ଼ାରେ ତିଆରି ରଥ ପୋଡ଼ିଯିବା ସନ୍ଦେହ କଲେ ଗଜପତି ପୁରୁଷୋତ୍ତମ ଦେବ। ପୁଣି ତା' ଭିତରେ ରହିଛନ୍ତି ଶ୍ରୀଜିଉମାନେ। ଏମିତି ଦିନେ ଠାକୁରଙ୍କୁ ହାତୀପିଠିରେ ଅତି ନିର୍ମମ ଭାବେ ନେଇ ପୋଡ଼ିଥିଲା କଳାପାହାଡ଼। ସେ ଭୟର ହାହାକାର ଏଯାଏ ଥମି ନାହିଁ। କେତେ କଷ୍ଟ ସହି ତାଙ୍କର ପିତା ତଥା ରାମଚନ୍ଦ୍ର ଦେବ ଠାକୁରଙ୍କ ନବକଳେବର କରିଛନ୍ତି। ଏଇ କାଲି ଭଳି ସେ ଦିନଗୁଡ଼ିକ ଯାଇଛି। ପୁଣି ଆଜି ଆଉ ଏକ ଆକ୍ରମଣ !

'ପ୍ରଭୁ ତୁମେତ ଦଶ ଦିଗପାଳ, ତୁମେତ ପରଂବ୍ରହ୍ମ ଏହି ବିଧର୍ମୀଙ୍କୁ ଶାସ୍ତି ଦିଅ'।

ଆଦେଶ ଆସିଲା ଠାକୁରଙ୍କୁ ଅନ୍ୟତ୍ର ନିଆଯାଉ ଗୁପ୍ତରେ। ପାଲିଙ୍କିରେ ବଳୁଆ ମାଲବାହୀମାନେ ଠାକୁରଙ୍କୁ ରଥରୁ ନେଇ ଖୋର୍ଦ୍ଧା ଅଭିମୁଖେ ଯାତ୍ରା କଲେ। ସେଠାରେ ଗୋପାଳ ମନ୍ଦିରରେ ବିନା ଅନ୍ନ ଭୋଜନରେ ରଖାଗଲା। ମାସ ପରେ ମାସ ବିତି ଚାଲୁଥାଏ। କାରଣ ଯଦି ଆକ୍ରମଣ ତୀବ୍ର ହେବ ତେବେ ମନ୍ଦିରର କ୍ଷତି ହୋଇପାରେ। ଏଣୁ ଘେରି ରହିଥିବା ପାଇକ ଅପେକ୍ଷା କଲେ ସେନାପତିଙ୍କ ନିର୍ଦ୍ଦେଶକୁ।

ବଙ୍ଗଳାର ସୈନିକମାନେ ପୁରୀରେ ହାଜର ହେଲେ, କେସୋଦାସକୁ ସାହାଯ୍ୟ କରିବାଲାଗି। ପୁରୁଷୋତ୍ତମ ଯୁଦ୍ଧ ଅପେକ୍ଷା ଶାନ୍ତି ଚାହିଁଲେ। ଆଉ ବଙ୍ଗଳାର ସେନାପତିଙ୍କ ସହ ଚୁକ୍ତି ହେଲା। କେସୋଦାସ ଶ୍ରୀମନ୍ଦିରରୁ ବାହାରକୁ ଆସିଲେ। ମନ୍ଦିର ଶୋଧ ହେଲା। କିନ୍ତୁ ଏହା ବଦଳରେ ମହାରାଜାଙ୍କୁ ଅପମାନ ସହିବାକୁ ପଡ଼ିଲା। ଏପରିକି କେହି କେହି କହିଲେ ପୁରୀକୁ ବଞ୍ଚାଇବା ଲାଗି ମହାରାଜା ତାଙ୍କ ଭଉଣୀଙ୍କୁ କେସୋଦାସକୁ ବିବାହ ଦେଇଛନ୍ତି। ଏହା ସହ ୩ ଲକ୍ଷ ଟଙ୍କା ପେସ୍‌କସ୍ ବି। ସୁନାରୁପା ଅଳଙ୍କାରରେ କେସୋଦାସର ହାତୀ ଖୋର୍ଦ୍ଧାରୁ ପ୍ରସ୍ଥାନ କରିଛି ସାଙ୍ଗରେ ଖୋର୍ଦ୍ଧା ସିଂହଦ୍ୱାରରେ ବନ୍ଧା ଯାଇଥିବା ୫ଟି ମାଈ ହାତୀଙ୍କୁ ନେଇ। ଏ ତ ଗଲା ଆକ୍ରମଣକାରୀଙ୍କୁ ସନ୍ତୁଷ୍ଟ କରିବାର ଉପାୟ। କିନ୍ତୁ ସମ୍ରାଟ୍ କିପରି ଖୁସି ହେବେ। ସେଥିଲାଗି ହାସିମ୍ ଖାଁ ସମ୍ରାଟଙ୍କ ପାଇଁ ଖୋର୍ଦ୍ଧା ରାଜାଙ୍କ ଝିଅକୁ ଉପହାର ଦେବାକୁ ଚୁକ୍ତି କରି ତାଙ୍କୁ ଦିଲ୍ଲୀ ପଠାଇଛନ୍ତି ବୋଲି ପ୍ରଚାର ହେଲା। ମୋଗଲ ସେନାବାହିନୀରେ କାମ କରୁଥିବା ମୀର୍ଜା ନାଥନ୍ ଏମିତି ଏକ ଗୁଜବ ଭାରତରେ ପ୍ରଚାର କଲେ ଯେମିତି ତାହା ଏକ ସତ ଘଟଣା ବୋଲି ଲୋକ ଗ୍ରହଣ କରିବେ।[୪୬] ସେତେବେଳେ ପରାଜିତ ରାଜାଙ୍କ ଝିଅଙ୍କୁ ସମ୍ରାଟଙ୍କ ପାଖକୁ ପଠାଇବା ଏକ ପରମ୍ପରା ଥିଲା। ଅପରପକ୍ଷେ ସମ୍ରାଟ୍ ଜାହାଙ୍ଗୀର ମଧ୍ୟ ସୁରା ଆଉ ସାକୀ ଅର୍ଥାତ୍ ମଦ ଓ ନାରୀରେ ନିଜକୁ ବୁଡାଇ ରଖିବାକୁ ପସନ୍ଦ କରୁଥିଲେ।

ଏ ଭିତରେ ୮ ମାସ ସମୟ ବିତିଗଲା। ଠାକୁର ଅଖିଆ ଅପିଆ ପଡ଼ିଥାନ୍ତି ଖୋର୍ଦ୍ଧାର ଗୋପାଳ ମନ୍ଦିରରେ। ଚୁକ୍ତି ପରେ ତାଙ୍କୁ ଫେରାଇ ଆଣିବାକୁ ବ୍ୟବସ୍ଥା ଆୟୋଜନ ହେଲା। ଠାକୁରଙ୍କ ନୀଳାଦ୍ରି ବିଜେ ହେଲା। ପୁରୀରେ ପୁଣି ପରିସ୍ଥିତିକୁ ସ୍ୱାଭାବିକ କରିବା ପାଇଁ ଚିନ୍ତନରେ ଲାଗିପଡ଼ିଲେ ରାଜ କର୍ମଚାରୀ, ମନ୍ତ୍ରୀ ଓ ପାର୍ଷଦ।

(୪୨)

ଗଡ଼ ମାଣୋତ୍ରୀ

ବିଧି କିଛି ଅଲଗା ଚାହୁଁଥିଲା । ବୋଧହୁଏ ତାହା ଏକ ନୂଆ ସଭ୍ୟତା ଓ ସଂସ୍କୃତି ଆସନ୍ନର ପୂର୍ବ ସୂଚନା ଥିଲା । ଯେମିତି ଏକ ଯୁଗର ପରିବର୍ତ୍ତନ । ସେଇଥିପାଇଁ ତ ଏ ବିଶ୍ୱାସ-ଅବିଶ୍ୱାସର ଖେଳ । ଭାବ-ଅଭାବର ଲଢ଼େଇ । କିଏ କେତେବେଳେ ଠାକୁରଙ୍କୁ ନେଇ ପଳାଉଛି ତ' ପୁଣି କିଏ ତାହାଙ୍କୁ ଆଣି ପୁନଃପ୍ରତିଷ୍ଠା କରୁଛି । କିଏ ତାଙ୍କୁ ପୂଜା କରୁଛି ତ' କିଏ ତାଙ୍କୁ ବାନ୍ଧି ଘୋଷାରୁଛି । କିଏ ତାଙ୍କୁ ବ୍ୟବସାୟ ପାଇଁ ଅନୁମତି ମାଗୁଛି ତ' ଆଉ କିଏ ଜୋର ଜବରଦସ୍ତ ଲୁଣ୍ଠନ କରୁଛି ।

ଲୁଣ୍ଠନ କଥା କହିଲେ କଳାପାହାଡ଼ର କଥା ମନେ ପଡ଼ିଯାଉଛି । ସେ ଖାଲି ମନ୍ଦିରକୁ ଲୁଣ୍ଠନ କଲା ନାହିଁ ଯେ, ସମ୍ପୂର୍ଣ୍ଣ ଓଡ଼ିଆ ଜାତିକୁ ଲୁଟିଲା । ଆମେ ଯେ ଦୁର୍ବଳ ତାହା ପ୍ରମାଣିତ କରି ଆମକୁ ଲଜ୍ଜିତ କଲା, ଆମେ ଶ୍ରୀହୀନ ହେଲୁ । ଉପରକୁ ଉଠିଲେ ବି ତାହା କହିବାକୁ ଡରିବା ଆରମ୍ଭ କଲୁ । ଆଉ ଗଲା କିଛିଦିନ ତଳେ ତ' କେସୁଦାସର ଲୁଣ୍ଠନ ଆମ ଭିତରେ ଫାଟକୁ ସ୍ପଷ୍ଟ କରିଦେଇଛି । ଏତେ ଫାଟ ଅଛି ଯେ, କ୍ଷମତା ଲୋଭରେ ଆମେ ସବୁ କିଛିକୁ ବଳିଦାନ କରିବାକୁ ପଛକୁ ହଟୁ ନାହୁଁ... ।

ହାସିମ ଖାଁ ପରେ କଲ୍ୟାଣ ମଲ୍ଲ ଖୋର୍ଦ୍ଧା ଆକ୍ରମଣ କଲେ । ଏହି ଆକ୍ରମଣର ଉଦ୍ଦେଶ୍ୟ କେବଳ ହିନ୍ଦୁ ବିରୋଧୀ ସମ୍ରାଟ୍ ଜାହାଙ୍ଗୀରଙ୍କୁ ସନ୍ତୁଷ୍ଟ କରିବା ଏବଂ ଧନସମ୍ପତ୍ତି ଲୁଟିବା । କିନ୍ତୁ କଲ୍ୟାଣ ମଲ୍ଲଙ୍କୁ ଓଡ଼ିଆ ପାଇକ ଉଚିତ ଜବାବ ଦେବାକୁ ଭୁଲିଲେ ନାହିଁ । କଟକ ଯାଏ ମୋଗଲ ସୈନ୍ୟଙ୍କୁ ଠେଲିବାରେ ସକ୍ଷମ ହୋଇଥିଲେ । କିନ୍ତୁ ରାଜ୍ୟରେ ଶାନ୍ତି ପ୍ରତିଷ୍ଠା ପାଇଁ ଗଜପତି ପୁରୁଷୋତ୍ତମ ଦେବ ସୁବେଦାର କଲ୍ୟାଣଙ୍କ ସହ ସନ୍ଧି କଲେ । ସମ୍ରାଟଙ୍କ ଉଦ୍ଦେଶ୍ୟରେ ଯୁଦ୍ଧ ହାତୀ 'ଶେଷନାଗ' ସହ ଅନେକ ଧନସମ୍ପତ୍ତି ପ୍ରେରଣ କଲେ । ଏହି

କ୍ଷେତ୍ରରେ ବି ମୀର୍ଜାନାଥନ୍ ଗଜପତି ମହାରାଜା ତାଙ୍କ ଝିଅଙ୍କୁ ଦୋଳାରେ ବସାଇ ଦିଲ୍ଲୀ ପଠାଇଥିଲେ ବୋଲି ଉଲ୍ଲେଖ କରିଛନ୍ତି । କିନ୍ତୁ ଗଜପତିଙ୍କ ଝିଅ କେହି ଗଜପତିଙ୍କ ଘରେ ରହୁ ନଥିବାରୁ ଏ ପ୍ରକାର ଲେଖନୀକୁ ଅତିରଞ୍ଜିତ ବୋଲି ଖୋର୍ଦ୍ଧା ଲୋକ ବିବେଚନା କଲେ । ଆଉ ପରେ ପରେ ମାଦଳା ପାଞ୍ଜିରେ କଲ୍ୟାଣ ମଲ୍ଲଙ୍କୁ ପାଇକ ମାରି ଦେଇଥିବା ମଧ୍ୟ ବର୍ଣ୍ଣନା କରିଥିଲେ ।

ଏହାଙ୍କ ପରେ କଟକ ସୁବାର ମୁଖ୍ୟ ହେଲେ ମକରମ୍ ଖାଁ ।

'କି ଜଗନ୍ନାଥ ? ଆଉ ସେ ମନ୍ଦିରରେ କିଛି ନାହିଁ । ଅଛି ତ' ଖୋର୍ଦ୍ଧା ମହଲରେ' - ସୁବାଦାର ମକରମ୍ ଖାଁ କଟକ ସୁବାର ଦାୟିତ୍ୱ ନେବା ପରେ ଏ ବିଷୟ ନିଶ୍ଚିତ କଲେ । ଖୋର୍ଦ୍ଧାରେ ଏହା ପୂର୍ବରୁ ପାଇକମାନେ ଅସନ୍ତୁଷ୍ଟ ଥିବା ସେ ଜାଣିଥିଲେ । ଏପରିକି ତାଙ୍କ ପୂର୍ବରୁ କଲ୍ୟାଣ ମଲ୍ଲଙ୍କୁ ସେମାନେ ଯେଉଁଭଳି ଭାବରେ ଆକ୍ରମଣ କରିଥିଲେ ତାହା ମଧ୍ୟ ଜ୍ଞାତ ଅଛି । କାରଣ ଖୋର୍ଦ୍ଧାର ପାଇକ ଏତେ ବଳୁଆ ଥିଲେ ଯେ, ସେମାନେ ମୋଗଲ ସେନାକୁ କଟକ ଯାଏ ଠେଲି ଦେଇଥିଲେ । ଏହି ରାଗର ପ୍ରତିଶୋଧ ନେବା ପାଇଁ ମକ୍‌ରମ୍ ଖାଁ ସିଧାସଳଖ ଖୋର୍ଦ୍ଧା ଆକ୍ରମଣ କଲା । ପୁରୁଷୋତ୍ତମ ଦେବ ଭୟରେ ଗଡ଼ ଛାଡ଼ି ପଳାଇଗଲେ । କିଏ କହିଲା ସିଏ ରାଜମହେନ୍ଦ୍ରୀ ଚାଲିଯାଇଛନ୍ତି । ଆଉ କିଏ କହିଲେ ସେ ଅଜ୍ଞାତ ।

ସେତେବେଳେ ରାଜାଙ୍କ ୨୧ ଅଙ୍କ ଚାଲିଥାଏ । ଓଡ଼ିଆ ପଞ୍ଜିକା ଅନୁସାରେ ସେଦିନ ଧନୁମାସ ୨୨ ଦିନ ହୋଇଥିଲା । ମକ୍‌ରମ୍ ଖୋର୍ଦ୍ଧା ଅଧିକାର କଲା । ସାକ୍ଷୀଗୋପାଳ ମନ୍ଦିରରେ ପଶି ମୂର୍ତ୍ତିକୁ ଆଘାତ ଦେଲା । ଏହାରି ଭୟରେ ଶ୍ରୀମନ୍ଦିରର ଜଗନ୍ନାଥ ପ୍ରେମୀମାନେ ଠାକୁରଙ୍କୁ ସିଂହାସନରୁ ଓହ୍ଲାଇ ଚିଲିକା ବାଟେ ନେଇ ଆସିଲେ ବାଣପୁର । ସେଇ ଚାପରେ ଠାକୁର ରହିଲେ । ତାଙ୍କୁ ଟାପୁ ଉପରେ ଓହ୍ଲାଇ ଦିଆଗଲା ନାହିଁ । ଗବ ପଦରଠାରେ ଠାଇନଦୀ ଭିତରେ ଠାକୁର ଚାପରେ ବିରାଜମାନ ହେଲେ । ଠାକୁର ତାଙ୍କ ଗାଁରେ ବୋଲି ଜାଣି ଗାଁ ଲୋକେ ଗୁପ୍ତରେ ବିଭିନ୍ନ ଫଳମୂଳ, କ୍ଷୀର, ଦହି, ଶୀତଳ ଭୋଗ ନିମନ୍ତେ ଦେଲେ ।

ଠାକୁରଙ୍କୁ ଚାପରେ ନେଇ ଚିଲିକା ଭିତରେ ରଖିବା ଏକ ପରମ୍ପରା ଯେମିତି ହୋଇଗଲା । ଚାପ ସେବକମାନେ ଏଥିରେ ସିଦ୍ଧହସ୍ତ ବି ହୋଇଗଲେ । ଶତ୍ରୁ ଆସିଲେ କେଉଁପଟେ କୁଆଡ଼େ ଯିବେ, ନିଜ ପ୍ରାଣ ପଛେ ଯାଉ ଠାକୁରଙ୍କୁ ରକ୍ଷା କରିବେ, ସେଥିରେ ଯଥେଷ୍ଟ ଜ୍ଞାନ ଆହରଣ କରିଥିଲେ । ଏଥିନେଇ ଚିଲିକାର ସମସ୍ତ ଖବର ଏଠାରେ ପହଞ୍ଚୁଥିଲା । ପ୍ରତି କୋଣରେ ନାଉରିଆମାନେ ସଙ୍କେତ ଦେବାକୁ ପ୍ରସ୍ତୁତ ଥିଲେ ।

ସେପଟେ ଛାମୁ ପରିବାରଙ୍କୁ ନେଇ ରଣପୁର ନିକଟ ମାଣୋଡ୍ରୀରେ ଗଡ଼ କଲେ । ଅଳ୍ପ କିଛି ପାଇକ ତାଙ୍କ ସାଙ୍ଗରେ ଥିଲେ । ଲୋକେ କହିଲେ ମାଣୋତ୍ରୀ ଗାଁ କଟକ ହୋଇଗଲା । ସେଠାରେ ଛାମୁଙ୍କ ଅଙ୍କ କଟାଗଲା । କିନ୍ତୁ ଅଳ୍ପ ଦିନ ପରେ ମୋଗଲ ସୈନ୍ୟବାହିନୀର ସେ ଝଡ଼ ଖୋର୍ଦ୍ଧାରୁ ଓହରିଲା । ଏ ଭିତରେ ଏକ ବର୍ଷ ବିତିଯାଇଥିଲା । ପରିସ୍ଥିତି ନିୟନ୍ତ୍ରଣକୁ ଆସିଥିବା ଜାଣି ଛାମୁ ଖୋର୍ଦ୍ଧା ଫେରିଲେ । ସେପଟେ ଶ୍ରୀଜଗନ୍ନାଥଙ୍କର ମଧ୍ୟ ପ୍ରତ୍ୟାବର୍ତ୍ତନ

ହେଲା । ଏହା ୧୬୧୮ ମସିହା କଥା ।

ହେଲେ ସବୁକିଛି ଶାନ୍ତ ହୋଇ ନଥାଏ । କଟକରେ ଯେତେବେଳେ ସୁବାଦାର ପଦରେ ପରିବର୍ତ୍ତନ ହେଉଥାଏ, ସେତେବେଳେ ଖୋର୍ଦ୍ଧା ଉପରେ ମୋଗଲ ସେନାଙ୍କ କୋପ ଦୃଷ୍ଟି ଉଜ୍ଜୀବିତ ହେଉଥାଏ । ଶ୍ରୀଜିଉଙ୍କୁ ଶ୍ରୀମନ୍ଦିରରୁ ବାହାର କରାଗଲା । ବାଣପୁର ଅଞ୍ଚଳର ଅନ୍ଧାରି ମହିମଠାରେ ଗୁପ୍ତରେ ରଖାଗଲା । କିନ୍ତୁ ପରିସ୍ଥିତି ସୁଧୁରୁ ନଥାଏ । ସୁବାଦାର ମିର୍ଜା ଅହମ୍ମଦ ବେଗ ଆଶଙ୍କା ଉତ୍କଟ ହେବାରୁ ମାଣୋତ୍ରୀରେ ରଖାଗଲା ଶଅୀଜିଉଙ୍କୁ ।

ସୁବାଦାର ମିର୍ଜା ଅହମ୍ମଦ ବେଗ୍ ଆଦେଶ ଦେଲା, ରାଜା ଓ ତାଙ୍କ ପରିବାର ଖୋର୍ଦ୍ଧା ଛାଡ଼ି ଚାଲି ଯାଆନ୍ତୁ, ଏହା ତାଙ୍କ ସମ୍ପତ୍ତି । ଏଥିରେ ଉତ୍ୟକ୍ତ ହେଲେ ଖୋର୍ଦ୍ଧାର ପାଇକମାନେ ମୋଗଲ ସେନା ଉପରେ ଆକ୍ରମଣ କଲେ, ପରାସ୍ତ ହେଲେ, କଟକ ପଳାଇଲେ ।

ଛାମୁ ଖୋର୍ଦ୍ଧା ଛାଡ଼ି ପୁଣି ମାଣୋତ୍ରୀରେ ଅଜ୍ଞାତ ହେଲେ । ସେ ସମୟରେ ଦିଲ୍ଲୀରେ କ୍ଷମତା ଯୁଦ୍ଧ ଉତ୍କଟ ହେଉଥାଏ । ନିଜର ଦକ୍ଷତା ପ୍ରତିପାଦନ ପାଇଁ ଓଡ଼ିଶାରେ ଶାହଜାହାନ ପ୍ରବେଶ ଉଦ୍ୟମ କରୁଥାଆନ୍ତି । ଏହାକୁ ବିରୋଧ କଲେ ଓଡ଼ିଶାର ସୁବାଦାର ଅହମ୍ମଦ ବେଗ୍ । ଏହିକ୍ରମରେ ସେ ଛତ୍ରଗଡ଼ଠାରେ ଘାଟି କଲେ । ଏଣୁ ବିଶେଷ କିଛି କ୍ଷତି ନା ଖୋର୍ଦ୍ଧାର ହେଲା ନା ଜଗନ୍ନାଥ ମନ୍ଦିରର । କିନ୍ତୁ ବାରମ୍ବାର ନିଜ ବୀରତ୍ୱ ଉପରେ ଯେଉଁ ପ୍ରଶ୍ନବାଚୀ ସୃଷ୍ଟି ହେଉଥିଲା ସେଥିରେ ହାରିଯାଇଥିଲେ ରାଜା ପୁରୁଷୋତ୍ତମ ଦେବ । ସେ ଯେମିତି ପୂର୍ବ ପୁରୁଷମାନଙ୍କ ମର୍ଯ୍ୟାଦା ରକ୍ଷା କରିବାରେ ବିଫଳ ହୋଇଛନ୍ତି । ଯେମିତି ବାପାଙ୍କ ସମ୍ମାନ ରକ୍ଷା କରିବାରେ ହାରି ଯାଇଛନ୍ତି । ଆଉ ପ୍ରଜାଙ୍କୁ ରକ୍ଷା କରିବେ କେମିତି ? ତାଙ୍କରି କାଳରେ ଶ୍ରୀଜଗନ୍ନାଥ ଦୁଇ ଦୁଇଥର ଅଜ୍ଞାତବାସ କରିବାଠୁ ଆଉ ଦୁଃଖ କଥା କ'ଣ ହୋଇପାରେ ? ଏହି ଲଜ୍ଜା ଓ ନୈରାଶ୍ୟ ଭିତରେ ମନ ମାରି ମାରି ରଖିଥିବା ପୁରୁଷୋତ୍ତମଙ୍କ ପ୍ରାଣବାୟୁ ଉଡ଼ିଗଲା, ସେଇ ମାଣୋତ୍ରୀ ଗଡ଼ରେ ।

(୪୩)

ବିରଞ୍ଚି ନାରାୟଣ

ଜଗନ୍ନାଥ କେବେ ଫେରିବେ ? ନରସିଂହ ଦେବଙ୍କ ୪ ଅଙ୍କ ଆରମ୍ଭ ହେଲାଣି । ତଥାପି ଗୋଳ ଥମୁ ନାହିଁ । ସୁବାଦାର ଅହମ୍ମଦ ବେଗ୍ ଯେମିତି ନାଲି ଆଖି ଦେଖାଉଛି ସେଥିରେ ସାଧୁ ସନ୍ଥମାନେ ବି ଆତଙ୍କିତ ହେଲେଣି । ରସିକାନନ୍ଦ ପ୍ରଭୁ ତାଙ୍କର '*ରସିକ ମଙ୍ଗଳ*' ଗ୍ରନ୍ଥରେ ଏ ସ୍ଥିତି ସମ୍ପର୍କରେ ଉଲ୍ଲେଖ କଲେ-

ତାର ବିବରନ କହି ଶୁନ ସର୍ବଜନ ।
ଅହମ୍ମଦ ବେଗ ବଡ଼ ଦୁଷ୍ଟ ସେ ଯବନ ।।
ଓଡ଼ିଷ୍ୟା ଦେଶେତେ ଯତ ରାଜା ଭୁଞ୍ୟା ବୈସେ ।
ସବାକାର ଘରଦ୍ୱାର ଭାଙ୍ଗିଲ ବିଶେଷେ ।।
ଘରବାଡ଼ି ଭାଙ୍ଗିଲ କାଟିଲ ସର୍ବ ବନ ।
ସବାକାର ସଙ୍ଗେଧରି ଲଇଲ ଯବନ ।।
ବଡ଼ଇ ପ୍ରତାପୀ ଦୁଷ୍ଟ ଯବନ ରାଜନ ।
ଥରହର କାମ୍ପେ ସବ ରାଜା ଭୁଞ୍ୟା ଗନ ।।

ଅର୍ଥାତ୍ ରାଜା ଥରହର, ପ୍ରଜା ବି ବ୍ୟାକୁଳ । ଏ ଭିତରେ ଜଗନ୍ନାଥ କେମିତି ବି ସୁରକ୍ଷିତ ଥାଆନ୍ତେ । ଅହମ୍ମଦ ବେଗ୍‌ର ଆକ୍ରମଣରେ ଓଡ଼ିଶା ଆଉ ରାଜ୍ୟ ଭଳି ହୋଇ ନାହିଁ ଏକ ଭୟ ଆଉ ଆତୁର ପରିବେଷ୍ଟିତ କାହାଣୀ ପରି ଲାଗୁଛି । ଶ୍ରୀ ଜଗନ୍ନାଥଙ୍କ ପୂଜାର୍ଚ୍ଚନା ମାଣୋତ୍ରୀରେ ଚାଲିଛି, କିନ୍ତୁ ଅନ୍ନ ଭୋଗ କି ସେ ରୀତି ନୀତି ହୋଇପାରୁ ନାହିଁ । ଯାହା ହେଉଛି କେବଳ ଧର୍ମ ବଞ୍ଚାଇବା ଉଦ୍ଦେଶ୍ୟରେ... ।

ରାଜା ଯେ, ରାଜ୍ୟ ବଞ୍ଚାଇବା ପାଇଁ ସଂଗ୍ରାମ କରିନାହାନ୍ତି ତାହା ନୁହେଁ; ପୂର୍ବରୁ ଯେମିତି ଚାଲିଥିଲା ସେମିତି ଚାଲିଛି । ଓଡ଼ିଆ ପାଇକମାନଙ୍କୁ ନେଇ ଅହମ୍ମଦ ବେଗ୍‌କୁ ନରସିଂହ ଦେବ

ମଙ୍ଗଳାଯୋଡ଼ିଠାରେ ଘେରିଲେ । କିନ୍ତୁ ଅହମ୍ମଦ ବେଗ୍ ଭାରି ଚାଲାକ ଥିବା ହେତୁ ସେ ସେଠାରୁ ଖସି ପଳାଇବାରେ ସମର୍ଥ ହୋଇପାରିଥିଲା ।

ଏ ଭିତରେ ଆଉ ଥରେ '*ଶାହଜାହାନ*' ବିପଦ ଓଡ଼ିଶାକୁ ମାଡ଼ି ଆସିଲା । ଦିଲ୍ଲୀ ଦରବାରରେ ରାଜ ସିଂହାସନକୁ ନେଇ ଚାଲିଥିବା ଭାଇ-ବିରାଦ୍ରୀ ଗଣ୍ଡଗୋଳରେ 'ଶାହଜାହାନ' ଅସନ୍ତୁଷ୍ଟ ହୋଇ ବିଦ୍ରୋହ ଘୋଷଣା କରିଥାଆନ୍ତି । ଏହିକ୍ରମରେ ସେ ଦିଲ୍ଲୀଠୁ ଦୂର ବଙ୍ଗ-ଓଡ଼ିଶା-ବିହାରକୁ ଅକ୍ତିଆର କରିବା ପାଇଁ ଆଗଭର ହୋଇ ଓଡ଼ିଶା ଆକ୍ରମଣ କରିଥାଆନ୍ତି । ଗଞ୍ଜାମ ଦେଇ ଓଡ଼ିଶାରେ ପ୍ରବେଶ କଲା ଶାହଜାହାନଙ୍କ ସେନା । ଖୋର୍ଦ୍ଧା ଗଡ଼ରେ ପହଞ୍ଚିବା ପରେ ରାଜା ନରସିଂହ ଦେବ ତାଙ୍କ ସହ ସନ୍ଧି କଲେ । ବଶତା ସ୍ୱୀକାର ହେଲା । ଏ ଖବର ପାଇବା ପରେ ମୀର୍ଜା ଅହମ୍ମଦ ବେଗ୍ ପିପିଲି ଓ ପରେ କଟକ ଚାଲିଗଲା । ପରେ କଟକ ଅଧିଗ୍ରହଣ କଲେ ଶାହଜାହାନ । ସେଠାରେ ନିଜର ବନ୍ଧୁ, ସହଚର ତକି ଖାଁଙ୍କୁ ଓଡ଼ିଶାର ସୁବାଦାର ଭାବେ ଅଧିଷ୍ଠିତ କରାଇଲେ । ଏବଂ ତାଙ୍କୁ ସାହକୁଲି ଖାଁ ଉପାଧିରେ ଭୂଷିତ କଲେ । ରାଜା ନରସିଂହ ଦେବ ଶାହଜାହାନଙ୍କ ବନ୍ଧୁ ଭାବେ ତାଙ୍କ ସହ ଚାଲିଥିଲେ । ଯେଉଁଥିରେ ସାମିଲ ଥିଲା ଶାହଜାହାନ୍‌ଙ୍କ ୮୦୦ ହାତୀ, ୧୪ହଜାର ଘୋଡ଼ା, ଏକ ଲକ୍ଷରୁ ଅଧିକ ପଦାତିକ । ଏହା ଦେଖିଲେ ଯେ କେହି ଡରିଯିବ ଆଉ ଯୁଦ୍ଧ କଥା ଛାଡ଼ନ୍ତୁ । ତାହା ହିଁ ହେଲା । ଓଡ଼ିଶା ଶାସନ ବିଷୟରେ ସମସ୍ତ ବୁଝାମଣା ସରିଲା । ରାଜା ଯାଜପୁରରୁ ମୁଣ୍ଡରେ ଶିରପା ଭିଡ଼ି ପୁରୀ ଅଭିମୁଖେ ଆସିଲେ । ଏହା ଦେଖି ପ୍ରଜାଙ୍କ ମନରେ ବିଶ୍ୱାସ ଆସିଲା ଏଥର ପୁଣି ସବୁ ସୁରୁଖୁର ହେବ । ଏହିକ୍ରମରେ ରାଜାଙ୍କ ପାର୍ଷଦ, ଦଇତା, ବ୍ରାହ୍ମଣ ସବୁ ବସି ଚିନ୍ତା କଲେ- *ଶ୍ରୀ ଜଗନ୍ନାଥଙ୍କୁ ପୁଣିଥରେ ଫେରାଇ ଆଣିବା । ଠାକୁରଙ୍କ ନବକଳେବର କରିବା ।*

ତାହା ହିଁ ହେଲା । ଶ୍ରୀଜଗନ୍ନାଥଙ୍କ ବ୍ରହ୍ମଙ୍କୁ ସସମ୍ମାନେ ଫେରାଇ ଅଣାଗଲା । ଶରୀରରେ ପୁଣିଥରେ ସ୍ଥାପନ କରାଗଲା ଏଥର ସବୁ ନୀତି ରୀତିକୁ ଠିକଣା ଭାବେ ପାଳନ କରାଗଲା । ଯେଉଁ ଭୋକ ଉପାସରେ ଠାକୁର ପଡ଼ି ରହିଥିଲେ ତାହାକୁ ଦୁର୍ଦ୍ଦିନ ଭାବି ଭୁଲିଯିବା ପାଇଁ ଚେଷ୍ଟା କଲେ ସମସ୍ତେ । ଆଉ ଅନ୍ନଭୋଗ ପାଇ ଖୁସିରେ ଅଧୀର ହୋଇଗଲେ ଭକ୍ତମଣ୍ଡଳୀ । ଜଗନ୍ନାଥ ଫେରିଥିବା ଖବର ପାଇ ବିଧବା, ସନ୍ଥ, ବାଆଜିଙ୍କ ସୁଅ ପୁଣିଥରେ ଛୁଟିଲା ।

... ହେଲେ ବିପଦ କ'ଣ ଟଳିଛି ? ଯେପର୍ଯ୍ୟନ୍ତ ଶାହଜାହାନ ସମ୍ରାଟ ହୋଇ ନାହାନ୍ତି ସେ ପର୍ଯ୍ୟନ୍ତ ତ ଓଡ଼ିଶା ସୁରକ୍ଷିତ ନୁହେଁ । ଏଠି କେତେବେଳେ ଶାସନ ପରିବର୍ତ୍ତନ ହେବ ତାହା କିଏ କହିବ ?

ତାହା ହିଁ ହେଲା । ଓଡ଼ିଶା ସୁବାର ସୁବାଦାର ଭାବେ ନିଯୁକ୍ତ ହେଲେ ବାକର୍ ଖାଁ । ଆକ୍ରମଣ ଯାହାଙ୍କ ରକ୍ତରେ, ଲୁଣ୍ଠନ ଯାହାଙ୍କ ମନରେ ସେ ଶାନ୍ତି ଚାହିଁବ ବା କିପରି ? ପୁରୀ କି ଖୋର୍ଦ୍ଧା ଆକ୍ରମଣ ନକରି ଏଥର ଆକ୍ରମଣ ହେଲା କୋଣାର୍କ । ବିଶ୍ୱର ଏକ ଆଶ୍ଚର୍ଯ୍ୟ ଏହି ମନ୍ଦିର । ଏହାର କଳାକୃତି ବାବଦରେ ସଂସ୍କୃତ, ହନ୍ଦୀ ଓ ଉର୍ଦ୍ଦୁ କାବ୍ୟରେ ଅନେକ ବର୍ଣ୍ଣନା ହୋଇଛି । ଏଣୁ ବକର ଖାଁ ଆକ୍ରମଣ କଲା କୋଣାର୍କ । ଏ ଆତଙ୍କରେ ବିରଞ୍ଚି ନାରାୟଣଙ୍କୁ ସେବାୟତମାନେ ପୁରୀ ନେଇ ଆସିଲେ । ଶ୍ରୀମନ୍ଦିରରେ ଶରଣ ଦେଲେ ।

(୪୩)

ବସନ୍ତ ଗୁଣ୍ଡିଚା

ବାକର୍ ଖାଁର ଆତଙ୍କରେ ସାରା ଓଡ଼ିଶା ଛାନିଆ ହୋଇଯାଇଥିଲା । ଜମିଦାରମାନେ ଏହାର ବିରୋଧ କଲେ ଆଉ ଶାହଜାହାନ୍‌ଙ୍କୁ କହିଲେ । ଶାହଜାହାନ୍ ଏ ବାବଦରେ ତୀବ୍ର ପ୍ରତିକ୍ରିୟା ପ୍ରକାଶ କଲେ । ବକର୍ ଖାଁକୁ କଡ଼ା ଚେତାବନୀ ଦେଲେ । ସୌଭାଗ୍ୟକ୍ରମେ ଶାହଜାହାନ୍‌ଙ୍କ ସେନା ଗୋଲକୁଣ୍ଡା ଦଖଲ କଲେ । ଏହି ବିଜୟ ଦ୍ୱାରା ଶାଜାହାନଙ୍କ ଶକ୍ତି ବଢ଼ିଲା । କ୍ରମେ ଶାନ୍ତି ପ୍ରତିଷ୍ଠା ହେଲା । ଓଡ଼ିଶାରୁ ବକର୍ ଖାଁ ଅପସାରଣ ହେଲେ । ତାଙ୍କ ସ୍ଥାନରେ ଆସିଲେ ମୁତାକ୍ୱତ୍ ଖାଁ । ଏହାଙ୍କ ଉଦାରପଣରେ ଓଡ଼ିଶା ପୁଣିଥରେ ଭକ୍ତିମାର୍ଗକୁ ଫେରି ଆସିଲା । ଗଜପତି ନରସିଂହ ଦେବ ଶ୍ରୀଜଗନ୍ନାଥଙ୍କ କରକମଳ ସେବାରେ ନିଜକୁ ନିୟୋଜିତ କଲେ ।

ପ୍ରଥମତଃ ଶ୍ରୀମନ୍ଦିର ସୁରକ୍ଷା । ଅନେକ ଦିନ ହେଲା ଅଶାନ୍ତ ପରିବେଶ ଭିତରେ ଶ୍ରୀମନ୍ଦିରର ରକ୍ଷଣାବେକ୍ଷଣ ପ୍ରତି କେହି ଦୃଷ୍ଟି ନିକ୍ଷେପ କରିପାରି ନଥିଲେ । ଏବେ ସମୟ ଆସିଛି ମନ୍ଦିର କାନ୍ଥରେ ଯେଉଁ ଗଛଲତା ଉଠିଛି ତାହାକୁ ସଫା କରିବା । ପଥର କାନ୍ଥକୁ ସୁରକ୍ଷିତ କରି ରଖିବା । ଏହିକ୍ରମରେ ରାଜକୋଷରୁ ଅର୍ଥ ବିଧାନ ହେଲା । ମନ୍ଦିର କାନ୍ଥରେ ଚୂନର ଏକ ଆସ୍ତରଣ ପ୍ରଲେପ କରାଗଲା । ଫଳରେ ମନ୍ଦିରର କାରୁକାର୍ଯ୍ୟ ଆଉ ଲୋକଲୋଚନକୁ ଆସିଲା ନାହିଁ । କିନ୍ତୁ ଦୀର୍ଘ ବର୍ଷ ହେଲା ସାମୁଦ୍ରିକ ହାୱା ସଂସ୍ପର୍ଶରେ ଆସି ପଥର କାନ୍ଥ ଯେଉଁ ଅବକ୍ଷୟ ଆଡ଼କୁ ଗତି କରୁଥିଲା ତାହାର ସମାଧାନ ହେଲା । ଏଥିଲାଗି ୩୬୮ ଦିନ ସମୟ ଲାଗିଲା । ୯୧ହଜାର ୫୩୮ କାହାଣ କଉଡ଼ି ଖର୍ଚ୍ଚ ହୋଇଥିଲା ।

ଏ ଭିତରେ ଗଜପତି ଓଡ଼ିଶା ବିଶେଷ କରି ପୁରୀର ସାମାଜିକ ବ୍ୟବସ୍ଥାରେ ବିଭେଦ ସୃଷ୍ଟି ପାଇଁ ଥିବା ପ୍ରସ୍ତାବରେ ରାଜି ହେଲେ। କିଛି ବ୍ରାହ୍ମଣ ତଥା ରାଜାଙ୍କ ସଙ୍ଗେ ଭଲ ସମ୍ପର୍କ ସ୍ଥାପନ କରି ତାଙ୍କଠାରୁ ସମ୍ପତ୍ତି ନେଇ ଆରାମରେ ରହୁଥିବା ବ୍ରାହ୍ମଣ ପରାମର୍ଶଦାତା ବଙ୍ଗୀୟ ଢାଞ୍ଚାରେ ପୁରୀରେ ସାମାଜିକ ବିଭକ୍ତୀକରଣ ପାଇଁ ପ୍ରସ୍ତାବ ଦେଇଥିଲେ। ସେଠାରେ ସେନ ବଂଶୀୟ ରାଜା ବଲ୍ଲାଳ ସେନ ଯେମିତି କୌଳୀନ ପ୍ରଥା ପ୍ରଚଳନ କରିଥିଲେ ଠିକ୍ ସେମିତି ଏଠାରେ କୌଳୀନ ପ୍ରଥା ଆରମ୍ଭ ହେଲା। ବ୍ରାହ୍ମଣ କୁଳକୁ ତିନି ଭାଗରେ ବଣ୍ଟାଗଲା। ସାମନ୍ତ, ଭଟ୍ଟମିଶ୍ର ଓ ବୈଦିକ। ସାମନ୍ତମାନେ ସର୍ବଶ୍ରେଷ୍ଠ ହେଲେ। ସେମାନେ ପୁଣି ୪ ବର୍ଗର ରହିଲେ। ବତ୍ସସ, ନନ୍ଦ, ବାଜପେୟୀ ଓ ଆତ୍ରେୟ। ଏମାନଙ୍କ ଭିତରେ ବତ୍ସସ ବ୍ରାହ୍ମଣ ପ୍ରଥମ ସାମନ୍ତ ହେଲେ।

ବାରମ୍ବାର ଯବନ ଆକ୍ରମଣର ଶିକାର ହେଉଥିବା ପୁରୀ ଶ୍ରୀମନ୍ଦିର ପାଇଁ ପ୍ରଥମ ଆବଶ୍ୟକ ଥିଲା ସବୁ କାଳ ପ୍ରାଇଁ ଜଗନ୍ନାଥଙ୍କୁ ସୁରକ୍ଷିତ କରି ରଖିବାର ଦୀର୍ଘସ୍ଥାୟୀ ବ୍ୟବସ୍ଥା। ସେଥିପ୍ରତି ଗଜପତି ନରସିଂହ ଦେବ ଦୃଷ୍ଟି ନଦେଇ ନିଜର ଗାଥା ବଢ଼ାଇବା ଲାଗି ଆରମ୍ଭ କଲେ ବସନ୍ତ-ରଥଯାତ୍ରା। ଯଦିଓ ଆଷାଢ଼ର ଗୁଣ୍ଡିଚା ବା ରଥଯାତ୍ରା ବିଷୟରେ ପ୍ରାୟ ସମସ୍ତ ଭକ୍ତ, ସେବକ ଓ ଯାତ୍ରୀ ଅବଗତ ଥିଲେ, କିନ୍ତୁ ଚୈତ୍ରମାସରେ ଏକ ରଥଯାତ୍ରା ହୁଏ ବୋଲି ଅନେକ ଜାଣି ବି ନଥିଲେ। କିନ୍ତୁ ଇତିହାସ ଓ ପାଞ୍ଜିକୁ ଲକ୍ଷ୍ୟ କରି ବ୍ରାହ୍ମଣମାନେ ରାଜାଙ୍କୁ ଅବଗତ କଲେ ଯେ, ଚୋଡ଼ଗଙ୍ଗ ଦେବ ଏହି ପରମ୍ପରା ଆରମ୍ଭ କରିଥିଲେ। ଏଣୁ ଏହି ରୀତିର ପୁନରୁଦ୍ଧାର ହୋଇପାରିଲେ ଜଗନ୍ନାଥଙ୍କ ଆଶିଷ ସେ ଲାଭ କରିବେ। ପ୍ରଜା ତାଙ୍କୁ ଯୁଗ ଯୁଗ ମନେ ରଖିବେ।

ଶାସନର ୧୫ ବର୍ଷ ଶାନ୍ତିପୂର୍ଣ୍ଣ ଭାବେ କଟିଥିବାରୁ ମହାରାଜା ଏଥିରେ ରାଜି ହେଲେ। ଆଉ ଆରମ୍ଭ ହେଲା ବସନ୍ତ ଗୁଣ୍ଡିଚା। ଏହି ମଉଚ୍ଛବରେ ରଥ ହୁଏନି ସତ, କିନ୍ତୁ ପାଲିଙ୍କିରେ ମଦନମୋହନ, ଶ୍ରୀଦେବୀ, ନାରାୟଣୀଙ୍କୁ ମନ୍ଦିର ଚାରିକଡ଼ରେ ବୁଲାଯାଏ। ବଡ଼ ଶୋଭା ଦିଶନ୍ତି ଠାକୁର। ଆଉ ଏହାକୁ ଦେଖିବା ଲାଗି ଭକ୍ତଙ୍କ ଭିଡ଼ ବି ଥିଲା। ଅନେକ ବର୍ଷ ପରେ ଏ ନୀତି ହେଉଥିବାରୁ ବିଭିନ୍ନ କୋଣ ଅନୁକୋଣରୁ ପୁଣି ଭକ୍ତଙ୍କ ସୁଅ ଛୁଟିଲା ପୁରୀ ଆଡ଼େ। ଏକ ଚଳଚଞ୍ଚଳ ବୈଷ୍ଣବ କ୍ଷେତ୍ର ହେତୁ ନରସିଂହ ଦେବଙ୍କ ଖ୍ୟାତି ଓ ସୁନାମ ବଢ଼ିଲା। ଏଥିରେ କିନ୍ତୁ ଶାନ୍ତିରେ ରହିପାରିଲେ ନାହିଁ ତାଙ୍କ ପାରିବାରିକ ଶତ୍ରୁକୁଳ। ନିଜ ପିତାମହ ତାଙ୍କୁ ହତ୍ୟା ପାଇଁ ଷଡ଼ଯନ୍ତ୍ର କଲେ। ଯେତେବେଳେ ମୁତାକ୍ୱତ୍ ଖାଁ ଦ୍ୱିତୀୟଥର ପାଇଁ ଓଡ଼ିଶା ସୁବା ଦାୟିତ୍ୱରେ ଆସିଲେ, ତାଙ୍କୁ ପିତାମହ ଅନିରୁଦ୍ଧ ରାୟ ବଶୀଭୂତ କଲେ। ସନ୍ଥ ରୂପରେ ମତାକ୍ୱିଦ ଖାଁ ପୁରୀ ନଅରରେ ପ୍ରବେଶ କଲେ ଏବଂ ସେଠାରେ ନରସିଂହ ଦେବଙ୍କୁ ହତ୍ୟା କଲେ। ପରେ ଅନିରୁଦ୍ଧଙ୍କ ପୁଅ ଗଙ୍ଗାଧର ସିଂହାସନ ଆରୋହଣ କରିଥିଲେ। ଏହି ସମୟରେ ଯବନମାନେ ଶ୍ରୀମନ୍ଦିରରେ ପ୍ରବେଶ କଲେ। ଭକ୍ତଙ୍କ ଦାନରେ ପୂରି ଉଠିଥିବା ଭଣ୍ଡାର ଘରକୁ ଲୁଣ୍ଠନ କଲେ ସେମାନେ। ଶ୍ରୀମନ୍ଦିର ଅପେକ୍ଷା କଲା ପୁଣି ଏକ ଭଲ ସମୟକୁ...।

(୪୫)

ବଜ୍ରପାତ

ଦିବ୍ୟସିଂହ ଦେବଙ୍କ ୩୮ ଅଙ୍କ। ସନ ୧୬୮୭। ବନ୍ୟା ନାହିଁ କି ମରୁଡ଼ି, କିନ୍ତୁ ପ୍ରଜାସବୁ ଏକ ପରିଚିତ ଭୟରେ ଆତଙ୍କିତ। ହିନ୍ଦୁ ଦେବଦେବୀ ଆଉ ରହିବେ କି ନାହିଁ ତାହାନେଇ ପ୍ରଶ୍ନ, ଚାରିଆଡ଼େ। ସେପଟେ ଯାଜପୁରର ଦେବାଳୟଗୁଡ଼ିକରେ ଆବୁ ନସର ଖାଁ ନିଜର ତାକତ ଦେଖାଉଛି। ବିଭିନ୍ନ ମନ୍ଦିରରେ ପ୍ରବେଶ କରି ସବୁ ଭାଙ୍ଗିରୁଜି ଦେଲାଣି। ସମ୍ରାଟ୍ ଔରଙ୍ଗଜେବ୍‌ଙ୍କୁ ପ୍ରସନ୍ନ କରିବା ଲାଗି ଶାରଳା ମନ୍ଦିରକୁ ଭାଙ୍ଗି ସେ ସ୍ଥାନରେ ଏକ ମସ୍‌ଜିଦ୍ ତିଆରି କରାଗଲାଣି। ତୁଳସୀକ୍ଷେତ୍ରରେ ବଳଦେବଜିଉ ମନ୍ଦିରର ମଧ୍ୟ ସମାନ ଅବସ୍ଥା। ଏଥର ପୁରୀ ମୁହାଁ ହୋଇଛି ମୋଗଲ୍ ସେନା ! କଳାପାହାଡ଼ ପରି ଶ୍ରୀମନ୍ଦିରକୁ ବିଧ୍ୱଂସ କରିବ ବୋଲି ତା'ର ପଣ। ମନ୍ଦିରକୁ ମସ୍‌ଜିଦ୍‌ରେ ପରିଣତ କରିବାର ଜିଦ୍। ପୂର୍ବରୁ ମଧ୍ୟ ଅନେକ ଏ ସ୍ୱପ୍ନ ଦେଖିଛନ୍ତି। କିନ୍ତୁ ସଫଳ ହୋଇ ନାହାନ୍ତି।

ସେ ସର୍ବଶକ୍ତିମାନ, କୋଟି ହୃଦୟର ପ୍ରାଣ। ଲୀଳା ଦେଖାଇଛି ସିନା କାହାକୁ ନିରାଶ କରିନି। ହଁ, ନିଜେ କେତେବେଳେ ଚାପ ଉପରେ ବର୍ଷ ବର୍ଷ ବିତାଇଛି; ୬୦ ପଉଟି ଖାଉଥିବା ଏ ଠାକୁର କେବଳ ଶୃଙ୍ଖଳା ଭୋଗରେ ନିଜକୁ ସୀମିତ ରଖିଛି। ପୁଣି କେତେବେଳେ ବିପଦ ଆସିଲେ ନିଜ ପ୍ରାଣ କାଢ଼ି ନେଇ ଶରୀର ଛାଡ଼ିବାକୁ ଆହ୍ୱାନ ଦେଇଛି। ତାହା ବି କାର୍ଯ୍ୟକାରୀ ହୋଇଛି ତା'ର ଭକ୍ତ ଓ ସେବକମାନଙ୍କ ଦ୍ୱାରା। ଏଣୁ ସମୟ ଆସିଲେ ପ୍ରାଣ

କାଢ଼ି ଶରୀରକୁ ଦାନ ଦେବାକୁ ସମସ୍ତେ ପ୍ରସ୍ତୁତ ପ୍ରାୟ। ରାଜା, ପ୍ରଜା ଓ ସେବକେ।

ମୋଗଲ ସେନା ପିପିଲିରେ ଡେରା ପକାଇଲେ। ଆଗରୁ ଅବଶ୍ୟ ସେଠାରେ ତାଙ୍କ ଥାନା ଥିଲା କିନ୍ତୁ ସୁବାଦାର ସବୁ ତାକତ ସହ ଆସିବା ଏକ ନୂଆ ସଙ୍କେତ ଦେଉଥିଲା। ରାଜା ମଧ୍ୟ ନିଜ ପରିବାର ସହ ଦାଣ୍ଡମୁକୁନ୍ଦପୁରରେ ଶିବିର କଲେ। ପାଇକମାନେ ପ୍ରସ୍ତୁତ ଥାଆନ୍ତି। କିନ୍ତୁ ମୋଗଲ ସେନାର ପ୍ରସ୍ତୁତି ଆଗରେ ସେମାନଙ୍କ ଦମ୍ ନାହିଁ କହିଲେ ଚଳେ।

କେମିତି ବା ରହିବ ? ରାଜା ଯଦି ଖାଲି ଶରଣ, ସର୍ତ୍ତ ଓ ସନ୍ଧିରେ ବିଶ୍ୱାସ କରିବେ, ତେବେ ସେନାପତି କି ଯୁଦ୍ଧ କଥା ଉଠାଇପାରିବ ? ଠିକ୍ ସେଇ ପରିସ୍ଥିତି ଓଡ଼ିଶାରେ ସୃଷ୍ଟି ହୋଇଥିଲା। ଯେମିତି କଥାକୁହା ଭାଷାରେ ବଙ୍ଗାଳୀ ଓ ଉର୍ଦ୍ଦୁ ମିଶିଯାଇଥିଲା ଠିକ୍ ସେମିତି ମୋଗଲ ଅଧିକୃତ ହେବାପରେ ଶାସନ ଓ ପ୍ରଶାସନରେ ଭୟ, ଛଳନା ଓ ସାଲିସ, ଅଙ୍ଗ ସାଜି ସାରିଥିଲା। ମୋଗଲ ସେନା ପାଖରେ ଯେଉଁ ବାଣ ଥିଲା ତାହା ଆଗରେ ଖଣ୍ଡା, ବର୍ଚ୍ଛା, ଫାର୍ସା, କୁରାଢ଼ି, ପନିକି, ଧନୁତୀର, ଦୋଆର, ଧୁକନର ଶକ୍ତି କେତେ ? ହଁ, କେଉଁଠି କେଉଁଠି ଛୋଟ ବନ୍ଧୁକ କିଛି ଅଛି କିନ୍ତୁ ସେମାନେ ଯେଉଁ ଗୋଳା ପକାଉଛନ୍ତି ତା' ଆଗରେ ଆମ ଶକ୍ତି – ହାତୀ ଆଗରେ ପିମ୍ପୁଡ଼ି ଭଳି; ନୁହେଁକି ? ସେଇଥିପାଇଁତ କିଛିବର୍ଷ ହେଲା ସେମାନେ ଓଡ଼ିଆ ରାଜା ଓ ଜମିଦାରଙ୍କଠୁ କାଳୁପଡ଼ା, ମୋଟରୀ, କରକହି, ଘୋରଡିଆ ପ୍ରଭୃତି ୭ଟି ଦୁର୍ଗକୁ ଦଖଲ କରିନେଇଛନ୍ତି। ଆଉ ଏବେ ପୁରୀ ପାଳି।

ତଥାପି ବୀର ପାଇକର ରକ୍ତରେ ସ୍ୱାଭିମାନ ବୋହୁଥିଲା; ଅପେକ୍ଷା କରିଥିଲା ପୁଣି ଏକ ଆହ୍ୱାନକୁ। ଏମିତି ସେନା ଛାଉଣିରେ କିଛି କିଛି ପ୍ରାଣ ରାସ୍ତାରେ ଗଡ଼ିବାର ଆଶଙ୍କା କିଛି ନୂଆ କଥା ନୁହେଁ। ପୁଣି ମୋଗଲଙ୍କ ପ୍ରବେଶ ପରେ କିଛି ସୁବାଦାରଙ୍କ ହିନ୍ଦୁ ବିଦ୍ୱେଷୀ ନୀତି ଯୋଗୁଁ ମାର୍, କାଟ୍, ହତ୍ୟା, ଲୁଣ୍ଠନ ଓ ନିର୍ଯାତନା ଏକ ସବୁଦିନିଆ ବ୍ୟାପାରରେ ତ ପରିଣତ ହୋଇଛି। ଏଇ ଗୀତ ଗାଉଥିବା ବୈଷ୍ଣବ ସାଲବେଗ ତ' ତା'ର ପରିଣତି![୪୭] ଦାଣ୍ଡମୁକୁନ୍ଦପୁରରୁ ତାଙ୍କ ମା'କୁ ଅପହରଣ କରିନେଇଥିଲା ଲାଲବେଗ। କଟକରେ ରଖିଥିଲା। କିଛିବର୍ଷ ପରେ ଲାଲବେଗର ମୃତ୍ୟୁ ହେଲା ଆଉ ମା' ଓ ଛୁଆ କଟକରେ ରହିଲେ। ମା' ହିନ୍ଦୁ ଓ ବ୍ରାହ୍ମଣ ଘରର ହୋଇଥିବା ହେତୁ ପୁଅକୁ ଜଗନ୍ନାଥ ମହିମା ବିଷୟରେ କହୁଥିଲେ। ଏଣୁ ଦୁନିଆ ଆଗରେ ସେ ସିନା ମୁସଲମାନ ହେଲେ ନିଜ ରକ୍ତରେ ଜଗନ୍ନାଥଙ୍କ ପ୍ରତି ତାଙ୍କର ରହିଛି ଅଶେଷ ପ୍ରେମ ଓ ଭକ୍ତି। ସେଥିପାଇଁ ସେ ବୈଷ୍ଣବ ହୋଇଛି। ବଡ଼ ଦେଉଳ ଆସୁଛି, ଗୀତ ଗାଉଛି ସମସ୍ତଙ୍କୁ ଚକିତ କରିଛି।

ହେଲେ ଆଜି କ'ଣ ହେବ, ମୁକୁନ୍ଦ ଦେବ ସନ୍ଧି କରିବେ ? ଧନ ରତ୍ନ ଅଜାଡ଼ିବେ ? ନା ଯୁଦ୍ଧ ହେବ ? ପରିସ୍ଥିତି ଏତେ ସଙ୍ଗିନ୍ ଯେ, କାହା ପାଖରେ କିଛି ଉପାୟ ନାହିଁ। ଖାଲି ଅପେକ୍ଷା କରିଛନ୍ତି ପରବର୍ତ୍ତୀ ଆଦେଶକୁ। ହାତଯୋଡ଼ି ପ୍ରଭୁ ଶ୍ରୀଜଗନ୍ନାଥଙ୍କୁ ମିନତି କରୁଛନ୍ତି ଦୁଃଖୀରଙ୍କି, ମହିଳା ପୁରୁଷ, ସାଧୁ ସନ୍ଥ। କେହି କହାକୁ କିଛି କହୁ ନାହାନ୍ତି କି ପଚାରୁ ନାହାନ୍ତି। ଯିଏ ସବୁ ଲୀଳାଖେଳା କରୁଛି ତାହାରି ଅଦେଖା ହାତ ପାଦକୁ ହିଁ ଭରସା କରିଛନ୍ତି। ଯେମିତି କାଞ୍ଚି ଅଭିଯାନ ବେଳେ ହୋଇଥିଲା ସେମିତି ଏକ ଚମତ୍କାରକୁ ଚାତକ ପରି ଚାହିଁଛନ୍ତି।

ଏତିକିବେଳେ କେଉଁଠି ଥିଲା ଲେଉଟାଣି ମେଘ ବଜ୍ର ନେଇ ଧୂମ ଗର୍ଜନ କଲା। ବିଜୁଳି, ଘଡ଼ଘଡ଼ିରେ ଆକାଶ କମ୍ପିଲା। ଉପସ୍ଥିତ ପାଇକ, ସେନାପତି, ଛାମୁ ସମସ୍ତେ ଏହାକୁ ଜଗନ୍ନାଥଙ୍କ ମହିମା ବୋଲି କହିଲେ। ରାସ୍ତା ଉପରେ ଥିବା କିଛି ଗଛ ପୋଡ଼ିଗଲା, କିଛି ସୈନ୍ୟଙ୍କ ମୃତ୍ୟୁ ହେଲା। ଭୟ ପଶିଗଲା ମୋଗଲ୍ ସୈନ୍ୟବାହିନୀ ଭିତରେ। ମେଘ ସଙ୍ଗେ ସେମାନେ ବି ଲେଉଟାଣି ଦେଲେ। ଏକ ଆସନ୍ନ ବିପଦ ଟଳିଲା।

ମୁକୁନ୍ଦ ଦେବ କିନ୍ତୁ ରାଜ୍ୟରେ ଘଟିଥିବା ବିପର୍ଯ୍ୟୟର ସାକ୍ଷୀ ହେବାକୁ ଯାଜପୁର ଗଲେ। ଯାଜପୁର ନଅରରେ ତାଙ୍କ ପାଇଁ ଭବ୍ୟ ସମ୍ବର୍ଦ୍ଧନାର ଆୟୋଜନ ହୋଇଥିଲା। ବିରଜା ମନ୍ଦିରର କ୍ଷୟକ୍ଷତି ସମେତ ଅନ୍ୟ ମନ୍ଦିରଗୁଡ଼ିକର କ୍ଷତିକୁ ଅନୁଧ୍ୟାନ କଲେ। ଏସବୁ ଦେଖି ଅତ୍ୟନ୍ତ ମାନସିକ ଚାପ ଭିତରେ ଥାଆନ୍ତି ମୁକୁନ୍ଦ ଦେବ। ଯାହା ପୂର୍ବପୁରୁଷଙ୍କ କୀର୍ତ୍ତି, ରାଜ୍ୟ ଶାସନର ଅଙ୍ଗ, ପ୍ରଜାଙ୍କ ଭରସା ତା'ରି ଉପରେ ମାଡ଼ ଚାଲିଛି, ନିରନ୍ତର। କେବେ ଏହା ଅନ୍ତ ହେବ ତାହାର କୌଣସି ଠିକଣା ନାହିଁ। ଏ ଭିତରେ ପ୍ରଜାଙ୍କ ସାମାଜିକ ଓ ଅର୍ଥନୀତି ତ ଉଜୁଡ଼ିବାରେ ଲାଗିଛି। ...ବସନ୍ତ ରୋଗରେ ଆକ୍ରାନ୍ତ ହେଲେ ଛାମୁ ମୁକୁନ୍ଦ ଦେବ। ସେଇଠି ତାଙ୍କର ମୃତ୍ୟୁ ଘଟିଲା। ତାଙ୍କର ଜୁଇ ଦେଖି ପାଟରାଣୀ ଆଉ ସମ୍ଭାଳିପାରିଲେ ନାହିଁ। 'ରାଜ୍ୟ ଯେତେବେଳେ ବିପଦରେ ପୁଣି ଛାମୁଙ୍କୁ ପ୍ରଭୁ ଉଠାଇ ନେଉଛନ୍ତି ସେଠାରେ ମୁଁ ରହି ଆଉ କ'ଣ ବା କରିପାରିବି'। ରାଣୀମାନଙ୍କ ଉପରେ ମୁସଲ୍‌ମାନ ଶାସକ ଓ ସୁବେଦାରମାନଙ୍କ ଖରାପ ନଜର ତ ଅନେକ ସ୍ଥାନରେ ପ୍ରମାଣିତ ହୋଇଛି। ସେଇଥିପାଇଁ ତ ନିଜର ସତୀତ୍ୱ ରକ୍ଷା କରିବାକୁ ଯାଇ ରାଣୀ ପଦ୍ମାବତୀ ନିଜ ଜୀବନକୁ ଝାସ ଦେଲେ। ... ପୁତ୍ରକୁ ରାଜ୍ୟ ସମ୍ଭାଳିବାର ଦାୟିତ୍ୱ ଦେଇ ପତିଙ୍କ ଜୁଇରେ ନିଜକୁ ଝାସ ଦେଲେ ନିଜର ସତୀତ୍ୱ ରକ୍ଷା କରିବା ପାଇଁ। ଅନ୍ତ ହେଲା ମୁକୁନ୍ଦ ଦେବଙ୍କ ଶାସନ। ପରମାନନ୍ଦ ପଟ୍ଟନାୟକଙ୍କ ପୁଅ ରାମଚନ୍ଦ୍ର ପଟ୍ଟନାୟକ ବିଧି ଅନୁସାରେ ଯୁବରାଜ ଦିବ୍ୟସିଂହଙ୍କୁ ବରପଦା ଗଡ଼ରୁ ରଥିପୁର କଟକ (ଗଡ଼) ଆଣିଲେ। ସେଠାରେ ତାଙ୍କର ରାଜ୍ୟାଭିଷେକ ହେଲା।

(୪୬)

ଅଜ୍ଞାତରେ ୧୫ ବର୍ଷ

ମେ'ମାସ ୧୬୯୨।

ତୁମେ ପରା ପରଂବ୍ରହ୍ମ; ଅନାଥର ନାଥ। ହେଲେ ରତ୍ନ ସିଂହାସନ ଆଜି ଟଳମଳ କାହିଁକି ? ରାଜାଠାରୁ ପ୍ରଜା ଯାଏ ସମସ୍ତେ ଏମିତି କୋକୁଆ ଭୟରେ ଭୀତତ୍ରସ୍ତ କେଉଁଥିପାଇଁ ଛାମୁ। କଟକରେ ସୋରିଷଟିଏ ପଡ଼ିଲେ ଏଠି ତାହା ପର୍ବତ ପ୍ରାୟ କାହିଁକି ପ୍ରତୀୟମାନ ହେଉଛି ? ତୁମକୁ ଦେଖି ସେଦିନ ଯବନ ସାଲବେଗ କହୁଥିଲା-

... ଶଙ୍ଖ ଚକ୍ର ଗଦା ପଦ୍ମ ମହାପ୍ରଭୁ ଧରିଛନ୍ତି ଆଷ୍ଟକରି।
ଦୁଃସହ ଦୁର୍ଗତି ଗ୍ରହ ପୀଡ଼ାମାନେ ଆଉ କି ପଶିବେ ଡରି।।

କିନ୍ତୁ ସେ ଶଙ୍ଖ ଚକ୍ର ଆଜି ନିଷ୍ପ୍ରଭ କାହିଁକି ହେଲା, ସେ ସାଲବେଗ କ'ଣ ଭୁଲ୍ କହୁଥିଲା ନା ତୁମେ ଆଉ କିଛି ପରୀକ୍ଷା ଚାହୁଁଛ ପ୍ରଭୁ ? ଆଜି ତୁମରି ସେବକ ବୋଲି ୧୮ଗଡ଼ର ଖଣ୍ଡାୟତ ଯେଉଁ ସମ୍ମାନ ଉତ୍ସର୍ଗ କରୁଥିଲେ, ତାହା ଆଉ ନାହିଁ। କେହି ସାହା ନାହିଁ; ମହାପ୍ରଭୁ ତୁମରି ଚଉବାହା ଖୋଲିଦିଅ। ରକ୍ଷା କର ଏ ଜଗନ୍ନାଥ ସଂସ୍କୃତିକୁ, ପରମ୍ପରାକୁ ... ରକ୍ଷା କର !

ଲୋତକଭରା ଛଳ ଛଳ ଆଖିରେ ଦିବ୍ୟସିଂହ ଦେବ ଆଦେଶ ଦେଲେ- ମହାପ୍ରଭୁଙ୍କୁ

ସ୍ଥାନାନ୍ତର କର। ଚାପ ପ୍ରସ୍ତୁତ ରହୁ। ଚନ୍ଦନ କାଠରେ ଆଉ ଏକ ଜଗନ୍ନାଥ ମୂର୍ତ୍ତି ତିଆରି କରାଯାଉ। ସେଇ ମୂର୍ତ୍ତିର ଦୁଇ ଆଖିରେ ମଣି ପଥର ଖଞ୍ଜାଯିବ, ଯାହାକୁ ଦେଖିଲେ ଲୋଭୀ ବିଧର୍ମୀ ପ୍ରଶମିତ ହେବେ। ଶ୍ରୀମନ୍ଦିର ଆକ୍ରମଣରୁ ବର୍ତ୍ତିପାରିବ। ସେ ବିଧର୍ମୀମାନେ ଯେମିତି ଆମକୁ ଛଳନା ଭିତରେ ରଖିଛନ୍ତି ସେମିତି ଛଳନା ଭିତରେ ତାଙ୍କୁ ଆମେ ବାନ୍ଧି ରଖିବା ଉଚିତ। ଆମର ଶକ୍ତି ନାହିଁ ରାଜଗୁରୁ.. ସେମାନଙ୍କ ସହ ଲଢ଼ିବାକୁ। ଖାଇବାକୁ ଦାନାଟିଏ ଦେଇ ପାରୁ ନଥିବା ରାଜା ତା'ର ପ୍ରଜାଙ୍କୁ ଯୁଦ୍ଧ ପାଇଁ କିପରି ନିବେଦନ କରିବ ?

ହଁ; ଘୋଷଣା କରିଦିଅ ଆଜିଠୁ ତାଙ୍କ ଇଷ୍ଟଦେବ ଆଉ ଶ୍ରୀମନ୍ଦିରରେ ନାହାନ୍ତି। ଏ ମନ୍ଦିରରେ ଆଉ ବାନା ଉଡ଼ିବ ନାହିଁ, ଭୋଗ, ଭଅଣ୍ଡ ହେବ ନାହିଁ। ରଥଯାତ୍ରା ହେବ ନାହିଁ କି ରୁକ୍ମିଣୀ ହରଣ ହେବ ନାହିଁ। ଦୁଃଖ ଜର୍ଜରିତ ଏହି ଆଦେଶ ଅପେକ୍ଷା କରୁଥିଲା ଆଉ ଏକ ଅଘଟଣକୁ। କିଛିଦିନ ପୂର୍ବରୁ ଛାମୁ ମୀର ସୟଦ ମହମ୍ମଦଙ୍କ ସହ ଗୁପ୍ତରେ ଆଲୋଚନା କରିଥିଲେ। ନବାବ ଏକରାମ୍ ଖାଁଙ୍କ ଦରବାରରେ ସେ ଜଣେ ବିଜ୍ଞ ଓ ସମ୍ମାନାସ୍ପଦ ବ୍ୟକ୍ତି। ଆଲୋଚନାର ମୁଖ୍ୟ ବିଷୟ ଥିଲା ନବାବଙ୍କ ସହ ଛାମୁଙ୍କ ସାକ୍ଷାତ୍ କରାଇଦେବା। ତାହା ହିଁ ହୋଇଥିଲା।

ସାକ୍ଷାତ ବେଳର ମୁଖ୍ୟ ବିଷୟ ଥିଲା ଶ୍ରୀମନ୍ଦିର ଆକ୍ରମଣ। ଜଗନ୍ନାଥଙ୍କୁ ଅପହରଣ ଆଉ ମନ୍ଦିର ଧ୍ୱଂସ ନେଇ ସମ୍ରାଟ୍ ଔରଙ୍ଗଜେବ ଯେଉଁ ଆଦେଶ ଦେଇଛନ୍ତି ତାହାକୁ ପାଳନ କରିବା।

ଗତକାଲି ତ ସେ ସାକ୍ଷାତ ହୋଇଥିଲା, ଯେଉଁଥିରେ ଛାମୁ ନବାବଙ୍କ ଆଗରେ ମୁଣ୍ଡ ନୁଆଁଇ ସମର୍ପଣ ହୋଇଥିବା ଆଲୋଚନା ହେଉଛି। ପୁଣି ସେଥିରେ ଛାମୁ କୁଆଡ଼େ ନିଜ ତରଫରୁ ଜଗନ୍ନାଥଙ୍କୁ ହସ୍ତାନ୍ତର କରିବେ, ନିଜ ହାତରେ ଶ୍ରୀମନ୍ଦିର ଭାଙ୍ଗିଦେବେ ବୋଲି କହିଛନ୍ତି। ନିଶ୍ଚିତ ପରାଜୟରୁ ବିରତ ରହି ବିନା ସନ୍ଧିରେ ପ୍ରଭୁ ଓ ପ୍ରଜାଙ୍କୁ ରକ୍ଷା କରିବା ଲାଗି ଏହି ଛଳନାକୁ ଉଚିତ ରାଜତନ୍ତ୍ର ଭାବେ ଗ୍ରହଣ କରିଥିଲେ ଦିବ୍ୟସିଂହ ଦେବ।

ତାହା ହିଁ ହେଲା। ପାହାନ୍ତା ମୁହୂର୍ତ୍ତରେ ବିମଳା ମନ୍ଦିର ପଛ ପାଖକୁ ଜଗନ୍ନାଥ ବିଜେ କଲେ। ଅପେକ୍ଷା କରାଗଲା ପରବର୍ତ୍ତୀ ଆଦେଶକୁ। ସକାଳୁ ସକାଳୁ ଏକରାମ ଖାଁ, ଭାଇ ଜମାଉଲା ଖାଁ ଆଉ ୫୦ ଅଶ୍ୱାରୋହୀଙ୍କ ସହ ଶ୍ରୀମନ୍ଦିର ସିଂହଦ୍ୱାର ନିକଟରେ ପହଞ୍ଚିଲେ। ସର୍ତ୍ତ ରକ୍ଷା କରି ଛାମୁ ଶ୍ରୀମନ୍ଦିର ସିଂହଦ୍ୱାର ଗୁମୁଟକୁ ନିଜ ହାତରେ ଭାଙ୍ଗିଲେ। ଉପରେ ଥିବା ଅସୁର ମୁହଁକୁ ବିଘ୍ନ ପହଞ୍ଚାଇଲେ। ତା'ପରେ ଭୋଗ ମଣ୍ଡପର ପାଳି। ସେଠାରେ ଲାଗିଥିବା ଚକ୍ରକୁ ଭାଙ୍ଗି ଏକରାମ୍ ଝାମ୍ପିନେଲା ପାତିଶା ଆଲାମଗିରି (ଔରଙ୍ଗଜେବ)ଙ୍କୁ ପଠାଇବା ଲାଗି। ଏହାପରେ କାଠର ଜଗନ୍ନାଥ ଓ ସେଥିରେ ଲାଗିଥିବା ରତ୍ନ ପଥର ଆଖି ଦେଖି ଆଶ୍ଚର୍ଯ୍ୟ ହୋଇଗଲା। ଯେମିତି ଏଭଳି ମୂର୍ତ୍ତି ସେ କେବେ ଦେଖି ନଥିଲା। ଜମାଲ୍ ଖାଁ ରତ୍ନ ସିଂହାସନ ଉପରକୁ ଚଢ଼ିଗଲା। ଯେଉଁଠି କୋଟି ଓଡ଼ିଆଙ୍କ ପ୍ରାଣ ବିରାଜମାନ କରନ୍ତି ସେଠାକୁ ଚଢ଼ି ଜଣାଇବାକୁ ଚାହିଁଲା ପାତିଶା ଆଲାମ୍‌ଗିରିଙ୍କ ଆଗରେ ଜଗନ୍ନାଥ ତୁଚ୍ଛ। ଏ ଭଳି ଆଚରଣ ଦେଖି ଗୁମୁରି କାନ୍ଦୁଥିବା ଭଗବତ୍‌ପ୍ରେମୀ ଓଡ଼ିଆଙ୍କ ହୃଦୟରେ ନୂଆ ସମ୍ଭାବନା ସଂଚାର ହେଲା। ଭିତରେ ଭିତରେ ଭଗବତ ଗୀତାର ସେହି ଉକ୍ତିକୁ ମନେ ପକାଇଲେ-

ଯଦା ଯଦା ହିଁ ଧର୍ମସ୍ୟ ଗ୍ଲାନିର୍ଭବତି ଭାରତ;
ଅଭ୍ୟୁତ୍‌ଥାନମଧର୍ମସ୍ୟ ତଦାତ୍ମାନମ୍ ସୃଜାମ୍ୟହ୍ୟମ୍ ।
ପରିତ୍ରାଣାୟ ସାଧୁନାମ୍ ବିନାଶାୟ ଚ ଦୁଷ୍କୃତାମ୍;
ଧର୍ମ ସଂସ୍ଥାପନାର୍ଥାୟ ସମ୍ଭବାମି ଯୁଗେ ଯୁଗେ ।।

ଯେତେବେଳେ ବି ସତ୍‌ର ଅବକ୍ଷୟ ହୁଏ ସେତେବେଳେ ସେ ସ୍ୱୟଂ ଧର୍ମର ରକ୍ଷା ପାଇଁ ଅବତାର ନିଏ । ଆଜି ସେଇ ଅବତାରୀଙ୍କୁ ନଷ୍ଟ ପାଇଁ ପଣ କରିଥିବା ମୋଗଲ ସେନା ନିଜେ ମାର୍ଗ ହରାଇଲା, ବିଲେଇ ଦେଖି ତାକୁ ବାଘ ବୋଲି ଭାବିଲା । ଆଉ ବାଘ ଯେତେବେଳେ ଆସିବ ସେତେବେଳେ ଏ ସେନାର କ'ଣ ଯେ ନହେବ ! ଅପେକ୍ଷା କର... ଅପେକ୍ଷା କର ।

ସେଇ ଚନ୍ଦନକାଠ ମୂର୍ତ୍ତିକୁ ପାତିଶାଙ୍କ ନିକଟକୁ ପଠାଇଲେ ଜମାଲ୍ ଖାଁ । ପାତିଶା ତାକୁ ବିଜାପୁର ମସ୍‌ଜିଦ୍‌ର ପାହାଚରେ ଫୋପାଡ଼ି ଜଗନ୍ନାଥ ଧର୍ମର ଅପମାନ କଲେ । ଯଦିଓ ଏଥିରେ ଓଡ଼ିଆମାନେ ମର୍ମାହତ ହୋଇଥିଲେ, କିନ୍ତୁ କିଂକର୍ତ୍ତବ୍ୟବିମୁଢ଼ ହୋଇ କେବଳ ଅପେକ୍ଷା କରୁଥିଲେ ସେଇ ଅବତାରକୁ, ଯିଏ ଦୁଷ୍ଟଙ୍କୁ ଶାସ୍ତି ଦେବେ, ଧର୍ମର ସଂସ୍ଥାପନ କରିବେ ।

ସେପଟେ ଶ୍ରୀଜଗନ୍ନାଥଙ୍କୁ ଚାପରେ ବସାଇ ବାଣପୁର ଜଙ୍ଗଲ ଭିତରେ ରଖାଗଲା । ଶ୍ରୀମନ୍ଦିରରେ ସବୁ ରୀତି ନୀତି ବନ୍ଦ ହୋଇଗଲା । ମନ୍ଦିରର ସବୁ ଦ୍ୱାର ବନ୍ଦ କରିଦିଆଗଲା । ଜଗନ୍ନାଥ ନାହାନ୍ତି ଜାଣି ଭକ୍ତ ପୁରୀ ଆସିଲେ ନାହିଁ । ମୋଗଲମାନେ ବି ଆଉ ପୁରୀ ଆଡ଼େ ମନ ଦେଲେନି । ସେପଟେ ଶୁଖିଲା ଭୋଗରେ ମହାପ୍ରଭୁଙ୍କ ଦିନ ବିତୁଥିଲା । ଜଣେ ପରେ ଜଣେ ମୋଗଲ ସୁବେଦାରଙ୍କ ମୃତ୍ୟୁ ଘଟିଚାଲିଲା । ପ୍ରାକୃତିକ ବିପର୍ଯ୍ୟୟ ଭିତରକୁ ଓଡ଼ିଶା ଠେଲି ହୋଇଗଲା । ବାତ୍ୟା, ମରୁଡ଼ିରେ ଓଡ଼ିଶାରେ ଖାଦ୍ୟାଭାବ ହେଲା । ସବୁ କିଛି ଜଗନ୍ନାଥଙ୍କ ଅଭାବର ପ୍ରତିଫଳନ ବୋଲି ପ୍ରଚାର ହେଲା ।

ଏମିତିରେ ୧୫ ବର୍ଷ ବିତିଗଲା । ଗୋଟିଏ ଯୁଗ ବୋଲି କୁହାଯାଉ । ପାତିଶା ଔରଙ୍ଗଜେବଙ୍କ ମୃତ୍ୟୁ ହେଲା । ୧୭୦୭ ମସିହାରେ ଏ ଖବର ବିଜୁଳି ହେବା ପରେ ଓଡ଼ିଶାରେ ଆନନ୍ଦ ଫେରିଥାଏ । ଜଗନ୍ନାଥଙ୍କୁ ବାଣପୁରରେ ଲୁଚାଯାଇଛି ବୋଲି ଖବର ପ୍ରସାର ହେଲା । ପ୍ରତିଟି ହିନ୍ଦୁ ମନରେ ଆନନ୍ଦ ଖେଳିଗଲା । କିନ୍ତୁ ଶ୍ରୀମନ୍ଦିର କେବେ ସେ ଫେରିବେ । କେବେ ପୁଣି ନୀଳାଦ୍ରି ମଉଛବ ହେବ ? ଏମିତି ଆଶା ଓ ଆଶଙ୍କା ଭିତରେ ଉଦାରବାଦୀ ସୁଜାଉଦ୍ଦିନ୍ ଓଡ଼ିଶାର ଡେପୁଟୀ ସୁବେଦାର ଭାବେ ନିଯୁକ୍ତ ହେଲେ, ୧୭୧୩ ମସିହାରେ । ଆଦେଶ ଦେଲେ ଶ୍ରୀମନ୍ଦିରର ବନ୍ଦ ଦ୍ୱାର ଖୋଲି ଦିଆଯାଉ... ।

(୪୭)

ବନ୍ଦୀ ଗଜପତି

ଫେରି ଆସିଲେ ତ୍ରିମୂର୍ତ୍ତି। ରକ୍ତ ହୋଇ ପୁଣି ଏ ଜାତିର ଧମନୀରେ ପ୍ରବାହିତ ହେଲେ। ସଂକୀର୍ତ୍ତନ, ଝାଞ୍ଜ, ଖୋଳରେ ବଡ଼ଦାଣ୍ଡ ପ୍ରକମ୍ପିତ ହେଲା। ପୁଣିଥରେ ବଙ୍ଗ ପ୍ରଦେଶରୁ ଯାତ୍ରୀଙ୍କ ସୁଅ ଛୁଟିଲା। କୃଷ୍ଣଭକ୍ତମାନେ ନାମ ସଂକୀର୍ତ୍ତନ କରି ମନ୍ଦିର ଚାରିପାଖେ ବୁଲିଲେ। ଅଠର ଗଡ଼ର ସାମନ୍ତ ରାଜାମାନେ ସଦଳବଳ ଏଠାରେ ଛାଉଣୀ ପକାଇଲେ। ସବୁ କିଛି ଉତ୍ସର୍ଗ କଲେ ଜଗନ୍ନାଥଙ୍କୁ। ଧନଧାନ୍ୟରେ ପୁଣି ଭଣ୍ଡାର ପୂରିବା ଆରମ୍ଭ କଲା। ମଉଛବ କି ଏହାଠୁ କମ୍ ?

ବଡ଼ଦେଉଳରେ ଘଣ୍ଟା ଧ୍ୱନି ଶୁଣି ସମସ୍ତେ ହରିବୋଲ ପକାଇଲେ। ଠାକୁରଙ୍କ ଧୂପ ହେଉଛି ଜାଣି ପ୍ରସାଦ ପାଇଁ ଅପେକ୍ଷା କଲେ। ଆଜି ସେଇ କଣିକାରୁ ଟିକିଏ ପାଇବେ ଆଉ କାଲି ପାଇଁ ନିର୍ମାଲ୍ୟ କରିବାକୁ କିଛି ନେବେ। ଏହି ଆଶାରେ ଆନନ୍ଦ ବଜାରରେ ଗହଳି ହେଲା। ୧୫ ବର୍ଷ ପରେ ଆଜି ମନ୍ଦିର ଖୋଲିଛି- *ମହାପ୍ରଭୁ; ତୁମରି ପାଦପଦ୍ମ ତଳେ ଏତିକି ପ୍ରାର୍ଥନା ଆଉ ସେ ଦୁଷ୍ଟ ଔରଙ୍ଗଜେବ ଭଳି କେହି ଦିଲ୍ଲୀର ସମ୍ରାଟ୍ ନହୁଅନ୍ତୁ। ଏକରାମ ଖାଁ ଭଳି ସଇତାନ୍ ଓଡ଼ିଶା ନଆସନ୍ତୁ। ମୁର୍ସିଦ୍ କୁଲି ଖାଁର କୋଟି ପରମାୟୁ ହେଉ।*

ଏଭିତରେ ବଡ଼ଦେଉଳର ଶିରି ଫେରାଇ ଆଣିବା ଲାଗି ଚେଷ୍ଟା ହେଲା। ବିଭିନ୍ନ ସାମନ୍ତ ରାଜାମାନେ ସହାୟତା କଲେ। ପ୍ରଥମ କାର୍ଯ୍ୟ ରହିଲା ନୀଳଚକ୍ର ସ୍ଥାପନ ହେବ।[୪୮] ଯେତେବେଳେ ପ୍ରଭୁ ଶ୍ରୀଜଗନ୍ନାଥ ସିଂହାସନରେ ବିରାଜମାନ କରିଛନ୍ତି ତାଙ୍କ ଆୟୁଧ ନୀଳଚକ୍ର କେମିତି ବା ନରହିବ ! ତାଙ୍କ ଉପସ୍ଥିତିର ବାନା କେମିତି ବା ଫରଫର ନହେବ ! ସେଇଥିପାଇଁ

ଅଷ୍ଟଧାତୁରେ ପରମ୍ପରା ଅନୁସାରେ ନୀଳଚକ୍ର ନିର୍ମାଣ ହେଲା । ମହାରାଜା ଦିବ୍ୟସିଂହ ଦେବଙ୍କ ୩୩ ଅଙ୍କ ତଥା ମାଘମାସ ଶୁକ୍ଳ ପକ୍ଷ ଦ୍ୱିତୀୟା ତିଥିରେ ଏହାର ପ୍ରତିଷ୍ଠା ହେଲା । ଧରମୁ ହରିଚନ୍ଦନ ମହାପାତ୍ର ନୀଳଚକ୍ରକୁ ସ୍ଥାପନ କରିବା ପରେ ପୁନର୍ବାର ମନ୍ଦିରରେ ବାନା ଉଡ଼ିଲା । ଏହା ଦେଖି ଭକ୍ତଙ୍କ ମନରେ ଆନନ୍ଦ ଉଲ୍ଲାସ ବ୍ୟାପିଲା । ସେମାନେ ନାଚିଲେ ପ୍ରାୟ । ଏହି ସମୟରେ ମହାରାଜା ରୋଷଘର ପାଖରେ ଭେଟମଣ୍ଡପ ତିଆରି କଲେ । ବେଣୁ ଛୋଟରାଏ ସ୍ନାନ ମଣ୍ଡପରେ ଯାତ୍ରା ଦେଖିବାକୁ ଚାହାଣି ମଣ୍ଡପ ତିଆରି କଲେ । ଦେଉଳର ବିଭିନ୍ନ ସ୍ଥାନରେ ମଣ୍ଡପମାନ ସ୍ଥାପନ ହେଲା । ଶ୍ରୀମନ୍ଦିରର ବିଭିନ୍ନ ଅଂଶକୁ ମରାମତି କରାଗଲା । ଯେଉଁଠାରେ ରଙ୍ଗ ଛାଡ଼ିଥିଲା ତାହାକୁ ପୁଣି ଚୂନ କରାଗଲା । ଶ୍ରୀମନ୍ଦିରର ନବକଳେବର ହେଲା ପ୍ରାୟ । ବିଭିନ୍ନ ଆଡ଼ୁ ପଣ୍ଡିତଙ୍କ ସମାଗମ ହେଲା ଶ୍ରୀକ୍ଷେତ୍ରରେ । ଦିବ୍ୟସିଂହ ଦେବ ବି ସେମାନଙ୍କ ପାଇଁ ଦରବାର ଖୋଲିଦେଲେ । ଏମିତି ଆନନ୍ଦ ଉଲ୍ଲାସ ଭିତରେ ଛାମୁଙ୍କ ୩୪ ଅଙ୍କ କଟାଗଲା । ଏହାର ଆଠମାସ ପରେ ହଠାତ୍ ପୁରୀ ଆକାଶକୁ ଅବସାଦ ଗ୍ରାସ କଲା । ଖବର ଆସିଲା ଛାମୁଙ୍କ ମୃତ୍ୟୁ ହୋଇଛି ।[୪୯] ବଡ଼ ସନ୍ଥ ଦାସ ମଠରେ ସେ ରହୁଥିବାବେଳେ ତାଙ୍କର ମୃତ୍ୟୁ ଘଟିଥିବା ଖବର ଶୁଣି ସାମନ୍ତ, ପାର୍ଷଦ, ସେବକଙ୍କ ସୁଅ ଛୁଟିଲା । ପୁଣି ଜଗନ୍ନାଥ ମନ୍ଦିରକୁ ନେଇ ଆଶଙ୍କା ଉଠିଲା । କାରଣ ସେ ଯେଉଁଭଳି ଭାବେ ମୁର୍ସିଦ୍ କୁଲି ଖାଁ ସହ ସମ୍ପର୍କ ରଖିଛନ୍ତି ତାଙ୍କ ପର ପିଢ଼ି ତାହା ପାରିବ ତ ?

ବିଧି ଅନୁସାରେ ରାଜାଙ୍କ ସାନ ଭାଇ ହରେକୃଷ୍ଣ ଭ୍ରମରବର ରାୟଙ୍କୁ ରାଜ ନଅରରେ ଅଭିଷିକ୍ତ କରାଗଲା । ଶ୍ରୀକ୍ଷେତ୍ରରେ ଶାନ୍ତି ଫେରିଥିବା ଦେଖି ସେ ତାହାକୁ ବଜାୟ ରଖିବାକୁ ଚାହିଁଲେ । ପୁରୀକୁ ଜ୍ଞାନ ଓ ଜ୍ଞାନଭିତ୍ତିକ ଚର୍ଚ୍ଚାର କେନ୍ଦ୍ରସ୍ଥଳ ଭାବେ ପରିଗଣିତ କରିବାର ଆଶା ପୋଷଣ କଲେ । ଏହିକ୍ରମରେ ଏଠାରେ ବୈଦିକ ରୀତିନୀତିର ପୁନରୁଦ୍ଧାର ହେଲା । ଧର୍ମଶାସ୍ତ୍ର ଆଦି ପ୍ରଣୟନ ହେଲା । ଚାରିଆଡ଼େ ଧର୍ମଚର୍ଚ୍ଚା ଚାଲିଲା । ଶ୍ରୀମନ୍ଦିରକୁ ଚୂନ କରିବା ଆବଶ୍ୟକତା ଦେଖି ଧରମୁ ହରିଚନ୍ଦନଙ୍କୁ ଚୂନ କରିବା କାର୍ଯ୍ୟ ଦେଲେ । ୫ ବର୍ଷ ଶାସନ କରି ହରେକୃଷ୍ଣ ଦେବଙ୍କ ମୃତ୍ୟୁ ଘଟିଲା । ବାର୍ଦ୍ଧକ୍ୟ ଏହାର କାରଣ ଥିଲା । ପରେ ତାଙ୍କ ପୁଅ ଗୋପୀନାଥ ଗଜପତି ସିଂହାସନ ଅଧିକାର କଲେ । ତାଙ୍କ ଶାସନର ପ୍ରାରମ୍ଭ ଭଲ ଥିଲେ ମଧ୍ୟ ଜଣେ ଦୁର୍ବଳ ରାଜା ଭାବେ ସେ ପରିଚିତ ଥିଲେ । ଏଣୁ କିଛି ଷଡ଼ଯନ୍ତ୍ରକାରୀ ତାଙ୍କଠାରୁ ସିଂହାସନ ଛଡ଼ାଇ ନେବା ପାଇଁ ଚାହିଁଲେ । ମୁସଲମାନ କୁଚକ୍ରୀମାନେ ଏଥିରେ ବିଦ୍ରୋହୀଙ୍କୁ ସହାୟକ ହେଲେ । ଖୋର୍ଦ୍ଧା ରାଜ ଉଆସରେ ପଶି ତାଙ୍କୁ ମାରିବାର ଜାଲ ବିଛାଗଲା । ସେଇଆ ହିଁ ହେଲା । ୧୦ମ ଅଙ୍କରେ ଦିୱାନ୍ ସୟଦ୍ ବେଗ୍, ଖୋଜା କୃଷ୍ଣ ନରେନ୍ଦ୍ର, ବେଣୁ ଭ୍ରମରବର ରାଏ ସୂର୍ଯ୍ୟୋଦୟ ପୂର୍ବରୁ ରାଜ ଉଆସରେ ପ୍ରବେଶ କଲେ । ରାଜାଙ୍କୁ ହତ୍ୟା କଲେ । ଏହି ହତ୍ୟାକାଣ୍ଡ ଅତ୍ୟନ୍ତ ନୃଶଂସ ଥିଲା । ଜଣେ ଶାସକ କେମିତି ହଠାତ୍ ନିଃସ୍ୱ ହୋଇଯାଏ ତାହାର ନମୁନା ଏହି ହତ୍ୟାକାଣ୍ଡ ସୂଚନା ଦେଇଥିଲା । ପାରିବାରିକ ଗଣ୍ଡଗୋଳ ହିଁ ରାଜାଙ୍କ ଶକ୍ତି ଛିନ୍ନ କରିବାରେ ସହାୟକ ହୋଇଥିଲା । ଆଉ ହତ୍ୟାକାଣ୍ଡକୁ ଅପେକ୍ଷା କରି ରହିଥିଲେ ଗୋପୀନାଥଙ୍କ ସାନ ଭାଇ କେଶବ ରାଏ । ସଙ୍ଗେ ସଙ୍ଗେ ରାମଚନ୍ଦ୍ର ନିଜକୁ ରାଜା (ରାଏ) ଘୋଷଣା କଲେ । ଆଉ ଖୋର୍ଦ୍ଧା କଟକରେ ଆରମ୍ଭ କଲେ ନିଜ ରାଜତ୍ୱ । ହେଲେ ଖୋର୍ଦ୍ଧା ରାଜତ୍ୱ ଆଉ ଗୋଲାପର ଶେଯ ହୋଇ ନଥିଲା, ବରଂ ଧୀରେ ଧୀରେ ସେ ଶାନ୍ତ ବାତାବରଣ ପୁଣିଥରେ ଅଶାନ୍ତ ଆଡ଼କୁ ଗତି କରୁଥିବା ସୂଚନା ଦେଉଥିଲା ।

ଓଡ଼ିଶା ସୁବାଦାର ମୁର୍ସିଦ କୁଲି ଖାଁଙ୍କ ମୃତ୍ୟୁ ଘଟିଲା । ଆଉ ତାଙ୍କ ଜ୍ୱାଇଁ ସୁଜାଉଦ୍ଦିନ୍ ମହମ୍ମଦ ଖାଁ ହେଲେ ବଙ୍ଗ ଓ ଓଡ଼ିଶାର ସୁବାଦାର । ଜଣେ କଟ୍ଟର ମୁସଲମାନ ଥିଲେ ସୁଜାଉଦ୍ଦିନ୍ । ପୁଣି ଯାହାଙ୍କୁ ସେ କଟକର ନାଏବ ନାଜିମ୍ ଭାବେ ଚୟନ କଲେ ସେ ଥିଲେ ଏକରାମ ଖାଁ ଭଳି ହିନ୍ଦୁ ବିରୋଧୀ । ନାଁ ତାଙ୍କର ମହମ୍ମଦ ତକି ଖାଁ । ହିନ୍ଦୁ କୀର୍ତ୍ତି ଭାଙ୍ଗି ନୂଆ ନୂଆ ମୁସଲମାନ କୀର୍ତ୍ତି ସ୍ଥାପନ ତାଙ୍କର ମୂଳ ଲକ୍ଷ୍ୟ ଥିଲା । ବିଭିନ୍ନ ସ୍ଥାନରେ ମସ୍‌ଜିଦ୍, ଦରଗା ତିଆରି ହେଲା । ବାଲେଶ୍ୱର, ପିପିଲି, ଯାଜପୁର ସବୁ ଜାଗାରେ ଏମିତି ଅନୁଷ୍ଠାନ ଖୋଲି ସେ ନିଜର ପରାକ୍ରମ ଦେଖାଇଲେ । ବିଭିନ୍ନ ସ୍ଥାନରେ ଜଳାଶୟ ହେଲା । ଉଦ୍ୟାନ ହେଲା । ସବୁକିଛି ମୁସଲମାନ କୀର୍ତ୍ତି ବୋଲି ଚିହ୍ନିତ ହେଲା । ଅନେକଙ୍କୁ ମୁସଲମାନ ହେବା ପାଇଁ ବାଧ୍ୟ କରାଗଲା । ଗୋଟିଏପଟେ ପରିବାର ଭିତରେ ଚାଲିଥିବା ବିଦ୍ରୋହ ଆଉ ଅନ୍ୟପଟେ ମୁସଲମାନଙ୍କ ଏପରି ପରାକ୍ରମ ବୃଦ୍ଧି ରାଜ୍ୟ ଆକ୍ରମଣର ଆଶଙ୍କା ସୃଷ୍ଟି କଲା ରାମଚନ୍ଦ୍ର ଦେବଙ୍କ ମନରେ । ଏହାଦ୍ୱାରା ଜଗନ୍ନାଥ ମନ୍ଦିରକୁ ବିପଦ ଥିବା ଜାଣିଲେ । ଏହିକ୍ରମରେ ତକି ଖାଁଙ୍କ ସହ ସନ୍ଧି ପାଇଁ ଚାହିଁଲେ ରାମଚନ୍ଦ୍ର । କିନ୍ତୁ ସନ୍ଧି ପାଇଁ ଆସିଥିବା ଦିୱାନ୍, ବକ୍ସି ଓ ରାଜାଙ୍କୁ ବନ୍ଦୀ କଲେ ମୋଗଲ୍ ସେନା । ଅନେକ ସୈନ୍ୟ ସାମନ୍ତଙ୍କୁ ହତ୍ୟା କଲେ । ଆଉ କିଛି ପ୍ରାଣ ବିକଳରେ ପଳାୟନ କଲେ । ବାରବାଟୀ ଦୁର୍ଗରେ ବନ୍ଦୀ ହେଲେ ରାମଚନ୍ଦ୍ର ଦେବ । ଏହି ସମୟରେ ରାମଚନ୍ଦ୍ର ଦେବଙ୍କ ବଡ଼ ପୁଅ କୃଷ୍ଣ ରାଏ ଜେନା ଏବଂ ତାଙ୍କ ବଡ଼ପୁଅ ନରହରି କୁମାର ଓ ରାମଚନ୍ଦ୍ର ଦେବଙ୍କ ଅନ୍ୟ ତିନି ପୁଅ ବିଦ୍ରୋହ ଘୋଷଣା କଲେ । କିନ୍ତୁ ତକି ଖାଁକୁ ସମ୍ମୁଖୀନ ହୋଇ ନପାରି କୋଦଳା ଆଠଗଡ଼ରେ ଶରଣ ନେଲେ ।

(୪୮)

ରେଜିଆ

ଯେ ସାଧାରଣ ବନ୍ଦୀ ନୁହେଁ। ଯାକୁ ମାରିଦେଲେ ପୁରୀ ତା'ର ହୋଇଯିବନି କି ପଇସାକର ଲାଭ ମିଳିବନି। ... ବେଶ୍ ଭଲ ଭାବେ ଏସବୁ କଥା ଜାଣିଥିଲା ତକି ଖାଁ। ସେଇଥିପାଇଁ ତ ଓଡ଼ିଶାର ସବୁ ଜାଗାରେ ସେ ମସ୍‌ଜିଦ୍ ତିଆରି କରୁଥିଲା। କଟକର କଦମ୍-ଏ-ରସୁଲ୍‌କୁ ନୂଆ ରୂପ ଦେବା ହେଉ ବା ବାଲେଶ୍ୱରରେ ଅବିକଳ ଏକ କଦମ୍-ଏ-ରସୁଲ୍ ତିଆରି ହେଉ ପୁଣି ପିପିଲିରେ ତ ଏବେ ମସ୍‌ଜିଦ୍ ବି ହୋଇଛି। ଅନେକ ହିନ୍ଦୁ ମୁସଲ୍‌ମାନ ପାଲଟି ସାରିଲେଣି। ସକାଳେ ସୂର୍ଯ୍ୟ ନମସ୍କାର ଛାଡ଼ି ସେମାନେ ନମାଜ ପଢ଼ିବାକୁ ଦଉଡୁଛନ୍ତି। କେହି କେହି ଘରେ ଜଗନ୍ନାଥଙ୍କୁ ପୂଜା କରୁଛନ୍ତି ଆଉ ସନ୍ଧ୍ୟା ସକାଳେ ମସ୍‌ଜିଦ୍‌ରେ କେବଳ ଅଭିନୟ କରୁଛନ୍ତି। ହେଲେ ପୁରୀରେ ପ୍ରବେଶ କରିପାରି ନାହାନ୍ତି ତକି ଖାଁର ଧର୍ମଭୀରୁମାନେ। ଏ ଲୋକଙ୍କ ଆଗରେ ଧମକ ଆଉ ଧନର ମୂଲ୍ୟ କିଛିବି ନାହିଁ। ଜଗନ୍ନାଥ ପ୍ରେମ ହିଁ ସବୁକିଛି।

... ହଁ। ସେଇ ପ୍ରେମ ଜାଲରେ ରାଜାକୁ ବାନ୍ଧିବାକୁ ହେବ। ଯଦି ରେଜିଆକୁ ଏ ଜାଲ ବୁଣିବାକୁ ଦିଆଯାଏ! ରେଜିଆ ହେଉଛି ତକି ଖାଁର ଭଉଣୀ। ମା' ତାହାର ହିନ୍ଦୁ- କାଞ୍ଚନ ମୁର୍ସିଦାବାଦୀ। ଜଗନ୍ନାଥଙ୍କ ଭକ୍ତ।[୫୦] ତା'ରି ରକ୍ତରେ ସେଇ ପ୍ରେମ- ଭାବ ବୋହୁଛି। ଆଉ ପୁଣି ଯଦି ରେଜିଆ ପୁରୀର ରାଣୀ ହୁଏ ତେବେ ପୁରୀ ଆମ ଦଖଲକୁ ଆସିଗଲା ବୋଲି ଜାଣ। ଯଦି ଜଣେ ନାରୀ ଦ୍ୱାରା ତାହା ହୋଇପାରିବ ତେବେ ଏ ରକ୍ତପାତ କାହିଁକି ?

ନିଃସଙ୍ଗ ହୋଇ ବସିଥାନ୍ତି ରାମଚନ୍ଦ୍ର ଦେବ।[୫୧] ଝରକା ପଟେ ମହାନଦୀର ହାଓ୍ୱା ଧୀରେ ଧୀରେ ଦେହକୁ ଶାନ୍ତି ଦେଉଥିଲା। କିନ୍ତୁ ମନ ଭିତରେ କ୍ରୋଧ ଅଶେଷ। ଚିନ୍ତା ସେଇ ଜଗନ୍ନାଥଙ୍କୁ ନେଇ। କେଉଁ ମୁହୂର୍ତ୍ତରେ ବି ନାଏବ ନଜୀମ୍ ତକି ଖାଁ ମନ୍ଦିରରେ ପ୍ରବେଶ କରିପାରେ। ଏକରାମ୍ ଭଳି ମନ୍ଦିର ଭାଙ୍ଗିବାକୁ ଆଦେଶ ଦେଇପାରେ। ସିଂହାସନରେ ଚଢ଼ି ଆରାଧ୍ୟଙ୍କୁ ଅପମାନିତ କରିପାରେ। ସେବକେ କ'ଣ ଏହାକୁ ନେଇ ସଚେତନ ? ହଁ, ଲକ୍ଷ୍ମୀ ପରମଗୁରୁଙ୍କଠୁ ବିପଦ ପୂର୍ବାନୁମାନ କରିବାବାଲା ଏ ଯବନମାନଙ୍କ ପାଖରେ କେହି ନାହାନ୍ତି, ତାହା ସତ। ହେଲେ ଦଇତା ସେବକଙ୍କୁ ସେ ଠିକଣା ବାଟେ ନେଇ ପାରିବେ ତ ?

ବିନା କୌଣସି ଖବରରେ ରାତି ପାହିଲା । ବନ୍ଦୀଶାଳା ନହେଲେ ବି ନିଃସଙ୍ଗତାରେ ଭରା ରାମଚନ୍ଦ୍ରଙ୍କ ଲାଗି କୋଠରି ବନ୍ଦୀଶାଳାଠୁ କିଛି କମ୍ ନୁହେଁ । ଝରକା ପଟେ ଅଳିନ୍ଦକୁ ଚାହିଁ ଏମିତି କିଛି ଭାବନା ଛଡ଼ା ତାଙ୍କ ପାଖେ ଆଉ କିଛି ଚାରା ନାହିଁ । ଏ ଭିତରେ ପାଉଁଜିର ରୁଣୁଝୁଣୁ ଶବ୍ଦ ଶୁଭିଲା । ସତର୍କ ହୋଇଗଲେ ମହାରାଜା ।

ଗୋଲାପ ପାଖୁଡ଼ା ପରି ପାଦ ଦୁଇଟି ଉପରେ ଲକ୍ଷ୍ନୌ ରେଶମର ଶାଲ୍‌ୱର । କଳା ରଙ୍ଗର ଏ ଶାଲ୍‌ୱର ଉପରେ ଜରି ଓ ସୁନା କାମ ଝଲସି ଉଠୁଥିଲା । କିନ୍ତୁ ଯେ କିଏ ? ସେ ପୂର୍ବ ଚିହ୍ନିତ ନୁହନ୍ତି କି ଚିହ୍ନିବାର ଆଗ୍ରହ ନାହିଁ । ମହାରାଜା ପୁଣିଥରେ ଅନ୍ୟମନା ହେଲେ ।

ବୁର୍ଖା ପଛର ଓଠରୁ ଶାଣିତ ନରମ ଓ ଭାବର ସ୍ୱରଟିଏ ବାହାରିଲା- *ଭୟ କରିବାର ନାହିଁ । ମୁଁ ଶତ୍ରୁ ନୁହେଁ । ଏତେ ସୁନ୍ଦର ମହାରାଜାଙ୍କ ଶତ୍ରୁ କିଏ ବା ହୋଇପାରେ ! ଖାଲି କ୍ଷମତା ପିପାସୁଙ୍କ ଛଡ଼ା ।*

ଏ ନିଶ୍ଚିତ ତକୀ ଖାଁର ଚାଲାକି । କିଛି ଚାଲ୍ ଖେଳିବାକୁ ସେ ପଠାଇଛି । *କ'ଣ କାମ ଅଛି ? କାହିଁକି ଆସିଛ ? ତୁମେ କିଏ ?*

ମୁଁ କିଏ ତୁମେ ଜାଣିଲେ ଚମକି ଉଠିବ । କିନ୍ତୁ ଜନାବ, ଏ ମହଲରେ ମୋତେ ରେଜିଆ ବୋଲି କହନ୍ତି । ମୁଁ ନାଏବ ନାଜୀମ୍‌ଙ୍କ ଗୁପ୍ତଚର ନୁହେଁ । ମୋତେ ବିଶ୍ୱାସ କରିପାର ।..

କିନ୍ତୁ ତୁମେ ଏଠାକୁ ଆସିଛି କାହିଁକି ? କ'ଣ ତୁମ ପରିଚୟ ।

ମୁଁ ହିଁ ଏକମାତ୍ର ଯିଏ ତୁମକୁ ଏ ପ୍ରାସାଦରେ ଭଲ ପାଏ । ତୁମ ବେଦନାକୁ ଅନୁଭବ କରେ । ତୁମେ ଏହାକୁ ପ୍ରେମ ବୋଲି କହିପାର, ଏକତରଫା । ମୁଁ ତୁମ ଦାସୀ ହେବାକୁ ଚାହେଁ । ମୀରା ପରି । ମୋତେ ଆପଣାଇବାକୁ ଚାହିଁବ ?

କିନ୍ତୁ... ? ହଁ, ମୁଁ ଜାଣେ ତୁମେ ବନ୍ଦୀ । କାଲି ତୁମକୁ ଶୂଳୀ ହୋଇଯାଇପାରେ- ଏଇ ବାରବାଟୀରେ । ହେଲେ ତୁମେ ଯଦି ରାଜି ହୁଅ ମୁଁ ତୁମକୁ ବଞ୍ଚାଇପାରେ । ଏଇ ଦାସୀ ତୁମକୁ ଏକ ନୂଆ ଜୀବନ ଦେବାକୁ ସକ୍ଷମ ହେବ ।

କେବଳ ଦୃଶ୍ୟମାନ ହେଉଥିବା ଆଖି ଦୁଇଟିରେ କପଟ ଥିବା ପରି ମନେ ହେଉ ନାହିଁ । ବସ୍ତ୍ରାବୃତା ହେଲେ ବି ଯୌବନର ଉଦ୍ଦାମତା ସେ ଶରୀରରେ ଫୁଟି ଉଠୁଛି । ପୁଣି ସେ ଶବ୍ଦରେ ରହିଛି ମାଧୁର୍ଯ୍ୟ, କୃଷ୍ଣପ୍ରେମ । ଯେ କୌଣସି ଦାସୀ ପରି ଲାଗୁନାହିଁ । ଲାଗୁଛି ତକୀ ଖାଁର ନିଜ ରକ୍ତ ଭଳି ।

ତୁମେ ତ ତକୀ ଖାଁର.. ।

ହଁ, ମୁଁ ନାଏବ ନାଜୀବଙ୍କ ଭଉଣୀ । କିନ୍ତୁ ଆପଣ ମୋତେ କେବଳ ରେଜିଆ ଡାକିପାରନ୍ତି ।

ଏମିତି ଅନେକ ଦିନ ବିତିଲା । ପାଖାପାଖି ଛଅମାସ । ଏ ଭିତରେ ଦୁହିଁଙ୍କ ଭିତରେ ପ୍ରେମ ସମ୍ପର୍କ ନିବିଡ଼ ହେଲାଣି । ରେଜିଆ ଦେହରେ ହିନ୍ଦୁ ରକ୍ତ ବୋହୁଛି, ସେ ଜଗନ୍ନାଥପ୍ରେମୀ ଜାଣିବା ପରେ ରାମଚନ୍ଦ୍ରଙ୍କ ମନରେ ଆଶା ସଞ୍ଚାର ହେଲା । ଜଗନ୍ନାଥ ଓ ଜଗନ୍ନାଥ ଦେଶକୁ ବଞ୍ଚାଇବାକୁ ହେଲେ ରେଜିଆ ମାଧ୍ୟମ ହୋଇପାରେ । ହୁଏତ ଶ୍ରୀଜଗନ୍ନାଥ ରେଜିଆକୁ ସେଥିପାଇଁ ପଠାଇଛନ୍ତି । ତାହାକୁ ଗ୍ରହଣ କରିବାକୁ ହେବ । କିନ୍ତୁ... ।

ଏମିତି ଶଙ୍କା ଆଶଙ୍କାରେ ବିଷଣ୍ଣ ଥିବା ବନ୍ଦୀ ମହାରାଜାଙ୍କ ଆଗରେ ହଠାତ୍ ଉଭା ହେଲେ ତକୀ ଖାଁ । ବନାରସୀ ସାଲିମ୍ ସାହି ଜୁତୀକୁ ଛୁଉଁଛି ତାଙ୍କ ଭେଲ୍‌ଭେଟ୍ ଚୋଘା । ସୁନା ରୁପାର ଛାଉଣୀ ହୋଇଛି ସେଥିରେ । ଏଇ କଟକର କିଛି କାରିଗର ତାହାକୁ ବୁଣିଛନ୍ତି ପ୍ରାୟ । ଲକ୍ଷ୍ନୌଠାରୁ କିଛି କାରିଗର ଆସି ଏଠାରେ ଏମିତିସବୁ କାରିଗରୀ କରୁଛନ୍ତି ଯେ, ସେଥିରେ ହିନ୍ଦୁ ସାମନ୍ତମାନେ ବି ଅଭିଭୂତ ହୋଇ ପିନ୍ଧିବାରେ ଲାଗିଲେଣି । ମହାରାଜା ସତର୍କ ହୋଇଗଲେ । କିଛି ସମୟ ପରେ ତାଙ୍କୁ କଳା କୋଠରିକୁ ନିଆଯିବ, ଯେଉଁଠାରେ ଅନ୍ୟ ବନ୍ଦୀମାନେ ଅଛନ୍ତି । ସେମାନଙ୍କ ସହ ନିର୍ଯାତନାର ଶିକାର ହେବାକୁ ହେବ । ଯେଉଁ କୋଠରିରେ ଦିନେ ତାଙ୍କ ପୂର୍ବସୂରୀମାନେ ରାଜ୍ୟଦ୍ରୋହୀଙ୍କୁ ରଖୁଥିଲେ, ଶାସ୍ତି ଦେଉଥିଲେ, ଆଜି ସେଠାରେ ତାଙ୍କୁ ରହିବାକୁ ହେବ । ହଁ, ହୁଏତ କେବେ ଶୂଳୀ ଖୁଣ୍ଟରେ ବସିବାକୁ ପଡ଼ିପାରେ । ଯେ କି ନୀତି ପ୍ରଭୁ ? ରାଜ୍ୟ ଗଲା, ରାଜପଣ ଗଲା । ଆଜି ତୁମେ ଅସହାୟ; ମୁଁ ବି । କାହିଁକି ଏ ଦୁରବସ୍ଥା ପ୍ରଭୁ ?

ଅଣ୍ଟାରେ ବନ୍ଧା ପଟକା ଉପରକୁ ବାମ ହାତକୁ ଉଠାଇ ଡାହାଣ ହାତଟି ମଧ୍ୟ ପାଖରେ ରଖିଲେ ନାଏବ ନାଜୀମ୍, ଯେମିତି ତଲ୍‌ୱାରଟି କାଢ଼ିବାକୁ ଯାଉଛନ୍ତି ପ୍ରାୟ । କହିଲେ- 'ତୁମ ପାଇଁ ଏକ ଭଲ ପ୍ରସ୍ତାବ ଅଛି । ଯଦି ରାଜି ହୁଅ- ତେବେ ଜଗନ୍ନାଥ ତୁମର ହେବେ ।

ପୁଣି ଏକ ସନ୍ଧି ? ଥରେ ତ ସନ୍ଧି ହୋଇଥିଲା କିନ୍ତୁ ପୁଅ ଭାଗୀରଥି କୁମାରକୁ ଲଗାଇ ମୋ ବିରୋଧରେ ଯୁଦ୍ଧ କଲା । ବାପା-ପୁଅ ଭିତରେ ସେ ଲଢ଼େଇ ଏକ କଳଙ୍କିତ ଇତିହାସ ହୋଇ ରହିବ ଖୋର୍ଦ୍ଧାରେ । ସେଦିନ ବାପାଙ୍କ ସମ୍ମାନ ରକ୍ଷା ଲାଗି କୁମାର ପରାସ୍ତ ହୋଇ ଦଶପଲ୍ଲା ରାଜ୍ୟକୁ ପଳାଇଲେ । ଯେଉଁ ଇଙ୍ଗିତରେ ସେ ଲଢ଼େଇ ହୋଇଥିଲା ଆଜି ପୁଣି ସେ ସନ୍ଧି ଚାହୁଁଛି, କାହିଁକି ? *ହେ, ପ୍ରଭୁ ରକ୍ଷା କର ! ମନେ ମନେ ପ୍ରଭୁ ଜଗନ୍ନାଥଙ୍କୁ ସୁମରଣା କରି ଚୁପ୍ ରହିଲେ ।*

ରେଜିଆ ପ୍ରେମ ଖବର ନିଶ୍ଚିତଭାବେ ପହଞ୍ଚିସାରିଛି । ଯେଉଁଠି ସୋରିଷ ଫୁଟିଲେ ତକୀ ଖାଁ ଖବର ରଖୁଛି ସେଠାରେ ବନ୍ଦୀର ପ୍ରେମ କାହାଣୀ କେମିତି ବା ଅଛପା ହେବ ? ପୁଣି ସେ ସାଧାରଣ ବନ୍ଦୀ ନୁହନ୍ତି, ଏ ପ୍ରାସାଦରେ ସ୍ୱତନ୍ତ୍ର ରାଜବନ୍ଦୀ । ତଥାପି ମୁହଁ ଖୋଲିବାକୁ ହେବ ।

କ'ଣ, ସମଝୌତା ମଞ୍ଜୁର ଅଛି ନା କଳା କୋଠରି ?

କି ସମ୍ଝୌତା ? ଜଣେ ରାଜାକୁ ବନ୍ଦୀ ରଖି ତା'ଠୁ କ'ଣ ବା ଆଶା କର ? ଏବେ ତ ଏ ରାଜ୍ୟ ତମର। ଏ ଲୋକ ତମର। ମୃତ୍ୟୁକୁ କ୍ଷତ୍ରିୟ ଡରେନାହିଁ।

ଯଦି ରେଜିଆକୁ ବେଗମ୍ ଭାବେ ସ୍ୱୀକାର କର ତା ହେଲେ ତୁମର ମୁକ୍ତି ଅଛି। ହେଲେ ଏଥିଲାଗି ତୁମକୁ ମୁସଲମାନ ହେବାକୁ ହେବ।

ରାମଚନ୍ଦ୍ର ଜାଣିଲେ ଏସବୁ ତକୀ ଖାଁର ଯୋଜନାବଦ୍ଧ ଉଦ୍ୟମ ଥିଲା। ରେଜିଆ ଏ କୋଠରିକୁ ଆସିବା ଓ ତା'ର ପ୍ରେମ ସବୁ କିଛି ଯୋଜନାବଦ୍ଧ ଥିଲା। କିନ୍ତୁ ରେଜିଆ ସ୍ୱଷ୍ଟ, ସୁନ୍ଦର, ଅଧା ହିନ୍ଦୁ। ତାକୁ ଆପଣାଇଲେ ଯଦି ରାଜ୍ୟ ବଞ୍ଚୁଛି ତେବେ ଏଥିରେ ଅସୁବିଧା କେଉଁଠି ? କିନ୍ତୁ ଧର୍ମ ପରିବର୍ତ୍ତନ, ନା ?

ଅନେକ ସମୟ ନୀରବତାକୁ ଭଙ୍ଗ କରି ମହାରାଜା କହିଲେ, *ମୁଁ ତୁମ ସର୍ତ୍ତରେ ରାଜି; ରେଜିଆକୁ ସ୍ୱୀକାର କରିବାକୁ ପ୍ରସ୍ତୁତ।*

କଦମ୍-ଏ-ରସୁଲ୍‌ରେ ସ୍ୱତନ୍ତ୍ର ଆୟୋଜନ ହେଲା। କୁହାଗଲା ମହାରାଜା ରାମଚନ୍ଦ୍ର ଦେବ ପାଲଟିଲେ ହାଫିଜ୍ କାଦିର। ଏକ ଶୀତୁଆ ସକାଳରେ ତାଙ୍କର ରେଜିଆଙ୍କ ସହ ନିକାହ୍ ହେବା ପରେ ଘୋଷଣା କରାଗଲା- *ହାଫିଜ୍ କାଦିର୍ ଆଜିଠୁ ଶ୍ରୀମନ୍ଦିରର ମାଲିକ୍ ହେଲେ।*

ଖୋର୍ଦ୍ଧା ଫେରି ଆସିଲେ ହାଫିଜ୍ କାଦିର୍, ସାଙ୍ଗରେ ରେଜିୟା ବେଗମ୍‌ଙ୍କୁ ନେଇ। କିନ୍ତୁ ସେ କେବେ ଏହି ନାଁରେ ପରିଚିତ ହେବାକୁ ଚାହିଁଲେ ନାହିଁ କି ରେଜିୟାଙ୍କୁ ଗଜପତି ମୁସଲ୍‌ମାନ ଭାବେ ଗ୍ରହଣ କଲେ ନାହିଁ। ଜଣେ ହିନ୍ଦୁ ଯଦି ଯବନକୁ ବାହା ହେଲା ପରେ ମୁସଲମାନ ପାଲଟୁଛି ତେବେ ରେଜିଆ ମୁସଲ୍‌ମାନ୍ କେମିତି ରହିବେ ? ରାଜଗୁରୁ, ପଣ୍ଡିତଙ୍କ ସହ ଆଲୋଚନା ହେଲା। ମହାରାଜା ପରମ୍ପରା ଅନୁସାରେ ରେଜିୟାଙ୍କ ନାଁ ପରିବର୍ତ୍ତନ କଲେ। ରାଣୀ ସୂର୍ଯ୍ୟମଣି ଦେବୀ ଭାବେ ଘୋଷଣା କରି ରାଜ୍ୟ ପକ୍ଷରୁ ଗ୍ରହଣ କଲେ। କିଏ ଏହାକୁ ଗ୍ରହଣ କଲା ବା ନକଲା ତାହା ଦୂରର କଥା, ହେଲେ ଲଳିତା ପାଟମହାଦେଈ ରେଜିୟାଙ୍କଠାରେ ନିଜର ଶତ୍ରୁକୁ ହିଁ ଦେଖିଲେ। କାଳେ କୌଶଳକ୍ରମେ ସେ ଯବନୀର ପୁଅ ରାଜସିଂହାସନ ଦଖଲ କରିନେବ ! ସେ କାଳେ ପାଟରାଣୀ ହୋଇଯିବ ! ଏମିତି ଆଶଙ୍କାରେ ଭୟଭୀତ ହେଲେ ଲଳିତା ପାଟମହାଦେଈ। ଏଣୁ ସେ ନିଜର ମୁଠା ଶକ୍ତ କରିବାକୁ ଚାହିଁଲେ। ଯଥା ସମ୍ଭବ ସେ ଯବନୀକୁ ରୋକ୍ ଦେବାକୁ ଚାହିଁଲେ ମହାରାଣୀ ଲଳିତା ପାଟମହାଦେଈ।

ରାମଚନ୍ଦ୍ର ଦେବ ଖୋର୍ଦ୍ଧା ଛାଡ଼ି ଅଗ୍ରସର ହେଲେ ପୁରୀ ଆଡ଼େ ଶ୍ରୀମନ୍ଦିରରେ ଶ୍ରୀଜଗନ୍ନାଥଙ୍କୁ ସାମ୍ନାସାମ୍ନି ଭେଟି କଥା ହେବା ପାଇଁ।

(୪୯)

ପତିତପାବନ

କେହି ହେଲେ ତାଙ୍କୁ ଆଉ ସମର୍ଥନ କରୁନାହାନ୍ତି। ତାଚ୍ଛଲ୍ୟରେ କେହି କେହି ମୁସଲ୍‌ମାନ୍‌ଙ୍କୁ ହିନ୍ଦୁଙ୍କ ଶଳା ବୋଲି କହୁଛନ୍ତି। ରାଜାର ଶଳା ଯଦି ମୁସଲ୍‌ମାନ ତେବେ ଆମମାନଙ୍କର କେମିତି ନୁହେଁ? ଜାଗା ଆଖଡ଼ା, ମନ୍ଦିର ଆଉ ପୋଖରୀ ସବୁଠି ସେଇ ଚର୍ଚ୍ଚା। ସମସ୍ତେ ରାଜାଙ୍କ ଏହି କାଣ୍ଡକୁ ନାକ ଟେକୁ ଥାଆନ୍ତି। କିନ୍ତୁ ପରମଲକ୍ଷ୍ମୀ ରାଜଗୁରୁ ତାଙ୍କ ଅକାଟ୍ୟ ଯୁକ୍ତିରେ ସମସ୍ତଙ୍କୁ ଚୁପ୍ କରିଦେଉଥାଆନ୍ତି। ମୁସଲ୍‌ମାନ ଝିଅକୁ ବାହା ହେବା ଶାସ୍ତ୍ର ଅସମ୍ମତ ନୁହେଁ ବୋଲି ପ୍ରମାଣ କରି ଥାଆନ୍ତି ପରମଲକ୍ଷ୍ମୀ।

କିଛିଦିନ ପୂର୍ବରୁ ପରମଗୁରୁ ରାଜଗୁରୁ ଆଖ୍ୟା ଲାଭ କରିଛନ୍ତି। ତାଙ୍କରି ଚତୁରତା ହେତୁ ରାମଚନ୍ଦ୍ର ଦେବ କଟକରୁ ମୁକ୍ତ ହୋଇଛନ୍ତି, ତାହା କାହାକୁ ଆଉ ଅଛପା ନାହିଁ। ସଂସ୍କୃତ, ପାର୍ସୀ ଓ ଆରବୀ ସାହିତ୍ୟରେ ତାଙ୍କ ପାଣ୍ଡିତ୍ୟ ଭାରତବର୍ଷରେ ପ୍ରତିଷ୍ଠିତ ହୋଇଛି। ତକୀ ଖାଁ ଦିନେ ତାଙ୍କ ପାଣ୍ଡିତ୍ୟରେ ପ୍ରଗଳ୍ଭ ହୋଇଯାଇଥିଲା। ଜ୍ଞାନ, ଗରିମା ଓ ପାଣ୍ଡିତ୍ୟର ଅଧିକାରୀ ପରମଗୁରୁଙ୍କ ଆଗରେ ମନ୍ଦିରର ସାଧାରଣ ପଣ୍ଡିତମାନେ ମୁଣ୍ଡ ଟେକିପାରିଲେ ନାହିଁ। ଅପପ୍ରଚାର ଆରମ୍ଭ କଲେ: ଏଇ ପରମଲକ୍ଷ୍ମୀ ରାଜଗୁରୁଙ୍କ ପାଦବନ୍ଦନା ଖୋଦ୍ ରାଜା କରୁଛନ୍ତି। ତାଙ୍କୁ ରାଜଗାଦିରେ ବସାଇ ଗଜପତି ରାମଚନ୍ଦ୍ର ଦେବ ଆଲଟ ସେବା କରିଛନ୍ତି। ଏଣୁ ସେ ରାଜାଙ୍କ ସାତଖୁଣ ମାଫ୍ କରିବାକୁ ଯୁକ୍ତି କରୁଛନ୍ତି। ଏହା ଧର୍ମ ବିରୋଧୀ, ଜଗନ୍ନାଥ ସଂସ୍କୃତି ବିରୋଧୀ, ଗଜପତି ବଂଶ ବିରୋଧୀ। ଏସବୁକୁ ରୋକ୍ ଲଗାଇବାକୁ ହେଲେ ଶ୍ରୀମନ୍ଦିରକୁ ଯବନ ପ୍ରବେଶ ବନ୍ଦ କରିବାକୁ ହେବ। ରାଜାଙ୍କ ଭଳି କେହି ବି ବିଧର୍ମୀ ଶ୍ରୀମନ୍ଦିରରେ ପ୍ରବେଶ କରିପାରିବେ ନାହିଁ। ସେ ପ୍ରବେଶ କଲେ ସନାତନ ଧର୍ମ ନଷ୍ଟ ହେବ। ରାଜା ପ୍ରବେଶ କରିପାରିବେନି ବୋଲି ପଣ୍ଡିତ ସଭାର ବିବରଣୀ ହାଟ ହୋଇଗଲା।

ଆଶଙ୍କା ଓ ଦୁଃଖରେ ଭାଙ୍ଗି ପଡ଼ିଲେ ରାମଚନ୍ଦ୍ର ଦେବ।

ପରମଲକ୍ଷ୍ମୀ ରାଜଗୁରୁ କହିଲେ- *ରାଜନ୍, ତୁମେ ଶ୍ରୀମନ୍ଦିର ପ୍ରବେଶ କରିବ। ଏହା ଶାସ୍ତ୍ର ବିରୋଧୀ ନୁହେଁ। କେହି ଯଦି ଏହାର ବିରୋଧ କରନ୍ତି ତେବେ ସେ ଶାସ୍ତ୍ରଦ୍ରୋହୀ ହେବେ।*

ଘୋଡ଼ା ସବାର ହୋଇ ରାଜା ଓ ଅନ୍ୟମାନେ ସିଂହଦ୍ୱାର ନିକଟରେ ପହଞ୍ଚିଲେ। ଆଗରେ ଥାଆନ୍ତି ରାଜଗୁରୁ। ଘୋଡ଼ା ଉପରୁ ଓହ୍ଲାଇଲା ପରେ ରାଜାଙ୍କୁ ଅଟକ ରଖିଲେ ମୁକ୍ତିମଣ୍ଡପର ପଣ୍ଡିତମାନେ। *'ଧର୍ମ ବଦଳାଇଥିବା ରାଜାଙ୍କୁ ମନ୍ଦିର ଭିତରକୁ ପ୍ରବେଶ କରିବାକୁ ଦେବୁ ନାହିଁ'।*

'କି ଆଶ୍ଚର୍ଯ୍ୟ! ରାଜା ଧର୍ମ ବଦଳାଇଛନ୍ତି ବୋଲି କିଏ କହିଛି ? ବରଂ ଯେଉଁ କନ୍ୟାକୁ ସେ ରାଣୀ ଭାବେ ସ୍ୱୀକାର କରିଛନ୍ତି ସେ ହିନ୍ଦୁ ପାଲଟି ସାରିଛନ୍ତି। ରାଜ୍ୟକୁ ବଞ୍ଚାଇବା ଲାଗି ଜଣେ ରାଜା ଅନେକ ଛଦ୍ମ ଆଚରଣ କରିଥାଏ। ଇତିହାସ ଏହାର ସାକ୍ଷୀ ରହିଛି। ଏହା ଶତ୍ରୁ ପକ୍ଷଙ୍କୁ ଚକ୍‌ମା ଦେବା ଲାଗି ଉଦ୍ଦିଷ୍ଟ; ବିଧର୍ମ ନୁହେଁ'।

ଯେଉଁ ଯବନ ଠାକୁରଙ୍କୁ ଏତେ ହଇରାଣ କରିଛି, ଯାହାରି ପାଇଁ ମନ୍ଦିର ଭାଙ୍ଗିଛି, ଯାହା ଲାଗି ଆଜି ଶ୍ରୀକ୍ଷେତ୍ର ଶ୍ରୀହୀନ ହୋଇଛି, ସେଠି ଆପଣ ଶାସ୍ତ୍ର କଥା କହୁଛନ୍ତି, ଇଏ ଭାବାବେଗର କଥା। ଆଜି ରାଜାକୁ ଭିଣୋଇ କରିଛି ତକୀ ଖାଁ। କାଲି ସିଏ ଭିଣୋଇ ସହ ମନ୍ଦିରରେ ପଶିବ। ପୁଣି ଏକ ଅଘଟଣ କରିବ। ତୁମେ କ'ଣ ତକୀ ଖାଁକୁ ଭୁଲିଗଲ କି ପରମଗୁରୁ। ଏସବୁ ତକୀ ଖାଁର ଚାଲାକି, ରାଜା ଅନ୍ଧ ହୋଇ ସାରିଛନ୍ତ, ତୁମେ ଅନ୍ଧ ହୁଅ ନାହିଁ। ତୁମେ ଯଦି ଏହାକୁ ଜୋର ଦେବ ତେବେ ଲୋକେ ତମକୁ ତକୀ ଖାଁର ଚେଲା କହିବାକୁ ପଛାଇବେ ନାହିଁ।

ଅନ୍ଧ କିଏ, ତୁମେ ଜାଣି ପାରୁନାହଁ। ରାଜ୍ୟ ଲୋଭରେ କିଛି ଲୋକ ତୁମ ମୁଣ୍ଡରେ କୁଟିଳ ଭାବ ପ୍ରବେଶ କରାଇଛନ୍ତି...। ଯେଉଁ ରାଜା ଶ୍ରୀଜିଉଙ୍କୁ ରକ୍ଷା କରିବା ଲାଗି ବନ୍ଦୀ ହେଲା, ବନ୍ଦୀ ଗୃହରେ ଥାଇ ଯେଉଁ ରାଜା ଜଗନ୍ନାଥଙ୍କ ଟିକିନିଖି ଖବର ରଖୁଥିଲା ଆଉ ଭବିଷ୍ୟତରେ ଅଘଟଣ ନଘଟାଇବାକୁ ଯବନ ବି ହେବାକୁ ଅଭିନୟ କଲା, ତାହାଙ୍କୁ ତୁମେ ସନ୍ଦେହ କରୁଛ ? ପାଖଣ୍ଡି.. ପାଖଣ୍ଡି...।

ରାମଚନ୍ଦ୍ର ଦେବ ଆଉ ସହିପାରିଲେ ନାହିଁ। ଏ ଯୁକ୍ତି ଚାଲିଲେ ତାହା ବିଦ୍ରୋହର ରୂପ ହେବ-ଏହା ସେ ଭଲ ଭାବେ ଜାଣିଥିଲେ। ସେପଟେ ଲଳିତା ପାଟମହାଦେଈ ଏହି ବିଦ୍ରୋହୀ ଗୋଷ୍ଠୀଙ୍କୁ ରାଜପୁତ୍ର ଓ କର୍ମଚାରୀଙ୍କ ସହାୟତାରେ ଉସ୍‌କାଉଥିବା ତାଙ୍କୁ ଜଣାଥିଲା। ପାଟମହାଦେଈଙ୍କ ଧାରଣା ଥିଲା ଯବନୀ କୋଳରୁ ଯଦି ପୁତ୍ର ଜାତ ହେବ ତେବେ ତାକୁ ମହାରାଜା ରାଜଗାଦି ଅର୍ପଣ କରିବେ, ଆଉ ସେ କୋଣଠେସା ହୋଇଯିବେ। ତାଙ୍କ ପୁଅଙ୍କ ଭବିଷ୍ୟତ ଅନ୍ଧାର ହୋଇଯିବ। ଏଣୁ ଆଗରୁ ଏଥିପାଇଁ ସତର୍କ ହୋଇଯିବା ଆବଶ୍ୟକ...।

ଛାମୁ କହିଲେ- ବନ୍ଦ କରନ୍ତୁ ରାଜଗୁରୁ ମହାଶୟ । ସେବକ ଓ ପଣ୍ଡିତେ ଯାହା ଚାହୁଁଛନ୍ତି ତାହା ହେବାକୁ ଦିଅନ୍ତୁ... । ଏ ରାଜ୍ୟ ଜଗନ୍ନାଥଙ୍କର । ବୋଧହୁଏ ସ୍ୱୟଂ ଜଗନ୍ନାଥ ଏହା ଚାହୁଁଛନ୍ତି । ସେମାନଙ୍କୁ ବିରକ୍ତ କରନ୍ତୁ ନାହିଁ । ପତିତ ଜନଙ୍କୁ ଉଦ୍ଧାରିବା ପାଇଁ ଅବତାର ନେଇଥିବା ଠାକୁରଙ୍କୁ ଆଜି ଏ ପତିତ ଦର୍ଶନ କରିପାରିବ ନାହିଁ । ପ୍ରଭୁ ଶ୍ରୀଜଗନ୍ନାଥଙ୍କ ଇଚ୍ଛା ।

ସମୁଦ୍ରକୂଳରେ ମଠ ଭିତରେ ସେଦିନ ବିତିଗଲା, ଖୋର୍ଦ୍ଧା ଫେରିଲେ ନାହିଁ କି ବାଲିସାହିରେ ଥିବା ଉଆସକୁ ବି ଆସିଲେ ନାହିଁ । ପଣ୍ଡିତ ମହାସଭା ବି ଦି' ଭାଗ ହେଲା । ରାଜ୍ୟର ରାଜା ଯଦି ଜଗନ୍ନାଥଙ୍କୁ ଦର୍ଶନ କରିପାରିବ ନାହିଁ, ତେବେ ରାଜ୍ୟ କେମିତି ଚାଲିବ ? ଯୁଗଯୁଗରୁ ଜଗନ୍ନାଥଙ୍କ ଆଶୀର୍ବାଦ ନେଇ ରାଜା ଏ ରାଜ୍ୟକୁ ଶାସନ କରିଛନ୍ତି । ଭଲ ମନ୍ଦ ସବୁ କିଛି ଜଗନ୍ନାଥଙ୍କ ଉପରେ ନ୍ୟସ୍ତ ଅଛି । ତାଙ୍କୁ ଅନ୍ତର କରିବା.... ।

ଅନେକ ବିଚାର ବିମର୍ଶ ପରେ ପଣ୍ଡିତ ମହାସଭା ମନ୍ଦିର ଭିତରେ ପ୍ରବେଶ କରୁ ନଥିବା ଭକ୍ତଙ୍କ ପାଇଁ ସିଂହଦ୍ୱାର ଗୁମୁଟ ଭିତରେ ଜଗନ୍ନାଥଙ୍କ ଚିତ୍ର ସ୍ଥାପନ କଲେ । ତାହାଙ୍କୁ ପତିତପାବନ ନାଁ ଦିଆଗଲା । ଅରୁଣ ସ୍ତମ୍ଭ ପାଖରେ ଠିଆ ହୋଇ ତାହାଙ୍କୁ ଦର୍ଶନ କରି ପତିତ ଜନ ନିର୍ମାଲ୍ୟ ସେବନ କଲେ । ଦିନକୁ ଦିନ ପତିତପାବନ ପ୍ରତିଟି ହିନ୍ଦୁର ଜୀବନଯାତ୍ରା ସହ ସଂଯୁକ୍ତ ହୋଇଗଲେ । ଖାଲି ଯବନ, ନୀଚ ଜାତି ନୁହେଁ ମନ୍ଦିରରେ ଶ୍ରୀଜିଉଙ୍କୁ ନପାଇଲେ ତାଙ୍କୁ ଦର୍ଶନ କରି ଆତ୍ମତୃପ୍ତି ଲାଭ କଲେ ଭକ୍ତ । ଜୀବନ ଆରମ୍ଭରେ ତାଙ୍କରି ନାଁ ରହିଲା ଆଉ ଜୀବନ ଗଲାପରେ ତାଙ୍କରି ସମ୍ମୁଖରେ ଶବ ଯାତ୍ରା କଲା । ବିଶ୍ୱାସ ହେଲା ସବୁ ଦେବଦେବୀ ପତିତପାବନଙ୍କୁ ଦର୍ଶନ କରିବା ପାଇଁ ସବୁଦିନ ସିଂହଦ୍ୱାର ଆସୁଛନ୍ତି । ଏହି ଭାବନା ଏତେ ଶକ୍ତ ହେଲା ଯେ ପତିତପାବନଙ୍କୁ କେନ୍ଦ୍ର କରି ରାଜାଙ୍କ ପ୍ରତି ଥିବା ହୀନ ମନୋଭାବ କ୍ରମଶଃ ଦୂର ହୋଇଗଲା । ସେ ଯେ ପ୍ରକୃତରେ ଜଗନ୍ନାଥଙ୍କ ଚଳନ୍ତି ପ୍ରତିମା, ଠାକୁର ରଜା, ସେ ବିଶ୍ୱାସ ପୁଣିଥରେ ଶକ୍ତ ହେଲା । କିଛି ନିର୍ଦ୍ଦିଷ୍ଟ ବ୍ରାହ୍ମଣ ବର୍ଗଙ୍କୁ ଛାଡ଼ିଦେଲେ ଅନ୍ୟମାନେ ପୁଣିଥରେ ଗଜପତି ରାମଚନ୍ଦ୍ର ଦେବଙ୍କୁ ଅଧୀଶ୍ୱର ଭାବେ ସ୍ୱୀକାର କଲେ ।

ଏ ଭିତରେ ରାମଚନ୍ଦ୍ର ଦେବ ଗୁଇନ୍ଦା ଖବରକୁ ଆଧାର କରି ଆଦେଶ ଦେଲେ ଶ୍ରୀମନ୍ଦିର ଉପରେ ଆକ୍ରମଣର ଆଶଙ୍କା ରହିଛି । ଜଗନ୍ନାଥ-ବଳଭଦ୍ର-ସୁଭଦ୍ରାଙ୍କୁ ସିଂହାସନରୁ ଅନ୍ତର କରାଯାଇ ଗୁପ୍ତରେ ରଖିବାକୁ ହେବ । ଚାପ ପ୍ରସ୍ତୁତ ହେଲା ।

(୫୦)

ମାରଦା

ଠାକୁରଙ୍କୁ ସିଂହାସନରୁ ଅପସାରଣ କରିବା ଯେମିତି କିଛି ବର୍ଷ ହେଲା ଏକ ପରମ୍ପରାରେ ପରିଣତ ହୋଇଗଲାଣି। ଏଥିଲାଗି କୌଣସି ନୀତି ନିର୍ଦ୍ଦିଷ୍ଟ ନଥିଲେ ବି ନିର୍ଦ୍ଧାରିତ ସେବକଙ୍କୁ ଆଉ କେଉଁବାଟେ କେମିତି କେଉଁଠିକି ଠାକୁରଙ୍କୁ ନେବାକୁ ହୁଏ କହିବାକୁ ପଡୁ ନାହିଁ। ଖାଲି ଯାହା ରାଜାଦେଶଟିଏ ଲୋଡ଼ା ହେଉଛି, ସେତିକି। ...ଆରମ୍ଭ ହୋଇଗଲା ମଙ୍ଗଳା ଘାଟରେ ଚାପ ବନ୍ଧା। ରାତି ଅଧରେ ରତ୍ନ ସିଂହାସନରୁ ତିନି ଠାକୁରଙ୍କୁ ଅପସାରଣ କରି ବିମଳାଙ୍କ ମନ୍ଦିର ପଛପଟେ ରଖାଗଲା। ପରେ ଶଗଡ଼ି ସହାୟତାରେ ତାଙ୍କୁ ଗୁପ୍ତରେ ମନ୍ଦିରରୁ ବାହାର କରାଯାଇ ଚାପରେ ବିଜେ କରାଗଲା। ଶୀତର ପ୍ରକମ୍ପରେ ଯେତେବେଳେ ସାରା ଓଡ଼ିଶା ଜାକିଜୁକି ହୋଇ ଶୋଇଥିଲା ଠିକ୍ ସେତିକିବେଳେ ତାରା ଜହ୍ନଙ୍କୁ ସାକ୍ଷୀ ରଖି ସେବକମାନେ ଠାକୁରଙ୍କୁ ବୋହି ଚାଲିଥିଲେ କେବଳ ଧର୍ମରକ୍ଷା ପାଇଁ।

ଦୂରରେ ଥାଆନ୍ତି ଶ୍ରୀ ରାମଚନ୍ଦ୍ର ଦେବ। ନିଜ ପ୍ରାଣର ଠାକୁର, ପରମ ଆରାଧ୍ୟ। ଯାହାଙ୍କ ନାଁରେ ଶାସନ ଚାଲେ, ଯିଏ କ୍ଷଣେ ନରହିଲେ ପୁରୁଷୋତ୍ତମ କ୍ଷେତ୍ରର ମହତ୍ତ୍ୱ ରହେନି; ଯାହାଙ୍କ କରୁଣାରେ ଲୋକନୀତି ପ୍ରସ୍ତୁତ ହୁଏ ଆଉ ଯାହାଙ୍କ ସ୍ଥାନ ଶୂନ୍ୟ ଦେଖି ଶତ୍ରୁ ବି ଆଶଙ୍କିତ ହୋଇଯାଏ ତାଙ୍କୁ ଏମିତି ଘାଟ ଅଘାଟ ହେବାକୁ ପଡୁଛି। ହାତଯୋଡ଼ି ବିନତି ହେଲେ- ମୋର କି ଦୋଷ ପ୍ରଭୁ... ତୁମେ କାହିଁକି ଏପରି ଭିଆଉଛ ? ମୁଜା ପଲକରୁ ଲୁହ ଠୋପାଗୁଡ଼ିକ ବୋହି ଚାଲିଥାଏ, ଅଜ୍ଞାତରେ। ହଠାତ୍ ଜୋର୍‌ରେ କେହି ଜଣେ ପାଟି କଲେ। ପିଠି ପଟରେ ଥିବା ସେବକ ଚିତ୍କାର କରୁଛନ୍ତି... ଓଜନ ଅଧିକ ହେଲାଣି। ଛାମୁ ଠାକୁରଙ୍କ ନିକଟକୁ

ଗୋଡ଼ାଇଯାଇ ଭାରା ଦେବାକୁ ହାତ ବଢ଼ାଇଲେ। କେହି ଜଣେ ପାଟିକଲା-

ରହିଯାଆନ୍ତୁ। ବିଧର୍ମୀ ଠାକୁରଙ୍କୁ ଛୁଇଁପାରିବେ ନାହିଁ। ଯବନ ହାତ ନବାଜିବାକୁ ଆମେ ଠାକୁରଙ୍କୁ ମନ୍ଦିରରୁ ବାହାରକୁ ନେଉଛୁ, ଆଉ ଆପଣ...। ଧର୍ମ ନଷ୍ଟ ହୋଇଯିବ, ପୃଥିବୀ ଭସ୍ମ ହୋଇଯିବ!

ପରମଲକ୍ଷ୍ମୀ ରାଜଗୁରୁ କିଛି କହିବା ପାଇଁ ଆସୁଥିେ. କିନ୍ତୁ ଚୁପ୍ ରହିଲେ। ଏବେ ଯଦି କହିବେ ତେବେ ତାହା ଆମକୁ ହିଁ କ୍ଷତି କରିବ। ଛାମୁ ଆଜି ସେ ସେବାରୁ ବଞ୍ଚିତ ହେବାକୁ ବାଧ୍ୟ। ଆଜି ରାଜା ଅଛୁଆଁ। ରାଜ୍ୟ ଅଛୁଆଁ। ରାଜନୀତି ବି ଅଛୁଆଁ... ଦୂରରେ ବହୁ ଦୂରରେ।

ଆଠଗଡର୍ ରାଜା ରାଜି ହେଲେ। କଲିକତା ଶାସନଠାରୁ ଯଥେଷ୍ଟ ଦୂରରେ ରହିଥିବା ଆଠଗଡ଼ରେ କଟକ ନାଏବ ନାଜୀମ୍‌ଙ୍କ ପ୍ରଭାବ ପଡ଼ିବା କାଠିକର ପାଠ। ଏହାଛଡ଼ା ହାଇଦ୍ରାବାଦ ନିଜାମ୍‌ଙ୍କ ଅଧୀନ ଏ ଅଞ୍ଚଳକୁ କଟକ ନାଏବ ନାଜୀମ ଭୟକରେ।[୫୨] ଏଣୁ ରାମଚନ୍ଦ୍ର ଦେବ ସେହିଠାରେ ଠାକୁରଙ୍କୁ ଗୁପ୍ତରେ ରଖିବାକୁ ଶରଣ ପଶିଲେ। ପ୍ରଜା ଆନନ୍ଦିତ ହେଲେ। ଦୁଇ ମାସ ଭିତରେ ମାରଦାରେ ତିଆରି ହେଲା ଏକ ଭବ୍ୟ ମନ୍ଦିର। ଗର୍ଭଗୃହରେ ଉଚ୍ଚ ସିଂହାସନ ନିର୍ମାଣ ହେଲା। ପ୍ରତିଷ୍ଠା ହେଲେ ତିନି ଠାକୁର।[୫୩] ଆଠଗଡ଼ ରାଜ୍ୟରେ ଏ ଖବର କାନକୁ କାନ ବ୍ୟାପିଲା। ଭକ୍ତଙ୍କ ସୁଅ ଛୁଟିଲା। ଯିଏ ଯାହା ପାଇଲା ପ୍ରଭୁଙ୍କ ପାଇଁ ଧରି ଆସିଲା। କିନ୍ତୁ ସବୁ କିଛି ଗୁପ୍ତରେ।

ଶ୍ରୀମନ୍ଦିରରେ ଦିଅଁ ନାହାନ୍ତି ବୋଲି କିଛିଦିନ ପରେ କଟକରେ ଖବର ପହଞ୍ଚିଲା। ତକୀ ଖାଁ ଉତ୍‌କ୍ଷିପ୍ତ ହୋଇ ଖୋର୍ଦ୍ଧା ଆକ୍ରମଣ କଲା। ହେଲେ ଖୋର୍ଦ୍ଧାରେ ତ' କିଛି ନାହିଁ। ଯେଉଁଠି ଜଗନ୍ନାଥ ନାହାନ୍ତି, ସେଠାରେ ଆଉ କ'ଣ ବା ଥିବ? କିନ୍ତୁ କେହି ବି ତକୀ ଖାଁକୁ କହିବାକୁ ଅସମର୍ଥ ଯେ, ଠାକୁର କୁଆଡ଼େ ଗଲେ? ବର୍ଷ ପରେ ବର୍ଷ ବିତିଲା। ଭକ୍ତ କି ଯାତ୍ରୀ ଆଉ ଓଡ଼ିଶା ଆସିଲେ ନାହିଁ। ଗୁଣ୍ଡିଚା, ଦୋଳ, ଚନ୍ଦନଯାତ୍ରା ବନ୍ଦ ହୋଇଗଲା। ଯାତ୍ରୀଙ୍କ ତୀର୍ଥ ବାବଦ ଟିକସ ଆଉ କଟକ ଦରବାରକୁ ମିଳିଲା ନାହିଁ। ସ୍ଥାନୀୟ ସେବକ ଓ ବ୍ରାହ୍ମଣମାନେ କଷ୍ଟ ପାଇଲେ। ସାମାଜିକ ଓ ଆର୍ଥିକ ଅବସ୍ଥା କ୍ରମଶଃ ଶୋଚନୀୟ ହେବାରେ ଲାଗିଲା। କିଛିଦିନ ପରେ ତକୀ ଖାଁର ମୃତ୍ୟୁ ହେଲା।

ଏ ଖବର ପୁରୀରେ ଆନନ୍ଦ ଖେଳାଇଲା। ଦୀର୍ଘଦିନରୁ ଖୋର୍ଦ୍ଧା ଆସନ ଖୋଜୁଥିବା ପଦ୍ମନାଭ ଦେବ ମୋଗଲ ଦରବାରକୁ ପ୍ରଭାବିତ କରିବା ଆରମ୍ଭ କଲେ। ଖୋର୍ଦ୍ଧା ଦାୟିତ୍ୱ ନେଲେ ସେ ଉପଯୁକ୍ତ ପେସ୍‌କସ୍ ଦେବେ ବୋଲି ଆଶ୍ୱାସନା ଦେଲେ। ନୂଆକରି ଦାୟିତ୍ୱ ନେଇଥିବା ଢାକାର ଶାସକ ମୁର୍ସିଦ୍ କୁଲି ଖାଁ କଟକର ନାଏବ ନାଜୀମ୍ ଏ ବାବଦରେ ପରାମର୍ଶ ପାଇଁ ନିଜର କର୍ମଚାରୀ ମୀର ହବିବ୍‌ଙ୍କୁ ଦାୟିତ୍ୱ ଦେଲେ। ମୀର ହବିବ୍ ରାଜ୍ୟ ପରିଚାଳନା ପାଇଁ ରାଜସ୍ୱ ଆବଶ୍ୟକକୁ ଅନୁଭବ କରି ପଦ୍ମନାଭଙ୍କ କଥାରେ ରାଜିହେଲେ। ଏହାସହ ସେବକଙ୍କୁ ଆଶ୍ୱାସନା ଦେଲେ ଏଣିକି ଜଗନ୍ନାଥଙ୍କ ଉପରେ କୌଣସି ବିପତ୍ତି ପଡ଼ିବ ନାହିଁ। ମନ୍ଦିର ଆଉ ଆକ୍ରମଣ ହେବ ନାହିଁ। ଠାକୁରଙ୍କୁ ଫେରାଇ ଅଣାଯାଉ। ସେବକଙ୍କ ବିଶ୍ୱାସ ଫେରିଲା। ଆଉ ଠାକୁରଙ୍କୁ ଫେରାଇ ଅଣାଗଲା।

(୫୧)

ପାଗଳ ରାଜା

ପୁଣି ଜଗନ୍ନାଥଙ୍କୁ କେନ୍ଦ୍ରକରି ରାଜନୀତି କେନ୍ଦ୍ରୀଭୂତ ହେଲା ଶ୍ରୀମନ୍ଦିରରେ। ଖୋର୍ଦ୍ଧା ଆସନରେ ପଦ୍ମନାଭ ଦେବଙ୍କୁ ମଧ୍ୟ ରାଜା ଭାବେ ସ୍ୱୀକାର କରାଯାଇ ତାଙ୍କରି ନାଁରେ ମହାପ୍ରଭୁଙ୍କ କବାଟ ଖୋଲିଲା। ଆଉ ରାଜ୍ୟ ଫେରି ନପାରି ରାମଚନ୍ଦ୍ର ଦେବ ଆଶ୍ରୟ ନେଲେ ନରସିଂହପୁରରେ ରେଜିଆ ଓରଫ ସୂର୍ଯ୍ୟମଣିଙ୍କ ସହ।

ରାଜା ପାଗଳ ହୋଇଯାଇଛନ୍ତି। ରାଜ ଉଆସରେ ଗୋଟିଏ ପରେ ଗୋଟିଏ ରାଜପୁତ୍ରଙ୍କ ମୁଣ୍ଡ କାଟ୍ ହେଉଛି। ପୁଣି ଛାମୁ ନିଜ ହାତରେ ତାହା କରିଛନ୍ତି। ଏ ଖବର ବିଜୁଳି ବେଗରେ ପ୍ରସାରିତ ହୋଇଗଲା ଜଗନ୍ନାଥ ଦେଶରେ। ପ୍ରଜାଠାରୁ ସମ୍ରାଟ ସମସ୍ତେ ଏଥିରେ ବ୍ୟଥିତ ହେଲେ। ଯେଉଁ ରାଜ୍ୟରେ ରାଜା ସୁସ୍ଥ ମସ୍ତିଷ୍କର ନୁହେଁ, ଯେଉଁଠାରେ ରାଜପୁତ୍ର ନିଜର ଜୀବନ ବଞ୍ଚାଇ ପାରୁନାହାନ୍ତି, ସେଠାରେ ଶାସନ କ'ଣ ହେବ ? ପ୍ରଜାଙ୍କ ଭିତରେ ଏହି ହାହାକାର ଦେଖି ମରାଠାମାନଙ୍କୁ ସୁଯୋଗ ମିଳିଲା ଶାସନ ହାତରେ ନେବା ଲାଗି। ତାହା ହିଁ ହେଲା। ମରାଠା ସୁବେଦାର ଶିବରାମ ଭଟ୍ଟ ସାଠେ, ଗଜପତି ବୀରକେଶରୀଙ୍କୁ ଖୋର୍ଦ୍ଧାରୁ ବନ୍ଦୀ କରି କଟକ ଦୁର୍ଗରେ ରଖିଲେ। ଯେଉଁ କାଳ କୋଠରିରେ ଦିନେ ବାପା ମୋଗଲମାନଙ୍କ ବଶତା ସ୍ୱୀକାର ନ କରି ୧୩ ମାସ ୧୫ ଦିନ ସମୟ ବନ୍ଦୀ ଥିଲେ, ଯେଉଁଠାରୁ ରାଜକନ୍ୟା ରେଜିଆଙ୍କ ସହ ତାଙ୍କର ପ୍ରେମ ହୋଇଥିଲା -ସେହି କୋଠରିରେ। ଅର୍ଥାତ୍ ଯେଉଁ ଦୁର୍ଗ ଦିନେ ତାଙ୍କ ପୂର୍ବପୁରୁଷଙ୍କ ଦ୍ୱାରା ନିୟନ୍ତ୍ରିତ ହେଉଥିଲା ସେଠାରେ ଆଜି ସେ ବନ୍ଦୀ।

ରାଜ୍ୟସାରା କିନ୍ତୁ ପ୍ରଜାଙ୍କ ମନରେ ପ୍ରଶ୍ନ ରାଜା ନିଜ ପୁଅମାନଙ୍କୁ ମାରିଲେ କାହିଁକି ? ରାଜା ପାଗଳ ହେଲେ କେମିତି ?

ଘୁମୁସର ରାଜା ଘନ ଭଞ୍ଜଙ୍କଠାରୁ ସୈନ୍ୟ ସାହାଯ୍ୟ ପାଇ ବୀରକିଶୋର ଦେବ ଖୋର୍ଦ୍ଧା ରାଜ୍ୟ ସିଂହାସନ ଲାଭ କରିଥିଲେ। ରାଜାଙ୍କ ଏତାଦୃଶ କାର୍ଯ୍ୟ ଦେଖି କିଏ କହିଲା ଜଗନ୍ନାଥ ତାଙ୍କୁ କୃତ କର୍ମର ଫଳ ଦେଇଛନ୍ତି। ଆଉ କିଏ କହିଲା ରାଜଗାଦି ପାଇଁ ରାଜପରିବାର ଭିତରେ ଯେଉଁ କଳହ ଚାଲିଛି ଏ ତାହାର ଫଳ। ପୁଣି କିଏ ମରାଠାଙ୍କ ଆଡ଼କୁ ଅଙ୍ଗୁଠି ଦେଖାଇ କହିଲା-ଇଏ ସବୁ ମରାଠାଙ୍କ ଖେଳ। ଯେଉଁଭଳିଭାବେ ସେମାନେ ଆମ ଉପରେ ଟିକସ ବସାଉଛନ୍ତି ସେଥିରେ ଯେ କେହି ଧୈର୍ଯ୍ୟ ହରାଇବ।

'ହଇହୋ.. ଜମିରେ ଚାଷ ହେଲେ ଖଜଣା ଦେବା ଜଣାଥିଲା, ଏବେ ଝିଅ ବୋହୂମାନେ ଭଲ ଲୁଗାଟେ ପିନ୍ଧିଲେ ଖଜଣା ପଡୁଛି ? ଆମେ ପାଇଜାମାଟେ ପିନ୍ଧିଲେ ସେମାନେ ଭାବୁଛନ୍ତି ଅଧିକ ଅମଳ ହୋଇଛି ? ରାଜା ଏହାକୁ ପ୍ରତିରୋଧ କରିବା କଥା ନୁହଁ...' ?

ଏହା ଏକ ସନ୍ଧି ସମୟ ଥିଲା। ଯେଉଁଠାରେ ମୁସଲମାନ୍ ସାମ୍ରାଜ୍ୟର ପତନ ଏବଂ ମରାଠାଙ୍କ ଆଗମନ ଓଡ଼ିଶାରେ ହୋଇଥିଲା। କେତେବେଳେ ମୁସଲମାନଙ୍କ ସହ ଲଢ଼ି ଆଉ କେତେବେଳେ ମରାଠାଙ୍କ ସହ ଲଢ଼ି ରାଜ୍ୟର ସବୁ ଶକ୍ତି ଯେମିତି କୁଆଡ଼େ ଉଭେଇ ସାରିଥିଲା। ପାଇକ ଆଉ ଶକ୍ତିଶାଳୀ ନଥିଲେ। ବନ୍ୟା ଓ ମରୁଡ଼ିରେ ଫସଲହାନି ଆଉ ମୁଣ୍ଡ ଉପରେ ଦିନକୁ ଦିନ କର ବୃଦ୍ଧିର ବୋଝ ପ୍ରଜାଙ୍କୁ ନାହିଁ ନଥିବା ହରକତ ଭିତରକୁ ଠେଲି ଦେଇଥିଲା। ପ୍ରଜାମାନେ ଏଥିଲାଗି ରାଜା ଦାୟୀ ବୋଲି ଚାପା ଆଲୋଚନା କରୁଥିଲେ। ଏ ଭିତରେ ମୁସଲମାନଙ୍କ ହାତରୁ ଓଡ଼ିଶାର ଶାସନ ମରାଠାମାନେ ଗ୍ରହଣ କରିବାରୁ ଜଗନ୍ନାଥଙ୍କ ଉପରେ ଆଉ ଆକ୍ରମଣ ହେବନି ବୋଲି ସିନା ନିଶ୍ଚିତ ହେଲା, କିନ୍ତୁ ପ୍ରଜା ଦିନକୁ ଦିନ କରଜରେ ସର୍ବସ୍ୱାନ୍ତ ହେବାକୁ ଲାଗିଲେ। ରାଜା ଦୁର୍ବଳ ଥିବା ଜାଣି ପାରଳାଖେମୁଣ୍ଡିର ରାଜା ଗଜପତି ଜଗନ୍ନାଥ ନାରାୟଣ ଦେଓ ଖୋର୍ଦ୍ଧା ଆକ୍ରମଣ କଲେ। ତାଙ୍କର କହିବା ଥିଲା ଏ ରାଜ୍ୟ ତାଙ୍କର। ଗଜପତି କପିଳେନ୍ଦ୍ର ଦେବଙ୍କ ପରେ ସେମାନେ ହିଁ ପ୍ରକୃତ ଗଜପତି ସିଂହାସନର ଉତ୍ତରାଧିକାରୀ। ସେମାନେ ହିଁ ତାଙ୍କର ବଂଶଧର।

ଜଣେ ଦାସୀପୁତ୍ରଙ୍କୁ ସେତେବେଳେ ରାଜଗାଦି ମିଳିଥିବାରୁ ସେମାନେ ପାରଳାରେ ରାଜ୍ୟ ରକ୍ଷା କରୁଥିଲେ। ଆଜି ଉପଯୁକ୍ତ ସମୟ ଆସିଛି ଗଜପତି ସିଂହାସନ ଅଧିକାର କରିବା ପାଇଁ। ଏହିକ୍ରମରେ ଚିଲିକା, ବାଣପୁର ଦେଇ ଗଜପତି ଜଗନ୍ନାଥ ନାରାୟଣ ଦେବ ଖୋର୍ଦ୍ଧାରେ ପ୍ରବେଶ କଲେ ଏବଂ ତାହାକୁ ଦଖଲ କଲେ। ଗଜପତି ବୀରକେଶରୀ ଦେବ ଏଥିରେ ବ୍ୟଥିତ ହୋଇ ମରାଠାଙ୍କ ଶରଣ ଗଲେ। ମରାଠା ସୁବେଦାର ଶିବରାମ ଭଟ୍ଟ ସାଠେ ରାଜ୍ୟ ଫେରାଇବା ପାଇଁ ଆବଶ୍ୟକ ଯୁଦ୍ଧର ଖର୍ଚ୍ଚ ବହନ କରିବା ପାଇଁ ସର୍ତ୍ତ ରଖିଲେ। ରାଜ୍ୟ ମିଳିଥିଲା। ହେଲେ ଗଜପତି ସର୍ତ୍ତ ରକ୍ଷା କରିପାରି ନଥିଲେ। ଏଣୁ ବିବାଦ ଆରମ୍ଭ ହେଲା। ଦିନକୁ ଦିନ ମରାଠାଙ୍କ ଚାପ ବଢ଼ିବାରେ ଲାଗିଲା। ଗଜପତି ବୀରକେଶରୀ ଦେବ ନିଜ ରାଜ୍ୟର ଉତ୍କୃଷ୍ଟ ପ୍ରଗଣା ଯେମିତି ରାହାଙ୍ଗ, ଲେମ୍ବାଇ, ସିରାଇ ଓ ଚବିଶକୁଦ ସହ ଖୋର୍ଦ୍ଧା

ରାଜାଙ୍କ ଅଧୀନ ୧୪ଟି ଗଡ଼ଜାତର ମାଲିକାନା ହସ୍ତାନ୍ତର କଲେ। ଏହାଦ୍ୱାରା ରାଜ୍ୟର ଆୟ କମିଲା। ରାଜା ଯେ ଭୀରୁ, କାପୁରୁଷ ତାହା ପ୍ରଚାରିତ ହେଲା। ଆଉ ଧୈର୍ଯ୍ୟ ନରଖିପାରି ପାଗଳ ହୋଇଗଲେ ବୀରକେଶରୀ। ହତ୍ୟାକଲେ ପୁତ୍ର ଜଗନ୍ନାଥ, ଶ୍ୟାମସୁନ୍ଦର ଏବଂ ବଳଭଦ୍ରଙ୍କୁ। ସମ୍ପୂର୍ଣ୍ଣ ଓଡ଼ିଶା ଏବେ ମରାଠାଙ୍କ ପ୍ରତ୍ୟକ୍ଷ ଶାସନ ବ୍ୟବସ୍ଥା ଭିତରକୁ ଆସିଗଲା। ଆଉ କେହି ରାଜା ଓଡ଼ିଶାରେ ରହିଲେ ନାହିଁ। କିନ୍ତୁ ଏହାକୁ ନେଇ ଅସନ୍ତୋଷ ବଢ଼ିଲା। ରାଜା ପାଗଳ ହେଲେ କ'ଣ ହେଲା- ସେଇ ରାଜା ତ ମନ୍ଦିରକୁ ଜରାଜୀର୍ଣ୍ଣ ପରିସ୍ଥିତିରୁ ଉଦ୍ଧାର କରିଛି। ସେଇ ରାଜା ଅମଳରେ ତ ଲଳିତା ପାଟମହାଦେଈପୁର ବ୍ରାହ୍ମଣ ଶାସନ ପ୍ରତିଷ୍ଠା ହୋଇଛି। ପୁଣି ଶ୍ରୀମନ୍ଦିର ଚୂନ ହୋଇ ଚମକୁଛି। ଏଣୁ ତାଙ୍କରି ବଂଶ କେମିତି ଶାସନଠୁ ଦୂରରେ ରହିବ।

ରାଜମାତା ଲଳିତା ପାଟମହାଦେଈ ଏ ବାବଦରେ ଚିନ୍ତା କଲେ- ନାତିର ନାବାଳକ ପୁଅକୁ ପରବର୍ତ୍ତୀ ରାଜା ଭାବେ ଘୋଷଣା କରାଯିବ। ଖୋର୍ଦ୍ଧା ରାଜ୍ୟକୁ ମରାଠାଙ୍କ କବଳରୁ ମୁକୁଳାଇ ଅଣାଯିବ ସର୍ତ୍ତମୂଳକ ଭାବେ । ମରାଠାଙ୍କ ସହ ଏନେଇ ଚୁକ୍ତି ହେଲା। ରାଜା ବାର୍ଷିକ ୧୦ ହଜାର ଟଙ୍କା ପେସକସ୍ ଦେବେ ଏବଂ ରାଜ୍ୟ ମୁକୁଳିବ। ସେଇ ବୀରକେଶରୀଙ୍କ ନାଁରେ ଶାସନ ଚାଲିବ, ଶ୍ରୀମନ୍ଦିରର କବାଟ ଫିଟିବ; ମହାଦୀପ ଉଠିବ...।

(୫୨)

ମୋହନଭୋଗ

ରାଜା ସିନା ପାଗଳ ହୋଇ ବନ୍ଦୀଶାଳାରେ, ଆଉ ତାଙ୍କ ପରିବାର ଖୋର୍ଦ୍ଧା ସମେତ କିଛି ପ୍ରଗଣାରେ ସୀମିତ, କିନ୍ତୁ ସେବକ, ପଣ୍ଡିତ ଓ ସାଧାରଣ ପ୍ରଜାଙ୍କ ମନରେ ଆଶା ସଞ୍ଚାର ହୋଇଛି। ଗଲା ଶହେ ବର୍ଷ ହେଲା ଶ୍ରୀହୀନ ହୋଇଥିବା ଶ୍ରୀମନ୍ଦିର ପୁଣିଥରେ ଚଳଚଞ୍ଚଳ ହେଲାପରି ଲାଗୁଛି। ଆଉ ଆକ୍ରମଣକାରୀ ମୋଗଲଙ୍କ ଭୟ ନାହିଁ। କାରଣ ବଙ୍ଗ ବି ତାଙ୍କ ଅଧୀନରେ ଆଉ ନାହିଁ। ସେଠାରେ ଇଂରେଜ ଇଷ୍ଟ ଇଣ୍ଡିଆ କମ୍ପାନୀ ଦୁର୍ଗ ତିଆରି କରିଛି। ଅନ୍ୟପଟେ ମରାଠାମାନେ ହିନ୍ଦୁ ଓ ବିଷ୍ଣୁପ୍ରେମୀ ହୋଇଥିବାରୁ ଶ୍ରୀମନ୍ଦିରକୁ ଆକ୍ରମଣ କରିବେ ନାହିଁ, ଏହା ସ୍ପଷ୍ଟ। ଏହି କାରଣରୁ ଦିନକୁ ଦିନ ଦେଶୀ ଓ ବିଦେଶୀ ଯାତ୍ରୀଙ୍କ ସଂଖ୍ୟା ବଢୁଛି ଆଉ ପୁରୀରେ ଅବଢ଼ା ବିକ୍ରି ମଧ୍ୟ ବୃଦ୍ଧି ପାଉଛି। ଯାତ୍ରୀଙ୍କ ଦାନରେ ପଣ୍ଡା ପଢ଼ିଆରୀ ଭଲ ଦି'ପଇସା ରୋଜଗାର କରୁଛନ୍ତି। ବାରବୁଲା ବେପାରୀମାନେ ବି ବଡ଼ଦାଣ୍ଡରେ କିଛି ପସରା ପକାଇବା ଆରମ୍ଭ କରିଦେଲେଣି।

ପରିସ୍ଥିତିକୁ ଆଖିରେ ରଖି ମରାଠାମାନେ ପୁରୁଷୋତ୍ତମ କ୍ଷେତ୍ରର ଦୁଇ ପ୍ରବେଶ ଦ୍ୱାରରେ ସୁରକ୍ଷା ବ୍ୟବସ୍ଥାକୁ କଡ଼ାକଡ଼ି କରିସାରିଛନ୍ତି। ଶ୍ରୀଜଗନ୍ନାଥଙ୍କ ନୀତିକାନ୍ତିରେ ଯେମିତି ବିଭ୍ରାଟ ନହୁଏ ସେଥିଲାଗି ତିନିଜଣ ପରିଛାଙ୍କୁ ନିଯୁକ୍ତ କରାଯାଇଛି। ସେମାନଙ୍କ ଭିତରେ ସବୁଠାରୁ କ୍ଷମତାପନ୍ନ ହୋଇଛନ୍ତି ବଡ଼ ଦେଉଳ ପରିଛା। ମରାଠା ବ୍ରାହ୍ମଣ ଶିଓ୍ୱାଜୀ ପଣ୍ଡିତ ଏହି ଦାୟିତ୍ୱରେ ରହିଛନ୍ତି। ତାଙ୍କୁ କେହି କେହି ୨୭ ହଜାର ମାହାଲର ପରିଛା ବୋଲି କହୁଛନ୍ତି। କାରଣ

ତାଙ୍କ ଅଧୀନରେ ୨୭ ହଜାର ମାହାଲ ରହିଛି, ଯାହାକି ମରାଠାଙ୍କ ପକ୍ଷରୁ ନିଃଶୁଳ୍କ କରାଯାଇ ଜଗନ୍ନାଥ ମନ୍ଦିର ଉଦ୍ଦେଶ୍ୟରେ ଦାନ ହୋଇଛି, କେବଳ ରୀତିନୀତି ପରିଚାଳନା ପାଇଁ। ଶିଓ୍ୱାଜୀ ପଣ୍ଡିତଙ୍କ ସହ ରହିଛନ୍ତି ମୋରା ପଣ୍ଡିତ, ସେ ବି ମରାଠା। ପଦପଦବୀରେ ସେ ସବୁଠାରୁ ଗୁରୁତ୍ୱପୂର୍ଣ୍ଣ। ତାଙ୍କୁ ମରାଠାମାନେ *'ଓ୍ୱାହଦାର'* ବୋଲି ଅଭିହିତ କରିଛନ୍ତି। ପ୍ରତିହାରୀମାନେ ଆଦାୟ କରୁଥିବା ଅର୍ଥ ଉପରେ ସେ ନଜର ରଖିଛନ୍ତି। ତୃତୀୟରେ ରହିଛନ୍ତି ବଂଶାନୁକ୍ରମେ ପରିଛା ଉପାଧି ପାଇଥିବା ଜଗନ୍ନାଥ ରାଜଗୁରୁ। ଆଉ ଜଣେ ମରାଠା ପରିଛା ନିଯୁକ୍ତ ଥିଲେ କିନ୍ତୁ ସେ ପୁରୀ ଛାଡ଼ି ପୁଣି ନାଗପୁର ପଳାଇଛନ୍ତି।

ଶ୍ରୀଜଗନ୍ନାଥଙ୍କ ବିନା ଉପସ୍ଥିତିରେ ଏ ରାଜ୍ୟରେ ଶାନ୍ତି ସ୍ଥାପନ ଅସମ୍ଭବ ତାହା ଅନୁଭବ କରିଛନ୍ତି ମରାଠା ଅଧିକାରୀମାନେ। ତାଙ୍କ ଅନୁପସ୍ଥିତିରେ ରାଜସ୍ୱ ଆଦାୟ ଏକ ସ୍ୱପ୍ନ ହୋଇ ରହିବ। ଖାଲି ବିଦ୍ରୋହ ସିନା ବ୍ୟାପିବ, କିନ୍ତୁ ଓଡ଼ିଶାକୁ ନିଜ ସାମ୍ରାଜ୍ୟ ଅନ୍ତର୍ଭୁକ୍ତ କରିବାରେ କୌଣସି ସୁଫଳ ମିଳିବ ନାହିଁ। ଏଣୁ ରାଜନୀତିକ ସ୍ଥିରତା ଆଣିବା ଲାଗି ଶ୍ରୀମନ୍ଦିରର ରକ୍ଷଣାବେକ୍ଷଣ ଉପରେ ଗୁରୁତ୍ୱ ଦେବା ସହ ଶ୍ରୀମନ୍ଦିରର ପରିଚାଳନା ପାଇଁ ଉଚ୍ଚ ଦରର ଟିକସ ବ୍ୟବସ୍ଥା ଲାଗୁ ହୋଇଛି। ଗରିବ, ଦେଶୀୟ ପ୍ରଜା ତଥା କାଙ୍ଗାଳମାନଙ୍କଠାରୁ କୌଣସି କର ଆଦାୟ ହେବ ନାହିଁ ବୋଲି ସମସ୍ତଙ୍କୁ ଜଣାଇ ଦିଆଯାଇଛି।

ଉତ୍ତରରୁ ଯେଉଁ ଯାତ୍ରୀମାନେ ଆସୁଛନ୍ତି ସେମାନଙ୍କଠାରୁ ମୟୂରଭଞ୍ଜ ଓ ନୀଳଗିରି ରାଜା ପ୍ରବେଶ କର ପ୍ରଥମେ ଆଦାୟ କରୁଛନ୍ତି। ତା'ପରେ ସେହି ଯାତ୍ରୀ ଅଠର ନଳା ଦେଇ ପ୍ରବେଶ କରିବା ବେଳେ ୧୦ ଟଙ୍କା ତୀର୍ଥଯାତ୍ରୀ କର ଦେଉଛନ୍ତି। ଯେଉଁମାନେ ଲୋକନାଥ ଘାଟ ପଟେ ଡଙ୍ଗା ଦ୍ୱାରା ପୁରୀ ପ୍ରବେଶ କରୁଛନ୍ତି ସେମାନଙ୍କଠାରୁ ୬ଟଙ୍କା ଶୁଳ୍କ ଆଦାୟ କରାଯାଉଛି। ଏହାଛଡ଼ା ଶ୍ରୀମନ୍ଦିରରେ ପ୍ରବେଶ ପାଇଁ ଭକ୍ତଙ୍କ ପିଛା ୧୫ ଅଣା ଆଦାୟ କରାଯାଉଛି। ଏହିସବୁ କର ଶ୍ରୀମନ୍ଦିର ପରିଚାଳନା ପାଇଁ ବିଭିନ୍ନ ସମୟରେ ବ୍ୟୟ କରାଯାଉଛି। ପୁଣି ଶ୍ରୀମନ୍ଦିର ତରଫରୁ ସହରରେ ରହୁଥିବା ଲୋକଙ୍କଠାରୁ ମଧ୍ୟ ରହଣୀ ଶୁଳ୍କ, ବୃତ୍ତି କର, ଯାତ୍ରୀଙ୍କୁ ମହାପ୍ରସାଦ ବିକ୍ରି ବାବଦ କର, ମନ୍ଦିରର ଜମିଜମା ବାବଦ କୋଟ ଖଜଣା ଆଦି ଆଦାୟ ହେଉଛି। ଏସବୁକୁ ମିଶାଇଲେ ଶ୍ରୀମନ୍ଦିରର ସମୁଦାୟ ବାର୍ଷିକ ଆୟ ୨ରୁ ୫ଲକ୍ଷ ଟଙ୍କାକୁ ପହଞ୍ଚିଲାଣି। ଏହାବାଦ୍ ଯଦି ଆବଶ୍ୟକ ହୁଏ ତେବେ ମରାଠା ସରକାରଙ୍କ ପକ୍ଷରୁ ଉପଯୁକ୍ତ ଆର୍ଥିକ ସହାୟତା ପାଖାପାଖି ବର୍ଷକୁ ୨୦ରୁ ୨୫ ହଜାର ଟଙ୍କା ମିଳୁଛି। ଏହି ସହାୟତାରେ ଓଡ଼ିଆ ବ୍ରାହ୍ମଣ, ପଣ୍ଡିତ, ଶିଳ୍ପୀ, ବ୍ୟବସାୟୀ କେତେ ଲାଭବାନ ହେଉଛି ତାହା କହିବା ମୁସ୍କିଲ୍, କିନ୍ତୁ ଶ୍ରୀମନ୍ଦିର ପାଇଁ ଏକ ଭଲ ସମୟ ଆସିଛି ନିଶ୍ଚୟ।

...ନାଗପୁରରୁ ଦୂତ ପତ୍ର ଧରି ଆସିଲା- *ରାଜମାତା ଚିମା ବାଈ ଜଗନ୍ନାଥ ଦର୍ଶନରେ ଆସିବେ।* ବାର୍ତ୍ତା ପାଇବା ପରେ ଓଡ଼ିଶା ସୁବାଦାର ଜଗନ୍ନାଥ ସଡ଼କର ପ୍ରତିଟି ଗୁରୁତ୍ୱପୂର୍ଣ୍ଣ ସ୍ଥାନରେ କଡ଼ା ପହରା ବ୍ୟବସ୍ଥା କରାଇଲେ। ବିଭିନ୍ନ ସ୍ଥାନରେ ଶିବିର ସ୍ଥାପନ ହେଲା। ବଙ୍ଗୀୟ ଜମିଦାରମାନଙ୍କୁ କୁହାଗଲା ନିଜ ନିଜ ଅଞ୍ଚଳରେ ଥିବା ବୈଷ୍ଣବ କ୍ଷେତ୍ରଗୁଡ଼ିକର ପୁନରୁଦ୍ଧାର କରାଯାଉ। ପାଟପଟୁଆର ସହ ମହାରାଜା ରଘୁଜୀ ଭୋଁସ୍‌ଲାଙ୍କ ମା' ଚିମା ବାଈ ପୁରୀ ଶ୍ରୀଜଗନ୍ନାଥଙ୍କୁ ଦର୍ଶନ ପାଇଁ ଆସିଲେ। ଗଜପତି ଏଥିପାଇଁ ସମସ୍ତ ରାଜକୀୟ ରୀତିନୀତି

ଅନୁସରଣ କଲେ । ଦର୍ଶନ ସମୟରେ ସେ ପ୍ରଭୁ ଶ୍ରୀଜଗନ୍ନାଥଙ୍କୁ ନିଜର ପ୍ରିୟ 'ମୋହନଭୋଗ' ଅର୍ପଣ ପାଇଁ ଇଚ୍ଛା କଲେ । ଶ୍ରୀମନ୍ଦିର ବିଧିରେ ଶ୍ରୀଜଗନ୍ନାଥଙ୍କୁ କେବେ ମୋହନଭୋଗ ଅର୍ପଣ ହୋଇନାହିଁ । ଏଣୁ ଏଥିପାଇଁ ଏକ ସ୍ୱତନ୍ତ୍ର ନୀତି ପ୍ରଣୟନ ପାଇଁ ଯୋଜନା ହେଲା । ଅବଶ୍ୟ ପୂର୍ବରୁ ଶାସକଙ୍କ ଅନୁସାରେ ନୂଆ ଭୋଗ ରୀତିନୀତି ପ୍ରଚଳନ ବିଧି ଥିବାରୁ ଏହାକୁ ସେବକମାନେ ଗ୍ରହଣ କରିନେଲେ । ଏହିକ୍ରମରେ ମହନ୍ତ ଜୟରାମ ଦାସଙ୍କୁ କୋଧର ପ୍ରଗଣା ଅର୍ପଣ କରାଗଲା, ନିୟମିତ ଭାବେ ମୋହନଭୋଗ ବ୍ୟବସ୍ଥା କରିବାଲାଗି ।

ଏହାଙ୍କ ପୂର୍ବରୁ ଚିମ୍ନା ସାଉ ବାପୁ ପୁରୀ ଗସ୍ତରେ ଆସି ଶ୍ରୀଜିଉଙ୍କୁ ଅନେକ ଧନରତ୍ନ ସହ ଦୁଇଟି ହାତୀ ଦାନ କରିଥିଲେ । ଏହି ହାତୀଙ୍କ ରକ୍ଷଣାବେକ୍ଷଣ ପାଇଁ ସାଉଁଳ ଓ ମହୁରୀ ଗ୍ରାମ ଦୁଇଟିକୁ ଦାନ ଦେଇଥିଲେ । ତାଙ୍କ ଆଗମନର ୩୫ ବର୍ଷ ପୂର୍ବରୁ ଜଗନ୍ନାଥଙ୍କ ସେବା କାର୍ଯ୍ୟ ପାଇଁ ଯେଉଁ ୨୭ ହଜାର ମାହାଲ ପ୍ରଦାନ କରାଯାଇଥିଲା ସେଥିରେ ଏହି ଦୁଇଟି ଗାଁ ସାମିଲ୍ କରାଯାଇଥିଲା । କ୍ରମଶଃ ମରାଠାମାନଙ୍କ ପ୍ରୋତ୍ସାହନ ଫଳରେ ବୈଷ୍ଣବମାନଙ୍କ ପ୍ରାଧାନ୍ୟ ବୃଦ୍ଧି ପାଇଲା । ଶୈବ ସମ୍ପ୍ରଦାୟ ଏଥିରେ ବ୍ୟଥିତ ହେଲେ । ଯେଉଁ ପନ୍ଥ ସମନ୍ୱୟ ରକ୍ଷା ଥିଲା ପୁରୁଷୋତ୍ତମ କ୍ଷେତ୍ରର ପ୍ରଧାନ ଲକ୍ଷ୍ୟ, ସେଠାରେ ପନ୍ଥ ବିଦ୍ୱେଷ ଓ ଅହଙ୍କାର ବଢ଼ିବାରେ ଲାଗିଲା ।

(୫୩)

ଭୈରବ

କ୍ରମଶଃ ମରାଠାମାନଙ୍କ ପ୍ରୋତ୍ସାହନ ଫଳରେ ବୈଷ୍ଣବଙ୍କ ପ୍ରାଧାନ୍ୟ ବୃଦ୍ଧି ପାଇଲା। ଶୈବ ସମ୍ପ୍ରଦାୟ ଏଥିରେ ବ୍ୟଥିତ ହେଲେ। ଯେଉଁ ପନ୍ଥ ସମନ୍ୱୟ ରକ୍ଷା ଥିଲା ପୁରୁଷୋତ୍ତମ କ୍ଷେତ୍ରର ପ୍ରଧାନ ଲକ୍ଷ୍ୟ, ସେଠାରେ ପନ୍ଥ ବିଦ୍ୱେଷ ଓ ଅହଙ୍କାର ବଢ଼ିବାରେ ଲାଗିଲା।

ଏ ଭିତରେ ଶ୍ରୀମନ୍ଦିରର ଭଗ୍ନ ଅଂଶର ମରାମତି ପାଇଁ ପ୍ରସ୍ତାବ ଆସିଲା। ବିଶେଷ କରି ଏକରାମ ଖାଁର ଆକ୍ରମଣ ସମୟରେ ଶ୍ରୀମନ୍ଦିରର ରତ୍ନ ସିଂହାସନକୁ ଯେମିତି ନଷ୍ଟ କରାଯାଇଛି ତାହାର ପୁନରୁଦ୍ଧାର ପାଇଁ ସେବକ ଓ ସାଧୁମାନେ ଅନୁରୋଧ କଲେ। ଦୃଢ଼ ପଦକ୍ଷେପ ନିଆଯାଇ ଭଗ୍ନ କୋଣାର୍କରୁ ପଥର ଆଣିବା ପାଇଁ ଆଦେଶ ଦିଆଗଲା। ସେଇ ପଥରରେ ରତ୍ନ ସିଂହାସନ ପଛପଟେ ବାଡ଼ କରାଗଲା। ରତ୍ନ ସିଂହାସନର ମରାମତି ସାଙ୍ଗକୁ ଭୋଗ ମଣ୍ଡପର ଚଟାଣକୁ ମଧ୍ୟ ମରାମତି କରାଗଲା। ଏହାପରେ କୋଣାର୍କରେ ଶୋଭା ପାଉଥିବା ଅରୁଣସ୍ତମ୍ଭକୁ ସିଂହଦ୍ୱାର ଚକଡ଼ାକୁ ଅଣାଯାଇ ସେଠାରେ ସ୍ଥାପନ କରାଗଲା। ଯେଉଁମାନେ ପତିତପାବନ ଦର୍ଶନ କରିବେ ସେମାନେ ଅରୁଣସ୍ତମ୍ଭ ପଛପଟେ ଠିଆ ହୋଇ ଦର୍ଶନ କରିବେ ବୋଲି ବିଧି କରାଗଲା। ଅର୍ଥାତ୍ ଅରୁଣସ୍ତମ୍ଭ ପାଲଟିଲା ନୀଚ ଜାତି, ବିଧର୍ମୀଙ୍କ ଲାଗି ସୀମା ଚିହ୍ନ।

କେବଳ ଅରୁଣସ୍ତମ୍ଭ ନୁହେଁ ଶ୍ରୀମନ୍ଦିରର ଭଗ୍ନ ଅଂଶ ମରାମତି ପାଇଁ ଆବଶ୍ୟକ ହେଉଥିବା ପଥର ପାଇଁ କୋଣାର୍କ ହିଁ ଏକମାତ୍ର ଭରସା ଥିଲା, ଯେମିତି ତାହା ଏକ ପଥର ଖଣି। ଏତେ ପରିମାଣର ପଥର ସେଠାରୁ ଟଣାଗଲା ଯେ, ତାହା କୋଣାର୍କ ପ୍ରତି ବିପଦ ହେବ ବୋଲି ମଧ୍ୟ

ଆଶଙ୍କା ଜନ୍ମିଲା । ହେଲେ ଏସବୁ ଆଶଙ୍କା ଅପେକ୍ଷା ଶ୍ରୀମନ୍ଦିରର ମରାମତି ଅଧିକ ଗୁରୁତ୍ୱପୂର୍ଣ୍ଣ ବୋଲି ମରାଠା ଶାସକ ଅନୁଭବ କଲେ । ଏଣୁ ମନ୍ଦିରର ପ୍ରଧାନ ରକ୍ଷାକାରୀ ବ୍ରହ୍ମଚାରୀଙ୍କ ପ୍ରତ୍ୟକ୍ଷ ତତ୍ତ୍ୱାବଧାନରେ ସବୁକାର୍ଯ୍ୟ ଶେଷ ପାଇଁ ନିର୍ଦ୍ଦେଶ ଦିଆଗଲା । ସବୁକାମ ସରିଲାପରେ ମନ୍ଦିରର ନବୀକରଣ ହୋଇଛି ବୋଲି ଜଗନ୍ନାଥପ୍ରେମୀଙ୍କ ମନରେ ଉତ୍ସାହ କାହିଁରୁ କ'ଣ ।

କିନ୍ତୁ ରତ୍ନ ସିଂହାସନରେ ଶ୍ରୀଜଗନ୍ନାଥଙ୍କ ପାଖରେ ପୂଜା ପାଉଥିବା ଭୈରବ ମୂର୍ତ୍ତି ଗଲା କୁଆଡ଼େ ? ଭୈରବ ହେଉଛନ୍ତି ତନ୍ତ୍ରପୂଜାର ପ୍ରତୀକ । ଜଗନ୍ନାଥ ଯେ କେବଳ ବୈଷ୍ଣବଙ୍କର ତାହା ନୁହେଁ; ସେ ଶୈବ ଓ ଶାକ୍ତ ସମ୍ପ୍ରଦାୟଙ୍କର ମଧ୍ୟ । ସନାତନ ଧର୍ମର ସମସ୍ତ ମତବାଦର ସମନ୍ୱୟ ପାଇଁ ଭଗବାନ ଶଙ୍କରାଚାର୍ଯ୍ୟ ଭୈରବଙ୍କୁ ରତ୍ନ ସିଂହାସନରେ ବସାଇ ପୂଜା ପାଇଁ ଆୟୋଜନ କରିଥିଲେ । ସେଥିପାଇଁ ପୁରୁଷୋତ୍ତମ କ୍ଷେତ୍ରରେ ତିନି ସମ୍ପ୍ରଦାୟ ଭିତରେ ସମନ୍ୱୟ ପ୍ରତିଷ୍ଠା ହୋଇପାରିଥିଲା । ତାଙ୍କୁ ହଟାଇ ଶ୍ରୀଜଗନ୍ନାଥଙ୍କୁ ସମ୍ପୂର୍ଣ୍ଣ ବୈଷ୍ଣବ ଭାବେ ପୂଜା କରିବାକୁ ନିଶ୍ଚିତ ଭାବେ ଏକ ଷଡ଼ଯନ୍ତ୍ର ହୋଇଛି । ଏହା ଜାଣି ଦଣ୍ଡୀ ସନ୍ନ୍ୟାସୀମାନେ ଶ୍ରୀଜଗନ୍ନାଥଙ୍କ ମହାପ୍ରସାଦ ତଥା ଅବଢ଼ା ବର୍ଜନ କଲେ । ମନ୍ଦିର ବାହାରେ ବିକ୍ଷୋଭ ପ୍ରଦର୍ଶନ କଲେ ।

ମହାରାଜା ରଘୁଜୀ ଭୋଁସ୍‌ଲେଙ୍କ ମା' ଚିମ୍ନାବାଈଙ୍କୁ ଭେଟି ସନ୍ନ୍ୟାସୀମାନେ ସବୁକଥା ବଖାଣିଲେ । ଚିମାବାଈ ଅଧିକ ଜାଣିବାକୁ ଚାହିଁବାରୁ କିଛି ମରାଠା ପରିଛା ତାଙ୍କୁ ସବୁ କଥା ବର୍ଣ୍ଣନା କଲେ । କହିଲେ- *'ବ୍ରହ୍ମଚାରୀଙ୍କ ପ୍ରତ୍ୟକ୍ଷ ତତ୍ତ୍ୱାବଧାନରେ ରତ୍ନ ସିଂହାସନର ମରାମତି ତଥା ପଛପଟେ କାନ୍ଥ ଗଢ଼ିବାବେଳେ ଭୈରବ ମୂର୍ତ୍ତି ନଷ୍ଟ ହୋଇଥିଲା । ତାହାଙ୍କ ପୁନଃ ପ୍ରତିଷ୍ଠା ପାଇଁ ବ୍ରହ୍ମଚାରୀ କୌଣସି ଆଦେଶ ଦେଇ ନଥିଲେ, ବରଂ କିଛି ବୈଷ୍ଣବ ସେ ମୂର୍ତ୍ତିକୁ ଆହୁରି ଖଣ୍ଡବିଖଣ୍ଡିତ କରି ତାହାଙ୍କୁ ସମୁଦ୍ରରେ ବିସର୍ଜନ କରିସାରିଛନ୍ତି...'* ।

ବିଷୟ ବାବଦରେ ନିଶ୍ଚିତ ହେବା ପରେ ଦାଣ୍ଡି ସନ୍ନ୍ୟାସୀଙ୍କୁ ଚିମାବାଈ ଆଶ୍ୱାସନା ଦେଲେ ଯେ, *'କିଛଦିନ ଭିତରେ ଏ ସମସ୍ୟାର ସମାଧାନ ହେବ'* । ...ମା'ଙ୍କଠୁ ସବୁ କଥା ଶୁଣିବା ପରେ ରଘୁଜୀ ଭୋଁସ୍‌ଲେ ଓଡ଼ିଶା ଦାୟିତ୍ୱରେ ଥିବା ସୁବାଦାର ଓ ନାଏବ ସୁବାଦାରଙ୍କୁ ଏ ବିଷୟରେ ଆଦେଶ ଦେଲେ- *'ତୁରନ୍ତ ନୂଆ ଏକ ଭୈରବ ମୂର୍ତ୍ତି ତିଆରି କରାଯାଇ ତାହାଙ୍କ ପ୍ରତିଷ୍ଠା କରାଯାଉ'* ।

ପୁରୀରେ ଏ ଖବର ପହଞ୍ଚିଲା କ୍ଷଣି ତନ୍ତ୍ରଭକ୍ତ ତଥା ସନ୍ନ୍ୟାସୀଙ୍କୁ ଆଶ୍ୱସ୍ତ କରିଲା । କିନ୍ତୁ ବୈଷ୍ଣବ ଚୁପ୍ ବସିଲେ ନାହିଁ । ବୁଦ୍ଧି ଓ କୌଶଳକ୍ରମେ କିପରି ଏ ନିଷ୍ପତ୍ତିରୁ ମହାରାଜାଙ୍କୁ ଓହରାଯାଇପାରିବ ତାହା ଚର୍ଚ୍ଚା ହେଲା ।

କିଛିଦିନ ପରେ ନାଗପୁରରୁ କଟକ ଫେରିଲେ ଦିୱାନ୍ ହରିବଂଶ ରାୟ । ସେ ବୈଷ୍ଣବ ମତବାଦରେ ବିଶ୍ୱାସ କରନ୍ତି । ତନ୍ତ୍ର ଓ ଶୈବ ଭକ୍ତଙ୍କୁ ତଳ ଶ୍ରେଣୀର ବୋଲି ବିଚାର କରନ୍ତି । ପୁଣି ଜଗନ୍ନାଥ ଯେ କେବଳ ବୈଷ୍ଣବଙ୍କର ସେଥିନେଇ ଯୁକ୍ତି ମଧ୍ୟ ଉପସ୍ଥାପନ କରନ୍ତି । ଏଣୁ ଅସନ୍ତୁଷ୍ଟ ବୈଷ୍ଣବ ପଣ୍ଡିତମାନେ ଦିୱାନ୍ ହରିବଂଶଙ୍କୁ ଭେଟିଲେ । ଏକ ପାଖିଆ ଚର୍ଚ୍ଚା ହେଲା ।

ପୁଣିଥରେ ଭୈରବ ମୂର୍ତ୍ତି ସ୍ଥାପନ ନେଇ ଯେଉଁ ଆଦେଶ ଆସିଛି ତାହା ଏକ ଭୁଲ୍ ନିଷ୍ପତ୍ତି ବୋଲି ଅନୁଭବ କଲେ ହରିବଂଶ। ଏହାଦ୍ୱାରା ପୁରୁଷୋତ୍ତମ କ୍ଷେତ୍ରରେ ଅଶାନ୍ତି ସୃଷ୍ଟି ହୋଇପାରେ, ଧର୍ମଯୁଦ୍ଧ ଦେଖାଦେଇପାରେ ବୋଲି ଆଶଙ୍କା କରିବା ସହ ପୁରୀ ଶ୍ରୀମନ୍ଦିରରେ କୌଣସି ନୂଆ ପରମ୍ପରା ସୃଷ୍ଟିର ନଜିର ନାହିଁ ବୋଲି ଯୁକ୍ତି ବାଢ଼ିଲେ। ମହାରାଜାଙ୍କ ଏହି ନିଷ୍ପତ୍ତି ଦ୍ୱାରା ଦଣ୍ଡୀ ସନ୍ନ୍ୟାସୀମାନେ ତ ଖୁସି ହେବେ, କିନ୍ତୁ ବୈଷ୍ଣବ ଓ ମହନ୍ତମାନେ ବିଦ୍ରୋହ କରିବା ଆରମ୍ଭ କରିଦେଲେଣି ବୋଲି ସୂଚନା ଦେଇ ଏକ ସୁବିସ୍ତୃତ ଚିଠି ଲେଖିଲେ।ଏହି ଚିଠି ପହଞ୍ଚିବା କ୍ଷଣି ମରାଠା ଶାସନ ମହଲରେ ଚହଳ ପଡ଼ିଲା।

ଉତ୍ତରରେ ମହାରାଜ ରଘୁଜୀ ଭୋଁସ୍‌ଲେ ଆଦେଶ ଦେଲେ- ଦଣ୍ଡୀ*ସନ୍ନ୍ୟାସୀମାନେ ଯେଉଁ ନୂଆ ମୂର୍ତ୍ତି ପ୍ରତିଷ୍ଠା ପାଇଁ ଦାବି କରୁଛନ୍ତି ତାହାର କୌଣସି ଯଥାର୍ଥତା ନାହିଁ। ଏଣୁ ରତ୍ନ ସିଂହାସନରେ ସେମିତି କୌଣସି ମୂର୍ତ୍ତି ଆଉ ପ୍ରତିଷ୍ଠା ହେବେ ନାହିଁ।*

ରଘୁନାଥ କ୍ରିଷ୍ଣା ଓ ଲାଲ୍‌ମୋହନ ଜନାର୍ଦ୍ଦନ ନାମକ ଦୁଇ ମନ୍ଦିର ଅଧିକାରୀଙ୍କୁ ଏ ବାବଦରେ ନିର୍ଦ୍ଦେଶ ଦିଆଗଲା ଯେ, ନାଏବ ସୁବେଦାର ଏକାନ୍‌ଜୀ ଶୁକଦେଓଙ୍କ ଦ୍ୱାରା ନିର୍ମିତ ନୂତନ ଭୈରବ ମୂର୍ତ୍ତି ପ୍ରତିଷ୍ଠା କରିବା ମନ୍ଦିର ପରମ୍ପରା ବିରୋଧୀ ହେବ। ଆଜିଯାଏ କୌଣସି ନୂଆ ମୂର୍ତ୍ତି ସିଂହାସନରେ ପ୍ରତିଷ୍ଠା କରିବାର ବିଧି ନାହିଁ। ଏଣୁ ନୂଆ ମୂର୍ତ୍ତି ସେଠାରେ ପୂଜା ହୋଇ ପାରିବ ନାହିଁ। ଏଣୁ ଦଣ୍ଡୀ ସନ୍ନ୍ୟାସୀମାନେ ଯେଉଁ ଯୁକ୍ତି ବାଢୁଛନ୍ତି ତାହାର କୌଣସି ଯଥାର୍ଥତା ନାହିଁ। ମରାଠା ଅଧିକାରୀ ସଦାଶିବ ରାଜାରାମ ଏହି ପ୍ରସଙ୍ଗରେ ଦେଉଳ କରଣ ଦେବୀସିଂ ପାଟଯୋଶୀଙ୍କୁ ଏକ ଚିଠି ଲେଖିଲେ- *'ମୂର୍ତ୍ତିଙ୍କୁ ସିଂହାସନରେ ପ୍ରତିଷ୍ଠା କରାଯିବ ନାହିଁ। ଏହାଙ୍କୁ ଅନ୍ୟତ୍ର ପ୍ରତିଷ୍ଠା କରାଯିବ। ଜଗମୋହନରେ ହୋଇପାରେ। କିନ୍ତୁ ଏଥିଲାଗି ଅପେକ୍ଷା କରିବାକୁ ହେବ। ଏଣୁ ପ୍ରଥମେ ମହନ୍ତ ଓ ବୈଷ୍ଣବଙ୍କ ବିକ୍ଷୋଭକୁ ବାତିଲ୍ କରିବା ପାଇଁ ବ୍ୟବସ୍ଥା ହେଉ। ସେମାନେ ଯେମିତି ଅବଢ଼ା ଖାଇବେ ସେଥିଲାଗି ତାଙ୍କୁ ମନାଇବାକୁ ପଦକ୍ଷେପ ନିଆଯାଉ'।*

ତାହା ହିଁ ହେଲା। ବୈଷ୍ଣବ ଖୁସିରେ ଅବଢ଼ା ଖାଇଲେ। କିନ୍ତୁ... ଦେଉଳ କରଣଙ୍କୁ ଆଉ ପରବର୍ତ୍ତୀ ନିର୍ଦ୍ଦେଶ ଆସିଲା ନାହିଁ। ଏ ଭିତରେ ଓଡ଼ିଶା ଇଂରେଜଙ୍କ ଅଧୀନ ହେଲା। ଏନେଇ ମାମଲା ମଧ୍ୟ ଦାୟର ହେଲା। କିନ୍ତୁ ଭୈରବଙ୍କ ପ୍ରତିଷ୍ଠା କେବଳ ସ୍ୱପ୍ନ ହୋଇ ରହିଗଲା।

ସେତିକିରେ ସରିଲା ନାହିଁ। ବିନା ମହାଲକ୍ଷ୍ମୀରେ ବିଷ୍ଣୁ ପୁରୁଷୋତ୍ତମ ଯେ ଅସମ୍ପୂର୍ଣ୍ଣ ତାହାକୁ ବିଚାର କଲେ ମରହଟ୍ଟାଙ୍କ ଗୁରୁଗୋସେଇଁ। ସେଇଥିଲାଗି ଭୈରବଙ୍କ ସ୍ଥାନରେ ଲକ୍ଷ୍ମୀ ପୂଜା ପାଇଁ ବ୍ୟବସ୍ଥା କଲେ। ସୁନାରେ ଏକ ଲକ୍ଷ୍ମୀ ପ୍ରତିମା ତିଆରି କରାଗଲା- ଯେମିତି ପୁରାଣରେ ଆମେ ମହାଲକ୍ଷ୍ମୀଙ୍କୁ ଅନୁଭବ କରୁ- ଠିକ୍ ସେହିପରି। ଏହାଙ୍କୁ ବିଧି ମୁତାବକ ମରହଟ୍ଟା ପଣ୍ଡିତ ତଥା ଗୁରୁଗୋସେଇଁ ପ୍ରତିଷ୍ଠା କଲେ। ଏହା ପରେ ରତ୍ନ ସିଂହାସନ ଉପରେ ତାହାଙ୍କୁ ବିଜେ କରାଗଲା। ଯେଉଁଠାରେ ଭୈରବ ବିରାଜମାନ କରୁଥିଲେ। ଏହି ମୂର୍ତ୍ତି ଶ୍ରୀଦେବୀ ଭାବରେ ଜଣାଶୁଣା। ତାଭକ ସହ ରୁପାରେ ନିର୍ମିତ ଭୂଦେବୀ ପ୍ରତିମା ମଧ୍ୟ ଏଠାରେ ପୂଜା ପାଉଛନ୍ତି।

(୫୪)

ଜଗନ୍ନାଥ ରାଣ

ଦଣ୍ଡୀ ସନ୍ନ୍ୟାସୀମାନେ ଭୈରବ ମୂର୍ତ୍ତିଙ୍କ ପୁନଃ ପ୍ରତିଷ୍ଠା ପାଇଁ ଯେଉଁ ଯୁକ୍ତି ବାଢ଼ୁଛନ୍ତି ତାହା କୌଣସି ଭାବେ ଯଥାର୍ଥ ନୁହେଁ। ମରାଠା ଅଧିକାରୀ ସଦାଶିବ ରାଜାରାମ ଏହି ପ୍ରସଙ୍ଗରେ ଦେଉଳ କରଣ ଦେବୀସିଂ ପାଟଯୋଶୀଙ୍କୁ ଏକ ଚିଠି ଲେଖିଲେ- 'ମୂର୍ତ୍ତିଙ୍କୁ ସିଂହାସନରେ ପ୍ରତିଷ୍ଠା କରାଯିବ ନାହିଁ। ଏହାଙ୍କୁ ଅନ୍ୟତ୍ର ପ୍ରତିଷ୍ଠା କରାଯିବ। ଜଗମୋହନରେ ହୋଇପାରେ। କିନ୍ତୁ ଏଥିଲାଗି ଅପେକ୍ଷା କରିବାକୁ ହେବ। ପ୍ରଥମେ ମହନ୍ତ ଓ ବୈଷ୍ଣବଙ୍କ ବିକ୍ଷୋଭକୁ ବାତିଲ୍ କରିବା ପାଇଁ ବ୍ୟବସ୍ଥା ହେଉ। ସେମାନେ ଯେମିତି ଅବଡ଼ା ଖାଇବେ ସେଥିଲାଗି ତାଙ୍କୁ ମନାଇବାକୁ ପଦକ୍ଷେପ ନିଆଯାଉ'। ଖାଲି ସେତିକି ନୁହେଁ, ଭୈରବଙ୍କ ସ୍ଥାନରେ ମହାଲକ୍ଷ୍ମୀଙ୍କୁ ପ୍ରତିଷ୍ଠା କରାଯାଇ ତାହାଙ୍କ ପୂଜା ଚାଲିଲା। ଅର୍ଥାତ୍ ପୁଣିଥରେ ଲକ୍ଷ୍ମୀ-ପୁରୁଷୋତ୍ତମ ବିଷୟ ସାମ୍ନାକୁ ଆସିଲା।

ଭୈରବ ଆଜି ସମୁଦ୍ରରେ। ତାଙ୍କୁ ଉଦ୍ଧାର କରିବା ବି ସମ୍ଭବ ନୁହେଁ- କାରଣ ବୈଷ୍ଣବ ମୁଖିଆମାନେ ତାଙ୍କୁ କୌଶଳ କ୍ରମେ ଭାଙ୍ଗି ଦେଇଛନ୍ତି। ତାଙ୍କୁ ଆରାଧନା କରୁଥିବା ସମ୍ପ୍ରଦାୟ ଆଜି ମୁଖ୍ୟ ପୁରୀରୁ ଠେଲି ହୋଇ ମଶାଣି ଆଡ଼କୁ ଚାଲିଗଲେଣି। କାଁ ଭାଁ ପୁରୀ ସହରରେ

କେହି କେହି ସାଧନା କରୁଛନ୍ତି କିନ୍ତୁ ତାଙ୍କୁ କେହି ଆଉ ମାନୁନାହାନ୍ତି । କେହି କେହି ତ କହୁଛନ୍ତି ଶ୍ରୀ ଶଙ୍କର ଓ ପଦ୍ମପାଦ ବିଗ୍ରହଦ୍ୱୟଙ୍କୁ ମରାଠା ପଣ୍ଡିତମାନେ ଜାଣିଶୁଣି ରତ୍ନ ସିଂହାସନରୁ ଅପସାରିତ କରି ଦେଇଛନ୍ତି- କେବଳ ଗୋବର୍ଦ୍ଧନ ପୀଠର ମହତ୍ତ୍ୱକୁ ହ୍ରାସ କରିବା ଲାଗି । କାରଣ ଶଙ୍କର ଥିଲେ ସ୍ୱୟଂ ଆଦିଗୁରୁ ଆଉ ପଦ୍ମପାଦ ଥିଲେ ତାଙ୍କର ପ୍ରଥମ ଓ ଶ୍ରେଷ୍ଠ ଶିଷ୍ୟ ।

ସେପଟେ ଗଜପତି ଦିବ୍ୟସିଂହ ଦେବ ମହାରାଜା ବି ଅସହାୟ ହୋଇ ପୁରୀ ନଅରରେ ବିରାଜମାନ । ତାଙ୍କୁ କେହି ଆଉ ଶୁଣୁ ନାହାନ୍ତି । ମରାଠାଙ୍କୁ କର ଦେଇ ନପାରିବାରୁ ତାଙ୍କର ସତେଇଶ ହଜାର ମାହାଲକୁ ଏବେ ମରାଠାମାନେ ଉପଭୋଗ କରୁଛନ୍ତି । ସେମାନେ ଯାହା ରାଜସ୍ୱ ଆଦାୟ କରୁଛନ୍ତି ତାହା କେବଳ ମଠ ମନ୍ଦିର ପରିଚାଳନା ତଥା ବୈଷ୍ଣବ-ବ୍ରାହ୍ମଣଙ୍କ ସ୍ୱାର୍ଥରେ ଲଗାଉଛନ୍ତି ସିନା କାହାକୁ ଖାଇବାକୁ ଦାନାଟିଏ ମିଳିଲା ନମିଳିଲା ତାଙ୍କର ଯାଏ ଆସେ ନାହିଁ । ପୁଣି ଯିଏ ନିଜକୁ ଭୈରବ ଉପାସକ ବୋଲି ପରିଚୟ ଦେଉଛନ୍ତି ତାଙ୍କର ସ୍ଥିତି ବୋଲି କିଛି ନାହିଁ । ଅର୍ଥାତ୍ ଶ୍ରୀ ଶଙ୍କରାଚାର୍ଯ୍ୟଙ୍କ ଗୋବର୍ଦ୍ଧନ ପୀଠ ଆଉ ଗଜପତି ମହାରାଜାଙ୍କ ଗୁରୁତ୍ୱ ଶ୍ରୀମନ୍ଦିର ଉପରେ କମିଚାଲିଛି ।

ପରିସ୍ଥିତି ଏମିତି ହୋଇଛି ଯେ, ଭୈରବଙ୍କୁ ଯେ ସମୁଦ୍ରରେ ଫୋପଡ଼ାଯାଇଛି, ତାହାଙ୍କୁ କିଛି କହିବାକୁ ମଧ୍ୟ ଶିବ ଭକ୍ତ ତଥା ଦାଣ୍ଡି ସନ୍ନ୍ୟାସୀମାନେ ଡରୁଛନ୍ତି । ବୈଷ୍ଣବଙ୍କ ଆତଙ୍କ ଏମିତି ହୋଇଛି ଯେ, ତନ୍ତ୍ର, ଯନ୍ତ୍ରର ଯୁଗ ଶେଷ ହୋଇଛି ପ୍ରାୟ ।

ଏମିତିକି ସାହି ଗଳି କନ୍ଦି ତଥା ଯାତ୍ରୀଙ୍କୁ ଆଉ ପଣ୍ଡାଏ ମିଛ କଥା ବି କହିବାକୁ ପଛାଉ ନାହାନ୍ତି । ଅନେକ ସମୟରେ ବାସି ମହାପ୍ରସାଦ ଦେଇ ତାହାକୁ ସଦ୍ୟ ବୋଲି ଯୁକ୍ତି ଉପସ୍ଥାପନ କରୁଛନ୍ତି । ଯଦି କୌଣସି ସନ୍ନ୍ୟାସୀ ବା ଭକ୍ତ ଏ ବାବଦରେ ଆପତ୍ତି କଲା ତେବେ ସେମାନଙ୍କୁ ଅପଭାଷା ପ୍ରୟୋଗ କରି ଚପାଇ ଦେବାକୁ ବି ପଛାଉନାହାନ୍ତି ସେବକ ଓ ବୈଷ୍ଣବ କର୍ମଚାରୀ । ଏମିତିରେ ନିଜ ମିଛକୁ ସାବ୍ୟସ୍ତ କରିବା ଲାଗି କେହି କେହି 'ଜଗନ୍ନାଥଙ୍କ ରାଣ' ବି ଖାଉଛନ୍ତି । ତାଙ୍କ ମନ୍ଦିର ଆଡ଼କୁ ହାତ କରି ନିୟମ କରୁଛନ୍ତି । ଜଗନ୍ନାଥଙ୍କ ପ୍ରସାଦକୁ ବାସି କହିଲେ ତାହା ଦ୍ରୋହ, ଏହାଦ୍ୱାରା ଭକ୍ତ ଅନେକ ଅଘଟଣର ଶିକାର ହେବ । ଅଭିଶପ୍ତ ହେବ ବୋଲି ପ୍ରଚାର ଚାଲିଛି । ତାହାକୁ ଡରି ଭକ୍ତ ବାସି, ଗନ୍ଧିଆ ଖାଉଛନ୍ତି ଆଉ ଫେରିବା ବାଟରେ ହଇଜା ଆକ୍ରାନ୍ତ ହେଉଛନ୍ତି ଆଉ ସେହି ରୋଗରେ ତାଙ୍କ ପ୍ରାଣ ବି ଯାଉଛି । ଯାତ୍ରୀ ଆଣିଥିବା ସବୁ ଅର୍ଥକୁ ସେବକ, କର୍ମଚାରୀ ଏକପ୍ରକାର ଲୁଟୁଛନ୍ତି । ଅନ୍ୟ ଭାଷାରେ କହିଲେ ତା'ର ସବୁ ଅର୍ଥ ମନ୍ଦିରରେ ଥୋଇ ଭିକାରି ହୋଇ ସେ ଫେରୁଛି । ଫେରିବା ବାଟରେ ତା ପ୍ରାଣ ବି ରଖି ପାରୁନାହିଁ । କିଛି ସେବକ, ବ୍ରାହ୍ମଣଙ୍କ ଏପରି ଆଚରଣ ହେତୁ ଆଜି ଭକ୍ତ ଅସନ୍ତୁଷ୍ଟ । ଦିନକୁ ଦିନ ଘାଟଗୁଡ଼ାକରେ ପୁରୀ ଆସିବାର ମାହାସୁଲ ଯେଉଁ ପରିମାଣରେ ବଢୁଛି, ଯାତ୍ରୀ ଡରିଲେଣି ପୁରୀ ଆସିବାକୁ । ଯାତ୍ରୀଙ୍କ ସଂଖ୍ୟା ମଧ୍ୟ କ୍ରମଶଃ କମୁଛି । ଆଉ ଯେଉଁମାନେ ଆସୁଛନ୍ତି ସେମାନେ ଅତ୍ୟାଚାର ଓ ତାଡ଼ନାର ଶିକାର ହେଉଛନ୍ତି- ଜଗନ୍ନାଥଙ୍କ ନାଁରେ । କେହି କେହି ସେବକ ତ ଜଗନ୍ନାଥଙ୍କୁ ତାଙ୍କ ଭାଇ, ପରିବାର ଲୋକ ବୋଲି କହୁଛନ୍ତି । ଯାତ୍ରୀଙ୍କୁ ଏହା ମଧ୍ୟ କହିବାକୁ ଭୁଲୁ ନାହାନ୍ତି ଯେ, ଜଗନ୍ନାଥ ତାଙ୍କ ପାଖରେ ରହନ୍ତି । ସେମାନେ ଯାହା ଖାଆନ୍ତି ଜଗନ୍ନାଥ ବି ତାହା ଖାଆନ୍ତି ।

ଏ କଥା ଯେ ମିଛ, ତାହା ଜଣାପଡ଼ିଗଲାଣି । କାରଣ ଜଗନ୍ନାଥଙ୍କ ନାଁରେ ରାଣ ଖାଉଥିବା ଲୋକଙ୍କ ଆଉ କିଛି ଅନିଷ୍ଟ ହେଉନି । କେହି କେହି ଜଗନ୍ନାଥ ସେବକଙ୍କୁ ଲୋକନାଥଙ୍କ ପାଦୁକ ଛୁଇଁ ସତ ନିୟମ କରନ୍ତୁ ବୋଲି କହୁଛନ୍ତି । ଆଉ ତାକୁ ଦେଖି ପଣ୍ଡାଏ ଛାନିଆ ବି ହେଉଛନ୍ତି । ହେଲେ ଏପରି କରିବାକୁ ସାହସ କାହାର ? ସେବକେ ତ ମରାଠାଙ୍କ ଭଳି ଲୁଗା ପିନ୍ଧିଲେଣି । ତାଙ୍କ ଝିଅ ବୋହୂମାନେ ମଧ୍ୟ କଚ୍ଛା ମାରି ପିନ୍ଧିବା ଦେଖାଗଲାଣି । ତାଙ୍କ ବିବାହ ସମୟରେ ମରାଠା ପ୍ରଥା ପ୍ରଚଳନ ହେଉଛି । ସେବକଙ୍କ ଚାଲିଚଳଣରେ ମରାଠାମାନଙ୍କ ପ୍ରଭାବ ଏମିତି ପଡୁଛି ଯେ ସେଥିରେ ମରାଠାମାନେ ଆନନ୍ଦିତ ହେଉଛନ୍ତି । ଏଠି ମହାରାଜା ନା କିଛି କହୁଛନ୍ତି ନା କହିଲେ କେହି ଶୁଣୁଛନ୍ତି । ପୁଣି ମରାଠା ବୈଷ୍ଣବ ପଣ୍ଡିତଙ୍କୁ ତ କିଛି କହିବା ସମ୍ଭବ ନୁହେଁ । ସେମାନେ ନିଜକୁ ପଣ୍ଡିତ- ବଡ଼ ପଣ୍ଡିତ ବୋଲି ଭାବି ଏଠାର ଜ୍ଞାନୀ, ବିଦ୍ୱାନଙ୍କୁ ଦବାଇ ରଖିଛନ୍ତି । ଏପରିକି ଆମର ସର୍ବଧର୍ମ ସମନ୍ୱୟ ନୀତିକୁ ସେମାନେ ପଣ୍ଡ କରିସାରିଲେଣି । ଆମ ପଣ୍ଡିତମାନେ ଖାଇବାକୁ ନପାଇ ଡହଳ ବିକଳ ବି ହେଲେଣି ।

ଏ ଭିତରେ ଛାମୁ ଏକ ପ୍ରସ୍ତାବ ଦେଲେ- ଶ୍ରୀମନ୍ଦିରରେ ଝୁଲଣ ଯାତ୍ରା ହେବ । ଶ୍ରାବଣ ମାସ ଶୁକ୍ଳପକ୍ଷ ଦଶମୀ ତିଥିରୁ ପୂର୍ଣ୍ଣମୀ ଯାଏ ଠାକୁର ଦୋଳିରେ ଝୁଲିବେ । ଶ୍ରୀଜଗନ୍ନାଥ ଯିଏ, ଶ୍ରୀକୃଷ୍ଣ ସିଏ ବୋଲି ଆଉ ପ୍ରମାଣିତ କରିବା ଆବଶ୍ୟକ ପଡ଼ିଲା ନାହିଁ । କାରଣ ଏହା ପୂର୍ବରୁ ବୈଷ୍ଣବ ପଣ୍ଡିତମାନେ ଏହି ଯୁକ୍ତି ଉପସ୍ଥାପନ କରିଛନ୍ତି । ଶ୍ରୀ ଚୈତନ୍ୟଙ୍କ ଆଗମନ ପରେ ତ ଏଠାରେ ସେଥିପାଇଁ ଏକ ଉତ୍ତମ ବାତାବରଣ ସୃଷ୍ଟି ହୋଇଛି । କ୍ରମଶଃ ଶୈବ ଓ ଶାକ୍ତ ସମ୍ପ୍ରଦାୟ ତଥା ତନ୍ତ୍ର ଯନ୍ତ୍ରର ଯୁଗ ଶେଷ ହୋଇଯାଇଛି । ଏବେ ମରାଠାମାନେ ଯେତେବେଳେ ବୈଷ୍ଣବଙ୍କୁ ପ୍ରୋତ୍ସାହନ ଦେଉଛନ୍ତି ସେଥିରେ ଆଉ କିଏ ବା ସମାଲୋଚନା କରିବ ? ସେତେବେଳେ ସିନା ଶ୍ରୀ ଶଙ୍କରାଚାର୍ଯ୍ୟଙ୍କ ପ୍ରଭାବରେ ସବୁ କିଛି ଯୁକ୍ତି ପଣ୍ଡ ହୋଇପାରୁଥିଲା ହେଲେ ଏବେ ସେ ତ' ନୀରବ !

ମୁକ୍ତି ମଣ୍ଡପ ଓ ମୁଖ୍ୟ ମନ୍ଦିର ମଧ୍ୟରେ ଥିବା ଅଗଣାରେ ଏଥିପାଇଁ ଆୟୋଜନ ହେଲା । ସୋଲ, ଜରି କାଗଜରେ ସଜା ଗଲା ସମ୍ପୂର୍ଣ୍ଣ ଅଗଣାକୁ । ମଣ୍ଡପର ଛାତକୁ ବିଭିନ୍ନ ପାରମ୍ପରିକ ଚିତ୍ରରେ ଶୋଭା କରାଗଲା । ପ୍ରଶ୍ନ ଉଠିଲା ଏତେବଡ଼ ବିଗ୍ରହ ଝୁଲିବେ କେମିତି ? ଉତ୍ତର ତତ୍‌କ୍ଷଣାତ୍ ମିଳିଲା ଆଉ ସେ ପୂର୍ଣ୍ଣ ମୂର୍ତ୍ତିଙ୍କୁ ଏଠାକୁ ଅଣାଯିବ ନାହିଁ, ବରଂ ତାଙ୍କର ଚଳନ୍ତି ପ୍ରତିମାଙ୍କୁ ଝୁଲାହେବ । କୃଷ୍ଣ ପ୍ରେମରେ ସାରା ପୁରୀ ଚହଲି ଉଠିବ । ତାହା ହିଁ ହେଲା । ରାଧା କୃଷ୍ଣଙ୍କ ଅପରୂପ ମୂର୍ତ୍ତିଙ୍କୁ ଝୁଲାଇବାର ନୀତି ଖଞ୍ଜା ହେଲା । ମଦନ ମୋହନଙ୍କ ସହ ଶ୍ରୀଦେବୀ ଓ ଭୂଦେବୀ ଏହି ନୀତିରେ ଝୁଲଣ ଝୁଲିଲେ ।

୫୫

ପୁଣି ଏକ ପରିବର୍ତ୍ତନ

ରାମୁ ପ୍ରସ୍ତାବ ଦେଲେ- ଶ୍ରୀମନ୍ଦିରରେ ଝୁଲଣ ଯାତ୍ରା ହେବ। ଶ୍ରାବଣ ମାସ ଶୁକ୍ଳପକ୍ଷ ଦଶମୀ ତିଥିରୁ ପୂର୍ଣ୍ଣମୀ ଯାଏ ଠାକୁର ଦୋଳିରେ ଝୁଲିବେ। ଶ୍ରୀଜଗନ୍ନାଥ ଯିଏ, ଶ୍ରୀକୃଷ୍ଣ ସିଏ ବୋଲି ଆଉ ପ୍ରମାଣିତ କରିବା ଆବଶ୍ୟକ ପଡ଼ିଲା ନାହିଁ। କାରଣ ଏହା ପୂର୍ବରୁ ବୈଷ୍ଣବ ପଣ୍ଡିତମାନେ ଏହି ଯୁକ୍ତି ଉପସ୍ଥାପନ କରିଛନ୍ତି। ଶ୍ରୀ ଚୈତନ୍ୟଙ୍କ ଆଗମନ ପରେ ତ ଏଠାରେ ସେଥିପାଇଁ ଏକ ଉତ୍ତମ ବାତାବରଣ ସୃଷ୍ଟି ହୋଇଛି। କ୍ରମଶଃ ଶୈବ, ଶାକ୍ତ ସମ୍ପ୍ରଦାୟ ତଥା ତନ୍ତ୍ର ଯନ୍ତ୍ରର ଯୁଗ ଶେଷ ହୋଇଯାଇଛି। ଏବେ ମରାଠାମାନେ ଯେତେବେଳେ ବୈଷ୍ଣବଙ୍କୁ ପ୍ରୋତ୍ସାହନ ଦେଉଛନ୍ତି ସେଥିରେ ଆଉ କିଏ ବା ସମାଲୋଚନା କରିବ? ସେତେବେଳେ ସିନା ଶ୍ରୀ ଶଙ୍କରାଚାର୍ଯ୍ୟଙ୍କ ପ୍ରଭାବରେ ସବୁ କିଛି ଯୁକ୍ତି ପଣ୍ଡ ହୋଇ ପାରୁଥିଲା ହେଲେ ଏବେ ସେ ତ' ନୀରବ!

କୃଷ୍ଣ ପ୍ରେମରେ ବିଭୋର ଥାଏ ପୁରୀ। ଏମିତି ଏକ ମୁହୂର୍ତ୍ତ ଗଜପତି ପ୍ରତାପରୁଦ୍ର ଦେବଙ୍କ ଅନ୍ତେ ସୃଷ୍ଟି ହୋଇଥିଲା। ଶ୍ରୀଚୈତନ୍ୟଙ୍କ ନାମଜପରେ ନିମଗ୍ନ ଥିବା ଉତ୍କଳୀୟ ଶାସନତନ୍ତ୍ର ସେତେବେଳେ ମୋଗଲମାନଙ୍କୁ ସୁଯୋଗ ଦେଇଥିଲା। ଓଡ଼ିଆ ପାଇକମାନଙ୍କ ସରଳପଣିଆର ସୁଯୋଗ ନେଇ ତାଙ୍କ ବିରୋଧରେ ଷଡ଼୍‌ଯନ୍ତ୍ର ରଚନା ହୋଇଥିଲା। କ୍ଷମତା ଓ ଅର୍ଥ ଲୋଭରେ କିଛି ଦୁର୍ଗପତି ବିଦେଶୀ ଶକ୍ତିଙ୍କଠୁ ଲାଞ୍ଚ ବି ଗ୍ରହଣ କରିଥିଲେ। ଆଉ ତା'ପରେ କ'ଣ ହୋଇଥିଲା ତାହା ତ ଆମେ ସମସ୍ତେ ଜାଣିଛୁ!!!

ନାବାଳକ ରାଜାଙ୍କ ପକ୍ଷରୁ ପ୍ରକୃତ ଶାସକ ଭାବେ ଖଡ୍‌ଗ ଧରିଥିବା ଜୟକୃଷ୍ଣ ରାଜଗୁରୁ ଏ ପରିସ୍ଥିତିକୁ ଆଶଙ୍କା କରୁଥାଆନ୍ତି। କିନ୍ତୁ ସମୟ ତ' ବିଧି ସ୍ଥିର କରିଥାଏ... ଦିୱାନ ବା ରାଜଗୁରୁ କ'ଣ ବା କରିପାରିବେ ? ସେତେବେଳେ ମଧ୍ୟ ବୈଷ୍ଣବ ପ୍ରେମରେ ବୁଡିଥିବା ଉତ୍କଳରେ ମୁସଲମାନ ଧର୍ମ ପ୍ରବେଶ କରିଥିଲା। ଆଜି ସେମାନେ ଆଉ ବିଧର୍ମୀ ହୋଇ ନାହାନ୍ତି। ସେମାନେ ଆମର ଭାଇ-ବନ୍ଧୁ-ସଖା ପାଲଟିଛନ୍ତି। ଉତ୍କଳର ମୁସଲ୍‌ମାନମାନେ ମଧ୍ୟ ଶ୍ରୀଜଗନ୍ନାଥଙ୍କୁ ସମ୍ମାନ ଓ ଭକ୍ତି ପୋଷଣ କରୁଛନ୍ତି। ଭକ୍ତ ସାଲବେଗ ଯାହାସବୁ ରଚନା କରିଛନ୍ତି ତାହାକୁ ତ' ଅନେକ ଜଗନ୍ନାଥ ଭକ୍ତ ନିଜ ଗୁହାରି ଜଣାଇବା ଲାଗି ଜଗନ୍ନାଥ ମନ୍ଦିରରେ ନିଇତି ଗାଉଛନ୍ତି। ସକାଳେ ସଞ୍ଜରେ ପ୍ରାର୍ଥନା କଲାବେଳେ ବା ଦୁଃଖରେ ପଡ଼ିଥିବାବେଳେ ଗୁଣୁଗୁଣାଉଛନ୍ତି।

ଏପଟେ ପଣ୍ଡା, ସେବକମାନେ ଶ୍ରୀମନ୍ଦିରର ସୁରକ୍ଷା ପାଇଁ ଯତ୍ନବାନ ହେଲେ। ଯେକୌଣସି ପରିସ୍ଥିତିର ମୁକାବିଲା ପାଇଁ ନିଷ୍ପତ୍ତି ହେଲା। ପାଇକମାନେ ମଧ୍ୟ ରକ୍ତ ବଦଳରେ ରକ୍ତ ବୁହାଇବାକୁ ପଣ କଲେ।

ଇଂରେଜମାନଙ୍କ ପାଖରେ ଫଉଜ ରହିଛି। ତାଙ୍କ ପାଖରେ ଗୋଳାବାରୁଦ ରହିଛି। ସେମାନେ ମଛଲିପଟନମ୍ ପଟୁ ମାଡ଼ି ଆସୁଛନ୍ତି, ହେଲେ ସେମାନେ ଯୁଦ୍ଧ ଚାହୁଁ ନାହାନ୍ତି।

ନାବାଳକ ଗଜପତି ମହାରାଜା ମୁକୁନ୍ଦ ଦେବଙ୍କ ପାଖରେ ଏକ ଚିଠି ପହଞ୍ଚିଲା। ଗୁପ୍ତଚର ହାତରେ ଥିବା ଏ ଚିଠିକୁ ଉଦ୍ଧାର କରି ଜୟକୃଷ୍ଣ (ଜୟୀ) ରାଜଗୁରୁ ପାଠ କଲେ। ସେମାନେ ପୁରୀ ବା ଖୋର୍ଦ୍ଧା ଅଧିକାର ପାଇଁ ଚାହୁଁ ନାହାନ୍ତି ବରଂ ପୁରୀ ପଟେ ସୁରୁଖୁରରେ ବ୍ରିଟିଶ୍ ସୈନ୍ୟ ଚାଳନା ପାଇଁ ଅନୁରୋଧ କରିଛନ୍ତି। କଟକ ଅଧିକାର କରି ମରାଠାଙ୍କୁ ହଟାଇବା ହେଉଛି ସେମାନଙ୍କ ଲକ୍ଷ୍ୟ। ମରାଠାଙ୍କ ପ୍ରଭୁତ୍ୱ ବଦଳରେ ଇଂରେଜଙ୍କ ପ୍ରଭୁତ୍ୱ ଗ୍ରହଣ ପାଇଁ ମଧ୍ୟ କହିଛନ୍ତି।

ଯେଉଁ ଦେଶର ପ୍ରଭୁ ସ୍ୱୟଂ ପ୍ରଭୁତ୍ୱ ସ୍ୱୀକାର କରିଛନ୍ତି ସେଠି ପୁଣି ରାଜା କିଏ ? ସିଏ ତ ତାଙ୍କ ସେବକ, ନିମିତ୍ତମାତ୍ର। ଏହାକୁ ଗ୍ରହଣ କରିବାକୁ ହେବ। ଏଣୁ ଇଂରେଜ-ମରାଠାଙ୍କ ବିବାଦରେ ଆମେ କାହିଁକି ପଶିବା। ଯିଏ ଆସିବେ ସିଏ ପେସ୍‌କସ୍ ନେବେ। ଏହା ଯଦି ବିଧିର ନିୟମ ତାହାକୁ ମାନିବାକୁ ହେବ। ତା'ଛଡ଼ା ଗଜପତି ସିନା କେବଳ ଉପାଧି ଧରିଛନ୍ତି ହେଲେ ସେ ଶକ୍ତି, ସାମର୍ଥ୍ୟ ତାଙ୍କ ପାଖରେ ନାହିଁ।

ରାଜାଙ୍କ ତରଫରୁ ଦୁଇଟି ସର୍ତ୍ତ ରଖାଗଲା। ପ୍ରଥମ- କଟକ ଅଧିକାର ପରେ ରାଜାଙ୍କୁ ଏକ ଲକ୍ଷ ଟଙ୍କା ପ୍ରଦାନ କରିବେ। ଦ୍ୱିତୀୟ ମରହଟ୍ଟା ସରକାରଙ୍କ ଦ୍ୱାରା ପୁରୀ ରାଜାଙ୍କଠାରୁ ଛଡ଼ାଇ ନିଆଯାଇଥିବା ରାହାଙ୍ଗ, ଲେମ୍ବାଇ, ସିରାଇ ଓ ଚବିଶକୁଦ ପ୍ରାଗଣାର ମାଲିକାନା ପୁଣିଥରେ ହସ୍ତାନ୍ତର କରାଯିବ।

ବ୍ୟବସାୟିକ ଜାତି ଇଂରେଜଙ୍କ ଆଗରେ ଏ ବ୍ୟବସାୟ ଏକ ବଡ଼ ଆହ୍ୱାନ ନଥିଲା, ବରଂ

ବଢ଼ି ଥିଲା ଓଡ଼ିଶାର ୫୦୦ କିଲୋମିଟର ସମୁଦ୍ର ଉପକୂଳକୁ ଅଧିଗ୍ରହଣ କରି ସେଠାରେ ବାଣିଜ୍ୟ କାରବାରକୁ ବଢ଼ାଇବା। ଓଡ଼ିଶାର ଅର୍ଥନୀତିକୁ ନିୟନ୍ତ୍ରଣ କରି ଶାସନ କରିବା।

ଏଠାର ରାଜା ଯେ ଲୋକମାନଙ୍କ ଭାବାବେଗର ଶାସକ ତାହାକୁ ଭଲ ଭାବେ ବୁଝିଥିଲେ ଇଂରେଜ ଇଷ୍ଟଇଣ୍ଡିଆ କମ୍ପାନୀର ସେନାପତି କର୍ଣ୍ଣେଲ ହାର୍‌କୋର୍ଟ। ଏଣୁ ରାଜାଙ୍କ ଅପେକ୍ଷା ଅଧିକ ଜରୁରୀ ଜଗନ୍ନାଥ ମନ୍ଦିର, ଧର୍ମ ଓ ଭାବାବେଗର ସୁରକ୍ଷା। କାରଣ ମରହଟ୍ଟାମାନେ ଜଗନ୍ନାଥ ମନ୍ଦିର, ଏହାର ସେବକ, ବ୍ରାହ୍ମଣଙ୍କୁ ସୁରକ୍ଷା ଓ ପ୍ରୋତ୍ସାହନ ଦେଇ ରାଜାଙ୍କୁ ଏକ ପ୍ରକାର ସଙ୍କୁଚିତ କରିସାରିଛନ୍ତି। ଯଦି କେହି ଇଂରେଜଙ୍କ ବିରୋଧ କରିବେ ତେବେ ସେମାନେ ହେଉଛନ୍ତି ମନ୍ଦିରର ସେବକ।

ରାଜାଙ୍କ ପକ୍ଷରୁ ରଖାଯାଇଥିବା ସର୍ତ୍ତକୁ ଗ୍ରହଣ କରି ହାର୍‌କୋର୍ଟ ମାଣିକପାଟଣା ଅଧିଗ୍ରହଣ କଲେ।[୫୪] ଶରଦ୍‌କାଳୀନ ଆକାଶରେ ଏକ ନୂଆ ଯୁଗର ଆଭାସ ମିଳୁଥାଏ। ଦେବୀ ଆବାହନରେ ମଗ୍ନଥିବା ପୁରୀର ବ୍ରାହ୍ମଣ ଓ ଜଗନ୍ନାଥ ସେବାୟତମାନଙ୍କୁ ମାଣିକପାଟଣାଠାରୁ ଏକ ଗୁପ୍ତ ପତ୍ର ଲେଖାଗଲା। ଇଂରେଜଙ୍କ ଆକ୍ରମଣରେ ଭୟଭୀତ ହେବାର କାରଣ ନାହିଁ। ସେମାନେ ମନ୍ଦିର ଓ ସେବକଙ୍କୁ କୌଣସି ହାନି ପହଞ୍ଚାଇବେ ନାହିଁ। ପଣ୍ଡାମାନେ ଆଶ୍ୱସ୍ତ ହେଲେ। ପୁରୀ ଅଧିଗ୍ରହଣ କରାଗଲା। ମରହଟ୍ଟା ସୈନିକମାନେ ଇଂରେଜଙ୍କ ଫୌଜ ଦେଖି ଆତଙ୍କିତ ହେଲେ। ନିଜ ଦେଶକୁ ପଳାଇଗଲେ। ଏହାପରେ କଟକ- ବାରବାଟୀ ବିନା କୌଣସି ଯୋଜନାବଦ୍ଧ ପ୍ରତିରୋଧରେ ଦଖଲ ହେଲା। ଶାସକରୁ ଶାସିତ ହୋଇଥିବା ଜଗନ୍ନାଥଙ୍କ ଦେଶରେ ପୁଣି ଏକ ପରିବର୍ତ୍ତନ ହେଲା। ଏ ପରିବର୍ତ୍ତନର ସୁଅରେ ସମୁଦ୍ର ବି ଘୁଞ୍ଚିଛି, ଆମେ କିଏ ?

୪୬

ହାଡ଼ର ଉପତ୍ୟକା

ସୁସଜ୍ଜିତ ଗୋରା ସୈନିକମାନଙ୍କ ଶୃଙ୍ଖଳିତ ଆଗମନ ଓ ତାଙ୍କ ସାଙ୍ଗରେ ଥିବା ଗୁଳିଗୋଳା, ଦେଶୀୟ ରାଜାମାନଙ୍କୁ ଆତଙ୍କିତ କଲା। ବର୍ଷ ପରେ ବର୍ଷ ନିଷ୍ପେଷିତ ହୋଇ ରହିଥିବା ଏହି ମୁଖିଆମାନେ ନାଁକୁ କେବଳ ରାଜା ଥିଲେ ସିନା କିନ୍ତୁ ତାଙ୍କ ଅଞ୍ଚଳ ବାହାରେ କ'ଣ ଘଟୁଛି ତାହା ଜାଣିପାରୁନଥିଲେ। ଅନେକ ଅନ୍ଧବିଶ୍ୱାସ ଭରି ରହିଥିଲା ତାଙ୍କ ଭିତରେ। ଏଣୁ ଯେତେବେଳେ ଭାଷା ବୁଝୁ ନଥିବା ଏହି ଗୋରା ସୈନିକଙ୍କ ଆଗମନ କଥା ଶୁଣିଛନ୍ତି ସେମାନେ ରାଜ୍ୟ ଛାଡ଼ି ଜଙ୍ଗଲ ଭିତରକୁ ଚାଲିଲେ ଲୁଚିବା ପାଇଁ। ଏମିତିକି ଘର ଦୁଆର କବାଟ ପକାଇବାକୁ ମଧ୍ୟ ଲୋକେ ଭୁଲିଯାଉଥିଲେ। ଜଙ୍ଗଲ ଭିତରୁ ଗୋରା ସିପାହିଙ୍କ ଗତିବିଧି ଲକ୍ଷ୍ୟ କଲେ ଦେଶୀୟ ରାଜା ଓ ଜମିଦାରମାନେ।

ପୁରୀଦେଇ ଆଗକୁ ଅଗ୍ରସର ହେଉଥିବାବେଳେ ଯେତିକି ଅଞ୍ଚଳ ସେମାନେ ଅଗ୍ରସର ହେଉଥିଲେ ତାଙ୍କ ପାଇଁ ସେ ଅଞ୍ଚଳ ଯେମିତି ବିନା ପ୍ରତିରୋଧରେ ନିଜର ହେବା ପାଇଁ ଅନାଇ ବସିଥିବା ମନେହେଲା। ପରିସ୍ଥିତି ଏପରି ହେଲା ଯେ, ଯେଉଁ ଅଞ୍ଚଳ ସେମାନେ ଅଧିକାର କଲେ ସେଠାରୁ କର ଆଦାୟ କରି ଇଂରେଜଙ୍କୁ ଦେବା ଲାଗି କେହି ଦେଶୀୟ ରାଜା ବା ସାମନ୍ତ ମିଳିଲେ ନାହିଁ।   ଏଣୁ ବାଟରେ ଯେଉଁମାନେ ଇଂରେଜ ସୈନ୍ୟଙ୍କୁ କିଞ୍ଚିତ ସାହାଯ୍ୟ କଲେ ବା ପ୍ରତିରୋଧ କରୁଥିବା କୌଣସି ବି ଲୋକ ବିଷୟରେ ସୂଚନା ଦେଲେ ସେମାନଙ୍କୁ

ବିନା କରରେ ଜମି ଆବଣ୍ଟନ କଲେ- ଆଜୀବନ, ବଂଶାନୁକ୍ରମିକ। ଧୀରେ ଧୀରେ ଏହିପରି ଜାଗିରଦାରୀଙ୍କ ସଂଖ୍ୟା ବଢ଼ି ଚାଲିଲା। ସେଇମାନେ ଜଙ୍ଗଲରୁ ଲୋକଙ୍କୁ ଆଣି ପୁଣି ଚାଷ ଆରମ୍ଭ କଲେ। କିଛି ଦେଶୀୟ ରାଜା ମଧ୍ୟ ଏହି ଧାରାରେ ସାମିଲ୍ ହେଲେ ଆଉ କିଛି ବିଦ୍ରୋହ ରଚି ସହିଦ ହେଲେ।

ଏ ଭିତରେ ଫୋର୍ଟ ୱିଲିୟମ୍ କଲେଜର ଉପାଧ୍ୟକ୍ଷ ରେଭରେଣ୍ଡ କ୍ଲାଡିୟସ୍ ବ୍ୟୁକାନନ୍ ଓଡ଼ିଶା ଭ୍ରମଣରେ ଆସିଲେ।[୫୫] ବିଶେଷକରି ସେତେବେଳେ ଖ୍ୟାତି ଅର୍ଜନ କରିଥିବା ଭାବାବେଗର ସ୍ଥାନ ପୁରୀରେ ଶ୍ରୀଜଗନ୍ନାଥ ମନ୍ଦିର ଓ ଏହାର ତୀର୍ଥଯାତ୍ରୀଙ୍କ ବିଷୟରେ ଅନୁଧ୍ୟାନ କରିବା ତାଙ୍କ ଉଦ୍ଦେଶ୍ୟ ଥିଲା। ଯାତ୍ରା ଆରମ୍ଭରୁ ବନ୍ୟଜନ୍ତୁଙ୍କ ଆତଙ୍କ କଥା ଶୁଣି ଭୟଭୀତ ହୋଇପଡ଼ିଲେ। ଆଉ ଯେତେବେଳେ ଓଡ଼ିଶା ପ୍ରଦେଶରେ ଗୋଡ଼ ଦେଲେ ତାହାର ଆଭାସ ପାଇଗଲେ। ବଙ୍ଗଠାରୁ ପୁରୀ ଆସିବା ପାଇଁ ଯେଉଁ ରାଜପଥ ନିର୍ମାଣ ହୋଇଥିଲା ତୀର୍ଥଯାତ୍ରୀଙ୍କ ପାଇଁ- ସେଇ ବାଟ ଦେଇ ସେ ପୁରୀ ଆସିବାକୁ ସ୍ଥିର ହେଲା। ସ୍ଥାନୀୟ ବ୍ରିଟିଶ୍ କମାଣ୍ଡର୍ ତାଙ୍କ ସୁରକ୍ଷା ପାଇଁ ୭ ଜଣ ଗୋରା ସିପାହିଙ୍କୁ ସାଙ୍ଗରେ ପଠାଇଲେ- ବନ୍ଧୁକ ସହ।

ନଦୀ, ନାଳ ଏବଂ ବିସ୍ତୀର୍ଣ୍ଣ ଚାଷଜମି ଓ ଜଙ୍ଗଲ ଦେଇ କଟା ହୋଇଥିବା ଜଗନ୍ନାଥ ସଡ଼କ ତାଙ୍କ ପାଇଁ ଆକର୍ଷଣର ଗନ୍ତାଘର ପାଲଟିଥିଲା। ହିନ୍ଦୁ କୀର୍ତ୍ତିରାଜି, ମନ୍ଦିର, ମଠରେ ଭରିଥିଲା ସମ୍ପୂର୍ଣ୍ଣ ରାସ୍ତା। ବାଟରେ ଯେଉଁ କିଛି ଦେଶୀୟ ରାଜା ଇଂରେଜଙ୍କ ବଶତା ସ୍ୱୀକାର କରିଥିଲେ ବା ଯେଉଁମାନଙ୍କୁ ଜାଗିରଦାର ଭାବେ ଇଂରେଜମାନେ ନିଯୁକ୍ତ କରିଥିଲେ ସେମାନେ ଜଗନ୍ନାଥ ଯାତ୍ରୀ ତଥା ଇଂରେଜ ସୈନିକଙ୍କୁ ସୁବିଧା ସୁଯୋଗ ଦେବା ପାଇଁ ସମସ୍ତ ବ୍ୟବସ୍ଥା କରିଥିଲେ। ଅନେକ ସ୍ଥାନରେ ସେବା ମାଗଣା ଥିଲା ଆଉ କିଛି ସ୍ଥାନରେ ସେଥିପାଇଁ ଶୁଳ୍କ ଆଦାୟ କରାଯାଉଥିଲା। ଜନବସତି ପାର ହେଲେ ଆସୁଥିଲା ବିସ୍ତୀର୍ଣ୍ଣ ଜଙ୍ଗଲ। ଏ ଭିତରେ ଖାଲି ଜଗନ୍ନାଥଙ୍କ ନାଁ ନେଇ ଭକ୍ତ ଆଗକୁ ମାଡ଼ିଚାଲିଥିଲେ। ସେମାନଙ୍କ ନେତୃତ୍ୱ ନେଉଥିଲେ କିଛି ହିନ୍ଦୁ ପଣ୍ଡିତ। ଦିନବେଳେ ଜଙ୍ଗଲ ଭିତରେ ମୟୂରଙ୍କ ବିଚରଣ ଆଉ ଖରାଛାଇର ଖେଳ ବେଶ୍ ଆନନ୍ଦ ଦେଉଥିଲା। କିନ୍ତୁ ସନ୍ଧ୍ୟାହେଲେ ମାଡ଼ିବସୁଥିଲା ବନ୍ୟଜନ୍ତୁଙ୍କ ଆକ୍ରମଣ ଓ ଭୂତ ପ୍ରେତଙ୍କ ଭୟ। ଖାଲି ଭୟ ନୁହେଁ ଉଦାହରଣ ମଧ୍ୟ ସାମ୍ନାରେ ପଡୁଥିଲା। ରାସ୍ତାରେ ଅନେକ ସଂଖ୍ୟାରେ ହାଡ଼ କଙ୍କାଳ ଯେମିତି ଗଡୁଥିଲା- ତାକୁ ଦେଖିଲେ ଲାଗୁଥିଲା ଏଠି ମଣିଷଙ୍କ ଜୀବନ ତୁଚ୍ଛ।

ସାଙ୍ଗରେ ଥିବା ସାତଜଣ ବନ୍ଧୁକଧାରୀ ସିପାହି ଡ. ବ୍ୟୁକାନନ୍‌ଙ୍କୁ ବୁଝାଇଦେଲେ *ଏ ରାସ୍ତାରେ ବାଘ ଓ ଅନ୍ୟ ହିଂସ୍ର ବନ୍ୟଜନ୍ତୁମାନେ ତୀର୍ଥଯାତ୍ରୀଙ୍କୁ ଭୟଭୀତ କରନ୍ତି- ଆକ୍ରମଣ ବି କରନ୍ତି। ଯେତେବେଳେ କୌଣସି ଯାତ୍ରୀଙ୍କୁ ସେମାନେ ଏକୁଟିଆ ବିନା କୌଣସି ଅସ୍ତ୍ରରେ ଦେଖନ୍ତି ସେତେବେଳେ ଝାମ୍ପ ମାରନ୍ତି। ଏ ଯେଉଁ ଶବ୍ଦ ଏବେ ଶୁଣୁଛନ୍ତି ତାହା ହେଲା ବାଘର ରଡ଼ି!* ଡରିଗଲେ ବ୍ୟୁକାନନ୍। *କିନ୍ତୁ ସିପାହି ଆଶ୍ୱାସନା ଦେଲେ,* ଭୟଭୀତ ହେବାର ନାହିଁ- *ଆମ ପାଖକୁ ବାଘ ଆସିବେ ନାହିଁ। ମଶାଲ୍ ଓ ବନ୍ଧୁକ ଦେଖିଲେ ସେମାନଙ୍କୁ ବଡ଼ ଭୟ ଥାଏ। ଏତକ କହୁ କହୁ ଶୂନ୍ୟକୁ ଦି'ଟା ଗୁଳି ଫୁଟାଇ ଦେଲେ। ଆଉ ସଙ୍ଗେ ସଙ୍ଗେ ଥମିଗଲା ବାଘର ରଡ଼ି ...।*

ଯାତ୍ରୀଙ୍କୁ ସୁରକ୍ଷା ଦେବାକୁ ଏଠାରେ କିଛି ବ୍ୟବସ୍ଥା ନାହିଁ। ପୁଣି ରାତିରେ ଆଶ୍ରୟ ନେବାକୁ ଜଙ୍ଗଲରେ ସୁବିଧା ନଥିବାରୁ ଥକିଯାଇଥିବା କିଛି ଯାତ୍ରୀ ଏଠାରେ ଗଛମୂଳରେ ଆଶ୍ରୟ ନିଅନ୍ତି। ଏଣୁ ସେମାନେ ବେଳେବେଳେ ରାସ୍ତା କଡ଼ରେ ରହି ଶୋଇପଡ଼ନ୍ତି। ସେଇମାନଙ୍କୁ ହିଁ ଭିଡ଼ିଆଣେ ବାଘ। ବାଘ ପାଇଁ ମଣିଷ ସବୁଠାରୁ ସହଜ ଶିକାର ହେବାର କାରଣ ଏହା ଯେ, ମଣିଷ ବାଘ ଭଳି ଦଉଡ଼ିପାରେ ନାହିଁ। ଛାନିଆ ହୋଇ ପଡ଼ିଯାଏ ବାଘ ପଞ୍ଝାରେ। ଶିକାର ପାଇଲା ପରେ ସେଇ ଅନ୍ଧାର ରାତିରେ ତାକୁ ଦଳବଦ୍ଧ ଭାବେ ଖାଇ ଯାଆନ୍ତି ବନ୍ୟଜନ୍ତୁମାନେ। ଆଉ ବଳିଥିବା ହାଡ଼, କଙ୍କାଳକୁ ଛାଡ଼ି ଦେଇ ଜଙ୍ଗଲକୁ ଫେରିଯାଆନ୍ତି। ଏସବୁ ହେଉଛି ତାହାର ଉଦାହରଣ। ଏହା କହି ସିପାହି ଜଣକ ଡ. ବ୍ୟୁକାନନ୍‌ଙ୍କୁ ରାସ୍ତାରେ ପଡ଼ିଥିବା ହାଡ଼ କଙ୍କାଳକୁ ଦେଖାଇଲେ। ଡ. ବ୍ୟୁକାନନ୍‌ଙ୍କୁ ଏସବୁ ନୂଆ ଲାଗୁଥିଲା। ଏପରି ଖୋଲା ରାସ୍ତାରେ ନର କଙ୍କାଳ.. ସେ କେବେ ଦେଖି ନଥିଲେ। ଖାଲି ସେତିକି ନୁହେଁ, ଏଠି ମଣିଷଙ୍କୁ ମଣିଷ ବଳି ଭାବେ ମଧ୍ୟ ହତ୍ୟା କରନ୍ତି, ଦେବଦେବୀଙ୍କ ଆଶୀର୍ବାଦ ପାଇବା ଲାଗି ... ବୋଲି କହିଲେ ସିପାହି।

ଡ. ବ୍ୟୁକାନନ୍ ଏହା ଶୁଣି ଡରିଗଲେ ଆଉ ନିଜ ଡାଏରୀରେ ଓଡ଼ିଶାକୁ ହାଡ଼ର ଉପତ୍ୟକା ବୋଲି ମଧ୍ୟ ନାଁ ଦେଲେ। ଏତିକିରେ ସରିଲା ନାହିଁ, ସେ ନିଜ ଡାଏରୀରେ ଲେଖିଲେ ଯେ, *'ପୁରୀ ମନ୍ଦିରର ଚାରିପାଖରେ ମଧ୍ୟ ବାଘର ଗର୍ଜନ ଶୁଣାଯାଏ। ସେ ବି ତାହାର ସାକ୍ଷୀ। ଏମିତି ଏକ ଦିନ ବାଘ ଆକ୍ରମଣରୁ ତୀର୍ଥଯାତ୍ରୀଙ୍କୁ ସୁରକ୍ଷା ଦେବା ପାଇଁ ଏକ ଶିକାରୀ ଦଳ ମଧ୍ୟ ମନ୍ଦିର ପାଖ ଜଙ୍ଗଲକୁ ବାଘ ଶିକାର ପାଇଁ ଯାଇଥିଲା'।* ପରେ ପରେ ଏନେଇ ଏକ ସନ୍ଦର୍ଭ ଇଂରେଜ ସରକାରଙ୍କୁ ଲେଖି ଜଣାଇଲେ। ଏହାସହ ମନ୍ଦିର ପରିଚାଳନା ପାଇଁ ଆବଶ୍ୟକ ବ୍ୟବସ୍ଥା ଗ୍ରହଣ କରିବାକୁ ମଧ୍ୟ ଲେଖିଲେ। ଏହା ଏକ ଭାବାବେଗ ଓ ଆରାଧନାର ସ୍ଥଳ ହେବା ସହ ଏଠାର ଅଧିବାସୀଙ୍କ ପାଇଁ ଏକ ରୋଜଗାର ସ୍ଥଳ ବୋଲି ବି ବର୍ଣ୍ଣନା କରିଲେ।

(୫୭)

ବନ୍ଦୀ ରାଜା, ସର୍ବହରା ବକ୍ସି

ବୁ୍ୟକାନନ୍‌ଙ୍କ ରିପୋର୍ଟ ବ୍ରିଟିଶ୍ ସରକାର ଓ ଇଷ୍ଟ ଇଣ୍ଡିଆ କମ୍ପାନୀଙ୍କୁ ଚିନ୍ତା କରିବା ଲାଗି ଏକ ସୁଯୋଗ ଦେଲା। ସେମାନେ ପୁରୀକୁ ଏକ ଅବକାଶ ସ୍ଥଳ ଭାବେ ଗ୍ରହଣ କରୁଥିଲେ। ସମୁଦ୍ରକୂଳ, ମନ୍ଦିର ଏହାର ପ୍ରମୁଖ ଆକର୍ଷଣ ଥିଲା। ଯଦି ଏହି ସ୍ଥଳରେ ବିଦ୍ୱେଷ ହୁଏ ତେବେ ଏ ଅଞ୍ଚଳକୁ ଭକ୍ତ ଆସିବେ ନାହିଁ। ସାରା ଭାରତରେ ହିନ୍ଦୁ ଭାବାବେଗ ଆଘାତ ପାଇବ। ଏଣୁ କୌଶଳ କ୍ରମେ କଟକ ଅପେକ୍ଷା ପୁରୀକୁ ସମ୍ଭାଳିବା ତାଙ୍କ ପାଇଁ ଚ୍ୟାଲେଞ୍ଜ୍ ବୋଲି ଗ୍ରହଣ କରାଗଲା। ପ୍ରଥମ ପଦକ୍ଷେପ ସ୍ୱରୂପ ଶ୍ରୀମନ୍ଦିର ପରିଚାଳନା ପାଇଁ ଅର୍ଥ ଦାନ ବ୍ୟବସ୍ଥା ହେଲା ସିଧାସଳଖ ବ୍ରିଟିଶ୍ ତହବିଲରୁ।[୫୬] ଖ୍ରୀଷ୍ଟଧର୍ମ ପ୍ରଚାରରେ ବିଶ୍ୱାସ କରୁଥିବା ବ୍ରିଟିଶ୍ ସରକାରଙ୍କ ପାଇଁ ଏହା ନୀତିଗତ ବିରୋଧାଭାସ ଥିଲେ ମଧ୍ୟ ଏହା ଯେ ନିତାନ୍ତ ଜରୁରୀ ତାହାକୁ ବୁଝିଥିଲେ ଉଭୟ ବ୍ରିଟିଶ୍ ଶାସକ ଓ କମ୍ପାନୀ ପ୍ରଶାସକମାନେ।

ଦ୍ୱିତୀୟରେ ଗଜପତି ମହାରାଜା ମୁକୁନ୍ଦ ଦେବଙ୍କୁ ମିଦିନାପୁର ଜେଲ୍‌ରୁ ମୁକ୍ତି ଦିଆଗଲା। କିଛିବର୍ଷ ହେଲା ତାଙ୍କୁ ଖୋର୍ଦ୍ଧା ଓ ପୁରୀରେ ବିଦ୍ରୋହ ଆରୋପ ହେତୁ ବାରବାଟୀରେ ବନ୍ଦୀ ରଖାଯାଇଥିଲା। ପରେ ତାଙ୍କୁ ମିଦିନାପୁର ସ୍ଥାନାନ୍ତର କରାଯାଇଥାଏ। ବନ୍ଦୀମୁକ୍ତ ହେଲେ ମଧ୍ୟ ଖୋର୍ଦ୍ଧା ରାଜ୍ୟ ତାଙ୍କୁ ଦିଆଗଲା ନାହିଁ। କେବଳ ପୁରୀ ମନ୍ଦିରର ସୁପରିଣ୍ଟେଣ୍ଡେଣ୍ଟ ଦାୟିତ୍ୱରେ

ସେ ରହିଲେ। ପରିବାର ସହ ପୁରୀ ବାଲିସାହି ପ୍ରାସାଦରେ ରହିବା ଲାଗି ଅନୁମତି ଦିଆଗଲା। ଅର୍ଥାତ୍ ଯେଉଁ ଗଜପତି ଦିନେ ଜଗନ୍ନାଥଙ୍କୁ ସୁରକ୍ଷା ଦେବା ପାଇଁ ତଳିତଳାନ୍ତ ହୋଇଥିଲେ ଆଜି ସେ ଯୁଗ ଓଲଟିଗଲା। କେବଳ ଶ୍ରୀଜଗନ୍ନାଥଙ୍କ ପାଇଁ ହିଁ ସେ ମର୍ଯ୍ୟାଦା ଉପଭୋଗ କଲେ। ରାଜ୍ୟ ନଥାଇ ରାଜା ଭାବେ ସମ୍ବୋଧିତ ହେଲେ ଆଉ ଗଜ ନଥାଇ ଗଜପତି ଭାବେ ଡକାଗଲେ। ମନ୍ଦିରର ସୁପରିଣ୍ଟେଣ୍ଡେଣ୍ଟ ହେଲେ ସତ, କିନ୍ତୁ ମନ୍ଦିର ପରିଚାଳନାରେ ସେ ଯେ ସର୍ବେସର୍ବା ହେଲେ ତା' ନୁହେଁ। ପୂର୍ବରୁ ପରିଚାଳନା ପାଇଁ ଯେଉଁପରି ୩ ପରିଚ୍ଛା ବ୍ୟବସ୍ଥା କରାଯାଇଥିଲା ତାହା ନିରନ୍ତର ରହିଲା। ସେ କେବଳ ନାମକୁମାତ୍ର ମୁଖ୍ୟହେଲେ।

ତୃତୀୟ ଗୁରୁତ୍ୱପୂର୍ଣ୍ଣ ପଦକ୍ଷେପ ଥିଲା ପୁରୀକୁ ସଂଯୋଗ କରୁଥିବା ଜଗନ୍ନାଥ ସଡ଼କର ସୁରକ୍ଷା। ଏଥିଲାଗି ବିଭିନ୍ନ ସ୍ଥାନରେ ଯାତ୍ରୀ ଆଶ୍ରୟସ୍ଥଳ ସ୍ଥାପନ ପାଇଁ ନିଷ୍ପତ୍ତି ହେଲା। ଏହାଛଡ଼ା ଏହି ଆଶ୍ରୟସ୍ଥଳଗୁଡ଼ିକରେ ଯାତ୍ରୀଙ୍କୁ ପ୍ରାଥମିକ ଚିକିତ୍ସା ସୁବିଧା ଯୋଗାଇବା ପାଇଁ ମଧ୍ୟ ବ୍ୟବସ୍ଥା ହେଲା। ମନ୍ଦିର ପରିଚାଳନା ପାଇଁ ଆଦାୟ ହେଉଥିବା ଯାତ୍ରୀ କରକୁ ଅବ୍ୟାହତ ରଖାଯାଇ ବ୍ରିଟିଶ୍ ସରକାରଙ୍କ ପକ୍ଷରୁ ଏକ ନିର୍ଦ୍ଦିଷ୍ଟ ପାଣ୍ଠି ଯୋଗାଇବା ଲାଗି ସ୍ଥିର ହେଲା। ନୀତିଗତ ଭାବେ ୧୮୦୮ ଜାନୁୟାରୀ ୨୯ ତାରିଖରେ ବ୍ରିଟିଶ୍ ସରକାରଙ୍କ ପକ୍ଷରୁ ଶ୍ରୀମନ୍ଦିର ପରିଚାଳନା ପାଇଁ ବର୍ଷକୁ ୬୦ ହଜାର ୯୮ ଟଙ୍କା ୧୨ ଅଣା ଦାନ କରିବାକୁ ସ୍ଥିର ହେଲା। ଏହାଛଡ଼ା ବାର୍ଷିକ ରଥଯାତ୍ରାକୁ ଅବ୍ୟାହତ ରଖିବା ପାଇଁ ୪୮୪ଗଜ ଉଲ୍ କନା ଦେବାର ବ୍ୟବସ୍ଥା ହେଲା। ଏହି କନା ରଥକୁ ଢାଙ୍କିବା ଲାଗି ନିର୍ଦ୍ଦିଷ୍ଟ ରଙ୍ଗର ହେବ ଏବଂ ତାହା କମ୍ପାନୀ ଗୋଦାମରୁ ଦିଆଯିବା ପାଇଁ ଗଭର୍ଣ୍ଣରଙ୍କୁ ନିର୍ଦ୍ଦେଶ ଦିଆଗଲା।

ବ୍ରିଟିଶ୍ ପାର୍ଲାମେଣ୍ଟର ଏପରି ନିଷ୍ପତ୍ତିସବୁ ଭାରତରେ ଆଇନ ଭଳି କାର୍ଯ୍ୟକାରୀ ହେଉଥାଏ। ଏହି ଆଇନରେ କଲେକ୍ଟରଙ୍କଠୁ ଗଭର୍ଣ୍ଣରଙ୍କ ଯାଏ ବନ୍ଧା ହେଉଥିଲେ। ଯଦି କିଛି ଅସୁବିଧା ହେଉଥିଲା ତେବେ ତାହାର ବିଚାର ପାଇଁ ବ୍ରିଟିଶ୍ ସରକାର କୋର୍ଟ ବ୍ୟବସ୍ଥା ମଧ୍ୟ କରିଥିଲେ। କିନ୍ତୁ ଏହା ଦେଶୀୟ ରାଜା ଓ ସାମନ୍ତମାନଙ୍କ କ୍ଷମତାର ସଙ୍କୋଚନ ବୋଲି ବିଚାର ହେଲା। ବିଭିନ୍ନ ସମୟରେ ବ୍ରିଟିଶ୍ ଭାଷା ଓ ଆଇନକୁ ବୁଝିପାରୁ ନଥିବା ହେତୁ ସେମାନେ ଧାର୍ଯ୍ୟ ସମୟରେ ଟିକସ, ଖଜଣା ଦାଖଲ କରିପାରୁ ନଥିଲେ। ଏଣୁ ଦେଶୀୟ ଜମିଦାର, ଜାଗିରଦାରଙ୍କ ସମ୍ପତ୍ତି ମଧ୍ୟ ନିଲାମ ହେଉଥିଲା। ଆଉ କଲିକତାରେ ଥିବା କିଛି କିରାଣି ସେଗୁଡ଼ିକୁ କିଣି ନିଜକୁ ରାଜା ବୋଲି ଘୋଷଣା କରୁଥିଲେ। ଏ ଭିତରେ ଜଣେ ବଙ୍ଗୀୟ କର୍ମଚାରୀଙ୍କ ହାତକୁ ରୋଡ଼ଙ୍ଗ କିଲ୍ଲା ନିଲାମି ନୀତି ଅନୁସାରେ ଚାଲିଗଲା। ଏହି କିଲ୍ଲା ପୂର୍ବରୁ ଜଗବନ୍ଧୁ ବିଦ୍ୟାଧର ମହାପାତ୍ର ଭ୍ରମରବର ରାୟଙ୍କ ନାମରେ ବନ୍ଦୋବସ୍ତ ହୋଇଥିଲା।[୫୭] ଜଗବନ୍ଧୁ ବିଦ୍ୟାଧର ହେଉଛନ୍ତି ଖୋର୍ଦ୍ଧା ରାଜାଙ୍କ ବକ୍ସି ବା ସେନା ନାୟକ। ପୁରୁଷାନୁକ୍ରମେ ସେ କିଲ୍ଲାର ମାଲିକାନା ଭୋଗ କରୁଥିଲେ। କିନ୍ତୁ ଆବଶ୍ୟକ ଖଜଣା ଦାଖଲ କରିବାରେ ଜଗବନ୍ଧୁ ବିଫଳ ହେବାରୁ ତାହା ନିଲାମ ହୋଇଥିଲା। ନିୟମ ଅନୁସାରେ ଜଣେ ବଙ୍ଗୀୟ କର୍ମଚାରୀ ତାହାକୁ ଅଧିଗ୍ରହଣ ପାଇଁ ଆସିଥିଲେ। କିନ୍ତୁ ଜଗବନ୍ଧୁ ଓ ତାଙ୍କ ସମର୍ଥକ ତାଙ୍କୁ କିଲ୍ଲା ଭିତରେ ପୂରାଇ ଦେଲେ ନାହିଁ। ଆଇନ ଅନୁସାରେ ଆଉ କୌଣସି ବନ୍ଦୋବସ୍ତ ବ୍ରିଟିଶ୍ ସରକାର କରିପାରିବେ ନାହିଁ ବୋଲି ରୋକ୍‌ଠୋକ୍ ଶୁଣାଇଦେଲେ।[୫୮] ଏହାଦ୍ୱାରା ବକ୍ସି ଦାଣ୍ଡର ଭିକାରି ହୋଇଗଲେ।

ଅସନ୍ତୋଷ କୁହୁଳି ବିସ୍ଫୋରଣ ରୂପ ନେଲା ମାର୍ଚ୍ଚ ୧୮୧୭ରେ, ଯେତେବେଳେ ବକ୍ସି ଘୁମୁସର କନ୍ଧ ପାଇକଙ୍କ ସହ ଏକାଠି ହୋଇ ଖୋର୍ଦ୍ଧା ଆଡ଼େ ପ୍ରବେଶ କଲେ ଆଉ ବ୍ରିଟିଶ୍ ଶାସନକୁ ଉପାଡ଼ି ଫୋପାଡ଼ିବାର ପ୍ରତିଜ୍ଞା କଲେ। ଧୀରେ ଧୀରେ ଖୋର୍ଦ୍ଧା ଓ ପୁରୀ ଅଞ୍ଚଳକୁ ସେମାନେ ଅଧିଗ୍ରହଣ କଲେ। ବ୍ରିଟିଶ୍ ଓ ବଙ୍ଗୀୟ ଅଧିକାରୀମାନଙ୍କୁ ହାନି ପହଞ୍ଚାଇଲେ। କଉଡ଼ି ବଦଳରେ ରୁପା ଟଙ୍କାଦ୍ୱାରା କର ଆଦାୟ, ଅତ୍ୟଧିକ ଲୁଣ କର ଦ୍ୱାରା ଅସନ୍ତୁଷ୍ଟ ସାଧାରଣ ଲୋକ ବକ୍ସିଙ୍କ ଏହି ଡାକରାକୁ ସମର୍ଥନ ଜଣାଇଲେ। ଫଳରେ ଏହାକୁ ନିୟନ୍ତ୍ରଣ କରିବା ସ୍ଥାନୀୟ ବ୍ରିଟିଶ୍ ସୈନ୍ୟଙ୍କ ପକ୍ଷେ ଅସମ୍ଭବ ହୋଇପଡ଼ିଲା। ବିଦ୍ରୋହର ଏକମାସ ପରେ କଟକରୁ ଏକ ସୈନ୍ୟବାହିନୀ ଆସି ଗୁଳିଗୋଳା ଦ୍ୱାରା ବିଦ୍ରୋହୀଙ୍କୁ ହତ୍ୟା କରିବା ସହ ପୁରୀରୁ ରାଜା ମୁକୁନ୍ଦ ଦେବଙ୍କୁ ଗିରଫ କଲେ। ବକ୍ସି ଜଙ୍ଗଲରେ କୁଆଡ଼େ ଛୁପିଗଲେ। ପରେ ପରେ ବକ୍ସିଙ୍କ ପରିବାରକୁ ନଜରବନ୍ଦୀ କରିବା ସହ ତାଙ୍କୁ ଧରିବା ପାଇଁ ପୁରସ୍କାର ଘୋଷଣା କଲେ। ନୟାଗଡ଼ ରାଜାଙ୍କ କିଛି ଗୁପ୍ତଚର ଓ କର୍ମଚାରୀଙ୍କ ସହାୟତାରେ ବକ୍ସିଙ୍କୁ ଗିରଫ କରିବାରେ ବ୍ରିଟିଶ୍ ପୁଲିସ ସକ୍ଷମ ହେବା ପରେ ସମ୍ପୂର୍ଣ୍ଣ ରାଜ୍ୟ ଇଂରେଜମାନଙ୍କ କବ୍‌ଜାକୁ ଆସିଥିଲା। କିନ୍ତୁ ପରିସ୍ଥିତି ସ୍ୱାଭାବିକ ସମ୍ପୂର୍ଣ୍ଣ ସ୍ୱାଭାବିକ ହୋଇ ନଥିଲା।

ବନ୍ଦୀ ଅବସ୍ଥାରେ ଗଜପତି ମୁକୁନ୍ଦ ଦେବଙ୍କ ମୃତ୍ୟୁ ଘଟିଲା।[୫୯] ରାଜକୁମାର ରାମଚନ୍ଦ୍ର ଦେବ ପୁରୀରେ ଗଜପତି ରାଜବଂଶର ଦାୟାଦ ଭାବେ ଗାଦି ଆରୋହଣ କଲେ। ତାଙ୍କ ପାଇଁ ଖୋର୍ଦ୍ଧା ଦ୍ୱାର ବନ୍ଦ ଥିଲା, ଖାଲି ଜଗନ୍ନାଥଙ୍କୁ ଆଶ୍ରା କରି ନିଜର ଅସ୍ତିତ୍ୱ ବଞ୍ଚାଇବା ହିଁ ବିକଳ୍ପ ଥିଲା। ଏହାକୁ ସେ ଗ୍ରହଣ କଲେ, ହେଲେ ବାଲିସାହି ନଅରରେ ରହିବା ତାଙ୍କ ପାଇଁ ଶୁଭଙ୍କର ନଥିଲା ବୋଲି ଚିନ୍ତା କଲେ। ଏହିକ୍ରମରେ ବଡ଼ଦାଣ୍ଡରେ ଗଢ଼ା ହେଲା ଏକ ନୂତନ ରାଜ ଉଆସ। ଆଉ ସେଇଠୁ ପରିଚାଳନା ହେଲା ଜଗନ୍ନାଥ ମନ୍ଦିରର ସମସ୍ତ ରୀତିନୀତି।

୫୭

ଡି ସୋଜୋ ଓ ଗଙ୍ଗାଧର

ଏମିତି ଜଣେ ରାମଚନ୍ଦ୍ର ଦେବଙ୍କ ସମୟରେ ଖୋର୍ଦ୍ଧା ପ୍ରତିଷ୍ଠା ହୋଇଥିଲା। ପିଢ଼ି ପରେ ପିଢ଼ି ତାହା ମୋଗଲ ଓ ମରହଟ୍ଟାଙ୍କ ଶାସନର କାଳିମାକୁ ସହ୍ୟ କରିବାକୁ ଚେଷ୍ଟା କରିଥିଲା। ସେ ଭିତରେ ଗଜପତି ଯେଉଁ ପ୍ରକାର ଲାଞ୍ଛନା, ତାଡ଼ନା ଓ ନିର୍ଯାତନାକୁ ଅଙ୍ଗେ ନିଭାଇଛନ୍ତି ତାହା ଆଉ କାହାକୁ ଅଛପା ନାହିଁ। କେତେ ଯେ କିଏ ଜାତି ହରାଇଛନ୍ତି, ଯବନ ହୋଇଛନ୍ତି ତାହାର ଆଉ ହିସାବ ନାହିଁ। ରାଜା ତ ଦିନେ ଇସ୍‌ଲାମ୍ ଗ୍ରହଣ କରିବାକୁ ବାଧ୍ୟ ହୋଇଥିଲେ। ମୁସଲ୍‌ମାନ କନ୍ୟାକୁ ବିବାହ କରିଥିଲେ। ଅବଶ୍ୟ ତାଙ୍କୁ ଶ୍ରୀଜଗନ୍ନାଥ ମନ୍ଦିର ମନା ହୋଇଥିଲା। ସେତେବେଳେ ଅନେକ ଯୁକ୍ତି ବି ହୋଇଥିଲା କାହିଁକି ତାଙ୍କୁ ଶ୍ରୀମନ୍ଦିର ବାରଣ କରାଯିବ ? ହେଲେ ସେ ଯୁକ୍ତିସବୁ କାଟ୍ ଖାଇଯାଇଥିଲା-ଭାବାବେଗ ଓ ରକ୍ଷଣଶୀଳ ମନୋଭାବ ଆଗରେ।

ଆଜି ବି ଚର୍ଚ୍ଚା ଚାଲିଛି ଏ ରାଜ୍ୟରେ ଖ୍ରୀଷ୍ଟଧର୍ମ ପ୍ରଚାର ସମ୍ପର୍କରେ। ହେଲେ ଓଡ଼ିଶାରେ ପରିସ୍ଥିତି ଶାନ୍ତ ନଥିବା କହି ଖ୍ରୀଷ୍ଟଯାଜକମାନଙ୍କୁ ବାରଣ କରାଯାଇଛି। କିନ୍ତୁ ଖ୍ରୀଷ୍ଟଧର୍ମ ପ୍ରସାର କରିବା ଉପରେ ଗୋରା ସରକାର, ପ୍ରଶାସନ ସମସ୍ତେ ଗୁରୁତ୍ୱ ଦେଉଛନ୍ତି। ଯେଉଁ ବ୍ୟୁକାନନ୍ ଆସିଥିଲେ ପୁରୀ ବୁଲିବାକୁ ସେ ତ' ଏମିତି ଯୁକ୍ତି ବ୍ରିଟିଶ୍ ସଂସଦରେ ଉପସ୍ଥାପନ କରିଛନ୍ତି ଯେମିତି ଗୋରା ଶାସନର ମୁଖ୍ୟ କାମ ହେଉଛି ଖ୍ରୀଷ୍ଟଧର୍ମ ପ୍ରଚାର କରିବା। ରଥଯାତ୍ରା ସମାଗମରେ ଏକହଜାର ଖଣ୍ଡ ବାଇବେଲ୍ ବାଣ୍ଟିବା ପାଇଁ ପ୍ରସ୍ତାବ ଦେଇଛନ୍ତି।

'ହିନ୍ଦୁଧର୍ମରେ ଥିବା ପ୍ରତିମା ପୂଜା ଖ୍ରୀଷ୍ଟଧର୍ମ ବିରୋଧୀ। ପୁଣି ସେ ଧର୍ମରେ ଲୋକଙ୍କୁ ଜଗନ୍ନାଥଙ୍କ ରଥ ଚକତଳେ ମରିବା ପାଇଁ ଛଡ଼ା ଯାଉଛି। ଏଣୁ ଏହା ଉଚିତ ସମୟ ହେବ ସେ ଲୋକଙ୍କୁ ଖ୍ରୀଷ୍ଟଧର୍ମ ମୁହାଁ କରିବା'।

ବ୍ୟୁକାନନଙ୍କ ରିପୋର୍ଟକୁ ସାଂସଦ ତଥା ଓଡ଼ିଶାରେ ରଥଯାତ୍ରା ବୁଲି ଦେଖିଥିବା ବ୍ୟୁଲର୍ ସମର୍ଥନ କଲେ ନାହିଁ।[୬୦] ତାଙ୍କ ମତରେ ପୁରୀରେ କୌଣସି ହିନ୍ଦୁ କାହାକୁ ରଥଚକ ତଳେ ମରିବା ପାଇଁ ଛାଡ଼େ ନାହିଁ। ବ୍ରାହ୍ମଣମାନେ ଧର୍ମ ନାଁରେ ମୌଳବାଦ ପ୍ରଚାର କରି ନିଜକୁ ଧ୍ୱଂସ କରିବାକୁ ଚାହାନ୍ତି ନାହିଁ। ଯେଉଁ କାଣ୍ଡ ଘଟୁଛି ତାହା ଅନ୍ଧବିଶ୍ୱାସ ଏବଂ କଦବା କ୍ୱଚିତ ଦେଖାଯାଏ।

ବ୍ରିଟିଶ୍ ପାର୍ଲାମେଣ୍ଟରେ ଚାଲିଥିବା ଏ ଯୁକ୍ତି ଏବେ ଆଉ ଓଡ଼ିଶା ପାଇଁ କୌଣସି ମୂଲ୍ୟ ରଖୁନାହିଁ। କାରଣ ଏଠି ଆଉ ବିରୋଧ ହେବା ଆଶଙ୍କା ଦିଶୁ ନାହିଁ। କିଛିଲୋକ ତ କହୁଛନ୍ତି ଏ ବ୍ରାହ୍ମଣମାନଙ୍କ ଅହଙ୍କାର ଗୋରାଙ୍କ ଦ୍ୱାରା ଲୋପ ହେବ। ଅତିକମ୍‌ରେ ନୀତିନିୟମ ତ ଏବେ ଫେରିବ !

ଓଡ଼ିଶା ଏବେ ଶାନ୍ତ, ସମ୍ପୂର୍ଣ୍ଣ ଭାବେ ବ୍ରିଟିଶ୍ ଅନୁରକ୍ତ। ତା'ଛଡ଼ା ଇଂରେଜ ସରକାର ମଧ୍ୟ ଭାରତରେ ଧର୍ମ ପ୍ରଚାର ପାଇଁ ମିସନାରୀଙ୍କ ପ୍ରସ୍ତାବରେ ସହମତି ପ୍ରକାଶ କରିଛନ୍ତି। ଅର୍ଥାତ୍ ଭାରତରେ ଖ୍ରୀଷ୍ଟଧର୍ମ ପ୍ରଚାର ପାଇଁ ମିସନାରୀଙ୍କୁ ପଠାଇବା ଲାଗି ଅନୁମତି ମଧ୍ୟ ମିଳିସାରିଛି। ଏହିକ୍ରମରେ ୱିଲିୟାମ୍ ବାମ୍ପଟନ୍ ଏବଂ ଜେମସ୍ ପେଗ୍‌ସ ନାମକ ଦୁଇଜଣ ପାଷ୍ଟର୍ ଭାରତରେ ଖ୍ରୀଷ୍ଟଧର୍ମ ପ୍ରଚାର ପାଇଁ ଆସିଛନ୍ତି।

୧୨, ଫେବୃୟାରୀ ୧୮୨୨। ଭାରତର ଗଭର୍ଣ୍ଣର ଜେନେରାଲ୍‌ଙ୍କଠାରୁ ଅନୁମତି ପାଇ ଓଡ଼ିଶାରେ ଖ୍ରୀଷ୍ଟଧର୍ମ ପ୍ରଚାର ପାଇଁ ବାମ୍ପଟନ୍ ଓ ପେଗ୍‌ସ କଟକ ଜିଲ୍ଲା ପଟ୍ଟମୁଣ୍ଡାଇଠାରେ ପହଞ୍ଚିଲେ। ସେଇଠୁ ଡଙ୍ଗା ଯୋଗେ ଯାତ୍ରା ହେଲା କଟକ ଆଡ଼େ। ଉଦ୍ଦେଶ୍ୟ ହିନ୍ଦୁଙ୍କୁ ଜଗନ୍ନାଥ ସମ୍ପ୍ରଦାୟ ବିରୋଧରେ ଉସ୍‌କାଇବା। ବ୍ରାହ୍ମଣବାଦ ଏକ ଅଭିଶାପ ବୋଲି ପ୍ରଚାର କରିବା। ଆଉ ମନରୁ ଜଗନ୍ନାଥଙ୍କୁ ପୋଛି ସେମାନଙ୍କୁ ଖ୍ରୀଷ୍ଟଧର୍ମରେ ଦୀକ୍ଷିତ କରିବା। ଏମିତି କିଛି ବର୍ଷ ବିତିଲା ପରେ କଟକରେ ଏକ ଖ୍ରୀଷ୍ଟ ଆରାଧନାର ଗୃହ 'ଚ୍ୟାପେଲ୍' ଖୋଲିବା ପାଇଁ ଯୋଜନା ହେଲା। କିଛିଦିନ ପରେ ତାହା ମଧ୍ୟ ସଫଳ ବି ହେଲା।[୬୧] ଆଉ ଆରମ୍ଭ ହେଲା ଧର୍ମାନ୍ତରୀକରଣ ପ୍ରକ୍ରିୟା।

ଅନେକ ଯୋଜନା- ଯାହା ଲୋକଙ୍କୁ ପ୍ରଭାବିତ କରିବ ତାହା ଆପଣାଗଲା। ଯେମିତି ମୁସଲମାନମାନେ ବ୍ରାହ୍ମଣ, ଶାସକମାନଙ୍କୁ ବାଦ ଦେଇ ଯେଉଁମାନେ ବଳୁଆ ଓ ସମାଜର ଜାତିବାଦ ସଂକ୍ରମଣରେ ପୀଡ଼ିତ ଥିଲେ ସେମାନଙ୍କୁ ନିଜ ଧର୍ମ ଆଡ଼କୁ ଆକର୍ଷିତ କରୁଥିଲେ ଏଠାରେ ତାହାକୁ ଉଚିତ ବୋଲି ଚିନ୍ତା କରାଗଲା ନାହିଁ। ଏମିତି କିଛି ଲୋକଙ୍କୁ ତାଙ୍କ ଧର୍ମରେ ଦୀକ୍ଷିତ କରିବାକୁ ଯୋଜନା ହେଲା ଯେଉଁମାନଙ୍କୁ ଦେଖି ଅନ୍ୟମାନେ ଛି'ଛାକର କରିବେ। ସମାଜରୁ ବାସନ୍ଦ କରିବେ- ଆଉ ସେମାନଙ୍କୁ ସେମାନେ ସମସ୍ତ ସୁବିଧା ସୁଯୋଗ ଦେଇ

ବ୍ରିଟିଶ୍ ଶାସନରେ ଚାକିରି ଦେବେ। ତାଙ୍କୁ ଦେଖି ଅନ୍ୟମାନେ ଆକର୍ଷିତ ହେବେ ଆଉ ଓଡ଼ିଶାରେ ଖ୍ରୀଷ୍ଟଧର୍ମ ଆଗକୁ ବଢ଼ିଚାଲିବ।

ହିଂସା ବା ଭୟରେ ଧର୍ମ ପ୍ରସାର ତାଙ୍କ ଲକ୍ଷ୍ୟ ନଥିଲା, ବରଂ କୌଶଳ କ୍ରମେ ଆଗ୍ରହ ସୃଷ୍ଟି ପାଇଁ ଉଦ୍ୟମ କରାଗଲା। ଏମିତି ଉଦ୍ୟମରେ ସେମାନେ ବ୍ରାହ୍ମଣ କୁଳ ଖୋଜିବାକୁ ଲାଗିଲେ। କିନ୍ତୁ ତାହା ସହଜ ନଥିଲା। ଶେଷରେ ଜଣେ ଜୀୟୁ ସମ୍ପ୍ରଦାୟ ପର୍ତ୍ତୁଗୀଜ୍ ଡି ସୋଜୋ ସାମ୍ନାକୁ ଆସିଲେ ଆଉ ତାଙ୍କୁ ବାମ୍ପଟନ୍ ଖ୍ରୀଷ୍ଟଧର୍ମରେ ଦୀକ୍ଷିତ କଲେ। ଲକ୍ଷ୍ୟ କିନ୍ତୁ ଜଣେ ବ୍ରାହ୍ମଣଙ୍କୁ ଖୋଜିବାରେ ଲାଗିଲା। ଏହି ଅଭିଯାନରେ ଧର୍ମଯାଜକ ବାମ୍ପଟନଙ୍କ ଜାଲରେ ପଡ଼ିଲେ ଗଙ୍ଗାଧର ଷଡ଼ଙ୍ଗୀ। କଟକ ଜିଲ୍ଲାର ଗଙ୍ଗାଧର ଜଣେ ପୂଜା କର୍ମକାଣ୍ଡ କରୁଥିବା ବ୍ରାହ୍ମଣ ଭାବରେ ପରିଚିତ ଥିଲେ, କିନ୍ତୁ ଦାରିଦ୍ର୍ୟ ତାଙ୍କୁ ଏକ ପ୍ରକାର ବନ୍ଦୀ କରି ରଖିଥିଲା।

ଏହାପରେ ପୁରୀ ଅଭିମୁଖେ ଯାତ୍ରା ଆରମ୍ଭ ହେଲା। ସେଠାରେ ମଧ୍ୟ ସମାନ ଚିନ୍ତାଧାରାରେ ଏକ ବାପ୍ଟିଷ୍ଟ ଧର୍ମକେନ୍ଦ୍ର ଖୋଲାଗଲା।[୬୨] ଚାକଚକ୍ୟପୂର୍ଣ୍ଣ ଧର୍ମସଭାରେ ଜଣେ ତେଲୁଗୁ ବ୍ୟବସାୟୀ ଏରୁନ୍‌ଙ୍କୁ ପୁରୀଠାରେ ବାମ୍ପଟନ୍ ଖ୍ରୀଷ୍ଟଧର୍ମରେ ଦୀକ୍ଷିତ କଲେ।[୬୩] ଏହି ଖ୍ରୀଷ୍ଟଧର୍ମ ପ୍ରଚାର କ୍ରମଶଃ ହିନ୍ଦୁଙ୍କ ମନରେ ଆଶଙ୍କା ସୃଷ୍ଟି କଲା। କିଛି ଲୋକ ବିଦ୍ରୋହ କରିବା ଆରମ୍ଭ କଲେ। ବିଦ୍ରୋହ ଭୟଙ୍କର ମଧ୍ୟ ଥିଲା। କଟକର '*ଚ୍ୟାପେଲ୍*'ରେ ଧର୍ମଯାଜକ ବାମ୍ପଟନ୍ ଶୋଇଥିବାବେଳେ ତାଙ୍କ ତିନି ପିଲା ଫ୍ରାନ୍ସିଜ୍, ଏଲିଜା ଓ ମେରୀଙ୍କୁ କିଏ ଅପହରଣ କରିନେଲା। ଇଂରେଜ ପୁଲିସ, ସୈନ୍ୟ କି ପ୍ରଶାସନ ତାହାର ପତ୍ତା ପାଇଲା ନାହିଁ। ବାମ୍ପଟନ୍ ମାନସିକ ଭାରସାମ୍ୟ ହରାଇଲେ। ଶେଷରେ ଭାରତ ଛାଡ଼ି ନିଜ ଦେଶକୁ ଫେରିଗଲେ। ଏବେ ପେଗ୍‌ସ ହେଲେ ଓଡ଼ିଶାରେ ଖ୍ରୀଷ୍ଟ ପ୍ରଚାରର ପାଷ୍ଟର।

(୫୯)

ମ୍ଳେଚ୍ଛ ଠାକୁର ଓ ଖ୍ରୀଷ୍ଟ ପ୍ରଚାର

ଏହା ପୂର୍ବରୁ ଅନେକ ଥର ତାଙ୍କ ଧର୍ମ ନଷ୍ଟ ପାଇଁ ଉଦ୍ୟମ ହୋଇଛି। ହେଲେ ଯାହାଙ୍କ ରକ୍ତରେ ଜଗନ୍ନାଥ, ପେୟରେ ଜଗନ୍ନାଥ, ଭାବରେ ଜଗନ୍ନାଥ, ନୀତିରେ ଜଗନ୍ନାଥ ତାଙ୍କୁ ଜଗନ୍ନାଥଙ୍କଠୁ ଅଲଗା କରିବା ସମ୍ଭବପର ହୋଇନାହିଁ। ସେଇଥିପାଇଁ ଇଷ୍ଟଇଣ୍ଡିଆ କମ୍ପାନୀର ମାଲିକମାନେ ଯେତେବେଳେ ଓଡ଼ିଶା ଆସିଲେ ସେତେବେଳେ ପୁରୀରେ ଧର୍ମୀୟଭାବନା ବା ମନ୍ଦିର ରୀତିନୀତି ପରିଚାଳନାରେ କୌଣସି ଆଞ୍ଚ୍ ଆସିବ ନାହିଁ ବୋଲି ପ୍ରତିଶ୍ରୁତି ଦେଇଥିଲେ। ଗଲା ଦଶନ୍ଧି ହେଲା ତାହା ପାଳନ ହୋଇଆସୁଛି। କିନ୍ତୁ ପାଷ୍ଟର ପେଗ୍‌ସ ଏଥିରେ ରାଜି ନୁହନ୍ତି। ବଳ କି ଆଇନ ନୁହେଁ ବରଂ ଛଳନା ଓ ଅପପ୍ରଚାରରେ ସେ ଶାସନ ବ୍ୟବସ୍ଥାରେ ଖ୍ରୀଷ୍ଟଧର୍ମ ଯୋଡ଼ି ମୂର୍ତ୍ତି ପୂଜା ବିଶେଷକରି ଜଗନ୍ନାଥଙ୍କୁ ଏକଘରକିଆ କରିବାକୁ ଚାହୁଁଛନ୍ତି। ଅର୍ଥାତ୍ ପୁଣିଥରେ ସଙ୍କଟ ମାଡ଼ି ଆସୁଛି- ଖାଲି ମନ୍ଦିର ପ୍ରତି ନୁହେଁ ସମଗ୍ର ଜାତି ପ୍ରତି।

ଚାଲାକ୍ ଚତୁର ପେଗ୍‌ସଙ୍କ ମନରେ ସାଥୀ ବାମ୍ପଟନ୍‌ଙ୍କ ସ୍ଥିତିକୁ ନେଇ ଅସ୍ଥିରତା ଥାଏ। କୌଣସି ମୁହୂର୍ତ୍ତରେ ତାଙ୍କ ଜୀବନ ପାଇଁ ବିପଦ ସେ ଅନୁମାନ କରୁଥିଲେ। କିନ୍ତୁ ପ୍ରତିଶୋଧ ନେବାକୁ ଭୁଲି ନଥାଆନ୍ତି। ଇଷ୍ଟଇଣ୍ଡିଆ କମ୍ପାନୀ ତାଙ୍କୁ ଏ ବାବଦରେ ସହାୟତା କରୁନଥାଆନ୍ତି। ଏଣୁ ଛଳନା ତୀବ୍ର ହେଲା। ଏହିକ୍ରମରେ ସେ କମ୍ପାନୀର ଅନ୍ୟତମ ମାଲିକ ଜନ୍ ପଏଣ୍ଡରଙ୍କୁ ପ୍ରଭାବିତ କଲେ। ମନ୍ଦିର ଓ ଯାତ୍ରା ସମୟରେ ଭକ୍ତମାନଙ୍କ ବଳିଦାନକୁ ହତ୍ୟା ବୋଲି ପ୍ରଚାର କଲେ। ବିଶେଷକରି ରଥ ଚକ ତଳେ ଜୀବନ ଦେବା ପରମ୍ପରାକୁ ନିନ୍ଦା କଲେ। '*ସତୀ*'

ପ୍ରଥା ଭଳି ଏହା ଏକ ନିଷ୍ଠୁର ଧର୍ମୀୟ ବିଶ୍ୱାସ ବୋଲି ଅଭିହିତ କରାଗଲା । ଏପଟେ ଓଡ଼ିଆଙ୍କ ବିଶ୍ୱାସ ଜିତିବା ଲାଗି ଯାତ୍ରୀକରକୁ ପ୍ରତ୍ୟାହାର କରିବା ଲାଗି ଯୁକ୍ତି ବାଢ଼ିଲେ । *'ପିଲଗ୍ରୀମ୍ ଟ୍ୟାକ୍ସେସ୍ ଇନ୍ ଇଣ୍ଡିଆ'* ଶୀର୍ଷକ ଏକ ପତ୍ର ଛାପି ଭାରତରେ ଇଷ୍ଟଇଣ୍ଡିଆ କମ୍ପାନୀକୁ ସମାଲୋଚନା କରାଗଲା ।[୬୪] ଗୟା, ଆଲ୍ଲାହାବାଦ୍ ଏବଂ ପୁରୀରେ ଯାତ୍ରୀକରକୁ ଉଚ୍ଛେଦ ପାଇଁ ଯୁକ୍ତି ବଢ଼ାହେଲା । ଏହାଦ୍ୱାରା ପେଗ୍‌ସଙ୍କୁ ପ୍ରଶଂସା ମିଳିଲା । ତାଙ୍କ ମାନ୍ୟତା ବଢ଼ିଲା ।

କିଛିଦିନ ପରେ ପୁଣି ଏକ ପତ୍ର ଛାପିଲେ, ଯାହାର ନାଁ ରହିଲା *'ଇଣ୍ଡିଆସ୍ କ୍ରାଇଙ୍ଗ୍ ଟୁ ବ୍ରିଟିଶ୍ ହ୍ୟୁମ୍ୟାନିଟି'* । ଏଥିରେ ପେଗ୍‌ସ୍ କହିଲେ, *'ଜଗନ୍ନାଥ ମନ୍ଦିର ଯାତ୍ରୀକର ଉପରେ ମୁଖ୍ୟତଃ ନିର୍ଭରଶୀଳ ଏବଂ ଯଦି ଏହା ବନ୍ଦ କରିଦିଆଯାଏ ତେବେ ଏପରି ମୂର୍ତ୍ତିପୂଜା ଆପେ ବନ୍ଦ ହୋଇଯିବ'* । ଅର୍ଥାତ୍ ବ୍ରିଟିଶ୍ ସରକାରଙ୍କ ଜଣେ ଏଜେଣ୍ଟ ଭଳି କାର୍ଯ୍ୟରେ ସେ ନିୟୋଜିତ ହେଲେ ।

ବରମ୍ବାର ଏପରି ପତ୍ର ଛାପି ବ୍ରିଟେନ୍‌ରେ ସମ୍ଭ୍ରାନ୍ତ ତଥା ସାଂସଦମାନଙ୍କୁ ଆକୃଷ୍ଟ କରାଗଲା । ଯଦିଓ ଏପରି ମତବାଦ ସମ୍ପୂର୍ଣ୍ଣ କପୋଳକଳ୍ପିତ ଥିଲା ଏବଂ ଜଗନ୍ନାଥଙ୍କ ମନ୍ଦିର ପରିଚାଳନା ନାଁରେ ତାଙ୍କ ସମସ୍ତ ସମ୍ପତ୍ତିକୁ ବ୍ରିଟିଶ୍ ସରକାର ହଡ଼ପ କରିଥିଲେ, କିନ୍ତୁ ଖ୍ରୀଷ୍ଟ ପ୍ରଚାରକମାନଙ୍କ ଏହି ଅପପ୍ରଚାରକୁ କେହି ନିନ୍ଦା କଲେ ନାହିଁ । ଫଳରେ ଏପରି ଅପପ୍ରଚାରକୁ ସତ ବୋଲି ଗ୍ରହଣ କରାଗଲା । ଭାରତରେ ଅଣ ଖ୍ରୀଷ୍ଟୀୟାନ୍ କାର୍ଯ୍ୟକଳାପକୁ ସରକାର ସହାୟତା ନଦିଅନ୍ତୁ ବୋଲି ଯୁକ୍ତି ସୃଷ୍ଟି ହେଲା । କମ୍ପାନୀର କୋର୍ଟ ଅଫ୍ ଡାଇରେକ୍ଟର୍ସ ଏପରି ଅମାନବୀୟ କାର୍ଯ୍ୟକୁ ବନ୍ଦ କରିବା ପାଇଁ ସଙ୍କଳ୍ପ ନେଲେ । ୧୮୧୪ ମସିହାରେ ବ୍ରିଟିଶ କୋର୍ଟ ଧର୍ମୀୟ ମାମଲାରେ ଯେଉଁ ନିର୍ଦ୍ଦେଶ ଦେଇଥିଲେ ତାହା ପାଣିର ଗାର ହୋଇଗଲା । ଆରମ୍ଭ ହେଲା ଧର୍ମ କାର୍ଯ୍ୟରେ ହସ୍ତକ୍ଷେପ । ସିଧାସଳଖ ଖ୍ରୀଷ୍ଟଧର୍ମ ଅନୁଷ୍ଠାନମାନେ ରାଜନୀତିରେ ହସ୍ତକ୍ଷେପ କଲେ । ଆଉ ଭାରତରେ ଖ୍ରୀଷ୍ଟଧର୍ମ ପ୍ରଚାରର ବଳ କ୍ରମଶଃ ବୃଦ୍ଧି ପାଇଲା । ନୂଆ ନୂଆ ମିସନାରୀ ଗଠନ ଓ ପ୍ରେରଣ ପ୍ରକ୍ରିୟା ଆରମ୍ଭ ହେଲା ।

ଖାଲି ସେତିକି ନୁହେଁ- ଶ୍ରୀ ଜଗନ୍ନାଥ ଯେ ଏକ ଅପରିଷ୍କାର ମୂର୍ତ୍ତି, ତାଙ୍କୁ କେବେ ସଫା ସୁତରା ବା ପରିଷ୍କାର କରାଯାଏ ନାହିଁ । ସେଇଥିପାଇଁ କିଛି ବର୍ଷ ପରେ ତାଙ୍କ ମୂର୍ତ୍ତି ନଷ୍ଟ ହୋଇଯାଏ । ଏପରି ଅବସ୍ଥା ହୁଏ ଯେ, ସେ ମୂର୍ତ୍ତିକୁ ବଦଳାଇବା ବାଧ୍ୟ ହୋଇପଡ଼େ ବୋଲି ପୁରୀରେ ଅବସ୍ଥାପିତ କ୍ୟାପ୍ଟେନ୍ ଫିପ୍ସ ପ୍ରକାଶ କଲେ । ଜଣେ ମିସନାରୀ ସଦସ୍ୟ ନହୋଇ ବି କମ୍ପାନୀ ପକ୍ଷରୁ ନିଯୁକ୍ତ ଅଧିକାରୀ ଭାବେ ତାଙ୍କର ଏପରି ରିପୋର୍ଟ ଦେବା ସେତେବେଳେ ଚହଳ ପକାଇଥିଲା ।

ସେ ତାଙ୍କ ରିପୋର୍ଟରେ ଲେଖିଲେ- *'ପ୍ରତି ୧୨ ବର୍ଷରେ ଏହି ନୂଆ ମୂର୍ତ୍ତି ଗଢ଼ିବାର ପରମ୍ପରା ଜଗନ୍ନାଥ ମନ୍ଦିରରେ ହୋଇଥାଏ । ଏକ ଛୋଟ ବାକ୍ସରେ ପୁରୁଣା ମୂର୍ତ୍ତିରୁ ଆତ୍ମାକୁ ଅନ୍ୟ ମୂର୍ତ୍ତିରେ ପ୍ରବେଶ କରାଯାଏ ଏବଂ ଯିଏ ଏହି କାର୍ଯ୍ୟ କରନ୍ତି ତାଙ୍କର ବର୍ଷ ଶେଷକୁ ମୃତ୍ୟୁ ଘଟେ'* ।

ଏହି ରିପୋର୍ଟ ଇଂରାଜୀ ଭାଷାରେ ଇଂଲଣ୍ଡରେ ପ୍ରକାଶ ପାଇଲା ।[୬୫] ଏହା ନିହାତି ମିଛ

କଥା ଥିଲେ ମଧ୍ୟ ପ୍ରତିବାଦ କରିବା ପାଇଁ ସେବକଙ୍କ ପାଖରେ ଚାରା ନଥିଲା। କାରଣ ଏ ରିପୋର୍ଟ କେଉଁଠି ପ୍ରକାଶ ପାଉଛି ଏବଂ କ'ଣ ଲେଖାଯାଇଛି ତାହା ଜାଣିବାର କୌଣସି ରାସ୍ତା ତାଙ୍କ ପାଖରେ ନଥିଲା। ଅପରପକ୍ଷେ ମନ୍ଦିରଗୁଡ଼ିକୁ ଇଷ୍ଟଇଣ୍ଡିଆ କମ୍ପାନୀ ନିୟନ୍ତ୍ରଣରୁ ମୁକ୍ତ କରାଗଲେ ସେମାନଙ୍କ ପରମ୍ପରା ଦୀର୍ଘଜୀବୀ ହେବ ବୋଲି କ୍ୟାପ୍ଟେନ୍ ଫିପ୍ସ ଉଲ୍ଲେଖ କଲେ।

କିଛି ଖବରକାଗଜ ଇଷ୍ଟଇଣ୍ଡିଆ କମ୍ପାନୀକୁ ପ୍ରଶଂସା କରି ଶ୍ରୀଜଗନ୍ନାଥଙ୍କ ପ୍ରତି ଲୋକଙ୍କ ଶ୍ରଦ୍ଧା, ଭଲପାଇବା ଓ ଆସ୍ଥା ଉପରେ ଆଞ୍ଚ୍ ଆଣିବାକୁ ଚାହିଁଲେ। ବିଭିନ୍ନ ରିପୋର୍ଟରେ ଉଲ୍ଲେଖ କରାଗଲା- *'ଇଂରେଜ ଅଧିକାରୀମାନେ ଜଗନ୍ନାଥଙ୍କ ମହିମାକୁ ବିଶ୍ୱାସ କରନ୍ତି। ତାଙ୍କ ମନ୍ଦିରର ତତ୍ତ୍ୱାବଧାନ ପାଇଁ ସେମାନେ ବ୍ରତୀ। ଏଥିପାଇଁ ବର୍ଷକୁ ୬୦ ହଜାର ଟଙ୍କା ଇଷ୍ଟଇଣ୍ଡିଆ କମ୍ପାନୀ ଖର୍ଚ୍ଚ କରନ୍ତି ବୋଲି ମଧ୍ୟ ରିପୋର୍ଟ ଦିଆଗଲା। ଯଦିଓ ସେମାନେ ମନ୍ଦିରର ସୁରକ୍ଷା ପାଇଁ ବ୍ୟଗ୍ର କିନ୍ତୁ ଏ ମାଟିର ଲୋକମାନେ ତାଙ୍କୁ ମନ୍ଦିର ଭିତରକୁ ପ୍ରବେଶ କରିବା ବା 'ମ୍ଲେଚ୍ଛ' ଠାକୁରଙ୍କ ସେବା ପାଇଁ ଅନୁମତି ଦିଅନ୍ତି ନାହିଁ। ଅପରପକ୍ଷେ ରଥଯାତ୍ରାବେଳେ ରଥକୁ ସୁନ୍ଦର ଇଂରେଜ କପଡ଼ା ଦ୍ୱାରା ଆଚ୍ଛାଦିତ ହୋଇଥିବା ଯେତେବେଳେ ସେମାନେ ଦେଖନ୍ତି ସେତେବେଳେ ଖୁସିରେ ବିଭୋର ହୋଇ ଉଠନ୍ତି।[୬୬]'*

ଏପରି ରିପୋର୍ଟ ଓ ଅପପ୍ରଚାରକୁ ବିଶ୍ୱାସ କରି ବ୍ରିଟିଶ୍ ହାଉସ୍ ଅଫ କମନ୍ସରେ ଯାତ୍ରୀକର ଉଚ୍ଛେଦ ପାଇଁ ଯୁକ୍ତି ବଢ଼ାଗଲା। ଆଉ ତାହା ମଧ୍ୟ ସଫଳ ହେଲା, ଯାତ୍ରୀକର ଉଚ୍ଛେଦ ହେଲା ଅର୍ଥାତ୍ କମ୍ପାନୀର ଜଗନ୍ନାଥ ମନ୍ଦିର ସମ୍ପତ୍ତି ଅଧିଗ୍ରହଣ ବାବଦ କ୍ଷତିପୂରଣ ସହାୟତା ବନ୍ଦ ହେଲା।[୬୭]

ନିରୀହ, ସରଳ ବିଶ୍ୱାସୀ, ଶାନ୍ତ, ସ୍ୱଚ୍ଛ ଓଡ଼ିଆ ଓ ବଙ୍ଗାଳୀମାନେ ଇଂରେଜମାନଙ୍କ ଏପରି ଛଳନାକୁ ବୁଝିପାରୁ ନଥିଲେ। କିଛି ଭାବୁଥିଲେ ଯାତ୍ରୀକର ଉଚ୍ଛେଦ ହେଲେ ଅଧିକ ଯାତ୍ରୀ ଆସିବେ। କିନ୍ତୁ ଏ ଯାତ୍ରୀକର ସଙ୍ଗେ କମ୍ପାନୀ ଦେଉଥିବା କ୍ଷତିପୂରଣ ବାବଦ ଅର୍ଥର କିଛି ସମ୍ପର୍କ ନଥିଲା ତାହାକୁ ଓଡ଼ିଆମାନେ ବୁଝୁ ନଥିଲେ। ପୁଣି ବୁଝିବା ପାଇଁ ତାଙ୍କ ପାଖରେ କୌଣସି ରାସ୍ତା ନଥିଲା। ରାଜା କ୍ଷମତାହୀନ, ପାଇକ ଦିଗହୀନ-ଏହି ପରିସ୍ଥିତିରେ କେବଳ ସେଇ ଜଗନ୍ନାଥ ହିଁ ଭରସା ଥିଲେ। ଆଉ ତାଙ୍କ ରୀତିନୀତି ପରିଚାଳନା ପାଇଁ ସହାୟତା ଯିଏ କରୁଥିଲା ତାଙ୍କୁ ସେମାନେ ଭାରତର ସମ୍ରାଟ ବୋଲି ଗ୍ରହଣ କରୁଥିଲେ, ସେ ଇଂରେଜ କମ୍ପାନୀର ଛୋଟିଆ ଅଧିକାରୀଟିଏ ନହେଉନା କାହିଁକି ! ଆଉ କେହି କେହି ସେହି ଛଳନାରେ ଭାସି ନିଜ ଧର୍ମ ବି ବଦଳାଇଲେ...।

୬୦

ଭଗୀରଥ ବନାମ ରାମଚନ୍ଦ୍ର

ଯାହାଙ୍କ ରକ୍ତରେ ଜଗନ୍ନାଥ, ଖାଦ୍ୟରେ ଜଗନ୍ନାଥ, ଭାବରେ ଜଗନ୍ନାଥ, ନୀତିରେ ଜଗନ୍ନାଥ ତାଙ୍କୁ ଜଗନ୍ନାଥଙ୍କଠୁ ଅଲଗା କରିବା ସମ୍ଭବପର ହୋଇନାହିଁ। ସେଇଥିପାଇଁ ଇଷ୍ଟଇଣ୍ଡିଆ କମ୍ପାନୀର ମାଲିକମାନେ ଯେତେବେଳେ ଓଡ଼ିଶା ଆସିଲେ ସେତେବେଳେ ପୁରୀରେ ଧର୍ମୀୟ ଭାବନା ବା ମନ୍ଦିର ରୀତିନୀତି ପରିଚାଳନାରେ କୌଣସି ଆଞ୍ଚ୍ ଆସିବ ନାହିଁ ବୋଲି ପ୍ରତିଶ୍ରୁତି ଦେଇଥିଲେ। ଏଇ ଦଶନ୍ଧି ହେଲା ତାହା ପାଳନ ହୋଇ ଆସୁଛି। କିନ୍ତୁ ପାଷ୍ଟର ପେଗ୍‌ସ ଏଥିରେ ରାଜି ନୁହନ୍ତି। ବଳ କି ଆଇନ ନୁହେଁ ବରଂ ଛଳନା ଓ ଅପପ୍ରଚାରରେ ସେ ଶାସନ ବ୍ୟବସ୍ଥାରେ ଖ୍ରୀଷ୍ଟଧର୍ମ ଯୋଡ଼ି ମୂର୍ତ୍ତି ପୂଜା ବିଶେଷକରି ଜଗନ୍ନାଥଙ୍କୁ ଏକଘରକିଆ କରିବାକୁ ଚାହୁଁଛନ୍ତି। ଅର୍ଥାତ୍ ପୁଣିଥରେ ସଙ୍କଟ ମାଡ଼ି ଆସୁଛି।

ସେ କେବଳ ଇଂରେଜ ସରକାରଙ୍କ ଜଣେ କର୍ମଚାରୀ ମାତ୍ର, ଜଗନ୍ନାଥ ମନ୍ଦିରର ସୁପରିଣ୍ଟେଣ୍ଡେଣ୍ଟ୍। ମନ୍ଦିରରେ ଶୃଙ୍ଖଳା ରକ୍ଷା କରିବା, ଶ୍ରୀଜଗନ୍ନାଥଙ୍କ ରୀତିନୀତିକୁ ଠିକଣା ଭାବେ ପରିଚାଳନା କରିବା ତାଙ୍କ ଦାୟିତ୍ୱ। ସତେଇଶ ହଜାର ମାହାଲର ମାଲିକାନା ମିଳିଲେ ବି ସେ ରାଜା ନୁହନ୍ତି, କେବଳ ତାହାର ରକ୍ଷାକାରୀ- ଖାଲି ତାଙ୍କର ଜଣେ ସେବକ। ଗଜପତି ମହାରାଜାଙ୍କ ପ୍ରତି ଇଂରେଜମାନଙ୍କର ଏଭଳି ମନୋଭାବ ହେତୁ ଯେଉଁ ରାଜାମାନଙ୍କର ବାପା,ଜେଜେପାବାମାନେ ଗଜପତିଙ୍କ ନାମରେ ଶାସନ କରୁଥିଲେ, ତାଙ୍କର ସାମନ୍ତ ଭାବେ ପରିଚିତ ଥିଲେ, ଆଜି ସେମାନେ ଗଜପତିଙ୍କୁ ମାନିବାକୁ ନାରାଜ। ଅପରପକ୍ଷେ ଏହି ବ୍ୟବସାୟୀ ସରକାର ଓଡ଼ିଶାର ଏହି ମହାନ ଗଜପତି ପରମ୍ପରାକୁ ତଳିତଳାନ୍ତ କରି ଗଜପତି ମହାରାଜାଙ୍କୁ 'ରାଜା' ଭାବେ ସ୍ୱୀକାର ନ କରି ସାମନ୍ତମାନଙ୍କୁ ରାଜା, ମହାରାଜା ଆଖ୍ୟା ଦେଇଛନ୍ତି। ତାଙ୍କ ସଂଗଠନରେ ଫାଟ କରି ଶାସନକୁ ନିଜ ମୁଠାରେ ନେଇଛନ୍ତି।

ଏହିକ୍ରମରେ ଯେଉଁ ଶାସକମାନେ ଇଂରେଜ ନିୟମ, ଶାସନକୁ ତାଙ୍କ ଅଞ୍ଚଳରେ କାର୍ଯ୍ୟକାରୀ କରାଇ ଉପଯୁକ୍ତ ସମୟରେ ପେସକସ୍ ଦେଲେ ସେମାନେ କମ୍ପାନୀ ତଥା ସରକାରଙ୍କ ପ୍ରିୟପାତ୍ର ହେଲେ। ସେହି ପ୍ରିୟପାତ୍ର ତାଲିକାରେ ଢେଙ୍କାନାଳ ରାଜା ସାହେବ ଭଗୀରଥ

ମହେନ୍ଦ୍ର ବାହାଦୁର ସିଂହ ଦେଓ ଅନ୍ୟତମ। ଜଣେ ସଂସ୍କୃତ ପଣ୍ଡିତ ହୋଇ ମଧ୍ୟ ଇଂରାଜୀ ଶିକ୍ଷାକୁ ରାଜ୍ୟରେ ପ୍ରଚଳନ କରିବା ଏବଂ ଇଂରେଜ ଢାଞ୍ଚାରେ ଶାସନ କାର୍ଯ୍ୟ ପରିଚାଳନା ପାଇଁ ଭିତ୍ତିଭୂମି ତିଆରି କରି ସେ ଇଂରେଜ ଅଫିସରଙ୍କ ଗହଣରେ ଏକ ସମ୍ମାନଜନକ ଆସ୍ଥାନ ଲାଭ କରିଥିଲେ। କିନ୍ତୁ ବିବାହର ଅନେକ ବର୍ଷ ପରେ ମଧ୍ୟ ତାଙ୍କ ସନ୍ତାନ ସନ୍ତତି କେହି ଜନ୍ମ ହେଉ ନଥିବାରୁ ବେଶ୍ ଚିନ୍ତିତ ଥିଲେ- କେମିତି ଏ ରାଜପାଟ ଆଗକୁ ବଢ଼ିବ? ଏ ଭିତରେ ଶାସନ ଗାଦି ଆରୋହଣର ୧୦ ବର୍ଷ ବିତିଥାଏ। ଅନେକ ପରାମର୍ଶ ଓ ପ୍ରସ୍ତାବ ପରେ ସେ ଚାହିଁଲେ ସପତ୍ନୀକ ଜଗତର ନାଥ ଶ୍ରୀଜଗନ୍ନାଥଙ୍କ ଆଶୀର୍ବାଦ ଭିକ୍ଷା କରିବେ।

ମହାରାଣୀଙ୍କ ସହ ଢେଙ୍କାନାଳ ରାଜା ସାହେବ ଶ୍ରୀଜଗନ୍ନାଥ ମନ୍ଦିର ଦର୍ଶନ ପାଇଁ ସ୍ଥିର ହେଲା। ହାତୀ, ଛତି ଓ କାହାଳୀ ପଛରେ ରାଜା ଓ ରାଣୀ ସୁସଜ୍ଜିତ ରଥରେ ପଟୁଆର ସହ ପୁରୀ ଆସିଲେ। କିନ୍ତୁ ବଡ଼ଦାଣ୍ଡରେ ପହଞ୍ଚିବା କ୍ଷଣି ସେ ସବୁ ପଟୁଆରକୁ ଓହ୍ଲାଇ ଦେବା ପାଇଁ ଆଦେଶ ହେଲା।

କିନ୍ତୁ କାହିଁକି ?

ପରମ୍ପରା ମୁତାବକ ପୁରୀ ସହରରେ ଶ୍ରୀଜଗନ୍ନାଥ ଓ ତାଙ୍କ ପ୍ରଧାନ ସେବକଙ୍କ ଛଡ଼ା ଆଉ କାହାର ଛତ୍ରୀ ଚାଲିପାରିବ ନାହିଁ, ଆଉ କାହା ନାଁରେ କାହାଳୀ ବାଜି ପାରିବ ନାହିଁ। କେବଳ ଶ୍ରୀଜଗନ୍ନାଥ ବା ତାଙ୍କ ଚଳନ୍ତି ପ୍ରତିମା ବାହାରକୁ ଯାତ୍ରାରେ ବାହାରିଲେ ତୁରୀ, ଛତ୍ରୀ ପ୍ରଚଳନ ହୁଏ, ଏଠି ସେ ହିଁ ଭଗବାନ ଅନ୍ୟମାନେ ତାଙ୍କ ସେବକ ମାତ୍ର।

ବଡ଼ ଆଶା ନେଇ ମହାରାଣୀଙ୍କ ସହ ଦର୍ଶନ ପାଇଁ ଆସିଛନ୍ତି ରାଜା ଭଗୀରଥ ମହେନ୍ଦ୍ର। ଖାତା ଖତିୟାନ ନଥିବା ଜଣେ ସେବକ ତଥା ଇଂରେଜ ସରକାରଙ୍କ ଜଣେ କର୍ମଚାରୀ ଢେଙ୍କାନାଳର ନରେଶଙ୍କୁ ଏହିପରି ଆଦେଶ ଦେଲା! ନିଜ ଅଭିମାନକୁ କାବୁରେ ରଖି ମହାରାଣୀଙ୍କ ଲାଗି ପୂରା ଶୋଧ ପାଇଁ ଶ୍ରୀମନ୍ଦିର ସୁପରିଣ୍ଟେଣ୍ଡେଣ୍ଟଙ୍କୁ ଦୂତ ପଠାଇ ଅବଗତ କରାଇଲେ। ହେଲେ ଗଜପତି ତୃତୀୟ ରାମଚନ୍ଦ୍ର ଦେବ ପୁରୀର ପରମ୍ପରା ଅନୁସାରେ କୌଣସି ରାଜାଙ୍କୁ ଶ୍ରୀଜଗନ୍ନାଥଙ୍କ ଦର୍ଶନ କରିବାକୁ ହେଲେ ପ୍ରଥମେ ଗଜପତିଙ୍କୁ *'ନଜରାନା'* ଭେଟି ଦେବାକୁ ହୋଇଥାଏ ବୋଲି ଅବଗତ କରାଇଲେ। ଯେହେତୁ ଢେଙ୍କାନାଳର ପୂର୍ବତନ ରାଜା ନଜରାନା ଦେଇଛନ୍ତି ଏଣୁ ଏବେକାର ରାଜା ବିଧିମୁତାବକ ଶ୍ରୀମନ୍ଦିରରେ ଦର୍ଶନ କରିପାରନ୍ତି ହେଲେ ରାଣୀଙ୍କ ପାଇଁ ତାହା ପ୍ରଯୁଜ୍ୟ ନୁହେଁ। ରାଣୀମାନଙ୍କୁ ଦକ୍ଷିଣ ଦ୍ୱାର ଦେଇ ଯିବାକୁ ହୋଇଥାଏ। ତାଙ୍କ ପାଇଁ ପୂରା ଶୋଧର ବ୍ୟବସ୍ଥା ନାହିଁ। ଅର୍ଥାତ୍ ଶ୍ରୀମନ୍ଦିର ସମ୍ପୂର୍ଣ୍ଣଭାବେ ଭକ୍ତଙ୍କ ପାଇଁ ସେତେବେଳେ ବାରଣ ରହିବ ନାହିଁ। ଅଧା ଶୋଧ ହେବ। ଅଥବା ସନ୍ଧ୍ୟା ସମୟରେ ରାଣୀ ମନ୍ଦିର ଭିତରେ ପ୍ରବେଶ କରିବେ। ତାଙ୍କୁ ଦୁଇଟି ମଶାଲ୍ ସାଙ୍ଗରେ ନେଇ ଯିବା ପାଇଁ ଅନୁମତି ମିଳିବ।

ସୁପରିଣ୍ଟେଣ୍ଡେଣ୍ଟଙ୍କ ଏହି ଉତ୍ତର ରାଜା ଭଗୀରଥ ମହେନ୍ଦ୍ର ବାହାଦୁର ସିଂହଦେଓଙ୍କୁ ବେଶ୍ ଆଘାତ ଦେଲା। ଅନ୍ୟ ଭକ୍ତଙ୍କ ସଙ୍ଗେ ମହାରାଣୀ ମନ୍ଦିର ଭିତରକୁ ଯିବା ନିଜ ସମ୍ମାନ ପ୍ରତି

ଅପମାନ ବୋଲି ବୋଧ କଲେ। ଏଣୁ ଶ୍ରୀମନ୍ଦିରକୁ ଯିବା ଅପେକ୍ଷା ଫେରିଯିବା ପାଇଁ ଚାହିଁଲେ।

ଢେଙ୍କାନାଳ ଫେରିବା ପରେ ଅଭିମାନ ଓ ପ୍ରତିଶୋଧରେ ଜର୍ଜରିତ ଭଗୀରଥ ସୁପରିଣ୍ଟେଣ୍ଡେଣ୍ଟ ରାମଚନ୍ଦ୍ର ଦେବଙ୍କୁ ପାନେ ଚଖାଇବେ ବୋଲି ବିଚାର କରି ମନ୍ତ୍ରୀ ଓ ଇଂରେଜ ଅଧିକାରୀଙ୍କ ସହାୟତା ନେଲେ। ଏହିକ୍ରମରେ ପୁରୀ ଜିଲ୍ଲା ମାଜିଷ୍ଟ୍ରେଟ୍‌ଙ୍କୁ ଅର୍ଜି ଲେଖାଗଲା। ଏଥିରେ କୁହାଗଲା–

'ଢେଙ୍କାନାଳ ରାଜା, ରାଣୀଙ୍କ ସହ ଶ୍ରୀଜଗନ୍ନାଥଙ୍କ ଦର୍ଶନ ପାଇଁ ପୁରୀ ଆସିଥିଲେ। ଏଥିପାଇଁ ବିଧି ଅନୁସାରେ ମନ୍ଦିର ଖାଲି କରିବା ତଥା ପୂରା ଶୋଧ କରିବା ପାଇଁ ଅନୁରୋଧ କରିଥିଲେ, କାରଣ ମହାରାଣୀ ଦର୍ଶନ କରିବା ସମୟରେ ମନ୍ଦିରରେ ବାହାର ଲୋକ ବା ଅନ୍ୟ ଯାତ୍ରୀ ରହିବା ପରମ୍ପରା ବିରୋଧୀ। କିନ୍ତୁ ପୂର୍ବତନ ଖୋର୍ଦ୍ଧା ରାଜା ତଥା ଏବେକାର ମନ୍ଦିର ସୁପରିଣ୍ଟେଣ୍ଡେଣ୍ଟ ତାଙ୍କୁ ଏଥିପାଇଁ ପୂର୍ବରୁ ସନନ୍ଦ ନେବାକୁ ହୁଏ ବୋଲି କହି ନିରାଶ କରିଛନ୍ତି। ଖାଲି ସେତିକି ନୁହେଁ ରାଣୀଙ୍କ ପାଇଁ ପୂରା ଶୋଧ ଅସମ୍ଭବ ବୋଲି ମଧ କହିଛନ୍ତି। ଯଦିଓ ରାଜା ସ୍ୱୟଂ ଦର୍ଶନ ଶେଷ କରିଛନ୍ତି ହେଲେ ପୂରା ଶୋଧ ନହେବାରୁ ରାଣୀ ଦର୍ଶନ କରିପାରି ନାହାନ୍ତି। ସେହିପରି ଯଦି କେବେ ଭବିଷ୍ୟତରେ ସେମାନେ ଜଗନ୍ନାଥଙ୍କ ଦର୍ଶନ କରିବାକୁ ଚାହିଁବେ ତେବେ ତାଙ୍କୁ ପୂର୍ବରୁ ଅନୁମତି ନେବାକୁ ହେବ ବୋଲି କହି ଫେରାଇ ଦିଆଯାଇଛି। ଏହା ନୀତି ଓ ପରମ୍ପରା ବିରୋଧୀ, ଆମ ସମ୍ମାନକୁ ଆଞ୍ଚ ଆଣିଛି। ଏହାର ବିଚାର ତୁରନ୍ତ ହେଉ।'

ଶ୍ରୀମନ୍ଦିର ସୁପରିଣ୍ଟେଣ୍ଡେଣ୍ଟଙ୍କୁ କୈଫିୟତ ମଗାଗଲା। ସବିଶେଷ ତଦନ୍ତ ପରେ ନଭେମ୍ବର ୧୦ ତାରିଖ ୧୮୪୨ ମସିହାରେ ପୁରୀର କଲେକ୍ଟର କଟକରେ ଅବସ୍ଥାପିତ କମିଶନରଙ୍କୁ ଉତ୍ତର ସମ୍ବଳିତ ଏକ ପତ୍ର ଲେଖିଲେ–

'ପୁରୀକୁ ଆସୁଥିବା ହିନ୍ଦୁ ସମ୍ମାନଜନକ ବ୍ୟକ୍ତିମାନେ ପରମ୍ପରା ବାବଦରେ ଅବଗତ। ସେମାନେ କେବେ ଶ୍ରୀଜଗନ୍ନାଥଙ୍କୁ ଅବମାନନା କରିବେ ନାହିଁ। ଖୋର୍ଦ୍ଧାର ପୂର୍ବତନ ରାଜା ଯେଉଁଭଳି ଭାବେ ନଜରାନା ଦାବି କରିଛନ୍ତି ତାହା ଅଯୌକ୍ତିକ। ସେ ଏବେ ଆଉ ଖୋର୍ଦ୍ଧାର ରାଜା ନୁହନ୍ତି କି ମନ୍ଦିର ତାଙ୍କ ସମ୍ପତ୍ତି ନୁହେଁ। ଏଣୁ ସେ ନଜରାନା ଦାବି କରିବା ଠିକ୍ ନୁହେଁ। ଯେଉଁ ରାଜାମାନେ ମନ୍ଦିରରେ ଦର୍ଶନ ପାଇଁ ଚାହୁଁଛନ୍ତି ତାଙ୍କ ପରମ୍ପରା ପାଳନ କରିବାକୁ ଅନୁମତି ଦିଆଯାଉ। ଯଦି ରାଜାମାନଙ୍କୁ ଏପରି ବାରଣ ବା ତାଙ୍କ ଦର୍ଶନରେ ପ୍ରତିବନ୍ଧକ ଲଗାଯିବ ତେବେ ତାହା ପରବର୍ତ୍ତୀ ସମୟରେ ଏକ ସମ୍ବେଦନଶୀଳ ପ୍ରସଙ୍ଗ ହେବ'।

ଶ୍ରୀମନ୍ଦିର ପରିଚାଳନାରେ ବ୍ରିଟିଶ୍ ଶାସନର ହସ୍ତକ୍ଷେପ ବନ୍ଦ କରିବା ଲାଗି ଚାପ ବଢୁଥିବାରୁ ଢେଙ୍କାନାଳ ରାଜା ସାହେବଙ୍କ ଅଭିଯୋଗ ଏବଂ ପୁରୀ କଲେକ୍ଟରଙ୍କ ତଦନ୍ତ ରିପୋର୍ଟକୁ କମିଶନର ଗୁରୁତ୍ୱ ଦେଲେ ନାହିଁ। ଏ ଭିତରେ ସତେଇଶ ହଜାର ମାହାଲ୍‌ର ସ୍ୱତ୍ୱ ମନ୍ଦିର ସୁପରିଣ୍ଟେଣ୍ଡେଣ୍ଟଙ୍କୁ ମିଳିବା ଆଦେଶ ହେଲା ଏବଂ ସେଥିରୁ ଅସୁଲି ଆଦାୟ ପାଇଁ ସେ ଅନ୍ୟମାନଙ୍କ ଉଦ୍ଦେଶ୍ୟରେ ପଟ୍ଟା କରାଇପାରିବେ ବୋଲି ଆଦେଶ ଦେଲେ।

(୬୧)

ମୋଲକ୍

ଖୋର୍ଦ୍ଧା ରାଜାଙ୍କ ଅଧିକାର ଓ ଶ୍ରୀମନ୍ଦିର ପରିଚାଳନା ବିଷୟକୁ ନେଇ ବ୍ରିଟିଶ୍ ଅଧିକାରୀମାନଙ୍କ ଭିତରେ ସେତେବେଳକୁ ଚର୍ଚ୍ଚା ଜୋରଦାର ଚାଲିଥାଏ । ଶ୍ରୀମନ୍ଦିର ପରିଚାଳନାରେ ବ୍ରିଟିଶ୍ ଶାସନର ହସ୍ତକ୍ଷେପ ବନ୍ଦ କରିବା ଏହାର ମୁଖ୍ୟ ପ୍ରସଙ୍ଗ ଥିବାରୁ ଢେଙ୍କାନାଳର ରାଜାଙ୍କ ଅଭିଯୋଗ ଏବଂ ପୁରୀ କଲେକ୍ଟରଙ୍କ ତଦନ୍ତ ରିପୋର୍ଟକୁ କମିଶନର ଗୁରୁତ୍ୱ ଦେଲେ ନାହିଁ । ଏ ଭିତରେ ସତେଇଶ ହଜାର ମାହାଲ୍‌ର ସ୍ୱତ୍ୱ ମନ୍ଦିର ସୁପରିଣ୍ଟେଣ୍ଡେଣ୍ଟଙ୍କୁ ମିଳିବା ଆଦେଶ ହେଲା ଏବଂ ସେଥିରୁ ଅସୁଲି ଆଦାୟ ପାଇଁ ସେ ଅନ୍ୟମାନଙ୍କ ଉଦ୍ଦେଶ୍ୟରେ ପଟ୍ଟା କରାଇପାରିବେ ବୋଲି ବ୍ରିଟିଶ୍ ସରକାର ଅନୁମୋଦନ କଲେ ।

ବ୍ୟବସାୟ ନାଁରେ ଶାସନ ଆଉ ଶାସନ ଦ୍ୱାରା ଧର୍ମ ସମ୍ପ୍ରସାରଣ କରିବାର ଲକ୍ଷ୍ୟ ନେଇ ଆଗକୁ ମାଡ଼ି ଚାଲିଥିଲେ ଖ୍ରୀଷ୍ଟ ପାଦ୍ରି, ସମର୍ଥକ ଓ ସମାଜିକ କର୍ମୀମାନେ । ଯେଉଁମାନେ ଓଡ଼ିଶାର ଧର୍ମୀୟ ଅନୁଷ୍ଠାନ ଉପରେ କୌଣସି ଆକ୍ରୋଶ, ହସ୍ତକ୍ଷେପ କରିବେ ନାହିଁ ବୋଲି ପ୍ରତିଶ୍ରୁତି ଦେଇଥିଲେ ଆଜି ତାହା ଯେ ଛଳନା ତାହା ପ୍ରମାଣିତ ହୋଇଛି ।[୬୮] ଭାରତରେ ଥିବା ଅଧିକାରୀମାନେ ଓଡ଼ିଆଙ୍କ ଭାବାବେଗ ଆଗରେ ନରମ ପଡୁଥିଲେ ମଧ୍ୟ ତାହାକୁ ଖ୍ରୀଷ୍ଟ ଧର୍ମଯାଜକଙ୍କ ପ୍ରଭାବରୁ ମୁକ୍ତ ରଖିବାରେ ଅସମର୍ଥ ହେଉଥିଲେ । ଅପରପକ୍ଷେ ଓଡ଼ିଶାରେ

ଥିବା ଖ୍ରୀଷ୍ଟ ଧର୍ମଯାଜକମାନେ ଇଂରାଜୀ ଗଣମାଧ୍ୟମକୁ ପ୍ରଭାବିତ କରି ବିଭିନ୍ନ ଖବର ପ୍ରସାର କରୁଥିଲେ। ଜଗନ୍ନାଥ ଯେ ଦେବତା ନୁହନ୍ତି ରାକ୍ଷସ ତାହାକୁ ଅବତାରଣା କରିବାକୁ ପଛାଉ ନଥିଲେ, ଯାହା ଜାଣିବା ଓଡ଼ିଆ ରାଜା ମହାରାଜା ବା ବୁଦ୍ଧିଜୀବୀଙ୍କ ପକ୍ଷେ ସମ୍ଭବ ନଥିଲା। ଇଂଲଣ୍ଡରେ ସେସବୁ ପ୍ରକାଶ ପାଉଥିଲା ଆଉ ଇଷ୍ଟ ଇଣ୍ଡିଆ କମ୍ପାନୀର ପ୍ରମୁଖମାନଙ୍କୁ ପ୍ରଭାବିତ କରୁଥିଲା।

ଏହିଧାରାରେ ସେମାନେ ଶ୍ରୀଜଗନ୍ନାଥଙ୍କୁ '*ରାକ୍ଷସ*' ବୋଲି କହିବାକୁ ବି ପଛାଇଲେ ନାହିଁ। ଏପରିକି ତାଙ୍କୁ ପ୍ରାଚୀନ ବଣିକ ଜାତି ତଥା ପାଲେଷ୍ଟାଇନ୍‌ର ବାସିନ୍ଦା କାନ୍ନାନାଇଟଙ୍କ ଦେବତା '*ମୋଲକ୍*' ଭାବେ ଅଭିହିତ କଲେ। ମୋଲକ ନିଜ ନିକଟରେ ଶିଶୁ ବଳିକୁ ଭଲ ପାଆନ୍ତି; ସେଥିଲାଗି ମୋଲକ ଭକ୍ତମାନେ ତାଙ୍କ ପାଖରେ ଶିଶୁମାନଙ୍କୁ ହତ୍ୟା କରନ୍ତି- ଠିକ୍ ସେମିତି ହିନ୍ଦୁମାନଙ୍କ ଦେବତା ହେଉଛନ୍ତି ଶ୍ରୀଜଗନ୍ନାଥ। ଯାହାଙ୍କ ପାଖରେ ବଳି ଦିଆଯାଏ। ପ୍ରତିବର୍ଷ ଶହ ଶହ ଜୀବନ ରଥ ଚକ ତଳେ ଯାଏ। ରଥ ଚକ ତଳେ ଜୀବନ ହାରିବାକୁ ସେମାନେ ଭଲ ପାଆନ୍ତି।

ପଚିଶ ଡିସେମ୍ବର ୧୮୩୦ ମସିହାରେ ଏଭଳି ଏକ ଖବର ଲଣ୍ଡନରେ ହିନ୍ଦୁସ୍ଥାନର ଭାବମୂର୍ତ୍ତି ଓ ସାଂସ୍କୃତିକ ଐତିହ୍ୟ ଉପରେ କୁଠାରଘାତ କଲା। ଜଗନ୍ନାଥ ସଂସ୍କୃତିକୁ ନେଇ ତାଙ୍କ ଭିତରେ ଥିବା କୌତୂହଳ ଉପରେ ପାଣି ଫିଙ୍ଗିଦେବାର ଉଦ୍ୟମ କଲା। '*ମର୍ଣ୍ଣିଂ ହେରାଲ୍ଡ*' ଖବରକାଗଜରେ ପ୍ରକାଶ ପାଇଲା-

'ଜଗନ୍ନାଥ ହେଉଛନ୍ତି ଅତ୍ୟନ୍ତ ନିଷ୍ଠୁର- ଯିଏ ପ୍ରତି ବର୍ଷ ରାକ୍ଷସଙ୍କ ଭଳି ନରବଳି ମାଗିଥାଆନ୍ତି। ସେ ହିନ୍ଦୁସ୍ଥାନର 'ମୋଲକ୍'। ଲୋକେ ତାଙ୍କୁ ସନ୍ତୁଷ୍ଟ କରିବା ପାଇଁ ତାଙ୍କରି ରଥ ତଳେ ଜୀବନ ଦିଅନ୍ତି'।

ପିଜି ଉଡ୍‌ହାଉସ୍ ଏକ ପୁସ୍ତକ '*ରିଙ୍ଗ୍ ଫର୍ ଜୀଭସ୍*'ରେ ଶ୍ରୀଜଗନ୍ନାଥଙ୍କୁ ବଦ୍‌ମାସ, ଗୁଲାମ୍, ଦୁଷ୍ଟ ଧୂର୍ତ୍ତ ବୋଲି ଅଭିହିତ କଲେ। ଯେଉଁମାନେ ରଥ ତଳେ ନିଜ ଜୀବନ ଦେଉଛନ୍ତି ସେମାନେ ହତଭାଗ୍ୟ ହିନ୍ଦୁ ବୋଲି କହିଲେ ଉଡ୍ ହାଉସ୍। ଇଂରାଜୀ ଭାଷାରେ ଗପ, କବିତା, ଉପନ୍ୟାସ ସବୁଥିରେ ତାଙ୍କୁ ନିଷ୍ଠୁର ଦେବତା ବୋଲି ଅଭିହିତ କରାଗଲା। ପୂର୍ବରୁ ଏମିତି କୌଣସି ଦେବ ଦେବୀଙ୍କୁ ଅପମାନିତ କରାଯାଇ ନଥିଲା ଯେମିତି ଜଗନ୍ନାଥଙ୍କୁ ଇଂରେଜମାନେ ଅପମାନିତ କରିଲେ। ଏହା ସ୍ପଷ୍ଟ କରୁଥିଲା ଯେ, ଶ୍ରୀଜଗନ୍ନାଥ ସଂସ୍କୃତି, ବନ୍ଧନ ଓ ଭାବାବେଗକୁ ଭାଙ୍ଗିବା ଲାଗି ଇଂରେଜଙ୍କ ପାଖରେ ଏହି ଷଡ଼ଯନ୍ତ୍ର ଛଡ଼ା ଆଉ କିଛି ବାଟ ନାହିଁ। ମନ୍ଦିରଗୁଡ଼ିକୁ ସହାୟତା ଦେବାରୁ ଯେମିତି ଇଂରେଜ ସରକାର ବିରତ ରହିବେ ସେଥିଲାଗି ବାରମ୍ବାର ଚାପ ପଡ଼ିଲା। ଶ୍ରୀଜଗନ୍ନାଥଙ୍କ ସମ୍ପତ୍ତିକୁ ଅଧିଗ୍ରହଣ କରିଥିବା ବ୍ରିଟିଶ୍ ସରକାର ଏହିଭଳି ଚାପ ଦ୍ୱାରା ଧୀରେ ଧୀରେ ନିଜକୁ ଜଗନ୍ନାଥ ମନ୍ଦିର ପରିଚାଳନା ପାଇଁ ଦେଉଥିବା ଦାନରାଶିରୁ ଓହରିଲେ।

ଏ ଭିତରେ ଆଉଜଣେ ରାଜା ଗଜପତିଙ୍କ ବିରୋଧରେ ଅଭିଯୋଗ କଲେ। ଯେମିତି

୧୮୪୨ରେ ଢେଙ୍କାନାଳର ରାଜା ଭଗୀରଥ ମହୀନ୍ଦ୍ର ବାହାଦୁର ସିଂହ ଆଣିଥିଲେ ଠିକ୍ ସେମିତି । ହେଲେ ଏଥର ଅଭିଯୋଗ ଗଞ୍ଜାମ (ବଡ଼ଖେମୁଣ୍ଡି)ର ରାଜା ମଣି (ମାଣିକେଶ୍ୱରୀ) ଦେବଙ୍କଠାରୁ ଆସିଥିଲା । ଜିଲ୍ଲା ମାଜିଷ୍ଟ୍ରେଟ୍‌ଙ୍କ ପାଖକୁ ଲେଖିଥିବା ପତ୍ରରେ ସେ କହିଥିଲେ-

'ପରମ୍ପରା ଅନୁସାରେ ରାଜା ଓ ତାଙ୍କ ପରିବାରଙ୍କ ଦର୍ଶନ ନିମିତ୍ତ ଶୋଧ ପର୍ବ ଅନୁଷ୍ଠିତ ହୁଏ । ହେଲେ ରାଜା ରାମଚନ୍ଦ୍ର ଦେବ ଏହି ପରମ୍ପରାକୁ ଅସମ୍ମାନ କରୁଛନ୍ତି । ଏହା ଜାରି ରହିଲେ ଆମେ ଫେରିଯିବାକୁ ବାଧ୍ୟ ହେବୁ । ହେଲେ ଏପରି ଫେରିଯିବା ଭଲ ହେବ ନାହିଁ' [୮୦]

ରାଜା ତଥା ଜଗନ୍ନାଥ ମନ୍ଦିର ସୁପରିଣ୍ଟେଣ୍ଡେଣ୍ଟଙ୍କୁ ଏ ବାବଦରେ ମତାମତ ରଖିବା ପାଇଁ ସୁଯୋଗ ନଦେଇ ଜିଲ୍ଲା ମାଜିଷ୍ଟ୍ରେଟ୍ ସଙ୍ଗେ ସଙ୍ଗେ ତାଙ୍କ ଉପରେ ଜୋରିମାନା ଆଦେଶ ଦେଲେ । ସେବର୍ଷ ନବକଳେବର ଥିବାରୁ ସୁପରିଣ୍ଟେଣ୍ଡେଣ୍ଟ ପରିସ୍ଥିତିକୁ ଅଧିକ ବିବାଦୀୟ ନକରି ମନ୍ଦିର ଶୋଧ କରିବା ଆଦେଶ ଦେଲେ । ଆଉ ବଡ଼ଖେମୁଣ୍ଡିର ରାଜପରିବାରଙ୍କୁ ଶ୍ରୀମନ୍ଦିରରେ ପ୍ରବେଶ ପାଇଁ ଅନୁମତି ମିଳିଲା । କିନ୍ତୁ ପରବର୍ତ୍ତୀ ସମୟରେ ରାଜା ଏହି ବିଷୟକୁ ନେଇ ସଦର ନିଜାମତ ଅଦାଲତକୁ ଗଲେ ଏବଂ ସେଠାରେ ରାଜାଙ୍କ ବିଷୟକୁ ଠିକଣା ରୂପେ ଶୁଣା ଯାଇନି ବୋଲି ଜଜ୍ ଅନୁଭବ କଲେ । ମାମଲା ବିଚାର ପାଇଁ ଗ୍ରହଣ ହେଲା । ଉଭୟ ପକ୍ଷ ନିଜର ଯୁକ୍ତି ଉପସ୍ଥାପନ କରିଥାଆନ୍ତେ । କିନ୍ତୁ ବିଧି ଅଲଗା କିଛି ଚାହୁଁଥିଲା । ଏକ ଅଘଟଣ ମନ୍ଦିରରେ ଘଟିଗଲା, ଯାହା ଇଂରେଜ ଶାସକଙ୍କୁ ପୁରୀ ମହାରାଜାଙ୍କ ବିରୋଧରେ କାର୍ଯ୍ୟାନୁଷ୍ଠାନ ଗ୍ରହଣ କରିବାକୁ ଆଉଏକ ସୁଯୋଗ ଆଣିଦେଲା ।

(୬୨)

ମନ୍ଦିର ଭିତରେ ଭକ୍ତ ମୃତ୍ୟୁ

ବଡ଼ଖେମୁଣ୍ଡି ରାଜା ମଣି ଦେବ ଏବଂ ତାଙ୍କ ରାଣୀଙ୍କୁ ଶ୍ରୀଜଗନ୍ନାଥ ମନ୍ଦିରରେ ଦର୍ଶନ ପାଇଁ ଆବଶ୍ୟକ ବ୍ୟବସ୍ଥା ଗ୍ରହଣ ଲାଗି ରାଜା ରାଜି ହେଲେ। ମନ୍ଦିର ଶୋଧ ହେଲା। ଜୋରିମାନା ଆଦେଶକୁ ଏଡ଼ାଇବା ଏବଂ ନବକଳେବର ରୀତିନୀତିରେ ବିଘ୍ନ ନଆଣିବା ଏହାର ଉଦ୍ଦେଶ୍ୟ ଥିଲା। କିନ୍ତୁ ପରବର୍ତ୍ତୀ ସମୟରେ ରାଜା ଏହି ବିଷୟକୁ ନେଇ ସଦର ନିଜାମତ ଅଦାଲତକୁ ଗଲେ ଏବଂ ସେଠାରେ ରାଜାଙ୍କ ବିଷୟକୁ ପ୍ରଶାସନିକ କ୍ଷେତ୍ରରେ ଠିକଣା ରୂପେ ଶୁଣା ଯାଇନି ବୋଲି ଜଜ୍ ଅନୁଭବ କଲେ। ମାମଲା ବିଚାର ପାଇଁ ଗ୍ରହଣ ହେଲା। ହେଲେ ବିଧି କିଛି ଅଲଗା ଚାହୁଁଥିଲା। ମାମଲା ବିଚାର ପୂର୍ବରୁ ଏକ ଅଘଟଣ ମନ୍ଦିରରେ ଘଟିଗଲା, ଯାହା ଇଂରେଜ ଶାସକଙ୍କୁ ପୁରୀ ମହାରାଜାଙ୍କ ବିରୋଧରେ କାର୍ଯ୍ୟାନୁଷ୍ଠାନ ଗ୍ରହଣ କରିବାକୁ ଆଉଏକ ସୁଯୋଗ ଆଣିଦେଲା।

ସେଦିନ ରଥଯାତ୍ରାର ପୂର୍ବଦିନ ନବଯୌବନ ଦର୍ଶନ ଥାଏ। ଏଣୁ ପ୍ରଭୁଙ୍କ ସାନ୍ନିଧ ଲାଭ ଲାଗି ଅସଂଖ୍ୟ ଲୋକଙ୍କ ଭିଡ଼ ହେବା ସ୍ୱାଭାବିକ। ହେଲେ ଏତେ ପରିମାଣରେ ଲୋକଙ୍କୁ ସମ୍ଭାଳିବା ପାଇଁ ମନ୍ଦିର ଭିତରେ ବା ବାହାରେ କୌଣସି ବ୍ୟବସ୍ଥା ନଥିଲା। ଏଣୁ ଦଳାଚକଟା ହେବାର ଆଶଙ୍କା ଥିଲା। ରାଜା ତଥା ସୁପରିଣ୍ଟେଣ୍ଡେଣ୍ଟଙ୍କ ପକ୍ଷରୁ ପଡ଼ିଆରୀମାନେ ମନ୍ଦିରର ଆଭ୍ୟନ୍ତରୀଣ ଶୃଙ୍ଖଳା ରକ୍ଷା ପାଇଁ ନିୟୋଜିତ ଥିଲେ ମଧ୍ୟ ସେମାନଙ୍କ ଅବହେଳା ତଥା ଅଳ୍ପ ସଂଖ୍ୟା ହେତୁ ୨୨ ଜଣ ଭକ୍ତଙ୍କ ପ୍ରାଣ ଚାଲିଗଲା। ମନ୍ଦିରର ରୀତିନୀତି ସବୁ ଅନେକ ସମୟ ପାଇଁ ବନ୍ଦ ହେଲା। ପରେ ମହାସ୍ନାନ ନୀତି ଆପଣାଗଲା ଆଉ ସବୁ ସ୍ୱାଭାବିକ କରିବାକୁ ଉଦ୍ୟମ ହେଲା। ଇଂରେଜ ପ୍ରଶାସନ କିନ୍ତୁ ଏହାକୁ ରାଜାଙ୍କ ଅବହେଳା ଓ ତ୍ରୁଟି ବୋଲି ଦର୍ଶାଇ ତାଙ୍କ ବିରୋଧରେ ମାମଲା କଲେ। ପରବର୍ତ୍ତୀ ସମୟରେ ରାଜାଙ୍କୁ ଏଥିପାଇଁ ଦୋଷୀ ବୋଲି

ବିବେଚନା କରାଯାଇ ଏଣିକି ମନ୍ଦିର ଭିତରେ ଶୃଙ୍ଖଳା ରକ୍ଷା ମଧ୍ୟ ପୁଲିସ ପ୍ରଶାସନର ଦାୟିତ୍ୱ ହେବ ବୋଲି ସୂଚନା ଦେଲେ। ଆଉ ତୁରନ୍ତ ମନ୍ଦିର ଭିତରକୁ ପୁଲିସ ପଠାଗଲା।

ମନ୍ଦିରର ବିଭିନ୍ନ ସ୍ଥାନରେ ଯେମିତି ପ୍ରତ୍ୟେକ ମୋଡ଼, ପାହାଚ ଓ ଚିକ୍କଣ ଚଟାଣ ଥିବା ସ୍ଥାନରେ ପୁଲିସ ମୁତୟନ କରାଯାଇ ସେଠାରେ ଭକ୍ତଙ୍କୁ ନିୟନ୍ତ୍ରଣ କରିବାକୁ ଚେଷ୍ଟା କରାଗଲା। ଶ୍ରୀମନ୍ଦିରର ବିପଜ୍ଜନକ ସ୍ଥାନରେ ପୁଲିସ ମୁତୟନ କରାଯାଇଥିବା ନେଇ କଲେକ୍ଟର କମିଶନରଙ୍କୁ ଚିଠି ଲେଖି ଜଣାଇଲେ।

‘ରଥଯାତ୍ରା ସମୟରେ ମୁତୟନ କରାଯାଇଥିବା ଏହି ପୁଲିସ ବଳ ସଂଖ୍ୟା ୧୬୪ରହିଲା। ଖାଲି ଦିନମାନଙ୍କରେ ୧୦୦ ଜଣ ବରକନ୍ଦାଜ୍ ଦୁଇଜଣ ଜମାଦାରଙ୍କ ଅଧୀନରେ ମନ୍ଦିର ଭିତରେ ଶୃଙ୍ଖଳା ରକ୍ଷା କରାଯିବା ବ୍ୟବସ୍ଥା ହୋଇଛି । ଏଣୁ ଏହି ପୁଲିସବଳ ତଥା ଶୃଙ୍ଖଳା ରକ୍ଷା ପାଇଁ ଆବଶ୍ୟକ ଖର୍ଚ୍ଚ ରାଜାଙ୍କ ନିକଟରୁ ଆଦାୟ କରାଯାଉ। ଶ୍ରୀମନ୍ଦିର ରକ୍ଷଣାବେକ୍ଷଣ ତଥା କ୍ଷତିପୂରଣ ପାଇଁ ଦିଆଯାଉଥିବା ଅର୍ଥରୁ ଏହି ଖର୍ଚ୍ଚ କାଟି ରଖାଯିବାକୁ ଅନୁରୋଧ’।

ଏହି ଅନୁରୋଧ ଅନୁସାରେ ଶ୍ରୀମନ୍ଦିରର ଜମିକୁ ନିଜ ନିୟନ୍ତ୍ରଣରେ ନେଇ ପ୍ରତିଶ୍ରୁତି ଅନୁସାରେ ବର୍ଷକୁ ଯେଉଁ ୨୩ହଜାର ୩୨୧ଟଙ୍କା କ୍ଷତିପୂରଣ ଦିଆଯାଉଥିଲା ସେଥିରୁ ସରକାର ବାର୍ଷିକ ୬ହଜାର ୮୦୪ ଟଙ୍କା ପୁଲିସ ଖର୍ଚ୍ଚ ବାବଦକୁ କାଟି ରଖିଲେ। ରାମଚନ୍ଦ୍ର ଦେବ ଏହାକୁ ନେଇ ବିଶେଷ ଆଘାତ ପାଇଲେ। ଦିନକୁ ଦିନ ଇଂରେଜମାନଙ୍କ ଆଧିପତ୍ୟ ବିସ୍ତାର ଏବଂ ରାଜାଙ୍କୁ ସଙ୍କୁଚିତ କରିବା ତାଙ୍କୁ ମାନସିକ ଚାପଗ୍ରସ୍ତ କଲା। ସବୁବେଳେ କୋର୍ଟ କଚେରିରେ ମାମଲା ଦାଏର କରିବା, ଆଇନ ତର୍ଜମା କରିବା ବାବଦରେ ତାଙ୍କର ଅଧିକାଂଶ ସମୟ ନଷ୍ଟ ହେଲା। ପୁରୀ ମନ୍ଦିରର ଉଚିତ ରକ୍ଷଣାବେକ୍ଷଣ ଏବଂ ଏହାର ପରିଚାଳନା ପାଇଁ ଅର୍ଥ ବ୍ୟବସ୍ଥା ଇଂରେଜଙ୍କ ଦାନ ନୁହେଁ; ବରଂ ସେମାନଙ୍କ ପ୍ରତିଶ୍ରୁତି ଓ କ୍ଷତିପୂରଣ ରାଶି ବୋଲି ବୁଝାଇ ବୁଝାଇ ଶେଷରେ ତାଙ୍କର ଜୀବନ ଦୀପ ଲିଭିଗଲା।

୧୮୫୪ରେ ରାମଚନ୍ଦ୍ର ଦେବଙ୍କ ପୁତ୍ର ବୀରକିଶୋର ଦେବ ରାଜା ଭାବେ ପୁରୀରେ ଅଧିଷ୍ଠିତ ହେଲେ। ସେ ଦ୍ୱିତୀୟ ବୀରକିଶୋର ଭାବେ ପରିଚିତ ହେଲେ। ବଂଶାନୁକ୍ରମିକ ପ୍ରଥା ଅନୁସାରେ ସେ ମଧ୍ୟ ଶ୍ରୀମନ୍ଦିରର ସୁପରିଣ୍ଟେଣ୍ଡେଣ୍ଟ ରହିଲେ। ଏହା ପରବର୍ଷ ଅର୍ଥାତ୍ ୧୮୫୫ ଜୁଲାଇ ୧୫ ତାରିଖରେ ପୁଣିଥରେ ଏକ ଦୁର୍ଘଟଣା ଘଟିଲା ଶ୍ରୀମନ୍ଦିର ଭିତରେ। ସେଠାରେ ୭ ଜଣଙ୍କ ପ୍ରାଣ ଗଲା। ମୃତକଙ୍କ ଭିତରେ ୪ ଜଣ ମହିଳା ଥିଲେ। ନବଯୌବନ ବେଶ ସମୟରେ ଦ୍ୱାର ବନ୍ଦ ପାଇଁ ରାଜା ଚାହିଁଥିଲେ ମଧ୍ୟ ଇଂରେଜ ପ୍ରଶାସନ ତାହା ନଶୁଣି ଦ୍ୱାର ଖୋଲିଥିବାରୁ ଅସଂଖ୍ୟ ଭକ୍ତ ପ୍ରବେଶ କଲେ ଏବଂ ତାହା ଦୁର୍ଘଟଣାକୁ ନିମନ୍ତ୍ରଣ କରିଥିଲା ବୋଲି ରାଜା ବୀରକିଶୋର ଦର୍ଶାଇ ଇଂରେଜ ଅଧିକାରୀଙ୍କୁ ଚିଠି ଲେଖିଲେ। କିନ୍ତୁ ଇଂରେଜମାନେ ଏହି ଦୋଷ ରାଜାଙ୍କ ଉପରେ ଲଦି ଯୁକ୍ତି ଦର୍ଶାଇଲେ -

‘ରାଜାଙ୍କ ଲୋକମାନେ ମନ୍ଦିର ଭିତରେ ଠିକଣା ଭାବେ କାମ କରୁ ନାହାନ୍ତି। ଯାତ୍ରୀଙ୍କ ସୁରକ୍ଷା ଓ ନିରାପତ୍ତା ପାଇଁ ସେମାନେ ଯତ୍ନବାନ ବୋଲି ରାଜା କହୁଥିଲେ ମଧ୍ୟ ସେମାନେ

ପ୍ରକୃତରେ ପୁଲିସଙ୍କୁ ଅସହଯୋଗ କରିବା ପାଇଁ ଲାଗିପଡ଼ିଥିଲେ। ସେଥିପାଇଁ ଏପରି ଏକ ଦୁର୍ଘଟଣା ଘଟିଲା'।

ବାରମ୍ବାର ଏପରି ନିରୀହ ଲୋକଙ୍କ ମୃତ୍ୟୁ ଯେମିତି ବୟାନ କରୁଥିଲା ଏ ରାଜ୍ୟରେ ମଣିଷଙ୍କ ଜୀବନ ତୁଚ୍ଛ। କେତେବେଳେ ରଥ ଚକତଳେ ତ ଆଉ କେତେବେଳେ ମନ୍ଦିର ଭିତରେ ମୃତ୍ୟୁ ପୁରୀକୁ ଅନ୍ତର୍ଜାତୀୟ କ୍ଷେତ୍ରରେ ସମାଲୋଚନା କରିବାରେ ଲାଗିଲା। ଖ୍ରୀଷ୍ଟ ସମ୍ପ୍ରଦାୟ ଏହାର ଅପପ୍ରଚାର କରି ମୂର୍ତ୍ତିପୂଜା ବିରୋଧରେ ନିଜ ସମ୍ପ୍ରଦାୟ ପ୍ରତି ଲୋକଙ୍କୁ ଆକୃଷ୍ଟ କରିବାକୁ ଚାହିଁଲେ। ଏବେ ଇଂରେଜଙ୍କ ଉପରେ ଦୋଷ ଲଦି ପୁଲିସକୁ ପ୍ରତ୍ୟାହାର କରିବା ପାଇଁ ରାଜା ଚିଠି ଲେଖିଲେ-

'ଶ୍ରୀମନ୍ଦିର ଭିତରେ ମୁତୟନ ଥିବା ଜିଲ୍ଲା ପ୍ରଶାସନର ପୁଲିସ ତଥା ବରକନ୍ଦାଜ୍‌ମାନେ ଯାତ୍ରୀଙ୍କଠାରୁ ଅନୈତିକ ଭାବେ ଦକ୍ଷିଣା ଆଦାୟ କରୁଛନ୍ତି। ଏହାଦ୍ୱାରା ମନ୍ଦିର ଭିତରେ ଜୁଲମ୍ ବଢୁଛି। ମନ୍ଦିର ଉପରେ ପୁରୀ ଆଖପାଖର ୪୦୦ ସେବାୟତ ପରିବାର ନିର୍ଭରଶୀଳ। ସେମାନେ ଯାତ୍ରୀଙ୍କୁ ମନ୍ଦିର ବୁଲାଇବା, ତାଙ୍କଠାରୁ ଦକ୍ଷିଣା ଗ୍ରହଣ କରିବା ଏବଂ ମହାପ୍ରସାଦ ବିକ୍ରି ପାଇଁ ଯୋଗ୍ୟ। ଏହା ପରମ୍ପରା ଅନୁସାରେ ପ୍ରଚଳିତ। କିନ୍ତୁ ଏହି ସରକାରୀ କର୍ମଚାରୀମାନେ ନାଲି ଆଖି ଦେଖାଇ ସେମାନଙ୍କୁ ହଇରାଣ କରୁଛନ୍ତି। ଏଣୁ ପୁଲିସବଳକୁ ତୁରନ୍ତ ପ୍ରତ୍ୟାହାର କରାଯାଉ। ଶ୍ରୀମନ୍ଦିର ଭିତରେ ଶୃଙ୍ଖଳା ରକ୍ଷା ପାଇଁ ସୁପରିଣ୍ଟେଣ୍ଡେଣ୍ଟ ଯୋଗ୍ୟ'।

ହେଲେ ଜିଲ୍ଲାପାଳ ଏହାକୁ ଖଣ୍ଡନ କରିବାକୁ ଲାଗିଲେ। ସେ ଜଣାଇଲେ-

'ଏପରି ଦୁର୍ଘଟଣା ଆକସ୍ମିକ। କିନ୍ତୁ ପୁଲିସ କାଢ଼ିନେଲେ ଆଇନ ଶୃଙ୍ଖଳା ପରିସ୍ଥିତି ବ୍ୟତିବ୍ୟସ୍ତ ହୋଇପଡ଼ିବ'।

ଅନେକ ବିବାଦ ବିବାଦ ଚାଲିଲା। ମନ୍ଦିରର ସୁରକ୍ଷା ପାଇଁ ଥାନା ତିଆରି ପ୍ରସ୍ତାବରେ ମନ୍ଦିରକୁ ଦିଆଯାଉଥିବା ଅର୍ଥ କାଟି ନିଆଯିବ ବୋଲି ମଧ୍ୟ ଧମକ ଦିଆଗଲା। ଏହାଛଡ଼ା ଖୋର୍ଦ୍ଧା ରାଜ ଉଆସକୁ ସରକାରୀ କାର୍ଯ୍ୟରେ ବ୍ୟବହାର ପାଇଁ ସରକାର ଅଧିଗ୍ରହଣ କରିବେ ବୋଲି ଚର୍ଚ୍ଚା ହେଲା। ଯଦି ଏହି କୋଠାକୁ ସରକାରଙ୍କୁ ଦେବା ପାଇଁ ଚୁକ୍ତି ନକରନ୍ତି ତେବେ ତାଙ୍କୁ ଶ୍ରୀମନ୍ଦିର ସୁପରିଣ୍ଟେଣ୍ଡେଣ୍ଟ ପଦବୀରୁ ମଧ୍ୟ ତଡ଼ିଦିଆଯିବା ବିଚିତ୍ର ହେବ ନାହିଁ। ଏପରି ଆଭିମୁଖ୍ୟ ଆଗରେ ବୀରକିଶୋର ମୁଣ୍ଡ ନୁଆଇଁବାକୁ ବାଧ୍ୟହେଲେ। କାରଣ ଅତୀତର ସଂଗ୍ରାମ ଆଜି ତାଙ୍କୁ ଏହି ଶୋଚନୀୟ ଅବସ୍ଥା ଆଡ଼କୁ ମୁହାଁଇ ଦେଇଛି। ଯେଉଁ ରାଜାମାନେ ତାଙ୍କ ପୂର୍ବପୁରୁଷଙ୍କ ଆଗରେ ମଥା ନୋଇଁ ନଜରାନା ଭେଟି ଦେଉଥିଲେ ଆଜି ସେମାନେ ମହାରାଜା ବୋଲି ବୋଲାଉଛନ୍ତି। ଏମିତି ଚାଲିଲେ 'ଗଜପତି' ଉପାଧିଟି ମଧ୍ୟ ତାଙ୍କ ପାଇଁ ମରୀଚିକା ହୋଇଯିବ! ଏସବୁ ଚିନ୍ତନ ପରେ ବୀରକିଶୋର ଦେବ କିଛି ପ୍ରତିବାଦମୂଳକ ସର୍ତ୍ତ ରଖି ଖୋର୍ଦ୍ଧା କିଲ୍ଲାକୁ ଇଂରେଜଙ୍କୁ ହସ୍ତାନ୍ତର କଲେ। ଆଉ ଇଂରେଜଙ୍କ ଅଧୀନରେ ସେ ଜଣେ କର୍ମଚାରୀ ତଥା ଶ୍ରୀମନ୍ଦିରର ପରିଚାଳନା ଯେ ତାଙ୍କର ମୁଖ୍ୟ କାର୍ଯ୍ୟ ତାହା ଆହୁରି ସ୍ପଷ୍ଟ ହେଲା।

(୬୨)

ଚାଖି ଖୁଣ୍ଟିଆ

ଯେଉଁ ରାଜାମାନେ ତାଙ୍କ ପୂର୍ବପୁରୁଷଙ୍କ ଆଗରେ ମଥା ନୋଇଁ ନଜରାନା ଭେଟି ଦେଉଥିଲେ ଆଜି ସେମାନେ ମହାରାଜା ବୋଲି ବୋଲାଉଛନ୍ତି। ଏମିତି ଚାଲିଲେ 'ଗଜପତି' ଉପାଧିଟି ମଧ୍ୟ ତାଙ୍କ ପାଇଁ ମରୀଚିକା ହୋଇଯିବ! ଏସବୁ ଚିନ୍ତନ ପରେ ବୀରକିଶୋର ଦେବ କିଛି ପ୍ରତିବାଦମୂଳକ ସର୍ତ୍ତ ରଖି ଖୋର୍ଦ୍ଧା କିଲ୍ଲାକୁ ଇଂରେଜଙ୍କୁ ହସ୍ତାନ୍ତର କଲେ। ଫଳରେ ଇଂରେଜଙ୍କ ଅଧୀନରେ ସେ ଜଣେ କର୍ମଚାରୀ ତଥା ଶ୍ରୀମନ୍ଦିରର ପରିଚାଳନା ଯେ ତାଙ୍କର ମୁଖ୍ୟ କାର୍ଯ୍ୟ ତାହା ଆହୁରି ସ୍ପଷ୍ଟ ହେଲା।

ମେ'୧୮୫୭। ମିରଟ୍‌ରେ ଆରମ୍ଭ ହୋଇଥିବା ସିପାହି ବିଦ୍ରୋହର ଛିଟା ଓଡ଼ିଶା ଉପରେ ପଡ଼ିବାର ଆଶଙ୍କା ଦେଖାଗଲା। ଏଣୁ ପୁରୀର ମୁଖ୍ୟ ସାହି, ଛକ ସ୍ଥାନଗୁଡ଼ିକରେ ପୁଲିସ ଚୌକି ସଜାଗ ରହିଲା। ଯେହେତୁ ଅଳ୍ପ କିଛିଦିନ ରଥଯାତ୍ରା ରହିଛି ଏବଂ ସେ ସମୟରେ ସହର ଗହଳି ରହିବ। ଏହି ସୈନିକମାନେ ଏଠାକୁ ଆସି କିଛି ଅଘଟଣ ଘଟାଇପାରନ୍ତି। ବିଶେଷକରି ୧୯ ଏବଂ ୩୪ ବେଙ୍ଗଲ୍ ନେଟିଭ୍ ଇନ୍‌ଫ୍ୟାଣ୍ଟ୍ରୀର ସୈନିକମାନେ ପୁରୀ ଆସିବାର ଆଶଙ୍କା ରହିଛି। ବ୍ରହ୍ମପୁର ଏବଂ ଜଳପାଇଗୁଡ଼ିରେ ଅବସ୍ଥାପିତ ସୈନିକଙ୍କ ଭିତରୁ ୧୫୦ ପାଖାପାଖି ସୈନିକ ପୁରୀ ଆସିଥିବା ଖବର ରହିଛି। ଏହି ସୈନ୍ୟମାନେ ପୁରୀ ହୋଇ ସମ୍ବଲପୁର ଯାଇ ପାରନ୍ତି। ସେଠାରେ ସୁରେନ୍ଦ୍ର ସାଏଙ୍କ ନେତୃତ୍ୱରେ ଯେଉଁ ବିଦ୍ରୋହ ଚାଲିଛି ସେଥିରେ ଯୋଗ ଦେଇ ପାରନ୍ତି। ଏଣୁ ସନ୍ଦେହ ଉପୁଜୁଥିବା ଲୋକଙ୍କ ଉପରେ ତୀକ୍ଷ୍ଣ ନଜର ରଖିବାକୁ କମିଶନର କକ୍‌ବର୍ଣ୍ଣ ପୁରୀ ମାଜିଷ୍ଟ୍ରେଟ୍‌ଙ୍କୁ ଚିଠି ଲେଖିଲେ। ଏହାସହ ବାଲେଶ୍ୱର ଓ କଟକର

ମାଜିଷ୍ଟ୍ରେଟ୍‌ଙ୍କୁ ମଧ୍ୟ ଏହି ଚିଠିର ନକଲ ଦିଆଯାଇ କୁହାଗଲା ଯେ, ପ୍ରତି ସନ୍ଦେହପୂର୍ଣ୍ଣ ସ୍ଥାନରେ ସୁରକ୍ଷା ବ୍ୟବସ୍ଥା କଡ଼ାକଡ଼ି କରାଯାଉ।

ଚିଠି ପାଇଲା କ୍ଷଣି ବିଭିନ୍ନ ସାହି ଓ ପଣ୍ଡାଙ୍କ ଘରେ ଅନୁସନ୍ଧାନ ଆରମ୍ଭ ହେଲା। ଯଦିଓ ଏଥିରେ ତାଙ୍କୁ ସଫଳତା ମିଳିଲା ନାହିଁ, କିନ୍ତୁ ଯେଉଁ ପଣ୍ଡାମାନଙ୍କ ଘରେ ଏପରି ସୈନିକ ରହିଥିବାର ଖବର ମିଳିଲା ସେମାନଙ୍କୁ ଦଣ୍ଡିତ କରାଗଲା ।

ଏ ପରିସ୍ଥିତି ଆଗକୁ ଭୟଙ୍କର ହେବ ବୋଲି ଆଶଙ୍କା କଲେ ଗଭର୍ଣ୍ଣର ଜେନେରାଲ୍। ଯେଉଁ ଧାର୍ମିକ ବିଶ୍ୱାସରେ ଆଘାତ ପ୍ରସଙ୍ଗକୁ କେନ୍ଦ୍ରକରି ବିଦ୍ରୋହ ଏତେ ତୀବ୍ର ହୋଇଛି ତାହା ଆଗକୁ ଆହୁରି ଭୟଙ୍କର ହୋଇପାରେ। ପୁଣି ଯଦି ପୁରୀରେ ଏପରି ଚାଲିବ ତେବେ ଯାତ୍ରା ସମୟରେ ଧାର୍ମିକ ବିଦ୍ରୋହ ଆରମ୍ଭ ହେବା ସ୍ୱାଭାବିକ।

ଗଭର୍ଣ୍ଣର ଜେନେରାଲ୍‌ଙ୍କ ବାର୍ତ୍ତାକୁ ଠିକଣା ଭାବେ ଅନୁଶୀଳନ କରି କକବର୍ଣ୍ଣ କଟକ ଜିଲ୍ଲା ମାଜିଷ୍ଟ୍ରେଟ୍‌ଙ୍କୁ ଲେଖିଲେ-

'ଓଡ଼ିଶାର ଅପର ପ୍ରାନ୍ତ ସମ୍ବଲପୁରରେ ଏହି ବିଦ୍ରୋହ ଯଥେଷ୍ଟ ସଂକ୍ରମିତ ହୋଇଛି। ଏଣୁ ପୁଲିସ ସତର୍କ ରହିବା ଉଚିତ। ହେଲେ ରଥଯାତ୍ରା ସମୟରେ ପୁଲିସର କଠୋର ଯାଞ୍ଚ ଯାତ୍ରୀଙ୍କୁ ପ୍ରଶାସନ ବିରୋଧରେ ତତାଇପାରେ। ତାହା ବିଦ୍ରୋହର କାରଣ ହୋଇପାରେ। ଏଣୁ ଯେଉଁ ପ୍ରକାରେ ଯାତ୍ରୀମାନଙ୍କ ବ୍ୟକ୍ତିଗତ ଗଣ୍ଠିଲାର ଯାଞ୍ଚ କରାଯାଉଛି ତାହାକୁ ତୁରନ୍ତ ବନ୍ଦ କରାଯିବା ଉଚିତ। ବିଦ୍ରୋହ କରୁଥିବା ସୈନିକ ଶିବିରର କୌଣସି ସୈନିକଙ୍କୁ ଅଟକ କରା ନଯାଉ। କିନ୍ତୁ ଯେଉଁ ସୈନିକଙ୍କ ନାମରେ ଦେଶଦ୍ରୋହର ମାମଲା ରହିଛି ସେମାନଙ୍କୁ ଗିରଫ କରି ଜେଲ୍ ପଠାଇ ଦିଅନ୍ତୁ'।

ଏହି ଚିଠି ପାଇବା ପରେ ଗିରଫ ଅନେକ ସୈନିକ ମୁକ୍ତ ହେଲେ। କିନ୍ତୁ ସନ୍ଦେହରେ ଆସୁଥିବା ସମସ୍ତ ସୈନିକଙ୍କୁ ଯାଞ୍ଚ କରାଗଲା। ପୁରୀ ମାଜିଷ୍ଟ୍ରେଟ୍ କମିଶନରଙ୍କୁ ଜଣାଇଲେ-
'୫୦ ଜଣ ସିପାହି ଏହା ଭିତରେ ପୁରୀ ଆସିଥିଲେ। କିନ୍ତୁ ସେମାନଙ୍କ ଭିତରୁ କେହି ଏବେ ନାହାନ୍ତି। ଯେଉଁ ପଣ୍ଡାମାନେ ସେମାନଙ୍କୁ ଆଶ୍ରୟ ଦେଇଥିଲେ ସେମାନଙ୍କୁ ଗିରଫ କରାଯାଇ ଛାଡ଼ି ଦିଆଯାଇଛି। ତାଙ୍କ ଉପରେ କଡ଼ା ନଜର ରଖାଯାଇଛି। ଅପରପକ୍ଷେ ସିପାହି ପଣ୍ଡା ଭାବେ ପରିଚିତ ଚନ୍ଦନ ହଜୁରୀ ଓରଫ୍ ଚାଖି ଖୁଣ୍ଟିଆଙ୍କୁ ଦେଶଦ୍ରୋହ ଅପରାଧରେ ଗିରଫ କରାଯାଇଛି'।

ପରମ୍ପରା ଅନୁସାରେ ସିପାହି ପଣ୍ଡା ଚାଖି ଖୁଣ୍ଟିଆ ଦେଶୀୟ ରାଜାମାନଙ୍କ ପାଇଁ ସୈନ୍ୟ ସଂଗ୍ରହ କରିଥାଆନ୍ତି। ବିଭିନ୍ନ ସମୟରେ ସେ ସୈନ୍ୟ ଶିବିରମାନଙ୍କୁ ଯାଇ ସେଠାରେ ସୈନିକଙ୍କୁ ପୁରୀ ଶ୍ରୀମନ୍ଦିର ପରିଦର୍ଶନ କରିବା ପାଇଁ ଉତ୍ସାହିତ କରିଥାଆନ୍ତି। ଝାନ୍‌ସୀଠାରେ ବିଦ୍ରୋହର ନେତୃତ୍ୱ ନେଉଥିବା ରାଣୀ ଲକ୍ଷ୍ମୀବାଈଙ୍କ ପରିବାରର ସେ ଗୋସେଇଁ ଭାବେ ପରିଚିତ। ଲକ୍ଷ୍ନୌରେ ଅବସ୍ଥାପିତ ୧୩ ବେଙ୍ଗଲ ନେଟିଭ୍ ଇନ୍‌ଫ୍ୟାଣ୍ଟ୍ରି ତାଙ୍କ ସମ୍ପର୍କରେ

ଯଥେଷ୍ଟ ସୂଚନା ହାସଲ କରିଛନ୍ତି। ଦେଶଦ୍ରୋହ କାରବାରରେ ଲିପ୍ତ ଥାଇପାରନ୍ତି ବୋଲି ଇଂରେଜ ପ୍ରଶାସନ ଅଭିଯୋଗ କରିଥିଲା।

ଅପରପକ୍ଷେ ଏହି ସୈନ୍ୟବାହିନୀ ଲକ୍ଷ୍ନୌ ପୂର୍ବରୁ ଭାଗଲପୁର ଓ ଦାନାପୁରରେ କ୍ୟାମ୍ପ କରିଥିଲେ। ସେତେବେଳେ ଚାଖି ଖୁଣ୍ଟିଆଙ୍କ ସମ୍ପର୍କରେ କମ୍ପାନୀ ବିରୋଧୀ କାର୍ଯ୍ୟକଳାପର କିଛି ସୁରାକ୍ ଭାଗଲପୁରର ମାଜିଷ୍ଟ୍ରେଟ୍ ଲକ୍ଷ୍ୟ କରିଛନ୍ତି। ଏହି କାରଣରୁ ସମ୍ପୃକ୍ତ ଜଣେ ମାଜିଷ୍ଟ୍ରେଟ୍‌ଙ୍କ ଅଭିଯୋଗ ମୁତାବକ ପୁରୀ ମାଜିଷ୍ଟ୍ରେଟ୍ ତାଙ୍କୁ ପୁରୀରେ ଗିରଫ କରିଛନ୍ତି। ଏ ବାବଦରେ ସବୁ କାଗଜପତ୍ର ଓ ତାଙ୍କ ଚରିତ୍ର ଯାଞ୍ଚ କରି ୧୪ ଅଗଷ୍ଟ ୧୮୫୮ ମସିହାରେ କଟକରେ ଅବସ୍ଥାପିତ କମିଶନର କକ୍‌ବର୍ଣ୍ଣ ପୁରୀ ମାଜିଷ୍ଟ୍ରେଟ୍‌ଙ୍କୁ ଏହା ଏକ ଅଯଥା ଆରୋପ ବୋଲି ବର୍ଣ୍ଣନା କଲେ। ତାଙ୍କ ବିପକ୍ଷରେ ଦେଶଦ୍ରୋହ ଭଳି ଅଭିଯୋଗର ସେ କୌଣସି ପ୍ରମାଣ ପାଉ ନାହାନ୍ତି ବୋଲି କହିଲେ। ଏଣୁ ଏହାଙ୍କୁ ବନ୍ଦୀ ରଖି ବିଦ୍ରୋହକୁ ଅଧିକ ସଂଗଠିତ କରିବାର କୌଣସି କାରଣ ନାହିଁ ବୋଲି କକ୍‌ବର୍ଣ୍ଣ ଅନୁମାନ କରି ତାଙ୍କୁ ଖଲାସ କରିବା ଲାଗି ପ୍ରସ୍ତାବ ଦେଲେ। କିନ୍ତୁ ରଥଯାତ୍ରା ପାଖେଇ ଆସୁଥିବାରୁ ଏ ପ୍ରସ୍ତାବକୁ କାର୍ଯ୍ୟକାରୀ କରାଗଲା ନାହିଁ। ଅପରପକ୍ଷେ ତାଙ୍କ ନାଁରେ ଥିବା ଅନେକ ସମ୍ପତ୍ତିକୁ ବାଜ୍ୟାପ୍ତ କରାଗଲା। ପୁରୀରେ ଯାଞ୍ଚ ବ୍ୟବସ୍ଥାକୁ ଅଧିକ କଡ଼ାକଡ଼ି କରାଗଲା। ଏପରିକି ପୁରୀ ଆସୁଥିବା ରାସ୍ତାରେ ରାଜ୍ୟ ବାହାରର ଲୋକଙ୍କ ଯାତାୟାତକୁ ବନ୍ଦ କରିଦିଆଗଲା। ସିପାହି ପଣ୍ଡାଙ୍କୁ ୧୮୫୮ ଯାଏ ବନ୍ଦୀ ରଖାଗଲା। ଯେତେବେଳେ ବିଦ୍ରୋହ ଶେଷ ହେଲା ସେତେବେଳେ ବ୍ରିଟେନ୍ ରାଣୀଙ୍କ ଆଦେଶ କ୍ରମେ ଅନ୍ୟବନ୍ଦୀମାନଙ୍କ ସହ ତାଙ୍କୁ ଖଲାସ କରାଗଲା।

୬୪

ପଞ୍ଚାୟତକୁ ଶ୍ରୀମନ୍ଦିର

କମିଶନର କକ୍‌ବର୍ଣ୍ଣଙ୍କ ଚିଠି ପାଇବା ପରେ ଗିରଫ ଅନେକ ସୈନିକ ମୁକ୍ତ ହେଲେ। କିନ୍ତୁ ସନ୍ଦେହରେ ଆସୁଥିବା ସମସ୍ତ ସୈନିକଙ୍କୁ ଯାଞ୍ଚ କାର୍ଯ୍ୟ ଅବ୍ୟାହତ ରହିଲା। ପୁରୀ ମାଜିଷ୍ଟ୍ରେଟ୍ କମିଶନରଙ୍କୁ ଜଣାଇଲେ ଯେ, ୫୦ ଜଣ ସିପାହି ଏହା ଭିତରେ ପୁରୀ ଆସିଥିଲେ। କିନ୍ତୁ ସେମାନଙ୍କ ଭିତରୁ କେହି ଏବେ ନାହାନ୍ତି। ଯେଉଁ ପଣ୍ଡାମାନେ ସେମାନଙ୍କୁ ଆଶ୍ରୟ ଦେଇଥିଲେ ସେମାନଙ୍କୁ ଗିରଫ କରାଯାଇ ଛାଡ଼ି ଦିଆଯାଇଛି। ତାଙ୍କ ଉପରେ କଡ଼ା ନଜର ରଖାଯାଇଛି। ଅପରପକ୍ଷେ ସିପାହି ପଣ୍ଡା ଭାବେ ପରିଚିତ ଚନ୍ଦନ ହଜୁରୀ ଓରଫ୍ ଚାଖି ଖୁଣ୍ଟିଆଙ୍କୁ ଦେଶଦ୍ରୋହ ଅପରାଧରେ ଗିରଫ କରାଯାଇଛି। ଯେତେବେଳେ ବିଦ୍ରୋହ ଶେଷ ହେଲା ବ୍ରିଟିଶ୍ ରାଣୀଙ୍କ ଅନୁମୋଦନ କ୍ରମେ ବନ୍ଦୀ ସୈନିକଙ୍କ ସହ ଚାଖି ଖୁଣ୍ଟିଆଙ୍କୁ ମୁକ୍ତି ଦିଆଯାଇଛି।

ଇଂରେଜ ଶାସନର ପରିବର୍ତ୍ତିତ ଚେହେରା କ୍ରମଶଃ ଭାରତରେ ଖ୍ରୀଷ୍ଟ ଧର୍ମଯାଜକମାନଙ୍କୁ ସୁହାଇବାରେ ଲାଗିଲା। ରାଜାଙ୍କ କ୍ଷମତା ଓ ଆୟର ପରିସୀମା ସଙ୍କୁଚିତ ହେବା ଦ୍ୱାରା ଜଗନ୍ନାଥ ମନ୍ଦିରର ପରିଚାଳନାରେ ଅନେକ ବିଭ୍ରାଟ ପରିଲକ୍ଷିତ ହେଲା। ରାଜାଙ୍କ ଉପରେ ଲୋକଙ୍କ ରୋଷ କ୍ରମଶଃ ବଢ଼ିଲା। କିନ୍ତୁ ତାହାକୁ ପ୍ରଶମିତ କରିବାକୁ ରାଜା ସମର୍ଥ ହେଲେ ନାହିଁ। ଦିନକୁ ଦିନ ବିଶୃଙ୍ଖଳା ବଢ଼ିବା, ରୀତିନୀତି ଠିକଣା ଭାବେ ପରିଚାଳନା ନହୋଇପାରିବା ତଥା ଭକ୍ତଙ୍କ ସୁରକ୍ଷା ସଙ୍କଟରେ ଥିବା ସ୍ପଷ୍ଟ ବାରି ହେଲା। ଏହି ପରିସ୍ଥିତିର ଫାଇଦା ନେବା ପାଇଁ କିଛି

ପ୍ରଶାସକ ସ୍ଥାନୀୟ ଲୋକ, ସେବକଙ୍କୁ ରାଜାଙ୍କ ବିରୋଧରେ ମତାଇ ଇଂରେଜ ଶାସକଙ୍କ ସହ ସିଧାସଳଖ ଆଲୋଚନା କରିବା, ପତ୍ର ଲେଖି ନିଜର ଅଭିଯୋଗ ଜଣାଇବାକୁ ପରାମର୍ଶ ଦେଲେ। ଅବଶ୍ୟ ଏହା ପରୋକ୍ଷରେ ରାଜାଙ୍କ ନ୍ୟାଯ୍ୟ ଦାବିକୁ ଅଣଦେଖା କରିବା ପାଇଁ ଉଦ୍ଦିଷ୍ଟ ଥିଲା। କିନ୍ତୁ ଇଂରେଜଙ୍କ ଏହି ଷଡ଼ଯନ୍ତ୍ରକୁ ସରଳ ଓଡ଼ିଆ ଲୋକେ ବୁଝିପାରି ନଥିଲେ। କିନ୍ତୁ ଇଂରେଜଙ୍କ ଅନୁସାରେ ପିଟିସନ୍‌ରେ ଦସ୍ତଖତ କରିବା ଆରମ୍ଭ କରିଦେଲେ।

ରାଜା ଚିରାଚରିତ ଭାବେ ନିଜର ଅଧିକାର ହାସଲ କରିବା ପାଇଁ ଇଂରେଜ ଅଧିକାରୀଙ୍କୁ ଦାବିପତ୍ର ଦେଲେ। ଦୁଇଟି ପୃଥକ୍ ଦାବିପତ୍ରରେ ସେ ଜଗନ୍ନାଥ ମନ୍ଦିର ବାବଦକୁ ଇଂରେଜମାନେ ଦେଉଥିବା କ୍ଷତିପୂରଣ ବାବଦ ଅର୍ଥ ହ୍ରାସ ନକରିବା ପାଇଁ ଯୁକ୍ତି ଦର୍ଶାଇଲେ। ଜଗନ୍ନାଥଙ୍କ ନାମରେ ଖଞ୍ଜାଯାଇଥିବା ଜମିକୁ ସରକାର ଗ୍ରହଣ କରି ଏହି କ୍ଷତିପୂରଣ ରାଶି ଦେଉଥିଲେ। ଏଣୁ ଏହାକୁ ବନ୍ଦ କରିବା ଦ୍ୱାରା ପରମ୍ପରାରେ ବ୍ୟାଘାତ ଆସିବ ବୋଲି ଜଣାଇଲେ। ହେଲେ ଏହି ଆବେଦନର କୌଣସି ଶୁଣାଣି ନହେଉଣୁ ସେବାୟତଙ୍କ ପକ୍ଷରୁ ଏକ ଆବେଦନ ଇଂରେଜ ସରକାରଙ୍କ ନିକଟକୁ ପଠାଯାଇଥିଲା। ଯେଉଁଥିରେ ସେମାନଙ୍କ ସୁରକ୍ଷା ଓ ସେବା ଅଧିକାର କଥା ଉଲ୍ଲେଖ କରାଯାଇଥିଲା। ଚତୁର୍ଥ ଏବଂ ଗୁରୁତ୍ୱପୂର୍ଣ୍ଣ ଆବେଦନ ଥିଲା ଏକ ପ୍ରସ୍ତାବ ସମ୍ବଳିତ। ଯେଉଁଥିରେ କୁହାଯାଇଥିଲା-

'ଶ୍ରୀମନ୍ଦିର ହେଉଛି ସାଧାରଣ ଲୋକଙ୍କ ସମ୍ପତ୍ତି। ଭକ୍ତି ଓ ଭାବାବେଗ ତଥା ଆରାଧନାର କେନ୍ଦ୍ରସ୍ଥଳ। ଇଂରେଜମାନଙ୍କ ଆଗମନ ପରେ ଯଦି ସରକାର ଏହାକୁ ସ୍ୱାଧୀନ ଭାବେ ପରିଚାଳନା କରିବାକୁ ଚାହୁଁଛନ୍ତି ତେବେ ରାଜା ନୁହେଁ ବରଂ ସାଧାରଣ ଲୋକଙ୍କୁ ଏହାର ପରିଚାଳନା ଭାର ହସ୍ତାନ୍ତର କରାଯାଉ। ଏଥିପାଇଁ ଏକ ପଞ୍ଚାୟତ ଗଠନ କରାଯାଉ। ସେହି ପଞ୍ଚାୟତ ମନ୍ଦିର ପରିଚାଳନା, ଭକ୍ତଙ୍କ ସୁରକ୍ଷା ଏବଂ ରୀତିନୀତି ସମାପନ ପାଇଁ ଉତ୍ତରଦାୟୀ ରହିବେ'।

ଏହି ପ୍ରସ୍ତାବରେ ୯୩ ଜଣ ଗ୍ରାମବାସୀ ସ୍ୱାକ୍ଷର କରିଥିଲେ। ଏ ସମସ୍ତେ ସେତେବେଳର ପରିଚିତ ତଥା କ୍ଷମତାଶାଳୀ ବର୍ଗ ଥିଲେ। ଇଂରେଜ ଅଧୀନ ଭାରତ ସରକାରଙ୍କ ସଚିବ ଏଫ୍‌ଜେ ହାଲିଡେ ଏହି ୪ଟି ପ୍ରସ୍ତାବକୁ ଇଂରେଜ ସରକାରଙ୍କ ନିଷ୍ପତ୍ତି ପାଇଁ ପଠାଇଦେଲେ।[୭୧] ଚତୁର୍ଥ ପ୍ରସ୍ତାବଟି ରାଜାଙ୍କ କ୍ଷମତା ଓ ରାଜନୀତିକୁ ସଙ୍କୁଚିତ କରିବା ପାଇଁ ଯେ ଉଦ୍ଦିଷ୍ଟ ଥିଲା ତାହାକୁ କେହି ଅସ୍ୱୀକାର କରିବେ ନାହିଁ। ଯଦିଓ ଏହି ପ୍ରସ୍ତାବ କାର୍ଯ୍ୟକାରୀ ହୋଇ ନଥିଲା କିନ୍ତୁ ଶ୍ରୀମନ୍ଦିର ପରିଚାଳନା ଓ ରାଜା ଇଂରେଜ ଅଧିକାରୀଙ୍କ ନିୟନ୍ତ୍ରଣରେ ହିଁ ରହିଲେ।

ରାଜା ବୀରକିଶୋର ଦେବ ଇଂରେଜମାନଙ୍କ ଶାସନର ଏହି ଚାପ ଓ ଦୁର୍ବଳତା ହେତୁ କ୍ରମଶଃ ରୋଗଗ୍ରସ୍ତ ହେଲେ। ବିଛଣାରୁ ଉଠି ମାମଲା ଲଢ଼ିବା ତଥା ଆଇନଗତ ଜଞ୍ଜାଳ ଭିତରେ ନିଜକୁ ଲିପ୍ତ କରିବା ତାଙ୍କ ପକ୍ଷେ ସମ୍ଭବ ହେଲା ନାହିଁ। ଅପରପକ୍ଷେ ତାଙ୍କ ପରେ ପୁରୀରେ କିଏ ରାଜା ହେବ ତାହା ମଧ୍ୟ ପ୍ରଶ୍ନବାଚୀ ଭିତରକୁ ଠେଲି ହୋଇଗଲା। ଯଦି କାହାକୁ ପୋଷ୍ୟ ପୁତ୍ର ଭାବେ ଗ୍ରହଣ ନ କରାଯାଏ ତେବେ ପରବର୍ତ୍ତୀ ସମୟରେ ପୁରୀରେ ରାଜପରିବାର ବୋଲି ଆଉ କିଛି ରହିବ ନାହିଁ। ଶ୍ରୀଜଗନ୍ନାଥ ମନ୍ଦିର ସିଧାସଳଖ ଇଂରେଜଙ୍କ

ହାତକୁ ହିଁ ଚାଲି ଆସିବ। କେହି ଆଉ ବାଧକ ହେବେ ନାହିଁ। ଅନ୍ୟ ରାଜ୍ୟଗୁଡ଼ିକରେ ଯେପରି ରାଜସ୍ୱତ୍ୱକୁ ଲୋପ କଲେ ତାହା ପୁରୀରେ ନହେବ ବୋଲି କିଏ କହିବ? ଏହି ଚିନ୍ତାରେ ଗଜପତି ବୀରକିଶୋର ଦେବ ସାନଖେମୁଣ୍ଡିର ରାଜପୁତ୍ରଙ୍କୁ ପୋଷ୍ୟଭାବେ ଗ୍ରହଣ କରିବା ଲାଗି ଦତ୍ତଯଜ୍ଞ ଆୟୋଜନ ହେଲା। ଯଦିଓ ମହାରାଣୀ ସୂର୍ଯ୍ୟମଣି ପାଟମହାଦେଈ ଏହାଙ୍କୁ ପୁତ୍ର ଭାବେ ସ୍ୱୀକାର କରିବାକୁ ଅମଙ୍ଗ ଥିଲେ କିନ୍ତୁ ରାଜବଂଶର ରକ୍ଷା ପାଇଁ ସେ ଦତ୍ତଯଜ୍ଞରେ ସାମିଲ୍ ହେଲେ। ଏହା ପୂର୍ବରୁ ଖେମୁଣ୍ଡିର ଖଳ ଆଚରଣକୁ କାବୁ କରିବାକୁ ଯାଇ ଏକ ବସିୟତ୍‌ନାମା ପ୍ରସ୍ତୁତ କରାଗଲା। ସେଥିରେ ଉଲ୍ଲେଖ କରାହେଲା-

'ଯେଯାଏଁ ଜେନାମଣି ସାବାଳକ ନ ହୋଇଛନ୍ତି ସେଯାଏ ମନ୍ଦିର ଓ ଜମି ଜମା ମାମଲାର ରକ୍ଷକ ହେବେ ପାଟମହାଦେଈ'।

ଏହି ଡକ୍ୟୁମେଣ୍ଟ ହିଁ ପରବର୍ତ୍ତୀ ସମୟରେ ନିଶାଖୋର ଜେନାମଣି ତଥା ପରବର୍ତ୍ତୀ ସମୟରେ ରାଜଗାଦି ଅଳଂକୃତ କରିଥିବା ରାଜା ଦିବ୍ୟସିଂହ ଦେବଙ୍କ କବଳରୁ ପୁରୀକୁ ରକ୍ଷା କରିବାରେ ସାହାଯ୍ୟ କରିଥିଲା।[୭୨] ୧୮୫୯ରେ ବୀରକେଶରୀ ଦେବଙ୍କ ମୃତ୍ୟୁ ହେଲା। ପ୍ରକୃତ ରକ୍ଷାକର୍ତ୍ତ୍ରୀ ହେଲେ ସୂର୍ଯ୍ୟମଣି। କିନ୍ତୁ ପରମ୍ପରା ଅନୁସାରେ ଅଙ୍କ କଟା ହେଲା ତୃତୀୟ ଦିବ୍ୟସିଂହ ଦେବଙ୍କ ନାମରେ।

ଏ ଭିତରେ ପ୍ରତିହାରୀଙ୍କ କ୍ଷମତା ମଧ୍ୟ ସଙ୍କୁଚିତ ହେବାରୁ ସେମାନଙ୍କ ଭିତରେ ଉତ୍ତେଜନା ବଢ଼ିଲା। ମନ୍ଦିର ଭିତରେ ଓ ବାହାରେ ଇଂରେଜମାନଙ୍କ ଦ୍ୱାରା ନିୟୋଜିତ ପୁଲିସ ଆଇନ ଶୃଙ୍ଖଳା ରକ୍ଷା କାର୍ଯ୍ୟରେ ନିୟୋଜିତ ହେଲେ। ରାଜା ନଥିବାରୁ ଆବଶ୍ୟକ ପରମ୍ପରାସବୁ ରାଜକର୍ମଚାରୀଙ୍କ ଦ୍ୱାରା ସମାପନ କରାଗଲା। ଅପରପକ୍ଷେ ରାଜାଙ୍କ ଅନୁପସ୍ଥିତିରେ ୧୮୬୦ର ରଥଯାତ୍ରାକୁ ଶୃଙ୍ଖଳିତ କରି ନିଜର ଗୁରୁତ୍ୱ ବଢ଼ାଇବା ଲାଗି ମାଜିଷ୍ଟ୍ରେଟ୍ ଲାଗିପଡ଼ିଲେ। ପ୍ରଥମ ଥର ପାଇଁ ପୁଲିସ ପକ୍ଷରୁ ରଥଯାତ୍ରାର ପରିଚାଳନା ପାଇଁ କର୍ଡନ୍ ବ୍ୟବସ୍ଥା ଆରମ୍ଭ କଲେ। ରଥର ଦୁଇ ପାଖରେ ସ୍ୱତନ୍ତ୍ର ଦଉଡ଼ି ଧରି ପୁଲିସ ଧାଡ଼ି କଲେ। ଫଳରେ କୌଣସି ଭକ୍ତ ରଥ ଚାଲିବା ସମୟରେ ବାହାରୁ ଭିତରକୁ ପ୍ରବେଶ କରିପାରିଲେ ନାହିଁ। ବିଭିନ୍ନ ସ୍ଥାନରେ ବନ୍ଧୁକଧାରୀ ପୁଲିସଙ୍କୁ ନିୟୋଜିତ କରାଗଲା। ସେମାନଙ୍କ ସଂଖ୍ୟା ପାଖାପାଖି ୩୦ ରହିଲା। ଏହାଙ୍କୁ ଦେଖି ଭକ୍ତଙ୍କ ମନରେ ଏକ ପ୍ରକାର ଛନକା ପଶିଲା। କେହି ତାଙ୍କ ପାଖକୁ ଆସିବାକୁ ବି ସାହସ କଲେ ନାହିଁ। ପୁରୀର ମାଜିଷ୍ଟ୍ରେଟ୍ ଏହି ପରିସ୍ଥିତିକୁ ଅନୁଧ୍ୟାନ କରୁଥିଲେ। ଯେପରି ହିନ୍ଦୁମାନଙ୍କ ଧର୍ମ କାରବାରରେ କୌଣସି ଆଞ୍ଚ ନଆସିବ ସେଥିଲାଗି ୟୁରୋପୀୟ ଅଧିକାରୀଙ୍କୁ ରଥଯାତ୍ରା ବେଳେ ରଥ କିମ୍ବା ଠାକୁରଙ୍କ ପାଖରେ ରହିବାକୁ ଅନୁମତି ଦିଆଗଲା ନାହିଁ। ସେମାନେ କେବଳ ନିଜ ପୁଲିସ ବାହିନୀର ତଦାରଖ କରିବା ସହ ଆବଶ୍ୟକ ଆଦେଶ ଦେଉଥିଲେ।[୭୩] ଏପରି ଶୃଙ୍ଖଳା ବ୍ୟବସ୍ଥା ଦ୍ୱାରା ରଥଚକ ତଳେ ବଳିଦାନ ଦେବାର ପରମ୍ପରା ବନ୍ଦ ହୋଇଗଲା। ରଥଯାତ୍ରା ପୂର୍ବଦିନ ଯେଉଁ ଭକ୍ତମାନେ ଚାହିଁଲେ ସେମାନଙ୍କୁ ଶୃଙ୍ଖଳିତ ଢଙ୍ଗରେ ମନ୍ଦିର ଭିତରକୁ ପ୍ରବେଶ କରି ଦର୍ଶନ ସାରିବାକୁ ଅନୁମତି ମିଳିଲା। ପାଖାପାଖି ୧ ଲକ୍ଷ ଯାତ୍ରୀ ସେହିବର୍ଷ ପୁରୀରେ ଏକାଠି ହୋଇଥିଲେ। ଶ୍ରୀଜଗନ୍ନାଥ ମନ୍ଦିରରେ ଏପରି ଶୃଙ୍ଖଳାକୁ ଭିତ୍ତିକରି ମାଜିଷ୍ଟ୍ରେଟ୍‌ଙ୍କ ହାତମୁଠା ଆହୁରି ଶକ୍ତ ହେଲା।

(୬୫)

ପଥର ଖସିଲା ବଡ଼ଦେଉଳରୁ

ପ୍ରତିହାରୀଙ୍କ କ୍ଷମତା ମଧ୍ୟ ସଙ୍କୁଚିତ ହେବାରୁ ସେମାନଙ୍କ ଭିତରେ ଉତ୍ତେଜନା ବଢ଼ିଲା। ମନ୍ଦିର ଭିତରେ ଓ ବାହାରେ ଇଂରେଜମାନଙ୍କ ଦ୍ୱାରା ନିୟୋଜିତ ପୁଲିସ ଆଇନ ଶୃଙ୍ଖଳା ରକ୍ଷା କାର୍ଯ୍ୟରେ ନିୟୋଜିତ ହେଲେ। ରାଜା ନଥିବାରୁ ପରମ୍ପରା ରାଜକର୍ମଚାରୀଙ୍କ ଦ୍ୱାରା ସମାପନ କରାଗଲା। ଅପରପକ୍ଷେ ରାଜାଙ୍କ ଅନୁପସ୍ଥିତିରେ ୧୮୬୦ର ରଥଯାତ୍ରାକୁ ଶୃଙ୍ଖଳିତ କରି ନିଜର ଗୁରୁତ୍ୱକୁ ବଢ଼ାଇବା ଲାଗି ମାଜିଷ୍ଟ୍ରେଟ୍ ଲାଗିପଡ଼ିଲେ। ପ୍ରଥମ ଥର ପାଇଁ ପୁଲିସ ପକ୍ଷରୁ ରଥଯାତ୍ରାର ପରିଚାଳନା ପାଇଁ କର୍ଡନ୍ ବ୍ୟବସ୍ଥା ଆରମ୍ଭ କଲେ। ରଥର ଦୁଇ ପାଖରେ ସ୍ୱତନ୍ତ୍ର ଦଉଡ଼ି ଧରି ପୁଲିସ ଧାଡ଼ି କଲେ। ଫଳରେ କୌଣସି ଭକ୍ତ ରଥ ଚାଲିବା ସମୟରେ ବାହାରୁ ଭିତରକୁ ପ୍ରବେଶ କରିପାରିଲେ ନାହିଁ। ଅଧିକ ଶୃଙ୍ଖଳିତ ହେଲା ରଥଯାତ୍ରା। ଆଉ ଟାଣ ହେଲା ମାଜିଷ୍ଟ୍ରେଟ୍‌ଙ୍କ ହାତମୁଠା।

ସବୁକିଛି ଯେମିତି ପୁରୀରେ ଅଲଗା ଅଲଗା ଲାଗୁଛି। ଶ୍ରୀଜଗନ୍ନାଥଙ୍କୁ ଆଉ ଭାବ, ଭକ୍ତିର ଦେବତା ଭାବେ ନୁହେଁ; ବରଂ ରାଜା, ସେବକ ଓ ଇଂରେଜ ଅଧିକାରୀମାନେ ନିଜର ଫାଇଦା ପାଇଁ ଖେଳଣା କରିଦେଇଛନ୍ତି। କେତେବେଳେ ତାଙ୍କ ନାଁ ନେଇ ରାଜା ନିଜ ଆସନ ବଞ୍ଚାଇବାକୁ ଚାହୁଁଛନ୍ତି ତ ଆଉ କେତେବେଳେ ତାଙ୍କରି ନାଁରେ ଅଘଟଣ ସୂତ୍ରପାତ ହେଉଛି। ପୁଣି ସେବକମାନେ ତ ରାଜାଙ୍କ ବିରୋଧରେ ଆଉ ରାଜା ସେବକଙ୍କ ବିରୋଧରେ ଯାହାସବୁ କହୁଛନ୍ତି, ତାହା ନକହିବା ଭଲ। ମହାରାଜା ବୀରକିଶୋର ଦେବଙ୍କ ମୃତ୍ୟୁ ପରଠାରୁ ଏମିତି

ଏକ ଅବିଶ୍ୱାସ ବାତାବରଣ ପୁରୀରେ ଜାରି ରହିଛି । ମା'-ପୁଅ, ରାଜା-ପ୍ରଜା ବା ଶାସକ-ଶାସିତଙ୍କ ଭିତରେ ଆଉ ଆସ୍ଥା ନାହିଁ । ଏଣୁ ଠାକୁର ଏ ଦେଉଳରେ ଅଛନ୍ତି ବୋଲି କିଏ କହିବ ?

ଏମିତି ଆଶଙ୍କା-ଅନାସ୍ଥାରେ ଇଂରେଜମାନଙ୍କ ଶାସନକୁ ଓଡ଼ିଶାରେ ୭୨ ବର୍ଷ ପୂରିଥାଏ । ଖେମୁଣ୍ଡି ରାଜ୍ୟର ରାଜକୁମାର ସାବାଳକ ହୋଇ କ୍ଷମତା ହାସଲ କରିଥାଆନ୍ତି । ମନ୍ଦିରର ସୁପରିଣ୍ଟେଣ୍ଡେଣ୍ଟ ଭାବେ ତାଙ୍କୁ ଇଂରେଜ ଅଧିକାରୀମାନେ ସ୍ୱୀକାର କରିଛନ୍ତି । କିନ୍ତୁ ନିଜ ଖଳ ସହାୟକମାନଙ୍କ ସହ ମିଶି ରାଜା ଯେମିତି ଆଚରଣ ପୁରୀରେ ଜାରି ରଖିଛନ୍ତି ସେଥିରେ ପୁରୀ ରାଜାଙ୍କ ସମ୍ମାନ, ପ୍ରତିପତ୍ତି ପ୍ରଭାବିତ ହୋଇଛି ।

ଏ ଭିତରେ ରଥଯାତ୍ରା ପଡ଼ିଲା । ଠାକୁରଙ୍କୁ ବିଧି ଅନୁସାରେ ରଥରେ ବସାଇ ଉତ୍ସାହର ସହ ଭକ୍ତ ଗୁଣ୍ଡିଚା ମନ୍ଦିର ନେଇଗଲେ । ଏହି ସମୟରେ ଖାଲିଥିବା ରତ୍ନ ସିଂହାସନ ଉପରେ ତିନୋଟି ବଡ଼ ବଡ଼ ପଥରଖଣ୍ଡ ଖସିପଡ଼ିଲା ।[୭୪] ଏ ଖବର ଯେମିତି ବିଜୁଳି ହେଲା ପୁରୀ ଓ ଆଖପାଖ ଅଞ୍ଚଳରେ ଆତଙ୍କ ଖେଳିଗଲା । ସମସ୍ତ ହିନ୍ଦୁ ଆତଙ୍କିତ ହେଲେ । ପୂର୍ବରୁ ଏମିତି କେବେ ହୋଇ ନଥିଲା । ଯଦିଓ ଗର୍ଭଗୃହରେ ସେତେବେଳେ କେହି ନଥିବାରୁ ବିଶେଷ କିଛି କ୍ଷତି ହୋଇ ନଥିଲା, କିନ୍ତୁ ଏହା ଯେ ଏକ ଅଶୁଭ ସଙ୍କେତ ଆଉ କାହାକୁ କହିବା ଦରକାର ପଡ଼ିଲା ନାହିଁ । ରଥ ଦାଣ୍ଡରେ ପଣ୍ଡାଏ ଟଙ୍କା ମାଗିଲେ- ଯାତ୍ରୀ କହୁଥିଲେ, ଏ ଜୁଲମ ଆଉ ରହିବନି । ଅନ୍ୟାୟ ଅତିଶୟ ହେଲାଣି । ଦେଖିବ- ୧୨ ହାତ ଖଣ୍ଡା ବୁଲିବ । କଳା-ଧଳା ଘୋଡ଼ାରେ ଜଗା ବଳିଆ ଆସିବେ । ସବୁ ପାପୀଙ୍କୁ ନିପାତ କରିବେ । ଟିକେ ତ ସତର୍କ ହୁଅ । ଏ ଗରିବକୁ ମାରିଲେ ଜଗନ୍ନାଥ ତମକୁ ନାଶ କରିଦେବେ ! ଆଉ ଏବେ ତାହା ପ୍ରମାଣିତ ହୋଇଛି । ବଡ଼ଠାକୁର ଇଙ୍ଗିତ କରିଲେଣି । ବଡ଼ଦେଉଳରୁ ପଥର ଖସିଲାଣି । ଏବେତ ନିଜର ଅହଙ୍କାର, ଗର୍ବ ଓ ଜୁଲମ୍ ବନ୍ଦ କର !

କେହି କେହି କହିଲେ ଏହା ପ୍ରଭୁ ଶ୍ରୀଜଗନ୍ନାଥଙ୍କ ଲୀଳା । ଏ ମନ୍ଦିରରେ ଆଉ ସେ ରହିବାକୁ ଚାହୁଁନାହାନ୍ତି । ଯେମିତି ଅରାଜକତା ଚାଲିଛି ତାହା ବିପକ୍ଷରେ ଏହା ଶ୍ରୀଜଗନ୍ନାଥଙ୍କ ଚେତାବନୀ । ପରସ୍ପର ଭିତରେ ଲଢ଼ି ଯଦି ମନ୍ଦିରର ରକ୍ଷଣାବେକ୍ଷଣ କଥା ଚିନ୍ତା ନକରାଯାଏ ତେବେ ତାହା କୋଣାର୍କ ଭଳି ମାଟି ହୋଇଯିବ !

ଏବେ ତିନିଠାକୁର ଆସିଲେ ବସିବେ କେଉଁଠି ? ଏମିତି ଚର୍ଚ୍ଚା ଭିତରେ ପଣ୍ଡିତଙ୍କ ପରାମର୍ଶ ଅନୁସାରେ ଅନ୍ୟତ୍ର ବସାଇ ଜଗନ୍ନାଥଙ୍କ ପୂଜାର୍ଚ୍ଚନାର ବନ୍ଦୋବସ୍ତ କରାଗଲା । ତେଣେ ଜଗନ୍ନାଥ ମହାପ୍ରଭୁ ରତ୍ନ ସିଂହାସନରେ ବସୁନଥିବା ହେତୁ ତାଙ୍କୁ ଭୋଗ ହେଉଥିବା ପ୍ରସାଦରେ ସେହି ପବିତ୍ରତା ନାହିଁ ବୋଲି ଚର୍ଚ୍ଚା ହେଲା । ଏହାକୁ ମହାପ୍ରସାଦ କହିବା ଅନୁଚିତ ବୋଲି କେହି କେହି କହିଲେ । ପଣ୍ଡିତ ମହାସଭାର ଅଧିକାଂଶ ଏହି ମତର ବିରୋଧୀ ହେଲେ । ଶ୍ରୀଜଗନ୍ନାଥଙ୍କୁ ରତ୍ନ ସିଂହାସନ ବାହାରେ ଭୋଗ ହେଉଥିବା ପ୍ରସାଦ ପରେ ବିମଳାଙ୍କୁ ସମର୍ପିତ ହୋଇ ମହାପ୍ରସାଦରେ ପରିଣତ ହେଉଛି । ଏହାର ପବିତ୍ରତା ପୂର୍ବପରି ଅକ୍ଷୁଣ୍ଣ ରହିଛି ବୋଲି କୁହାଗଲା । କିନ୍ତୁ କିଛି ପଣ୍ଡିତ ଏହାର ବିରୋଧରେ ରହିଲେ । କହିଲେ-

'ଗୁରୁବାଇରେ ଡଙ୍ଗା ଉପରେ ଲାଗି ହେଉଥିବା ପ୍ରସାଦକୁ ତୁମେ କ'ଣ ମହାପ୍ରସାଦ କହୁଥିଲ ? ଆଠଗଡ଼ରେ ଶ୍ରୀଜିଉ ଅଜ୍ଞାତ ଥିବା ବେଳେ ସେ ତ ମନ୍ଦିରରେ ଥିଲେ, ହେଲେ ତାଙ୍କୁ ହେଉଥିବା ଭୋଗର କ'ଣ ସମାନ ପବିତ୍ରତା ଥିଲା ? ଯଦି ନୁହେଁ, ତେବେ ଏହା କେମିତି ହେବ ? ସେହି ରତ୍ନ ସିଂହାସନ ହିଁ ଗୁରୁତ୍ୱପୂର୍ଣ୍ଣ। ଯାହାଙ୍କ ତଳେ ସହସ୍ର ଶାଳଗ୍ରାମ ପୂଜା ପାଉଛନ୍ତି। ସେହି ସିଂହାସନ ଉପରେ ପୂଜିତ ବ୍ରହ୍ମ ହେଉଛନ୍ତି ପରଂବ୍ରହ୍ମ । ଆଉ ସେଇ ପ୍ରସାଦ ହେଉଛି ମହାପ୍ରସାଦ'।

ଏଭଳି ବିବାଦ ଭିତରେ ଦିବ୍ୟସିଂହ ଦେବଙ୍କୁ ମନ୍ଦିର ପରିଚାଳନା କରିବା କଷ୍ଟକର ହୋଇଥିଲା। ନିଜ ପ୍ରକୃତ ରାଜ୍ୟରୁ କିଛି ବ୍ରାହ୍ମଣଙ୍କୁ ଆଣି ଏଠାରେ ସେବକ କରାଇ ତାଙ୍କ ଦ୍ୱାରା ପୂଜା କରିବା ଆରମ୍ଭ କଲେ। ଦକ୍ଷିଣୀ ବ୍ରାହ୍ମଣଙ୍କୁ ଦେଖି ସେବକେ ବିରୋଧ କଲେ। ରାଜାଙ୍କ ବିରୋଧରେ ପ୍ରଜା ଅସନ୍ତୋଷ ବଢ଼ିଲା। ସେବକମାନେ ଅରାଜକତା ସୃଷ୍ଟି କରୁଛନ୍ତି ବୋଲି ରାଜା ଓ ରାଜକର୍ମଚାରୀ କହୁଥିବା ବେଳେ ସେବକମାନେ କହିଲେ ରାଜା ତାଙ୍କୁ ମହାପ୍ରସାଦରେ ଅପବିତ୍ର ଜିନିଷ ମିଶାଇବାକୁ ବାଧ୍ୟ କରୁଛନ୍ତି। ମନ୍ଦିରର ରୀତି ନୀତିକୁ ନଷ୍ଟ କରିଦେବାକୁ ବସିଛନ୍ତି। ଏମିତି ଆରୋପ ପ୍ରତ୍ୟାରୋପରେ ଭକ୍ତ କହିଲେ- ଏହା ଘୋର କଳିକାଳ, ଘୋର କଳିକାଳ !

ଆରୋପ ପ୍ରତ୍ୟାରୋପ ଭିତରେ କିନ୍ତୁ ମହାରାଜା ପଥର କେଉଁଠୁ ଖସିଲା, କେମିତି ଖସିଲା ତାହାର ଅନୁସନ୍ଧାନ କରି ପଥର ଖସିଥିବା ସ୍ଥାନରେ ମରାମତି ପାଇଁ ଯତ୍ନବାନ ହେଲେ। କିନ୍ତୁ ତାହା ଯଥେଷ୍ଟ ମନ୍ଥର ଥିଲା। ପୁରୀର କିଛି ବୁଦ୍ଧିଜୀବୀ ଏ ବାବଦରେ ଇଂରେଜ ସରକାରଙ୍କ ହସ୍ତକ୍ଷେପ ଚାହିଁଲେ। ଜିଲ୍ଲାପାଳ ଓ ରାଜସ୍ୱ କମିଶନରଙ୍କୁ ଏ ବାବଦରେ ଜଣାଇଲେ। ଆଉ ପ୍ରତିକ୍ରିୟା ସ୍ୱରୂପ ବଙ୍ଗରେ ଅବସ୍ଥାପିତ ସଚିବ କଟକ କମିଶନରଙ୍କୁ ଚିଠି ଲେଖି କହିଲେ- ପୁରୀ ରାଜାଙ୍କୁ ତୁରନ୍ତ ସମନ୍ କରି ପଥର ପଡ଼ିଥିବା ସ୍ଥାନର ମରାମତି ପାଇଁ ବ୍ୟବସ୍ଥା କରାଯାଉ। ଜିଲ୍ଲାପାଳଙ୍କଠାରୁ ସମନ୍ ପାଇବା ପରେ ପୁରୀ ରାଜା ଦିବ୍ୟସିଂହ ଦେବ ଉତ୍ତରରେ ଏଥିପାଇଁ କାର୍ଯ୍ୟ ଆରମ୍ଭ ହୋଇସାରିଥିବା ଦର୍ଶାଇଲେ। ଏହାଛଡ଼ା ଯଦି ସରକାର ଚାହାନ୍ତି ତେବେ ସେ କୌଣସି ହିନ୍ଦୁ ଓଭରସିୟରଙ୍କ ସହାୟତାରେ ଏହାର ପରିଦର୍ଶନ କରିପାରନ୍ତି ବୋଲି ଜଣାଇଲେ।[୭୫] କାର୍ଯ୍ୟର ସୁପରିଚାଳନା ପାଇଁ ପରାମର୍ଶ ଦେବାକୁ ମଧ୍ୟ ଉଲ୍ଲେଖ କଲେ। ଏ ବାବଦରେ ଆବଶ୍ୟକ ଖର୍ଚ୍ଚ ମଧ୍ୟ ଭରଣା କରିବାକୁ ସେ ଉଲ୍ଲେଖ କଲେ।

ଏହିକ୍ରମରେ ପୂର୍ତ୍ତ ବିଭାଗରେ କାର୍ଯ୍ୟ କରୁଥିବା ଓଭରସିୟର ପୂର୍ଣ୍ଣଚନ୍ଦ୍ର ସରକାରଙ୍କୁ ସରକାର ମନ୍ଦିର ମରାମତି ପାଇଁ ପଠାଇଲେ। ସେ କାର୍ଯ୍ୟ ତଦାରଖ କରି କହିଲେ ଯେ, ବଜ୍ରପାତ ହେତୁ ଏହିପରି ପଥର ଖଣ୍ଡ ଖସିପଡ଼ିଛି। ଜୁଲାଇ ୫ ତାରିଖ ୧୮୭୬ ମସିହାରେ ସେ ଏ ବାବଦରେ ଚିଠି ଲେଖି ଜଣାଇଲେ-

'ଶ୍ରୀଜଗନ୍ନାଥ ମନ୍ଦିର ଅନେକ ବର୍ଷ ପୁରୁଣା ହୋଇଥିବାରୁ ଏହାର ବିଭିନ୍ନ ଅଂଶରେ ଅବକ୍ଷୟ ହେବା ଆରମ୍ଭ କଲାଣି। ମନ୍ଦିର ଚାରି ପାଖରେ ଫାଟ ସୃଷ୍ଟି ହୋଇଛି। ଏଣୁ ଏଥିପ୍ରତି ତୁରନ୍ତ ଧ୍ୟାନ ଦେବା ଆବଶ୍ୟକ'।

(୬୬)

ପାଗଳ ରାଜା

ପୂର୍ତ୍ତ ବିଭାଗରେ କାର୍ଯ୍ୟ କରୁଥିବା ଓଭରସିୟର ପୂର୍ଣ୍ଣଚନ୍ଦ୍ର ସରକାରଙ୍କୁ ସରକାର ମନ୍ଦିର ମରାମତି ପାଇଁ ପଠାଇଲେ। ସେ କାର୍ଯ୍ୟ ତଦାରଖ କରି କହିଲେ ଯେ, ବଜ୍ରପାତ ହେତୁ ଏହିପରି ପଥର ଖଣ୍ଡ ଖସିପଡ଼ିଛି। ଜୁଲାଇ ୫ ତାରିଖ ୧୮୭୬ ମସିହାରେ ସେ ଏ ବାବଦରେ ଚିଠି ଲେଖି ଜଣାଇଲେ ଯେ, ଶ୍ରୀଜଗନ୍ନାଥ ମନ୍ଦିର ଅନେକ ବର୍ଷ ପୁରୁଣା ହୋଇଥିବାରୁ ଏହାର ବିଭିନ୍ନ ଅଂଶରେ ଅବକ୍ଷୟ ହେବା ଆରମ୍ଭ କଲାଣି। ମନ୍ଦିର ଚାରି ପାଖରେ ଫାଟ ସୃଷ୍ଟି ହୋଇଛି। ଏଣୁ ଏଥିପ୍ରତି ତୁରନ୍ତ ଧ୍ୟାନ ଦେବା ଆବଶ୍ୟକ।

ରାଜ୍ୟ ନଥାଇ ମଧ୍ୟ ତାଙ୍କୁ ଆଉ କିଛିଦିନ ପରେ ମହାରାଜା ଉପାଧି ମିଳିବା ନିଶ୍ଚିତ ଥିଲା। ଏ ସମ୍ବନ୍ଧରେ କଟକ କମିଶନର ଗଜପତି ଦିବ୍ୟସିଂହ ଦେବଙ୍କୁ ୨୦ ଜାନୁୟାରୀ ୧୮୭୭ ମସିହାରେ ଆବଶ୍ୟକ ସୂଚନା ମଧ୍ୟ ଦେଇଥିଲେ। ଏଥିରେ ରାଜ ପରିବାରର ଇଜ୍ଜତ ବଢ଼ିବା ସହ ଜଗନ୍ନାଥପ୍ରେମୀଙ୍କ ମନରେ ବ୍ରିଟିଶ୍ ଶାସନର ଉଦାରତା ପାଇଁ ସ୍ୱୀକୃତି ମିଳିବ ବୋଲି ଆଶା କରାଯାଇଥିଲା। ପୂର୍ବରୁ ରାଜା ସାହେବଙ୍କ ନାଁରେ ଥିବା ଗର୍ହିତ ଅପରାଧଗୁଡ଼ିକ ଘୋଡ଼ାଇ ହୋଇଯିବ ବୋଲି ବିଶ୍ୱାସ କରାଯାଉଥିଲା । କିନ୍ତୁ ସ୍ୱୟଂ ଜଗନ୍ନାଥ ବୋଧହୁଏ ଏହା ଚାହୁଁ ନଥିଲେ। ଜଣେ ଅତ୍ୟାଚାରୀ, କୁ-ସଙ୍ଗୀଙ୍କୁ ନିଜର ସେବକ ଭାବରେ ଗ୍ରହଣ କରିବାକୁ ତାଙ୍କର ଆଗ୍ରହ ନଥିଲା।

ବଡ଼ଖେମୁଣ୍ଡିର ପୁଅ ଦିବ୍ୟସିଂହ ଦେବଙ୍କୁ ପୁରୀ ଗଜପତି ଭାବେ ଗ୍ରହଣ କରିଥିଲା। ଏହାଦ୍ୱାରା ପୁରୀ ପରିବାରକୁ ଆଗକୁ ନେବା ଥିଲା ଗଜପତି ବୀରକିଶୋର ଦେବ ଓ ପାଟରାଣୀ ସୂର୍ଯ୍ୟମଣିଙ୍କ ମୁଖ୍ୟ ଉଦ୍ଦେଶ୍ୟ। ରାଣୀ ସୂର୍ଯ୍ୟମଣି ବଡ଼ଖେମୁଣ୍ଡି ପରିବାରର ପୁଅଙ୍କୁ ନିଜର ଦାୟାଦ ଭାବେ ଗ୍ରହଣ କରିବାକୁ ଆଦୌ ପସନ୍ଦ କରୁନଥିଲେ। ଏହାଙ୍କ ଚରିତ୍ର, ହାବଭାବ, ବ୍ୟବହାର ଓ ଚାଲିଚଳଣ ତାଙ୍କୁ ପସନ୍ଦ ନଥିଲା। କିନ୍ତୁ ସେ ବାଧ ଥିଲେ, କାରଣରୁ ତାହା ନହେଲେ ବୀରକିଶୋରଙ୍କ ପରେ ଏ ବଂଶ ଆଗକୁ ବଢ଼ି ଥାଆନ୍ତା କିପରି ? ଯଦି ତାହା କୌଣସି କାରଣ ସେଦିନର ଦତ୍ତଯଜ୍ଞ ଟଳିଯାଇଥାଆନ୍ତା ତେବେ ହୁଏତ ଆଜି ଦିବ୍ୟସିଂହଙ୍କ ପୁଅ ଜଗନ୍ନାଥ ଜେନାମଣି ତାଙ୍କ କୋଳରେ ଖେଳୁ ନଥାଆନ୍ତେ।

ଏ ଭିତରେ ଦିବ୍ୟସିଂହଙ୍କ ନାଁରେ ଅନେକ ମାମଲା ଆଇନର ଦ୍ୱାରସ୍ଥ ହୋଇଛି। ଗୋବିନ୍ଦ ଦ୍ୱାଦଶୀ ବୁଡ଼ ଦିନ ବିଶାଳ ଜନସମାଗମକୁ ନିୟନ୍ତ୍ରଣ କରି ସେମାନଙ୍କୁ ପ୍ରଭୁଙ୍କ ଦର୍ଶନ ନିମିତ୍ତ ଦ୍ୱାର ଉନ୍ମୁକ୍ତ କରିବା ବଦଳରେ ରାଜା ପ୍ରସାଦ ପ୍ରସ୍ତୁତି ଚାଲିଛି ବୋଲି ଚାରି ଦୁଆର ବନ୍ଦ ରଖିଲେ। ଅନେକ ବର୍ଷ ପରେ ଏହି ବୁଡ଼ ପଡ଼ିଥିଲା। ଏଣୁ ବୁଡ଼ ପୂର୍ବରୁ ଜଗନ୍ନାଥଙ୍କୁ ଦର୍ଶନ ପାଇଁ ଭକ୍ତମାନେ ଅପେକ୍ଷା କରିଥିଲେ। ବିଳମ୍ବିତ ରାତିଯାଏ ଏପରି ଦ୍ୱାର ବନ୍ଦ ରହିବା ଭକ୍ତଙ୍କୁ ଉତ୍ତ୍ୟକ୍ତ କରିଥିଲା। ମାଜିଷ୍ଟ୍ରେଟ୍ ଆର୍ମଷ୍ଟ୍ରଙ୍ଗ ମଧ୍ୟରାତ୍ରିରେ ଦ୍ୱାର ଖୋଲିବାରୁ ଦଳାଚକଟାରେ ସିଂହଦ୍ୱାର ମୁହଁରେ ଦୁଇଜଣଙ୍କ ମୃତ୍ୟୁ ହେଲା। ଆର୍ମଷ୍ଟ୍ରଙ୍ଗ ସଙ୍ଗେ ସଙ୍ଗେ ଦ୍ୱାର ବନ୍ଦ କରିଦେଲେ। ଆଉ ଭକ୍ତଙ୍କ ଗହଳି ଭାଙ୍ଗିଥିଲା। ଏହା ଏକ ଗୁରୁତର ମାମଲା ଭାବେ ଏବେ ଗଣାଯାଉଛି।

ଫେବୃୟାରୀ ୨୪ର ଏହି ଘଟଣା ପୁଣିଥରେ ଦୋଳଯାତ୍ରା ଦିନ ପୁନର୍ବାର ଦେଖିବାକୁ ମିଳିଥିଲା। ଏଥର ବି ରାଜା ଭୋଗ ପ୍ରସ୍ତୁତି ନାଁରେ ଭକ୍ତଙ୍କ ମନ୍ଦିର ପ୍ରବେଶ ଉପରେ ରୋକ୍ ଲଗାଇଲେ। ଆଉ ଯେତେବେଳେ ଦ୍ୱାର ଖୋଲିଲା ସେତେବେଳେ ଦଳାଚକଟାରେ ନଅଜଣଙ୍କ ପ୍ରାଣ ଗଲା। ଏହାକୁ ଏକ ଅଘଟଣ ବୋଲି ଗ୍ରହଣ କରି ଇଂରେଜ କୋର୍ଟରେ ବିଚାର ଚାଲିଥିଲେ ମଧ୍ୟ ପୁରୀ ରାଜାଙ୍କ ସମ୍ମାନ ବୃଦ୍ଧି ପାଇଁ ଇଂରେଜ ସରକାର ବିଶେଷ ଉଦ୍ୟମ କରୁଥିଲେ। ଯେଉଁ ହିନ୍ଦୁ ରାଜାଙ୍କ ସାରା ଭାରତବର୍ଷରେ ସ୍ୱତନ୍ତ୍ର ପରିଚୟ ରହିଛି ତାହାଙ୍କୁ ପୁଣିଥରେ ମର୍ଯ୍ୟାଦା ଦେବାର ଚେଷ୍ଟା ଚାଲିଥିଲା। ହେଲେ ଗୋଟିଏ ପରେ ଗୋଟିଏ ଅଘଟଣ ପୁରୀ ରାଜାଙ୍କ ପିଛା ଛାଡୁ ନଥାଏ।

ବିଦେଶୀ ନିଶାରେ ବୁଡ଼ି ରହିଥିବା ରାଜା ଦିବ୍ୟସିଂହ ଦେବ ପ୍ରଜାମାନଙ୍କୁ ଅକଥନୀୟ ଅତ୍ୟାଚାର ଦେଉଥିଲେ। ମହାପ୍ରସାଦରେ ଅନେକ ହାନିକାରକ ଜିନିଷ ମିଶାଉଥିବାର ମଧ୍ୟ ଅଭିଯୋଗ ଆସିଲା। ରାଣୀ ସୂର୍ଯ୍ୟମଣିଙ୍କ ସମୟରେ ଯେଉଁ ସେବାୟତ, ମହନ୍ତ, ପଣ୍ଡିତ ତଥା ପୁରୀର ଶିକ୍ଷିତ ଗୋଷ୍ଠୀ ରାଜ ପରିବାର ପକ୍ଷରେ ଅନେକ ପିଟିସନ୍ ଦାଖଲ କରିଥିଲେ କ୍ରମଶଃ ସେମାନେ ଧୀରେ ଧୀରେ ବିରୋଧୀ ହୋଇ ଚାଲିଲେ। ଏହା ଏକ ବିପଜ୍ଜନକ ମୋଡ଼ ନେଲା ୨୩ ଫେବୃୟାରୀ ୧୮୭୮ରେ।

ସାଧୁ ଶିବଦାସଙ୍କୁ ରାଜକର୍ମଚାରୀଙ୍କ ପରୱାନା ପହଞ୍ଚିଲା– 'ରାଜ ପରିବାରରେ କେହି ଅସୁସ୍ଥ

ଅଛନ୍ତି। ଆପଣଙ୍କ ସେବା ତୁରନ୍ତ ଆବଶ୍ୟକ। ତୁରନ୍ତ ଆମ ସଙ୍ଗେ ପ୍ରାସାଦରେ ବିଜେ କରନ୍ତୁ’।

ଶିବଦାସ ଦାମୋଦରପୁରରେ ରହନ୍ତି। ପ୍ରାକୃତିକ ଉପାୟରେ ସେ ଅନେକ ଦୁଃସାଧ୍ୟ ରୋଗର ଚିକିତ୍ସାରେ ପାରଙ୍ଗମ। ବିଭିନ୍ନ ସୂତ୍ରରୁ ଚେରମୂଳି ସଂଗ୍ରହ କରି ସେ ଜଡ଼ିବୁଟି ଔଷଧସବୁ ପ୍ରସ୍ତୁତ କରନ୍ତି। ରାଣୀ ସୂର୍ଯ୍ୟମଣିଙ୍କ ସମୟରେ ସେ ଅନେକଥର ରାଜ ଉଆସକୁ ଆସିଛନ୍ତି, ରାଜ ପରିବାରର ବିଭିନ୍ନ ସଦସ୍ୟଙ୍କ ଚିକିତ୍ସା କରିଛନ୍ତି। ସେମାନେ ବି ସାଧୁଙ୍କୁ ଯଥେଷ୍ଟ ସମ୍ମାନ ଦେଇଛନ୍ତି। ଏବେ ସେ ସମୟ ଆଉ ନାହିଁ। ଖୋର୍ଦ୍ଧା ପରିବାରର ନିଜସ୍ୱ ଦାୟାଦ ହୋଇ ନଥିବାରୁ ରାଜା ଦିବ୍ୟସିଂହ ଦେବ ପରମ୍ପରାକୁ ବୁଝି ପାରୁ ନଥିବା ତାଙ୍କ ମତ। ସେ ଦକ୍ଷିଣାଞ୍ଚଳରୁ ଆସିଥିବାରୁ ତାଙ୍କ କଥାବାର୍ତ୍ତା, ହାବଭାବ ସବୁ କିଛି ଦକ୍ଷିଣୀ ‘ତେଲଙ୍ଗା’ ପ୍ରାୟ। ଏଣୁ ଏଠାର ଚାଲିଚଳଣିକୁ ସେ ଖାପଖୁଆଇ ପାରୁ ନାହାନ୍ତି। ଏପରିକି ସେ ଯେଉଁ ନିଶାରେ ବୁଡ଼ି ରହୁଛନ୍ତି ତାହା ତାଙ୍କ ଚାଲିଚଳଣ ଉପରେ ପ୍ରଭାବ ପକାଉଛି। ରାଜମାତାଙ୍କ ଅନୁରୋଧ କ୍ରମେ ଏହାକୁ ଚିକିତ୍ସା କରାଯାଇ ପାରିବ ବୋଲି ସାଧୁ ଶିବଦାସ ନିକଟରେ ମତ ଦେଇଥିଲେ। ଏଥିପାଇଁ ଗୁପ୍ତରେ ସେ ଔଷଧ ପ୍ରସ୍ତୁତ କରୁଛନ୍ତି ବୋଲି ଦିବ୍ୟସିଂହ ଦେବ ବିଶ୍ୱସ୍ତ ସୂତ୍ରରୁ ଖବର ପାଇଥିଲେ। ଏଣୁ ରାଣୀଙ୍କ ବିଶ୍ୱସ୍ତ ସାଜିଥିବା ଏହି ସାଧୁଙ୍କୁ ପାନେ ଦେବା ଉଦ୍ଦେଶ୍ୟରେ ସାଧୁଙ୍କୁ ସେଦିନ ପ୍ରାସାଦ ଡକାଇଥିଲେ। ସୁଚିନ୍ତିତ ଯୋଜନା ସେଥିପାଇଁ ହୋଇଥିଲା।

ରାଜ ଆଦେଶ ପାଇବା ପରେ ସାଧୁ ନିଜର କିଛି ଶିଷ୍ୟଙ୍କ ସହ ପୁରୀରେ ପହଞ୍ଚିଲେ। ରାଜ ଉଆସ ଭିତରକୁ କିନ୍ତୁ ସବୁଦିନ ପରି ତାଙ୍କ ଶିଷ୍ୟମାନଙ୍କ ସହ ଯିବାର ଅନୁମତି ମିଳିଲା ନାହିଁ। କେବଳ ସାଧୁ ଶିବ ଦାସ ହିଁ ଯିବେ ବୋଲି କୁହାଯିବାରୁ ଶିଷ୍ୟମାନେ ଉଆସ ବାହାରେ ସିଂହଦ୍ୱାର ପିଣ୍ଡାରେ ବସି ଅପେକ୍ଷା କଲେ।

ଚାରିଘଣ୍ଟାର ଅପେକ୍ଷା ପରେ ଶିଷ୍ୟମାନେ ଏକ ରକ୍ତାକ୍ତ ଶରୀର ତାଙ୍କ ଆଡ଼କୁ ଘୋଷାରି ହୋଇ ଆସୁଥିବା ଦେଖିଲେ। ଏହା ଯେ ଗୁରୁଦେବଙ୍କ ଶରୀର ତାହାକୁ ବିଶ୍ୱାସ କରିପାରିଲେ ନାହିଁ। କଥା କହିବାର ଶକ୍ତି ସେ ଶରୀରରେ ନଥିଲା, କିନ୍ତୁ କିଛି କହିବାକୁ ସେ ଚାହୁଁଥିଲେ। ଶିଷ୍ୟମାନେ ତାଙ୍କୁ ସଙ୍ଗେ ସଙ୍ଗେ ଜିଲ୍ଲା ମୁଖ୍ୟ ଚିକିତ୍ସାଳୟକୁ ନେଇ ଦାରୋଗାଙ୍କୁ ଖବର ଦେଲେ। ପୁଲିସ ଦାରୋଗାଙ୍କ ସୁରକ୍ଷାରେ ଚିକିତ୍ସା ଚାଲିଲା।

ତାଙ୍କର ଏ ଅବସ୍ଥା କେମିତି ହେଲା ?

ପୁଲିସର ତନାଘନା ପରେ ଜଣାପଡ଼ିଲା ତାଙ୍କୁ ରାଜାଙ୍କ ଉପସ୍ଥିତିରେ କର୍ମଚାରୀମାନେ ଅକଥନୀୟ ଅତ୍ୟାଚାର କରିଛନ୍ତି। ତେଲପିଇଥିବା ଲାଠିରେ ଅନ୍ଧାଧୁନିଆ ମାରି ତାଙ୍କ ଆଣ୍ଠୁ ଗଣ୍ଠି ଭାଙ୍ଗି ଦେଇଛନ୍ତି। ପିଠିରେ ବସିଥିବା ନାଲି ନୋଳାସବୁ ଫାଟି ଆଁ କରିଛି। ଉପର ଚମଡ଼ା ଆଉ ମାଂସପେଶୀସବୁ ଫୁଲି ଝୁଲୁଛି। ଡାକ୍ତରବାବୁ ଏ ସମୟରେ କହିଲେ-

‘ସାଧୁଙ୍କ ପେଟରେ ୪୧ଟି କର୍କ ପଶାଯାଇଛି। ପାଟି ପଟେ ତାଙ୍କୁ ଏସବୁ ବାଧ୍ୟ କରି ଗିଳାଇ ଦିଆଯାଇଛି। ଯାହା ତାଙ୍କ ପାଇଁ ହାନିକାରକ। ଏସବୁ ତ ବାହାର କରିଦିଆଯାଇଛି କିନ୍ତୁ ଏବେ ସେ ଏଲିଫ୍ୟାଣ୍ଟାସିସ୍ ଲକ୍ଷଣରେ ଆକ୍ରାନ୍ତ’।

ପେଟ ଭିତରକୁ କର୍କ କେମିତି ଗଲା ?

ଯେଉଁ କର୍କସବୁ ତାଙ୍କ ପେଟରୁ ବାହାରୁଛି ସେସବୁ ବିଦେଶୀ ମଦ ବୋତଲ ଉପରର ଠିପି। ଏହାକୁ ଜବରଦସ୍ତ ତାଙ୍କ ପାଟିରେ ପୂରାଯାଇଛି। ବୋଧହୁଏ ତାଙ୍କ ସ୍ୱରକୁ ଦବାଇ ଦେବା ପାଇଁ। ଏହାଛଡ଼ା ଗୋଡ଼ହାତ ଯେଉଁପରି ଭାବେ ଫାଟିଛି ତାହା ଟିଟାନସ୍ ଜୀବାଣୁ ସଂକ୍ରମଣରେ ଆସିଛି। ଏଣୁ ଏହା ବଙ୍କା ହୋଇଯାଉଛି। ଆଉ କିଛିଦିନ ପରେ ତାଙ୍କ ମୃତ୍ୟୁ ନିଶ୍ଚିତ। ଏ ଖବର ପାଇବା ପରେ ପୁଲିସ ତାଙ୍କର ବୟାନ ରେକର୍ଡ଼ କଲା। ଆଉ ରିପୋର୍ଟରେ ଲେଖିଲା ଯେ, *ରାଜା ତାଙ୍କୁ ଯୋଜନାମୂଳକ ଭାବେ ହତ୍ୟା କରିଛନ୍ତି।*

ଏଣୁ ଫୌଜଦାରୀ ମକଦ୍ଦମା ରଜୁ କରି ୩୦୨ ଧାରା ବଳରେ ତାଙ୍କୁ ଗିରଫ କଲା ଓ କୋର୍ଟ ଚାଲାଣ କଲା।

ବୋଧହୁଏ କିଛି ଲୋକ ଏହାହିଁ ଚାହୁଁଥିଲେ। ଅନେକ ମକଦ୍ଦମା, ବିଚାର ପରେ ସେପ୍ଟେମ୍ବର ୧୮୭୮ରେ ରାଜା ଦିବ୍ୟସିଂହ ଦେବଙ୍କୁ ଦୋଷୀ ଭାବେ ବିବେଚନା କରାଯାଇ କଳାପାଣି ଆଦେଶ ହେଲା। ଆଣ୍ଡାମାନ ନିକୋବର ଦ୍ୱୀପର କଳାକୋଠରି ଭିତରେ ତାଙ୍କୁ ବନ୍ଦ କରିଦିଆଗଲା। ସେଇଠି ତାଙ୍କୁ ପାଗଳ ଘୋଷଣା କରିଦିଆଗଲା। ଆଉ କିଛିଦିନ ପରେ ସେ ମାରାତ୍ମକ ଯକ୍ଷ୍ମାରେ ଆକ୍ରାନ୍ତ ହେଲେ। କ୍ରମଶଃ ତାଙ୍କ ଶରୀର କ୍ଷୀଣ ହୋଇ ନିର୍ଜୀବ ହୋଇଗଲା।[୭୬] ମହାରାଜା ଉପାଧି ସ୍ୱପ୍ନ ହୋଇ ରହିଗଲା ପୁରୀ ରାଜ ପରିବାର ପାଇଁ।

(୬୭)

ସେବକଙ୍କୁ ପାରିବା କଷ୍ଟକର

ଚର୍ଚ୍ଚା ଥମିଲା ନାହିଁ ପୁରୀରେ। ଜଗନ୍ନାଥଙ୍କ ସେବକଙ୍କୁ ପୁଣି କଳାପାଣି; ଏହାକୁ ବିଶ୍ୱାସ କଲେ ନାହିଁ କିଛି ଅନ୍ଧ ଅନୁସରଣକାରୀ। ଗଜପତି ତୃତୀୟ ଦିବ୍ୟସିଂହ ଦେବ ଯେ ପୁଣିଥରେ ଫେରି ଆସିବେ ଏହାକୁ ନେଇ ପ୍ରଚାର ହେଲା। କେହି କେହି କହିଲେ ସେ ଜେଲ୍‌ରୁ ଖସି ପଳାଇଆସିଛନ୍ତି। ସାଧୁ ବେଶରେ ବୁଲୁଛନ୍ତି। କେତେବେଳେ ଗଡ଼କୁଜଙ୍ଗରେ ସେ ଅବସ୍ଥାନ କରିଛନ୍ତି ବୋଲି ଗୁଜବ ହେଲା ତ ଆଉ କେତେବେଳେ ସେ ଖୋର୍ଦ୍ଧା ଆସି ଜାଗୁଲାଇପାଟଣାଠାରେ ଅବସ୍ଥାନ କରିଛନ୍ତି ବୋଲି ଲୋକେ କହିଲେ। କେହି କହିଲେ- ଲମ୍ବାଲମ୍ବା ଦାଢ଼ି, ନିଶରେ ସେ ଆବୃତ ରହିଛନ୍ତି। ଅନେକ ସମୟରେ ସେ ସାଧୁ ନିଜକୁ ଦିବ୍ୟସିଂହ ଦେବ ବୋଲି କହୁଛନ୍ତି। କିନ୍ତୁ କିଛି ନିର୍ଦ୍ଦିଷ୍ଟ ଶିଷ୍ୟଙ୍କ ଛଡ଼ା ସେ ଆଉ କାହା ସହ କଥା ହେଉ ନାହାନ୍ତି। କେହି କେହି କହୁଛନ୍ତି ସେ ପୁରୀ ଆସି ପ୍ରଥମେ ମହାରାଣୀଙ୍କୁ ସାକ୍ଷାତ କରିଥିଲେ। ରାଜ୍ୟକୁ ପୁଣିଥରେ ଫେରାଇ ଆଣିବାକୁ ଅନୁରୋଧ କରିଥିଲେ। କିନ୍ତୁ ରାଣୀ ତାଙ୍କୁ ଶୁଣିଲେ ନାହିଁ। ଏଣୁ ସେ ଏବେ ମଉନ ପାଳଟି ଯାଇଛନ୍ତି.. ମଉନବାବା।

ଇଂରେଜ ଅଧିକାରୀ, ଦାରୋଗାମାନେ ଏହାକୁ ଶୁଣିଲେ ବି ବିଶ୍ୱାସକୁ ନେଲେ ନାହିଁ। କାରଣ ଯେଉଁ କଳାପାଣିକୁ ଯିବାକୁ ହେଲେ ସେମାନଙ୍କୁ ଅନେକ ଶ୍ରମ କରିବାକୁ ହୋଇଥାଏ ସେଠାରୁ ଖସି କିଏ ଆଉ କେମିତି ବି ଆସିବ ?

ଯେଉଁ କର୍ମଚାରୀମାନେ ଦିବ୍ୟସିଂହଙ୍କ ଖାସ୍ ଥିଲେ ସେମାନେ ରାଜାଙ୍କ ଫେରିବା ଏବଂ ମଉନବାବା ବେଶରେ ଜାଗୁଲାଇପାଟଣାରେ ଅବସ୍ଥାନ କରିବା ବିଷୟ ପ୍ରଚାର କରି ପୁରୀରେ ନିଜର ପତିଆରା ତଥା ସତ୍ତାକୁ ଅନ୍ତତଃ ବଞ୍ଚାଇବାକୁ ଚାହୁଁଥିଲେ। ରାଜମାତା ଏ ବାବଦରେ ନିଜର ପକ୍ଷ ସ୍ପଷ୍ଟ କରିବା ତଥା ଏପରି ଲୋକକଥା ଓ ଗୁଜବ କାଳେ ସତ୍ୟ ହେବ ଆଶଙ୍କାରେ ସତର୍କ ହେଲେ। ଦିବ୍ୟସିଂହ ଆଉଥରେ ନଫେରନ୍ତୁ ତାହା ତାଙ୍କର ମୂଳ ଇଚ୍ଛା ଥିଲା। ଏଣୁ

ରାଣୀ ଏକ ଚିଠି ମାଜିଷ୍ଟ୍ରେଟ୍‌ଙ୍କୁ ଲେଖି ନିବେଦନ କଲେ। ଜଗନ୍ନାଥ ଜେନାମଣି ଯିଏ ଏବେ ମାତ୍ର ୧ ବର୍ଷର ଶିଶୁ ସେ ଯେ ସବୁ କ୍ଷମତାର ଉତ୍ତରାଧିକାରୀ ତାହା ସ୍ପଷ୍ଟ ହେଉ। ଯେହେତୁ ରାଜା ଆଉ ନାହାନ୍ତି, ଏଣୁ ରାଜପୁତ୍ରଙ୍କ ପକ୍ଷରୁ ତାଙ୍କ ପାଖରେ ସମସ୍ତ କ୍ଷମତା କେନ୍ଦ୍ରୀଭୂତ ହେଉ। ଏହାବାଦ୍ ରାଜା ନାବାଳକ ଥିବାରୁ ତାଙ୍କୁ ୧୮ ବର୍ଷ ହେବା ଯାଏ ତାଙ୍କ ପକ୍ଷରୁ ରାଜମାତା ଶାସନ ପରିଚାଳନା କରିବେ ତାହା ସ୍ପଷ୍ଟ କରି ପ୍ରମାଣପତ୍ର ଦିଆଯାଉ।

ରାଜମାତାଙ୍କ ଏହି ଆବେଦନକୁ ନେଇ ଇଂରେଜମାନେ ମଧ୍ୟ ଅନେକ ତର୍ଜମା ଚଳାଇଲେ। କଲେକ୍ଟର ଆର୍ମଷ୍ଟ୍ରଙ୍ଗ ଏହାକୁ ଏକ ସୁଯୋଗ ବୋଲି ମନେକରି କମିଶନରଙ୍କ ପାଖକୁ ଏକ ଚିଠି ଲେଖିଲେ। ସେଥିରେ କୁହାଗଲା-

'ଅନ୍ୟ ରାଜ୍ୟ ଭଳି ପୁରୀ ଏକ 'ରାଜ୍ୟ' ନୁହେଁ। ଏହା ଇଂରେଜ ସରକାରଙ୍କ ସମ୍ପତ୍ତି। ଇଂରେଜଙ୍କ ପକ୍ଷରୁ ପୁରୀ ଶ୍ରୀମନ୍ଦିରର ପରିଚାଳନା ପାଇଁ କିଛି ଜମି ଶ୍ରୀମନ୍ଦିରକୁ ଦିଆଯାଇଛି। ବଂଶ ପରମ୍ପରା ଅନୁସାରେ ଏହା ପୁରୀ ରାଜାଙ୍କ ବ୍ୟକ୍ତିଗତ ସମ୍ପତ୍ତି ନୁହେଁ। ୧୮୪୦ ଆଇନର ଧାରା ୧୦ ଅନୁସାରେ ରାଜ ପରିବାରର ଦାୟାଦ ପୁରୀ ଶ୍ରୀମନ୍ଦିରର ସୁପରିଣ୍ଟେଣ୍ଡେଣ୍ଟ ହେବ। କିନ୍ତୁ ଯେତେବେଳେ ରାଜା ନିଜ କ୍ଷମତାର ଅପବ୍ୟବହାର କରିଛନ୍ତି ଏବଂ ଆଇନ ଅନୁସାରେ ଦଣ୍ଡିତ ହୋଇଛନ୍ତି ସେତେବେଳେ ଉତ୍ତରାଧିକାରୀଙ୍କୁ କୌଣସି କ୍ଷମତା ହସ୍ତାନ୍ତର କରିବା ଉଚିତ ନୁହେଁ, ବରଂ ଆମେ ଚାହିଁଲେ ନୂଆ ଆଇନ ପାରିତ କରି ପୁରୀ ମନ୍ଦିରର ପରିଚାଳନା ଏକ କମିଟି ହାତକୁ ଦେଇ ରାଜ ପରିବାରକୁ ମୁକ୍ତ କରିପାରିବା, ସେଥିରେ ଆଉ କେହି ବାଧା ଦେଇପାରିବ ନାହିଁ । ପୁରୀ ସମ୍ପତ୍ତି ବାଜ୍ୟାପ୍ତ କରାଯାଉ'।

କଲେକ୍ଟର ଆର୍ମଷ୍ଟ୍ରଙ୍ଗ ଏହି ସ୍ପଷ୍ଟ ମତକୁ ବୋର୍ଡ଼ ଅଫ୍ ରେଭେନ୍ୟୁ ପାଖକୁ ପଠାଇଲେ। ଏଥିପାଇଁ ଆଇନରେ କିଛି ସଂଶୋଧନ ବା ସ୍ୱତନ୍ତ୍ର ନୀତି ପ୍ରଣୟନ କରିବାକୁ ହେବ ବୋଲି ମଧ୍ୟ କହିଲେ। ଏହାସହ ରାଜମାତାଙ୍କ ବାବଦରେ ମନ୍ତବ୍ୟ ଦେଇ କହିଲେ-

'ରାଜମାତା କେବେ କୌଣସି ବ୍ୟକ୍ତି ସହ କଥା ହୁଅନ୍ତି ନାହିଁ। ସେ ତାଙ୍କର ଦାସୀ ଚାକରମାନଙ୍କ ଦ୍ୱାରା ପରିଚାଳିତ। ସେ ଯାହା କଥା ହୁଅନ୍ତି ସେଇ ଦାସୀଙ୍କ ସହ। ଆଉ ଦାସୀ ଆସି ବିଶୋୟୀକୁ କହେ। ବିଶୋୟୀ ଦ୍ୱାରା ଶାସନ ଚାଲେ। ଏପରି ଏକ ପରିସ୍ଥିତିରେ ଏହି ପରିବାର ଅଧୀନରେ ଥିବା ଜମିବାଡ଼ିର ରାଜସ୍ୱ ଆଦାୟ ଦାୟିତ୍ୱ ଇଂରେଜମାନେ ନେବା ସହ ପୁରୀ ଶ୍ରୀମନ୍ଦିରର ପରିଚାଳନା ପାଇଁ ଏକ କମିଟି ଗଠନ କରାଯାଉ। ପୁରୀରେ କୋର୍ଟ ଅଫ୍ ୱାର୍ଡସ୍ ଲଗାଯାଉ।'

ଭାରତର ଗଭର୍ଣ୍ଣର ଜେନେରାଲ୍ ଲର୍ଡ଼ ଲିଟନ୍ ଏହାହିଁ ଚାହୁଁଥିଲେ। ପୁରୀ ମନ୍ଦିରର ସମସ୍ତ ସମ୍ପତ୍ତିକୁ ଇଂରେଜ ସରକାରଙ୍କ ଅଧୀନକୁ ଆଣିବା ସପକ୍ଷରେ ଥିଲେ। ଏଥିପାଇଁ ନୂଆ ବିଧେୟକ ପ୍ରସ୍ତୁତ ହେବାକୁ ମଧ୍ୟ ଆରମ୍ଭ ହୋଇଥିଲା। କମିଶନର ସ୍ମିଥ୍ ଏହି କ୍ରମରେ ଯେଉଁ ଚିଠି ଲେଖିଥିଲେ ତାହାର ଉତ୍ତର ଦେବାକୁ ଯାଇ ଉଭୟ କଲେକ୍ଟର ଓ ମାଜିଷ୍ଟ୍ରେଟ୍ ଏପରି ପ୍ରତ୍ୟୁତ୍ତର ରଖିଥିଲେ। ହେଲେ ଏ ଭିତରେ ସବୁ କିଛି ବଦଳିଗଲା। ମାତ୍ର ବର୍ଷକ ଭିତରେ

ଲର୍ଡ ଲିଟନ୍ ଇସ୍ତଫା ଦେଇ ଚାଲିଯିବାରୁ ଲର୍ଡ ରିପନ୍ ଗଭର୍ଣ୍ଣର ଜେନେରାଲ୍ ଭାବେ ନିଯୁକ୍ତ ହେଲେ। ସେ ଆଇନରେ ପରିବର୍ତ୍ତନ ଚାହିଁଲେ ନାହିଁ। ଫଳରେ ରାଜା ବୀରକିଶୋର ଦେବଙ୍କ ମୃତ୍ୟୁ ପରେ ଯେପରି ରାଜ୍ୟର ଦାୟିତ୍ୱ ରାଣୀଙ୍କ ହାତରେ ନ୍ୟସ୍ତ କରାଯାଇଥିଲା ସେଥିପାଇଁ ପ୍ରସ୍ତୁତ ହେବାକୁ ଆଦେଶ ଦେଲେ।

ତାହା ହିଁ ହେଲା । ରାଣୀ ସୂର୍ଯ୍ୟମଣି ପାଟମହାଦେଈ ପୁଣିଥରେ ଜଗନ୍ନାଥ ମନ୍ଦିରର '*ମାହଫିଜ୍*' ବା ମୁଖ୍ୟ ତତ୍ତ୍ୱାବଧାରକ ନିଯୁକ୍ତି ହେବା ସହ ରାମ ପ୍ରସାଦ ସିଂହ ହେଲେ ମନ୍ଦିର ପରିଚାଳକ। ଜଗନ୍ନାଥ ମନ୍ଦିର ପୁଣିଥରେ ରାଣୀଙ୍କ ଦ୍ୱାରା ପରିଚାଳିତ ହେଲା।

ବିବାଦ ଥମିଲା ନାହିଁ। ପୁରୀରେ କାର୍ଯ୍ୟରତ ମାଜିଷ୍ଟ୍ରେଟ୍ ଏଫ୍ ଏଫ୍ ହ୍ୟାଣ୍ଡି କଟକ କମିଶନର ଚାର୍ଲସ୍ ମେଟ୍‌କାଫ୍‌ଙ୍କୁ ଏକ ପତ୍ରରେ ପୁରୀ ମନ୍ଦିରର ପରିଚାଳନା ନେଇ ନିଜର ଟିପ୍ପଣୀ ଦେଲେ। ରାଜମାତା ସୂର୍ଯ୍ୟମଣି ପାଟମହାଦେଈ ଯେଉଁ ପ୍ରକାରେ ଶାସନ ଚଳାଇଛନ୍ତି ସେଥିରେ ପୁରୀ ଶ୍ରୀମନ୍ଦିରର ଠିକଣା ପରିଚାଳନା ସମ୍ଭବ ନୁହେଁ। ଏଥିପାଇଁ ଜଣେ ଦକ୍ଷ, ଶକ୍ତ ପରିଚାଳକଙ୍କ ଆବଶ୍ୟକତା ରହିଛି। ରାଣୀ ପୂର୍ବପରି ରାମ ପ୍ରସାଦ ସିଂହଙ୍କୁ ମନ୍ଦିର ପରିଚାଳକ ଭାବେ ରଖିବାର ଯେଉଁ ଆଶା ପୋଷଣ କରିଛନ୍ତି ତାହା ଠିକ୍ ନୁହେଁ। ପୁରୀର ସେବକମାନଙ୍କୁ ପରିଚାଳନା କରିବା ଅତ୍ୟନ୍ତ କାଠିକର ପାଠ। ସମସ୍ତଙ୍କୁ ପାରି ହେବ ହେଲେ ସେମାନଙ୍କୁ ପାରି ହେବ ନାହିଁ। କାରଣ ସେମାନେ ନିଜ ସେବାକୁ ଅଧିକାର ଭାବରେ ଗ୍ରହଣ କରିସାରିଛନ୍ତି। ଯଦି ଜଗନ୍ନାଥଙ୍କ ଦୈନନ୍ଦିନ ରୀତିନୀତିରେ ତାଙ୍କର ସେବାକୁ କେହି ଏଡ଼ାଇ ଅନ୍ୟ ସେବା ଆଗକୁ ବଢ଼ାଇଛନ୍ତି ତେବେ ସମ୍ପୃକ୍ତ ସେବକ ସେଦିନର ରୀତିନୀତିକୁ ବନ୍ଦ କରିଦେବା ପାଇଁ ମଧ୍ୟ ସକ୍ଷମ ହେଉଛନ୍ତି। ନିକଟରେ ଯାଇଥିବା ସାବିତ୍ରୀ ବ୍ରତ ବେଳେ ଏହା ସାମ୍ନାକୁ ଆସିଥିଲା। ଜଣେ ସେବକ ନିଜ ସେବାକୁ ପାଳନ କରିବା ପାଇଁ ଅଡ଼ି ବସିବାରୁ ମହାପ୍ରସାଦ ଉଠି ପାରିଲା ନାହିଁ। ଫଳରେ ସମଗ୍ର ପୁରୀ ଅପରାହ୍ଣ ଗୋଟାଏ ଯାଏ ଭୋକିଲା ରହିଥିଲା।[୨୨] ଏଣୁ ରାଣୀ ଜଣେ ଦକ୍ଷ ଲୋକଙ୍କୁ ଏଥିପାଇଁ ବାଛନ୍ତୁ । ଅଥବା ଏକ କମିଟି କରାଯାଇ ମନ୍ଦିରର ପରିଚାଳନା କରାଯାଉ।

(୬୮)

ଟ୍ରାମ୍ ଓ ଘୋଡ଼ାଗାଡ଼ିରେ ରଥ

ଗୋଟିକ ପରେ ଗୋଟିଏ ପ୍ରସ୍ତାବ ଦେଇ ପୁରୀର ପରମ୍ପରାକୁ ଭଙ୍ଗ କରିବାକୁ ଚାହୁଁଥିଲେ ଇଂରେଜ ଅଧିକାରୀ । କେତେବେଳେ ମନ୍ଦିର ପରିଚାଳନା ତ କେତେବେଳେ ରଥଯାତ୍ରା ପରିଚାଳନାକୁ ନେଇ ଅଭିନବ ଉପାୟ ରଚନା କରାଯାଉଥିଲା । ରାଜା ଥିବାବେଳେ ଏସବୁ କାର୍ଯ୍ୟକାରୀ ହୋଇପାରୁ ନଥିଲା । ଏବେ ରାଜା ନଥିବାରୁ ପୁରୀ ମନ୍ଦିରକୁ ସେମାନେ ନିଜ ନିୟନ୍ତ୍ରଣକୁ ନେବାକୁ ଚାହିଁଲେ । କିନ୍ତୁ ସେମାନଙ୍କ ସମସ୍ତ ପ୍ରସ୍ତାବ କାଟ୍ ଖାଇବାରେ ଲାଗିଥିଲା । ଏମିତି ଘାଣ୍ଟଚକଟ ଚାଲିଥିବାବେଳେ ଇଂରେଜ ଅଧିକାରୀମାନେ ଶୃଙ୍ଖଳିତ ରଥଯାତ୍ରା ପରିଚାଳନା କରୁଛନ୍ତି ବୋଲି ଉଦାହରଣ ସୃଷ୍ଟି କରିବାକୁ ଯାଇ ଅନେକ କାଇଦା କଟକଣା ଲାଗୁ କରୁଥିଲେ । ୧୮୭୯ ମସିହାର ରଥଯାତ୍ରାରେ ସେମିତି କିଛି ହୋଇଥିଲା । ସେଇଥିପାଇଁ ତ ପ୍ରଥମ ଥର ପାଇଁ ଜୁନ୍ ୨୧ ରଥଯାତ୍ରା ଦିନ ସକାଳ ୧୧ଟା ବେଳକୁ ପହଣ୍ଡି ସରି ରଥଟଣା ଆରମ୍ଭ ହୋଇଥିଲା । ବାଟରେ ମାଉସୀମା ମନ୍ଦିରରେ ଯେଉଁ ପନ୍ତୀ ଭୋଗ ନୀତି ହୁଏ ତାହାକୁ ବାତିଲ କରାଯାଇଥିଲା । ଫଳରେ ବଳଭଦ୍ରଙ୍କ ରଥ ଗୁଣ୍ଡିଚା ମନ୍ଦିର ଏବଂ ସୁଭଦ୍ରାଙ୍କ ରଥ ବଡ଼ଶଙ୍ଖ ଓ ଜଗନ୍ନାଥଙ୍କ ରଥ ଟିକେ ଆଗକୁ ଗଲା ପରେ ରଥ ଟଣା ବନ୍ଦ କରାଯାଇଥିଲା । ତା' ପରଦିନ ସୁଭଦ୍ରାଙ୍କ ରଥ ସିନା ଗୁଣ୍ଡିଚାମନ୍ଦିରରେ ପହଞ୍ଚିଲା, ହେଲେ ଅସାବଧାନତା ଯୋଗୁଁ ୪ଜଣ କଳାପିଠିଆଙ୍କ ଉପରେ ଜଗନ୍ନାଥଙ୍କ ରଥ ଚଢ଼ିଗଲା । ଘଟଣା ସ୍ଥଳରୁ ସେମାନଙ୍କୁ ଉଦ୍ଧାର କରି ତୁରନ୍ତ ଡାକ୍ତରଖାନାରେ ଭର୍ତ୍ତି କରାଯାଇଥିଲା, କିନ୍ତୁ ଏହି ସମୟ ଭିତରେ ୨ଜଣଙ୍କ ମୃତ୍ୟୁ ଘଟିଯାଇଥିଲା । କାରଣ କ'ଣ ତାହା ମାଜିଷ୍ଟ୍ରେଟ୍ ରିପୋର୍ଟରେ ଉଲ୍ଲେଖ କରି ନଥିଲେ । ହେଲେ ସେମାନେ କୁଆଡ଼େ ରଥ ଦଉଡ଼ିକୁ ହାଲୁକା ଭାବେ ଧରି ଅମନଯୋଗୀ ହେବାରୁ ରଥ ତାଙ୍କ ଉପରେ ଚଢ଼ିଗଲା ବୋଲି ଚର୍ଚ୍ଚା ହୋଇଥିଲା । ହିନ୍ଦୁମାନେ ଏହାର ପ୍ରତିବାଦ କରିଲେ । ସେମାନଙ୍କ ଅନୁସାରେ ମୁସଲମାନ୍ ଓ ଇଂରେଜ

କର୍ମଚାରୀମାନେ ରଥ ଛୁଇଁଥିବାରୁ ଏପରି ଘଟଣା ଘଟିଥିଲା। ଏହାଛଡ଼ା ତରବରିଆଭାବେ ରଥ ଟାଣିବା ପାଇଁ ଅଫିସରମାନେ ଯେଉଁଭଳି ଆଦେଶ ଦେଉଥିଲେ ତାହା ଗ୍ରହଣଯୋଗ୍ୟ ନୁହେଁ। କେହି କେହି କହୁଥିଲେ ମାଉସୀମା ଘର ବା ଅନ୍ୟତ୍ର କୌଣସି ଜାଗାରେ ଠାକୁରମାନେ ବିଶ୍ରାମ ପାଇଁ ସୁଯୋଗ ପାଇ ନଥିବାରୁ ଏପରି କାଣ୍ଡ ଘଟିଲା। ଅବଶ୍ୟ ଏ କଥାଟି ଅନ୍ଧବିଶ୍ୱାସ ଅଥବା ଧର୍ମୀୟଭାବନା ସହ ଯୋଡ଼ା ହୋଇଥାଇପାରେ। କିନ୍ତୁ ଏସବୁର କାରଣ ଖୋଜି ମାଜିଷ୍ଟ୍ରେଟ୍‌ଙ୍କ ପାଖରେ ଯେଉଁ କୈଫିୟତ୍ ରଖାଯାଇଥିଲା ସେଥିରୁ ସ୍ପଷ୍ଟ ଥିଲା–

'ରଥ କାର୍ଯ୍ୟରେ କିଛି ମୁସଲମାନ କନଷ୍ଟେବଲଙ୍କୁ ନିଯୁକ୍ତ କରାଯାଇଥିଲା। ଯଦିଓ ସେମାନେ କେବଳ ଯାତ୍ରୀଙ୍କୁ ନିୟନ୍ତ୍ରଣ ପାଇଁ ନିଯୁକ୍ତ ଥିଲେ, କିନ୍ତୁ ତାହା ଧର୍ମୀୟ ଭାବନାକୁ କ୍ଷୁଣ୍ଣ କରୁଥିବା ଠିକ୍ ନୁହେଁ। ଏହାଛଡ଼ା ଦୁଇଜଣ ଇଂରେଜ ଅଫିସର ଅଖ ପାଖ କାଠ ଉପରେ ବସିଥିବା ମଧ୍ୟ ସତ୍ୟ। ସେମାନେ ରଥ ଅଖ ପାଖରେ ବସି ଚା'ପାନ କରୁଥିଲେ ବୋଲି କୈଫିୟତ୍‌ରେ ଜଣାଇଛନ୍ତି। ହେଲେ ଏ ବିଷୟରେ ସେମାନେ ଜାଣି ନଥିଲେ ଓ ଏହା ଏକ ଅପରାଧ ବୋଲି ଅଜଣା ଥିବା ବି ଲେଖିଛନ୍ତି।'

ଏପରି ବିବାଦ ଭିତରେ ଟଣାଓଟରା ଆହୁରି ବଢ଼ିଲା। ପୁରୀର ମାଜିଷ୍ଟ୍ରେଟ୍ ପ୍ରସ୍ତାବ ଦେଲେ ରଥକୁ ଲୋକମାନେ ନ ଟାଣି କଲିକତାର ଟ୍ରାମ୍ ୱେ ଭଳି ପରିଚାଳନା କରିବା ପାଇଁ। ନୂଆ ନୂଆ ଆସିଥିବା ଟ୍ରାମ୍‌ୱେ କଲିକତାରେ ବେଶ୍ ଲୋକପ୍ରିୟ ହୋଇଛି। ଏହା ବିଶାଳକାୟ ରଥ ତୁଳନାରେ ଅଧିକ ଶୃଙ୍ଖଳିତ ବୋଲି ତାଙ୍କ ମତ ରହିଲା। କିନ୍ତୁ ଜବାବରେ କଲେକ୍ଟର୍ ସାହେବ ରଥର ପ୍ରକାଣ୍ଡ ଆକୃତି ଓ ତହିଁରେ ସଂଯୁକ୍ତ ଏକାଧିକ ଚକକୁ ନିୟନ୍ତ୍ରଣ କରିବା ସମ୍ଭବ ନୁହେଁ ବୋଲି କହିଲେ। ଏହାଛଡ଼ା ଟ୍ରାମ୍‌ୱେ ଦ୍ୱାରା ହିନ୍ଦୁ ଧର୍ମାବଲମ୍ବୀଙ୍କ ଧର୍ମୀୟ ଭାବନାରେ ଆଞ୍ଚ୍ ଆସିବ କହି ଏହି ପ୍ରସ୍ତାବକୁ ପ୍ରତ୍ୟାଖ୍ୟାନ କରିଥିଲେ। ଫଳରେ ପୁରୁଣା ପରମ୍ପରା ଜାରି ରହିଲା।

ତା' ପରବର୍ଷ ପୁଣିଥରେ ରଥଯାତ୍ରାକୁ ନେଇ ଇଂରେଜ ଅଧିକାରୀଙ୍କ ଅହଙ୍କାର ଓ ପରମ୍ପରା ଭିତରେ ଲଢ଼େଇ ଚାଲିଲା। ବିଶାଳକାୟ ରଥଗୁଡ଼ିକୁ ପରିଚାଳନା କରିବା ତାଙ୍କ ପାଇଁ ଏକ ଚ୍ୟାଲେଞ୍ଜ ଭାବେ ଉଭା ହେବା ନିଶ୍ଚିତ ଥିଲା। କିପରି ଏହାକୁ ସୁରୁଖୁରୁ କରିହେବ ସେଥିନେଇ ବ୍ରିଟିଶ୍ ଅଧିକାରୀମାନେ ଯେମିତି ଚିନ୍ତା କରୁଥାଆନ୍ତି, ସେମିତି ମନ୍ଦିର ପରିଚାଳନା, ସେବାୟତ ଓ ବିଭିନ୍ନ ମଠ ମହନ୍ତମାନେ ପ୍ରସ୍ତାବ ଦେଉଥାଆନ୍ତି। ଏଥିରେ କିଛି ଚାଟୁକାର ବି ମନ୍ତବ୍ୟ ଦେଇ ଲୋକହସା ହୋଇଥିବା ନଜିର ରହିଛି।

ସେଦିନ କିଛି ସେବାୟତଙ୍କୁ ଏକାଠି କରି ମହନ୍ତ ନାରାୟଣ ଦାସ ଓ ବାବୁ ତାରାକାନ୍ତ ବିଦ୍ୟାସାଗର ରଥଯାତ୍ରା ପରିଚାଳନା ସମ୍ବନ୍ଧରେ ଆସୁଥିବା ତ୍ରୁଟି ସୁଧାରିବା ପାଇଁ ଆଲୋଚନା କଲେ। ବିଚାର ବିମର୍ଶ କ'ଣ ହେଲା, ତାହା ଅଲଗା କଥା କିନ୍ତୁ ନିଜ ପରମ୍ପରାକୁ ସେମାନେ ଭୁଲିଯାଇଥିଲେ। ଇଂରେଜ ଅଧିକାରୀଙ୍କ ବିଶ୍ୱସ୍ତ ହେବା ଲକ୍ଷ୍ୟରେ ପରାମର୍ଶ ଦେବା ଛଳରେ କହିଲେ–

'ରଥଯାତ୍ରା ପାଇଁ ଆଉ ଏପରି ବିଶାଳକାୟ ରଥର ଆବଶ୍ୟକତା ନାହିଁ। କାରଣ ଠିକ୍

ସମୟରେ ରଥର ଗତିକୁ ନିୟନ୍ତ୍ରଣ କରାଯାଇପାରୁ ନଥିବାରୁ ଅନେକ ଲୋକଙ୍କ ଜୀବନ ଯାଉଛି । ଅବଶ୍ୟ ଇଂରେଜମାନେ ଆସିବା ପରେ ରଥଚକ ତଳେ ଆତ୍ମହତ୍ୟା କରିବା ଉପରେ ପ୍ରତିବନ୍ଧକ ଲଗାଯାଇଛି ଏବଂ ସେ ପରମ୍ପରା ଆଉ ନାହିଁ, କିନ୍ତୁ ଅନେକ ସମୟରେ ରଥ ଲୋକଙ୍କ ଉପରେ ଚଢ଼ି ଯାଉଥିବାରୁ ଅକାରଣେ ଲୋକଙ୍କ ମୃତ୍ୟୁ ଘଟୁଛି । ଏହାଛଡ଼ା ବଡ଼ଦାଣ୍ଡରେ ହେଉଥିବା ଅସ୍ଥାୟୀ ମେଳା ଏବଂ ଘରଗୁଡ଼ିକ ମଧ୍ୟ ରଥ ଚାଲିବା ନିରାପଦ ହୋଇପାରୁ ନାହିଁ । ଏତେ ବିଶାଳକାୟ ରଥକୁ ବନ୍ଦ କରିଦିଆଯାଉ । ସେଗୁଡ଼ିକ ସ୍ଥାନରେ ଛୋଟ ଛୋଟ ରଥର ବ୍ୟବସ୍ଥା ହେଉ । ନହେଲେ ଠାକୁରଙ୍କୁ କୌଣସି ଗାଡ଼ି ସହାୟତାରେ ଗୁଣ୍ଡିଚା ମନ୍ଦିର ନିଆଯାଉ । ସେହି ଗାଡ଼ିକୁ ଘୋଡ଼ା ଦ୍ୱାରା ଟଣାଯାଉ ।’

ଊନବିଂଶ ଶତାବ୍ଦୀର ଉନ୍ନତ ଚିନ୍ତନରେ ପ୍ରଭାବିତ ହୋଇ ମହନ୍ତ ଏପରି ପରାମର୍ଶ ଦେବେ ବୋଲି କେହି ଭାବି ପାରୁନଥିଲେ । ଏହାକୁ ମହନ୍ତ ସିନା ବୁଝିଲେନି, କିନ୍ତୁ ଗଭର୍ଣ୍ଣମେଣ୍ଟ ଭଲ ଭାବେ ବୁଝିଗଲେ । ଏହାକୁ ଅସଙ୍ଗତ କହି ଫେରାଇ ଦେଲେ ।

ଏଣୁ ପରମ୍ପରା ଅନୁସାରେ ରଥ ତିଆରି ହେଲା । ଜୁଲାଇ ୧୪ ତାରିଖରେ ବଳଦେବଙ୍କ ରଥ ମାଉସୀମା ଘରଠାରେ ପହଞ୍ଚିଲା । ସେଠୁ ପୁଲିସ ସାହେବଙ୍କ ଆଜ୍ଞା ଆସିଲା ରଥଟଣା ବନ୍ଦ କରିବାକୁ । ତହିଁ ଆରଦିନ ସୁଭଦ୍ରାଙ୍କ ରଥ ଟଣା ହେଲା । କିନ୍ତୁ ତା’ ମଧ୍ୟ ବଳଗଣ୍ଡି ଛକଠାରେ ଅଟକିଲା ପୁଲିସ ଆଜ୍ଞାରେ । ଏହାର କାରଣ ଥିଲା ଇଂରେଜ ଅଧିକାରୀଙ୍କ ଆଦେଶ ମୁତାବକ ରଥ ଅଟକ ପାଇଁ ଆବଶ୍ୟକ କାଠ ଲଗାନଯିବା । ରାଜମାତା କିମ୍ବା ମ୍ୟାନେଜର୍ ଏହି ଆଦେଶକୁ ଅବଜ୍ଞା କରିଥିବା ଦର୍ଶାଗଲା । ବ୍ୟବସ୍ଥା ଅନୁସାରେ ପୁଲିସ ଓ ମାଜିଷ୍ଟ୍ରେଟ୍ ରଥ ଟଣା ଦାୟିତ୍ୱରେ ରହିଥାଆନ୍ତି । ରୀତିନୀତି ବୁଝୁଥାଏ ମନ୍ଦିର ପରିଚାଳନା- ଯାହା ରାଜମାତାଙ୍କ ଦ୍ୱାରା ପରିଚାଳିତ ଥିଲା । ପୁଲିସର ଏପରି କାର୍ଯ୍ୟ ବିରୋଧରେ ଭକ୍ତମାନେ ମାଜିଷ୍ଟ୍ରେଟ୍‌ଙ୍କୁ ଅଭିଯୋଗ କଲେ । କିନ୍ତୁ ମାଜିଷ୍ଟ୍ରେଟ୍ ସେକଥା କର୍ଣ୍ଣପାତ କଲେନାହିଁ । ରଥଯାତ୍ରାର ଚାରିଦିନ ବିତିଥିଲେ ମଧ୍ୟ ଜଗନ୍ନାଥଙ୍କ ରଥ ଟଣା ହୋଇପାରିଲା ନାହିଁ । ଏପଟେ ଯଦି ରଥଟଣା ନହେବ ତେବେ ୧୨ ବର୍ଷ ଯାଏ ଠାକୁର ମନ୍ଦିରରେ ପ୍ରବେଶ କରିପାରିବେ ନାହିଁ ବୋଲି ପଣ୍ଡିତମାନେ ମତ ଦେଲେ । ଏପରି ଭାଳେଣି ଭିତରେ ରଥଟଣା ପାଇଁ ଗଭର୍ଣ୍ଣମେଣ୍ଟଙ୍କ ଡାକ ଆଜ୍ଞା ପହଞ୍ଚିଲା । ସେଥିରେ ଥିବା ନିର୍ଦ୍ଦେଶକୁ ଦେଖି ଉଭୟ ମାଜିଷ୍ଟ୍ରେଟ୍ ଓ ପୁଲିସ ସାହେବଙ୍କ ନିଦ ଭାଙ୍ଗିଲା । ବଳଭଦ୍ର ଓ ସୁଭଦ୍ରାଙ୍କ ରଥ ଟଣା ହୋଇ ଗୁଣ୍ଡିଚାମନ୍ଦିର ପହଞ୍ଚିଗଲା । ଜଗନ୍ନାଥଙ୍କ ରଥ ଟଣା ହେଲାବେଳକୁ ସନ୍ଧ୍ୟା ହୋଇଯାଇଥାଏ । ରାସ୍ତା ଘାଟ ନଦିଶିବାରୁ ରାଜମାତା ୫୦ ମଶାଲ ବ୍ୟବସ୍ଥା କଲେ । ସେହି ରାତିରେ ହିଁ ରଥ ଟଣାହେଲା । ଗୁଣ୍ଡିଚା ମନ୍ଦିରରେ ବିଶ୍ରାମ ଦିଆଗଲା ବେଳକୁ ରାତି ଆଠଟା ବାଜିଥାଏ । ଏହାପରେ ବନ୍ଦ ହେଲା ରଥଟଣା । ପରଦିନ ଗୁଣ୍ଡିଚା ମନ୍ଦିରରେ ଠାକୁର ପହଞ୍ଚିଲେ ଏବଂ ପହଣ୍ଡି ବିଜେ ଆରମ୍ଭ ହେଲା । ଦାଣ୍ଡରେ ରହିବାର ଯୋଗ ସମାପ୍ତ ହେଲା । ହେଲେ ପୁଲିସବାବୁଙ୍କ ବଢ଼ିବା ସରୁନଥାଏ । କୌଣସି ନା କୌଣସି ପ୍ରକାରେ ସେ ଅନ୍ତରାୟ ସୃଷ୍ଟି କରୁଥିଲେ । ଏହିକ୍ରମରେ ବାହୁଡ଼ା ପୂର୍ବରୁ ରଥକୁ ଦକ୍ଷିଣମୁଖା କରିବା ବିଧି ଥିଲେ ମଧ୍ୟ ତାହା ହେଲା ନାହିଁ । ଅନେକ ବାଦବିବାଦ ଦ୍ୱାରା ଦିନ ପରେ ଦିନ ବିତୁଥାଏ । ସାତଦିନ ପରେ ରଥ ଦକ୍ଷିଣମୁଖା ହେଲା । ପରେ ରଥ ଟଣା ହେଲା । କିନ୍ତୁ ସବୁ ମନ୍ଥରଗତିରେ । ବାହୁଡ଼ା ଯିବାର ୨୦ ଦିନ ପରେ ଠାକୁର ଶ୍ରୀମନ୍ଦିରରେ ବିଜେ କଲେ..... ।

(୬୯)

ଦାସୁରାମଙ୍କ ହିଂସା

ବିବାଦ ଥମୁ ନଥାଏ- ଶ୍ରୀଜଗନ୍ନାଥ ମନ୍ଦିରକୁ ନେଇ। କେତେବେଳେ ରାଣୀ ତ କେତେବେଳେ ସେବକ ଆଉ କେତେବେଳେ ଇଂରେଜ ତ ପୁଣି କେତେବେଳେ ଭିନ୍ନ ଭିନ୍ନ ସମ୍ପ୍ରଦାୟ ଜଗନ୍ନାଥଙ୍କୁ ନିଜ ଆୟତ୍ତରେ ନେବାକୁ ଚାହିଁଥିଲେ। ଅବଶ୍ୟ ଏ ଆୟତ୍ତର ଉଦ୍ଦେଶ୍ୟ ପ୍ରତିଟି ପ୍ରତିପକ୍ଷ ପାଖରେ ଅଲଗା ଅଲଗା ଥିଲା। ଠାକୁର ଘର ଭିତରକୁ ପ୍ରବେଶ କରିବାର କିଛିମାସ ପରେ ପୁଣି ଏକ ଅଘଟଣ ହେଲା, ଯାହା କିଏ କେବେ ଆଶଙ୍କା ବି କରି ନଥିଲେ।

ସମ୍ବଲପୁର ଜିଲ୍ଲା ଚନ୍ଦ୍ରପୁର ଗାଁର ଏକ ନିର୍ଦ୍ଦିଷ୍ଟ ସମ୍ପ୍ରଦାୟର କିଛି ଭକ୍ତ ଗୋଷ୍ଠୀ ହୋଇ ଶ୍ରୀଜଗନ୍ନାଥଙ୍କ ବିରୋଧରେ ବିଦ୍ରୋହ ଘୋଷଣା କଲେ। ଯେଉଁ ଜଗନ୍ନାଥଙ୍କୁ ସେମାନେ ସର୍ବୋଚ୍ଚ କର୍ତ୍ତା ବୋଲି କହୁଛନ୍ତି ତାହାକୁ ଭଙ୍ଗ କରିବାକୁ ଚାହିଁଲେ। ମହାନ ସନ୍ଥକବି ଭୀମ ଭୋଇଙ୍କ ଆଦର୍ଶକୁ କଦର୍ଯ୍ୟ କରି ଅଲେଖ ଧର୍ମର ପ୍ରଚାର କରିବା ଲକ୍ଷ୍ୟରେ ଦାସୁରାମ ଏହାର ନେତୃତ୍ୱ ନେଲେ।

ଯୋଜନା ହେଲା- ଶ୍ରୀଜଗନ୍ନାଥଙ୍କୁ ସିଂହାସନରୁ ମନ୍ଦିର ବାହାରକୁ ଅଣାଯିବ। ସର୍ବ ସମ୍ମୁଖରେ ତାଙ୍କୁ ପୋଡ଼ି ଦିଆଯିବ। ଯେମିତି କଳାପାହାଡ଼ କରିଥିଲା, ଶ୍ରୀମନ୍ଦିର ଶୂନ୍ୟ ହୋଇଯାଇଥିଲା, ଠିକ୍ ସେମିତି। ...ସେଇଠୁ ବନ୍ଦ ହେବ ମୂର୍ତ୍ତିପୂଜା, ଆଉ ପ୍ରସାର ହେବ ଶୂନ୍ୟପୂଜା। ହିନ୍ଦୁମାନେ ବୁଝିବେ ଯେ, ଯେଉଁ ମୂର୍ତ୍ତିପୂଜା ସେମାନେ କରୁଛନ୍ତି ସେ କେହି ନୁହନ୍ତି ବରଂ ଏକ କାଠ ଗଣ୍ଡି। ଅବଶ୍ୟ ଏହା ପୂର୍ବରୁ ଇଂରେଜମାନେ ଏହି ବିଶ୍ୱାସରେ ଥିଲେ। ତାଙ୍କ ପୂର୍ବରୁ ମୁସଲମାନମାନେ ଯାହାସବୁ କାଣ୍ଡ ଘଟାଇଛନ୍ତି ତାହାକୁ ମନେ ପକାଇବା ଅନାବଶ୍ୟକ। ଆଉ ଏବେ ଏହି ମହିମାଧର୍ମାବଲମ୍ବୀ।

ଶୂନ୍ୟବାଦକୁ ପ୍ରଚାର କରିବା ପାଇଁ ମହିମା ଗୋସାଇଁଙ୍କ ମତ କିଛି ଅଲଗା ଥିଲା। କିନ୍ତୁ

ସବୁଧର୍ମରେ ଦାସୁରାମଙ୍କ ଭଳି କୁସଂସ୍କାରୀ, ଖଳ ଏବଂ ଗୁଣ୍ଡାଶ୍ରେଣୀର ଲୋକଙ୍କ ଉପସ୍ଥିତି ତାକୁ କଳୁଷିତ କରିବାରେ ଲାଗିଥିଲା। ପୁରୀରେ ରହୁଥିବା ଭକ୍ତ, ସେବକ, ଇଂରେଜ ଅଧିକାରୀ କି ରାଣୀ ଏହାକୁ ଜାଣିପାରୁ ନଥିଲେ।

ମାର୍ଚ୍ଚ ୧ ତାରିଖ ଏକ ବିଶାଳ ଗୋଷ୍ଠୀ ପୁରୀ ବଡ଼ଦାଣ୍ଡରେ ରୁଣ୍ଡ ହେଲେ। ଦାସୁରାମ ଏହାର ନେତୃତ୍ୱ ନେଉଥାଆନ୍ତି। ଆଉ ଦଳରେ ପୁରୁଷ, ମହିଳା ତଥା ପିଲାଛୁଆ ସମସ୍ତେ ଥିଲେ। ବଡ଼ଦାଣ୍ଡରେ ପହଞ୍ଚିଲା ପରେ ଦାସୁରାମ ତିନିଜଣ ମହିଳା ଓ ୧୨ ଜଣ ପୁରୁଷ ଅଲଗା ହୋଇ ମନ୍ଦିର ଆଡ଼କୁ ଅଗ୍ରସର ହେଲେ। ଏହାପୂର୍ବରୁ ଦସ୍ରାମ୍ ପେଟପୂରା ଖାଇ ମନ ତୃପ୍ତି କଲେ।

ସିଂହଦ୍ୱାର ସାମ୍ନାରେ ଏହି ୧୫ ଜଣିଆ କୌପୀନଧାରୀ ଦଳଙ୍କଠୁ କିଛି ଅଘଟଣ ଆଶଙ୍କା କରି ଜଗୁଆଳି ପ୍ରବେଶ ବାରଣ କଲେ। କିନ୍ତୁ ତାହାଙ୍କୁ ନମାନି '*ମହିମା ଅଲେଖ*' ସ୍ଲୋଗାନ୍ ଦେଇ ଭିତରକୁ ସେମାନେ ପ୍ରବେଶ କଲେ। ଭକ୍ତଙ୍କୁ ଡରାଇଲେ। ଆଗ ଆକ୍ରମଣ କଲେ ଭୋଗ ମଣ୍ଡପ ଉପରେ।ତାହାର ଦ୍ୱାର ଭାଙ୍ଗିବାକୁ ଚାହିଁଥିଲେ ବି ସେମାନେ ପାରି ନଥିଲେ। ଏହାପରେ ଜଗମୋହନ ନିକଟରେ ପହଞ୍ଚି ନିଜର ବଳକୁ ପ୍ରତିପାଦିତ କରିବାକୁ ଚାହିଁଲେ। ସେଠାରେଥିବା ସେବକମାନେ ଏମାନଙ୍କ ପ୍ରକୃତ ଉଦ୍ଦେଶ୍ୟ ଜାଣିଗଲେ। ଜୟବିଜୟ ଦ୍ୱାରକୁ ବନ୍ଦ କରିଦେଇ ମନ୍ଦିରକୁ ସୁରକ୍ଷିତ କରିବା ଆରମ୍ଭ କଲେ। ଏହା ପୂର୍ବରୁ ଅନେକଥର ପୁରୀକୁ ଆକ୍ରମଣ କରାଯାଇଛି। କଳାପାହାଡ଼ ବେଳକୁ ସିନା ସେମାନେ ସାବଧାନ ନଥିଲେ ହେଲେ ଏବେ ତ ଏ ଛୋଟ କୌପୀନ ସେନାଙ୍କୁ ଅଟକାଇ ପାରିବେ! ଏ ଭିତରେ ଭକ୍ତଙ୍କ ଏକ ଗୋଷ୍ଠୀ ପ୍ରବେଶ କଲା ମନ୍ଦିର ଭିତରେ, ବିଶାଳ ଗୋଷ୍ଠୀ। ଠେଙ୍ଗା ଓ କତା ଦଉଡ଼ି ତାଙ୍କ ପାଖରେ ଥିଲା। ଏମାନଙ୍କୁ ପାନେ ଶିଖାଇବା ତାଙ୍କ ଉଦ୍ଦେଶ୍ୟ ଥିଲା।

ଜୟବିଜୟ ଦ୍ୱାର ବନ୍ଦ ଏବଂ ପଛପଟେ ଭକ୍ତଙ୍କ ଫୌଜ ଦେଖି ଭୟଭୀତ ହୋଇଗଲେ ଦାସୁରାମ ସେନା। କେଉଁପଟେ ବାହାରିବେ ଆଉ ଜାଣିପାରିଲେ ନାହିଁ। କାନ୍ଥକଡ଼କୁ ନେଇ ଧୂମ୍ ଛେଚିଲେ ଜଗନ୍ନାଥ ଭକ୍ତ। ଯିବାକୁ ବାଟ ପାଇଲେନି ଦାସୁରାମ। ଦରମଲା ଅବସ୍ଥାରେ ଜଣେ ଭକ୍ତ କହିଲେ ଏଥର ଛାଡ଼ିଦିଅ, ନହେଲେ ଜଗନ୍ନାଥଙ୍କୁ ଅପବାଦ ହେବ। ଏ ମନ୍ଦିରରେ କାହାର ପ୍ରାଣଯିବା ଶ୍ରୀଜଗନ୍ନାଥଙ୍କ ଇଚ୍ଛା ନୁହେଁ, ସବୁ ଲାଠି ଏକାଠି ଶାନ୍ତ ହୋଇଗଲା। ଗୁରୁଙ୍କୁ ମନ୍ଦିର ବାହାରେ ଫୋପାଡ଼ି ଦେବା ପାଇଁ ଶିଷ୍ୟଙ୍କୁ କୁହାଗଲା। ସିଂହଦ୍ୱାର ସମ୍ମୁଖରେ ଦାସୁରାମଙ୍କ ଶରୀରକୁ ରଖିଲେ ତାଙ୍କ ଅନ୍ଧ ଅନୁଧାବକମାନେ। ସେଇଠୁ ପୁଲିସ ତାହାଙ୍କ ପଞ୍ଚନାମା କଲା। ମାମଲା ରୁଜୁ ହେଲା। ଶରୀରକୁ ଡାକ୍ତରଖାନା ନେବା ବେଳକୁ କିନ୍ତୁ ଆଉ ସେଥିରେ ପ୍ରାଣ ନଥିଲା। ମହିଳା ସଦସ୍ୟଙ୍କଠାରୁ ସମସ୍ତ ବିବରଣୀ ରେକର୍ଡ଼ କରାଗଲା। ଏହାପରେ ପୁଲିସ ଖୋଜାଖୋଜିଂ କରି ଆଉ ୬ ଜଣ ପୁରୁଷ, ୧୧ ଜଣ ମହିଳା ଓ ଶିଶୁଙ୍କୁ ଗିରଫ କରାଯାଇ ମାମଲା ରୁଜୁ ହେଲା। କିଛିମାସ ପରେ ସେମାନଙ୍କ ବିରୋଧରେ ସେମିତି ଆବଶ୍ୟକ ଦଫା ଲାଗି ନଥିବାରୁ କୋର୍ଟ ତାଙ୍କୁ ମୁକ୍ତି ଦେଲେ। ଏଇଠି କିନ୍ତୁ ସରିଲାନି ଅଧ୍ୟାୟ। ଇଂରେଜ ପ୍ରଶାସକମାନେ ଏହାକୁ ଏକ ସୁଯୋଗ ବୋଲି ଧରି ଚାହିଁଲେ ରାଣୀଙ୍କ କ୍ଷମତାକୁ ସଙ୍କୁଚିତ କରିବେ। ମନ୍ଦିରକୁ ପରିଚାଳନା କରିବାପାଇଁ ଏକ ଦେବୋତ୍ତର ବିଭାଗ ଖୋଲିବେ। ଏକ ଟ୍ରଷ୍ଟ ବୋର୍ଡ ତିଆରି କରାଯିବ... ଏମିତି।

(୭୦)

ରତ୍ନ ଭଣ୍ଡାର ଉପରେ ନଜର

ଭକ୍ତମାନେ ଠାକୁରଙ୍କୁ ଦେଉଥିବା ଦାନ ଆଉ ମନ୍ଦିରକୁ ଫେରୁ ନାହିଁ। ଟଙ୍କା,ସୁନା, ହୀରା, ମାଣିକ୍ୟ ପ୍ରଭୃତି ଏଥିରେ ଅନ୍ତର୍ଭୁକ୍ତ। ରାଣୀ ଏହାର ହିସାବ ବି କାହାକୁ ଦେଉ ନାହାନ୍ତି। ଫଳରେ ଭକ୍ତ ଭଗବାନଙ୍କୁ ଦେଉଥିବା ମୂଲ୍ୟବାନ ଦ୍ରବ୍ୟସବୁ ରାଜ ଉଆସରେ ବ୍ୟବହାର ହେଉଛି। ରାଣୀଙ୍କ ବ୍ୟକ୍ତିଗତ ସମ୍ପତ୍ତି ହୋଇଯାଇଛି। ଏପରିକି ଅନେକ ଦାନ ବାବଦରେ ସ୍ୱୟଂ ରାଣୀ ବି ଅଜଣା ରହିଛନ୍ତି। କାରଣ ସେ ସିଧାସଳଖ କାହାକୁ ଭେଟୁ ନାହାନ୍ତି। ଭକ୍ତ ଯାହା ବି ଦାନ ଦେଉଛନ୍ତି ତାହା ଦେଉଳ କରଣଙ୍କ ଦ୍ୱାରା ତାଲିକା କରାଯାଉଛି ଆଉ ଦାସୀ ବିଶୋଇଙ୍କ ସହାୟତାରେ ରାଜ ଉଆସ ଆସୁଛି।

ମୋଟାମୋଟି ଭାବେ କହିବାକୁ ଗଲେ ପର୍ଦା ପଛପଟେ ସବୁବେଳେ ରହି ରାଣୀ ନିଜର ଦାସୀ ଓ ବିଶୋଇଙ୍କ ସହାୟତାରେ ପ୍ରଶାସନ ପରିଚାଳନା କରୁଛନ୍ତି। ପରିସ୍ଥିତି ଏପରି ହୋଇଛି ଯେ, ଶ୍ରୀମନ୍ଦିର ସମ୍ପର୍କରେ କୌଣସି ନିଷ୍ପତ୍ତି ନେବାକୁ ହେଲେ ବିଶୋଇ ହାତରେ ପ୍ରଥମେ ଖବର ଦେବାକୁ ହେଉଛି। ବିଶୋଇ ଯାଇ ରାଣୀଙ୍କ ମୁଖ୍ୟଦାସୀ '*ନାନୀମା*'ଙ୍କୁ ଖବର ଦେବା ପରେ ତାହା ରାଣୀଙ୍କ ପାଖରେ ପହଞ୍ଚେ। ଏ ଦୁଇ ବର୍ଗ ଅତି ନଗଣ୍ୟ ପ୍ରାପ୍ୟ ପାଇଥାଆନ୍ତି। ଏଣୁ ସିଧାସଳଖ ମନ୍ଦିର କାର୍ଯ୍ୟ ପରିଚାଳନା ପାଇଁ ଜଣେ ସ୍ୱତନ୍ତ୍ର ଅଧିକାରୀଙ୍କୁ ନିଯୁକ୍ତ କରିବା ଆବଶ୍ୟକ ବୋଲି ଯୁକ୍ତି ଦର୍ଶାଇ କୋର୍ଟରେ ଆବେଦନ କରାଗଲା। ପରୋକ୍ଷରେ ଇଙ୍ଗିତ ଥିଲା ୧୮୪୦ ନିୟମର ଧାରା ୧୦କୁ ବାତିଲ କରି ସିଭିଲ୍ ପ୍ରସିଜ୍ୟୋର କୋଡ୍ (ସିପିସି) ଧାରା ୫୩୯କୁ ଲାଗୁ କରିବା। ଏହାଦ୍ୱାରା ଜଗନ୍ନାଥ ମନ୍ଦିର ସମ୍ପୂର୍ଣ୍ଣ ଭାବରେ ସରକାରଙ୍କ ଅଧୀନକୁ

ଆସିବ ଏବଂ ରାଜାଙ୍କ ଆଧିପତ୍ୟ ତୁଟିବ । ଏ ଭିତରେ ୧୮୪୦ ଆଇନର ଧାରା ୧୦ରେ ସଂଶୋଧନ ପାଇଁ ମଧ୍ୟ ପ୍ରସ୍ତାବ ଦିଆଯାଇଥିଲା, କିନ୍ତୁ ତାହାକୁ ଅନୁମୋଦନ କରାଯାଇ ନାହିଁ ।

ଛୋଟଲାଟ୍ ଏନେଇ ଏକ ପ୍ରସ୍ତାବ ଭାରତ ସରକାରଙ୍କ ଅନୁମୋଦନ ପାଇଁ ପଠାଇଲେ । ଯେଉଁଥିରେ ଲେଖାଥିଲା ଯେ, ଶ୍ରୀମନ୍ଦିର ପରିଚାଳନା ପାଇଁ ଏକ କମିଟି କରାଯିବ । ଏହି କମିଟିରେ ପୁରୀର ରାଜା ସଭାପତି ରହିବେ, କିନ୍ତୁ ପ୍ରକୃତରେ ଶ୍ରୀମନ୍ଦିରର ପରିଚାଳନା ଜଣେ ଦରମାଭୋଗୀ କର୍ମଚାରୀଙ୍କ ଉପରେ ନ୍ୟସ୍ତ ହେବ । ବିଧି ଓ ପରମ୍ପରା ଅନୁସାରେ ଯେଉଁସବୁ ରୀତିନୀତି ଗଜପତି ମହାରାଜା କରିବାକୁ ହେବ ତାହା ତାଙ୍କ ପ୍ରତିନିଧି ବା ସ୍ୱୟଂ ରାଜାଙ୍କ ଦ୍ୱାରା ହେବ । ଏହି ପ୍ରସ୍ତାବ ଅନୁମୋଦନ ପାଇବା ପୂର୍ବରୁ କମିଶନର ଶ୍ରୀମନ୍ଦିରର ମୂଲ୍ୟବାନ ରତ୍ନ ଓ ଏହାର ବ୍ୟବହାର ବାବଦରେ ଅନୁଧ୍ୟାନ କରିବା ପାଇଁ ପୂର୍ବତନ ମନ୍ଦିର ପରିଚାଳକ ରାମ ପ୍ରସାଦ ସିଂହଙ୍କୁ ନିଯୁକ୍ତ କଲେ । ରାମ ପ୍ରସାଦ ପୂର୍ବରୁ ଶ୍ରୀମନ୍ଦିରର ପରିଚାଳକ ଭାବେ ପାଖାପାଖି ୧ ବର୍ଷ କାର୍ଯ୍ୟ କରିଥିଲେ । ରାମ ପ୍ରସାଦ ସିଂହଙ୍କୁ କିନ୍ତୁ ସେବାୟତ ବା ରାଣୀ ସହଯୋଗ କଲେ ନାହିଁ । ନିଜ ରିପୋର୍ଟରେ ଶ୍ରୀ ସିଂହ ଲେଖିଲେ-

'ଗଲା କିଛିବର୍ଷ ହେଲା ଶ୍ରୀମନ୍ଦିରକୁ ଭକ୍ତମାନେ ଦେଉଥିବା ବିଭିନ୍ନ ମୂଲ୍ୟବାନ ବସ୍ତ୍ର ଅଳଙ୍କାର ସବୁ ରାଜାଙ୍କ ଘରେ ରହିଛି । ଏହାର ସମସ୍ତ ହିସାବ ଓ ବିବରଣୀ ଦେଉଳ କରଣ, ତଢ଼ଉ କରଣ ଏବଂ ଭିତର କରଣଙ୍କ ପାଖରେ ରହିଛି । ଏ ତିନିହେଁ ମିଶି ବର୍ଷକୁ ସର୍ବମୋଟ୍ ୭୦୫ ଟଙ୍କା ପାରିଶ୍ରମିକ ନେଉଛନ୍ତି । ଏତେ କମ୍ ଟଙ୍କା ଦରମା ପାଉଥିବା ଲୋକଙ୍କ ହାତରେ ଏତେ ମୂଲ୍ୟବାନ ଅଳଙ୍କାରର ହିସାବପତ୍ର ରଖିବା ବୁଦ୍ଧିମତାର କାମ ନୁହେଁ ।'

ମନ୍ଦିରର ଉଭୟ ରତ୍ନ ଭଣ୍ଡାରର ଚାବି ଭଣ୍ଡାର ମେକାପ ଓ ମୁଦୁଲିଙ୍କ ପାଖରେ ରହୁଥାଏ । ମନ୍ଦିର ଅଧ୍ୟକ୍ଷଙ୍କ ପାଖରେ ନରହି ଏମାନଙ୍କ ପାଖରେ ଥିବାରୁ ରତ୍ନ ଭଣ୍ଡାର ନିରାପଦ ରହିଥିବା ମନେ ହେଉନାହିଁ । ଏହାଛଡ଼ା ଦୀର୍ଘ ବର୍ଷ ପୂର୍ବରୁ ଅର୍ଥାତ୍ ୧୮୧୯ ମସିହାରେ ଏହି ରତ୍ନ ଭଣ୍ଡାରରେ ଥିବା ମୂଲ୍ୟବାନ ଜିନିଷସବୁର ଗଣତି ହୋଇଥିଲା । ଏବେ ତାହାକୁ ୬୦ ବର୍ଷରୁ ଅଧିକ ହେଲାଣି । ଏଣୁ ପୁଣିଥରେ ଏହାର ଯାଞ୍ଚ କରାଯିବା ଆବଶ୍ୟକ ବୋଲି ରାମପ୍ରସାଦ ମତ ଦେଲେ । ରତ୍ନ ଭଣ୍ଡାରର ଅବ୍ୟବସ୍ଥିତ ପରିଚାଳନା ହେତୁ ସେଥିରୁ ରତ୍ନ ଚୋରି ହୋଇଥିବା ନେଇ ମଧ୍ୟ ସେ ସନ୍ଦେହ ପ୍ରକାଶ କଲେ । ଏଣୁ ଏଗୁଡ଼ିକର ପୁନଃ ଯାଞ୍ଚ ଆବଶ୍ୟକ ବୋଲି ସେ କମିଶନରଙ୍କୁ ରିପୋର୍ଟ ଦେଲେ ।[୭]

ଯେମିତି ଲାଗୁଥିଲା ଏହି ରିପୋର୍ଟକୁ ହିଁ ଇଂରେଜ ଅଧିକାରୀମାନେ ଅପେକ୍ଷା କରିଥିଲେ । କମିଶନର ସି ମେଟ୍‌କାଫ୍ ଏହି ରିପୋର୍ଟ ଉପରେ କାର୍ଯ୍ୟାନୁଷ୍ଠାନ ନେବାକୁ ଯାଇ ଭକ୍ତଙ୍କ ଦାନ ସମ୍ପତ୍ତିକୁ ଗ୍ରହଣ ପାଇଁ ନିଷ୍ପତ୍ତି ନେଲେ । ଏଥିଲାଗି ଜଣେ ନିର୍ଦ୍ଦିଷ୍ଟ ଅଧିକାରୀଙ୍କୁ ନିଯୁକ୍ତି ପାଇଁ କୋର୍ଟଙ୍କ ପାଖରେ ଆବେଦନ କଲେ । ଏହି ଆବେଦନରେ କୁହାଗଲା ଯେ, ଯେଉଁ ସମ୍ପତ୍ତିସବୁ ବ୍ୟବହାର ହେଉନାହିଁ ସେ ସମ୍ପତ୍ତିସବୁ ଜିଲ୍ଲାପାଳଙ୍କ ଅଧୀନକୁ ଅଣାଯାଉ । ଆଉ ଭକ୍ତଙ୍କଠାରୁ ଦାନ ଗ୍ରହଣ କରିବା ଲାଗି ଜଣେ ସ୍ୱତନ୍ତ୍ର ଅଧିକାରୀ ନିଯୁକ୍ତ ହୁଅନ୍ତୁ । ଏ ବାବଦରେ ସରକାରୀ ଓକିଲ ହରିବଲ୍ଲଭ ବୋଷ କମିଶନରଙ୍କୁ ପରାମର୍ଶ ଦେଲେ-

'ପୁରୀର ଜିଲ୍ଲାପାଳ ଏକ ସ୍ୱତନ୍ତ୍ର ଆବେଦନ ଯୋଗେ ପ୍ରଥମେ ଶ୍ରୀଜଗନ୍ନାଥଙ୍କ ନାଁରେ ଥିବା ସମ୍ପତ୍ତିର ହିସାବ କୋର୍ଟଙ୍କ ପାଖରେ ଦାଖଲ କରିବା ଆବଶ୍ୟକ। ଏଥିଲାଗି ସମ୍ପୃକ୍ତ ଅଧୀକ୍ଷକଙ୍କୁ ଆଦେଶ ଦେବା ଲାଗି ଅନୁରୋଧ କରନ୍ତୁ। ଏହାଦ୍ୱାରା ପରବର୍ତ୍ତୀ ସମୟରେ କୌଣସି ସମ୍ପତ୍ତିକୁ ଲୁଚାଇବା ବା ତାହାର ଏପଟସେପଟ ହେବା ସମ୍ଭବ ହେବ ନାହିଁ।'

ତାହା ହିଁ ହେଲା। ମାମଲାର ବିଚାର ହେଲା। କୋର୍ଟ ଏହାକୁ ଗ୍ରହଣ କରି ଜିଲ୍ଲାପାଳଙ୍କ ପକ୍ଷରେ ରାୟ ଶୁଣାଇଲେ। କୋର୍ଟଙ୍କ ଆଦେଶକ୍ରମେ ଏମାର ମଠ ମହନ୍ତ ରଘୁନନ୍ଦନ ରାମାନୁଜ ଦାସ ହେଲେ ସମସ୍ତ ଉପହାରର ପ୍ରାପକ। ଜିଲ୍ଲାପାଳ ଏଚ୍ ସ୍ୟାଭେଜ୍‌ଙ୍କ ଅନୁମୋଦନକ୍ରମେ ସବ୍‌ଡେପୁଟି କଲେକ୍ଟର ନଦୀୟା ଚାନ୍ଦ ଦତ୍ତଙ୍କୁ ସହକାରୀ ପ୍ରାପକ ଏବଂ ରାମପ୍ରସାଦ ସିଂହଙ୍କୁ ତହସିଲ୍‌ଦାର ଭାବେ ନିଯୁକ୍ତ କରାଗଲା। ୧୮ ଡିସେମ୍ବର ୧୮୮୬ ମସିହାରେ ଜିଲ୍ଲା ଜଜ୍‌ଙ୍କ ନାଜିର ଶ୍ରୀଜଗନ୍ନାଥଙ୍କ ମନ୍ଦିରରେ ଥିବା ମୂଲ୍ୟବାନ ସମ୍ପତ୍ତିର ତାଲିକା ପ୍ରସ୍ତୁତି ପର୍ବ ଆରମ୍ଭ କଲେ। କୋର୍ଟଙ୍କଠାରୁ ବଳ ପାଇ ପ୍ରଶାସନିକ ଅଧିକାରୀ ତଥା ସରକାରୀ କର୍ମଚାରୀମାନେ ଯେଉଁଭଳି ଆଚରଣ ପ୍ରଦର୍ଶନ କଲେ ତାହା ଆଲୋଡ଼ନ ସୃଷ୍ଟି କଲା।

ଆରମ୍ଭ ହେଲା ରତ୍ନ ଭଣ୍ଡାର ଯାଞ୍ଚ କାର୍ଯ୍ୟକ୍ରମ। ମଇଳା, ଅପରିଷ୍କାର ଖାକି ପିନ୍ଧି କିଛି ପୁଲିସ କର୍ମଚାରୀ ଗର୍ଭଗୃହରେ ପ୍ରବେଶ କଲେ। ମହନ୍ତ ରଘୁନନ୍ଦନ ତଥା ପ୍ରାପକଙ୍କ ଚପରାସୀ ନିଜ କାନ୍ଧରେ ପକାଇଥିବା ଏକ ଗାମୁଛାକୁ ଶ୍ରୀଜଗନ୍ନାଥଙ୍କ ରତ୍ନ ସିଂହାସନ ଉପରେ ରଖିଦେଲେ। ସବ୍ ଡେପୁଟି ମାଜିଷ୍ଟ୍ରେଟ୍ ଭାବେ ନିଯୁକ୍ତ ଜଣେ କର୍ମଚାରୀ ବ୍ରାହ୍ମ ମତବାଦର ବିଶ୍ୱାସୀ ଥିଲେ। ସେ ଜଗନ୍ନାଥ ପରମ୍ପରା ବିଶ୍ୱାସକୁ ସମ୍ମାନ ଦେଲେ ନାହିଁ। ମୁଣ୍ଡିଆଟିଏ ମଧ୍ୟ ମାରିଲେ ନାହିଁ। ଜଣେ ଅଧିକାରୀ ତ ମୋଜା ପିନ୍ଧି ଗର୍ଭଗୃହରେ ପ୍ରବେଶ କଲେ।[୭୯] ଏସବୁ ଦେଖି ସେବକମାନେ ଉଦ୍‌ବେଗ ପ୍ରକାଶ କଲେ।

ପଣ୍ଡାଏ କହିଲେ- *'କଳିକାଳ ଆସିଗଲା। ଏ ଇଂରେଜମାନେ ମୋଗଲମାନଙ୍କଠୁ କିଛି କମ୍ ନୁହନ୍ତି। ସେମାନେ ହିଂସା, ଡରାଇ ଧମକାଇ ଆମକୁ ଲୁଟିଥିଲେ ଆଉ ଏ ଇଂରେଜ ଅଧିକାରୀମାନେ କୋର୍ଟଙ୍କ ଆଶ୍ରୟ ନେଇ ଆମକୁ ଲୁଟୁଛନ୍ତି। ଶ୍ରୀମନ୍ଦିର ପ୍ରଶାସନରେ ସଂସ୍କାର ନାଁରେ ଯେଉଁ ପ୍ରକାର ସ୍ୱେଚ୍ଛାଚାରିତା ପ୍ରଦର୍ଶନ କରାଯାଉଛି ତାହା ନିନ୍ଦନୀୟ'।*

ଠାକୁର ରାଜାଙ୍କଠାରୁ କ୍ଷମତା କାଢ଼ି ନିଆଗଲା ବୋଲି ଦର୍ଶାଇ ସେମାନେ ପ୍ରତିବାଦ କଲେ। *ପ୍ରଭୁଙ୍କୁ ମହାସ୍ନାନ କରାଗଲା।*

ମଧୁସୂଦନ ଦାସ, ରାମଶଙ୍କର ରାୟ, ବୈଦ୍ୟନାଥ ପଣ୍ଡିତ, ଜଙ୍ଗେଶ୍ୱର ଚନ୍ଦ୍ର ପ୍ରମୁଖ ରାଜ୍ୟବାସୀଙ୍କ ମନରେ ସଚେତନତା ସୃଷ୍ଟି କଲେ। ବୁଦ୍ଧିଜୀବୀଙ୍କୁ ଏକାଠି କରିବା ପାଇଁ ବିଭିନ୍ନ ସ୍ଥାନରେ ସଭାସମିତି ଆୟୋଜନ କଲେ। କଟକର ଉତ୍କଳ ସଭା, ଗୋପାଳଜୀ ମନ୍ଦିର, ପୁରୀର ବଡ଼ଆଖଡ଼ା ମଠରେ ଏପରି ବୈଠକ ଆୟୋଜନ କରାଯାଇ ପ୍ରସ୍ତାବ ଗୃହୀତ ହେଲା ଯେ, ବିନା ରାଜାଙ୍କ ଅନୁମତିରେ ଶ୍ରୀମନ୍ଦିରରେ କୌଣସି ନୀତି ପରିଚାଳନା କରାଯାଇପାରିବ ନାହିଁ।

(୭୧)

ନାଗାବାବାଙ୍କ ଦାଦାଗିରି

ଯୋଡ଼ା ଆଷାଢ, ୧୮୯୩। ବିଧି ଅନୁସାରେ ନବକଳେବର ହେବାର ପ୍ରଥା ରହିଛି। କିନ୍ତୁ ରାଣୀ ଏବର୍ଷ ପୂର୍ଣ୍ଣ ନବକଳେବର ହେବ ନାହିଁ ବୋଲି ଘୋଷଣା କଲାପରେ ଆଂଶିକ ନବକଳେବର ହେବ ବୋଲି ପ୍ରଚାର ହୋଇଥାଏ। ତଥାପି ଏବର୍ଷ ଯାତ୍ରୀଙ୍କ ସଂଖ୍ୟା ଏତେ ବଢ଼ିଛି ଯେ ତାହାଙ୍କୁ ନିୟନ୍ତ୍ରଣ କରିବା ପୁଲିସ ପାଇଁ ଏକ ବଡ଼ କାମ ହୋଇ ରହିଛି।

ପୂର୍ବ ବର୍ଷମାନଙ୍କରେ ୧୦ରୁ ୧୫ ହଜାର ବା ଅତିବେଶୀରେ ୨୦ ହଜାର ଯାତ୍ରୀଙ୍କ ସମାଗମ ହେଲେ ଯଥେଷ୍ଟ ହେଉଥିଲା। କିନ୍ତୁ ଏବର୍ଷ ତାହା ୨ଲକ୍ଷକୁ ଟପିଥାଏ। ଯାତ୍ରୀଙ୍କ ସାଙ୍ଗକୁ ରଥ କାର୍ଯ୍ୟର ପରିଚାଳନା କରିବା ପୁଲିସ ଓ ପ୍ରଶାସନ ପାଇଁ ଏକ ଚ୍ୟାଲେଞ୍ଜ ଭାବେ ଗଣା ଯାଉଥିଲା। ଏହି କ୍ରମରେ ସବୁ ନିୟମ କାନୁନ୍‌କୁ ମାନିବାଲାଗି ଅଫିସରମାନେ ତତ୍ପର ହେଉଥିଲେ। ହେଲେ ଭକ୍ତ ଓ ଭକ୍ତି ଆଗରେ ସେ ଆଇନ କାନୁନ୍ ଓ କଟକଣା ସବୁ ପାଣି ଫୋଟକା ହୋଇଯାଇଥିଲା।

ଅଧିକ ଖର୍ଚ୍ଚ ହେବ ବୋଲି ଆଶଙ୍କା କରି ଏବର୍ଷ ରାଜମାତା ଆଂଶିକ ନବକଳେବର ପାଇଁ ଅନୁମତି ଦେଇଥିଲେ। ଏହାର ଅର୍ଥ ଦାରୁ ଦିଅଁଙ୍କ ଶରୀର ବଦଳିବ ନାହିଁ କିନ୍ତୁ ତାଙ୍କ ଉପରେ ଗୁଡ଼ାଯାଇଥିବା ବସ୍ତ୍ର ବଦଳିବ। ଜଗନ୍ନାଥବଲ୍ଲଭ ମଠର ମହନ୍ତ ବ୍ରହ୍ମାନନ୍ଦ ସରସ୍ୱତୀ ଶଙ୍କରାଚାର୍ଯ୍ୟ ଜଗଦ୍‌ଗୁରୁଙ୍କୁ ସମ୍ପୂର୍ଣ୍ଣ କାର୍ଯ୍ୟ ପରିଚାଳନା ପାଇଁ ଦାୟିତ୍ୱ ଦିଆଯାଇଥିଲା। ସେ ମଧ୍ୟ ଭକ୍ତିପୂତ ଭାବେ ଏହି କାର୍ଯ୍ୟ ସମାପନ କରୁଥିଲେ। ଏହି ଉତ୍ସବ ପରେ ନବଯୌବନ ଦେଖିବା ଲାଗି ଦେଶର ବିଭିନ୍ନ ଆଡୁ ସାଧୁସନ୍ଥଙ୍କ ସମାଗମ ହୋଇଥିଲା। ପୁରୀ ଯିବା ରାସ୍ତାରେ ସେମାନେ କାଠଯୋଡ଼ି ଓ ମହାନଦୀ ପଠାରେ ତମ୍ବୁ ବାନ୍ଧି ତା' ତଳେ ଆଶ୍ରୟ ନେଲେ।

ବୈଷ୍ଣବମାନେ କୀର୍ତ୍ତନ କଲେ। ନାଗା ସାଧୁଙ୍କ ସମାଗମ ହୋଇଛି ବୋଲି ପ୍ରଚାର ହେଲାପରେ ସହରର ବିଭିନ୍ନ ଆଡୁ ଲୋକଙ୍କ ସୁଅ ଛୁଟିଲା ସେମାନଙ୍କୁ ଦର୍ଶନ କରିବା ଲାଗି। ଫଳରେ ଭଡ଼ାଗାଡ଼ି ବା ଶଗଡ଼ ମିଳିବା କଷ୍ଟକର ହେଲା। ଘର ଭଡ଼ା ବଢ଼ିଗଲା। ଖାଇବାକୁ ମିଳିଲା ନାହିଁ। ଅବଢ଼ା ନମିଳିବାରୁ ବୈଷ୍ଣବ ଓ ସାଧୁମାନେ ହଇରାଣ ହେଲେ। ସେପଟେ ନବଯୌବନ ଦର୍ଶନ ନହେଲାରୁ ସେମାନେ ହତୋତ୍ସାହିତ ହେଲେ।

ପ୍ରଥମ କଥା ଥିଲା ସୁରକ୍ଷିତ ରଥ ନିର୍ମାଣ। ରଥ ଗଢ଼ା ହେଲା ଉତ୍ତାରୁ ଗୋଟିଏ ବିଧି ଥିଲା ସରକାରୀ ଇଞ୍ଜିନିୟର୍ ତା'ର ଦମ୍ଭ ପରୀକ୍ଷା କରିବେ। ପୂର୍ବବର୍ଷ ପୂର୍ତ୍ତ ବିଭାଗର ଏହି ରିପୋର୍ଟକୁ ନେଇ ତମ୍ବିତୋଫାନ ହୋଇଥିଲା। ମାଜିଷ୍ଟ୍ରେଟ୍ ରିପୋର୍ଟ ନଦେଲାରୁ ରଥ କାର୍ଯ୍ୟ ହେବା ନେଇ ଦ୍ୱନ୍ଦ୍ୱ ଉପୁଜିଥିଲା। ଶେଷରେ ମନ୍ଦିର ପରିଚାଳକ ଏବଂ ରାଣୀଙ୍କ ଓକିଲ ମଧୁସୂଦନ ଦାସଙ୍କୁ କମିଶନରଙ୍କ ଦ୍ୱାରସ୍ଥ ହେବାକୁ ପଡ଼ିଥିଲା। ଏବର୍ଷ ଅବଶ୍ୟ ସେ ଅସୁବିଧା ହୋଇନି। ଇଞ୍ଜିନିୟର୍ ବିଲ୍ ସାହେବ ରଥରେ ଲଗାଯାଉଥିବା କାଠର ମଜଭୁତିକୁ ଦେଖି ଏକ ସଙ୍ଗେ ୨୦ ଜଣରୁ ଅଧିକ ଲୋକଙ୍କ ରଥ ଉପରକୁ ଯିବାକୁ ବାରଣ କରିଛନ୍ତି। ଯଦି ୨୦ ଜଣରୁ ଅଧିକ ଯିବେ ତେବେ ରଥ ଭାଙ୍ଗିପଡ଼ିବ। ଏହି ରିପୋର୍ଟ ପରେ କେବଳ ସେବକମାନେ ରଥ ଉପରକୁ ଯିବା ପାଇଁ ହିଁ ଯୋଗ୍ୟ ହେଲେ। କୌଣସି ଭକ୍ତ ଯିବେ ନାହିଁ ବୋଲି ନିୟମ ହେଲା। ସେପଟେ ଏତେ ସଂଖ୍ୟାରେ ଲୋକଙ୍କୁ ଦେଖି ପ୍ରଶାସନ ଛାନିଆ ହୋଇ ନବଯୌବନ ଦର୍ଶନକୁ ବନ୍ଦ କରିଦେଇଛନ୍ତି। ସେପଟେ ନାଗା ଓ ବୈଷ୍ଣବମାନେ ମନ୍ଦିର ଦ୍ୱାର ନିକଟରେ ଜମା ହୋଇ ନିରାଶ ହେଲେଣି। ଦଉଡ଼ି ଓ ଶିକା ମାଧ୍ୟମରେ ପ୍ରାଚୀର ଡିଆଁଯାଇ ମହାପ୍ରସାଦ ବାହାର କରାଯାଉଛି। କିନ୍ତୁ ତାହା ନାଗା ଓ ବୈଷ୍ଣବ ସାଧୁଙ୍କ କବଳରୁ ଆସିବା କଷ୍ଟକର ହୋଇପଡୁଛି।

ପହଣ୍ଡି ଶେଷ ହୋଇ ରଥରେ ଠାକୁର ବିଜେ ହେଲେ ସେତେବେଳେ ଆଉ ଭକ୍ତଙ୍କୁ ନିୟନ୍ତ୍ରଣ କରାଯାଇପାରିଲା ନାହିଁ। ନିୟମ ଭାଙ୍ଗି ଶହ ଶହ ସଂଖ୍ୟାରେ ରଥ ଉପରେ ଚଢ଼ିଲେ। ଶ୍ରୀଜିଉଙ୍କୁ ଛୁଇଁଲେ, କୁଣ୍ଢାଇଲେ। ପୂରା ରଥଯାତ୍ରା ସମୟର କୌଣସି ବି ମୁହୂର୍ତ୍ତରେ ୫୦୦ରୁ କମ୍ ଭକ୍ତ ରଥ ଉପରେ ନଥିଲେ। ଏହା ଦେଖି ସମସ୍ତେ କହିଲେ-

'ଗୋରା ଇଞ୍ଜିନିୟରଙ୍କ ସେ ସାର୍ଟିଫିକେଟ୍ କେଉଁ କାମକୁ ନୁହେଁ। ସେମାନେ ଆମ ପୁରୁଣା କୌଶଳ ବିଷୟରେ ଜାଣିପାରୁନାହାନ୍ତି। ଯଦି ସେମାନଙ୍କ ଏ ବିଷୟରେ ଜ୍ଞାନ ନାହିଁ ତେବେ ଅନେକ ସମୟରେ ମନ୍ଦିର ପ୍ରଶାସନକୁ ଏହି ସାର୍ଟିଫିକେଟ୍ ଦେବାରେ ଏମିତି ହରବର କାହିଁକି କରୁଛନ୍ତି' ?

ମହାପ୍ରଭୁ ଗୁଣ୍ଡିଚାମନ୍ଦିରରେ ବିଜେ ଥିବା ଜାଣି ନାଗା ସାଧୁ, ଆଖଡ଼ାବାଲା, ବୈଷ୍ଣବମାନେ ଗୁଣ୍ଡିଚା ମନ୍ଦିର ଅଭିମୁଖେ ଚାଲିଲେ। ତରବାରି, ଛଡ଼ି ଖେଳ ଦ୍ୱାରା ଶୋଭାଯାତ୍ରା ଚାଲିଲା। ମନ୍ଦିର ଭିତରୁ ଅମୃତ ମଣୋହି ମହାପ୍ରସାଦ ପିଠା ଖାଇଲେ ମଧ୍ୟ ବିଭିନ୍ନ ଦୋକାନରୁ ଚୁଡ଼ା ଛଡ଼ାଇ ନେଲେ। ଯେଉଁମାନେ ଏହାର ବିରୋଧ କଲେ ତାଙ୍କୁ ସାଧୁମାନେ ଧମକାଇଲେ, ବାଡ଼େଇଲେ। କିଛି ବଜାରୀ ଟୋକା ସାଧୁଙ୍କ ନାଁରେ ଲୁଟ୍‌ପାଟ୍ କଲେ। ଫଳରେ ଆତଙ୍କ ସୃଷ୍ଟି ହେଲା। ନାଗାମାନେଫେରିଯିବା ପରେ ପରିସ୍ଥିତି ଶାନ୍ତ ହେଲା।

(୭୨)

ପାହାନ୍ତାରେ ରଥ ବିଜେ

ରଥଗୁଡ଼ିକ କେତେବେଳେ ସିଂହଦ୍ୱାରେ ପହଞ୍ଚିବେ, ପ୍ରତିଷ୍ଠା କେତେବେଳେ ହେବେ, ଠାକୁରଙ୍କ ପହଣ୍ଡି କେତେବେଳେ ଆରମ୍ଭ ହେବ ଆଉ ରଥ ଟଣା କେତେବେଳେ ହେବ ଏମିତି ଅନେକ ପ୍ରଶ୍ନରେ ଭକ୍ତ ଆନ୍ଦୋଳିତ ହେବା କିଛି ନୂଆ କଥା ନୁହେଁ। ଯୁଗଯୁଗରୁ ତାହା ଚଳି ଆସିଛି। ଖାଲି ଏବେ ଯାହାକିଛି ତୁଣ୍ଡ ବାଇଦ ଅଧିକ ହୋଇଛି। କିଛି ପତ୍ରପତ୍ରିକାରେ ଏ ବିଷୟରେ ଛାପା ବି ହେଲାଣି। ହେଲେ ଶ୍ରୀଜଗନ୍ନାଥଙ୍କ ମାୟାକୁ କିଏ ବା ଜାଣିଛି। ତାଙ୍କରି ଇଚ୍ଛାରେ ତ ଖାଲି ସ୍ନାନବେଦୀ ଓ ମନ୍ଦିରରେ ବର୍ଷା ହେଲା- ଲାଗିଲା କୃତ୍ରିମ ବର୍ଷାଭଳି। ଗଲାବର୍ଷର ଏ କାହାଣୀକୁ ନେଇ ଉତ୍କଳ ଦୀପିକା ବି ଲେଖିଥିଲା। ଭକ୍ତ କୁଆଡ଼େ ଏହାକୁ ଜଗନ୍ନାଥଙ୍କ ମାୟା କହିଲେ। ଆଉ କେହି କହିଲେ ଏହା ବୋଧେ କୃତ୍ରିମ ବର୍ଷା। କିନ୍ତୁ ଏହା ନହୋଇଥିଲେ ଜଗନ୍ନାଥ ବୋଧେ ସ୍ନାନବେଦୀରେ ଅଗାଧୁଆ ରହିଥାଆନ୍ତେ !

୧୮୯୫ ମସିହାରେ ଏମିତି କିଛି ଘଟଣା ଘଟିଲା ଯାହାଦ୍ୱାରା ରଥଯାତ୍ରା ହୋଇପାରିବ କି ନା ସନ୍ଦେହ ଉପୁଜିଲା। ହେଲେ ସବୁ କିଛି ମହାବାହୁଙ୍କ କୃପା ରାତି ପାହିବାକୁ ଆଉ ଅଳ୍ପ କିଛି ସମୟ ବାକି ଅଛି ସେମାନେ ସ୍ୱୟଂ ବିଜେ କଲେ ରଥ ଉପରେ, ଆଦେଶ ଦେଲେ ରଥ ଟଣାଯାଉ...।

ଜୁନ୍ ୨୪ ତାରିଖ- ରଥଯାତ୍ରା। ଗଲା ଦୁଇଦିନ ହେଲା ଶ୍ରୀଜିଉଙ୍କ ନେତ୍ରୋତ୍ସବ ବା ଉଭା ଯାତ୍ରା ହୋଇଥିଲା। ଡୁହାକୁ ଡୁହା ବର୍ଷା ଫଳରେ ଯାତ୍ରୀଙ୍କ ସମାଗମ କମ୍ ହୋଇଥାଏ। ହେଲେ ବିଧି ଅନୁସାରେ ସବୁ କିଛି ଠିକ୍ ଚାଲିଥାଏ। କିନ୍ତୁ ସନ୍ଦେହ ଏଥର ରଥଯାତ୍ରା ହୋଇପାରିବ ନା ନାହିଁ। କାରଣ ନବଯୌବନ ବେଶ ସରିବାକୁ ବସିଲାଣି ରଥ ତିଆରି ଶେଷ ହୋଇନାହିଁ। ପରମ୍ପରା ଅନୁସାରେ ମହାରଣା ସେବକ ରଥ ତିଆରି ଶେଷ ହେଲା ବୋଲି କହିଲେ ଇଞ୍ଜିନିୟର ତାକୁ ତର୍ଜମା କରି ସାର୍ଟିଫିକେଟ୍ ଦେବେ। ତା'ପରେ ରଥ ସିଂହଦ୍ୱାର ଆସିବ, ରଥ ପ୍ରତିଷ୍ଠା ସହ ଅନ୍ୟାନ୍ୟ ରୀତିନୀତି ହେବ ଆଉ ସବୁ କିଛି ଠିକ୍‌ଠାକ୍ ହେଲେ ଠାକୁର ରତ୍ନ ସିଂହାସନରୁ ଝୁଲି ଝୁଲି ବାହାରିବେ। ନହେଲେ...।

ନହେଲେ *'ବାବୁ, ୧୨ ବର୍ଷ ରଥ ବନ୍ଦ ହୋଇଯିବ'!*

ଯେମିତି ସବୁକିଛି ଚାଲିଛି ଏହାକୁ ଖାଲି ବିଳମ୍ବ ତ ନୁହେଁ ଅତି ବିଳମ୍ବ ବୋଲି କହିଲେ ଭୁଲ୍ ହେବନି। ହେଲେ ଏହାର କାରଣ କ'ଣ? *'ଉତ୍କଳ ଦୀପିକା'* ଭାଗ ତିରିଶରେ ଏ ବିଷୟରେ ଏକ ରିପୋର୍ଟ ପ୍ରକାଶ କଲା। ଯାହାକୁ ପଢ଼ି ସାଧାରଣ ଲୋକଙ୍କ ହୃଦ୍‌ବୋଧ ହେଲା ଯେ, ରଥ ତିଆରି ବିଳମ୍ବର ମୁଖ୍ୟ କାରଣ ହେଉଛି କାଠର ଅଭାବ। ଜଗତର ନାଥଙ୍କ ପାଇଁ କାଠର ଅଭାବ ହେବା ଧର୍ମୀୟ ମାନସିକତାକୁ ଆଘାତ ଦେବା ନିଶ୍ଚିତ କଥା। ଏମିତି ତ ଇଂରେଜ ଅଧିକାରୀମାନେ ଶ୍ରୀମନ୍ଦିରକୁ ରାଣୀଙ୍କ ପାଖରୁ କାଢ଼ି ନେଇ ନିଜ ହାତରେ ରଖିବା ଲାଗି ଅନେକ ଚକ୍ରାନ୍ତ ଚଳାଇଛନ୍ତି। ଖାଲି ମଧୁବାବୁଙ୍କ ଭଳି ଓକିଲ ନଥିଲେ ଆଜି ତାହା ଲୋକ ଜାଣି ନଥାଆନ୍ତେ କି ଠାକୁର ରାଜାଙ୍କ ମହନୀୟତା ବି ନଥାଆନ୍ତା!

ଲୋକଙ୍କ ରୋଷ ବଢ଼ିଲା। ଏହାଦ୍ୱାରା ଚାରିଆଡୁ ପ୍ରଶାସନ ଉପରେ ଚାପ ପଡୁଥାଏ। ଏହାକୁ ଦେଖି ବାଧ୍ୟ ହୋଇ କମିଶନର ଏଥିରେ ହସ୍ତକ୍ଷେପ କରି ଆବଶ୍ୟକୀୟ କାଠ ବ୍ୟବସ୍ଥା କରିବାରୁ କାଠ ପୁରୀ ଆସିପାରିଛି। କିନ୍ତୁ ଏହି ହସ୍ତକ୍ଷେପ ଯଦି ଟିକେ ଆଗୁଆ ହୋଇଥାଆନ୍ତା, ତେବେ କାଠ ମିଳିବା ଆଉଟିକେ ଜଲ୍‌ଦି ହୋଇଥାଆନ୍ତା ଏବଂ ରଥ ଯାତ୍ରା ପାଇଁ ଆଶଙ୍କା ସୃଷ୍ଟି ହୋଇ ନଥାଆନ୍ତା। ଏ ଯେମିତି କରୁଛନ୍ତି ତାହା ତ ଜାଣିଶୁଣି କେଁ ପୂରାଇବା କଥା। ପୁଣି ବର୍ଷା ଯେମିତି ଦାଉ ସାଧୁଛି ଏଥିରେ ବଢ଼େଇ ସେବକ, କମାର ସେବକ ଉତ୍ସାହିତ ହୋଇପାରୁ ନାହାନ୍ତି। ରାଜା ଯେଉଁ ତାଟି ବଡ଼ଦାଣ୍ଡରେ ଲଗାଇଛନ୍ତି ତାହା ଆଉ କାମ ଦେଉନି।

ଯାହାହେଉ ବିଳମ୍ବିତ ଅପରାହ୍ଣରେ ମହାରଣା ସେବକ କହିଲେ, *'ମହାପ୍ରଭୁ ଶ୍ରୀଜଗନ୍ନାଥଙ୍କ ଆଦେଶରେ ରଥ ନିର୍ମାଣ କାର୍ଯ୍ୟ ଶେଷ ହୋଇଛି'।*

ଏବେ ସେବକ, ରାଜା, ମ୍ୟାନେଜର, ମାଜିଷ୍ଟ୍ରେଟ୍ ସବୁ ଖୁସି ହୋଇଗଲେ। ଇଞ୍ଜିନିୟର ମଧ୍ୟ ଆଉ ବିଳମ୍ବ କଲେ ନାହିଁ। ସବୁ ଠିକ୍ ଠାକ୍ ବୋଲି ସାର୍ଟିଫିକେଟ୍ ଦେଲେ। ଫଳରେ ରଥମାନଙ୍କୁ ସିଂହଦ୍ୱାର ଆଣିବା ଲାଗି ଟଣାଗଲା। କିନ୍ତୁ କେବଳ ଶ୍ରୀଜଗନ୍ନାଥଙ୍କ ରଥ ସିଂହଦ୍ୱାରରେ ପହଞ୍ଚି ପାରିଲା। ଏତିକିବେଳେ ଜଗନ୍ନାଥଙ୍କ ରଥର ପଇ ଭାଙ୍ଗିଯିବାରୁ ମହାରଣାଙ୍କ ମନ ଊଣା ହୋଇଗଲା। ଆଉ ଅନ୍ୟ ରଥଦୁଇକୁ ରାତିରେ ଟଣା ନଯାଇ ସକାଳକୁ ଅପେକ୍ଷା କରାଗଲା।

ପରଦିନ ଅର୍ଥାତ୍ ଶ୍ରୀଗୁଣ୍ଡିଚା ଦିନ ଅନ୍ୟ ରଥଦ୍ୱୟକୁ ଟାଣି ସିଂହଦ୍ୱାର ଆଣିବା ଏବଂ ଜଗନ୍ନାଥଙ୍କ ରଥର 'ପଇ' ବଦଳାଗଲା। ଶ୍ରୀଗୁଣ୍ଡିଚା ଅପରାହ୍ଣ ବେଳକୁ ତିନି ରଥ ଶ୍ରୀମନ୍ଦିର ସମ୍ମୁଖରେ ଦଣ୍ଡାୟମାନ ହେଲେ। ରଥ ତିଆରି କାର୍ଯ୍ୟ କିଛି ବାକି ଥିଲେ ମଧ୍ୟ ପ୍ରତିଷ୍ଠାଦି କାର୍ଯ୍ୟ ଆରମ୍ଭ ହେଲା। ଏସବୁ ସରିଲା ବେଳକୁ ରାତି ହୋଇଗଲା। ...ହେଲେ ନୀତି ବନ୍ଦ ନକରିବାକୁ ସେବକମାନେ ଚାହିଁଲେ। କାରଣ ଭୟ ୧୨ ବର୍ଷ ଯାଏ ରଥ ଆଉ ହୋଇପାରିବ ନାହିଁ।

ପହଣ୍ଡି ହୋଇ ଶ୍ରୀଜିଉ ରଥାରୂଢ଼ ହେଲେ। ଏବେ ସମୟ ପାଖପାଖି ରାତି ତିନିଟା। ପୂର୍ବରୁ ରାତି ତିନିଟା ସମୟରେ କେବେ ଶ୍ରୀ ଜିଉ ରଥାରୂଢ଼ ହେବାର ଦେଖାଯାଇ ନଥିଲା। ହେଲେ ସବୁ କିଛି ତ ତାଙ୍କର ଲୀଳା। ... ପର ଦିନ ରଥ ଟଣା ହେବା କଥା। କିନ୍ତୁ ରଥ ନିର୍ମାଣର ଯେଉଁ ଅଂଶ ବାକି ଅଛି ତାହାକୁ ପ୍ରଥମେ ସମ୍ପୂର୍ଣ୍ଣ କରିବାକୁ ପଡ଼ିବ। ଏହି କାର୍ଯ୍ୟ ସବୁ ସରିଲା ବେଳକୁ ଅପରାହ୍ଣ ତିନିଟା ବାଜିଗଲା। ପରେ ରଥଟଣା ଆରମ୍ଭ ହେଲା। ପାଖାପାଖି ୨୦ ହଜାର ଯାତ୍ରୀଙ୍କ ମେଳରେ ରଥ ଗଡ଼ିଲା ଗୁଣ୍ଡିଚା ମନ୍ଦିର ଅଭିମୁଖେ। ଏମିତି ଘଟଣ ଅଘଟଣ ଭିତରେ ଏକ ଶତାବ୍ଦୀର ଅନ୍ତ ହେବାକୁ ବସିଲା। ଓଡ଼ିଶା କହିଲେ ପୁରୀକୁ ବୁଝାଗଲା ଆଉ ପୁରୀ କହିଲେ ଶ୍ରୀଜଗନ୍ନାଥଙ୍କୁ। ଶାସନ ମୂଳ ପିଣ୍ଡଟି କଟକରେ ରହିଥିଲେ ମଧ୍ୟ ଯାହାର କେହି ସାହା ନରହିଲେ ତା' ପାଇଁ ଅପେକ୍ଷା କଲା ଜଗନ୍ନାଥଙ୍କ ଚଉବାହା। ଯେ ଶାସନର ଶିଖରରେ ରହିଲା ସେ ବି ଅପେକ୍ଷା କଲା ସେଇ ନୀଳଚକ୍ରକୁ। ନୀଳଚକ୍ରରେ ଉଡ୍ଡୁଥିବା ବାନା ଫରଫର ହୋଇ ଇଙ୍ଗିତ କରୁଥିଲା ଏକ ନୂଆ ସକାଳକୁ...।

ସହାୟକ ଗ୍ରନ୍ଥ ସୂଚୀ

୧. ମୁଖାର୍ଜୀ ପ୍ରଭାତ, ଦି ହିଷ୍ଟ୍ରି ଅଫ ମେଡିଏଭାଲ୍ ବୈଷ୍ଣଭିଜିମ୍ ଇନ୍ ଓଡ଼ିଶା , ୧୯୮୧, ଏସିଆନ୍ ଏଜୁକେସନାଲ୍ ସର୍ଭିସ୍

୨. ପଟ୍ଟନାୟକ ଏପି - ଦି ଅର୍ଲି ଭଏଜର୍ସ ଅଫ୍ ଦି ଇଷ୍ଟ, ପ୍ରତିଭା ପ୍ରକାଶନ- ଦିଲ୍ଲୀ

୩. ଦାସ ସୂର୍ଯ୍ୟନାରାୟଣ , ଜଗନ୍ନାଥ ଟେମ୍ପଲ୍ ଥ୍ରୁ ଏଜେସ୍-ଶାନ୍ ବୁନ୍ ପବ୍ଲିଶର୍ସ, ନ୍ୟୁ ଦିଲ୍ଲୀ-୨୦୧୦

୪. ମୁଖାର୍ଜୀ ପ୍ରଭାତ, ଦ' ଅର୍ଲି ହିଷ୍ଟ୍ରୀ ଅଫ୍ ଜଗନ୍ନାଥ- ଏସିଆନ୍ ଏଜୁକେସନାଲ୍ ସର୍ଭିସେସ୍, ନ୍ୟୁଦିଲ୍ଲୀ-୧୯୮୧

୫. ଦାଶ ରବିନାରାୟଣ ଡ., ଲର୍ଡ ନୀଳମାଧବ ଆଣ୍ଡ ଚୋଡ଼ଗଙ୍ଗ-କଲଚୁରାଲ୍ ହେରିଟେଜ୍ ଅଫ ଓଡ଼ିଶା- ପୁରୀ ଡିଷ୍ଟ୍ରିକ୍ଟ, ଫକୀର ମୋହନ ସ୍ମୃତି ସଂସଦ, ଭୁବନେଶ୍ୱର-୨୦୧୦

୬. ପ୍ରତିହାରୀ ରବୀନ୍ଦ୍ରନାଥ , ଏକ୍‌ଜାଇଲ୍ ଅଫ୍ ଶ୍ରୀ ଜଗନ୍ନାଥ ଆଣ୍ଡ ହିଜ୍ ମିଷ୍ଟିକ୍ ଲୀଳା, କଲ୍‌ଚରାଲ୍ ହେରିଟେଜ୍ ଅଫ୍ ଓଡ଼ିଶା-୨୦୧୦

୭. ଦାସ କୈଳାସ ଚନ୍ଦ୍ର , ଡେଟ୍ ଆଣ୍ଡ ବିଲ୍ଡର୍ ଅଫ୍ ଟେମ୍ପଲ୍ ଅଫ ପୁରୁଷୋତ୍ତମ ଜଗନ୍ନାଥ, କଲ୍‌ଚରାଲ୍ ହେରିଟେଜ୍ ଅଫ୍ ଓଡ଼ିଶା

୮. ମହାପାତ୍ର କେଦାରନାଥ , ଆଣ୍ଟିକ୍ୱିଟି ଅଫ୍ ଶ୍ରୀ ଜଗନ୍ନାଥ ପୁରୀ ଆଜ୍ ଏ ପ୍ଲେସ୍ ଅଫ୍ ପିଲଗ୍ରିମେଜ୍, କଲଚରାଲ୍ ହେରିଟେଜ୍ ଅଫ୍ ଓଡ଼ିଶା- ପୁରୀ ଡିଷ୍ଟ୍ରିକ୍ଟ, ଫକୀର ମୋହନ ସ୍ମୃତି ସଂସଦ, ଭୁବନେଶ୍ୱର-୨୦୧୦

୯. ଦାସ ବିନୋଦିନୀ ଡ. , ଆଦି ଶଙ୍କରାଚାର୍ଯ୍ୟ ଇନ୍ ପୁରୀ, କଲ୍‌ଚରାଲ୍ ହେରିଟେଜ୍ ଅଫ୍ ଓଡ଼ିଶା-୨୦୧୦

୧୦. ମହାପାତ୍ର କେଦାରନାଥ , ଆଣ୍ଟିକ୍ୱିଟି ଅଫ୍ ଶ୍ରୀ ଜଗନ୍ନାଥ ପୁରୀ ଆଜ୍ ଏ ପ୍ଲେସ୍ ଅଫ୍ ପିଲିଗ୍ରିମେଜ୍, କଲ୍‌ଚରାଲ୍ ହେରିଟେଜ୍ ଅଫ୍ ଓଡ଼ିଶା-୨୦୧୦

୧୧. ନାୟକ ଗଣେଶ୍ୱର ଡ. ଓ ନାୟକ ଶିବ ପ୍ରସାଦ, ରାମାନୁଜଚାର୍ଯ୍ୟ ଇନ୍ ପୁରୀ, କଲ୍‌ଚୁରାଲ୍ ହେରିଟେଜ୍ ଅଫ୍ ଓଡ଼ିଶା, ବ୍ୟାସକବି ଫକୀରମୋହନ ସ୍ମୃତି ସଂସଦ

୧୨. ଦାଶ ରବିନାରାୟଣ ଡ., ଲର୍ଡ ନୀଳମାଧବ ଆଣ୍ଡ ଚୋଡ଼ଗଙ୍ଗଦେବ; କଲଚରାଲ୍ ହେରିଟେଜ୍ ଅଫ୍ ଓଡ଼ିଶା, ରାଜ୍ୟସ୍ତରୀୟ ବ୍ୟାସକବି ଫକୀରମୋହନ ସ୍ମୃତି ସଂସଦ, ଭୁବନେଶ୍ୱର

୧୩. ମୁଖାର୍ଜୀ ପ୍ରଭାତ, ହିଷ୍ଟ୍ରୀ ଅଫ ମେଡିଏଭାଲ୍ ବୈଷ୍ଣଭିଜିମ୍ ଇନ୍ ଓଡ଼ିଶା, ଏସିଆନ୍ ଏଜୁକେସନାଲ୍ ସର୍ଭିସ, ନୂଆ ଦିଲ୍ଲୀ

୧୪. ଅନଙ୍ଗ ଭୀମ ଦେବ ଦ୍ୱିତୀୟଙ୍କ ପରେ ତୃତୀୟ ରାଜରାଜ ଦେବ ଉତ୍କଳର ସିଂହାସନ ଆରୋହଣ କରିଥିଲେ । ରାଜରାଜ ଦେବ ୧୧୯୮ରୁ ୧୨୧୧ ଯାଏ ଶାସନ କରିବା ପରେ ତାଙ୍କ ପୁଅ ତୃତୀୟ ଅନଙ୍ଗଭୀମ ଦେବ ନାଁରେ ୧୨୧୧ରୁ ଶାସନ କାର୍ଯ୍ୟ

ଆରମ୍ଭ କରି ୧୨୩୮ ଯାଏ ଶାସନ କରିଥିଲେ ।

୧୫. ରାଜଗୁରୁ ଏସ୍‌ଏନ୍ ଡ. ଙ୍କ ଦ୍ୱାରା ଉଦ୍ଧାର ହୋଇଥିବା ଅଭିଲେଖରେ ଏହି ସୂଚନା ରହିଛି । ଏହା ନୃସିଂହ ମନ୍ଦିରର ଦ୍ୱାରର ସମ୍ମୁଖ କାନ୍ଥର ଦକ୍ଷିଣ ପାର୍ଶ୍ୱରେ ଅବସ୍ଥିତ । ଏହା ୯ ଧାଡ଼ିର ସଂସ୍କୃତ ଭାଷାରେ ଲିଖିତ ଏକ ଅଭିଲେଖ । ଏହାକୁ ବିଶ୍ଳେଷଣ କରି ଡ. ରାଜଗୁରୁ ଉଲ୍ଲେଖ କରିଛନ୍ତି- ଏହା ୧୧୪୯ରୁ ୫୦ ମସିହା ମଧ୍ୟରେ ସ୍ଥାପନ କରାଯାଇଛି । ଆଉ ସେ ସମୟରେ ନୃସିଂହ ମନ୍ଦିରରେ ତ୍ରିମୂର୍ତ୍ତି ବିରାଜମାନ କରିଥିଲେ ।

୧୬. ପାତାଳେଶ୍ୱର ମନ୍ଦିର ଅଭିଲେଖ, ଶ୍ରୀମନ୍ଦିର ଅଭିଲେଖମାଳା, ସଙ୍କଳକ- ଜଗବନ୍ଧୁ ପାଢ଼ୀ, ପ୍ରକାଶନ- ଶ୍ରୀ ଜଗନ୍ନାଥ ମନ୍ଦିର ପ୍ରଶାସନ, ପୁରୀ

୧୭. ଆଇଟିପି-୨-୪୬, ଡ. ଏସ୍‌ଏନ୍ ରାଜଗୁରୁ, ଓଡ଼ିଶା ରାଜ୍ୟ ସଂଗ୍ରହାଳୟ

୧୮. ରାଜଗୁରୁ ସାରଙ୍ଗଧର , ଲର୍ଡ ସୁଦର୍ଶନ ଆଣ୍ଡ ସନ୍ ଗଡ୍ ଇନ୍ ଦ ପ୍ରସେସ୍ ଅଫ ଇଭୋଲ୍ୟୁସନ୍, କଲଚରାଲ୍ ହେରିଟେଜ୍ ଅଫ୍ ପୁରୀ

୧୯. ଓଡ଼ିଶା ଫ୍ରମ୍ ଦି' ଅର୍ଲିଏଷ୍ଟ ଟାଇମ୍ ଟୁ ପ୍ରେଜେଣ୍ଟ ଡେ, ଏନ୍‌କେ ସାହୁ, ଦି' ହିଷ୍ଟ୍ରି ଅଫ୍ ଓଡ଼ିଶା, ନ୍ୟୁ ଏଜ୍ ପବ୍ଲିକେସନ୍, କଟକ

୨୦. ବେଙ୍ଗଲ ଡିଷ୍ଟ୍ରିକ୍ଟ ଗେଜେଟିୟର୍- କଟକ, ଏଲ୍‌ଏସ୍‌ଏସ୍ ଓ' ମାଲି, ଲୋଗସ୍ ପ୍ରେସ୍

୨୧. ମୁଖାର୍ଜୀ ପ୍ରଭାତ, ଦି ହିଷ୍ଟ୍ରି ଅଫ୍ ଗଜପତି କିଙ୍ଗ୍‌ସ ଅଫ୍ ଓଡ଼ିଶା, କିତାବ ମହଲ

୨୨. ୧୪୨୧ ମସିହାରେ ସୁଲତାନ୍ ହୋଶଙ୍ଗ୍ ଘୋରି ଓଡ଼ିଶା ଆକ୍ରମଣ କରିଥିଲେ ଏବଂ ରାଜାଙ୍କୁ ଜାଲରେ ବାନ୍ଧି ବନ୍ଦି କରିଥିଲେ । ପର୍ସିଆନ୍ ଲେଖକ ମହମ୍ମଦ କାସିମ୍ ଫରିସ୍ତା-ତାରିକ୍ ଇ ଫରିସ୍ତାରେ ଉଲ୍ଲେଖ କରିଛନ୍ତି । ଗବେଷକ ପ୍ରଭାତ ମୁଖାର୍ଜୀ ତାଙ୍କ ପୁସ୍ତକରେ ଏହାର ଆଭାସ ଦେଇଛନ୍ତି ।

୨୩. ଶ୍ରୀମନ୍ଦିର ଅଭିଲେଖମାଳା, ଜଗବନ୍ଧୁ ପାଢ଼ୀ, ଶ୍ରୀଜଗନ୍ନାଥ ମନ୍ଦିର ପ୍ରଶାସନ, ପୁରୀ

୨୪. ୧୪୭୫ ମସିହାରେ କୋଣ୍ଡାଭୀଡୁରେ ସିପାହୀ ବିଦ୍ରୋହ ହୋଇଥିଲା ।

୨୫. ହିଷ୍ଟ୍ରି ଅଫ୍ ଦି' ଗଜପତି କିଙ୍ଗ୍‌ସ୍ ଅଫ୍ ଓଡ଼ିଶା, ପ୍ରଭାତ ମୁଖାର୍ଜୀ, କିତାବ ମହଲ,୧୯୮୧

୨୬. ୧୪୭୭ ମସିହାରେ ସୁଲତାନ୍ ମହମ୍ମଦ-୩ ଓଡ଼ିଶା ଆକ୍ରମଣ କରିଥିଲେ

୨୭. ଲୋକକଥାରୁ ନିସୃତ

୨୮. ତ୍ରିପାଠୀ ରସାନନ୍ଦ , କ୍ରାଫ୍ଟସ୍ ଆଣ୍ଡ କମର୍ସ ଇନ୍ ଓଡ଼ିଶା, ମିତ୍ତଲ ପ୍ରକାଶନ, ଦିଲ୍ଲୀ-୧୧୦୦୩୫

୨୯. ପଟ୍ଟନାୟକ ଏପି, ଦି ଅର୍ଲି ଭଏଜର୍ସ ଅଫ୍ ଦି' ଇଷ୍ଟ, ପ୍ରତିଭା ପ୍ରକାଶନ

୩୦. ପୁରୁଷୋତ୍ତମ ଦେବଙ୍କ ଦ୍ୱାରା ଲେଖାଯାଇଥିବା ଗୀତ ଗୋବିନ୍ଦକୁ ମନ୍ଦିରରେ ଗାନ ପାଇଁ ପ୍ରତାପରୁଦ୍ର ଦେବ ଆଦେଶ ଦେଇଥିବା ଲିପିତତ୍ତ୍ୱବିତ୍ ଡ. କୁଞ୍ଜବିହାରି ତ୍ରିପାଠୀ ଆଶା ପ୍ରକାଶ କରିଛନ୍ତି ।

୩୧. ଶ୍ରୀ ଚୈତନ୍ୟ ୧୫୧୨ ମସିହାରେ ଦାକ୍ଷିଣାତ୍ୟରୁ ଫେରି ୨ ବର୍ଷଯାଏଁ ପୁରୀରେ ଅବସ୍ଥାନ କରିଥିଲେ । ସେତେବେଳେ ଅନେକ ସଂଖ୍ୟାରେ ଗୌଡ଼ିୟ ଭକ୍ତ ପୁରୀ ଆସି ପ୍ରଭୁଙ୍କୁ ଦର୍ଶନ କରିବା ସହ କିର୍ତ୍ତନରେ ଯୋଗ ଦେଉଥିଲେ । ସେ ୧୫୧୪ ମସିହାରେ ପୁରୀରୁ ବୃନ୍ଦାବନ ଯାତ୍ରା କରିଥିଲେ ।

୩୨. ପ୍ରତାପରୁଦ୍ରଙ୍କ ତିନି ରାଣୀଥିଲେ । ସେମାନଙ୍କ ନାଁ ଥିଲା ପଦ୍ମା, ଇଳା ଓ ଲକ୍ଷ୍ମୀ । ଏହା

ପ୍ରତାପରୁଦ୍ରଙ୍କ ଦ୍ୱାରା ଲିଖିତ 'ସରସ୍ୱତୀ ବିଳାସମ୍'ରେ ସୂଚିତ। ସେହି ସମୟର ଓଡ଼ିଆ ଓ ବଙ୍ଗଳା ସାହିତ୍ୟରେ ପ୍ରତାପରୁଦ୍ର ଦେବଙ୍କ ୪ଜଣ ପତ୍ନୀ ଥିବା ଉଲ୍ଲେଖ କରହିଛି। ସେମାନେ ହେଲେ ଭାନୁମତି, ବିଦ୍ୟୁକାନ୍ତି, ଗୌରୀ ଓ ଚନ୍ଦ୍ରକଳା।

୩୩. ୧୫୧୭ ମସିହା ଆଡ଼କୁ କୃଷ୍ଣଦେବରାୟଙ୍କ ସହ ଗଜପତି ପ୍ରତାପରୁଦ୍ରଙ୍କ ଶାନ୍ତି ଚୁକ୍ତି ହୋଇଥିଲା।

୩୪. ମହାପାତ୍ର ସୀତାକାନ୍ତ ଡ., ପକ୍ଷୀଏ ଯା'ର ବ୍ୟାକରଣ , ନ୍ୟାସନାଲ୍ ବୁକ୍ ଟ୍ରଷ୍ଟ ୨୦୦୩

୩୫. ମୁଖାର୍ଜୀ ପ୍ରଭାତ, ନ୍ୟାରେଟିଭ୍‌ସ ଅଫ୍ ସିଜାରେ ଫ୍ରେଡେରିକ୍: ପ୍ରକାଶକ- ହକଲ୍ୟୁତଟ୍ ସୋସାଇଟି

୩୬. ବାନାର୍ଜୀ ଆର୍‌ଡି ହିଷ୍ଟ୍ରି ଅଫ୍ ଓଡ଼ିଶା, , ୧୯୩୧

୩୭. ହିଷ୍ଟ୍ରି ଅଫ୍ ଦି' ଜଗନ୍ନାଥ ଟେମ୍ପଲ୍, ସାର୍ ହନ୍ସ ସିଙ୍ଗର, ବିଆର୍ ପବ୍ଲିଶିଂ କର୍ପୋରେସନ୍, ୧୯୪୩

୩୮. କୋଳି ସାମନ୍ତସିଂହାରଙ୍କ ବଂଶଧର ଭୋଳାନାଥ ପାଇକରାୟଙ୍କ କହିବା ଅନୁଯାୟୀ

୩୯. ୧୫୭୧ ମସିହାରେ ଗୋଲକୁଣ୍ଡା ସୁଲତାନ୍ ଇବ୍ରାହିମ୍ କୁତବଶାହ ଗୋଦାବରୀରୁ ଚିଲିକା ଯାଏ ସ୍ୱାଜ୍ୟ ବିସ୍ତାର କରିବା ଉଦ୍ଦେଶ୍ୟରେ ଯେଉଁ ଆକ୍ରମଣ କରିଥିଲେ ସେଥିରେ ହିନ୍ଦୁ ରାଜବଂଶ ଦାୟାଦମାନେ ଆତଙ୍କିତ ହେଲେ। ରାମଚନ୍ଦ୍ର ଦେବ ସେଠାରେ ଜଣେ ବିଶ୍ୱାସଘାତୀ ସାମନ୍ତରାଜାଙ୍କୁ ହତ୍ୟା କରି ଚିଲିକା ପାର ହୋଇଥିଲେ।- ଖୁରୁଧା ଇତିହାସ, କେଦାରନାଥ ମହାପାତ୍ର

୪୦. ସତ୍ୟନାରାୟଣ ରାଜଗୁରୁଙ୍କ ଗବେଷଣାକୁ ଉଦ୍ଧାର କରି ' ଶତାବ୍ଦୀର ଶେଷ ନବକଳେବର' ପୁସ୍ତକରେ ଡ. ସୁରେନ୍ଦ୍ରକୁମାର ମିଶ୍ର

୪୧. ବାଲେଶ୍ୱରର ଶ୍ରୀଜଙ୍ଗରେ ରାମଚନ୍ଦ୍ର ଦେବଙ୍କ ଦ୍ୱରା ସ୍ଥାପିତ ଶିଳାଲେଖରେ ସେ ନିଜକୁ ଶୁଦ୍ର ଗଜପତି ଭାବେ ଅଭିହିତ କରିଛନ୍ତି- ସାର୍ ହାନ୍ସ ସିଙ୍ଗର- ହିଷ୍ଟ୍ରି ଅଫ୍ ଦି' ଜଗନ୍ନାଥ ଟେମ୍ପଲ୍

୪୨. ମିଶ୍ର ଭାବଗ୍ରାହୀ, କମ୍ୟୁନିଟି ସେଲ୍ଫ ଆଣ୍ଡ ଆଇଡେଣ୍ଟିଟି, ଜେମ୍‌ସ ପ୍ରିଷ୍ଟନ- ମୋଟନ ପବ୍ଲିଶର୍ସ, ପ୍ୟାରିସ- ୧୯୭୮

୪୩. ଏବେ ୨୪ଟି ଶାସନ ଗାଁର ବ୍ରାହ୍ମଣମାନେ ମୁକ୍ତିମଣ୍ଡପ ମହାସଭାର ସଦସ୍ୟଭାବେ ଗଣାଯାଉଛନ୍ତି।

୪୪. ଜାହାଙ୍ଗୀର ୩୬ ବର୍ଷ ବୟସରେ ଦିଲ୍ଲୀ ସିଂହାସନ ଦଖଲ କରିଥିଲେ। ଆକବରଙ୍କ ମୃତ୍ୟୁର ୮ ଦିନ ପରେ ୧୬୦୫ ମସିହା ଗୁରୁବାରଦିନ ତାଙ୍କର ଅଭିଶେକ ହୋଇଥିଲା। ୨୨ ବର୍ଷ ସେ ଶାସନ ଚଳାଇଛନ୍ତି। ୨୮ ଅକ୍ଟୋବର ୧୬୨୭ରେ ତାଙ୍କ ମୃତ୍ୟୁ ଘଟିଥିଲା।

୪୫. ସମ୍ରାଟ୍ ଆକବରଙ୍କ ଇଚ୍ଛା ଅନୁସାରେ ଜାହାଙ୍ଗୀରଙ୍କ ପୁତ୍ର ଖୁସ୍‌ରାଉ ମୀର୍ଜା କ୍ଷମତା ଦଖଲ ପାଇଁ ରାଜ୍ୟରେ ବିଦ୍ରୋହ କରିବାରୁ ୧୬୦୬ ମସିହାରେ ଜାହାଙ୍ଗୀର ତାଙ୍କୁ ଅନ୍ଧ କରିଦେଲେ। ଆଜୀବନ ଆଗ୍ରା ଦୁର୍ଗରେ ତାଙ୍କୁ ବନ୍ଦୀ କରାଗଲା। ପରବର୍ତ୍ତୀ ସମୟରେ ଜାହାଙ୍ଗୀରଙ୍କ ଦେହାନ୍ତ ପରେ ସେ କାଳେ କ୍ଷମତା ପାଇଁ ପୁଣିଥରେ ଗୋଳ କରିବେ ସେହି ଆଶଙ୍କାରେ ତାଙ୍କ ଭାଇ ତଥା ଜାହାଙ୍ଗୀରଙ୍କ ଦ୍ୱିତୀୟ ପୁତ୍ର ଖୁରାମ୍ ତାଙ୍କୁ

ହତ୍ୟାକଲେ। ପରବର୍ତ୍ତୀ ସମୟରେ ରାଜପୁତ୍ର ଖୁରାମ୍ ଶାହଜାହାନ୍ ଭାବେ ପରିଚିତ ହେଲେ।

୪୬. ମୀର୍ଜା ନାଥନ୍ ବଙ୍ଗଳାରେ ଥିବା ମୋଗଲ ସୈନ୍ୟବାହିନୀର ଜଣେ ଉଚ୍ଚପଦସ୍ଥ ଅଧିକାରୀ ଥିଲେ। ସେ ୧୬୦୮-୧୬୨୪ ମସିହା ମଧ୍ୟରେ ବଙ୍ଗଳା ଓ ଏହାର ଆଖପାଖରେ ହୋଇଥିବା ବଭିନ୍ନ ଯୁଦ୍ଧ ବିବାରଣୀକୁ ତାଙ୍କ ଏହି ପୁସ୍ତକ ବାହାରିସ୍ତାନ-ଇ-ଘାଇବି ପୁସ୍ତକରେ ରଚନା କରିଛନ୍ତି। ଏହାର ଇଂରାଜୀ ଅନୁବାଦ ଡ. ଏମ୍ଆଇ ବୋରାଙ୍କ ଦ୍ୱାରା ୧୯୩୬ ମସିହାରେ ଲଣ୍ଡନରେ ପ୍ରକାଶିତ ହୋଇଥିଲା।

୪୭. ଭକ୍ତକବି ସାଲବେଗଙ୍କ ଜନ୍ମ ୧୬୦୭ ମସିହାରେ। ତାଙ୍କ ମା'ଲଳିତା ଦାଣ୍ଡମୁକୁନ୍ଦପୁରର ଜଣେ ବ୍ରାହ୍ମଣ ଘର ବୋହୂ। ଅଳ୍ପ ବୟସରଙ୍କ ସେ ବିଧବା ହୋଇଥିଲେ। ସମ୍ରାଟ୍ ଜାହାଙ୍ଗୀରଙ୍କ ସମୟରେ ବଙ୍ଗରେ ଅଧିଷ୍ଠିତ ମୋଗଲ୍ ସୁବେଦାର ଲାଲବେଗ୍ ବା ଜାହାଙ୍ଗୀର କୁଲି ଖାଁ ପୁରୀ ଆକ୍ରମଣ କରୁଥିବା ସମୟରେ ତାଙ୍କୁ ପ୍ରେମ କରିବସିଲେ। ପରେ ତାଙ୍କୁ ନେଇ କଟକ ଚାଲିଯାଇ ଥିଲେ। ସେଠାରେ ତାଙ୍କର ଏକ ପୁତ୍ର ସନ୍ତାନ ଜନ୍ମ ହୋଇଥିଲା, ଯିଏ ପରବର୍ତ୍ତୀ ସମୟରେ ସାଲବେଗ ଭାବେ ପରିଚିତ ହୋଇଥିଲେ। ଲାଲ୍‌ବେଗଙ୍କ ୧୬୦୮ରେ ମୃତ୍ୟୁ ଘଟିଥିଲା। ଏଣୁ ସାଲବେଗଙ୍କ ଉପରେ ସମସ୍ତ ପ୍ରଭାବ ଲଳିତାଙ୍କର ହିଁ ଥିଲା। ପରବର୍ତ୍ତୀ ସମୟରେ ସେ ବୈଷ୍ଣବ ପାଲଟିଥିଲେ। ସବୁବେଳେ ଜଗନ୍ନାଥଙ୍କ ଦର୍ଶନ କରିବା ଏବଂ ତାଙ୍କ ଭକ୍ତିରସରେ ମଜ୍ଜି ଓଡ଼ିଆ ସାହିତ୍ୟ ପାଇଁ ଭକ୍ତିଗୀତର ସମ୍ଭାର ଉପହାର ଦେଇ ଯାଇଛନ୍ତି।

୪୮. ୧୬୯୪ ମସିହା ଅକ୍ଟୋବର ୬ ତାରିଖରେ ପଡ଼ିଥିବା ଭୟଙ୍କର ବାତ୍ୟା ହେତୁ ଶ୍ରୀମନ୍ଦିରରୁ ନୀଳଚକ୍ର ଉପାଡ଼ି ଭଣ୍ଡ ଗଣେଶଙ୍କ ମନ୍ଦିର ପାଖରେ ପଡ଼ିଥିଲା। ୧୭୧୫ ମସିହା ଜାନୁୟାରୀ ୨୬ ତାରିଖରେ ନିଳଚକ୍ର ପୁନଃସ୍ଥାପିତ ହୋଇଥିଲା।

୪୯. ଏପ୍ରିଲ୍ ୨୮, ୧୭୧୬ ମସିହାରେ ଦିବ୍ୟସିଂହ ଦେବଙ୍କୁ ମୃତ୍ୟୁ ହୋଇଥିଲା। ମେ ମାସ ୯ ତାରିଖରେ ଦିବ୍ୟସିଂହ ଦେବଙ୍କ ସାନ ଭାଇ ହରେକୃଷଣ ଭ୍ରମରବର ରାଏଙ୍କୁ ଅଭିଷେକ କରାଯାଇଥିଲା।

୫୦. ମହାନ୍ତି ସୁରେନ୍ଦ୍ର, ନୀଳାଦ୍ରୀ ବିଜୟ, ଶିବାନୀ ପ୍ରମାଶନୀ, କଟକ-୧୯୮୦

୫୧. ୧୭୩୨ ମେ'୨୩ରୁ ନଭେମ୍ବର ଶେଷଯାଏ କଟକ ବାରବାଟୀ ଦୁର୍ଗରେ ଦ୍ୱିତୀୟ ରାମଚନ୍ଦ୍ର ଦେବ ବନ୍ଦୀ ଥିଲେ।

୫୨. ଖୁରୁଧା ଇତିହାସ, କେଦାରନାଥ ମହାପାତ୍ର,- ପୃ୧୫୭

୫୩. ଡିସେମ୍ବର ୨୯, ୧୭୩୩ ମସିହାରେ ମାରଦାରେ ମନ୍ଦିର ପ୍ରତିଷ୍ଠା ହୋଇଥିଲା। ସେଠାରେ ୨ ବର୍ଷ ୪ ମାସ କାଳ ଶ୍ରୀ ଜଗନ୍ନାଥଙ୍କ ପୂଜାର୍ଚ୍ଚନା ଚାଲିଥଲା। ଶ୍ରୀ ଜୀଉଙ୍କ ଫେରିବା ପରେ ସେଠାରେ ଅନେକ ବର୍ଷ ହେବ ମନ୍ଦିର ଫାଙ୍କା ପଡ଼ିଥିଲା ପ୍ରଭୁଙ୍କୁ ଅପେକ୍ଷା କରି।

୫୪. ସେପ୍ଟେମ୍ବର ୧୮, ୧୮୦୩ରେ ମାଣିକପାଟଣା ଅଧିକୃତ ହୋଇଥିଲା। ଏହାପରେ କର୍ଣ୍ଣେଲ୍ ହାର୍‌କୋର୍ଟ ଦ୍ୱାରା କଟକ ଅକ୍ଟୋବର ୧୪ ତାରିଖରେ ଅଧିକୃତ ହେଲା।

୫୫. ୧୮୦୬ ମସିହାରେ ରେଭରେଣ୍ଡ ବୁକାନନ୍ ଓଡ଼ିଶାଗସ୍ତରେ ଆସିଥିଲେ- ଓଡ଼ିଶା- ଡବ୍ଲୁ ଡବ୍ଲୁ ହଣ୍ଟର- ଓ୍ୱାର୍ଲ୍ଡ ପବ୍ଲିକ୍ ଲାଇବ୍ରେରୀ, ପୃ-୧୨୬)

୫୬. ସେକ୍ସନ୍ ୩୦, ରେଗୁଲେସନ୍ ୧୨, ୧୮୦୫

୫୭. ୧୮୦୪ରେ କର୍ଣ୍ଣେଲ୍ ହାରକୋର୍ଟଙ୍କ ଦ୍ୱାରା ବକ୍ସିଙ୍କ ରୋଡ଼ଙ୍ଗ କିଲ୍ଲାକୁ ବନ୍ଦୋବସ୍ତ କରାଯାଇଥିଲା

୫୮. ଜୁନ୍ ୧୮୧୪ ମସିହାର ନିର୍ଦ୍ଦେଶ, ବେଙ୍ଗଲ ଡିଷ୍ଟ୍ରିକ୍ଟ ଗେଜେଟିୟର, ପୁରୀ- ଏଲ୍ଏସ୍ଏସ୍ ଓ' ମାଲି(୧୯୦୭)

୫୯. ନଭେମ୍ବର ୧୮୧୭ରେ ବାରବାଟୀ ଦୁର୍ଗରେ ମୁକୁନ୍ଦ ଦେବଙ୍କ ମୃତ୍ୟୁ ହୋଇଥିଲା

୬୦. ବ୍ୟୁଲର ୧୮୦୯ରେ ରଥଯାତା ଦେଖିବାକୁ ଆସିବା ସମୟରେ ମାତ୍ର ଜଣେ ଭକ୍ତ ରଥତଳେ ନିଜକୁ ଝାସ ଦେଇଥିଲେ। କିନ୍ତୁ ତାଙ୍କୁ ସେ ବାବଦରେ କେହି କହିନଥିଲେ।

୬୧. ୬ ନଭେମ୍ବର ୧୮୨୬ରେ ପ୍ରଥମ ଚ୍ୟାପେଲ୍ କଟକଠାରେ ସ୍ଥାପନ କରାଯାଇଥିଲା।

୬୨. ୧୮୨୩ରେ ପୁରୀରେ ଖ୍ରୀଷ୍ଟଧର୍ମ ଚ୍ୟାପେଲ୍ ଖୋଲାଯାଇଥିଲା।

୬୩. ଜୁଲାଇ ୧୮୨୮ ମସିହାରେ ଏରୁନ୍ ଖ୍ରୀଷ୍ଟଧର୍ମ ଗ୍ରହଣ କରିଥିଲେ।

୬୪. ୧୮୨୮ ରେ ଏହା ପ୍ରକାଶ ପାଇଥିଲା।୧୮୩୦ରେ 'ଇଣ୍ଡିଆସ୍ କ୍ରାଇଜ୍ ଟୁ ବ୍ରିଟିଶ୍ ହ୍ୟୁମ୍ୟାନିଟି' ପ୍ରକାଶ ହୋଇଥିଲା।

୬୫. ଏସିଆଟିକ୍ ଜର୍ଣ୍ଣାଲ୍ ମାର୍ଚ୍ଚ୧୮୨୪

୬୬. ଫ୍ରେଣ୍ଡ ଅଫ୍ ଇଣ୍ଡିଆ, ଅକ୍ଟୋବର ୧୮୨୫

୬୭. ୧୮୪୦ ମସିହାରେ ଭାରତରୁ ଯାତ୍ରୀକର ଉଚ୍ଛେଦ ହୋଇଥିଲା।

୬୮. ୧୮୦୫ ମସିହାରେ ଗଭର୍ନର ଜେନେରାଲ୍ କର୍ଣ୍ଣେଲ୍ ହାରକୋର୍ଟଙ୍କୁ ଜଗନ୍ନାଥ ମନ୍ଦିରର ସୁରକ୍ଷା ପାଇଁ ସମସ୍ତ ଦାୟିତ୍ୱ ନେବାକୁ ନିର୍ଦ୍ଦେଶ ଦେଇଥିଲେ।

୬୯. ରାଜେନ୍ଦ୍ର ଲାଲ୍ ମିତ୍ର, ଆଣ୍ଟିକ୍ୱିଟିଜ୍ ଅଫ୍ ଓଡ଼ିଶା, ଡିଜିଟାଲ୍ ଲାଇବ୍ରେରୀ ଅଫ୍ ଇଣ୍ଡିଆ୧୮୭୫, ପୃଷ୍ଠା-୨୦୦

୭୦. ୧୮୫୩ ମସିହାରେ ପୁରୀ ଜିଲ୍ଲା ମାଜିଷ୍ଟ୍ରେଟଙ୍କୁ ଏହି ଚିଠି ଲେଖାଯାଇଥିଲା।

୭୧. ୨୭ ଜୁନ୍ ୧୮୫୧ରେ ଏହି ଦାବିପତ୍ରଟି ଇଂରେଜ ସରକାରଙ୍କୁ ଦିଆଯାଇଥିଲା, ଯାହାକୁ ଭାରତ ସରକାରଙ୍କ ସଚିବ ହ୍ୟାଲିଡେ ଇଂରେଜ ଗଭର୍ଣ୍ଣର ଜେନେରାଲ୍ଙ୍କ ସଚିବ ଏଲିଅଟ୍ଙ୍କୁ ବିଚାର ଓ ଅନୁଧ୍ୟାନ ପାଇଁ ପଠାଇଥିଲେ।

୭୨. ମହୀମୋହନ ତ୍ରିପାଠୀ, ଓଡ଼ିଶା ରିଭ୍ୟୁ, ଓଡ଼ିଶା ସରକାର ଜୁନ୍-୨୦୧୪।

୭୩. ପୁରୀ ମାଜିଷ୍ଟ୍ରେଟ୍ ରଥଯାତ୍ରା ପରିଚାଳନା ସମ୍ପର୍କରେ ଏକ ପ୍ରତ୍ୟକ୍ଷ ବିବରଣୀ ୫ ଜୁଲାଇ ୧୮୬୦ରେ କଟକ କମିଶନରଙ୍କ ନିକଟରେ ଦାଖଲ କରିଥିଲେ।

୭୪. ୧୮୭୫, ଜୁଲାଇ ୯ ତାରିଖରେ ପୁରୀ ଶ୍ରୀମନ୍ଦିରରେ ପଥର ଖସିଥିଲା।

୭୫. ୧୮ ଅକ୍ଟୋବର ୧୮୭୫ ମସିହାରେ ପୁରୀ ରାଜା ଏ ଚିଠି ଲେଖି ପୁରୀ ଜିଲ୍ଲାପାଳଙ୍କୁ ଏ ବିଷୟ ଜଣାଇଲେ।

୭୬. ୨୫ ଅଗଷ୍ଟ ୧୮୮୭ ମସିହାରେ ଦିବ୍ୟସିଂହ ଦେଙ୍କ ମୃତ୍ୟୁ ହୋଇଥିଲା ଆଣ୍ଡାମାନ ନିକୋବର ଦ୍ୱୀପର ଜେଲ୍ରେ।

୭୭. ୧୯ ମାର୍ଚ୍ଚ ୧୮୮୦ରେ ହ୍ୟାଣ୍ଟି ରାଜମାତା ସୂର୍ଯ୍ୟମଣୀଙ୍କ ଅନୁରୋଧ ଉପରେ ପ୍ରଶ୍ନ ଉଠାଇ ଏହା ଉଲ୍ଲେଖ କରିଛନ୍ତି

୭୮. ୨୭ ଅକ୍ଟୋବର ୧୮୮୫ ମସିହାରେ ରାମପ୍ରସାଦ ସିଂହ କମିଶନରଙ୍କୁ ନିଜର ରିପୋର୍ଟ ପ୍ରଦାନ କରିଥିଲେ।

୭୯. ଉତ୍କଳ ଦୀପିକା, ୪ ଜାନୁୟାରୀ ୧୮୮୭

www.ingramcontent.com/pod-product-compliance
Lightning Source LLC
Chambersburg PA
CBHW020407080526
44584CB00014B/1206
9781645600183